國語國文學叢書 015

伍倫全備諺解

학자원

국어국문학총서 15

伍倫全備諺解 奎章閣本

2017년 7월 25일 초판 1쇄 발행

저　자 : 미상
펴낸이 : 김병환
펴낸곳 : 학자원
주　소 : 134-814 서울시 강동구 천호대로 1121
전　화 : 02) 6403-1000
팩　스 : 02) 6338-1001
E-mail : hakjaone@daum.net
등　록 : 2011년 3월 24일 제324-2011-14호

HAKJAONE Publishing Co.
1121 Cheonho-Daero Kangdong-Gu Seoul

ISBN : 979-11-87806-38-7　93810

값 80,000원

伍倫全備諺解（奎章閣本）

伍倫全備註釋諺解序

中華之語天地正音國無内外所當通曉况我東世謹侯度辭令繹續則華語爲重又非諸象鞮之比而已故自 祖宗朝每令文士質語于 中朝令其責專在譯院有本業講肄之方而其字母淸濁之辨齒舌闔闢之用古今雅俗之别皆有妙理非以方諺繙釋則莫得以盡其形容而使人易曉此本業之不可無諺解者也本業三書初用老朴及直解小學中古以小學非漢語易以此書蓋其爲語雅俚并陳風諭備至最長於譯學而老朴則前人皆已奉 教撰諺解爲後學南針獨此書口耳傳來師說互殊訛謬胥承物名語類又多難曉處

學者病之始自丙子歲本院命若而人撰修諺解未幾
廢輟越至己丑復令教誨廳官等賡修而累年聚訟蔬
緒無期逮我夢窩金相國領院另加奬掖頻復提命至
其聱訛質疑之最難者多所稽考以相其役由是遂不
住手以庚子秋告訖凡句讀之解訓義之釋無不備矣
相國覽而嘉之而前銜劉克愼等自請捐貲刋布仍令
不佞等益加校正以印之於是諸人屬不佞爲文序其
顚末不佞竊謂撰述之能必待博雅之士今以區區末
學爲此解釋僭猥之譏固知不免而本業之不能講明
乃譯者職責則此又不可推讓於後人而已第是役也
首尾幾十餘年前後出入校修者殆十數人考校文義

則獺祭於充汗證訂字毋則毫察於點畫後旣汗漫人易玩愒不有相國振作之勤則安知其終不至於廢輟而百年未遑之業幸而成就剞劂而行世使自今以往學者開卷瞭然不勞負笈而家有餘師其受相國之賜豈不大哉噫相國當興廢之世獨以華語爲重汲汲於勸奬修明以繼述　祖宗質語之意者可以垂示於後世矣敢以是說爲序

歲舍辛丑季春上浣高時彦謹序

凡例 十二條

一學譯者以老乞大朴通事及此編爲津梁而老朴則有崔公世珎所撰諺解輯覽爲後學指南惜此編之出後時獨未經講解流傳師說各自異同眩於適從故作此解庶使歧說歸一焉

一華語異於方言專用文字文皆有義字皆有訓若昧其義難通其話況此編以丘瓊山之賅博所引用多出於經史百家語意深奥文義講究尤不可闕故茲致意於註釋

一句讀諺解從其語錄文理而如遇疑歧處則廣集衆思參互諸家師說而折衷之引用文語則皆搜

考出處錄其書目以為證據如無書目者則用按

字恐字以別之

一四聲之字各屬於三十一母又有清濁七音之分

所謂母者全清九母見ㄱ端ㄷ幫ㅂ非ㅸ精ᅎ照ᅐ心ᄼ審ᄾ影ㆆ次清六母溪ㅋ透ㅌ滂ㅍ清ᅔ穿ᅕ曉ㅎ全濁九母羣ㄲ定ㄸ並ㅃ奉ㅹ從ᅏ床ᅑ邪ᄽ禪ᄿ匣ㆅ不清不濁七母疑ㆁ泥ㄴ明ㅁ微ㅱ喻ㅇ來ㄹ日ㅿ所謂音者見溪羣疑牙音角木端透定泥舌頭音徵火幫滂並明重脣音非奉微輕脣音皆羽水精清從心邪齒頭音照穿床禪審正齒音皆商金影曉匣喻喉音宮土來半舌音

半徵日半齒音半商也

一凡字音一遵四聲通解而字有正俗音音有初中終三聲正音者通解之元音俗音者通解之變音初聲ㄱㄴㄷㅈ之類中聲ㅏㅓㅣㅜㅗ之類終聲ㆆㅿㅸㅱ之類合三聲為一音故每字下雙書諺字右從所讀音左表其清濁七音至於終聲支韻平上去正齒齒頭之類則以ㅿ別之蕭爻尤韻平上去以ㅱ別之侵覃塩三韻終聲本ㅁ音而俺甚怎三字外皆從ㄴ聲入聲並以ㆆ別之而獨藥韻用ㅸ者其音間類蕭故以此別之耳

一四聲通解中字或見漏音或異同者則從錢塘虞

德升諧聲品字箋如啞聡之類

一通解字音多有從俗者而今中國行話又多變於通解之俗音然此由於正音之日趍訛舛今不敢從之

一字承豕亥音襲銀根者不顧僭猥隨文義而訂誤如閣門之爲閣蹶作瘸憋音叫釃音会撻音夽之類

一此篇意主勸化辭寓場戲故語言之間多有歇後及倒說者或全無意義而只取同音者此類隨其語意而解之

一此篇以場戲文字問答句頭皆着生旦丑净末等

字爲圈而別之故解語之間随其圈字而區辨其語意蓋此命名之義出於元院本雜劇及胡應麟筆叢諸書凡優戲設事皆無根命名皆顛倒所謂生者曲欲熟而命以生也旦者婦宜夜而命以旦也末者開塲始事而命以末也净者塗污不潔而命以净也古無外丑至明朝有之丑即副净外即副末也

一凡訓釋已悉於前者後只書見第幾篇如在一編之中則否以省重複

一見局一斑書之二酉未能博考而廣蒐其文義未詳及鈌文闕誤者姑存之以俟博雅云

引用書目

周易　詩傳　書傳

周禮　儀禮　禮記

論語　孟子　中庸

大學　左傳　公羊傳

胡傳 宋胡安國　孝經　爾雅

家語　心經　心經釋義附註 本朝宋時烈

小學集說 明程愈　小學集註 本朝李珥　史記 漢司馬遷

漢書 漢班固　後漢書 漢范曄　季漢書 明謝承

三國志 晋陳壽　漢晋春秋 晋習鑿齒　晋書 唐長孫無忌等

南北史 李延壽　隋書 唐長孫無忌等　唐書 宋歐陽修宋祁

五代史 宋歐陽修
南唐書 宋陸游
吳越春秋 漢趙曄

宋元綱目 明張啓光
資治通鑑 宋司馬光
綱目 宋朱熹

通鑑 宋江氏
綱鑑會要 本朝姜沆
後漢逸民傳 漢范曄

高士傳 晉皇甫謐
漢百官志 漢班固
漢藝文志 漢班固

唐百官志 宋歐陽修
唐選擧志 宋歐陽修
唐職林志

列女傳 漢劉向
宋名臣言行錄 宋朱熹
道德經

南華經
列子
淮南子 漢劉安

太玄經 漢揚雄
朱子大全
朱子語類

風俗通 漢應劭
二程全書
元城語錄

說苑 漢劉向
韓詩外傳 漢韓嬰
太極圖說 宋周敦頤

西銘 宋張載
論衡 漢王充
昌黎集 唐韓愈

東坡集 宋蘇軾　東坡別集　六一堂集 宋歐陽修

灤城集 宋蘇轍　山谷集 宋黃庭堅　杜工部集 唐杜甫

李太白集 唐李白　通雅 方以智　說文 漢許愼

廣韻 陸法言　日月燈 明呂維騏　韻學集成 章黼

中原雅音　韻會 元黃公紹　正字通 清廖文英

海篇心鏡 明朱之蕃　字彙 清梅鼎祚　字彙補

諧聲品字箋 清虞德升　六書故 戴侗　爾雅翼 羅願

廣爾雅 張揖　総龜　釋名 劉熙

四聲通解 本朝崔世珎　四聲通攷 本朝申叔舟　類苑叢寶 本朝金堉

冊府元龜 宋王欽若等　文獻通考 馬端臨　事文類聚 宋祝穆

山堂肆攷 明彭大翼　太平廣記 宋李昉等　三才圖會

類書纂要 清周南林　堯山堂記 明蔣一葵　劉氏鴻書 劉仲達
杜氏通典 宋杜佑　事文玉屑　事物紀原 高承
白眉故事 明許以忠　黃眉故事 明鄧百拙　萬姓統譜 明凌知迪
百家類纂　五車韻瑞 明凌稚隆　韻府羣玉 明陰中夫
芝峰類說 本朝李睟光　詩學大成 明李攀龍　大明會典 明李東陽等
稗海　唐翰林故事　天寶遺事 唐王仁裕
蜀都雜抄　委巷叢談 明田汝成　餅花譜 明袁宏道
羣碎錄 明陳繼儒　戒庵漫筆 李翊　能改齋漫錄 吳曾
說郛 明陶宗儀　酉陽雜俎 唐段成式　雲濤談叢 明江盈科
容齋隨筆 宋洪邁　扶桒謾錄　侯鯖錄 趙德麟
蓄德錄 陳沂　席上腐談 宋俞琰　中華古今註 崔豹

畫墁錄 張舜民　因話錄　老學庵筆記 宋陸游

俗呼小錄 李翊　鶴林玉露 宋羅大經　石林燕語 宋葉夢得

遯齋閑覽　楓窓小牘 袁褧　杜陽雜編 唐蘇鶚

續幽怪錄　北夢瑣言 孫光憲　東軒筆錄 宋魏泰

南部新書 宋錢易　瑯嬛記　玉壺清話 宋釋文瑩

南村輟耕錄 明陶宗儀　自警編 宋趙善璙　北隱丹經

行營雜錄 宋趙葵　却掃編　避暑錄話 宋葉夢得

春明退朝錄 宋敏求　神異記　西京雜記 晉葛洪

玉堂漫錄　前輩戲筆　博物志 晉張華

續博物志 唐李石　稗史 徐顯　洞天福地志 唐杜光庭

稗官雜記 本朝魚叔權　同話旅食品　高僧傳 晉人作

顏氏家訓 北齊顏之推
鼠璞 明戴埴
山海經
十洲記 漢東方朔
荊楚風土記 宗懍
關中記 晉潘岳
真臘風土記 元周達觀
廣輿記 歐陽忞
大明一統志 明李賢等
交州記 劉欣欺
殊域周咨錄
輿圖備考 明潘光祖
南海古蹟記
寰宇記 宋樂史
楚辭
古詩記 馮維訥
唐詩品彙 高棅
唐詩解 唐汝諤
西京賦 漢張衡
道家全書 閻鶴洲
真誥 梁陶弘景
龍虎經
參同契 漢魏伯陽
神仙通鑑
觀經疏
法苑珠林 唐釋道世
普陀經
毗婆娑論
大藏一覽
佛地論
佛教論
楞嚴經
素問 岐伯

本草 唐愼微　本草綱目 明李時珍　麻衣真訣 宋麻衣道人

甘氏星經 唐甘石申　果老星宗 明陸位　卜筮全書 明姚際隆

七政曆　三統曆 劉歆　太玄真一經

湘山野錄　夷門廣牘　括異志

資暇錄　昭明文選 梁蕭統　隋經籍志

孫武子 孫武　李衛公 唐李靖　武經 宋曾公亮等

六韜 周呂尚　三略 黃石公　東醫寶鑑 本朝許浚

信齋百中經　韓魏公集 宋韓琦　春秋後語

居家必用 元人作　居家必備 明瞿佑　龍圖公案

變化記　漢官鹵簿圖 漢應劭　大明律

無寃錄　吏文輯覽 本朝崔世珍　吏文指南

質問 本朝成三問等　老朴輯覽 本朝崔世珍　譯語類解

岳武穆精忠傳　太上感應篇　語錄解 本朝宋浚吉

伍倫全備諺解 卷一

伍우우倫륜륜全젼쳔備삐비諺연연解계계卷권권一힝이

㊟小샹샨生승승姓싱싱伍우우名밍밍倫륜륜全젼쳔○小生의姓은伍ㅣ오일홈

은倫全이오字쯧즈喚훤훤做주주天텬텬常쨩챵○字ᄂᆞᆫ天常이라브르ᄂᆞ니是쏭스

春츈츈秋칭칙時쏭스伍우우子즇즈胥슈슈的딩디後흫후代때대○이春秋時

伍子胥의後代라○伍子胥名員楚平王時人父뿌부親친친諱휘휘典텬텬○父親의諱ᄂᆞᆫ典

이니○增補字彙生日名死日諱生승승時쏭스任인인太태태平삥핑郡균균太태태

守심삭○生時의太平郡太守ᄅᆞᆯ任ᄒᆞ엿더니○廣輿記禹貢楊州之域春秋時吳地後屬越戰國屬楚

秦屬鄣郡漢屬丹陽晉曰當塗劉宋曰姑孰唐曰南豫州宋曰平南曰太平明爲太平府母무무親친친

不봉부幸힝힝蚕짬잔亡망왕○母親이不幸ᄒᆞ여일죽으심애父뿌부親친친再재재

娶츄츄繼기기母무무范빤반氏쏭스生승승弟뗴디○父親이繼母范氏ᄅᆞᆯ再娶ᄒᆞ여

아ᄋᆞᄅᆞᆯ나ᄒᆞ니名밍밍喚훤훤做주주倫륜륜備삐비○일홈은倫備라브르ᄂᆞ고字쯧즈

天텬텬爇이이○字ᄂᆞᆫ天爇라又임우父뿌부親친친存쯘춘日ᅀᅵᆯ시○또父親이
겨시든날에與유유同뚱퉁郡균균安한안府부부判펀펀交걍갸好향화○同郡
安府判으로더브러交好ᄒᆞ더니○五代及宋元皆置州判府判府判卽外府判官也後흫후安한안
公궁궁諳졍저官환환遠원원方방방○後에安公이遠方에諳官ᄒᆞᆷ애臨린린行ᅘᅵᆼ힝
以이이妻치치子즈즈為위위托탕토○行ᄒᆞᆷ애臨ᄒᆞ여妻子로ᄡᅧ의탁ᄒᆞ엿다니後흫후
其끼기父뿌부亡망왕○後에그父ㅣ죽음애遺이이下ᅘᅣ하孤구구子즈즈○기틴
孤子ㅣ喚훤훤名밍밍做주주安한안克킝킈和훠호○일훔을安克和라브르ᄂᆞ니
年년년纔째채三산산歲쉬쉬○나히ᄀᆞᆺ세ᄉᆞᆯ인제父뿌부親친친將쟝쟝來래리
本븐븐家갸가養양양育융유○父親이本家에ᄃᆞ려와養育ᄒᆞ니以이이此츠츠排
빼패行ᅘᅡᆼ항○일로ᄡᅥ行에排ᄒᆞ여小샹샤生승승做주주大따다哥거거○小生은大
哥ㅣ되고兄흉흉弟떠디天텬텬爇이이做주주二슬슬哥거거○아ᄋᆞ天爇ᄂᆞᆫ二哥ㅣ

되고 安 안한 克 키킝 和 호훠 做 주주 三 산산 哥 거거 ○ 安克和는 三哥ㅣ 되야 俺 암암

三 산산 箇 거거 弟 디띠 兄 훙훙 ◉ 우리 세 弟兄이 ○字箋 廿人稱我曰俺 十 시씽 分 븐븐

和 호훠 氣 키기 ◯ ᄀ장 和氣ᄒ여 晝 작징 則 저징 同 퉁뚱 遊 우잉 ◯ 낫이면 ᄒᆞᆫ가지로 놀

고 夜 여여 則 저징 同 퉁뚱 寢 친친 ◯ 밤이면 ᄒᆞᆫ가지로 자 出 츄츙 入 유슝 往 왕왕 來

레래 常 창쨩 在 재째 一 이힁 處 츄츄 ◯ 出入往來에 덧덧이 ᄒᆞᆫ 곳에 잇더니 今 긴긴 日 시싀

是 스쓰 三 산산 月 워웡 三 산산 日 시싀 ◯ 오ᄂᆞᆯ은 이 三月三日이라 韶 샤쌍 光 광광 明

밍밍 媚 믜믜 ◯ 韶光이 明媚ᄒ고 ○字彙 韶光韶華取和暢義 景 깅깅 物 우뭉 暄 훤훤 姸 연연

◯ 景物이 暄姸ᄒ야 不 부붕 暖 훤휜 不 부붕 寒 한한 ◯ 덥도 아니ᄒ고 ᄎ도 아니ᄒ니 正

징징 是 스쓰 好 할핳 時 스쓰 節 져졍 也 여여 ◯ 정히 이 됴ᄒᆞᆫ 時節이라 不 부붕 免 면면

喚 휜훤 永 융융 安 안한 ◉ 마디못ᄒ야 永安을 블러 請 칭칭 出 츄츙 兩 량량 箇 거거 兄

훙훙 弟 디띠 來 레래 ◯ 두 아ᄋᆞᆯ 청ᄒ야 나와 同 퉁뚱 遊 우잉 賞 샹샹 一 이힁 遭 잔쟝 ◯

혼가지로혼디 위遊賞ᄒᆞ쟈

(末) 忽후홀 聞운문 窓창촹 外왜왜 呼후후 名밍밍 ○ 믄득창밧긔일홈블음을듯고 急

기공 向향향 堂탕당 前쳔쳔 伺츠ᄉᆞ 候후흫 ○ 급히堂前을향ᄒᆞ여伺候ᄒᆞ논또다 覆부봉

官권권 人신신 有우임 何허ᄒᆡ 使스ᄉᆞ 令링링 ○ 官人씌ᄉᆞᆸᄂᆞ니므ᄉᆞᆷ使令이잇ᄂᆞ니잇고

(大生) 你니니 與유유 我오어 請칭칭 二ᅀᆞᆯ을 官권권 人신신 三산산 官권권 人신신

出츄츄 来레래 ○ 네날오위ᄒᆞ여二官人과三官人을청ᄒᆞ여나오라 (末) 二ᅀᆞᆯ을 官권권 人

신신 三산산 官권권 人신신 有우임 請칭칭 有우임 請칭칭 ○ 二官人三官人아청홈이

잇ᄂᆞ이다청홈이잇ᄂᆞ이다 (小生) 哥거거 哥거거 萬완완 福부봉 ○ 형아萬福○譯語類解萬

福如수之問平安 (淨) 哥거거 哥거거 萬완완 福부봉 ○ 형아萬福 (小生) 不부봉 知지징

哥거거 哥거거 喚훤훤 俺암함 兩량량 兄훙훙 弟디떼 有우임 何허ᄒᆡ 事스ᄊᆞ 幹

간간 ○ 아디못게이다형이우리두아올브ᄅᆞ시니므ᄉᆞᆷ일이잇ᄂᆞ니잇고 (大生) 今긴긴 日시ᅀᆞᆼ 好

항한 天 련텬 氣 기기 ○ 오늘 됴흔 天氣 다라 不 붕부 要 양야 孤 구구 負 뿡부 了 랼랴 羡
믜믜 景 깅깅 良 량량 辰 찐친 ○ 羡景良辰을 저ᄇᆞ리디 말려ᄒᆞᄂᆞ니 和 ᄒᆞ호 伱 니니 兩 량량
兄 흉흉 弟 뗘디 遊 잉우 賞 샹샹 一 황이 遭 잘쟌 ○ 너희 두아ᄋᆞ 파흔 다위 遊賞홈이 多
더도 少 샹샨 是 씃스 好 함한 ○ 언머 니이 녀됴 (生)(淨) 是 씃스 好 함한 是 씃스 好
항한 ○ 이이 됴됴 다타
(至) 永 융융 安 안안 何 허허 處 츄츄 遊 잉우 耍 솨솨 是 씃스 好 항한 ○ 永安 어ᄂᆡ 곳아
이 通 놀기 解 수기 俗 이 謂 됴 嬉 ᄒᆞ 戲 됴 曰 ○ 耍 四聲 (末) 前 쳔쳔 頭 뚷투 有 잉우 酒 짇직 店 뎐뎐
○ 이 앏이 희 酒店 시니 賣 매매 的 디디 是 씃스 蓮 련련 花 화화 白 뻥버 竹 쥬주 葉 여여
青 칭칭 ○ 프는 거슨 이 蓮花白과 竹葉青이라 ○ 蓮花白 譯語類解 빗희고 ᄃᆞᆫ 清酒 東坡詩 請君多釀蓮
花酒竹葉青 質問云其酒甚清 色如竹葉 杜詩山盃竹葉春 每 믜믜 日 싱시 家 갸갸 ○ 每日의
好 항한 飮 힌인 神 씬신 仙 션션 留 링리 玉 융유 珮 뻬비 ○ 好飮ᄒᆞ는 神仙은 玉珮를 머무

로

狂광광吟인인士ᄉᆞ스子ᄌᆞ즈解계계金긴긴龜귀귀 ◯ 狂吟ᄒᆞᄂᆞᆫ 士子ᄂᆞᆫ 金龜ᄅᆞᆯ 그ᄅᆞ니 ◯ 唐賀知章自號四明狂客見李白於長安即解其金龜換酒共飲金龜如今之帶鉤也 此ᄎᆞ츠

處츄츄最쥐쥐好핳핳要쏴쏴 ◯ 이곳이 ᄆᆞ장 놀기 됴ᄒᆞ니이다 净 是ᄉᆞ스好핳핳是ᄉᆞ스好핳핳 ◯ 이이 됴됴타타 二ᅀᅵ을位위위哥거거哥거거帶대대挈켱져小샤샤

子ᄌᆞ즈飲인인三산산鍾중중 ◯ 二位兄이 小子ᄅᆞᆯ ᄃᆞ려 三鍾을 먹음이 多도더少샤샤

是ᄉᆞ스好핳핳 ◯ 언머이 됴ᄒᆞ니 ᄯᆞ녀 去 古구구人신신言연연 ◯ 古人이 니ᄅᆞ되 戒

계계爾ᅀᆞᆯ술勿우몽嗜ᄉᆞ스酒직짇 ◯ 너ᄅᆞᆯ 술 즐기디 말라 경계ᄒᆞ노니 狂광광藥요얍

非비비佳갸갸味위위 ◯ 狂藥이오 佳味 아니라 ᄒᆞ니 ◯ 宋范質戒從子詩 此ᄎᆞ츠處츄츄

不부붕是ᄉᆞ스要쏴쏴處츄츄 ◯ 이곳이 놀 곳이 아니로다 坐 哥거거哥거거說

쉬쉬得더듷極기끵有우임理리리 ◯ 형의 니ᄅᆞᆷ이 극히 有理ᄒᆞ다 净 却커켱不부붕

道단땀 ◯ 또 니ᄅᆞ디 아니ᄒᆞ엿ᄂᆞ냐 相샹샹逢봉뽕不부붕飲인힌空쿵쿵歸귀귀去

큐큐 ○ 서르 만나 먹디 아니코 쪽절업시 도라가면 洞뚱둥 裡리리 桃땋탚 花화화 也여여

笑샤샹 人신신 ○ 洞裡桃花도 사ᄅᆞᆷ을 우으리라 ᄒᆞ니 ○本呂洞賓題張果老蟠桃會詩 哥거거

哥거거 如슈슈 何허혀 見견견 得더듷 這저져 酒작짛 不부붕 好핳핳 ○ 형이 엇던

見得으로 이 술이 됴티 아니타 ᄒᆞᄂᆞ뇨 奎 我오어 說숴숴 儞니니 聽팅팅 ○ 내 닐러든 네 드러

르라

淨 貪탄탄 酒작짛 的디딩 聽팅팅 着죠쨯 ○ 貪酒ᄒᆞᄂᆞᆫ 이는 드럿ᄂᆞ이다 小奎 多도뎌

少샤샿 人신신 家갸갸 好핳핳 子ᄌᆞᄌᆞᆼ 弟디띠 ○ 여러 人家 됴ᄒᆞᆫ 子弟ㅣ 被비삐 這

저져 黃황황 湯탕탕 子ᄌᆞᄌᆞᆼ 斷뒨뒨 送숭숭 了랴랼 ○ 이 黃湯子의 명을 쓴홈을 닙ᄂᆞ니 ○

黃湯子酒名斷送 釋見譯語類解 哥거거 哥거거 說숴숴 得더듷 是스쓰 ○ 형의 닐옴이 올

흐니 不부붕 好핳핳 去큐큐 不부붕 好핳핳 去큐큐 ○ 감이 됴티 아니ᄒᆞ다 감이 됴티 아니

ᄒᆞ다 奎 永융융 安안한 酒작짛 店뎐뎐 旣기기 不부붕 好핳핳 去큐큐 要쌰쌰 ○

永安酒店이 임의 가 놀미 도리 아니ᄒᆞ니 有 우잏 何 허헣 處 츄츄 好 핳핳 ◯ 어느곳이 됴ᄒᆞ뇨
뒤잇ᄂᆞ뇨 (末) 後 흫후 面 면면 是 ᄊᆞᄉᆞ 歌 거거 樓 릏루 ◯ 樓뒤ㅣ흔니이 歌 上 샹샹 頭
투뜽 住 쥬쮸 的 디띵 是 ᄉᆞᄊᆞ 張 쟝쟝 月 워웡 仙 션션 李 리리 雲 윤윤 卿 킹깅 ◯ 우후
머므ᄂᆞᆫ이ᄂᆞᆫ이 張月仙과 李雲卿이라 每 믜믜 日 싀싕 家 갸갸 ◯ 每日에 舞 우무 低 디디
揚 양양 柳 랴링 樓 루릏 心 신신 月 위웡 ◯ 춤은 揚柳樓心月에 ᄂᆞᆺ잣고 歌 거거 盡 진찐
桃 탄땋 花 화화 扇 션션 底 디디 風 봉봉 ◯ 노래ᄂᆞᆫ 桃花扇底風의 다ᄒᆞ니 此 ᄎᆞᄎᆞ 處
츄츄 最 쥐쥐 好 핳핳 耍 솨솨 ◯ 이곳이 ᄀᆞ장 놀기 됴ᄒᆞ니이다 (淨) 是 ᄉᆞᄊᆞ 好 핳핳 是 ᄊᆞᄉᆞ
好 핳핳 ◯ 이 됴타 이 됴타 二 슬ᅀᆞ 位 위위 哥 거거 哥 거거 作 조잫 成 칭찡 我 오어 ◯
二位형이 나를 도아 討 탄탕 箇 거거 標 밮뱧 致 지징 婊 뱦뱧 子 즈즈 ◯ ᄒᆞᆫ 영노ᄉᆞᆯ 가온 겨집
을 어드이 ◯ 語錄解 標致 聰俊敏慧之謂 俱美其人心貌之辭 婊子猶言女子也 多 도더 少 샾샿 是
스ᄊᆞ 好 핳핳 ◯ 언머이 됴 져니ᄯᅡ녀 (主) 聖 싱싱 人 신신 言 연연 ◯ 聖人이 닐ᄋᆞ샤ᄃᆡ 血

혀형 氣키키 未위위 定딩띵 戒계계 之즈즈 在재째 色서싀 ○ 血氣定티못ᄒ여신제戒

홈이色에잇다ᄒ시니 ○ 論語李氏篇語 此츠츠 處츄츄 不부붕 是스쓰 耍솨솨 處츄츄 ○

이곳이이놀ᄯ이아니로다 (坐) 哥거거 哥거거 說숴쉬 得더듸 有우임 理리리 ○ 형의

니롬이有理ᄒ다 (淨) 却거켱 不부붕 道단땅 ○ 또닐우디아니ᄒ엿ᄂᆞ냐 人신신 生송승

年년년 少샨샹 不부붕 再재재 来레래 ○ 人生年少ㅣ두번오다아니ᄒᆞᄂᆞ니 莫모망 把

바바 青칭칭 春츈츈 枉왕황 抛팦퐝 擲지찡 ○ 青春을다가속절업시抛擲디말라ᄒ니 哥

거거 哥거거 如유유 何허혀 見견견 得더듸 這저져 色서싀 不부붕 好한항 ○ 형이

엇던見得으로이色이됴티아니타ᄒᄂᆞ뇨 (奎) 我오어 說숴쉬 伱니니 聽팅텅 ○ 내닐러든

네드르라

(淨) 一이흥 世시싱 出츄츙 不부붕 得더듸 頭투뚤 了랴량 ○ 一世예마리롤내왓더못

ᄒᆞ리로다 (坐) 多도더 少샨샹 人신신 家갸갸 好한항 子즈ᄌᆞ 弟디뎌 ○ 여러人家됴훈

子弟ㅣ被삐븨這져져弟디띠子즈즈每믜믜葬장장送숭숭了랴랴○이弟子들

희葬送홈을닙느니○唐玄宗選坐部伎子弟三百教於梨園號梨園弟子四聲通解每平聲等輩也義與們

同字哥거거哥거거說숴쉬得더듸是스쓰○형의닐옴이올흐니不부붕好한함去

큐큐不부붕好한함去큐큐○감감이이도도티티아아니니호호다다㊟永융융安안한

酒쟉쟝店뎐뎬既기기不부붕好한함去큐큐○永安이酒店이임의감이도티아니호고

歌거거樓루릉又익잉不부붕好한함去큐큐○歌樓ㅣ또감이됴티아니호니何허헝

處츄츄去큐큐要쇼쇼好한함○어ᄂᆡ곳에가놀미됴호료㊟轉젼젼彎완완抹모뫙

角교쟝有우잉一이잉箇거거賭두두坊방방○구비도라모스서호賭坊이이시니○說

文賭博簺也吳曾曰博戲有出九入十之說曰攤賭那나나裡리리打다다的디듸是스쓰雙

상상陸루룽○뎨셔리는거슨이雙陸이오○通鑑註雙陸局戲名以木為方盤盤中彼此內外各六梁

故名始於西竺流於曹魏盛於梁陳魏齊隋唐下하쌰的디딩是스쓰象샹썅棋기끼○두는

거ᄂᆞᆫ이象棊라○字彙象棊以象牙飾棊故名博物志
堯造圍棊丹朱善之劉向說苑雍周謂孟嘗君曰足下
燕居闘象棊戰國之事乎 亦每미믜日시싱家가갸○每日隔겨경座조쬐送송숭
鬮구궇歡훤훤氣기기洽햐향○座를즈음ᄒᆞ여鬮를보내매歡氣洽ᄒᆞ고○鬮音鳩字彙拈取
也譯語類解雜技ᄒᆞᄂᆞᆫ뒤저비잡다當당당場챵쨩唱허훵采채채笑샨샹聲싱싱高간감
○場을當ᄒᆞ야采를브르매笑聲이놉흐니○字彙喝訶叱也宋劉毅傳劉毅劉裕大擲樗蒱毅擲得雉大
喜曰非不能盧不事此耳裕惡之因挼五枚擲之四子俱黑一子轉躍未定裕厲聲喝之即成盧云聲譜采卽
骰子也陳思王製雙陸局置骰子二至唐世骰鏤骨塗采骰音投即俗所謂사ᄋᆞ之類此ᄎᆞᄎᆞ處츄츄最
쥐쥐好핳항耍솨솨○이곳이ᄆᆞ장놀기됴ᄒᆞ니이다(净)是스ᄊᆞ好핳항是스ᄊᆞ好핳항
○이이됴됴타타二을슬位위위哥거거哥거거帶대대挈겨켱兄흉흉弟디뎨○
二位兄이아을두려贏잉잉兩량량三산산貫권권錢쳔쳔○두세貫돈을이긔여○貫字箋凡
戰攻博簺勝曰贏負曰輸買매매些셔셔酒작정喫치칭○저기술을사먹음이多도더少

샨샹 是스쓰 好한함 ○ 언머이뇨거니ᄯᅡ녀 (奎)聖싱싱 人신신 言연연 ○ 聖人이닐ᄋᆞ샤

티 愽보밥 奕이잉 好한함 飮인인 酒작짐 ○ 愽奕ᄒᆞ며酒飮홈을好ᄒᆞ야 不부붕 顧

구구 父부뿌 母무무 之즈즈 養양양 ○ 父母養홈을顧티아니ᄒᆞᆫ다ᄒᆞ시니○孟子離婁篇語

此츠층 處츄츄 不부붕 是스쓰 耍쇄쇄 處츄츄 ○ 이곳이놀곳이아니로다 (尘)哥

거거 哥거거 說쉬숴 得더듸 有우읻 理리리 ○ 兄의닐옴이有理ᄒᆞ다 (淨)却커컹 不

부붕 道닾땋 ○ 또닐ᄋᆞ디아니ᄒᆞ엿ᄂᆞ냐 有우읻 錢쳔쪈 不부붕 賭두두 成칭쪙 牛뉴늉

牯구구 ○ 돈을두고더ᄂᆞ디아니면쇠되ᄂᆞ니○俗呼牡牛曰牯 牛누눙 牯구구 着죠쟢 耕

긍긍 田뎐뗜 ○ 쇼로밧갈기ᄂᆞᆫ 只즈즈 為위위 前쳔쪈 生승승 不부붕 賭두두 錢쳔쪈

○ 그저前生의돈더ᄂᆞ니아님을위홈이라ᄒᆞ니 哥거거 哥거거 何허혀 以이이 見견견 得

더듸 賭두두 錢쳔쪈 不부붕 好한함 ○ 형이엇딘見得으로돈더ᄂᆞᆫ이됴티아니타ᄒᆞᄂᆞ니잇고

(奎)我오어 說쉬숴 伱니니 聽팅팅 ○ 내닐러든네드르라

〔字〕你니니 看칸칸 那나나 箇거거 贏잉잉 得듸더 錢쪈쳔 来래레 發봥바 迹징지

在째재 那나나 裡리리 ○네 보라 뎌 돈을 이긔여와 發迹ᄒᆞ 이 뎌긔 잇ᄂᆞ니라 〔上〕多더도 少

샿샤 人신신 家갸갸 好함한 子즈즈 弟떼디 ○여러 人家 됴ᄒᆞᆫ 子弟ㅣ 都두두 被삐비

這져져 賭두두 錢쪈쳔 賊쯰지 每믜믜 引인인 壞홰홰 了량랴 ○다 이 돈 더ᄂᆞ는 도적

들희 引壞홈을 닙ᄂᆞ니 哥거거 哥거거 說숴쉬 的딩디 是쑤스 ○형의 니ᄅᆞᆷ이 올ᄒᆞ니 不

붕부 好함한 去큐큐 不붕부 好함한 去큐큐 ○감이 됴티 아니ᄒᆞ다 감이 됴티 아니ᄒᆞ다 〔去〕

永융융 安한안 此츠츠 三산산 處츄츄 都두두 不붕부 好함한 要쏘쏘 ○永安아 이

세 곳이 다 놀기 됴티 아니ᄒᆞ니 何허허 處츄츄 好함한 要쏘쏘 ○어ᄂᆡ 곳이 놀기 됴ᄒᆞ뇨 〔平〕

東둥둥 邊변변 一힝이 所수소 是쑤스 佛뿡보 寺쓰스 ○동편 ᄒᆞᆫ 곳은 佛寺ㅣ오 ○佛이

地論云佛者漢語覺也將以覺悟羣生也事物紀原漢明帝時摩騰自西域以白馬馱經来初止鴻臚寺遂取

寺名刱置寺 僧寺之始也 卽 西시시 邊변변 一힝이 所수소 是쑤스 道땅단 觀권권 ○

셔편ᄒᆞᆫ 곳은 이 道觀이오 ○釋名 觀 樓也 事文類聚 令道家亦謂之觀 兀 올우 的 딍디 中 즁즁 間

견견 一 힝이 所 수소 是 쓰스 儒 슈슈 學 햫효 ◯ 뎌 中間ᄒᆞᆫ 곳은 이 儒學이니 ○兀 元語 彼也 漢

文翁治蜀 起學成都市 招下縣子弟 以為學官弟子 武帝時 天下郡國皆立學校官 自文翁為之始 唐開元二

十六年 敎州縣每鄉各置一學 這 저저 三 산산 箇 거거 去 큐큐 處 츄츄 ◯ 이 세 곳에 任 인인

三 산산 位 위위 官 권권 人 신신 隨 쮜취 意 이이 擇 쩡저 箇 거거 去 큐큐 處 츄츄 ◯

三位官人의 ᄠᅳᆮ대로 ᄒᆞᆫ 갈 곳을 ᄀᆞᆯᄒᆡ쇼셔 ⓙ僧 승승 寺 숭스 裏 리리 好 핳한 ◯ 僧寺ㅣ 됴ᄒᆞ니

那 나나 寺 숭스 裏 리리 和 훠호 尚 썅샹 每 믜믜 ◯ 뎌 뎔의 즁들히 ○朴通事輯覽 萬里相和

曰和外道相尚 日尚又外國語 一 힝이 箇 거거 箇 거거 剃 티티 得 듸더 頭 뜰투 光 광광 光

광광 的 딍디 ◯ 낫낫치 마리 갓가 번번ᄒᆞ고 一 힝이 箇 거거 箇 거거 喫 칭치 得 딍더 肥

삥븨 胖 팡팡 胖 팡팡 的 딍디 ◯ 낫낫치 먹어 ᄉᆞᆯ져 핑핑ᄒᆞ고 打 다다 起 키기 鐃 남나 鈸

뽕보 ◯ 증과 바라를 티매 ○說文 鐃小鉦也 博古圖 漢舞鐃二 其形上圓下方 下作疏欞 中含銅丸 謂之舌

鼓動有聲鈸字彙銅鈸南齊穆士素所造其圓數寸大

者出于扶南高昌疏勒之國其圓數尺隱起如浮漚以

韋貫之相擊以和樂四聲通解云바라 光광광 光광광 作짜자 作짜자 屛빙빙 屛빙빙 方

방방 방방 ○ 光光作作屛方方ᄒ고 念년년 起기기 眞진진 言연연 ○ 眞言을念홈애

脩사심 利리리 脩사슝 利리리 摩모뭐 訶허허 脩사심 利리리 脩사심 脩사심 利

리리 婆소서 婆포뻐 訶허허 ○ 脩利脩利摩訶脩利脩脩脩利婆婆訶ᄒᆞᄂᆞ니○華語摩訶大也婆婆

訶善說也 到단당 是스쏘 好한할 耍솨솨 ○ 도로허놀기ᄒᆞ니이다 ㊎ 佛보뿡 是스쏘

夷이이 狄디띡 之즈즐 法바방 ○ 佛은夷狄의法이라 無우무 父부뿌 無우무 君

균균 之즈즐 教갸걓 ○ 無父無君의教ㅣ니○通鑑唐傅奕曰人之大倫莫如君父佛以世嫡而叛其

父以匹夫而抗天子 使스숭 世시싱 上샹썅 人신인 ○ 世上사ᄅᆞᄆᆞ로ᄒᆞ여곰 都두두 學

효햏 他다타 修사심 行힝헝 則저즉 ○ 다ᄃᆞ롤비화修行ᄒᆞ면 天뎐뎐 下햐햐 國귀궉

家갸갸 事스쏘 ○ 天下國家事ᄅᆞᆯ 着죠쟣 誰쉬쒸 理리리 會휘휑 ○ 눌로ᄒᆞ여출호게ᄒᆞ

리오 ○理會釋見語錄解 且쳐쳐 莫모맘 說쉬숴 別벼뼈 的디딍 ○아직다른거소란니르디

말고 使스ᄉᆞ 世시씽 上샹썅 人신신 ○世上사ᄅᆞᆷ으로ᄒᆞ여곰 箇거거 箇거거 都두두

去큐큐 出츄츙 家갸갸 ○낫낫치다ᄇᆞ리고出家ᄒᆞ여○毗婆沙論家者是煩惱因緣夫出家者為

滅垢累故宜遠離也 不부붕 娶츄츄 妻치치 室시씽 ○妻室을娶티아니ᄒᆞ면 豈키키 不

부붕 絶쥐쮜 了랴럏 種중쭝 類뤼뤼 ○엇디種類ㅣ긋처디아니ᄒᆞ리오 連련련 他타타

佛보뽕 也여여 無우무 人신신 伏부뿡 事스ᄊᆞ 了랴럏 ○뎌佛조차사ᄅᆞᆷ이伏事ᄒᆞ리업

ᄉᆞ리라 我오어 每미믜 秀수ᄉᆞᆼ 才채ᄶᆡ 家갸갸 孩해ᄒᆡ 兒ᅀᅳᆯᅀᅳ ○우리들흔秀才집아

ᄒᆡ니 不부붕 好한항 去큐큐 這져져 裏리리 耍솨솨 ○여긔가놀기됴티아니ᄒᆞ다 (淨)

道단땅 觀권권 裏리리 好한항 ○道觀이됴ᄒᆞ니 那나나 道단땅 士스ᄊᆞ 每미믜 ○

뎌道士들히○史記註士事也身心順理唯道是從從道為事故曰道士 每미믜 日이ᅀᅵᆼ 家갸갸 在

재ᄶᆡ 那나나 觀권권 裏리리 ○每日에뎌觀에이셔 弄룽룽 爐루루 火호훠 講걍걍 修

식심養양양○爐火를弄ᄒᆞ고修養을講ᄒᆞ고○按爐火道家鍊丹烹煑金石之具修養謂修神養精赤

松子魏伯陽之徒始言鍊養奏주즘那나나樂요얗器기기○더樂器를奏홈애丁딩딩

丁딩딩當당당當당당○丁丁當當ᄒᆞ고做주주那나나科코귀儀이이○더科儀를

홈애○杜光庭以下至黃冠師之徒專言經典科敎整징징整징징齊치쩌齊치쩌○整整齊齊

ᄒᆞᄂᆞ니到닾담也여여好핲함看간간去큐큐○도로혀보라가기됴ᄒᆞ니走주즘一

이힁遭잔잠也여여好핲함○ᄒᆞᆫ디위감이또됴타(大全)這져져道닾땀敎걒걒雖쉬쉬

是스쑈中중중國귀귁之즈즈法바밯○이道敎ㅣ비록이中國의法이나然션션非

븨븽聖싱싱人신신之즈즈道닾땀而슬슬別벼뼝爲위위一이힁端뒨뒨○그러

나聖人의道ㅣ아니오로一端이되엿ᄂᆞᆫ디라別他타타當당당初추추只즈즈有우잉老

랖랑子즈즈道닾땀德더듷經깅깅莊좡좡子즈즈列려령子즈즈○뎌當初의그저

老子道德經과莊子와列子ㅣ이시니○老子楚人姓李名耳字伯陽又字聃爲周守藏史周衰去至關爲尹

喜著道德經五千餘言莊子名周字子休宋人為漆園吏著書三十三篇列子名御寇鄭人學本黃老其寓言類莊周著書二十篇

是씨스他타타本븐븐教걓갼書슈슈○이뎌의本教書ㅣ러니

後흫후来래레他타타見견견得듷더和훠호尚썅샹每믜믜討탈탈得듷더經깅깅錢젼쳔○후에뎨듕들의經錢어듬을보고

他타타也여여學햫효他타타○뎌도뎌를비화做주주出츙츄許휴휴多더도經깅깅典뎐뎐来래레○許多ᄒᆞᆫ經典을지어내니

佛뿡보家갸가有잉우三산산寶밯받○佛家의三寶ㅣ잇거늘○三寶佛法僧也皆是四生導首六趣舟航故曰寶法數云十號圓明萬行俱足天龍戴仰稱無上尊即佛寶也一音演說普應羣機究竟清淨名離欲尊即法寶也脫塵異俗圓項方袍入聖超凡為衆中尊即僧寶也

他타타便뼌변做주주三산산清칭칭○뎨곳三清을지어○道經云無上大羅玉清十二天聖境也九聖所居元始天尊所治上清十二天真境也九真所居玉晨道君所治太清十二天仙境也九仙所居太上老君所治謂之三清

件견견件견견都두두學햫효他타타○가지가지다뎌를비호니甚씬신是씨스好

한향 笑 샤샿 ◯ 심히이마장 우은디라 這 져져 等 등등 去 큐큐 處 츄츄 也 여여 不 부붕

好 한향 耍 솨솨 ◯ 이런 곳이 또 놀기 됴티 아니ᄒᆞ다 ㊀小 㨿 규규 哥 거거 哥 거거 說 숴쉬

起 키키 来 래레 ◯ 형의 닐온 대로 ᄒᆞ면 僧 승승 寺 스ᄉᆞ 道 닾땋 觀 권권 都 두두 不 부붕

好 한향 去 큐큐 ◯ 僧寺와 道觀이 다 감이 됴티 아니ᄒᆞ고 看 간간 来 래레 只 즈즈 是 스ᄉᆞ

儒 유유 學 효햫 好 한향 ◯ 보아ᄒᆞ니 그저 이 儒學이 됴ᄒᆞ니 俺 암암 三 산산 人 신신 整

징징 頓 둔둔 衣 이이 冠 권권 ◯ 우리 세사ᄅᆞᆷ이 衣冠을 整頓ᄒᆞ여 往 왕왕 學 효햫 中 중중

看 간간 一 이잉 遍 변변 ◯ 學中을 향ᄒᆞ여 ᄒᆞᆫ 번 봄이 多 도뎌 少 샤샿 是 스ᄉᆞ 好 한향 ◯

엇머이됴거니ᄯᅧ녀

㊁末 轉 권권 彎 완완 抹 모뫃 角 교걒 這 져져 裏 리리 便 변뼌 是 스ᄉᆞ 儒 유유 學 효햫

◯ 구비도라 모스서여긔 곳이 儒學이니이다 ㊂奎 好 한향 一 이잉 座 조쭤 聖 싱싱 人 신싄

殿 뎐뗜 ◯ 됴ᄒᆞᆫ 一座聖人殿이로다 ㊀丑 平 핑삥 生 승승 好 한향 酒 작징 與 유유 貪 탄탄

花화와○平生에술올묘히너기며다못곳을貪ᄒᆞ고每믜믜日싀이賭두두錢쳔쳔不

부붕顧구구家갸갸○每日에돈더ᄂᆞ기ᄒᆞ야집올도라보디아니ᄒᆞᄂᆞ니誰쉬쒸家갸갸三

산산箇거거痴치칭倈뤄뤄子즈즈○뉘집세어린아히○中原雅音聲軟小兒曰倈来레래

此츠츠街계계頭투뚱口쿠쿵巴바바巴바바○이거리에와입을벙웃벙웃ᄒᆞᄂᆞ뇨○巴

巴未詳恐吧字字彙大口皃㊟一이잉箇거거醉쥐쥐漢한한○ᄒᆞᆫ醉ᄒᆞᆫ놈이로다○漢釋

見語錄解㊊俗슈쑹語유유云윤윤○俗語에닐ᄋᆞ되騎기끼馬마마官권권人신인

避비삐醉쥐쥐漢한한○믈ᄐᆞᆫ官人도醉漢을避ᄒᆞᆫ다ᄒᆞ니且처쳐迴휘훼避비삐他

타라○아직뎌를迴避ᄒᆞ쟈㊊這져져漢한한子즈즈醉쥐쥐了랸랴○이놈이醉ᄒᆞ엿

다㊀我오어醉쥐쥐誰쉬쒸說쉬쉐我오어醉쥐쥐○내醉ᄒᆞ엿ᄂᆞ냐뉘나를醉ᄒᆞ엿

다닐ᄋᆞᄂᆞ뇨你니니家갸갸請칭칭我오어来레래○네집의셔나를請ᄒᆞ엿ᄃᆞ냐㊊

莫모맘惹여여他타라走주증去큐큐了랴량罷바빠○뎌를집작말고ᄃᆞ라남이무던

다ᄒᆞ 丑 儞니니 走증주 走증주 上썅샹 天텬텬 去큐큐 ○ 라네 나ᄃᆞ 하라 놀나 로다 올ᄃᆞ

ᄯᅡ라 갈 淨 怕파파 他타타 做주주 甚씸슴 的디디 ○ 슴뎌 ᄒᆞ롤 리저 오펴 무 他타타

消샿샤 我어오 一이이 拳퀀퀀 一이이 脚갸교 ○ 리뎨 에내 져ᄒᆞᆫ 피주 리먹 라ᄒᆞᆫ 다 、 奎

莫맣모 動뚱둥 手싷ᄉᆞ 等등등 我어오 問운운 他타타 ○ 말손 고을 내움 뎌ᄌᆞ ᄃᆞ기 려디

뭇ᄃᆞ 기리 로라 기 儞니디 是쓰스 甚씸슴 麽마마 人신인 ○ 사너 롬ᄂᆞᆫ 인이 다엇 뎐 丑

我어오 是쓰스 儞니니 家갸갸 老랖랖 子즈즈 ○ 로나 라ᄂᆞᆫ ○이 老네 學집 養老 筆子 記ㅣ

西隱 父曰 老俚 子俗 謂 奎 儞니니 是쓰스 甚씸슴 麽마마 人신인 ○ 던너 사ᄂᆞᆫ 롬이 인엇

다 丑 我어오 是쓰스 儞니니 家갸갸 爺여여 爺여여 ○ 爺나 爺ᄂᆞᆫ ㅣ이 로네 라집 淨

儞니니 是쓰스 甚씸슴 麽마마 人신인 ○ 사너 롬ᄂᆞᆫ 이이 완엇 더던 敢간간 這져져 等

등등 無무우 禮리리 ○ ㅣ敢 업히 스이 뇨리 禮 丑 我어오 是쓰스 儞니니 家갸갸 七

칭치 祖주주 先션션 靈링링 ○ 祖나 先ᄂᆞᆫ 靈이 이네 로집 라七 奎 這져져 廝ᄉᆞ스 好핳핲

無 무우 禮 리리 傷 샹샹 人 인신 父 뿌부 母 무무 ○ 이놈아ᄆᆞ장禮업서 사ᄅᆞᆷ의父母ᄅᆞᆯ傷ᄒᆞ

ᄂᆞ고 나 ㊀丑 傷 샹샹 人 인신 父 뿌부 母 무무 不 봉부 曾 쯩층 傷 샹샹 狗 긍구 父 뿌부

母 무무 ○ 사ᄅᆞᆷ의父母ᄅᆞᆯ傷ᄒᆞ엿디일쯕 개父母ᄂᆞᆫ傷티아니ᄒᆞ엿노라 ㊀末 父 뿌부 母 무무 之

즈 즘 讐 쯤츄 不 붕부 與 유유 共 궁궁 戴 대대 天 텬텬 ○ 父母의원슈ᄂᆞᆫ더 부러ᄒᆞᆫ가지로하

놀을이디아니ᄒᆞᄂᆞ 니 ○本禮記曲禮語 我 어오 每 믜믜 不 붕부 曾 쯩층 惹 여여 你 니니 ○

우리들히일쯕너ᄅᆞᆯ집 쟉디아니ᄒᆞ엿거늘 如 유유 何 허허 便 뼌변 開 개개 口 킁쿠 傷 샹샹

人 인신 ○ 엇디곳입을열어 사ᄅᆞᆷ을傷ᄒᆞᄂᆞᆫ다 ㊀丑 傷 샹샹 人 인신 傷 샹샹 人 인신 傷 샹샹

狗 긍구 裏 리리 ○ 사ᄅᆞᆷ을傷ᄒᆞ나사ᄅᆞᆷ을傷 ᄒᆞ나개ᄅᆞᆯ傷ᄒᆞ엿노라 ㊀净 這 져져 廝 ᄉᆞ스 好

향한 無 무우 理 리리 打 다다 打 다다 ○ 이놈이ᄆᆞ장無理 ᄒᆞ니티이쟈티쟈 ㊀小生 兄 흉흉 弟

띠디 息 싀시 怒 누누 ○ 아ᄋᆞ야怒 ᄅᆞᆯ그치라 狗 긍구 咬 얄얀 人 인신 不 붕부 中 중중 人

인신 也 여여 咬 얄얀 狗 긍구 一 힝이 口 킁쿠 ○ 개사ᄅᆞᆷ을무러든사ᄅᆞᆷ 도개ᄅᆞᆯᄒᆞᆫ입으로믈기

맛당티 아니ᄒᆞ고ˎ 驢 류류 踢 티틍 人 신신 不 부붕 中 중즁 人 신신 也 여여 踢 티틍 驢
류류 一 이광 脚 교걓 ○ 나귀 사ᄅᆞᆷ을 ᄎᆞ거든 사ᄅᆞᆷ도 나귀ᄅᆞᆯ ᄒᆞᆫ 발로 ᄎᆞᆷ이 맛당티 아니ᄒᆞ니 俺 암함
走 주즘 去 큐큐 罷 바빠 ○ 우리 ᄃᆞ라남이 무텬ᄒᆞ다 ㊀丑 打 다다 這 져져 羣 균균 小 샨샹
狗 쿠킁 ○ 이 무리 져근 개ᄅᆞᆯ 티쟈 ㊀淨 打 다다 這 져져 廝 스ᄉᆞ 打 다다 這 져져 廝 스ᄉᆞ
○ 이놈을 티쟈 이놈ᄋᆞᆯ 티쟈 ㊀丑 打 다다 死 스ᄉᆞ 人 신신 打 다다 死 스ᄉᆞ 人 신신 ○ 사ᄅᆞᆷ
ᄋᆞᆯ려 죽인다 사ᄅᆞᆷ을려 죽인다 這 져져 廝 스ᄉᆞ 人 신신 多 도뎌 ○ 이놈이 사ᄅᆞᆷ 이만ᄒᆞ니 我
오어 打 다다 他 타타 不 부붕 過 고궈 ○ 내 뎌ᄅᆞᆯ 티디 못ᄒᆞ리로다 我 오어 兒 슬ᅀᆞᆯ 你 니니
莫 모망 走 주즘 ○ 내 아히야 네 ᄃᆞ라나디 말라 我 오어 回 휘훼 家 갸갸 喚 훤훤 我 오어
老 랖람 婆 포뽀 來 레래 打 다다 你 니니 ○ 내 집의 도라가 우리 老婆ᄅᆞᆯ 불러와 너ᄅᆞᆯ 티리라
我 오어 那 나나 老 랖람 婆 포뽀 好 한함 善 션션 裏 리리 ○ 우리 뎌 老婆ㅣ ᄀᆞ장 착ᄒᆞ니
我 오어 只 즈즁 怕 파파 你 니니 也 여여 學 효햫 我 오어 走 주즘 往 왕왕 床 촹좡 底

디디 下햐하去큐큐躲더도 ○ 내그저저프건대너도내ᄃ라나 床아릐를향ᄒ여가숨오믈벼홀

ᄽᄒ노라 好항한漢한한莫맙모走즘주 ○ 好漢아ᄃ라 나디말라 無무우事쑹스我

어오當당당 ○ 일이업스면 내당ᄒ고 人신신来래레我어오走즘주 ○ 사룸이 오면내

ᄃ라나 리라 (奎) 今긘긴日싱시好항한沒몽무来래레由임우 ○ 오늘ᄀ장 속졀업시

擅좡좡着쨔죠這져져箇거거醉쥐쥐漢한한 ○ 이醉ᄒ놈을 맛낫더니 遭잠잔是

쑹스他타타也여여走즘주去큐큐了랼랴 ○ 마좀뎨ᄃ라 날시만뎡 若샵쇼是쑹스

有임부些서서失싱시錯참초 ○ 만일져기그롯 흠이잇든들 豈키기不붕부貽이이

母무무親친친之즈즈憂잏우 ○ 얻디母親의근심을 깃티디아니ᄒ리오 古구구之즈즈

孝향햐子즈즈 ○ 녓孝 子는 一잉이擧규규足좋주而슬술不붕부敢간간忘망왕

父뿌부母무무 ○ ᄒ번발을들매감히父 母를닛디아니ᄒ며 一잉이出츄츄言연연而

슬술不붕부敢간간忘망왕父뿌부母무무 ○ ᄒ번말을내매감히父 母를닛디아니ᄒ야

惡합어言연연不붕부出츙츄於유유口쿵쿠○사오나온말숨을입에내디아니ᄒᆞ며

忿뿐븐言연연不붕부反반반於유유身신신○분ᄒᆞᆫ말숨이몸에도라오다아니ᄒᆞᄂᆞ니

○樂正子春語凡빤반戲히히無무우益잉이○물읫희롱이益홈이업ᄉᆞᆫ디라從쭝충今

긴긴以이이後흫후○이제로붓더뻐후란俺함암兄흉훙弟때디再재재不붕부許

휴휴出춍츄来래레戲히히要쏴솨了량랴○우리兄弟ㅣ다시나와ᄀᆞ램을허티마쟈㊀争

哥거거哥거거說쉉쉬得듷더有잉익理리리○형의닐옴이有理ᄒᆞ다㊀奎俺함암

上썅샹緊긴긴回휘휘家갸갸去큐큐了량랴罷빠바○우리밧비집의도라감이무던

다ᄒᆞ恐쿵쿵母무무親친친在쩨재家갸갸掛과과念년년○저프건대母親이집의계

셔掛念ᄒᆞ실가ᄒᆞ노라

㊀夫老랗랖身신신是쑿스前쪈쳔伍우우太태태守싷식的딩디繼기기室싷시

○老身은이前伍太守의繼室이라年년년十씽시七칭치歸귀귀伍우우氏쏭스○

나히十七의伍氏의도라가 二슬슬 十시씽 四스스 歲쉬쉬 夫부부 亡왕망 守삭심 寡

과과 ○ 二十四歲예夫ㅣ亡홈애守寡ᄒᆞ여 養양양 育유융 夫부부 前천쪈 妻치치 子즈즈

伍우우 倫륜륜 全춴쮠 ○ 夫의前妻의아ᄃᆞᆯ伍倫全을養育ᄒᆞ니 年년년 二슬슬 十시씽

歲쉬쉬 ○ 나히二十歲오 我오어 親친친 生ᄉᆡᆼ승 的디딩 兒슬쓰 子즈즈 伍우우 倫

륜륜 備비삐 ○ 내親生ᄒᆞᆫ兒子伍倫備ᄂᆞᆫ 年년년 十시씽 七치칭 歲쉬쉬 ○ 나히十七歲오

又야임 有야임 義이이 子즈즈 安안한 克키큭 和호훠 ○ 伍義子安克和ㅣ이시니 年

년년 十시씽 六루룽 歲쉬쉬 ○ 나히十六歲라 這저져 三산산 箇거거 孩해해 兒슬쓰

○ 이세아ᄒᆡ를 我오어 做주주 一이ᅙᅵ 般번번 看간간 成칭쪙 他타타 ○ 내ᄒᆞᆫ가지

로뎌ᄅᆞᆯ보ᄉᆞᆯ피되 一이ᅙᅵ 向향향 為위위 他타타 父부뿌 早잔쨘 亡왕망 ○ 一向뎌의

父ㅣ일죽음을為ᄒᆞ여 不부붕 曾층쯩 敎갸걍 他타타 讀두뚱 得더딍 書슈슈 ○ 일쯕

뎌로ᄒᆞ여글닑히디못ᄒᆞ엿노니 永융융 安안한 何허헣 在재째 ○ 永安아어ᄃᆡ잇ᄂᆞᆫ다 (末)

有임우有임우○잇잇ᄂᆞᄂᆞ이이다다食씽시人신인之즈즈食씽시則즹저當당당

事쓰스人신인之즈즈事쓰스○사ᄅᆞᆷ의밥을먹으면맛당이 사ᄅᆞᆷ의일을일삼을써라娘

냥냥娘냥냥萬완완福붕부○娘娘萬福喚훤훤永융융安안안有임우何혀허使

쓰스令링링○永安을브ᄅᆞ시니므合 使令이잇ᄂᆞ니잇고㊀古구구人신인有임우言

연연○古人이말 을두되父뿌부母무무養양양其끼키子즈즈而슬술不붕부教

걒갼○父母ㅣ그ᄌᆞ식을기ᄅᆞ 되ᄀᆞᄅᆞ치디아니ᄒᆞ면是쓰스不붕부愛해애其끼키子즈즈

也여여○이그ᄌᆞ식을ᄉᆞ랑티아니홈이 라ᄒᆞ니○柳屯田開勸學文我어오三산산箇거거

孩해해兒슬술○우리세 아ᄒᆡ昨쫭조日잉시都두두往왕왕何혀허處츄츄遊

耍솨솨○어제다어늬곳 에가ᄆᆡ랙던요這져져等등등青칭칭春츈츈年년년紀

기기○이런青春 年紀예旣기기不붕부為위위農눙눙○임의農을ᄒᆞ 디아니ᄒᆞ며又

임우不붕부為위위工궁궁商샹샹○또工商도ᄒᆞ 디아니ᄒᆞ고終중중日잉시如유유

此ᄎᆞ츠遊ᅌᅡᇢ우蕩땅당 ○ 終日토록 이러ᄐᆞ시 遊蕩ᄒᆞ니 怎즘즘生승승是ᄊᆞ스了랴랴

○ 엇디 올ᄒᆞ리오 況황황我어오家갸가世ᄉᆡ시代때대讀뚱두書슈슈做주주官

권권 ○ ᄒᆞ믈며 우리 집이 世代로 글 닑어 벼슬ᄒᆞ여시니 若ᅀᅣᇢ요是ᄊᆞ스而ᅀᅳᆯ슬今긴긴不

봉부肯큰큰向향향學ᅘᅣᇢ효 ○ 만일 이제 즐겨 向學디 아니ᄒᆞ면 他타타日ᅀᅵᆼ이何ᅘᅥ허

緣연연紹쌸샤續쓩슈箕기기裘끟쿠 ○ 他日의 엇디 말ᄆᆡ암아 箕裘를 니ᄋᆞ리오 ○ 學記云

良弓之子先學爲箕 良冶之子先學爲裘 若ᅀᅣᇢ요還ᅘᆑᆫ환敗배배壞ᅘᆐ홰了랴랴家갸가門

믄믄 ○ 만일 도로혀 家門을 敗壞ᄒᆞ면 使ᄉᆞ스我어오何ᅘᅥ허面면면目몽무 ○ 날로 ᄒᆞ여

곰 어늬 面目으로 見견견他타타老랄랄子즈즈於유유地띠디下ᅘᅣ하 ○ 뎌의 아비

를 地下의 가 보리오 你니니看칸간那나나裏리리有잉우教걓갸學ᅘᅣᇢ효先션션生

승승 ○ 네 보라 어뎌 教學ᄒᆞ는 先生이 잇는고 替티티我어오訪방방一힝이箇거거 ○

날을 ᄀᆞᄅᆞ차ᄒᆞ 나흘 太ᄌᆞ라 我어오這져져裏리리備삐비表뱔뱌裏리리羊양양酒

작징去큐큐○내여셔表裏와半酒를又초아가請칭칭他타타做주주門문문館권권

先션션生숭승○더블請ᄒᆞ여門館先生을삼아○譯語類解집의두고글비호는스승教걍갸

這져져三산산箇거거孩해해兒ᅀᆞᆯ슬○이세아히를ᄆᆞ르쳐使ᄉᆞ스他타타成칭찡

器기기○더로ᄒᆞ여곰成器ᄒᆞ여免면면得더듸敗배배壞홰홰了랴랴家갸가門

문문○家門敗壞홈을免홈이多도더少샤샹是ᄊᆞ스好화항○언머이됴거니ᄯᅩ녀(末)

理리리會회휘得더듸○알파이다

(外)我어오是ᄊᆞ스闕궈궈里리리人신신氏ᄊᆞ스○나는이闕里人氏라○漢晉春秋闕

里在兗州有孔子故宅姓싱싱施ᄊᆞ스名밍밍善션썬教갸걍○姓은施오일홈은善教ㅣ일

니人신신號할핳我어오做주주古구구懋퍼펑先션션生승승○사ᄅᆞᆷ이날을號

ᄒᆞ여古懋先生이라ᄒᆞᄂᆞ니○字箋俗以氣質偏頗謂之懋性平핑뼁生승승諸쥬쥬事ᄊᆞ스不

부봉會휘휘○平生의諸事를아디몯ᄒᆞ되自즈ᄍᆞ少샤샹讀두뚱得더듸幾기기句

규규書슈슈 ○졈어셔브터 여러 귀 글을 닐으며 做주주得득더幾기기句규규詩亽스

○여러 귀 詩를 지으며 寫셔셔得득더幾기기箇거거字쯔즈 ○여러 字를 썻ᄂᆞ니 有

잉우人신신請칭칭我오어教갸갸他타타兒亽슬子즈즈 ○사ᄅᆞᆷ이 날을 請ᄒᆞ여 이셔

뎌의 兒子를 ᄀᆞᄅᆞ치라 ᄒᆞ면 定띵딩是亽스用융융心신신不부붕敢간간苟구구且

쳐쳐 ○일뎡히 用心ᄒᆞ고 敢히 苟且히 아니ᄒᆞ리라 苟且心經釋疑知其不可而因循不改之謂 ○正

징징是亽스文운운章쟝쟝不부붕及기끕翰한한林린린院원원 ○졍히 이 文章은

翰林院의 밋디 몯ᄒᆞ나 ○唐翰林故事翰林院在右銀臺門內麟德殿西盖天下藝能伎術見召者之所處

法바방度두뚜嚴언연過고귀按안한察차찰司亽스 ○法度는 嚴홈이 按察司에셔 디

나도다 ○唐景雲二年置十道按察使每道各一人按擧州縣 (末)先션선生승승拜배배揖이읍

○先生아 拜揖ᄒᆞ노이다 (外)俫니니是亽스何허허人신신 ○너는 이엇던 사ᄅᆞᆷ인다

(末)小샤샹子즈즈是亽스伍우우馬마마坊방방伍우우太태태守식싱宅저찡

上샹샹使스ᄉᆞ喚훤훤的디듸○小子ᄂᆞᆫ 五馬坊伍太守집 使喚ᄒᆞᄂᆞᆫ 이라 令긴긴日
싀싱承칭찡老랖랗夫부부人신신教걒걓旨즈즈○오ᄂᆞᆯ老夫人의教旨를 밧ᄌᆞ오니
着죠쨯我오어請칭칭一이흥箇거거有우임德더듷行힝ᅘᆡᆼ有우임文운문學
효햫的디듸先션션生승승○날로ᄒᆞ여文學잇ᄂᆞᆫ德行이시며先生을請ᄒᆞ여教걒걓他
타타三산산位위위公궁궁子즈즈○뎌三位公子를ᄀᆞᄅᆞ치려ᄒᆞ시니久긷긷聞운문
先션션生승승尊준준名밍밍○오래先生의尊名을드럿ᄂᆞᆫ디라特듸뜽来레래相
샹샹請칭칭○부러와서請ᄒᆞᄂᆞ이다㉻老랖랗兄흉흉誤우우矣이이○老兄이그
다ᄅᆞ小샾샿子즈즈只즈즈是스ᄊᆞ訓훈훈小샾샿童퉁뚱蒙뭉뭉○小子ㅣ그저小
童蒙을ᄀᆞᄅᆞ쳐做주주些셔셔對뒤뒤句규귀○져기뎐구지이며讀두뚱千쳔쳔字
즈즈文운문百버븨家가가姓싱싱而슬ᄉᆞᆯ已이이○千字文과百家姓을닑힐ᄯᆞᄅᆞᆷ이니
○千字文梁武帝取鍾王書中一千字片紙雜碎命周興嗣韻之蜀都雜抄百家姓出於宋朝故首以趙錢孫

李尊國姓也 若샾샤 說숴쉬 有우임 德더듷 行힝힝 有우임 文운문 學효햫 的디듸

○만일德行이시며文學잇는이를닐을연대 小샾샤 子즈즈 決궤궈 不부봉 敢간간 當

당당 決궤궈 不부봉 敢간간 當당당 ○小子ㅣ결단코敢히當티못ᄒᆞ리로다결단코敢히當티

못ᄒᆞ리로다 ㊟末 先션션 生싱승 休힉휘 謙견견 ○先生은겸양티마ᄅᆞ쇼셔 ㊟外 果고궈

是스쏘 夫부부 人신신 有우임 請칭칭 ○請과연이夫人이이시면 小샾샤 人신신

便변뼌 去큐큐 ○小人이가리라 곳 轉줜줜 彎완환 抹모뭥 角교걓 ○구븨도라모ᄅᆞ스

서 這져져 裏리리 便변뼌 是스쏘 五우우 馬마마 坊방방 伍우우 太태태 守삭심

宅져쪙 上샹쌍 ○예는곳이五馬坊伍太守의집이니 呀하하 好한함 大다따 人신신 家

가가 ○하됴ᄒᆞᆫ大人家ㅣ로다 ○字箋呀張口貌又音ㅣ야驚異聲 家가가 門믄믄 整징징 整징징

○家門이整ᄒᆞ고整 僮퉁뚱 僕부뿡 馴슌쓘 馴슌쓘 ○僮僕이馴馴ᄒᆞ니 ○字彙馴馴順善

貌 是스쏘 好한함 家가가 法바방 ○法이됴ᄒᆞᆫ家法이로다 ㊟末 先션션 生싱승 来레래

了 랴랸 ○ ㄴ先 이生 다이 오 (夫)至 즈즈 樂 랍로 莫 맙모 如 슈슈 讀 뚱두 書 슈슈 ○

곳至 트樂 니은 업讀 고書 至 즈즈 要 량약 莫 맙모 如 슈슈 教 걒갸 子 즈즈 ○ 至要 敎子 곳는

ᄉᆞ三 니닉 라업 (未)先 션션 生 승승 到 당도 了 랴랸 ○ 先生 ㄴ이 이니 다 ㄹ (夫)請 칭칭

進 진진 来 래레 ○ 아請 오ᄒᆞ 라여 나 (外)夫 부부 人 신신 拜 배배 揖 흡이 ○ 아夫 拜人

이揖 다ᄒᆞ ㄴ (夫)先 션션 生 승승 萬 완완 福 봉부 ○ 萬先 福生 老 랄랃 身 신신 有 임우

三 산산 箇 거거 孩 해해 兒 슬슬 ○ ᄒᆡ老 이身 시이 되세 아 夫 부부 主 쥬쥬 早 잠잔 亡

망왕 失 승시 教 걒갸 ○ ᄅᆞ지 침아 을비 일알 허죽 시어 니마 敢 간간 望 망왕 先 션션 生 승승

○ 니감 先히 生ㅂ 은라 ㄴ 發 방바 蒙 뭉뭉 指 즈즈 教 걒갸 ○ 教發 ᄒᆞ蒙 여指 使 슝스 得

더 등 成 찡칭 人 신신 ○ 人ᄒᆞ 게어 ᄒᆞ곰 면成 不 붕부 敢 간간 有 임우 忘 망왕 ○ 낫감 디히

아리 이니 다ᄒᆞ (外)只 즈즈 恐 쿵쿵 老 랄랃 夫 부부 愚 유유 魯 루루 ○ 대그 老저 夫저 ㅣ권

ᄒᆞ愚 여魯 不 붕부 足 죵주 以 이이 副 부부 老 랄랃 夫 부부 人 신신 之 즈즈 望 망왕 ○

족히 老夫人의 ᄇᆞ람을 맛치디 못ᄒᆞᆯ싸 ᄒᆞᄂᆞ이다 (夫)萬완완望왕왕先션션生승승用융융
心신신訓훈훈誨휘휘 ◯ 萬望ᄒᆞᄂᆞ니 先生은 用心訓誨ᄒᆞ쇼셔 (자)老랖랖夫부부嘗
짱창 見견견人신신家갸갸請칭칭先션션生승승来래레教걒갼其끼기子즈즈
弟떠디 ◯ 老夫ㅣ 일쪽 人家의셔 先生을 請ᄒᆞ여 와 그 子弟 ᄀᆞᄅᆞ침을 보니 飯빤반来래레嫌
혐현 無무우下햐햐飯빤반 ◯ 밥이 옴애 반찬 업슴을 혐의로 아ᄒᆞ며 送숭숭酒짇직来
래레 又잉우嫌혐현淡땀단薄빡보 ◯ 술을 보냄애 또 淡薄홈을 혐의로 아ᄒᆞ고 四ᄉᆞᄉᆞ時
쓰스 責쩡저人신신家갸갸節졍져禮리리束숭수修싱식 ◯ 四時節에 禮로 人家와 束
修를 責ᄒᆞ야 ◯ 修脯也 十脡為束 論語 自行束修以上 吾未嘗無誨焉 分뿐분文문운不붕부到
당단 便뻔변形헝힝於유유言연연色싕서 ◯ 分文만 니ᄅᆞ디 아니ᄒᆞ여도 곳 言色에 나타내
고 及끵기至즈즈教걒갼人신신子즈즈弟떠디 ◯ 맛ᄉᆞᄅᆞᆷ의 子弟를 ᄀᆞᄅᆞ침애 니ᄅᆞ러
는 全쭨쥔不붕부用융융心신신 ◯ 젼혀 用心티 아니ᄒᆞ여 人신신家갸갸兒슬술

子즈ᄌᆞ○人家兒子ㅣ本본본不부불會회ᄒᆔ讀두독書슈슈○본ᄃᆡ글닑을줄을아
디못ᄒᆞ거늘便변뼌假갸갸說숴워他타타會휘ᄒᆔ讀두독書슈슈○곳거즛닐ᄋᆞ되
뎨글닑기를다ᄒᆞ고안다ᄒᆞ고本본본不부불會휘ᄒᆔ對뒤뒤句규규○본ᄃᆡ구졀을아디못
ᄒᆞ거늘便변뼌假갸갸說숴워他타타會휘ᄒᆔ對뒤뒤句규규○곳거즛닐ᄋᆞ되뎨변
구ᄒᆞ기안다ᄒᆞ여以이이喜히히悅워웡父부뿌母무무之즈ᄌᆞ心신신○父母의
ᄆᆞ옴을깃게ᄒᆞ야希히히求킈ᄭᅵᆷ財채ᄍᆡ物우뭉○財物을希求ᄒᆞ고甚신씬者져져
縱중중人싄신子즈ᄌᆞ弟디떼○십ᄒᆞᆫ者는사ᄅᆞᆷ의子弟를노화任신신其키끼嬉히히
戲히히無우무度두뚜○그嬉戲를任ᄒᆞ니無度非뵈뵈徒투뚜無우무益이이○
ᄒᆞᆫ갓益홈이업슬ᄲᅮᆫ아니라而ᄉᆞᆯ슬又우임損순순之즈ᄌᆞ○또損ᄒᆞ는디라古구구人
신신云윤윤○녯사ᄅᆞᆷ이닐오되食시ᄊᆞᆼ焉연연而ᄉᆞᆯ슬怠대때其키끼事스ᄊᆞ必
비방有우임天텬텬殃양양○食ᄒᆞ고그일을게을리ᄒᆞ면반ᄃᆞ시天殃이이시리라ᄒᆞ니○韓昌

黎坊者王承福傳語 後훟후 来래레 這져져 等등등 人신신 多더도 不붕부 長쨩창 進

진진 ○ 후에이런사ᄅᆞᆷ이 해長進티몯ᄒᆞ며 子ᄌᆞᆼ즈 孫순순 多더도 不붕부 昌챵창 盛씽싱

○ 子孫이해昌盛 티몯ᄒᆞᄂᆞ니 老랗랖 夫부부 文문운 學햫효 雖쉬쉬 不붕부 及끵기

人신신 ○ 老夫ㅣ文學이비록사 ᄅᆞᆷ의게밋디몯ᄒᆞ나 至ᄌᆞᆼ즈 於유유 規귀귀 矩규규 一

이흥 節졍져 實싱시 不붕부 放방방 過귀고 ○ 規矩一節에니르러ᄂᆞᆫ 實로放過티아니ᄒᆞ리

이다 ㊈ 先션션 生승승 肯큰큰 如유유 此ᄎᆞᆼ츠 用융융 心신신 ○ 先生이즐 겨이러ᄐᆞᆺ

用心ᄒᆞ 시면 非븨븨 但딴단 兒ᅀᆞᆯᅀᆞᆯ 子ᄌᆞᆼ즈 每믜믜 有잎우 幸ᄻᆡᆼ힝 ○ 다만兒 子ᄃᆞᆯ히

幸이이실 ᄲᅮᆫ아니라 實싱시 是ᄊᆞᆼ스 伍우우 氏ᄊᆞᆼ스 祖주주 宗중중 有잎우 幸ᄻᆡᆼ힝 ○

진실로이伍氏祖宗에 幸이이시리로소이다 老랗랖 身신신 每믜믜 見견견 人신신 家갸갸

延연연 待때대 師ᄉᆞᆼ스 儒유유 敎갸갸 訓휸휸 其끼키 子ᄌᆞᆼ즈 ○ 老身이미 양人家ㅣ

師儒를마자뎌접ᄒᆞ야 그ᄌᆞ식ᄀᆞᄅᆞ침을보니 但딴단 是ᄊᆞᆼ스 苟궁구 應잉잉 故구구 事ᄊᆞᆼ스

而 ᅀᅳᆯᄉᆞᆯ 已 이이 ○다ᄆᆞᆫ 이구챠히 故事ᄅᆞᆯ 應ᄒᆞᆯ ᄯᆞᄅᆞᆷ이오 茶 짜차 不 봉부 茶 짜차 飯 빤반

不 붕부 飯 빤반 ○茶ㅣ 茶 아니며 밥이 밥 아니오 東 숭수 修 싷식 禮 리리 節 졍저 不 붕부

以 이이 時 ᄊᆞᄉᆞ 進 진진 ○東修禮節을 ᄲᅢ로ᄡᅥ 나오디 아니ᄒᆞ니 做 주주 先 션션 生 ᄉᆞᆼ승

的 딩디 見 견견 其 끼키 如 ᅀᅲ유 此 ᄎᆞᄎᆞ ○先生되엿ᄂᆞᆫ이 그 이러ᄐᆞᆺᄒᆞᆷ을 보고 往 왕왕 往 왕왕

不 붕부 肯 큰큰 用 융융 心 신신 ○往往애 즐겨 用心티 아니ᄒᆞᄂᆞ니 他 타타 殊 쓔슈

不 붕부 思 ᄉᆞ스 量 량량 ○뎌 ᄌᆞ못 ᄉᆡᆼ각디 못ᄒᆞᆷ이로다 人 ᅀᅵᆫ신 家 갸갸 父 뿌부 母 무무

○人家父母ㅣ 平 삥핑 日 ᅀᅵᆼᅀᅵ 積 징지 攢 잔잔 家 갸갸 私 ᄉᆞ스 ○平日의 家私를 積攢

ᄒᆞ며 ○攢恐儹 字字彙聚也 置 징지 立 링리 產 찬찬 業 ᅌᅧᆼ여 ○產業을 置立ᄒᆞᆷ은 都 두두

只 즈ᄌᆞ 是 ᄊᆞᄉᆞ 為 위위 兒 ᅀᆞᆯ 子 즈ᄌᆞ ○다 그저 이 兒子ᄅᆞᆯ 為ᄒᆞᆷ이라 若 ᅀᅣᆼ쇼 是 ᄊᆞᄉᆞ

兒 ᅀᆞᆯ 子 즈ᄌᆞ 不 붕부 成 찡칭 器 키기 ○만일 兒子ㅣ 成器티 못ᄒᆞ면 都 두두 是 ᄊᆞᄉᆞ

別 뼈벼 人 ᅀᅵᆫ신 的 딩디 ○다 이 다ᄅᆞᆫ 사ᄅᆞᆷ의 거시니 非 뷔븨 止 즈ᄌᆞ 悞 우우 了 랴랴 兒

子즈一이身신 ○ 다ᄆᆞᆫ 子의 一身을 그릇ᄒᆞᆯ ᄲᅮᆫ 아니라、 併빙與유一
ᄒᆡᆼ家갸都두悞우了랴 ○ 아오로 一家ᄅᆞᆯ 다가 다 그릇 ᄆᆡᆼ글미니이다 ⑪外 老
랑夫부人신見견識시超찬出츄世시人신 ○ 老夫人의 見識이
世人에 超出ᄒᆞ시니 真진所소謂위女뉴中중君균子즈也여
○ 진실로 니론밧 女中君子ㅣ로소이다 ⑪夫 請칭先션生승坐조 ○ 請건대
先生은 안조쇼셔 老랑身신下햐拜배 ○ 老身이 下拜ᄒᆞ리이다 ⑪外 老랑夫
부不부敢간當당 ○ 老夫ㅣ 敢히 當티 못ᄒᆞ리로소이다 ⑪夫 老랑身신令
긴日ᅀᅵ之즈拜배 ○ 老身의 拜홈은 오ᄂᆞᆯ 非븨但단為위兒ᅀᅳᆯ子
즈 ○ 兒子ᄅᆞᆯ 위ᄒᆞ야 다ᄅᆞᆷ이 아니라 蓋개為위伍우氏ᄊᆞ祖주宗중拜
배也여 ○ 伍氏祖宗을 위ᄒᆞ야 대개 拜홈이니이다 永융安안喚현三산位
위官권人신来래 ○ 永安아 三位官人을 블러오라 請칭先션生승坐

조쥐◯請건대先生은안자 受쓩식 兒슿슬 子즈즈 行헝힝 四슷스 拜배배 禮리리 ◯

兒子의四拜禮行홈을바드쇼셔 先션션 生승승 老랗랖 身신신 退퉈퉈 歸귀귀 ◯先生

아老身이退歸ᄒᆞᄂᆞ니 今긴긴 日ᅀᅵ싀 三산산 箇거거 孩해해 兒슿슬 ◯오늘세아히의

賢현현 愚유유 善션션 惡악어 皆계계 在째재 先션션 生승승 ◯賢愚善惡이다先生

씌잇ᄂᆞ니이다 親친친 心신신 旣기기 盡찐진 三산산 遷천쳔 敎걓갸 ◯어버의모ᄋᆞᆷ은

임의三遷敎ᄅᆞᆯ다ᄒᆞ여서니○列女傳孟母其舍近墓孟子嬉遊墓間母日此非所以處子也乃去舍市傍其

戲爲賈人衒賣之事母日此非所以處子也復徙舍學宮之傍其戲乃設俎豆揖讓進退母日此真可以處吾

子也遂居之 師ᄉᆞ스 敎걓갸 宜이이 加갸갸 百빅비 倍삐비 功궁궁 ◯스싱의ᄆᆞᄅᆞ침

이맛당이百倍功을더ᄒᆞ리로다○學記善者師逸而功倍 (外)學햫효 生승승 授쓩식 書슈슈

是쐬스 何해허 書슈슈 ◯學生의비호ᄂᆞᆫ글이무슴글고 (生)是쐬스 五우우 經강깅

四슷스 書슈슈 ◯이五經四書ㅣ로소이다○詩書易禮記春秋爲五經論孟庸學爲四書 (外)係

니니 隨쮜취 我어오 口쿵쿠 念넌넌 ○ 네 내 입대로 념ᄒᆞ라

㊉ 伍우우 倫륜륜 全쮠췬 讀뚜두 書슈슈 經깅깅 ○ 伍倫全은 書經을 닑으라

㊉ 伍우우 倫륜륜 備삐비 讀뚜두 詩스스 經깅깅 ○ 伍倫備는 詩經을 닑으라

㊉ 安한안 克킈킈 和홰호 讀뚜두 春츈츈 秋칠추 ○ 安克和는 春秋를 닑으라

(奎) 請칭칭 先션션 生승싱 講걍걍 章쟝쟝 書슈슈 與유유 學햫효 生승싱 每믜믜

聽팅팅 ○ 請先生은 章書를 講ᄒᆞ여 學生들희게 들리쇼셔 ㊉ 經깅깅 書슈슈 深신신

奧함오 ○ 經書ㅣ 深奧ᄒᆞ니 伱니니 每믜믜 未뮈위 曉햫햪 得더더 ○ 너희 들히 아디

못ᄒᆞᆯ씨시니 我어오 且쳐쳐 說숴쉬 幾기기 箇거거 故구구 事쓰스 與유유 伱니니

聽팅팅 ○ 내 아직 여러 故事를 닐러 너희게 들리리라 ㊤ 謹긴긴 領링링 命밍밍 ○ 삼가

命을 領ᄒᆞ리이다 ㊉ 古구구 時쓰스 有임우 箇거거 賢현현 人신신 ○ 네ᄒᆞᆫ 賢人이 이

시니 姓싱싱 王왕왕 名밍밍 充충충 ○ 姓은 王이오 名은 充이라 ○ 王充字仲任東漢人必從

班彪學杜門潛思著論衡三十卷章帝時任為從事 家갸가 貧핀빈 好한함 讀두뚱 書슈슈 ◯ 집이 간난호되 글 닑기를 됴히 너기더니

苦쿠쿠 無우무 本븐븐 子즈즈 ◯ 칙업숨을 셜워 每믜믜

日싀잉 去큐큐 市스쑈 上샹쌍 書슈슈 鋪푸푸 中중중 ◯ 每日에 市上書鋪中에 가

借져져 客겨켱 人신신 所소수 賣매매 的디딍 書슈슈 讀두뚱 誦숭쑹 ◯ 客人의 프는 바 칙을 비려 讀誦ᄒ여

以이이 此츠추 盡진진 皆계계 通퉁퉁 記기기 ◯ 일로 다 通記ᄒ고

又우임 有우임 一이흥 箇거거 賢현현 人신신 ◯ 또ᄒ 賢人이 이시니 姓싱싱 匡광광

名밍명 衡힝행 ◯ 姓은 匡이오 名은 衡이라 ○匡衡 字稚圭漢人勤學元帝時拜相 家갸가

貧핀빈 好한함 讀두뚱 書슈슈 ◯ 집이 간난호되 글 닑기를 됴히 너기더니 苦쿠쿠 夜여여

裏리리 無우무 燈등등 燭주죵 ◯ 밤의 燈燭 업숨을 셜워 隔겨격 壁비빙 隣린린 舍셔셔

家갸가 點뎐뎐 燈등등 ◯ ᄇ람을 즈음ᄒ 옷집의셔 등잔을 혓거든 鑿조쟢 開개개

壁비빙 孔쿵쿵 引인인 過고궈 燈등등 光광광 來레래 讀두뚱 書슈슈 ◯ ᄇ람 굼글

뚧고 燈光을 리ᄒᆞ여 와 글을 닑으니 這 져쟈 兩 량량 箇 거거 古 구구 人 신신 ○ 이두古ㅅ 이

後 후ᅘᅮᇢ 皆 계계 以 이이 經 깅깅 學 효ᅘᅣᇢ 進 진진 身 신신 ○ 후에 다 經學으로ᄡᅥ 進身ᄒᆞ여

為 위위 世 시싀 大 다따 儒 슈슈 官 권권 至 즈즈 宰 재재 相 샹샹 ○ 世에 大儒ㅣ 되고 벼

ᄉᆞᆯ이 宰相에 니ᄅᆞ니 ○ 宰相 書傳 周官 冢宰 掌邦治 總百官 均四海 秦漢 為左右丞相 古 구구 時 스쏘

人 신신 這 져져 等 등등 貧 핀삔 窘 균균 ○ 녯 사ᄅᆞᆷ은 이리 貧窘호되 尚 샹쌍 且 쳐쳐 這

져쟈 等 등등 讀 두뚱 書 슈슈 ○ 오히려 ᄯᅩ 이리 글을 닑엇ᄂᆞ니 倸 난난 弟 디떼 兄 훙흉 每

믜믜 ○ 너희 弟兄들이 ○ 四聲通解 倸一作 㑊 汝也 喫 치칭 父 부뿌 母 무무 飯 반빤 ○ 父母

의 밥을 먹으며 穿 쵠쵠 父 부뿌 母 무무 衣 이히 ○ 父母의 오ᄉᆞᆯ 닙고 有 우잉 見 현혠 成

칭찡 書 슈슈 籍 지찡 ○ 見成ᄒᆞᆫ 書籍이 이시며 有 우잉 見 현혠 成 칭찡 燈 등등 火 호훠

○ 見成ᄒᆞᆫ 燈火ㅣ 이시되 尚 샹쌍 不 부불 肯 큰큰 讀 두뚱 書 슈슈 ○ 오히려 즐겨 글을 닑

디 아니ᄒᆞ면 豈 키키 不 부불 是 스ᄊᆞ 痴 치칭 呆 여여 ○ 엇디 이 어리디 아니ᄒᆞ리오 古

구구 人신신 云윤윤 ○古人이 닐오디 勿우몽 謂위위 今긴긴 日시싕 不부붕 學효햫

而슬슬 有우임 来리래 日시싕 今긴긴 年년년 不부붕 學효햫 而슬슬 有우임 来

래리 年년년 ○오늘 비호디 아니ᄒᆞ여 来日이 잇고 올히 비호디 아니ᄒᆞ여도 来年이 잇다 닐으디 말

라 日시싕 月웘웛 逝시씽 矣이이 歲쉬쉬 不부붕 我오어 延연연 ○日月이 가ᄂᆞ디

라 歲ㅣ 날을 延티 아니ᄒᆞᄂᆞ니 다 ᄒᆞ고 ○朱文公勸學文 又우잉 曰웛웛 為위위 學효햫 須슈슈 如

슈슈 上상썅 水쉬쉬 船쥰쮠 ○佐ᄂᆞᆷ오ᄃᆡ 學을 홈을 모롬이 上水船ㅅ ᄐᆡ ᄒᆞ야 一이ᄒᆞᆼ 篙간갿

不부붕 可거거 放방방 下하햐 ○ᄒᆞᆫ 사왓대도 可히 노티 못ᄒᆞᆯ 써시라 ᄒᆞ니 ○朱子語錄語 汝

슈슈 輩비븨 不부붕 可거거 不부붕 勉면면 ㊁너희 믈이 可히 힘쓰디 아니티 못ᄒᆞᆯ 거시니라

㊥謹긴긴 受식씽 教갸걍 ○삼가 ᄆᆞᄅᆞ치심을 바ᄃᆞ리이다 ㊇伱니니 聽팅팅 我오어

說쉬쉐 ○비드ᄅᆞ라 내닐오마라

㊕幸힝힝 蒙믕믕 先션션 生숭숭 指즈즈 教걒걒 ○힝으로 先生의 指教ᄒᆞ심을 닙ᄉᆞ오

되 但딴단是쏘스為위위學햫효之즈즈道땋단不붕부止즈즈一힝이端된된
○一다端모생學이을아ᄒᆞ니는니道ㅣ不붕부知짛지何혀허者져져為위위要향얀
○시아要디ㅣ못되게ᄂᆞ이니다잇므고서伏뽕부望망왕先션션生승송指즈즈示쏘스
一힝이箇거거切쳥쳐要향야處츄츄○處伏를望指先示生ᄒᆞ은쇼ᄒᆞᆫ더切要㊀外善
션선哉재재問믄운善션선哉재재問믄운○善善타타물물음음이이여여聖싱싱賢
현현千쳔쳔言연연萬완완語유유○言聖萬賢語의ㅣ千不붕부過궈고收쉼삭放
방방心신신○나放디心아을니收ᄒᆞ홈니애디收싊삭放방방心신신在째재乎ᅘᆢ후
一힝이箇거거敬깅깅字쯔즈○敬放字心의을잇收ᄂᆞ홈니이라ᄒᆞᆫ衆敬깅깅是쏘스
箇거거甚씸슴的딩디物뭉우件껸견○스敬거은시이며므如슈슈何혀허下햐하
工궁궁○드엇리디릐공잇부고를外先션션儒슈슈說쉉쉬○니先ᄅᆞ儒되ㅣ敬깅깅
者텨져主쥬쥬一힝이無무우適싱시之즈즈謂위위○을敬니은ᄅᆞᆷ主이一니無○適

程子語 敬깅깅 以이이 存춘쭌 心신신 則저즹 心신신 正징징 ◯ 敬으로뻐 ᄆᆞ옴을存

ᄒᆞ면ᄆᆞ옴이교ᄒᆞ고 敬깅깅 以이이 持치찡 身신신 則저즹 身신신 修싀싀 ◯ 敬으로뻐

몸을가디면몸이닷고 敬깅깅 以이이 立리링 事스쓰 則저즹 事스쓰 成칭찡 ◯ 敬으

로뻐일을세오면일이일고 敬깅깅 以이이 待대때 人신신 接저졉 物우웅 事스쓰 上

상썅 臨린린 下하햐 ◯ 敬으로뻐待人接物ᄒᆞ며事上臨下ᄒᆞᆷ애 無우무 所소수 往왕왕 而

슬슬 不부붕 可거거 ◯ 간ᄃᆡ마다可티아닐배업ᄂᆞ니라 衆 畢비빙 竟깅깅 如슈슈 何

허허 下하햐 工궁궁 ◯ 므ᄎᆞᆷ내엇디공부를드리리잇고 外 做주주 這저저 件견견 事

스쓰 則저즹 心신신 在재째 這저저 件견견 事스쓰 上상썅 ◯ 이일을ᄒᆞ면ᄆᆞ옴이이일

에이시며 說쉬쉬 這저저 一이이 句규규 話화화 則저즹 心신신 在재째 這저저 句

규규 話화화 上상썅 ◯ 이ᄒᆞᆫ귀말을니ᄅᆞ려ᄒᆞ면ᄆᆞ옴이이귓말에잇고 要야양 去큐큐 做

주주 這저저 件견견 事스쓰 ◯ 가이일을ᄒᆞ고저ᄒᆞ면 且쳐쳐 莫모망 管권권 他타타

那나나件견견○아직뎌거슬ᄆᆞ옴아다말며要얀향去큐큐東둥둥即지징便변뼌

往왕왕東둥둥邊변변去큐큐○東으로가고져ᄒᆞ면곳東邊으로향ᄒᆞ여가고再재재不

부봉思스ᄉᆞᆼ量량량往왕왕西시시邊변변○다시西邊으로향홈을ᄉᆡᆼ각디아니홈이這

져져便변뼌是스ᄊᆞ用융융工궁궁處츄츄○이곳用工홀곳이라若숍ᄉᆞᆸ其기끼義

이이理리리微위위妙먀먀處츄츄○만일그義理微妙ᄒᆞᆫ곳은等등등你니니學효햫

到닾당那나나田뎐면地디띠時스ᄊᆞ○네學이뎌ᄯᅡ히니롬을기ᄃᆞ려我오어一이흥

一이흥與유유你니니說숴쉬○내一一히너ᄃᆞ려니ᄅᆞ마你니니再재재聽팅팅我

오어說숴숭○네다시드르라내니ᄅᆞ마

(衆)謹긴긴受식씽教갸걓○삼가ᄀᆞᄅᆞ침을바ᄃᆞ리이다(奎)我오어衆중중人신신

且쳐쳐退퉈퉈○우리모ᄃᆞᆫ사ᄅᆞᆷ이아직믈러가ᄂᆞ이다(外)你니니每믜믜迴휘휘来

레래○너희들히도로오라為위위學효햫雖쉬쉬是스ᄊᆞ讀두뚱書슈슈為위위本

븐◯學을홈이비록이글닑기로本을삼으나然션연亦잉이不붕부可커커不붕부識
싱시字쯔즈◯그러나또흔가히字를아디아니티못홀디니欲용유要향야識싱시字쯔즈
◯字를알고져홀띤대先션선要향야辨뺜변聲싱싱◯몬져소릐를분변코져홀띠라我
오어見견견世싱시間견견多더도必샹샨秀싱식才쨰채◯내世間의多少秀才를보
니書슈슈也여여讀뚱두得듷더◯글도닑으며字쯔즈也여여識싱시得듷더
◯字도알오뎌只즈즈是쓰스語유유聲싱싱不붕부正징징◯그語聲이正티못
ᄒᆞ라더俗쑹슈語유유云윤윤◯俗語에닐오디言연연語유유是쓰스人신신出
츄츄馬마마鎗충충◯言語는이사롬의出馬鎗이라ᄒᆞ니○出馬鎗義未詳人신신知징지
你니니有읍우學햫효無무우學햫효◯學이시며學업슴을알려ᄒᆞ면說숴숴
得듷더一힝이口쿠쿠字쯔즈面면면◯一口字面을닐옴애也여여起키키動뚱둥
得듷더人신신◯또사롬을起動ᄒᆞᄂᆞ니若샵요答다다應잉잉上썅샹人신신則

저징 上 샹썅 人 신신 竦 숭숭 聽 팅팅 ◯ 만일웃사ᄅᆞᆷ의게答應ᄒᆞ면웃사ᄅᆞᆷ이竦聽ᄒᆞ고 發

바빵 放 방방 下 하햐 人 신신 則 저징 下 하햐 人 신신 畏 위위 伏 부뿡 ◯ 아릿사ᄅᆞᆷ의게

發放ᄒᆞ면아릿사ᄅᆞᆷ이畏伏ᄒᆞᄂᆞ니○按發放發號放令也 若 쇼샹 是 스ᄊᆞ 口 쿠킇 裏 리리 糢

무무 糊 후후 朦 뭉뭉 朧 룽룽 ◯ 만일이입에糢糊朦朧히ᄒᆞ여 恰 캬컁 似 스ᄊᆞ 舍 한한 麻

마마 紇 그긍 繨 다당 一 이핑 般 번번 ◯ 맛치삼ᄆᆡᄃᆞᆸ어금음ᄒᆞᆫ가지ᄀᆞᆺ토면○字彙繩結不解俗

謂紇繨 縱 쥬즁 是 스ᄊᆞ 詩 스ᄊᆞ 書 슈슈 滿 먼먼 腹 부봉 ◯ 비록이詩書ㅣᄇᆡ예ᄀᆞ득ᄒᆞ며

才 채째 貌 마망 無 우뭉 雙 솽솽 ◯ 才貌ㅣᄡᆞᆨᄯᅵ업ᄉᆞ나 亦 이잉 是 스ᄊᆞ 閑 현혠 ◯ 또ᄒᆞᆫ

이쇽텰업ᄉᆞ나라 伱 니니 聽 팅팅 我 오어 教 갸걍 ◯ 네드르라내ᄀᆞᄅᆞ칠ᄯᅥ시니 伱 니니

依 이히 着 죠쟝 我 오어 口 쿠큭 念 년년 ◯ 네내입대로念ᄒᆞ라 切 쳐쳥 韻 윤윤 先 션션

須 슈슈 辨 변뻔 四 스ᄉᆞ 聲 싱싱 ◯ 韻을切홈애몬져모롬이四聲을분변ᄒᆞ리니○晁氏曰切韻

者上字為切下字為韻其學本出西域今其法類本韻

字各歸於母沈約始以為文章四聲平輕而舉濁先低

中按後屬上低而安去直而高入如平濁而促 五 우우 音 인흠 六 락륙 律 류률 並 빙뱅 兼 견견

行 힝ᅘᆡᆼ ○ 五音六律을ᄅᆞ와兼行ᄒᆞᆯ디라○按宮土音舌居中商金音口開張角木音舌縮却徵火音舌

扗齒羽水音撮口聚六律黃鐘大簇姑洗蕤賓夷則無射大呂夾鐘仲呂林鐘南呂應鐘六爲律六爲呂 難

난난 呼 후후 語 유유 句 규규 皆 계계 名 밍밍 濁 조쫩 ○ 블ᄋᆞ기어려온語句는다濁으로일

홈ᄒᆞ엿고 易 이이 紐 누늉 言 연연 辭 스ᄊᆞ 盡 진진 屬 슈쓩 淸 칭칭 ○ 아오로기쉬온言辭

는다淸에屬ᄒᆞ엿ᄂᆞ니○海篇心鏡脣聲並餅舌聲靈歷並淸齒聲陟珍牙聲迦法喉聲綱各並濁云 脣

춘쭌 上 샹썅 碧 비빙 班 반반 邠 빈빈 豹 밮밤 剝 보밯 ○ 脣上은碧班邠豹剝이라○海篇心

鏡辨聲有十六一脣上二舌頭三撮脣四捲舌五開脣六齊齒七正齒八穿牙九引喉十隨鼻十一上腭十二

平牙十三縱脣十四送氣十五合口十六口開 ㊅淨 我 오어 脣 춘쭌 陋 루릏 風 붕봉 念 뎐톈 不

부븧 得 더듷 ○ 내입유열이陋風ᄒᆞ여티못ᄒᆞ니○陋當作漏 念 先 션션 生 승승 再 재재 敎

갼걍 一 이흥 遍 변변 ○ 先生이다시ᄒᆞᆫ번ᄆᆞᄅᆞ치쇼셔 ㊉外 脣 춘쭌 上 샹썅 碧 비빙 班 반반

邠빈빈豹반밤剝보밤○脣上은碧班邠豹剝이라淨脣춘쥰脣춘쥰脣춘쥰上샹샹

上샹썅上샹썅益이힝益이힝益이힝並빙빙班반반漏루릏落로랑○脣脣上脣

上上益益益并班漏落○口吃狀外脣춘쥰上샹샹碧비빙班반반邠빈빈豹반밤剝

보밤○脣上은碧班邠豹剝이라淨有우잉甚合씸麼마마難난난○므合어려옴이어시

리오我오어這저져遭잔잠會휘휘了랴랼○내아이노번니은脣춘쥰上샹샹碧

비빙歷리링賓빈빈真진진套탄탕托토탕○脣上은碧歷賓真套托이로다外也여여

罷바빠○乍므던다ᄒᆞ舌셔썽頭투뜽當당당滴디딩帝디디都두두丁딩딩○

舌頭는當滴이라帝都丁淨我오어舌셔썽尖전젼兒슬슨禿투퉁念년녇不부붕得

티등○내여혓굿치못ᄒᆞ티무니듸先션션生승승再재재教갸걍一이힝遍변변○

先生이다시ᄒᆞᆫ셔ᄀᆞ르치쇼셔外舌셔썽頭투뜽當당당滴디딩帝디디都두두丁딩딩

○舌頭는當滴이라帝都丁이라淨舌셔썽舌셔썽舌셔썽頭투뜽頭투뜽頭투뜽○舌舌

舌頭頭頭念년년不부붕得더듬了랴량○念리못홀소이다㊕當당당滴디딩帝
디디都두두丁당당○當滴帝都丁이라㊥當당당當당당當당당當당당○當當
當當㊦打다다鑼로러賣매매糖탕땅哩리리當당당當당당當당당當당당○
바라티고엿푸는當當當當이로라○中國賣飴糖者打鑼以售當當鑼聲㊕當당당滴디딩帝
디디都두두丁딩딩○當滴帝都丁이라㊥滴디딩滴디딩滴디딩滴디딩○滴滴
滴滴㊦銅퉁뚱壺후화滴디딩漏루릉滴디딩滴디딩滴디딩○銅壺의滴漏ᄒᆞ는滴
滴滴이로다○張衡渾天儀制曰以銅爲器兩疊差置實以淸水下各開孔以玉爲虬吐水入兩壺左爲晝漏
右爲夜漏㊥我오어會휘훼了랴량○내아노니舌서쎵頭투뜰當당당滴디딩○
舌頭는當滴이로다㊕帝디디都두두丁딩딩○帝都丁이라㊥歷리링地디띠多
도더登등등○歷地多登이라㊕也여여罷바빠○또무던ᄒᆞ다撮초쵷唇츈쭌呼
후후虎후후烏우우嗚우우汚우우○撮唇은呼虎烏嗚汚ㅣ라㊥撮초쵷撮초쵷撮

五倫全備諺解卷一

초촣 撮초촣 唇츈쥰 呼후후 呼후후 呼후후 虍후후 烏우후 鴮우후 汚우후 ○ 撮撮

唇은呼呼呼 虍烏鴮汚ㅣ로다 ㊀外 捲권권 舌셔쎵 伊이히 幽잏힇 乙이힇 意이히 英

잉힝 ○ 捲舌은伊幽 乙意英이라 淨 犬권권 石시씽 伊이히 歐우흫 益이힇 智지징 仁

인신 ○ 犬石은伊歐益 智仁이로다 末 益이힇 智지징 仁신신 倒단담 好한항 做주주

藥요얗 ○ 益智仁은도로혀藥 기도라 ○ 益智仁藥名 外 開개개 唇츈쥰 披피피 頗포퓌

潘반반 披포퓌 拍퍼핑 ○ 開唇은披頗 潘披拍이라 淨 皮피삐 破포퓌 番반반 婆포뿨

朴판팡 ○ 皮破番婆 朴이로다 末 番반반 婆포뿨 莫모맣 不부붕 是스쓿 達다땋 漊

포뿨 ○ 番婆는아니이達婆가 ○ 按番西 夷叱蕃達㕦狄靼韃也 婆文也 外 齊치찌 齒츠ᅀᅳᆼ 之

즈즇 時스씋 實시씽 始스싕 成칭찡 ○ 齊齒는之時 實始成이라 淨 齊치찌 齊치찌 齊

치찌 齊치찌 齊치찌 着죠쨯 牙야야 齒츠ᅀᅳᆼ 說쉬워 不부붕 出츄츙 来레래 ○ 齊齊

齊니ᄅᆞᆯ마조이홈 애닐러내디몯ᄒᆞ니 先션션 生승승 等등등 我오어 開개개 着죠쨯 齒

츠츳 說쉬쉉 ○ 先生아 내 니를 열어 니름을 기드리쇼셔 ㊉外 這져저 句규규 是스씃 齒츠츳

聲싱싱 ○ 이 句는 이 齒聲이니 要야얗 齊치찌 着죠쨯 齒츠츳 說쉬쉉 ○ 니ᄅᆞᆯᄀᆞ즉이ᄒᆞ

야니ᄅᆞ과뎌ᄒᆞ노라 ㊉淨 我오어 說쉬쉉 不부붕 得더득 ○ 내니ᄅᆞ디못홀소이다 ㊉外 再

재재 說쉬쉉 看간간 ○ 다시닐러보라 ㊉淨 齊치찌 耻치칭 齊치찌 齊치찌 齊치찌 耻

치칭 齊치찌 ○ 齊耻齊齊齊耻齊로다 ㊉外 也여여 罷바빠 ○ 또무던ᄒᆞ다 正징징 齒

츠츳 止즈즛 征징징 真친진 志즈즛 只즈즛 ○ 正齒는止征真志只라 ㊉淨 這져저 句

규규 好하핳 念년년 ○ 이 句는 念ᄒᆞ기도ᄒᆞ니 正징징 齒츠츳 正징징 齒츠츳 止

즈즛 征징징 正징징 止즈즛 ○ 正齒는正齒止征正止로다 ㊉外 穿쳔쳔 牙야야 查차짜 摘

저즹 塞서싈 箏종증 笙승승 ○ 穿牙는查摘塞箏笙이라 ㊉淨 這져저 句규규 也여여 容

융융 易이잉 ○ 이 句도 쉬오니 穿쳔쳔 牙야야 查차짜 摘저즹 塞서싈 查차짜 摘저즹

塞서싈 箏종증 箏종증 箏종증 ○ 穿牙는查摘塞查摘塞箏箏箏이로다 ㊉外 引인인 喉

흫후 勾 궇쿠 狗 궇쿠 鷗 흫우 鴉 야야 厄 힝이 ○ 引喉鷗鴉厄ᄂᆞᆫ 勾狗ㅣ라 (淨) 這 져져 句
귀규 念 년년 不 븡부 得 듷더 ○ 이 句ᄂᆞᆫ 念티 몯ᄒᆞ리로소이다 捏 녕녀 嗉 수수 子 즈즈 割
거거 箇 거거 鷄 기기 饒 샹샨 了 랼랴 罷 빠바 ○ 산 ᄃᆡᆨ을 잡아 ᄃᆞᆰ을 버힘이니 말미 무던ᄒᆞ이다
(外) 務 무우 要 햪얀 你 니니 念 년년 ○ 힘ᄡᅥ 녜 념과뎌 ᄒᆞᄂᆞ니 念 년년 不 붕부 得 듷더
打 다다 ○ 念티 몯ᄒᆞ면 티리라 (淨) 先 션션 生 승송 再 재재 念 년년 我 어오 聽 링팅 ○
先生이 다시 念ᄒᆞ쇼셔 내 드르리이다 (外) 引 인인 喉 흫후 勾 궇쿠 狗 궇쿠 鷗 흫우 鴉 야야
厄 힝이 ○ 引喉鷗鴉厄ᄂᆞᆫ 勾狗ㅣ라 (淨) 有 잉우 甚 씸슴 麼 마마 難 난난 ○ 무슴 어려옴이
이시리오 先 션션 生 승송 兩 량량 箇 거거 兩 량량 箇 거거 字 쯔즈 念 년년 ○ 先生은 두
조씩 두조씩 念ᄒᆞ쇼셔 我 어오 聽 링팅 我 어오 便 뼌변 會 휘휘 了 랼랴 ○ 내 드러 내 곳 알
리이다 (外) 引 인인 喉 흫후 ○ 喉引 (淨) 先 션션 生 승송 引 인인 着 쨩죠 一 힝이 羣
균큔 山 산산 猴 흫후 ○ 先生이 ᄒᆞᆫ 무리 山猴를 리ᄒᆞᄂᆞᆫ 괴야 (奎) 胡 후후 說 쉬쉬 ○ 간대로니

다ᄅᆞᆫ ㊉外 勾 쿠 긓 狗 쿠 긓 ○ 狗勾 ㊉淨 先 션 션 生 승 승 勾 쿠 긓 着 죠 쟣 一 이 힝 火 호 훠

野 여 여 狗 쿠 긓 ○ 先生이 ᄒᆞᆫ 무리 여ᄋᆞ를 勾ᄒᆞ는 피야 ○ 勾 拘也 火 恐作夥 多也 ㊉外 鷗 우 응 鴉 야 야

야 야 ○ 鷗鴉 ㊉淨 先 션 션 生 승 승 引 인 인 着 죠 쟣 幾 기 기 箇 거 거 烏 우 우 鴉 야 야 ○

先生이 여러 烏鴉를 引ᄒᆞ는 괴야 ㊉丑 胡 후 흐 說 쉐 쉥 ○ 간매로 니ᄅᆞ다 ㊉外 厄 이 힝 ○ 厄

㊉淨 先 션 션 生 승 승 再 재 재 說 쉐 쉥 ○ 先生은 다시 니ᄅᆞ쇼셔 ㊉外 厄 이 힝 ○ 厄 ㊉淨

先 션 션 生 승 승 再 재 재 說 쉐 쉥 ○ 先生은 다시 니ᄅᆞ쇼셔 ㊉外 厄 이 힝 ○ 厄 ㊉淨 先

션 션 生 승 승 喫 치 칭 得 더 드 冷 릉 릉 飯 반 빤 多 도 더 了 랴 랼 打 다 다 厄 이 힝 ○ 先生

이 冷飯 먹기를 만히 ᄒᆞ야 피기 ᄒᆞ는 피야 ○ 打厄 當作呃 字彙 氣逆上衝作聲 ㊉外 隨 취 쮜 鼻 비 삐 蒿

한 함 豪 한 함 好 한 함 赫 허 헝 亨 훙 훙 ○ 隨鼻는 萬豪好赫亨이라 ㊉淨 隨 취 쮜 笛 디 뗭 嚚

한 함 爻 햪 햪 曉 햪 햪 隙 키 킹 罄 힝 힝 ○ 隨笛은 嚚爻曉隙罄이로다 ㊉外 念 년 년 了 랴 랼

半 번 번 日 싀 싀 纔 채 째 這 져 져 一 이 힝 句 규 규 略 랴 랼 近 긴 긴 些 셔 셔 ○ 半日을 念

홈애ᄌᆞ이흔귀 잠깐갓갑다 合허헝口쿠킁甘간간舍한햔醎현현尷현현甲갸걍○

合口는甘舍醎尷甲이라 淨 合허헝合허헝合허헝合허헝口쿠킁口쿠킁口쿠킁口

쿠킁甘간간甘간간醎현현醎현현尷현현尷현현甲갸걍甲갸걍○合合合合口口

口口甘甘醎醎尷尷甲甲이로다 外 口쿠킁開개개何허허可커커我오어歌거거羹

긍긍○口開는何可我歌羹이라 淨 我오어口쿠킁着죠쟝風봉붕把바바住쥬쥬合

허헝不부븡得더득了랴랼○내입이ᄇᆞᄅᆞᆷ마자벗벗ᄒᆞ여모호디못ᄒᆞ니快쾌쾌請칭칭

太태대醫이이来레래○셜리太醫를請ᄒᆞ여오쇼셔 外 看칸칸一이이看칸칸○

보라 坐 原원원有우잉口쿠킁眼연연喎괘괘斜셔셔病빙삥○본티口眼喎斜病이

잇고나 淨 我오어口쿠킁開개개了랴랼我오어心신신纔채째開개개○내입

이열매내ᄆᆞ옴이ᄌᆞ열리니我오어念년년得더득了랴랼○내念홀소이다口쿠킁開

캐캐何허허可커커我오어歌거거羹긍긍○口開는何可我歌羹이로다 外 這져져

句귀규却컹거念녠년得듷더伶링링例리리○이句는또念기를伶例히ᄒᆞᆫ다(淨)先

션션生승숭早쟝잔敎걓걒這져져一힝이句귀규○先生이블셔이ᄒᆞᆫ귀를ᄀᆞᄅᆞ쳐者

티티學햫효生승숭開재재口큼쿠則즹저○學生을ᄀᆞᄅᆞ차입을여드면句귀규句

규규都두두伶링링例리리了랼랴○句ㅣ마다다伶例히ᄒᆞ리라소이다(外)學햫효生

승승雖쉬쉬是쏘스會휘휘辨변변聲싱싱○學生이비록이소리분변ᄒᆞᆯ줄을아나亦

잉이要향약調땅댜得듷더平삥핑側즹저然연연後흫후不붕부失싱시音힌인

律륭류○또ᄒᆞᆫ平側을고로게ᄒᆞᆫ然後에音律을일티아니ᄒᆞᆯᄊᆡ시니○側與仄同字箋平仄押韻之聲

字有四聲平爲平而上去入爲仄又古有平仄入三聲之說伱니니每믜믜隨쮜쥐着쟢죠我

어오口큼쿠念녠년○니희들히내입대로念ᄒᆞ라

(査)奴누누奴누누是쏘스施쏘스善션션敎걓걒先션션生승숭長쟝쟝女뉴뉴

○奴奴는이施善敎先生의長女ㅣ라○語類解奴奴婦女謙稱之辭一云奴家譯喚훤훤名밍밍

做주주淑숑수淸칭칭○일흠브르기를淑淸이라ᄒᆞᄂᆞ니年년년七칭치歲쉬쉬喪
상상母무무○나히七歲예喪母ᄒᆞ고今긴긴年년년十씽시八방바歲쉬쉬了랼랴
○올히十八歲ㅣ오又잉우有잉우表뱌뱌妹믜믜○또表妹ㅣ이셔○姑之女為表姊妹
喚훤훤名밍밍做주주淑숑수秀심식○일홈부르기를淑秀ㅣ라ᄒᆞᄂᆞ니今긴긴年년년
년년十씽시七칭치歲쉬쉬了랼랴○올히十七歲ㅣ라是쓰스我어오姑구구娘
냥냥的딩디女뉴뉴○이내아비누의ᄯᆞᆯ이니他타타父뿌부母무무俱규규亡망왕
○뎌의父母ㅣ다죽음애父뿌부親친친接졍저来래레家갸갸中중중○父親이집
의ᄃᆞ려와與유유奴누누奴누누做주주伴뻔번○奴奴로더브러벗지으니因힌인此
춍츠排빼패行행항○이런젼ᄎᆞ로行에排ᄒᆞ여奴누누奴누누作잡조大따다姐져져
○奴奴는大姐ㅣ되고○字箋女子之先生者曰姐漢俗呼姊曰姐姐雖非弟妹如遇婦女可展斯須之敬
者亦曰姐姐後做此淑숑수秀심식做주주二슴을姐져져○淑秀는二姐ㅣ되여每믜믜

旧왕이 裡리리 相샹샹 伴뻔번 ◯每日에서 ᄅᆞ벗ᄒᆞ여 讀똥두 孝햐햐 經깅깅 列령려

女뉴뉴 傳쮠쥰 等등등 書슈슈 ◯孝經과列女傳等書를닑고○ 孝經曾子門人所記列女傳漢

劉向所撰 夜여여 間견견 相샹샹 伴뻔번 ◯밤의서ᄅᆞ벗ᄒᆞ여 做주주 些셔셔 女뉴뉴

工궁궁 針진진 指즈즈 ◯져기女工針 指를ᄒᆞ여 片편편 時쓰스 也여여 不불부 得

딍더 閑현현 ◯片時도한가 티못ᄒᆞ니 真진진 箇거거 是쓰스 拘규규 束숭수 得딍더

緊긴긴 ◯진실로이拘束 홈이緊ᄒᆞ디라 今긴긴 日잉이 父뿌부 親친친 不불부 在째재

◯오늘父親이겨 시디아니ᄒᆞ니 偷틍투 向향향 庭띵팅 上쌍상 花화화 欄란란 邊변번

◯ᄆᆞ마니庭上꼿우 리ᄆᆞ을向ᄒᆞ여 行힝힝 走쭈주 一잉이 遭쟝잔 ◯호디위 돈니자 此

츠 時쓰스 正징징 是쓰소 春츈츈 天텬텬 時쓰스 候흫후 ◯이ᄇᆡ正히이 春天時候ㅣ

라 看간간 這져져 花화화 臺태태 上쌍상 花화화 都두두 開개개 了량랴 ◯花이

臺上을봄애꼿 이다픠여시니 真진진 箇거거 可커커 愛해애 ◯진실로ᄉᆞ 랑홉다

(大旦)喚훤훤妹믜믜子즈즈妹믜믜子즈즈○妹子妹子를브ᄅᆞ라○字箋女子後生者曰妹

(小旦)喚훤훤丫야야頭투투何허허在재재○丫頭ᄅᆞᆯ브ᄅᆞ라어ᄃᆡ잇ᄂᆞ뇨○女兒頭上作兩

髻謂之丫頭

(小旦)姐져져姐져져萬완완福봉부○姐姐萬福(大旦)妹믜믜子즈즈萬완완福봉부

○妹子萬福(夆)大따다姐져져姐져져二ᅀᅳᆯ슬姐져져姐져져拜배배揖ᅙᅵᆼ이○

大姐姐二姐姐ㅣ아拜揖ᄒᆞᄂᆞ이다(大旦)媚믜믜春츈츈伱니니是ᄊᆞ스丫야야頭ᄠᆞᆼ투○

媚春아너ᄂᆞᆫ이丫頭ㅣ어ᄂᆞᆯ如슈유何ᅘᅥ허這져져等등등行ᅘᅵᆼ힝禮리리○엇디이리

行禮ᄒᆞᄂᆞᆫ다(夆)我어오是ᄊᆞ스二ᅀᅳᆯ슬儀이이子ᄌᆞ즈○나ᄂᆞᆫ이二儀子ㅣ라○陰陽曰

二儀媚春戱言身兼男女也(小旦)胡ᅘᅮ후說쉬쉬○간대로니ᄅᆞᆫ다(夆)我어오不붕부胡

ᅘᅮ후說쉬쉬○내간대로본옴이아니라天텬텬生승승一ᅙᅵᆼ이男난난對뒤뒤一ᅙᅵᆼ이

女뉴뉴○하ᄂᆞᆯ이ᄒᆞᆫ男을내여一女로對ᄒᆞᄂᆞ니兩량량箇거거姐져져姐져져○두姐

姐는 明밍밍 日ᅀᅵᇰ시 都두두 要야ᅸ 嫁갸갸 姐져져 夫부부 ◯ 니일다姐夫를嫁ᄒᆞ려니

와 只즈ᄌᆞ 是스ᄊᆞ 媚믜믜 春츈츈 終중중 身신신 只즈ᄌᆞ 伏부뿡 事ᄊᆞ스 人신인

◯ 그저媚春은終身토록 그저사ᄅᆞᆷ을伏事ᄒᆞ고 不부붕 改개개 了랴랑 本븐븐 身신신 ◯

本身을고티디 못ᄒᆞᆯ세시니 也여여 是스ᄊᆞ 老랴랑 公궁궁 ◯ 또이老公이며 ○男子尊稱曰

老公 也여여 是스ᄊᆞ 老랴랑 婆포뿨 ◯ 또이老婆ㅣ니○ 女子通稱曰老婆 却거켱 不부붕

是스ᄊᆞ 二을ᅀᅳᆯ 儀이이 子즈ᄌᆞ 怎즘즘 的디딍 ◯ 또이二儀子ㅣ 아니오무섯고 (省) 姐

져져 姐져져 莫모망 聽팅팅 這져져 妮니니 子즈ᄌᆞ 胡후후 說쉬쉐 ◯ 姐姐ㅣ 야이년

의간대로니ᄅᆞᆷ을듯디마라 쇼셔○六書故呼婢曰妮 (査) 今긴긴 日시ᅀᅵᇰ 是스ᄊᆞ 二을ᅀᅳᆯ 月

워웡 十시씽 五우우 日시ᅀᅵᇰ ◯ 오ᄂᆞᆯ은이二月 十五日이라 春츈츈 風붕붕 和호훠 暖

눤눤 ◯ 春風이和 暖ᄒᆞ고 花화화 草찬참 芳방방 菲븨븨 ◯ 花草芳 菲ᄒᆞ니 我오어 與

유유 妹믜믜 子즈ᄌᆞ ◯ 내妹子로 터브러 後후흫 園원원 中즁즁 賞샹샹 翫원원 一

이홍 遭잔장 ○後園中의ᄒᆞᆫ디위구경홈이 多도더 少샾샹 是스쑈 好한항 ○언머이됴

쳐ᄎᆞ 니녀 (亶)姐져져 姐져져 請칭칭 行힝힝 ○姐姐ㅣ야請컨行ᄒᆞ쇼셔 妹믜믜 子

ᄌᆞ조 便변뻔 隨취쮜 後후ᅘᆗ ○後妹子ㅣ곳隨後ᄒᆞ리이다 (華)媚믜믜 春츈츈 也여여 走

주증 一이힝 遭잔장 ○媚春도ᄒᆞᆫ디위가사이다 轉좐줜 過고궈 薔창쨩 薇위뮈 架갸갸

邊변변 木무몽 香향향 棚픙뿡 後후ᅘᆗ ○薔薇가ᄌᆞ와木香가개뒤흘도라디나면 這

져져 裡리리 便변뻔 是스쑈 花화화 園원원 ○예곳이花園이라 姐져져 姐져져 ○

姐姐ㅣ야 柳류릥 搖얀얌 臺태때 榭셔쎠 東둥둥 風붕봉 暖눤눤 ○버들이臺榭에ᄒᆞᆫ득

임애東風이두ᄉᆞ고○臺有屋日榭 花화화 壓야야 欄란란 干간간 春츈츈 晝주징 長창쨩

○곳이欄干을늘녀심애봄낫이기니 眞진진 箇거거 好한항 景깅깅 物우뭉 ○진실로됴

ᄒᆞᆫ景物이로다

(去)媚믜믜 春츈츈 俺암암 姊ᄌᆞ즈 妹믜믜 遊우임 賞샹샹 ○媚春아우리姊妹遊賞홈

애 不부붕 覺교걍 日이싱 色서싕 脫완뢘 了랴량 ○日色이 느즘을 세듯디 못ᄒᆞ엿드니

月워웡 兒슬숭 纔채째 上샹쌍 ○ᄃᆞᆯ이 ᄌᆞ올라시니 伱니니 去큐큐 房방빵 中중중

取츄츄 香향향 案안한 来레래 ○네 房中에 가 香案을 가져오라 我오어 姊즈ᄌᆞ 妹미미

燒샤샿 香향향 祝주죻 願원원 一이힝 畨반반 ○우리 姊妹ㅣ 향을 피워 ᄒᆞᆫ 번 祝願홈이

多도더 少샤샿 是스ᄊᆞ 好하함 ○언머이 됴커니ᄯᅡ녀 (孝) 取츄츄 香향향 案안한 来

레래 了랴량 ○香案 가져왓ᄂᆞ이다 (尚) 媚믜믜 春츈츈 燒샤샿 香향향 ○媚春아 燒香ᄒᆞ

라 (査) 折저졍 杏힝힝 花화화 一이힝 枝즈ᄌᆞᆼ 插차창 在재째 膽단단 瓶핑빵 裡

리리 ○杏花 ᄒᆞᆫ 가지를 것거 膽甁에 ᄭᅩ자 두라 ○膽甁 問甁花如膽形者 甁花譜 膽甁爲書室中妙品 可供

揷花之用 (孝) 燒샤샿 香향향 了랴량 ○香을 픠워시니 快괘괘 來래래 拜배배 快괘괘

來레래 拜배배 ○ᄲᆞᆯ리 와 절ᄒᆞ쇼셔 ᄲᆞᆯ리 와 절ᄒᆞ쇼셔 等등등 月워웡 婆포뻐 婆포뻐 保

보밤 護후흐 伱니니 每믜믜 ○月婆婆ㅣ 너희들을 保護ᄒᆞ야 ○月婆婆指嫦娥也 早잔장 早

잔장 一이잉 人신신 得더듸 箇거거 老랖랄 公궁궁 ◯ 일쪽이ᄒᆞᆫ사ᄅᆞᆷ이 ᄒᆞᆫ老公식엇게ᄒᆞᆷ이

을기ᄃᆞ리쇼셔 (省)胡후후 說쉬숴 ◯ 간대로니ᄅᆞ다

(葶)請칭칭 二슬슬 姐저저 燒샾샬 香향향 ◯ 請컨대二姐ᄂᆞᆫ 燒香ᄒᆞ쇼셔

(葶)恁닌닌 二슬슬 位위위 姐저저 姐저저 ◯ 너二位 姐姐ㅣ 一이잉 箇거거 祝주죵

君균균 一이잉 箇거거 祝주죵 親친친 ◯ ᄒᆞ나ᄒᆞᆫ님금을빌고ᄒᆞ나ᄒᆞᆫ어버이ᄅᆞᆯ비니 等

등등 我오어 媚미믜 春츈츈 也여여 祝주죵 恁닌닌 兩량량 箇거거 一이잉 祝주죵

◯ 나媚春도너둘흘 빌믈기ᄃᆞ리쇼셔

(査)呸피픠 丫야야 頭투ᄐᆞᆸ 說쉬숴 甚숨씸 的디딩 話화홧 ◯ 呸ㅣ丫頭ㅣ 아므숨말ᄂᆞᆯ

ᄅᆞᄂᆞᆫ다 ◯字箋 呸 相爭不遜之聲 (葶)我오어 說쉬숴 的디딩 話화홧 ◯ 내닐ᄋᆞᄂᆞᆫ말은 正

징징 是스쏘 你니니 兩량량 箇거거 姐저저 姐저저 心신신 中중중 意이이 ◯ 졍히

이너두姐姐 의心中意를 要얖얗 說쉬숴 說쉬숴 不부붕 出츄츙 來레래 的디딩 ◯ 닐ᄋᆞ

고져 호딕 닐러 내디 몯ᄒ논 거시라 ㉭外 男난난 不부붕 敎갸걍 成칭찡 猪쥬쥬 ◯ 소나희롤

마ᄅ치디 아니면 돗히 되고 女뉴뉴 不부붕 敎갸걍 成칭찡 驢류류 ◯ 겨집을 ᄀᄅᄋ치디 아

니면 나귀 되ᄂ니 好핲함 好핲함 ◯ 됴다 됴라 這져져 妮니니 子즈즈 每믜믜 ◯ 이 년

들히 在재쩨 此ᄎᄎ 間견견 耍솨솨 得더듸 好핲함 ◯ 예이셔 놀기롤 됴히 ᄒ논고나 書

슈슈 又임우 不부붕 讀두뚜 ◯ 글도 ᄯ 닑디 아니ᄒ고 字즈ᄍ 又임우 不부붕 寫셔셔

◯ 字도 ᄯ 쓰디 아니ᄒ고 女뉴뉴 工궁궁 又임우 不부붕 做주주 ◯ 女工도 ᄯ ᄒ디 아니

ᄒ니 是스쑤 何허훠 道다땅 理리리 ◯ 이 므슴 道理고 (爭) 爺여여 爺여여 來레래 了

랴량 ◯ 爺爺ㅣ 오시ᄂ이다 (答) 如유유 何허훠 是스쑤 好핲함 ◯ 엇디ᄒ여야 이 됴ᄒ리오

(答) 走주증 躲도뎌 了랴량 罷바빠 ◯ ᄃ라나 숨음이 무던ᄒ다 (答) 無우무 處츄츄 好

핲함 躲도뎌 ◯ 됴히 숨을 곳이 업세라 (爭) 我오어 這져져 裙쿤쿤 底디디 下햐쌰 藏

창짱 得더듸 你니니 姊즈즈 妹믜믜 ◯ 내 이 치마 아릭 너희 姊妹롤 ᄀ초리라 ㉭外 叔수숭

伍倫全備諺解 卷一 三十三

清칭칭淑숑수秀싛식都두두過궈고来래레○눈淑다清오淑라秀丫야야頭뜰투

也여여過궈고来래레○오丫라頭 도好함한好함한○됴됴타타你니니每믜믜

遊임우耍솨솨得듸더好함한○도너히희ᄒ들거히니놀와기 눈女뉴뉴子즈즈無

무우故구구不부붕出츄츙閨귀귀門믄믄之즈즈外왜왜○업女시子閨ㅣ門연밧고

ᄂ싀ᄒ나ᄂ더니아你니니姊즈즈妹믜믜是쓰스何허허面면면緣연연故구구○姊너妹희

緣ㅣ故무로숨擅썬선出츄츈花화화園원원裡리리面면면遊임우耍솨솨○조천다막

나히와花노園논안다히左저조右임우取츄츄棍군군来래레○대左롤右가ㅣ저아다막

가打다다這저저丫야야頭뜰투○로이티丫라頭都두두是쓰스他타타引인인

誘임우起기기来래레○여다니이르녀혐의이리라誘 ᄒ (沓)不부붕干간간媚믜믜

春츈츈事쓰스○훈媚일春이의아게니간라섭是쓰스奴누누奴누누来래레○奴이

ㄴ奴이ㅣ다왓(當)不부붕干간간姐저저姐저저事쓰스○훈姐일姐이의아게니간라섭

都두두是쓰스奴누누奴누누来래레○왓다ᄂᆞ이이奴다奴ㅣ(夆)不붕부干간간

兩량량箇거거姐져져姐져져事쓰스○ᄒᆞᆫ두일姐이姐아의니게라간셥都두두是

쓰스媚믜믜春츈츈来래레○이다와이시媚니春只즈즈打다다媚믜믜春츈츈罷

빠바○이그무저뎐媚ᄒᆞ春여이이를다팀(外)且쳐쳐饒얍얖伱니니這져져遭잠잗○

은아요직샤더ᄒᆞ희ᄂᆞ를니이번伱니니姊즈즈妹믜믜起기기来래레○妹너날희어姊

聽팅팅我어오說훠숴○드내르니라ᄅᆞ믈上샹샹古구구時쓰스人인인家갸갸

生승승下햐하女뉴뉴子즈즈来래레○女上子古를時나에ᄒᆞ人면家ㅣ放방방在

째재床쫭촹下햐하牐쒸쉬○어床재아고릐두把바바尾와와甎좐좐與유유他

타다戲히히弄룽룽○斯尾干甎詩울乃다生가女뎌子를載주寢어之戲地弄載게弄ᄒᆞ之니尾○

室朱女子手曰執尾一紡物時如所수用銀之子物搽舊者見意人其盡為列紡女塼傳也漆卧어오之

즈즈床쫭촹下햐하○누床임아은릐盖개개以이이女뉴뉴子즈즈甲븨븨弱얍쇼

禮리리當당당卑비븨下하햐於유유人인인○대개女子ㅣ卑弱ᄒᆞᆫ니禮예맛당히사ᄅᆞᆷ
의게卑下ᄒᆞᆷ으로ᄡᅦ오弄룽룽以이이尾와와輾젼젼○尾輾으로ᄡᅧ弄ᄒᆞᆷ은盖개개以
이이女뉴뉴子즈ᄌᆞ當당당習시씽勤킨낀勞랖랗不부붕得더듷閑현현逸이잉
○대개女子ㅣ맛당히勤勞를니겨閑逸티못ᄒᆞᆷ으로ᄡᅦ라你니니每믜믜早잔잠失시싱母
무무親친친○너희들히일母親을일허不부붕閑현현教갸걍訓훈휸○教訓에닉디못
ᄒᆞ니我오어今긴긴教갸걍你니니須슈슈聽팅팅着죠쟣○내이제너희를ᄀᆞᄅᆞ쳐
시니모롬이드르라㊇衆謹긴긴領링링命밍밍○삼가命을領호리이다㊇外古구구人
인인說쉬쉉○녯사ᄅᆞᆷ이닐오되婦부뿌人인인有우잏四스ᄉᆞ德더듷三산산從
충쭝○婦人이四德과三從이잇다ᄒᆞ니라㊇査爺여여爺여여如유유何허혀是스ᄉᆞ四
스ᄉᆞ德더듷○爺爺ㅣ아엇던이四德이니잇고㊇外我오어說쉬쉉你니니聽팅팅○
내닐너든네들ᄋᆞ라婦부뿌人인인四스ᄉᆞ德더듷○婦人의四德은一이힝曰위웡婦

뿌부 德 듹더 ◯ 一은 골온 婦德이오 二 을 曰 웛워 婦 뿌부 言 연언 ◯ 二는 골온 婦言이오

三 산산 曰 웛워 婦 뿌부 容 융융 ◯ 三은 골온 婦容이오 四 亽스 曰 웛워 婦 뿌부 工 궁공

◯ 四는 골온 婦工이라 ◯ 四德 出周禮 (畓) 爺 여여 爺 여여 如 슈유 何 혀허 是 亽스 婦 뿌부

德 듹더 ◯ 爺爺ㅣ야 엇던 이 婦德이니잇고 (차) 女 뉴뉴 子 즈즈 在 째재 家 갸갸 孝 향햐

事 亽스 父 뿌부 母 무무 ◯ 女子ㅣ 집의 이셔는 父母를 孝事ᄒᆞ며 出 츄츄 嫁 갸갸 孝 향햐

事 亽스 公 궁공 姑 구구 ◯ 出嫁ᄒᆞ여는 公姑를 孝事ᄒᆞ고 ◯ 爾雅 婦呼夫之父曰公 稱夫之母曰姑

和 화호 順 슌슌 六 륙락 親 친친 ◯ 六親을 和順ᄒᆞ며 ◯ 六親字彙 父母兄弟妻子也 又父子從父

昆弟 從祖昆弟 族昆弟 爲六親 慈 ᄌᆞᄌᆞ 愛 해애 婢 삐비 妾 쳡쳡 ◯ 婢妾을 慈愛ᄒᆞ고 不 붕부

貪 탄탐 錢 쪈젼 財 째채 ◯ 錢財를 貪티 아니ᄒᆞ며 不 붕부 生 승승 嫉 찓지 妬 두두 ◯

嫉妬를 내디 아니ᄒᆞ고 以 이이 敬 깅깅 恕 슈슈 存 쭌춘 心 산신 ◯ 敬恕로 ᄡᅧ ᄆᆞ음을 두며

以 이이 柔 유유 順 슌슌 爲 위위 德 듹더 ◯ 柔順으로 ᄡᅧ 德을 삼으며 以 이이 勤 낀긴 儉

견견 持 치찡 家 갸가 ◯ 勤儉으로뻐 집을가지고 不 부붕 得 더듸 出 츄츙 頭 투뚜 露 루루

面 면면 ◯ 出頭露面티말며 不 부붕 得 터틍 摟 츠츟 門 믄믄 看 간간 街 계계 ◯ 믄을

너머거리를보디말미 ◯ 摟恐斷字之誤 字彙踰也 ◯ 這 져져 便 변뼌 是 스씃 婦 부뿌 德 더듸 ◯

德 이곳이 婦德이라 ◯宣 爺 여여 爺 여여 如 유유 何 허혀 見 견견 得 더듸 是 스씃 婦 부뿌

言 연연 ◯ 爺爺야 엇던 見得으로 婦言이라ᄒᆞᄂᆞ니잇고 ◯外 婦 부뿌 女 뉴뉴 言 연연 語

유유 不 부붕 輕 깅깅 易 이이 發 바빵 ◯ 婦女ㅣ 言語를 輕易히 發티 아니ᄒᆞ야 當 당당 言

연연 則 저징 言 연연 ◯ 맛당히 닐럼즉ᄒᆞ면 니ᄅᆞ고 不 부붕 當 당당 言 연연 則 저징 不

부붕 言 연연 ◯ 맛당히 닐럼즉디 아니ᄒᆞ면 니ᄅᆞ디 아니ᄒᆞ며 好 호항 話 화홰 便 변뼌 說 쉬숴

◯ 됴흔말은 곳닐ᄋᆞ고 不 부붕 好 호항 話 화홰 莫 모뫃 說 쉬숴 ◯ 됴티아닌말은 니ᄅᆞ디말

며 不 부붕 說 쉬숴 人 신신 長 챵짱 短 뒨뒨 ◯ 사ᄅᆞᆷ의 長短을 니ᄅᆞ디 아니ᄒᆞ고 不 부붕

說 쉬숴 人 신신 是 스씃 非 븨븨 ◯ 사ᄅᆞᆷ의 是非를 니ᄅᆞ디 아니ᄒᆞ며 不 부붕 告 갚갈 舌

셔쎵 頭투뜽 ◯ 舌頭로 告티 아니ᄒᆞ고 不부붕 作조잫 兩량량 面면면 刀단당 ◯ 兩面

刀를 作디 아니ᄒᆞ며 ○ 譯語類解 反覆唆說 俗謂兩面刀 云 不부붕 說워쉐 麤추추 糙찬참 之

즈즈 言연연 ◯ 麤糙ᄒᆞᆫ 말을 닐ᄋᆞ디 아니ᄒᆞ고 ○ 字箋 米穀雜曰糙 不부붕 道단땅 不부붕 正

징징 之즈즈 語유유 ◯ 不正ᄒᆞᆫ 말을 닐ᄋᆞ디 아니홈이 這저져 便변뼌 是스쑤 婦부뿌 言

연연 ◯ 이 곳이 婦言이라 (旦) 爺여여 爺여여 如유유 何허헤 見견견 得더듷 是스쑤

婦부뿌 容융융 ◯ 爺爺야 엇던 見得으로 이 婦容이라 ᄒᆞᄂᆞ니잇고 (外) 爲위위 婦부뿌 女

뉴뉴 者저저 ◯ 婦女 되얏ᄂᆞᆫ 이 務우무 要약양 整징징 飾시싱 容융융 顔연연 ◯ 힘ᄡᅥ

容顔을 飾ᄒᆞ고 整 妝삭심 拾시씽 身신신 命밍밍 ◯ 身命을 拾ᄒᆞ며 妝 光광광 梳수수

着조짭 頭투뜽 ◯ 마리를 빗고 빗 淨징찡 洗시시 着조짭 臉련련 ◯ ᄂᆞᆺ츨 시스조

며 服부뿡 飾시싱 務우무 要약양 鮮선션 潔겨경 ◯ 服飾을 힘ᄡᅥ 鮮潔히 ᄒᆞ고 身신신

體티티 不부붕 要약양 垢구긓 穢위위 ◯ 身體를 垢穢케 말며 在재째 家가갸 不부붕

要얀향蓬풍뿡頭투틓燥산삼腦낭남神신씬眉미미鬼귀귀面면면 ○집의셔

ᄂᆞᆫ蓬頭燥腦ᄒᆞ며神眉鬼面케말고出츄츙外왜왜不부붕要얀향妖얀향態태태冶여여

容융융喬갸걒様양양打다다扮반반 ○밧과나ᄂᆞᆫ妖態冶容ᄒᆞ며嬌様打扮티말옴이 ○按

字箋妖冶皆嬌媚之意喬恐嬌字之誤粧飾謂之打扮這져져便변뼨是스쑈婦부뿌容융융

○이곳이婦容이라 ㉰旦爺여여爺여여如유유何허혀見견견得더듷是스쑈婦부뿌

工궁궁 ○爺爺야엇딘見得으로이婦工이라ᄒᆞᄂᆞ니잇고 ㉮外婦부뿌女뉴뉴工궁궁

夫부부 ○婦女의工夫ᄂᆞᆫ唯위위在재쨰績지징麻마마紡방방紗사사 ○오직麻를

績ᄒᆞ며紗를紡ᄒᆞ며縫봉뽕衣이이裳상썅做주주針진진指즈즈上상썅鍋고궈竈

잔잠 ○衣裳을縫ᄒᆞ며針指를做ᄒᆞ며鍋竈上홈애잇ᄂᆞ니 ○老乞大集覽鍋竈所以安鍋之具或以鐵

爲之容겨켱来레래整징징茶차쨔飯반빤 ○客이옴애茶飯을整ᄒᆞ며祭지지祀스쑈

供궁궁品핀핀物우뭉 ○祭祀애品物을供호되務우무要얀향精징징緻지찡潔

겨경淨징찡 ○힘ᄡᅥ精緻潔淨히ᄒᆞ여 不부붕得더덩麁추추糙차창鏖앞항糟자장

○麁糙鏖糟리말음이 語錄解鏖糟雜穢也 ○這저져便변뼌是스쓰婦부뿌工궁궁○

이곳이婦ᅩ이라 (査)四스ᄉᆞ德더덩如유유此ᄎᆞ츠○四德은이러틋ᄒᆞ거니와三산산

從충쭝又우잉如유유何허ᅘᅥ○三從은ᄯᅩ엇뎌ᄒᆞ니잇고 (外)在재째家갸갸從충쭝

父부뿌○집의이셔는아비를좃고嫁갸갸人인인從충쭝夫부부○사ᄅᆞᆷ의게嫁ᄒᆞ야는

지아비를좃고夫부부死스ᄉᆞ從충쭝子즈ᄌᆞ○지아비죽어는ᄌᆞ식을좃ᄎᆞᆷ이這저져便

변뼌是스쓰三산산從충쭝○이곳이三從이라○三從出禮記 (省)如유유何허ᅘᅥ是

스쓰在재째家갸갸從충쭝父부뿌○엇디홀쏜이在家從父ㅣ니잇고 (外)女뉴뉴子

즈ᄌᆞ在재째家갸갸時스ᄉᆞ○女子ㅣ집의이실제는凡반빤事스ᄉᆞ不부붕得더덩

干간간預유유○凡事를시러곰干預티몯ᄒᆞ야一이ᅙᅵ一이ᅙᅵ隨쉬쮜從충쭝父부뿌

母무무所소수為위위○一一히父母의ᄒᆞ는바를좃ᄎᆞᆷ이這저져便변뼌是스쓰在

家가갸 從충쭝 父부뿌 ○ 이곳이在家 從父ㅣ라 㐲 如유유 何허혀 是스쓰 出
嫁가갸 從충쭝 夫부부 ○ 엇디ᄒᆞᆯ쏜이出嫁 從夫ㅣ니잇고 外 旣기기 嫁가갸 夫
家가갸 ○ 임의 夫家의 嫁홈애 一이 應잉잉 大다따 小샨샹 事스쓰 務우무 不
得더딍 擅션쎤 專젼젼 ○ 一應大小事務를 擅專티몯ᄒᆞ야 都두두 要얀얗 隨취쮜
從충쭝 丈장쨩 夫부부 所소수 爲위위 ○ 다 丈夫의ᄒᆞ는바를 좃ᄎᆞᆷ이 這져져 便변뼌
是스쓰 出츄츙 嫁가갸 從충쭝 夫부부 ○ 이곳 從夫ㅣ라 出嫁 㐲 如유유 何허혀
是스쓰 夫부부 死스ᄉᆞ 從충쭝 子즈ᄌᆞ ○ 엇디ᄒᆞᆯ쏜이夫死 從子ㅣ니잇고 外 不부붕
幸힝ᅘᅵᆼ 夫부부 死스ᄉᆞ 不부붕 可거커 再재재 嫁가갸 ○ 不幸ᄒᆞ야 지아비 죽어도 가히
毋嫁티 못ᄒᆞᆯ 시니 再재재 嫁가갸 則저즹 失시싱 節저졍 與유유 禽긴낀 獸삭싷 無
우무 異이이 ○ 毋嫁ᄒᆞ면 節을 일허 禽獸로 더브러 다ᄅᆞᆷ이 업ᄉᆞᆫ디라 凡반빤 有우잉 事스쓰
務우무 ○ 므릇 事務ㅣ 이심애 都두두 隨취쮜 從충쭝 兒ᅀᅳᆯ 子즈ᄌᆞ 所소수 爲위위

○다兒子의ᄒᆞᄂᆞᆫ바ᄅᆞᆯ조ᄎᆞ고 不부붕要얀향自ᄌᆞᄍᆞ去큐큐整징징理리리○스스로가

整理티말옴이 這져져便변뼌是스ᄊᆞ夫부부死스ᄉᆞ從충쭝子즈ᄌᆞ○이곳이夫死從

子ㅣ라 我오어兒ᅀᆞᆯᅀᆞ每믜믜聽팅팅着죠쨯○我兒들은들으라 世시싀上샹썅

爲위위婦부뿌女뉴뉴的디듸○世上에婦女되엿ᄂᆞᆫ이 若요약都두두依이이得더듸

這져져四스ᄉᆞ德더듸三산산從충쭝○만일다이四德三從을依ᄒᆞ면 便변뼌是스ᄊᆞ

賢현쪈德더듸婦부뿌人인인了랴량○믓이賢德婦人이니 你니니姊즈ᄌᆞ妹

메믜 好한함生승승牢랖랑記기기着죠쨯○너희姊妹ᄀᆞ장ᄀᆞᆺ이긔록ᄒᆞ라 (査)多

謝셔쎠爺여여爺여여教걒걍訓휸휸○爺爺教訓을謝ᄒᆞᄂᆞ이다 多 (箏)姐져져

姐져져每믜믜有우잉四스ᄉᆞ德더듸○姐姐들은四德이잇거니와 媚믜믜春츈츈

沒무ᄆᆞᆼ有우잉四스ᄊᆞ德더듸○媚春은四德이업고 只즈ᄌᆞ有우잉四스ᄉᆞ不부붕得더듸

得더듸○그저四不得이잇ᄂᆞ이다 (査)你니니那나나箇거거四스ᄉᆞ不부붕得더듸

◯ 네뎌四不得을 數 수수 與 유유 我 어오 聽 령링 ◯ 혜여내게들리라 ⊚ 要 향얀 穿

춴춴 不 붕부 得 듕더 ◯ 닙고져ᄒᆞ여도得디못ᄒᆞ고 要 향얀 喫 칭치 不 붕부 得 듕더 ◯

먹고져ᄒᆞ여도得디못ᄒᆞ고 要 향얀 出 츙츄 去 큐큐 要 솨솨 一 힝이 要 솨솨 不 붕부 得

듕더 ◯ 나가놀고져ᄒᆞ여도得디못ᄒᆞ고 要 향얀 討 탕탄 箇 거거 老 랑랃 公 궁궁 不 붕부

得 듕더 ◯ 老公을얻고져ᄒᆞ여도得디못ᄒᆞ니 這 져져 便 뼌변 是 씅스 我 어오 的 딩디 四

숭스 不 붕부 得 듕더 ◯ 이곳나의四不得이니이다 姐 져져 姐 져져 有 임우 三 산산 從

쭝충 ◯ 姐姐ㅣ三從이잇거니와 我 어오 只 즘즈 願 원원 姐 져져 姐 져져 有 임우 兩 량량

從 쭝충 ◯ 내그저願컨대姐姐ㅣ兩從을두고 不 붕부 要 향얀 那 나나 一 힝이 從 쭝충 ◯

뎌一從을말과뎌ᄒᆞ노이다 在 째재 家 갸갸 從 쭝충 父 뿌부 好 핳햫 了 랑랸 ◯ 집의이셔

아비ᄅᆞᆯ좃ᄎᆞᆷ이됴코 出 츙츄 嫁 갸갸 從 쭝충 夫 부부 忒 틍티 好 핳햫 了 랑랸 ◯ 出嫁ᄒᆞ여

지아비조ᄎᆞᆷ이더옥됴커니와 只 즘즈 是 씅스 夫 부부 死 숭스 從 쭝충 子 즘즈 這 쥐져 件

견견 不부붕 好한항 ◯그저 지아비 죽어든 ᄌᆞ식 좃ᄎᆞᆷ이 이 거슨 도티 아니ᄒᆞ니 姐져져 姐져져

我어오 願원원 得더덩 姐져져 夫부부 與유유 伱니니 姐져져 姐져져 ◯姐姐ㅣ아

내, 願건대 姐夫ㅣ 너 姐姐로더브러 齊쩌치 眉믜믜 到닫당 老랄랃 ◯齊眉ᄒᆞ여 늙음애 니ᄅᆞ고

○後漢梁鴻妻孟光字德耀鴻家貧依皐伯通爲人賃舂妻具食擧案齊眉伯通異之 莫모맙 要얀얍

那나나 一이잉 從충쭝 罷바빠 ◯뎌 一從을 말미 무던ᄒᆞ다 媚믜믜 春츈츈 也여여 有

우잉 二슬슬 從충쭝 一이잉 不부붕 從충쭝 ◯媚春이도 二從一不從이 이시니 姐져져

姐져져 使스슻 我어오 做주주 工궁궁 也여여 從충쭝 ◯姐姐ㅣ 날로ᄒᆞ여곰 做工ᄒᆞ라

ᄒᆞ여도 좃고 姐져져 夫부부 使스슻 我어오 做주주 工궁궁 也여여 從충쭝 ◯姐夫ㅣ 날로ᄒᆞ여곰 做工ᄒᆞ라 ᄒᆞ여도 조ᄎᆞ려니와 若샤쇼 是스씃 姐져져 夫부부 ◯만일 姐夫ㅣ

使스슻 我어오 去큐큐 背비비 地띠디 與유유 他타타 說쉬훠 話화화 ◯날로ᄒᆞ여

곰 뒤히 가 뎌로 ᄃᆞ려 말ᄒᆞ쟈ᄒᆞ면 我어오 一이잉 定딩뎡 不부붕 從충쭝 ◯내 一定 좃디 아

니ᄒᆞ리 이다 (音) 丫 야야 頭 뚱투 胡 ᅘᅮ후 說 숴숴 ○ 丫頭ㅣ 간대 로 널은다 (外) 你 니니

每 믜믜 肅 숭수 靜 쩡징 ○ 너희들히 肅靜ᄒᆞ라 我 어오 說 숴숴 你 니니 聽 팅팅 ○ 내 널

러든비 들으라

(外) 爾 ᄉᆖ슬 俸 뽕봉 爾 ᄉᆖ슬 祿 룽루 民 민민 膏 갈고 民 민민 脂 즈즈 ○ 네俸과 네祿은

民膏와 民脂니 下 ᅘᅣ햐 民 민민 易 이이 虐 약약 上 썅샹 天 텬텬 難 난난 欺 키키 ○ 下民

은 보채기 쉽거니와 上天은 소기기 어렵도다 ○ 羣碎錄宋太宗立郡國戒碑有爾俸以下十六字 小 샿샾

官 권권 是 쑈스 江 걍강 南 난난 東 둥둥 道 땀도 採 채채 訪 방방 使 ᄉᆖ스 ○ 小官은 이

江南東道採訪使로 ○ 廣輿記江南古金陵吳晉六朝 南唐舊都唐分東西道明初定鼎於此永樂中遷都改

為南京文獻通考唐開元二十年改 按察使日採訪使六帖云採訪風謠 分 뿐분 巡 쓘쓘 到 닿도 太

대태 平 뼝핑 府 부부 界 계계 ○ 分巡ᄒᆞ여 太平府界예 니르럿ᄂᆞ 다라 ○ 吏文輯覽分巡謂御史及

按察使也 今 긴긴 日 ᅀᅵ시 早 잠잔 公 궁궁 座 쭤조 ○ 오ᄂᆞᆯ 일 좌기 ᄒᆞᆯ ᄡᅵ 시니 左 저조 右

임우 在 째재 那 나나 裡 리리 ○ 되左 잇右 는ㅣ 다어 (未) 有 임우 有 임우 ○ 다잇 잇ᄂ 누이

다이 一 횡이 聲 싱싱 呼 후후 喚 훤훤 来 래레 堂 땅탕 上 썅샹 ○ 堂一 上聲 으呼 로喚 옴이

애 兩 량량 脚 걒교 奔 븐븐 馳 찡치 走 쯩주 案 한안 前 쪈천 ○ 馳兩 ᄒ脚 여으 案로 前奔

또에 다돗 ᄂ 領 링링 台 래래 旨 즇즈 ○ 호台 리旨 이롤 다領 (外) 左 저조 右 임우 ○ 右左

아ㅣ 我 어오 今 긴긴 日 씽ᅀᅵ 奉 뽕봉 朝 짷챺 廷 띵팅 命 밍밍 ○ 命내 을오 밧ᄂ 들朝 어廷

巡 숸슌 此 츷츠 一 힁이 方 방방 ○ 巡이 ᄒ一 여方 에 要 햫얀 査 ᄅ티 百 븽버 姓 싱싱

每 믜믜 ○ 百 ㄱ姓 ᄅ들 차을 興 힝힝 利 리리 除 쭈츄 害 해해 伸 신신 寃 훤원 理 리리

枉 황왕 ○ 興 理利 枉除 쿄害 뎌ᄒ ᄒ며 노伸 니寃 伱 니니 將 쟝장 放 방방 告 갛간 牌 빼패

○ 가네 져放 다告 가牌 롤 立 링리 在 째재 分 븐븐 司 숲스 門 믄믄 前 쪈천 ○ 門分 前司

두에 어셔 워 但 딴단 凡 뺀반 官 권권 吏 리리 軍 균균 民 민민 人 신신 等 등등 ○ 웃믈

人官 等吏 이軍 民 有 임우 舍 햔한 寃 훤원 負 뿌부 屈 큥큐 ○ 흔舍 이寃 와負 屈 及 끵기

強걍걍凌링링弱샾쇼衆중중暴빻봐寡과과富부부呑튼튼貧삔핀的듸디○

믿強凌弱ᄒᆞ며衆暴寡ᄒᆞ며富呑貧ᄒᆞᄂᆞᆫ이잇거든都두두許휴휴他타타來래레告갛간狀

쫭좡○다ᄃᆡ와告狀홈을許ᄒᆞ라小샹샿官권권今긴긴日싕싀替티티天텬텬行힝힝

道땋닿○小官이今日에하ᄂᆞᆯ을ᄀᆞᄅᆞ차道로行ᄒᆞ여為위위國귕궈家갸갸分븐븐憂

흫우○國家ᄅᆞᆯ為ᄒᆞ여근심을ᄂᆞᆫ호려ᄒᆞ니決궝궈不붕부至즈즈顛뎐뎐倒땋닿是씃스

非븨븨枉왕왕置징지曲큥큐直찡지○결단코是非ᄅᆞᆯ顛倒ᄒᆞ며曲直을枉置홈애니ᄅᆞ디

아니호리라若얗요有잉우此츠츠等등등○만일이러홈이이시면天텬텬地띠디

鬼귀귀神씬신所수소不붕부容융융○天地鬼神이용납디아닐배니伱니니出츟츄

去큐큐曉햫햐諭유유百빙버姓싱싱每믜믜○네나가百姓들의게曉諭ᄒᆞ여使ᄉᆞ스

他타타知징지道땋닿○뎌로ᄒᆞ여알게ᄒᆞ라左저조右잉우○左右ㅣ아喚훤훤那

나나刑힝힝房빵방令링링史숭스出츟츄來래레○뎌刑房令史를블러나오라○文獻

通考令史漢官也用流外主文簿吏文輯覽各衙及布政司有之如本國錄事類

㊄末 刑힝헝 房방빵 令링링 史스슿 刑힝헝 房방빵 令링링 史스슿 ○ 刑房令史ㅣ아

刑房令史ㅣ아 ㊄丑 誰쉬쒸 喚훤훤 我오어 ○ 뉘 날을 블ᄋᆞᄂᆞ뇨 ㊄末 相샹샹 公궁궁 喚

훤훤 你니니 ○ 相公이 너를 브ᄅᆞ신다 ㊄丑 喚훤훤 我오어 喫치칭 酒작짐 ○ 날 블러 술

먹이려 ᄒᆞᄂᆞ냐 ㊄末 喚훤훤 你니니 喫치칭 棍군군 ○ 너를 블러 막대 먹이려 ᄒᆞᆫ다 ㊄丑 有

우임 酒작짐 喫치칭 便변뻔 有우임 棍군군 喫치칭 ○ 술 먹음이 이시면 곳 막대 먹음이 잇

고 有우임 棍군군 喫치칭 便변뻔 有우임 酒작짐 喫치칭 ○ 막대 먹음이 이시면 곳 술

먹음이 이시리니 但단딴 得더큳 相샹샹 公궁궁 賞샹샹 賜스슿 棍군군 ○ 다믄 相公

의 賞賜棍을 어드면 不부붕 妨방방 小샤샾 子즈즈 醉쥐쥐 醺휸휸 醺휸휸 ○ 小子의 醉

醺醺흠이 방해롭디 아니ᄒᆞ다 ○ 字彙醺微醉也 ㊄末 刑힝헝 房방빵 令링링 史스슿 到단닾

來레래 了랴럏 ○ 刑房令史ㅣ 왓ᄂᆞ이다 ㊄外 你니니 看간칸 本븐븐 房방빵 有우임

何허혀 囚착쪙 犯반빤 ○네 보라 本房의 므슴 囚犯이 잇ᄂᆞ뇨 都두두 引인인 過고궈 来
레래 ○다ᄃᆞ려오라 我오어 一이ᅙᅵ 一이ᅙᅵ 審신신 錄류류 他타타 ○내 낫낫히 터를
審錄호리라 ○字彙 錄寬省也 雋不疑傳 錄囚徒 註 省錄之 知其情狀有冤滯與否 王涯說 及四聲通解 通作
慮 ㊀ 理리리 會휘휘 得더듷 ○알게이다 ㊁ 犯반빤 法바방 身신신 無우무 主
쥬쥬 ○法을 犯홈애 몸이 님재 업서 死스ᄉᆞ 生ᄉᆞᆼ승 由우읟 別벼뼝 人신신 ○死生이 다
ᄅᆞᆫ 사ᄅᆞᆷ을 말미암ᄂᆞᆫ 쏘다 ㊀ 這저져 囚착쪙 是스쏘 箇거거 官권권 人신신 ○이 가틴 이
ᄂᆞᆫ 이 官人으로셔 為위위 因인힌 告갸강 狀좡쫭 不부봉 受식씩 理리리 ○告狀을 受
理티 아님을 因ᄒᆞ여 問운믄 得더듷 杖쟝쨩 罪쥐쮜 ○믈어 杖罪를 어듯ᄂᆞ니이다 ㊂ 呀
하햐 這저져 箇거거 是스쏘 箇거거 好한항 官권권 人신신 ○하 이ᄂᆞᆫ 이 됴흔 官人이로
다 如유유 何허혀 反반빤 坐조쬬 他타타 罪쥐쮜 ○엇디 도로혀 뎌를 罪예 坐ᄒᆞ엿ᄂᆞ뇨
世시싱 上샹썅 做주주 官권권 的디딩 ○世上 벼슬ᄒᆞᄂᆞᆫ이 色바바 不부봉 得더듷

○마디몯ᄒᆞ여○色恐巳字之誤俗稱不得已曰巳巳不得 百버븽姓싱싱每믜믜来레래告

갇강狀좡쫭○百姓들이와告狀ᄒᆞ거든往왕왕往왕왕拗얀향曲큐쿵作조쟝直지찡

以이이是스쓰為위위非븨뵈○往往에曲을拗ᄒᆞ여直을作ᄒᆞ며是로ᄡᅥ非를삼아百버븽

般번번暗안한索새생巧걋걍取츄츄○百가지로暗索巧取ᄒᆞ여打다다人신신罵

마마人신신儹잔잔人신신夾갸걍人신신○사ᄅᆞᆷ을티며사ᄅᆞᆷ을우지즈며사ᄅᆞᆷ을잔지ᄒᆞ

며사ᄅᆞᆷ을갸곤ᄒᆞ여○譯語類解손ᄊᆞ락셔미는것曰儹指쥬릐트ᄂᆞᆫ나모曰夾棍吏文輯覽將五條細木挾

於手指足指之間以繩緊約其指若碎問囚之具也取츄츄覔미밍錢쳔젼鈔찬참○錢鈔ᄅᆞᆯ取

覔ᄒᆞᄂᆞ니○老朴輯覽錢金帛之名古曰泉後鑄而曰錢字箋鈔楮貨名宋史紹興二十四年徵外以銅少循

宋交子法造鈔引一貫二貫三貫五貫五貫十貫五等謂之大鈔一百二百三百五百七百五等謂之小鈔與錢並

用以七年為限納舊易新諸路置交鈔庫明丘濬曰元以来鈔制始此宋之交會其制無考金史交鈔之制外

為闌作花紋其衡書貫列外書禁條闌下備書經由交換之法及印章花押元承其制沿用之這저저箇

거거 官 권권 人 신신 受 씽ᄉᆞ 人 신신 告 강간 狀 좡좡 ○ 이 官人이 사ᄅᆞᆷ의 告狀을 밧고 送

숭숭 些 셔셔 禮 리리 物 웅우 也 여여 不 붕부 肯 큰큰 受 씽ᄉᆞ ○ 저기 禮物을 보내여도 즐

겨 밧디 아니ᄒᆞ니 ○按上文不受理之理字與禮字同音故云 豈 기기 不 붕부 是 쓰스 好 항한 官

권권 ○ 엇디 이 好官이 아니리오 快 괘괘 踈 수수 放 방방 了 랸랸 ○ ᄉᆡᆯ리 踈放ᄒᆞ라 ㊀ 相

샹샹 公 궁궁 差 차차 了 랸랸 ○ 相公아 그ᄅᆞ이다 這 져져 囚 쯍착 犯 빤반 做 주주 官

권권 人 신신 懶 란란 惰 떠도 ○ 이 四犯이 官人이 되여 懶惰ᄒᆞ야 人 신신 來 래레 告 강간

狀 좡좡 ○ 사ᄅᆞᆷ이 와 告狀ᄒᆞ되 與 유유 他 타타 不 붕부 肯 큰큰 接 졍져 受 씽ᄉᆞ 分 분본

理 리리 ○ 뎌ᄅᆞᆯ 위ᄒᆞ여 즐겨 接受 分理티 아니ᄒᆞ니이다 ㊉ 原 원원 來 래레 是 ᄊᆞ스 如 슈슈

此 ᄎᆞ스 ○ 본디 이ᄃᆞᆺᄒᆞᆫ닷다 你 니니 這 져져 廝 ᄉᆞ스 旣 기기 受 씽ᄉᆞ 朝 쨯챠 命 밍밍

為 위위 官 권권 ○ ᄂᆡ 이놈아 이믜 朝命을 바다 官負이 되여시니 食 쎵시 君 균균 之 즈즈 祿

루루 則 졍저 當 당당 盡 찐진 心 신신 職 징지 事 쑤ᄉᆞ ○ 님금의 祿을 먹으면 맛당히 職事에

盡心홀셔시오 也여여 不부붕 想샹샹 ◯또싱각디못ᄒᆞᄂᆞᆫ다 你니니 是스쓰 一이잉 箇

거거 書슈슈 生승승 ◯네이一箇書生으로 一이잉 旦쟌쟝 擢조짭 居규귀 民민민 上

샹샹 ◯一朝에擢居ᄒᆞ여民上애 出츄츙 入슈슝 前쳔쪈 從중쭝 後후훙 擁융융 ◯出入

애前從後擁ᄒᆞ며 撞대때 上샹썅 撞대때 下하햐 ◯들어올리며어ᄂᆞ리오고 打다다

人신신 不부붕 敢간간 回휘훠 拳권꿘 ◯사ᄅᆞᆷ을텨도감히주머괴ᄅᆞᆯ도로혀디못ᄒᆞ고 罵

마마 人신신 不부붕 敢간간 應잉잉 嘴쥐쮜 ◯사ᄅᆞᆷ을ᄭᅮ지저도敢히부리ᄅᆞᆯ應티못ᄒᆞ니

豈키키 是스쓰 怕파파 你니니 ◯엇디이너ᄅᆞᆯ저퍼흠이리오 你니니 却거쿼 尸스

位위위 素수수 餐찬찬 ◯네또位예尸ᄒᆞ고素히餐ᄒᆞ야 ◯居其位而不爲其事曰尸位無功而食

人之食曰素餐 全쳔쮠 不부붕 理리리 事스쓰 ◯젼혀일을다ᄉᆞ리디아니ᄒᆞ고 苟구궁 圖

투뚜 一이잉 時스쓰 安안한 逸이잉 ◯구챠히一時安逸을도모ᄒᆞᄂᆞᆫ고야 却거쿼 不부붕

念년년 ◯또念티아니ᄒᆞᄂᆞᆫ다 百버빙 姓싱싱 每믜믜 含한햔 寃원원 負부뿌 屈큐큥

○百姓들이숨寃負屈ᄒᆞ여不부붕得더득已이이○마디못ᄒᆞ여抛퐈퐝家갸갸失

싱시業여엽来래래告갇감状쫭쫭○집을ᄇᆞ리며業을失ᄒᆞ고와告状ᄒᆞ거ᄂᆞᆯ俻니니又

임우不부붕以이이時ᄉᆞ쑹受식쉭理리리○네또時로ᄡᅥ受理티아니ᄒᆞ니使ᄉᆞ쓰他

타타屈큐쿵何허헤所소수伸신신○의설옴으로ᄒᆞ여곰어뒤펼ᄲᅢ리오淨小샤샹

人신신有우임罪쥐쮜○小人이罪잇거니와但단딴是스쓰記기기得더듷聖싱싱

人신신之즈즈言연연○다몬聖人의말ᄉᆞᆷ을記得ᄒᆞ니聽팅팅訟숭쑹吾우우猶우임

人신신也여여○訟을드름이내사롬과ᄀᆞᄐᆞ나必비삐也여여使ᄉᆞ쓰無우무訟숭쑹

乎후후○반ᄃᆞ시ᄒᆞ여곰訟이업게ᄒᆞ린뎌ᄒᆞ시니○大學語所소수以이이小샤샹人신신

不부붕才채째不부붕敢간간受식쉭理리리○이리모로小人不才ㅣ敢히受理티아니

다호이外這져져廝ᄉᆞ스非븨븨但단딴做주주官권권不부붕知지짇方방방

法바방○이놈이다몬벼슬홈애方法을아디못ᄒᆞᆯ쁜이아니라讀두똥書슈슈也여여不

부봉曉햔향義이이理리리 ○ 글을 닑어도 義理를 아디 못ᄒᆞ엿도다 此츠ᄎᆞ是스ᄉᆞ你

니니不부봉受쑤쓯理리리 ○ 이ᄂᆞᆫ 네 受理티 아니홈이니 比비비聖싱싱人인인說

슈쉬的디딍不부봉同퉁뚱 ○ 聖人의 닐ᄋᆞ샤매 比ᄒᆞ면 건메ᄌᆞ디 아니ᄒᆞ다 聖싱싱人인인說

슈쉬 ○ 聖人의 닐ᄋᆞ심은 爲위위官권권的디딍以이이德더득化화화民민민 ○

관원 되얏ᄂᆞᆫ이 德으로 民을 化ᄒᆞ면 民민민自즈ᄌᆞ無우무訟숭쑹 ○ 民이 스ᄉᆞ로 訟이 업스

로 뻐 民을 化ᄒᆞ면 스ᄉᆞ로 ... 리라 ○ 你니니全쳔쳔不부봉受쑤쓯理리리 ○ 너ᄂᆞᆫ 젼혀 受理티 아니ᄒᆞ고

심이어ᄂᆞᆯ 却거켱以이이此츠ᄎᆞ藉져쩌口쿠쿵 ○ 또 일로ᄡᅥ 藉口ᄒᆞᄂᆞ다 左조저右오암 ○

左右ㅣ야 送숭숭下하ᄒᆞ牢랄랑去큐큐長창쨩監견견着죠쨩 ○ 옥에 ᄂᆞ리와 가리

도라 ㊀ 這져져起키키是스ᄉᆞ犯반빤夜여여的디딍 ○ 이 夜ᄅᆞᆯ 犯ᄒᆞᆫ 무리로소이다 이ᄂᆞᆫ 把

다 ㊁ 你니니這져져廝스ᄉᆞ三산산更깅깅半번번夜여여 ○ 네 이놈아 三更半夜

에 你니니那나나裡리리去큐큐來래레 ○ 어듸 갓더니 ㊂ 小샤샹人인인不

부붕 曾 층쯩 犯 반빤 夜 여여 ○小人이 일쯕 犯夜티 ㉮ 誰 쉬쒸 拿 나나

伱 니니 来 레래 ○뉘 니를 잡아오뇨 ㊟ 這 져져 提 디디 控 쿵쿵 拿 나나 我 오어 来

레래 ○이 提控이 나를 잡아오니이다 ○字彙 수 俗稱吏日提控 ㉮ 伱 니니 甚 씸씸 時 스쓰 分

븐뵌 拿 나나 他 타타 来 레래 ○네 어ᄂᆡ 때예 뎌를 잡아오뇨 ㊉ 昨 조쪼 日 ᅀᅵᆯ이 日 ᅀᅵᆯ이

西 시시 時 스쓰 候 후흫 ○어제 日西時候ㅣ러니이다 ㉮ 伱 니니 豈 키키 不 부붕 見

견견 譙 챺쨯 樓 루릏 前 쳔쪈 寫 셔쎠 兩 량랑 行 향항 ○네 엇디 譙樓 앏피 두 줄 쓴 거슬 보디

못ᄒᆞ엿ᄂᆞ다 ○譙樓 漢書註 師古曰 譙亦呼爲巢 門上爲高樓以望 猶巢車也 又莊子麗譙註 狀麗嶕嶢 楊愼云 守城以譙門 譙呵出入者 字箋 以樵薪層疊爲樓 又 一 ᄒᆞᆼ이 更 깅깅 三 산산 點 뎐뎐 鐘 중중 ○

一更三點鐘 聲 싱싱 靜 징찡 禁 긴긴 人 인인 行 힝힝 ○聲靜禁人行이라 ᄒᆞ엿거ᄂᆞᆯ 伱

니니 如 유유 何 허혀 日 ᅀᅵᆯ이 間 견견 拿 나나 人 인인 来 레래 犯 반빤 夜 여여 ○네 엇

디 日間에 사ᄅᆞᆷ을 잡아 와 犯夜ㅣ라 ᄒᆞᄂᆞ다 ㊉ 若 요ᅀᅣᇢ 到 도담 夜 여여 裡 리리 ○만일 밤의

다ᄃᆞᄅᆞ면 他타타 和ᅘᅩ호 他타타 老랖랖 婆뽀포 ○뎌의 老婆와 關권권 着죠쟣 房

빵방 門믄믄 睡쒸쉬 ○집 門을 닷고 자리니 我어오 那나나 裡리리 去큐큐 尋씬신 他

타타 ○내 어ᄃᆡ가 뎌를 어드리잇고 ⓧ 打다다 這져져 潑퍼포 吏리리 ○이 보피 라온 아

뎐을 티라 送숭숭 下ᅘᅣ하 監견견 去큐큐 ○ᄂᆞ리와 가도라 ⓧ 左저조 右임우 看간간

有임우 告강간 狀쫭좡 的딩디 叫걒갼 入슝유 來래레 ○左右ㅣ야 보아 告狀ᄒᆞ리 잇거

든 블러 드리라 ㊭ 天텬텬 天텬텬 ○하ᄂᆞᆯ아 하ᄂᆞᆯ아 我어오 夫부부 你니니 屈쿵큐 被

삐비 人인신 打다다 死스스 了랖랴 ○우리 지아비 셜리 사ᄅᆞᆷ의 려 죽임을 닙어다 天텬텬

天텬텬 ○하ᄂᆞᆯ하ᄂᆞᆯ아 ⓧ 左저조 右임우 那나나 婦뿌부 人인신 告강간 甚씸솜

的딩디 ○左右ㅣ 아뎌 婦人이 므시슬 告ᄒᆞᄂᆞ뇨 ㊮ 他타타 告강간 天텬텬 ○뎨 하ᄂᆞᆯ을

告ᄒᆞᄂᆞ이다 ⓧ 胡ᅘᅮ후 說쉬쉬 ○간대로 닐오다 ㊮ 他타타 口쿠쿠 口쿠쿠 聲싱싱

聲싱싱 叫걒갼 天텬텬 ○뎨 口口 聲聲이 하ᄂᆞᆯ을 브ᄅᆞ니 豈기기 不부부 是쓰스 告강간

天 텬텬 ○ 엇디 하ᄂᆞᆯ을 告홈이 아니리오 外 左 저조 右 잉우 問 문운 他 타타 有 잉우

狀 짱좡 沒 믕무 有 잉우 ○ 左右ㅣ아 뎌ᄃᆞ려 狀이 잇ᄂᆞᆫ가 업ᄂᆞᆫ가 무르라 淨 不 봉부 會 훼휘

寫 셔셔 狀 짱좡 ○ 狀 쓸 줄을 아디 못ᄒᆞᄂᆞ니 只 즈즈 是 쓰스 口 쿵쿠 詞 쓰스 ○ 그저 입

詞ㅣ로다 ᄒᆞᆫ대 外 伱 니니 說 쉬숴 我 어오 聽 팅팅 ○ 네 니ᄅᆞ라 내 드르리라 淨 告 강간

狀 짱좡 人 신인 身 신신 姓 싱싱 孫 순순 ○ 告狀人의 身은 姓이 孫이오 丈 쨩장 夫 부부 是

쓰스 胡 후후 子 즈즈 傳 쭨쥰 的 디디 後 후후 身 신신 ○ 丈夫ᄂᆞᆫ 이 胡子 傳의 後身이라 外

他 타타 做 주주 甚 씸슴 生 승승 理 리리 ○ 뎌 므슴 生理ᄅᆞᆯ ᄒᆞ더뇨 淨 他 타타 每 믜믜

日 싱시 家 갸가 街 계계 頭 뜰투 去 큐큐 巡 쓘슌 ○ 뎨 每日의 거리에 가 巡ᄒᆞ더니이다 外

伱 니니 丈 쨩장 夫 부부 每 믜믜 日 싱시 巡 쓘슌 甚 씸슴 的 디디 ○ 네 丈夫ㅣ 每日에 무

서슬 巡ᄒᆞ더뇨 淨 巡 쓘슌 着 짷죠 歌 거거 樓 릏루 酒 쟝작 店 뎐뎐 門 믄믄 ○ 歌樓酒店

門에 巡ᄒᆞ더니이다 外 巡 쓘슌 了 랼랴 如 유유 何 허허 ○ 巡ᄒᆞ다가 엇디ᄒᆞ뇨 淨 不 봉부

知지징 撞좡좡 着죠쟣 甚심씸 的디딩 人인인 ○아디못게이다엇 던사룸을만나 被

비삐 人인인 打다다 死스숭 命밍밍 無우무 存춘쭌 ○사룸의더죽임을 닙어命이업ᄉᆞᄂᆞ

이다 (外) 誰쉬쓔 人인인 打다다 死스숭 他타타 ○뉘더룰더 죽이뇨 (蓋) 不부붕 是

스쑹 老랖랑 李리리 定딩뎡 是스쑹 老랖랑 陳친찐 ○이老李아니면일 뎡이老陳이로소

다이 (外) 你니니 不부붕 知지징 人인인 姓싱싱 名밍밍 ○네사룸의姓名 을아디못ᄒᆞ고

如유유 何허헝 來레래 告갈갛 狀쫭쫭 ○엇디ᄒᆞ와告 狀ᄒᆞᄂᆞ다 (蓋) 等등등 我오어 去

큐큐 門문문 前쳔쪈 問운문 一이힝 問운문 ○내門前에가무름 을기드리쇼셔 人인인

說쉬숼 道단땅 是스쑹 伍우우 家갸갸 三산산 箇거거 小샤샿 胡후흫 孫순슌 ○

사룸이닐오되이伍家세小胡孫이라ᄒᆞ더이다○ 廣雅胡孫卽獼猻獼猴也以上供辭皆押韻下倣此 (外)

左조저 右우임 此츠츳 間견견 有우임 姓싱싱 伍우우 的디딩 沒무뭉 有우임 ○

左右ㅣ야여긔姓伍 개잇ᄂᆞ냐업ᄂᆞ냐 (末) 此츠츳 間견견 五우우 馬마마 坊방방 伍우우

太 태태 守 싷식 家 갸갸 有 잏우 三 산산 箇 거거 兒 승슬 子 즈즈 ○ 여긔 伍馬坊 伍太守

집의 세 兒子ㅣ 이셔 三 산산 月 웡워 三 산산 日 잉이 ○ 三月三日에 正 징징 在 째재 儒

學 햫효 前 쪈쳔 與 유유 人 인인 致 징지 争 증증 ○ 졍히 儒學 앏희 이셔 사롬으로 더브

러 싸호니이다 ㊀外 莫 맙모 不 붕부 是 쑹스 他 타타 ○ 아니 이 뎬가 左 저조 右 잏우 拘

규규 將 쟝쟝 来 래레 ○ 左右ㅣ아 잡아오라 ㊀奎 ㊀尘 ㊀淨 伍 우우 家 갸갸 三 산산 箇 거거

兒 승슬 子 즈즈 到 닿단 了 럏랴 ○ 伍ㅣ 왓ᄂᆞ세 兒子ㅣ라 ㊀末 如 유유 何 혀허 不 붕부

跪 뀌귀 ○ 엇디 우디 아니ᄒᆞᄂᆞ뇨 ㊀尘 不 붕부 知 징지 因 힌인 甚 씸슴 事 쑹스 ○ 아디

못게이다 므슴 일을 因홈이니잇고 ㊀外 這 져져 婦 뿌부 人 인인 告 갛갈 你 니니 弟 떠디 兄

흥흥 打 다다 死 숭스 他 타타 丈 쨩쟝 夫 부부 ○ 이 婦人이 네 弟兄이 뎌의 丈夫롤 텨 죽이다 告

ᄒᆞ엿다 ㊀奎 閉 비비 門 문문 房 빵방 裡 리리 坐 쬬조 ○ 門을 닷고 집의 안잣거놀 禍 휘호

從 쭝충 天 텬텬 上 썅샹 来 래레 ○ 禍ㅣ 天上으로 조차 오도다 ㊀外 左 저조 右 잏우 且

처취將쟝쟝這져저婦뿌부人신인○左右ㅣ야아직이婦人을다가送숭숭下햐햐監
견견去큐큐○느리와가도라(外)你니니弟뗴디兄훙훙如유유何해히打다다殺
샤사人신인○네弟兄이엇디사롬을텨죽이뇨(奎)並뼁빙不봉부曾쯩층○다아니ᄒᆞ
엿ᄂᆞ이다(外)你니니供궁궁將쟝쟝狀쫭좡來래레(丑)네供ᄒᆞ여狀을가져오라○供進也
追罪人自進之詞也(奎)不봉부曉향햐得듸더供궁궁(丑)供홀줄을아디못ᄒᆞ노이다(外)
你니니會훠휘打다다死亽스人신인○네사롬텨죽일줄은알고不봉부會훠휘供
궁궁狀쫭좡○供狀홀줄은아디못ᄒᆞᄂᆞᆫ다上썅샹緊긴긴供궁궁來래레○셜리供ᄒᆞ
라(奎)供궁궁狀쫭좡人신인伍우우倫룬룬全쮄쳔○供狀人伍倫全은家갸갸
住쥬쥬在째재江강강東둥둥古구구縣현현前쩬쳔○집이江東古縣前의셔사ᄂᆞᆫ디
라本븐븐是씃스官환환家갸갸子즈즈弟뗴디○본디官家子弟로並뼁빙不
봉부會훠휘喫칭치酒짇직賭두두錢쪈쳔○다술먹으며돈더ᄂᆞ기를아디못ᄒᆞ노이다

㊉你니니父뿌부親친친做주주甚씸슴官권권○네父親이므슴벼슬ᄒ더뇨 ㊇

既做주주太태태平삥핑郡균균太태태守십수○太平郡太守를ᄒ엿ᄂ이다 ㊉

是씃스仕씃스官꾄환人신신家갸갸子즈즈弟띠디○임의이仕官ᄉ家子弟로

人不부붕肯큰큰學햫효○즐겨學디아니ᄒ고好항화却컹거打다다死숭스

人신신○또히또사름을더죽여다着짭죠實씽시供궁궁来래레○供着實히ᄒ라 ㊇偶

음우因인인三산산月웨위三산산日싱시○우연히三月三日을因ᄒ여 俺암암

弟떠디兄흉흉三산산人신신○우리弟兄三人이遊잉악戲히히到담단學햫효邊

변변○遊戲ᄒ여學의갓더니이다 ㊉便뻔변是씃스你니니不붕부打다다死숭스

人신신○곳이네사름을더죽이디아니ᄒ엿셔도即징지是씃스遊잉악手싱식好항한

閑현현也여여不붕부饒샹샤你니니○곳遊手好閑이니또너를샤티아니리라○遊手

唐李翺傳謂不田而餧之人也好閑謂不事生業之人 到담단學햫효邊변변如유유何허허

○學ᄀᆞ의가 엇디ᄒᆞ뇨 ㊎撞좡좡着죠쟣一이잉箇거거無우무徒투뚜漢한한醉

쥐쥐且쳐쳐顚뎐뎐 ○ ᄒᆞᆫ무리업슨놈이醉ᄒᆞ고 ᄯᅩ븨둣ᄂᆞᆫ이를맛나니 把바바我오어弟

디뎌兄흉흉每믜믜罵마마纏젼젼 ○ 우리弟兄들을다가ᄭᅮ지저 짓궤디이다 ○老乞大輯覽

云纏去聲猶言雜言 ㊀他타타罵마마你니니便변뼌打다다死스ᄉᆖ他타타 ○ 뎌ᄭᅮ

지즈니네곳뎌 를텨죽이도다 ㊎卽지징時스ᄊᆞ回휘휘避비삐 ○ 卽時回 避ᄒᆞ고 並빙삥

不부봉曾층쯩與유유他타타交갸걍拳권꿘 ○ 다일쪽뎌로ᄃᆞ려交 拳티아니ᄒᆞ엿노이

다 ㊀他타타怎즘즘麼마마來래레告간강你니니 ○ 뎨엇디와너 를告ᄒᆞᄂᆞ뇨 ㊎

不부봉知지징緣연연何허혀身신신死스ᄉᆖ ○ 아디못게이다무서 슬말믜암아몸이죽

은디 把바바我오어弟디뎌兄흉흉每믜믜告간강牽견젼 ○ 우리弟兄들 을다가告ᄒᆞ

여ᄃᆞᆯ의 ᄂᆞ니 所소수供궁궁情칭찡詞스ᄊᆞ ○ 供ᄒᆞᆫ바 情詞ㅣ 並빙뼝無우무虛휴휴

言연연 ○ 다虛言이 업ᄉᆞ니 望왕망恩은ᄒᆞᆫ官권권可거커憐련련見견견 ○ ᄇᆞ라

건더恩官은어엿비너기쇼셔 ㊉ 伍우우 倫륜륜 備삐비 也여여 供궁궁 將쟝쟝 来래래 ○
伍倫備도供ᄒᆞ여가져오라 ㊊ 供궁궁 状쫭쟝 人신신 伍우우 倫륜륜 備삐비 ○
供状人伍倫備는 便뼌변 是쓰스 伍우우 倫륜륜 全쭨춴 的띵디 親친친 弟떼디 ○
곳의伍倫全의親아이라 自쯔즈 少샿샿 與유유 兄흉흉 同뚱퉁 習씽시 藝이이 ○ 졈어
셔브더兄으로더브러ᄒᆞᆫ가지로習藝ᄒᆞᄃᆞ니이다 ㊉ 你니니 也여여 會휘휘 讀똥두 書슈슈 ○
네또글닑기를아니 既기기 讀똥두 書슈슈 ○ 임의글을닑어시면 如슈슈 何해허 却
켱커 這져져 等등등 逞칭칭 児흉흉 打다다 死스스 人신신 ○ 엇디또이럿툿児을逞ᄒᆞ
야사ᄅᆞᆷ을텨죽인다○逞聲通解快也矜而自呈也 四 着쟢죠 實씽시 供궁궁 来래레 ○ 着實
이供ᄒᆞ라 ㊊ 並뼁빙 不봉부 敢간간 逞칭칭 児흉흉 生승승 事쓰스 ○ 다敢히児을逞
ᄒᆞ야일을범이아니라 偶응우 因힌인 三산산 月웡워 三산산 日싱시 ○ 우연히三月三
日을因ᄒᆞ여 弟떠디 兄흉흉 三산산 人신신 ○ 弟兄三人이 到담단 學햫효 前쪈젼

遊잉익戲히히 ○ 學얍희가遊戲ᄒᆞ더니 撞좡좡着쟣죠一힝이箇거거無무우徒

뚜투漢한한顛뎐뎐且처쳐醉쥐쥐 ○ ᄒᆞᆫ무리업슨놈이븨들으며또醉ᄒᆞᆫ이를만나니 將

쟝쟝俺암암弟며디兄훙훙每믜믜罵마마詈리리 ○ 우리弟兄들을다가ᄭᅮ짓거늘 卽

징지時쑤스回휘휘避삐비 ○ 卽時回避ᄒᆞ고 並삥빙不붕부敢간간與유유他타다

爭증쯩氣키기 ○ 다敢히뎌로더블어ᄡᆞ호디아녓더니 不붕부知징지緣연연何혀허

身신신死ᄉᆞ스 ○ 아디못게이다무서슬말의암아몸이죽은디 把바바俺암암兄훙훙弟

떼디每믜믜告갼간起키기 ○ 우리兄弟들을다가告起ᄒᆞ엿ᄂᆞ니 所수소供궁궁情찡칭

詞ᄉᆞ스 ○ 供ᄒᆞᆫ바情詞ㅣ 並삥빙是ᄉᆞ스的딩디實싱시 ○ 다이的實ᄒᆞ니 望망왕

恩은은官권권特떡디為위위判편편理리리 ○ ᄇᆞ라건대恩官은특별이判理ᄒᆞ쇼셔 ○

判字斷也 箋 ㊕ 伍우우倫륜륜備삐비供궁궁與유유他타다哥거거哥거거的

딩디同뚱퉁 ○ 伍倫備의供이제兄의ᄒᆞᆫ거스로더브러ᄒᆞᆫ가지니 那나나安안안克킈킈和

화호 也 여여 供 궁궁 將 쟝장 來 래레 ○ 더安克和도供ᄒ여가져오라 (淨) 供 궁궁 狀 좡장

人 신신 安 한안 克 킥킈 和 화호 ○ 供狀人安克和는 伍 우우 倫 룬룬 全 쥔쥔 伍 우우

倫 룬룬 備 삐비 是 쓰스 俺 함암 義 이이 哥 거거 哥 거거 ○ 伍倫全과伍倫備는이나의義

형이라 本 븐븐 是 쓰스 良 량량 家 갸갸 子 즈즈 弟 띠디 ○ 本듸良家子弟로 自 쯔즈

少 샾샾 禀 빈빈 性 싱싱 忒 틔틔 謙 쳰쳰 和 화호 ○ 自少로禀性이마장謙和ᄒ니이다 (外)

他 타타 自 쯔즈 家 갸갸 稱 칭칭 讚 잔잔 ○ 뎌自家ㅣ稱讚ᄒ는고나 (淨) 偶 읗우 因 힌인

三 산산 月 웨웨 三 산산 日 싀시 ○ 偶然히三月三日을因ᄒ여 弟 띠디 兄 흉흉 三 산산

人 신신 ○ 弟兄三人이 遊 읶우 戲 히히 到 닾닾 敎 걒걒 場 쨩쨩 坡 풔포 ○ 遊戲ᄒ야

敎場坡에갓더니이다○說那敎場卽閱武之地築臺建屋每試於農隙 (外) 他 타타 兩 량량 箇 거거

供 궁궁 說 쉬쉬 在 째재 學 햪효 前 쳰쳰 ○ 뎌둘희다뭄은學前의잇더니라니르거늘 你

你 니니 說 쉬쉬 在 째재 敎 걒걒 場 쨩쨩 坡 풔포 ○ 너는敎場坡에잇더니라니르는匹다 (淨)

押햐야韻윤윤而슬슬已이이 ○ 韻을 돌ᄯᅥ름 이니이다 ㊀外 供궁궁狀쫭좡便뼌변

供궁궁狀쫭좡 ○ 供狀ᄒᆞ면 곳 供狀만 ᄒᆞᆯ ᄯᅥ니 押햐야甚씸슴麽마마韻윤윤 ○ 므슴

韻을 돌니오 着쟢죠實씽시供궁궁来래레 ○ 着實히 供ᄒᆞ라 ㊀淨 撞쫭좡着쟢죠兩

량량三산산箇거거半번번醒싱싱不봉부醉쥐쥐漢한한 ○ 두셋반만세 고醉티아닌

놈을 나니 만 不봉부死숭스也여여不봉부活횅호 ○ 죽도아니코ᄯᅩ사 도아니ᄒᆞ엿더이

다 ㊀外 他타다告강간狀쫭좡只즈즈告강간一황이箇거거 ○ 더의告狀 에는그저

ᄒᆞ나홀고 ᄒᆞ엿거늘 伱니니倒닿단供궁궁了랖랴三산산箇거거 ○ 너는도로 혀세홀供

ᄒᆞᄯᅩ 다는 ㊀淨 有임우心신신償쨩창命밍밍 ○ 償命홈애무음 이이실ᄯᅥ대 又임우怕

파파他타다死숭스幾기기多뎌도 ○ ᄯᅩ더죽은이만홈 을져퍼ᄒᆞ라잇가 ㊀外 這져져等

등등委위위實씽시是쓩스伱니니打다다死숭스了랖랴 ○ 이려면실로 이비텨죽엿

나고 ㊀淨 委위위的듸디打다다死숭스人신신 ○ 실로사롬려 죽인거시 不봉부止

他타타一힁이箇거거○아뎌ᄒᆞ나어니ᄂᆞᆯᄲᅮᆫ이不부부知지지他타타因힌인

何허허只ᄌᆞᄌᆞ是ᄉᆞ스一힁이家갸갸來래레告갈간我어오○아라뎌뎨다무못셔게

이ᄉᆞᆯ와因나ᄒᆞ를여ᄉᆞᆷ그ᄒᆞ저엿이ᄂᆞᆫ호ᄃᆡ집所수소供궁궁情찡칭詞ᄉᆞ스並뼝빙無무우

差차차訛워오○供다ᄒᆞ그ᄂᆞᆫ롬바이情업詞ᄉᆞ니ㅣ望망왕恩ᅙᅳᆫ은官권권爲위위出

춓츄脫퉝토○ᄒᆞ브여라벋건겨대내恩쇼官셔은爲外倸닌닌三산산人인인都두두

是ᄉᆞ스官환환家갸갸子ᄌᆞᄌᆞ弟떼디○ᄉᆞᆯ니ᄒᆞ희뎐세집사子ᄅᆞᆷ弟은로다셔이벼這

져져等등등青칭칭春츈츈年년년紀기기○年이紀련예青春却겨不부부去

큐큐攻궁궁書슈슈習씽시禮리리○이ᄯᅩ디가아글니을ᄒᆞ다고ᄉᆞᆼ리攻며治禮也를如니

木之石工金日玉攻每믜믜日ᅀᅵ시家갸갸○에每日只ᄌᆞᄌᆞ在ᄍᆡ재柳릴류巷향향

花화화街계계中중중遊잉우戲히히○에그이저셔柳遊巷戲花ᄒᆞ街며中喫칭치酒

직찡賭두두錢쪈쳔無무우所수소不부부至ᄌᆞᄌᆞ○기ᄉᆞᆯᄒᆞ먹여으니며ᄅᆞᆫ논디더아녀

닐바업시ᄒᆞ도다 (奎)並뼝빙不붕부會휑휘 ◯ 다아디못ᄒᆞᄂᆞ이다 (奎)並뼝빙不붕부
會휑휘 ⊙ 다아디못ᄒᆞᄂᆞ이다 (淨)錢쪈쳔便뼌변不붕부會휑휘賭두두 ◯ 돈은곳더
너기ᄅᆞᆯ아더못호되 酒짐쥐是쓰스小샹샾人신인也여여喫칭치得듸더小샹샾鍾
즁즁兒ᅀᅳᆼᅀᅳᆯ三산산大따다碗원원半번번 ◯ 술은이小人이小鍾으로셋파大碗으로반을
머ᄂᆞ이다 (外)辱숭수抹뭥모了량랴你니니祖주주宗중중 ◯ 네祖宗을辱머기며히여
ᄇᆡ리고 敗배배壞홰화了량랴你니니家갸갸世씽시 ◯ 네家世를敗壞ᄒᆞ얏ᄂᆞᆫ디라
殺상사人신인償짱창命밍밍 ◯ 사ᄅᆞᆷ을죽이매命을갑ᄒᆞᆯᄲᅥ시니 更긍긍說쉉쉬甚
씸슴的딩디 ◯ 다시무싀숨니ᄅᆞᄂᆞ뇨 任신신從쭝중你니니口쿵쿠裡리리說쉉쉬
得듸더天텬텬花화화亂뢴뢴墜쮜쮜 ◯ 네대로입에니ᄅᆞ기ᄅᆞᆯ天花ㅣ亂墜ᄐᆞᆺᄒᆞ여도 ○高
僧列傳梁有異僧講經天龍寺中時地湧金蓮天雨寶花繽紛而下
也여여無뭉우饒샹샾理리리
◯ 또요사ᄒᆞᆯ리업ᄉᆞ니 打다다死ᄉᆞᆼ스這져져箇거거人신인着쨯죠實씽시是쓰스

51a

誰쉬쒸 ○ 이 사ᄅᆞᆷ 텨 죽이기를 실로이 뉘 ᄒᆞ엿ᄂᆞ뇨 奎 坐 淨 並빙삥 不부붕 曾층쯩 打

다다 死스ᄉᆞ 他타타 ○ 다 일쯕 뎌를 텨 죽이디 아니ᄒᆞ엿ᄂᆞ이다 外 伍우우 倫륜륜 全췐쮠

莫모망 不부붕 是스ᄊᆞ 伱니니 ○ 伍倫全아 아니 이 넨가 奎 委위위 實시씽 不부붕

曾층쯩 ○ 실로 아니ᄒᆞ엿ᄂᆞ이다 外 若숖샹 不부붕 是스ᄊᆞ 兄훙흉 便변뼌 是스ᄊᆞ

弟디뗴 ○ 만일 이 兄이 아니면 곳 이 아이로다 坐 並빙삥 不부붕 曾층쯩 打다다 他타타

○ 다 일쯕 뎌를 티디 아니ᄒᆞ엿ᄂᆞ이다 外 莫모망 不부붕 是스ᄊᆞ 這져져 厮스ᄉᆞ ○ 아니

이이놈 인가 淨 我오어 手식싐 到닫당 他타타 胷흉흉 前쳔쪈 不부붕 曾층쯩 打

다다 ○ 내 손이 뎌의 胷前의 가되 일쯕 티디 아니ᄒᆞ엿고 脚교걒 到닫당 他타타 肚두뚜 臍

치찌 下햐햐 不부붕 曾층쯩 踢티틩 ○ 발이 뎌의 빗복 아래 가되 일쯕 ᄎᆞ디 아니ᄒᆞ여시니 不

부붕 是스ᄊᆞ 我오어 ○ 이 나는 아니니이다 外 伱니니 兄훙흉 弟디뗴 都두두 不부붕

肯큰큰 招잗쟝 承칭찡 ○ 너희 兄弟 다 즐겨 招承티 아니ᄒᆞ니 不부붕 中중쭝 賴래래 我

오어 做주주 官권권 的디듸 打다다 死스ᄉᆞ ○ 나 관원 되엿는 이 텨 죽이다 홈이 맛당티 아니

ᄒᆞ고 也여여 不부붕 中중중 賴래래 我오어 那나나 六륙루 房방빵 的디듸 司亽ᄉᆞ

典뎐뎐 吏리리 ○ 또 내 뎌 六房에 司典吏를 딤이 맛당티 아니ᄒᆞ고 也여여 不부붕 中중중

賴래래 我오어 左조저 右우임 弓궁궁 兵빙빙 和호훠 皂잪짷 隷리리 ○ 또 내 左右

弓兵과 皂隷를 딤이 맛당티 아니ᄒᆞ니 及기끵 早잔잪 招잔쟢 承칭찡 免면면 受삭씹 鞭

번번 笞치칭 ○ 일쪽이 招承ᄒᆞ여 笞 바ᄃᆞᆷ을 면ᄒᆞ라 鞭 左조저 右우임 拿나나 刑힝힝 具

규규 來래래 ○ 左右ㅣ 아 刑具를 가져오라 ㊉末 刑힝힝 具규규 在재짜 此ᄎᆞ츠 ○ 刑具

ㅣ 예 잇ᄂᆞ이다 ㊕外 伱니니 抵디디 得더등 這져져 刑힝힝 具규규 莫모망 要야향 認

신신 ○ 네 이 刑具를 견듸량이어든 알리 말고 ○語錄解 認引以為証也 若쇼약 是스ᄉᆞ 抵디디

不부붕 得더등 早잔잪 早잔잪 認신신 了랴랼 罷바빠 ○ 만일 이 견듸디 못홀 양이어든

일쪽이 알라 홈이 무던ᄒᆞ니 免면면 得더등 打다다 壞홰홰 了랴랼 ○ 打壞홈을 免ᄒᆞ리라

(大生)父뿌부母무무養양양我어오每미믜○父母ㅣ우리들흘養홈애手싱식指즈즈
兒슬슬盪탕탕着짱죠也여여疼뜽등了량랴半번번日싕싀○손까락이기개여도
半日을알거든這져져等등등刑삥힝具뀨규怎즘즘生승승當당당得득더○이런
刑具를엇디當ᄒᆞ리오莫맙모不붕부是쓰스前젼쳔世싀시寬원원業영여○아나
이前世寃業인가等등등我어오認신신了량랴罷빠바○내알롸홈을기드림이무뎐ᄒᆞ
다兄흉흉弟떠디呵허허○아ᄋᆞ야○吏文輯覽呵語辭孃냥냥只즈즈養양양徐
니니一잉이人신신○孃이다믄너ᄒᆞᆫ사름올養ᄒᆞ엿고我어오痴칭치長쟝쟝徐니니
三산산歲쉬쉬○내네게三歲痴長ᄒᆞ여多더도喫칭치了량랴三산산年년년飯
빤반○三年ㅅ밥을더먹고多더도穿쳔쳔了량랴三산산年년년衣이이○三年ㅅ오
슬더닙어시니等등등我어오認신신了량랴罷빠바○내알롸홈을기ᄃᆞ림이무뎐ᄒᆞ다
(小生)哥거거哥거거年년년紀기기大따다○형이나히만하知징지道땅단理리리

○道理를 아니 會휘훼伏부뿡事스쓰孃냥냥 ○孃을 伏事홀 줄을 알고 我오어少

샹샹撒사샤嬌갸걍不부붕會휘훼伏부뿡事스쓰孃냥냥 ○나눈 졈어 ᄀᆞ냥ᄒᆞ여 孃ᄒᆞ

을 伏事홀 줄을 아디 못ᄒᆞ니 等등등我오어認신신 ○내 알톼 홈을 기ᄃᆞ리라 淨你니니

兩량량箇거거都두두莫모맙認신신 ○너희 둘히 알라 말라 다 你니니看간간我

오어這져져臂륜뜬腿튀튀抵디디得더듸棍군군 ○네 보라 내 아 볼기 막대로 견되며

我오어這져져手식싱指즈즈抵디디得더듸攢잔잔 ○내 이 손ᄶᅡ락이 잔지롤 견될ᄊᆡ

시니不부붕怕파파他타타 ○뎌롤 졉허 ᄒᆞᄂᆞ니 아 等등등我오어抵디디他타타

⊜내 뎌롤 견될 을 기ᄃᆞ리라 奎兄훙훙弟디디你니니便변뼌抵디디得더듸○

아ᄋᆞ 너ᄂᆞᆫ 곳 견 뒤려 ᄒᆞ거니와 我오어二ᅀᅳᆯ을人신신如유유何허허抵디디得더듸

○우리 두 사ᄅᆞᆷ이 엇디 견ᄃᆡ리오 淨哥거거哥거거既기기是스ᄊᆞ你니니二ᅀᅳᆯ을人

신신抵디디不부붕得더듸 ○형아 임의 너 두 사ᄅᆞᆷ이 견ᄃᆡ디 못홀 ᄊᆡ시면 等등등我오어

認 신신 了 랼랖 罷 빠바 ○ 내 알롸 홈을 기드림이 무던ᄒ다 俙 니니 回 휘휘 家 갸갸 說

與 유유 孃 냥냥 ○ 孃네 집의 도라가 ᄃ려 닐러라 多 도다 買 매매 些 셔셔 酒 직징 肉

来 래래 我 오어 喫 치칭 ○ 만히 酒肉을 사오라 내 먹으리라 萬 완환 一 이힝 僥 갸걍

倖 힝힝 遇 유유 官 권권 府 부부 来 래레 出 츄츙 囚 착짱 ○ 萬一 僥倖으로 官府ㅣ 와 出囚로

홈을 만나면 我 오어 便 변뻔 出 츄츙 去 큐큐 了 랼랴 ○ 내 곳 나갈 새시니 那 나나 時

스쯩 節 져졍 送 숭숭 我 오어 到 다당 法 바뽱 場 챵쨩 上 샹썅 ○ 그 빼예 날을 보내여 法場

上에 가든 把 바바 些 셔셔 錢 쳔졘 與 유유 劊 귀귀 子 즈쯔 手 식씀 ○ 져기 돈을 다가 劊子

手를 주어 ○ 字箋 劊斷也 呼斬人者爲劊子手 寬 권권 一 이힝 兩 량량 箇 거거 時 스쯩

辰 천젼 ○ ᄒ두새로 눅여 與 유유 兩 량량 箇 거거 哥 거거 哥 거거 ○ 두 형으로 터부러 唱

챵창 一 이힝 箇 거거 要 와와 樂 로랍 曲 큐큥 兒 을슬 要 와와 一 이힝 要 와와 ⊖ 要ᄒᆞᆫ

樂ᄒᆞᄂᆞᆫ 곡됴를 블러 놀미 恰 갸걍 不 부봉 是 스쯩 好 할함 ○ 마치 이 됴티 아니ᄒᆞ랴 (全) 豈

可 기기 着 죠쟣 你 니니 認 신신 ◯ 엇디 가히 널로 ᄒᆞ여 알라 ᄒᆞ리오 ᄒᆞ 你 니니 家 갸갸

父 부뿌 母 무무 早 잔잘 亡 왕망 ◯ 네 집 父母ㅣ 일 죽고 只 즈즈 留 릭릭 你 니니 一 이이

箇 거거 ◯ 다ᄆᆞᆫ 너 ᄒᆞ나흘 머므러시니 你 니니 死 스ᄉᆞ 誰 쉬쒸 主 쥬쥬 你 니니 家 갸갸

宗 중중 祀 스ᄊᆞ ◯ 네 죽으면 뉘 네 집 宗祀를 主ᄒᆞ리오 我 오어 弟 디띠 兄 흉흉 二 을ᅀᆞ 人

신인 ◯ 우리ᄂᆞᆫ 弟兄 二人이라 我 오어 死 스ᄉᆞ 了 랴랴 還 환훤 有 우입 箇 거거 兄 흉흉

弟 디띠 在 재째 ◯ 내 죽어도 도로혀 아ᄋᆞ 이시니 等 등등 我 오어 認 신신 罷 바빠 ◯ 내 알

리라 ᄒᆞᆷ을 기ᄃᆞ림이 무던ᄒᆞ다 (坐) 我 오어 認 신신 ◯ 내 알리라 大 다따 哥 거거 是 스ᄊᆞ 我

오어 家 갸갸 宗 중중 子 즈ᄌᆞ ◯ 큰 형은 우리 집 宗子ㅣ라 主 쥬쥬 奉 봉뽕 祖 주주 宗

중중 香 향향 火 호훠 ◯ 祖宗 香火를 主奉ᄒᆞ니 決 겨궈 不 부붕 可 거거 認 신신 ◯ 결단

코 가히 알오라 못ᄒᆞᆯ 거시오 三 산산 哥 거거 是 스ᄊᆞ 俺 암함 先 션션 父 부뿌 受 수ᄉᆛ 他 타타

先 션션 尊 준준 付 부부 托 토탕 的 디딩 ◯ 三哥ᄂᆞᆫ 이 우리 先父ㅣ 뎌의 先尊의 付托을 바든 거

시니 便뼌변 是쑹스 他타타 自쯔즈 犯빤반 出츙츄 来래레 ○곳이뎨스스로犯ᄒᆞ여내

여셔도 我어오 亦잉이 當당당 替티티 他타타 ○우리ᄯᅩᄒᆞᆫ맛당히뎌ᄅᆞᆯᄀᆞᄅᆞ츌여든 況

햫향 是쑹스 俺함암 家갸갸 兄훙훙 弟떼디 同뚱퉁 行ᅘᅵᆼ힝 被삐비 人ᅀᅵᆫ신 誣무우

賴래래 ○ᄒᆞ믈며이우리집兄弟ᄒᆞᆫ가지로行ᄒᆞ여사ᄅᆞᆷ의무함ᄒᆞ야짐을닙어시니○賴四聲通解蒙

也譬也又俗語賴我賴你졸오다 豈기기 可커거 着쨥죠 他타타 認신신 ○엇디可히뎌로

ᄒᆞ여알게ᄒᆞ리오 決궈궈 不붕부 可커거 決궈궈 不붕부 可커거 ○결단코可티아니ᄒᆞ

고결단코可티아니ᄒᆞ니 等등등 我어오 認신신 的딩디 是쑹스 ○내알롸홈을기ᄃᆞ림이올

타 ㊟ 俺함암 三산산 人신신 都두두 不붕부 認신신 罷빠바 ○우리세사ᄅᆞᆷ이다알

롸말미무텬ᄒᆞ다 ㊝ 如슈유 何ᅘᅥ허 抵디디 得득더 這져져 刑ᅘᅵᆼ힝 具ᄁᆔ규 過궈고

○엇디이刑具ᄅᆞᆯ견듸여더내리오 ㊕ 殺상사 人신신 償짱챵 命밍밍 ○사ᄅᆞᆷ을죽임애

命을償ᄒᆞᆯ새시니 上썅샹 緊긴긴 招쟐쟝 承찡칭 ○셜리招承ᄒᆞ라 商샹샹 量량량 甚

숨씸的딤디○드서슬商量ᄒᆞᄂᆞ뇨(奎)是ᄊᆞ스伍우우倫륜륜全쳔쳔打다다死ᄉᆞ스

○이伍倫全이더죽엿ᄂᆞ니合헝허坐쬐조小샹샤人신인罪쮜쥐○小人을罪예坐홈이

맛당ᄒᆞ니이다(坐)是ᄊᆞ스伍우우倫륜륜備삐비打다다死ᄉᆞ스○이伍倫備더죽엿고

不붕부干간간伍우우倫륜륜全쳔쳔事ᄊᆞ스○伍倫全의게간셥흔일이아니랏合

헝허坐쬐조小샹샤人신인罪쮜쥐○小人을罪예坐홈이맛당ᄒᆞ니이다(淨)他다다兩

량량人신인都두두不붕부曾쯩층打다다○뎌두사ᄅᆞᆷ은다일쪽티디아니ᄒᆞ엿고是

ᄊᆞ스安한안克킈킈和화호蹋틍티着짱죠他다다小샹샤膓짱챵氣킈기○安이

克和ㅣ매小膓을뎌알을파초因힌인此츠ᄎᆞ身신신死ᄉᆞ스○이런젼ᄎᆞ로아죽어시니몸

合헝허坐쬐조小샹샤人신인罪쮜쥐○小人을罪예坐홈이맛당ᄒᆞ니이다(外)左저조

右임우○左右ㅣ아這져져三산산箇거거人신인好함한蹺걍갼蹊혜히○이세

사ᄅᆞᆷ이ᄆᆞ장야긔다○作字벼 箋蹺蹊不穩當也又不平貌 別뼝벼人신인打다다死ᄉᆞ스人신인

○다ᄅᆞᆫ사ᄅᆞᆷ은사ᄅᆞᆷ을뎌주기이매 檢견견屍ᄉᆞ스明밍밍白뻐버 ○檢屍ᄅᆞᆯ明白히ᄒᆞ야 填
뗜텬了랼랴屍ᄉᆞ스刑힝힝格긩겨目몽무 ○屍形格目애메오고○無冤錄屍形格目註屍
形卽屍帳格目卽格式條目也刑形字之誤 上쌍상了랼랴長쨩챵枷갸갸 ○긘갈흘메워도
還훤환不붕부肯큰큰認인인 ○도로혀즐겨알롸아니ᄒᆞ고 認인인了랼랴又잉우
還훤환攀뻔펀指중즈別뼝벼人인인 ○알롸호되또도로혀다ᄅᆞᆫ사ᄅᆞᆷ을攀指ᄒᆞ거ᄂᆞᆯ 他
타타三산산人인인爭증종着쨮죠認인인死ᄉᆞ스 ○더세사ᄅᆞᆷ은알롸ᄒᆞ야죽기ᄅᆞᆯᄃᆞ토
나 好향한蹺걓걒蹊혜히 ○ᄀᆞ장야긔作다 左저조右임우 ○左右ㅣ아 你니니背
븨븨地떠디裡리리再재재討탕토他타타口큭쿠氣키키 ○네ᄆᆞ만이다시뎌의口氣
ᄅᆞᆯ탐디ᄒᆞ여 看칸칸他타타說숴쉬的듸디話화화是ᄉᆞ스真진진是ᄉᆞ스假갸갸
○뎌의니ᄅᆞᄂᆞᆫ말이이真인가假ㄴ가보라 ㊌ 理리리會회휘得듸더 ○알게이다 你니니
三산산箇거거弟띠디兄훙훙聽팅팅我오오說숴쉬 ○너희세弟兄이내닐음을드르

라官권권府부부不붕부是쓰스作잡조要솨솨處츄츄○官府ㅣ이마랠곳이아니
라你니니旣기기認신인了랼랴死쓰스罪쮜쥐○네임의死罪를알롸ᄒᆞ면便뻔변
要양얀上쌍샹長쨩쟝枷갸갸手싷식杻칠추脚갹교鐐랼랴○목긴갈메우고손에
뉴박고족쇄ᄒᆞ엿다가○字彙木在手曰杻手械也三才圖會脚鐐制以鐵爲連環共重三觔凡徒罪者帶鐐
工作有임우朝쟌쟌一잉이日싀ᄋᆞ○ᄒᆞᄅᆞ아춤에法방바司스스官권권来래레
出츙츄囚찡착○法司官이와囚를내면便뻔변拿나나你니니出츙츄去큐큐十
씽시字쯔즈街계계頭뜰투○ᄀᆞᆺ너를잡아十字거리예나가斬잔잔了랼랴頭뜰투○
마리를베혀身신신首싷식異이이處츄츄○身首를異處ᄒᆞ리니不붕부是쓰스要
솨솨○이마래옴이아니라你니니兄흉흉弟떠디看간간○너희兄弟ㅣ보라着잘죠
實씽시是쓰스誰쒸쉬下쌰햐手싷식打다다人신인○진실로뉘下手ᄒᆞ여사ᄅᆞᆷ을티
뇨只즈즈着잘죠一잉이箇거거認신인罷빠바○그저ᄒᆞ나ᄒᆞ로ᄒᆞ여알게홈이무던ᄒᆞ

다ᄒᆞ (去)是스쓰 我오어 下햐ᄻᅡ 手식싹 ◯ 이내 下手ᄒᆞ엿고 不부붕 干간간 他타타

二을승 人인신 事스쓰 ◯ 뎌 두 사ᄅᆞᆷ의게 간셥ᄒᆞᆫ 일이 아니라 (末)認인인 了랴량 不부붕

要얀향 悔휘휘 ◯ 알롸ᄒᆞ고 뉘웃디 말라 (去)有우잉 心신신 認인인 又우잉 悔휘휘

◯ 有心ᄒᆞ여 알롸ᄒᆞ고 또 뉘우츠면 不부붕 是스쓰 男난난 子즈ᄌᆞ ◯ 이 男子ㅣ 아니라

(去)不부붕 干간간 我오어 哥거거 哥거거 事스쓰 ◯ 내 형의게 간셥ᄒᆞᆫ 일이 아니라 是

스쓰 我오어 下햐ᄻᅡ 手식싹 打다다 死스ᄉᆞ 來레래 ◯ 이내 下手ᄒᆞ여 뎌 죽엿노라 (末)

認인신 了랴량 不부붕 要얀향 悔휘휘 ◯ 알롸ᄒᆞ고 뉘웃디 말라 (去)着죠쨩 實시씽

是스쓰 我오어 ◯ 진실로 이내니 我오어 又우잉 何허ᄻᅥ 悔휘휘 ◯ 내 또 엇디 뉘웃츠리

오 (淨)不부붕 干간간 他타타 兩량량 箇거거 事스쓰 ◯ 뎌 둘의게 간셥ᄒᆞᆫ 일이 아니라

他타타 兩량량 箇거거 見견견 得더등 牢랖랑 裡리리 高갚강 堂탕땅 大다따 屋

우홍 清칭칭 涼량량 自즈쯔 在재째 ◯ 뎌 둘히 옥에 高堂大屋이 清凉自在ᄒᆞ여 監견견 得

더듸 罪쥐쮜 人인인 多도더 有우잉 好한항 朋픙뿡 友우잉 好한항 耍솨솨 樂로랑

○가티 罪人이 만히 도흔 朋友와 도흔 줄거온 거시 이심을 보고 他타타 貪탄탄 心신신 要얀향

爭종증 我오어 的디듸 死스ᄽ ○뎨 貪心으로 내 죽기를 두토고져 ᄒᆞ거니와 委위위 的

디듸 不부붕 干간간 他타타 事스ᄽ ○진실로 뎌의게 간셥ᄒᆞᆫ 일이 아니라 (奎)不부붕 干

간간 他타타 事스ᄽ ○뎌의게 간셥ᄒᆞᆫ 일이 아니라 (坐)不부붕 干간간 他타타 事스ᄽ

○뎌의게 간셥ᄒᆞᆫ 일이 아니라 (争)二을ᅀᅮᆼ 位위위 哥거거 哥거거 你니니 好한항 沒

무뭉 天텬텬 理리리 ○二位兄아 네 ᄆᆞ장 天理업다 我오어 做주주 好한항 漢한한 打

다나 死스ᄽ 人인ᅀᅵᆫ ○내 好漢이 되야사 ᄅᆞᆷ을 텨죽엿거늘 你나니 却거쿄 要얀향 爭종증

○네 또 ᄃᆞ토고져 ᄒᆞᄂᆞ냐 我오어 的디듸 也여여 要얀향 ○나도 要ᄒᆞ노니 我오어 肯

큰큰 與유유 你니니 是스ᄽ ○내 즐겨 너를 줌이 올ᄒᆞ라 (末)胡후ᅘᅮ 說숴숸 ○간대로 니

다른 這져져 是스ᄽ 甚슴씸 麼마마 去큐큐 處츄츄 ○이 어던 곳이완뎌 你니니 還

환환來래래說숴숴笑샾샾 ◯ 네 도로혀 날 (争) 天텬텬下햐하人신신沒
뭏무不부부死스스的디디 ◯ 天下ㅅ 사ᄅᆞᆷ이 죽디 아니리 업ᄉᆞᆫ디라 我어오死스스得
더뎡 一이잉箇거거好한학名밍밍聲싱싱 ◯ 내 죽음은 ᄒᆞᆫ 名聲을 어드뇨 ᄒᆞᆫ 這저저
等등등快쾌쾌活호홯如슈슈何허허不부부笑샾샾 ◯ 이런 줄거옴을 엇디 웃디 아니
ᄒᆞ리오 (末) 覆부부尊준준官권권 ◯ 尊官ᄋᆡ 니ᄅᆞ니 他타타三산산箇거거着쟢쟢
實시시都두두要얀얀認신신死스스 ◯ 뎌 세히 진실로 다 죽기를 알고져 ᄒᆞᄂᆞ이다 (外)
問운문他타타家갸갸還환환有우잉甚슴심的디디人신신 ◯ 물으라 뎌의 집의 도
로혀 이 잇ᄂᆞᆫ가 (末) 有우잉箇거거老랄랄母무무 ◯ 老母ㅣ 잇ᄂᆞ니이다 (外) 喚
훤훤他타타母무무親친친來래래便변변見견견端된된的디디 ◯ 뎌의 母親을 블
러 오라 ᄒᆞ야 곳 일뎡 그런 줄을 보리라 ◯ 端的 釋見心經釋疑 (末) 他타타見현현送숭숭飯반반在
재째門믄믄外왜왜 ◯ 뎌 시방 밥을 보내야 門밧긔 잇ᄂᆞ이다 (外) 喚훤훤他타타進진진

来(레/래) ○ 더룰블러 나아오라 ㊍末 相(샹/샹) 公(궁/궁) 喚(훤/훤) 伍(우/우) 倫(룬/룬) 全(쵠/쮠) 母(무/무) ○ 相公이 伍倫全의 母룰브르신다

伍倫全備諺解卷一

(우 륜 쳔 비 연 계 권 이 / 우 륜 쥔 삐 연 계 권 힝)

伍倫全備諺解 卷二

伍우우倫륜룬全쳔췐備삐비諺연연解계계卷권권二ᅀᅳᆯ

㊟末 伍우우倫륜룬全쳔췐母무무到닿닾了럎랴 ○伍倫全의어미왓ᄂᆞ이다 ㊟外 俆니니是씃스命밍밍婦뿌부請칭칭起키키 ○네ᄂᆞᆫ이命婦ㅣ니請컨대닐라 ○大夫之婦受君命爲夫人故曰命婦 人爲위위人인인母무무何허허不부부教걓갸其끼키子즈즈無우무禮리리 ○사ᄅᆞᆷ의어미되여엇디그ᄌᆞ식을ᄀᆞᄅᆞ치디아니ᄒᆞ여 使ᄉᆞ스他타타這져저等등등無우무禮리리 ○뎌로ᄒᆞ여곰이리無禮케ᄒᆞ뇨 ㊟夫 是씃스妾쳥쳐之즈즈罪쮀쥐 ○이ᄂᆞᆫ妾의罪ㅣ니 望망왕相샹샹公궁궁筆빙비下햐하超챤챠生승승 ○ᄇᆞ라건대相公은筆下에超生케ᄒᆞ쇼셔 ㊟外 他타타三산산人인인爭중중着쟢죠招쟣쟈認싄싄 ○뎌세사ᄅᆞᆷ이招認ᄒᆞ기ᄅᆞᆯᄃᆞ토니 不붕부中즁즁一힝이箇거거人인인死ᄉᆞ스着쟢죠三산산箇거거人인인償쨩챵命밍밍 ○ᄒᆞᆫ사ᄅᆞᆷ죽은듸세사ᄅᆞᆷ으로償命ᄒᆞᆷ이맛당티아니ᄒᆞ니 俆니니着쟢죠實씽시說쉬쉐來래레 ○네着實히니ᄅᆞ라 ㊟夫 委위위的딩디

不부붕曾층쯩與유유他타타致지찡爭정쯩 ○ 진실로더브러致爭티아녓ᄂᆞ니

望망왕相샹샹公궁궁照쟌쟢察차챨 ○ 비라건대相公은照察ᄒᆞ쇼셔 外 案안卷한이

已이이成칭쪙決궈퀑無무뭉出츄츙脫토퉁之즈즐理리리 ○ 案卷의일이임의

편편위시脫ᄒᆞᆯ 理업소 니 出니니休휴힐提티띠了랴랑 ○ 네니 리고 말고 니 뎨

試스ᄉᆞ說쉐쉥 ○ 네 시험ᄒᆞ여 니라 當당당着죠쟣那나나箇거거抵디디罪쥐쮜

○ 罪맛당히 말어 이 르니 로ᄒᆞ여 ᄒᆞ료 夫 家가가事스쏘任신싄長쟝쟝妾쳐쳥當

당당其기끼辜구구 ○ 家事ᄂᆞᆫ 이 당어 ᄒᆞ 론 리 을 이 任 다 ᄒᆞᆫ 나 ○ 니 本 妾 孔 이 聯 그 母 조 語 를 通 鑑 釋 義

王氏從家之曰長任 外 難난난敎갸갹伱니니認인신 ○ ᄒᆞᆯ 기 로 어 ᄒᆞ 렵 여 다 알 라 夫

爲위위人신신母무무不부붕能능능敎갸갹其기끼子즈즐 ○ 사 미 룸 되 의 야 어 능

히 그 ᄌᆞ식을 ᄀᆞ르치디 못ᄒᆞ여 使스ᄉᆞ他타타不부붕循슌쓘禮리리法바범 ○ 뎌 ᄒᆞ 로 여

곰 禮法을 좃게 못ᄒᆞ니 理리리當당당坐조쬐罪쥐쮜 ○ 理ㅣ 맛당히 罪ᄒᆞ리어다 坐 外

無우무此ᄎᆞ츠理리리 ○ 이理 업ᄉᆞ니다 ㊀夫 必비빌不부불得더득已이이 ○ 반ᄃᆞ

시마더 못ᄒᆞᆯ션대 須슈슈着죠쟝弟디떠二ᅀᆞᆯ슬箇거거孩해ᄒᆡ兒ᅀᆞᆯ슬抵디디罷쥐쮜

쥐쮜 ○ 모롬이 둘ᄶᅢ 孩兒로 罷에 니르게 ᄒᆞ쇼셔 ㊉外 家가갸人ᅀᅵᆫ신犯반빤罷쥐쮜罷쥐쮜

坐조쭤家가갸長쟝쟝 ○ 家人이 罷로 犯홈애 罷ㅣ 家長을 坐ᄒᆞᄂᆞ니 合허헝坐조쭤大

다따的디듸是스쓰 ○ 큰이를 坐홈이 맛당ᄒᆞ니라 ㊀夫 只즈즐着죠쟝弟디떠二ᅀᆞᆯ슬的

箇거거孩해ᄒᆡ兒ᅀᆞᆯ슬認ᅀᅵᆫ신 ○ 그저 둘ᄶᅢ 孩兒로 알게 ᄒᆞ쇼셔 ㊉外 弟디떠二ᅀᆞᆯ슬的

디듸已이이成칭쪙人ᅀᅵᆫ신 ○ 둘ᄶᅢ 치ᄂᆞᆫ 임의 成人ᄒᆞ여시니 只즈즐着죠쟝弟디떠三

산산的디듸認ᅀᅵᆫ신罷쥐쮜罷바빠 ○ 그저 셋재 치로 罷를 알게 홈이 무던ᄒᆞ다 他타타是

ᄉᆞ쓰別뼈뼈姓싱싱人ᅀᅵᆫ신兒ᅀᆞᆯ슬 ○ 뎨 이 다른 姓엣 사롬이라 你니ᄂᆡ便뼌변供궁궁

結겨ᄀᆡ了랴랴他타타羅바빠 ○ 네 곳 뎌를 供結ᄒᆞ디 홈이 므던ᄒᆞ디 ㊀夫 這져져箇거거使

ᄉᆞ숫不부봉得더득 ○ 이ᄂᆞᆫ ᄒᆞ디 못ᄒᆞᆯ소이다 自조ᄍᆞ家가갸兒ᅀᆞᆯ슬子즈즈打다다

死스ᄉᆞ 人신신 ○ 이녁ᄌᆞ식이사ᄅᆞᆷ을텨죽인디 着죠쨯 別벼뼝 人신신 認신신 罪쥐쒸

○ 다ᄅᆞᆫ사ᄅᆞᆷ으로ᄒᆞ여죄ᄅᆞᆯ알게ᄒᆞ면 便변뼌 是스쑹 沒무뭉 天텬텬 理리리 了랸럏 使

스ᄉᆞ 不부붕 得더듷 ○ 곳이天理업ᄉᆞ니ᄒᆞ디몯ᄒᆞᆯ소이다 ㉫ 如유유 此츠ᄎᆞ 只즈ᄌᆞ 着

죠쨯 大다따 的디딩 認신신 ○ 이러면그저큰이로ᄒᆞ여알게ᄒᆞ라 ㊍ 相샹샹 公궁궁 主

쥬쥬 張장쟝 得터듷 是스쑹 ○ 相公의主張ᄒᆞ심이올ᄒᆞ니이다 ㊈ 只즈ᄌᆞ 着죠쨯 帶

더ᄯᅥ 二슬ᄉᆞᆯ 箇거거 孩해ᅘᆡ 兒ᅀᆞᆯ술 認신신 ○ 그저둘ᄢᅢ孩兒로알게ᄒᆞ쇼셔 ㉫ 伱니니

這져져 婆포ᄈᆡ 子즈ᄌᆞ 好핳ᄒᆞᇢ 沒무뭉 天텬텬 理리리 ○ 녀이겨집이ᄀᆞ장天理업다

伍우우 倫륜륜 備비삐 好핳ᄒᆞᇢ 歹대때 不부붕 是스쑹 伱니니 親친친 養양양 的

디ᄃᆞᆼ 兒ᅀᆞᆯ술 ○ 伍倫備는모롬이네친히나ᄒᆞᆫᄌᆞ식이아니라 他타타 定뎡뎡 是스쑹 過고궈

房방빵 乞키킝 養양양 前쳔쪈 房방빵 後후흫 繼기기 ○ 뎨일뎡이過房이어나乞養이

어나前房이어나後繼ㅣ로다 ○ 自 警編王沂公無子欲以弟子過房 伱니니 要얀햠 乘칭쪙 此

츠ᄎᆞ 害해ᅘᅢ 他타타 ○ 네이롤타텨 롤害ᄒᆞ고 占젼젼 他타타 名밍밍 分븐뿐 財재째
産찬찬 ○ 뎌의名分엣財 産을占ᄒᆞ여 與유유 伱니니 親친친 見숀숀 ○ 네親ᄌᆞ 식을주
고져ᄒᆞᆷ 이로다 伱니니 仔즈ᄌᆞ 細시시 說쉬숴 来레래 ○ 네ᄌᆞ셔히 니ᄅᆞ라
㊉外 伍우우 倫륜륜 全쳔쳔 伱니니 母무무 親친친 這져져 等등등 說쉬숴 ○ 伍倫
全아네母親이이 러ᄐᆞ시니ᄅᆞ니 伱니니 如유유 何허ᅘᅥ 說쉬숴 ○ 너는엇디 니ᄅᆞ는다
㊉外 伍우우 倫륜륜 備비삐 伱니니 哥거거 哥거거 如유유 此츠ᄎᆞ 說쉬숴 ○ 伍倫
備아네형이이 러ᄐᆞ시니ᄅᆞ니 伱니니 如유유 何허ᅘᅥ 說쉬숴 ○ 너는엇디 니ᄅᆞ는다
㊉外 安안한 克키킝 和호ᅘᅩ 伱니니 如유유 何허ᅘᅥ 說쉬숴 ○ 安克和ㅣ아 너는엇디니
ᄅᆞ는 다
㊉外 那나나 做주주 孃냥냥 的디딩 ○ 뎌어미 된이는 要야얗 親친친 生승승 兒숄숟
子즈ᄌᆞ 認신인 罪쥐쮜 ○ 친히나흔ᄌᆞ식으로 罪를알과뎌ᄒᆞ고 那나나 做주주 哥거거

哥거거的디딍○뎌형되얏ᄂᆞᆫ이ᄂᆞᆫ不부붕要얀향兄흉흉弟디띠認신신罪쥐쮜
○아ᄋᆞ로罪를알과뎌아니ᄒᆞ고做주주兄흉흉弟디띠的디딍○아ᄋᆞ되얏ᄂᆞᆫ이ᄂᆞᆫ不
부붕要얀향哥거거哥거거認신신罪쥐쮜○형으로罪를알과뎌아니ᄒᆞ니死스ᄉᆞ者
저져不부붕可커커復부뿡生승승○死者ᄂᆞᆫ可히다시사디못ᄒᆞ고斷된된者저져不
부붕可커커復부뿡續슈쓩○斷者ᄂᆞᆫ可히다시닛디못ᄒᆞᄂᆞ니誰쉬쒸肯큰큰認신신
死스ᄉᆞ○뉘즐겨죽기롤알려ᄒᆞ리오只즈즘見견견人신신家갸갸兄흉흉弟디띠
爭증증財채째産찬찬○그저人家兄弟財産ᄃᆞ톰을보고不부붕曾층쯩見견견爭
종증死스ᄉᆞ的디딍○일쪽죽기ᄃᆞ토ᄂᆞᆫ이를보디못ᄒᆞ엿노라這저져等등등人신신世
시싱間견견難난난得더딍○이런사ᄅᆞᆷ은世間에엇기어려오니當당당於유휴古구구
人신신中중중求쿠끵之즈즘○맛당히古人中에求ᄒᆞ리로다我오어知지징他타타
決궤꿩不부붕至즈즘打다다殺사상人신씬○내뎨결단코사ᄅᆞᆷ을텨죽임애니르디아

ᄂᆞᆯ 줄을 아노니 定딩뗭 是ᄉᆞ쓰 人신신 誣우무 賴래래 他타타 ◯ 일뎡이 사ᄅᆞᆷ이 뎌ᄅᆞᆯ 거즛
짐이로다 況황ᅘᅪᆼ 是ᄉᆞ쓰 三산산 月웨웛 三산산 日ᅀᅵᅀᅵᇰ 廝스ᄉᆞ 打다다 ◯ ᄒᆞ믈며 三
月三日에 싸화 至즈쥬 十시씹 月웨웛 方방방 才채ᄍᆡ 身신신 死스ᄉᆞ ◯ 十月에 니르러
뵈야ᄒᆞ로 곳 身死ᄒᆞ니 己이이 在재ᄍᆡ 保반밤 辜구구 限현ᅘᅧᆫ 外왜왜 ◯ 임의 保辜限 밧
긔 잇ᄂᆞᆫ디라 ◯ 大明律保辜期限凡保辜者責令犯人醫治辜限內皆須因傷死者以鬪毆殺人論手足及他
物毆傷人者限二十日以刃及湯火傷人者限三十日折跌肢體及破骨墮胎者無問手足他物皆限五十日
不부붕 當당당 償챵쨩 命밍밍 ◯ 命을 갑기 맛당티 아니ᄒᆞ니 左조저 右우잉 ◯ 左右
ㅣ 아 可거커 將쟝쟝 伍우우 家갸갸 兄흉훙 弟디띠 三산산 人신신 都두두 踈수수
放방방 了랴랼 ◯ 可히 伍家兄弟 세 사ᄅᆞᆷ을 다 가다 踈放ᄒᆞ라 左조저 右우잉 ◯ 左右ㅣ 아
請칭쳥 伍우우 夫부부 人신신 上샹썅 坐조쭤 ◯ 伍夫人을 請ᄒᆞ여 올려 안치라 小샤숗
官권권 行힝ᅘᅵᆼ 禮리리 ◯ 小官이 行禮ᄒᆞ리라 (夫) 老랖랼 身신신 係히ᅘᅵ 囚착쪽 犯

반빤 人 신신 數 수수 ○老身이囚犯人數에미여시니 不 부붕 敢 간간 當 당당 此 ᄎᆞ츠 禮

리리 ○敢히禮로當티몯홀소이다 ㉮外 老 랖랗 夫 부붛 人 신싄 聽 팅팅 小 샿샿 官 권권

說 쉬숴 ◉老夫人은小官의니름을들으쇼셔 世 시싀 上 샹썅 人 신신 做 주주 晩 완완 娘

냥냥 的 디딍 ○世上사람이홋겨집되얏ᄂᆞᆫ이 百 버븽 般 번번 虐 얀얗 害 해해 前 쳔쪈 窩

오워 之 즈즈 子 즈즈 ○百가지로젼실ᄌᆞ식을虐害ᄒᆞ여 無 우무 中 중중 生 승ᄉᆞᆼ 有 우잉

○업ᄉᆞᆫ가온ᄃᆡ이심을내여 唆 소서 說 쉬숴 其 키끼 夫 부부 ○그夫의게할어ᄂᆞᆯ러○字箋以

言弄人謂之唆 必 비빙 欲 유용 置 지징 之 즈즈 死 스ᄉᆞ 地 디떼 ○반ᄃᆞ시死地에두과

뎌ᄒᆞᄂᆞ니 雖 쉬쉬 是 스ᄉᆞ 古 구구 人 신신 如 유유 尹 인인 吉 기긩 甫 부부 ○비록이녯

사ᄅᆞᆷ尹吉甫ᄀᆞᆺᄒᆞᆫ이도○尹吉甫周宣王時人 也 여여 聽 팅팅 後 후ᅘᆞᇢ 妻 치치 之 즈즈 言 연연

○ᄯᅩᄒᆞᆫ後妻의말을들어 害 해ᅘᆡ 其 키끼 前 쳔쪈 子 즈즈 伯 버ᄇᆡᆼ 奇 키끼 ○그前子伯

奇를害ᄒᆞ얏ᄂᆞᆫ디라○列女傳伯奇事後母至孝母取蜂去毒係於衣上伯奇前欲去之母便大呼曰伯奇牽

我吉甫見疑伯奇自死 曾증증子즈즈妻치치死스스不부붕肯큰큰再재재娶츄츄

○曾子ㅣ妻ㅣ죽음애즐겨再娶티아니ᄒᆞ심은○顏氏家訓曾參妻死謂其子曰吾不及吉甫汝不及伯

奇遂不再娶 恐쿵쿵遇유유不부붕賢현현婦부뿌人인인陷현햄害해해其기끼

子즈즈○어디디가닌婦人을만나그ᄌᆞ식을陷害ᄒᆞᆯᄶᅡ저허ᄒᆞ심이어든 況황황今긴긴世

시싱風붕붕俗슈쓩薄보뽕惡어핳之즈즈後후흫○ᄒᆞ믈며今世風俗이薄惡ᄒᆞᆫ後ᄂᆞᆫᄯᆞ

녀 如유유夫부부人인인者져져真진진世시싱上상쌍罕한한有우잉○夫人

굿ᄒᆞᆫ이ᄂᆞᆫ진실로世上에罕有ᄒᆞ니 小샨샹官권권禮리리當당당尊준준敬깅깅○小官

이禮에맛당히尊敬ᄒᆞ리이다 ㊇請칭칭相샹샹公궁궁坐조쫘○請권대公은안자受

사씽老랄랗身신신與유유孩해해兒술ᅀᅳᆼ拜배배謝서써○老身과다뭇孩兒의拜謝

ᄒᆞᆷ을바두쇼셔

㉮請칭칭問운문夫부부人인인多도더少샾샾年년년紀기기守식심寡과꽈

○請ᄒᆞ여뭇노니夫人이언머年紀에守寡ᄒᆞ시니잇고 (夫)老랗랖身신신二ᅀᅳᆯ을十씹시

四ᄉᆞ스歲쉬쉬爲위위未뮈위亡왕왕人신신○老身이二十四歲에未亡人이되야○左

傳註婦人旣寡自稱未亡人 今긴긴四ᄉᆞ스十씹시餘유유年년년了량랴○이제四十

餘年이로소이다 (外)夫부부人신신如유유此ᄎᆞ츠貞징징節졍져○夫人의이러톳

ᄒᆞ貞節을 禮리리當당당旌징징表뱧뱦○禮에맛당히旌表홀새시니○旌表也書畢命旌別

淑慝 小샹샨官권권卽징지便뼌변申신신奏증주朝짷챺廷뎡팅○小官이뭇朝廷

에申奏ᄒᆞ리이다 (夫)夫부부亡망왕守샴삭寡과과婦뿌부人신신常짱챵事쏭스

○夫亡守寡ᄂᆞᆫ婦人常事니 恩은은官권권不붕부必빙비申신신奏증주○恩官은뭇

ᄒᆞ여申奏티아벅새시니이다 (外)旌징징表뱧뱦貞징징節졍져勸권권化화화風붕붕

俗쑹슈○貞節을旌表ᄒᆞ여風俗을勸化홈은 此ᄎᆞ츠是쑹스小샹샨官권권職징지分

뽄본當당당爲위위○이ᄂᆞᆫ小官의職分에맛당이홀새시니 夫부부人신신不붕부必

비븽 推 뒤뒤 辭 ᄎᆞᄊᆞ ○ 夫人은 굿ᄒᆞ여 推辭티 말으쇼셔 不 부붕 知 지징 三 산신 位 위위

令 링링 嗣 ᄉᆞᄊᆞ ○ 아디 못게라 三位令嗣ㅣ 曾 층쯩 習 시씽 擧 규규 業 여엽 否 부붕 ○

일쯕 擧業을 니엇ᄂᆞ니잇가 못ᄒᆞ엿ᄂᆞ니잇가 (奎) 初 추추 學 효ᅘᅣᇢ ○ 初學이로소이다 (外) 從

총쭝 學 효ᅘᅣᇢ 何 허ᅘᅥ 人 신신 ○ 엇던 사ᄅᆞᆷ의게 ᄌᆞ차 비호ᄂᆞ뇨 (奎) 施 스ᄉᆞ 善 션쎤 敎 갸ᅸ

先 션션 生 승ᄉᆞᆼ ○ 施善敎先生이로소이다 (外) 是 스ᄊᆞ 我 오어 同 퉁뚱 窓 창창 朋 풍뿡

友 우읗 ○ 이ᄂᆞᆫ 내 同窓ᄒᆞ던 벗이라 ○ 同窓猶同榻也 此 츠ᄎᆞ 人 신신 學 효ᅘᅣᇢ 有 우읗 淵

원원 源 원원 ○ 이 사ᄅᆞᆷ이 學이 淵源이 이시니 ○ 淵源韻會淵深也源水泉本也 三 산산 位 위위

公 궁궁 子 즈ᄌᆞ 必 비빙 有 우읗 所 소수 傳 쳔쭨 授 식씽 ○ 三位公子ㅣ 반ᄃᆞ시 傳授ᄒᆞ니 ᄇᆡ

이실 ᄉᆡ라 今 긴긴 年 년년 春 츈츈 榜 방방 動 둥뚱 選 션쎤 場 창쨩 開 캐캐 ○ 올ᄒᆡ 春榜

이 動ᄒᆞ면 選場을 열ᄉᆡ시니 ○ 括異志云范仲淹倅陳州時動郡守母病召道士奏章道士秉簡伏壇終夜不動

守問今夕奏章何其久也曰方出天門遇放明年進士春榜觀者駢道以此稽留云 好 한할 收 식싱 拾

시씽 上샹썅 京깅깅 取츄츄 應잉힝 去큐큐 ○잘收拾ᄒᆞ여上京ᄒᆞ야 파거보라가게ᄒᆞ쇼셔

㊈老랄랖 身신신 自ᄌᆞ쯔 從충쭝 夫부부 君균균 死ᄉᆞ숭 別뼈뼝 ○老身이夫君死別ᄒᆞᆷ으로브터

經깅깅 今긴긴 四ᄉᆞ숭 十시씽 餘유유 年년년 ○이제四十餘年이디낫ᄂᆞᆫ디라

辛신신 苦쿠쿠 持치찡 門믄믄 戶후후 立리링 家갸갸 業여엉 ○辛苦히門戶롤잡으며家業을세워

敎갼걓 育유융 三산산 箇거거 孩해해 兒ᅀᆞᆯᅀᆞᆼ ○세아ᄒᆡ롤敎育ᄒᆞ야

今긴긴 幸힝ᅘᅵᆼ 稍산삼 能능능 成칭찡 立리링 ○이제幸혀겨요능히成立ᄒᆞ여시니

等등등 我오어 從충쭝 頭두뚬 歷리링 數수수 一이잉 遍변변 則저즹 箇거거 ○내처음브터ᄒᆞᆫ번歷數ᄒᆞᆷ을기ᄃᆞ리라 ○則箇語辭後倣此

㊈昨조짱 日시싱 為위위 孩해ᄒᆡ 兒ᅀᆞᆯᅀᆞᆼ 惹셔셔 出츄츙 一이잉 場창짱 官권권 事ᄉᆞ숭 ○어제孩兒ㅣᄒᆞᆫ바탕官事롤니ᄅᆞ혀범이되엿더니

幸힝ᅘᅵᆼ 得더득 採채채 訪방방 相샹샹 公궁궁 廣광광 行힝ᅘᅵᆼ 方방방 便변뼌 ○幸으로採訪相公이方便을廣行ᄒᆞᆷ을어

더 孩해해兒술술三산산箇거거都두두得듸더鮮계계脫퉈토 ○ 히孩다兒鮮세

엇脫고홈 을 他타타又잏우要향얀把바바我어오做주주貞징징節졍저婦뿌부

○ 貞뎨節또婦나룰룰삼다아가奏증주保밤반旌징징表뱔뱌 ○ ᄒᆞ奏려保ᄒᆞ旌니表他

타타的딩디雅야야意이이固구구好할한 ○ 실뎌로의됴본커뜻니은와진但딴단夫

부부死숨스不붕부嫁갸가 ○ 嫁다티믄아夫ㅣ니죽홈음은애此충츠是쏘스婦뿌부

人신신常짱창理리리 ○ 의이常는理이오婦人非빙븨是쏘스奇끼키異이이難

난난為위위之즈즈事쏘스 ○ 事이ㅣ奇아異니難니為의不붕부必빙비如슈슈此

츠스也여여罷빠바 ○ 말긋미ᄒᆞ무여던이ᄒᆞ러다ᄐᆞ 시 只즈즈是쏘스他타타說쉬쉬

○ 그널저오뎨뒤今긴긴年년년興힝힝賢현현詔잔잔下햐하 ○ 賢今詔年ㅣ에ᄂᆞ興

興릴之이蓋라鄉ᄒᆞ大여夫○攷按其周德禮行大道司藝徒而以興鄉賢三者物能敎者萬以民禮而賓賓

令之為字之詔箋如詔日照月也之天照子臨以要향얀着짭죠三산산箇거거孩해해兒술술

去큐큐赴부부科쿼코應잉잉擧규규 ○ 孩兒로가赴科應擧코져ᄒᆞ니 此츠츠倒

됴돠是쓰스好핳하事쓰스 ○ 이도로혀好事ㅣ라 可커커喚훤훤永융융安한안永

出츄츄来래래商샹샹量량량則즈저箇거거 ○ 可히永安을블러나와商量ᄒᆞ쟈

융융安한안何허허在째재 ○ 永安이어ᄃᆡ잇ᄂᆞ뇨 ㊟有우잇有우잇 ○ 잇ᄂᆞ이다잇ᄂᆞ

이다旣기기承칭칭呼후후喚훤훤即지징便변뻔趁츄츄承칭칭 ○ 임의呼喚을니

음애곳趁承홀디라 永융융安한안到단닾来래래了랼랴 ○ 永安이왓ᄂᆞ이다 ㊕永

융융安한안你니니近긴낀前쳔쪈来레래 ○ 永安아네갓가이오라 我오어說쉐숴

你니니聽팅팅 ○ 내닐러든네드르라 昨조쪼日시싀蒙뭉뭉採채채訪방방相샹샹

公궁궁說쉬숴 ○ 어제採訪相公의닐옴을닙으니 今긴긴年녠녠春츈츈榜방방動

둥둥選쉔쉔場챵쨩開캐캐 ○ 今年에春榜이動ᄒᆞ면選場을開ᄒᆞ리라ᄒᆞ야 要얀향着죠쨮

三산산箇거거哥거거哥거거去큐큐應잉잉擧규규 ○ 세哥哥로ᄒᆞ여가應擧과쟈ᄒᆞ

니 他타타說쉬숴得더뒤有우잉理리리 ○ 뎌의니ᄅᆞᆷ은有理ᄒᆞ되 只즈즈是스쓰
一이ᅙᅵ件견견 ○ 그저이ᄒᆞᆫ가지ᄂᆞᆫ 你니니爹뎌뎌爹뎌뎌早잪짶亡왕망 ○ 너희
爹爹ㅣ일죽고○爹丁奢切廣韻北方呼父曰爹徒我切鼠璞云荊土方言又浙人呼父之稱 存츈쭌下
햐쌰這저져孩해쌔兒올술 ○ 이孩兒을두어시니 宗중중祀스쓰所소수係히씨 ○
宗祀의미인배로되 尙샹썅未위뮈有우잉家갸갸室시싀 ○ 오히려家室을두디못ᄒᆞ엿ᄂᆞᆫ
디라○字彙夫以婦爲室孟子男子生而願爲之有室 俗슈쑤語유유道단땅 ○ 俗語의니로뎌
寧닝닝可커커失시싕官권권不부붕可커커失시싕婚훈훈 ○ 출하리可히官을일
흘찌언뎡可히婚을일티아닐거시라ᄒᆞ니 我오어要얀양定딩뎡了랴랴親친친然연연
後후흫 ○ 내親을定ᄒᆞᆫ後에 使스슷他타타去큐큐應잉잉擧규규 ○ 뎌로ᄒᆞ여가應
擧코져ᄒᆞ니 你니니看칸칸那나나裏리리有우잉媒믜믜婆포뽀請칭칭箇거거
來래레 ○ 네보라어ᄃᆡ媒婆ㅣ잇ᄂᆞ뇨請ᄒᆞ여오라○說文媒謀也謀合二姓以成婚媾也風俗通云女

禖禱祠神祈而爲女媒因置婚姻行媒始此 俺암암 議이이 婚훈훈 則저즹 箇거거 ○우리

議婚ᄒᆞ쟈 ㊄末 扗버뻥 門믄믄 和호훠 合허훠 坊방방 有우잉 箇거거 張장장 媽마마

媽마마 ○扗門和合坊에ᄒᆞᆫ張媽媽ㅣ이시니○字箋媽 수扗亦作嬤母也羣碎録扗地馬羣每一牡將十

餘牝而行牝不入他羣故수稱婦曰媽媽 平핑뻥 日ᅀᅵᅀᅳᆼ 快쾌쾌 做주주 媒믜믜 ○平日에 등

미ᄒᆞ기잘 ᄒᆞᄂᆞ니 等등등 永융융 安안한 去큐큐 請칭칭 他타타 来레래 ○永安이 가

뎌ᄅᆞᆯ請ᄒᆞ여옴 을기ᄃᆞ리쇼셔 ㊄末 張장장 婆포뻐 有우잉 請칭청 ○張婆ㅣ아請 홈이잇다

㊀丑 誰쉬쒸 吖갸걍 我오어 誰쉬쒸 吖갸걍 我오어 ○뉘날을브르ᄂᆞ뇨

我오어 做주주 媒믜믜 婆포뻐 是스ᄊᆞ 箇거거 滴디딩 溜릭링 鬼귀귀 ○내媒 婆ㅣ

되여시니이滴溜鬼 라○滴溜鬼義未詳 两량량 頭투뜰 回휘휘 来레래 抹모뭥 油우잉 觜

쥐두편으로ᄃᆞ니며 쥐기룸부리숫티고 一이힝 心신신 只즈즐 望왕망 貫권권 頭투뜰

錢쳔젼 ○一心에그저貫 頭錢을ᄇᆞ라며 两량량 眼연연 専쥔쥔 睃쥰쥰 大다따 羊양양

腿뒤뒤 ◯두 눈으로 젼혀 큰 羊의 다리를 보노라 ○瞍按正字通云音梭與瞽同偷視也舊註音俊訓視

皆非字箋云音俊視也梭音非二說不同未詳孰是俱存之以俟後之博雅云 待대때 我오어 不부붕

好한항 呵허허 ◯날되 접기롤 잘못ᄒ면 富부부 的디딩 說쉬숴 道닫땅 他타타 貧

핀삔 ◯가음연이라도 뎨 간난타 닐으고 待대때 得더듸 我오어 好한항 呵허허 ◯날되

접기롤 잘ᄒ면 醜착칭 的디딩 說쉬숴 得더듸 他타타 美미믜 ◯더러온이라도 뎨 아름답

다 닐으ᄂ또다 口쿠큼 脣츈쭌 薄보뽕 薄보뽕 說쉬숴 是스쏭 非븨빙 ◯입시울이 열위

是非롤 닐ᄋ고 鼻비삐 頭투뜽 尖젼젼 尖젼젼 搵쿠큼 腦나남 髓쉬쉬 ◯코쏫히 쏘족ᄒ

여 끝치롤 그노라 ○麻衣眞訣口薄脣尖愛說是非鼻如鷹嘴取人腦髓 誰쉬쒸 人신인 門믄믄 前

쳔쪈 來래래 請칭칭 我오어 ◯뉘 門앏희와 날을 請ᄒᄂ뇨 倷니니 着죠짱 我오어 手

삭싱 休힉힝 要얀향 懊휘휘 ◯네 내 슈단을 닙어 도 뉘웃디 말라 (末)請칭칭 請칭칭 請

칭칭 ◯請ᄒ노라 請ᄒ노라 請ᄒ노라 (丑)請칭칭 我오어 做주주 甚숨씸 的디딩 ◯날을

請ᄒᆞ여 무슴ᄒᆞ려ᄒᆞᄂᆞ뇨 ㊎ 請칭칭 你니니 做주주 媒믜믜 ○ 너ᄅᆞᆯ 請ᄒᆞ여 듕믜 삼으려 ᄒᆞᄂᆞ

니라 ㊀ 我어오 不부붕 去큐큐 不부붕 去큐큐 ○ 내가디 못ᄒᆞ리로다 가ᄆᆡ 못ᄒᆞ리로다

㊎ 如슈슈 何허ᅘᅥ 不부붕 去큐큐 ○ 엇디 가디 못홀소뇨 ㊀ 我어오 做주주 媒믜믜

○ 대듕믜 되엿다가 喫치칭 女뉴뉴 婿시시 喉후ᅘᅮᇰ 急기긍 咬얀[illegible] 了랴량 肯흥흥

堂탕땅 一이힝 口쿠큳 ○ 女婿ㅣ 애빠가슴을 ᄒᆞᆫ번 물믈 납으면 ○喉急 釋見譯語類解 再재재

怕파파 不부붕 做주주 了랴량 ○ 다시 ᄒᆞ디 못홀가 집허ᄒᆞ노라 ㊎ 胡후ᅘᅮ 說숴쉬

○ 괃대로 닐은다 괃대로 닐은다 ㊀ 誰쉬쒸 家갸갸 請칭칭 ○ 뉘집의셔 請ᄒᆞ

ᄂᆞ뇨 ㊎ 五우우 馬마마 坊방방 伍우우 太태태 守솨솽 家갸갸 老랖랗 夫부부 人신신

○ 五馬坊伍太守집老夫人이 請ᄒᆞ신다 ㊀ 這저저 箇거거 夫부부 人신신

請칭칭 我어오 ○ 이 夫人이 날을 請ᄒᆞ면 我어오 定딩뎡 不부붕 去큐큐 ○ 내 일뎡 가

디 못홀이로다 ㊎ 有우읭 何허ᅘᅥ 緣연연 故구구 ○ 무슴 緣故ㅣ 잇ᄂᆞ뇨 ㊀ 我어오 記

기기 得더듸 ○ 내거록 ᄒᆞ니 三산신 十시씽 年년년 前쳔쪈 伍우우 太태태 守식싱

死스ᄉᆞ 了랴ᄅᆢ ○ 三十年前에伍 太守ㅣ죽음애 人신인 請칭칭 我오어 去큐큐 做주주

媒믜믜 說쉬쉬 他타타 ○ 사ᄅᆞᆷ이나ᄅᆞᆯ請ᄒᆞ여가듀미 되라ᄒᆞᆷ애뎌ᄃᆞ려니ᄅᆞ니 他타타 不

부붕 肯큰큰 嫁가갸 ○ 뎨즐겨嫁티 아니ᄒᆞ고 被븨쁴 他타타 辱우ᅌᅮᆼ 罵마마 了랴ᄅᆢ

一이ᅙᅵ 場샹쨩 ○ 뎌의ᄒᆞᆫ바탕辱罵 홈을닙어시니 這져져 娘냥냥 娘냥냥 利리리 害

해ᅘᅢ ○ 이娘娘이 모딘디라 我오어 不부붕 惹셔셔 他타타 我오어 不부붕 惹셔셔 他

타타 ○ 내뎌를집작아니ᄒᆞ리라 내뎌를집쟉아니ᄒᆞ리라 末 是스쓰 必비삐 請칭칭 去큐큐

○ 이반ᄃᆞ시請ᄒᆞ 여가려ᄒᆞ노라 丑 我오어 去큐큐 我오어 去큐큐 ○ 내가쟈 내가쟈 末

媒믜믜 婆포뽀 到단당 来레래 了랴ᄅᆢ ○ 媒婆ㅣ왓ᄂᆞ이다 丑 夫부부 人신인 萬

완환 福부봉 ○ 夫人萬福 夫 張쟝쟝 媽마마 媽마마 久구광 不부붕 見견견 伱니니

○ 張媽媽ㅣ아ᄅᆡ래 너를보디못ᄒᆞ니 伱니니 一이ᅙᅵ 向향향 不부붕 来레래 我오어 家

갸가 ◯ 네 一向 내 집의 오디 아니ᄒ던요 ㊀ 記 기기 得 득더 夫 부부 人 신인 數 수수 落

랑로 的 듸디 言 연연 語 유유 ◯ 夫人의 쓔어리던 말숨을 그 홈애 ○數落 繹見譯語類解 록 所

수소 以 이이 不 붕부 敢 간간 来 래래 ◯ 이러모로 敢히 오디 못ᄒ더니이다 ㊁ 我 어오 說

쓔스 是 쓰스 正 징징 理 리리 ◯ 내 니ᄅ은 이 正理니 媽 마마 媽 마마 休 힣후 記 기기 懷

쇄쇄 了 랴랴 ◯ 媽媽는 記懷티 말라 ㊀ 不 붕부 知 징지 夫 부부 人 신인 嗅 헌헌 老 랑랖

身 신신 有 잉우 甚 씸숨 事 쓰스 ◯ 아디 못게이다 夫人이 老身을 블으시니 므숨 일이 잇ᄂ니잇

고 ㊁ 我 어오 三 산산 箇 거거 孩 해해 兒 올ᅀᅳᆯ ◯ 우리 세 孩兒ㅣ 年 년년 紀 기기 都

두두 長 쟝쟝 成 쩡칭 了 랴랴 ◯ 나히 다 長成ᄒ여심애 欲 융유 求 꿀쿠 婚 훈훈 配 픠픠

◯ 婚配를 求코져ᄒ니 望 망왕 媽 마마 媽 마마 替 티티 我 어오 擇 쩌저 三 산산 箇 거거

人 인인 家 갸가 ◯ ᄇ라노니 媽媽는 날을 ᄀᄅ차 세 人家를 골희라 ㊀ 不 붕부 知 징지 夫

부부 人 신인 要 햐약 甚 씸숨 的 디딩 人 인인 家 갸갸 ◯ 아디 못게이다 夫人이 엇던 人家를

要ᄒᆞ시ᄂᆞ、니잇고 ㊇結겨결親친친即지징結겨결義이이○親을結홈은곳義를結홈

이니不부붕管권권甚슴씸人신신家갸갸○아므人家ㅣ라도관셥디말고只즈즈要

양향門믄믄相샹샹當당당戶후후厮스스對뒤뒤便변뼌罷바빠○그저門이서르

當ᄒᆞ고戶ㅣ서르對홈이를要홈이곳무뎐ᄒᆞ다㊀有우읭有우읭有우읭○잇이다ᄂᆞ

이다잇ᄂᆞ이다有우읭千쳔쳔有우읭萬완환○千이잇고萬이잇ᄂᆞ이다㊅那나나要

얀향許휴휴多도뎌○어딕만히要ᄒᆞ리요只즈즈要얀향三산산箇거거○그저세흘

要ᄒᆞ신다㊀多도뎌多도뎌討탈탕來레래也여여把바바一이힝箇거거分분분

你니니○만히만히어더와ᄯᅩᄒᆞ흘다가비게ᄂᆞᆫ호리라나㊅那나나好할향的디등不

부붕分븐븐我오어○뎌됴흔이란내게ᄂᆞᆫ호디말고那나나陪피뻬嫁갸갸丫야야頭

투뜽好할향歹대대也여여分븐븐我오어一이힝箇거거○뎌陪嫁丫頭를모롬이ᄯᅩ

내게ᄒᆞ나흘ᄂᆞᆫ호라○丫頭見弟一篇㊀陪피뻬嫁갸갸的디듸不부붕與유유你니니

◯ 너陪 로嫁 주ᄒᆞ 디는 말이 고란 好 함학 歹 데데 把 바바 媒 미믜 婆 뻐포 與 유유 你 니니

◯ 가모 너름 로이 주媒 리婆 라를 다 夫 休 힘히 閑 현현 說 숴쉬 ◯ 말잡 고말 且 쳐쳐 說

형쉬 正 징징 經 깅깅 ◯ 을아 니직 르正 라經 丑 等 등등 我 어오 想 샹샹 ◯ 홈내 을싱 기각

쇼ᄃ 셔리 想 샹샹 得 듸더 起 키키 来 래레 了 럏랴 ◐ 여싱 내각 니ᄒᆞ 只 죠즈 是 ᄉᆞ스 年

년년 紀 기기 大 따다 些 셔셔 兒 ᄉᆞᆯ술 ◯ 만그 ᄒᆞ저 니나 이히 다져 기 夫 誰 쒸쉬 家 갸갸

◯ 고뉘 집 丑 東 둥둥 門 믄믄 孫 ᄌᆞ구 老 랄란 院 원원 ◯ 老東 院門 에孫 有 임우 箇

거거 孫 구구 寡 과과 婁 뻐포 子 ᄌᆞ즈 ◯ 집ᄒᆞ 이孫 이寡 시ᄒᆞ 니게 年 년년 六 륭류 十 씽시

九 궁구 歲 쉬쉬 ◯ 九나 歲히 니六 十 只 죠즈 欠 권권 一 홍이 歲 쉬쉬 ◯ 히그 업저 ᄉᆞᆫᄒᆞᆫ

라더 便 뼌변 老 랄란 了 럏랴 倒 돌닫 也 여여 好 함학 ◯ 혀끗 됴늘 ᄒᆞ기 니셔 이도 다도 로

夫 胡 후후 說 숴쉬 ◯ 니간 론대 다로 丑 又 임우 等 등등 我 어오 想 샹샹 ◯ 셩ᄯᅩ 각내

리홈 쇼을 셔기 ᄃ 我 어오 想 샹샹 起 키키 来 래레 了 럏랴 ◯ 여내 내싱 니각 ᄒᆞ 只 죠즈

是쓰스 多더도 些셔셔 子즈즈 ○그저져기만ᄒᆞ니이다 (夫) 誰쒸쉬 家갸갸 ○뒤집
고 (丑) 南난난 門믄문 狗긓구 屎슿스 巷향향 ○南門狗屎巷에 有잉우 箇거거 張
장장 三산산 嫂샇산 ○ᄒᆞᆫ張三嫂ㅣ이시니 才째채 嫁갸갸 三산산 箇거거 半번번 老
랗랖 公궁궁 ○又세낫반老公을嫁ᄒᆞ엿더니 今긴긴 番반반 又잏우 死슿스 了랗랖 半
번번 箇거거 ○이번에또半이죽음애 他타타 待때대 嫁갸갸 人싄인 ○뎨사ᄅᆞᆷ의게嫁
ᄒᆞ려ᄒᆞ니 這져져 箇거거 也여여 好햫할 ○이또됴ᄒᆞ니이다 (末) 莫맣모 胡ᅘᅮ후 說
숭쉬 ○간대로닐으디말라 (丑) 我어오 想샹샹 看칸간 ○내싱각ᄒᆞ여보리라 想샹샹 起
키키 来래레 了럏랖 ○싱각ᄒᆞ여내니 這져져 箇거거 沒뭉무 得듷더 嫌현현 ○눈이
남으라홀셰업스니이다 這져져 人싄인 家갸갸 ○이집이 田뗜뎐 連련련 阡쳔쳔 陌
믹머 ○밧히阡陌올連ᄒᆞ고 ○秦商鞅廢井田開阡陌南北日阡東西日陌 金긴긴 玉융유 滿먼먼
堂땅탕 ○金玉이堂에ᄀᆞ독ᄒᆞ고 喫칭치 的딩디 是쓰스 肥삐븨 羊양양 法방바 酒

직좡 ○ 먹는거슨 이 肥羊파 法酒ㅣ오 ○周太祖平河中得酒工王思善造法麪因立法酒庫 穿 쳔쳔

的 디딩 是 스쓰 錦 긴긴 綉 삭심 綾 링링 羅 로러 ○ 닙는거슨 이 錦綉와 綾羅ㅣ라 他 타타

那 나나 大 다따 姐 져져 姐 져져 嫁 가갸 時 스쓰 ○ 더의 더 大姐姐ㅣ 嫁홀 째예 有 우잉

金 긴긴 頭 투뜽 面 면면 八 바방 付 부부 ○ 金으로ᄒᆞᆫ 頭面 여ᄃᆞᆲ 블과 ○譯語類解 首飾一件謂

之頭面 寶 반밤 石 시씽 頭 투뜽 面 면면 八 바방 付 부부 ○ 寶石으로ᄒᆞᆫ 頭面 여ᄃᆞᆲ 블과

銀 인인 頭 투뜽 面 면면 二 슬슴 十 시씽 付 부부 ○ 銀ᄋᆞ로ᄒᆞᆫ 頭面 스므 블이 잇고 金 긴긴

鐲 조쫭 金 긴긴 釧 쳔쳔 都 두두 全 쳔쳔 ○ 金鐲파 金釧이 다ᄀᆞ잣고 ○鐲釧皆環名字箋在腕

曰鐲在臂曰釧 紵 츄ᄶᅲ 絲 스ᄉᆞ 衣 이히 服 부뿡 一 이잉 百 버빙 套 톼탕 ○ 비ᄒᆞᆫ 衣服이 一

百볼이오 紗 사사 羅 로러 綾 링링 紬 쳔쳔 衣 이히 服 부뿡 各 거거 一 이잉 百 버빙 套

탄탕 ○ 紗羅綾紬衣服이 각각 一百볼이오 二 슬슬 十 시씽 鋪 푸푸 二 슬슬 十 시씽 盖 개개

○ 二十鋪와 二十盖오 ○中國人謂褥衾為鋪盖 按 床 창쫭 帳 쟝장 器 키키 用 윤용 件 견견

件 견견 都 두두 全 춴쳔 ○ 床帳器用이 낫낫치 다 ᄀᆞᆺ고 小 샿샾 厮 ᄉᆞ스 十 씽시 箇 거거
○ 小厮 열과 ○ 字彙 厮卑賤之稱 史記 厮徒十萬 丫 야야 頭 뚷투 十 씽시 箇 거거 ○ 丫頭ㅣ 열
好 핳핳 財 째채 主 쥬쥬 人 싄신 家 갸갸 ○ 家主ㅣ 財主人이니 夫 媽 마마 媽
마마 ○ ㅣ媽 아媽 古 구구 人 신신 道 땋닿 ○ 古人이 오되 婚 훈훈 姻 인힌 論 룬룬 財
째채 夷 이이 虜 루루 之 즈즈 道 땋닿 ○ 婚姻에 財를 論ᄒᆞ믄 夷虜의 道ㅣ라 ᄒᆞ니 ○ 隋王通語
我 오어 兒 ᅀᆞᆯ 子 즈즈 不 부붕 喫 치칭 這 저져 裙 균균 帶 대대 上 샹쌍 衣 이이 食
시씽 ○ 내 兒子ㅣ 이 裙帶上衣食을 먹디 아니ᄒᆞ리라 丑 又 우잉 得 더딍 媳 시싱 婦 부뿌 ○
또 媳婦를 엇고 又 우잉 得 더딍 家 갸갸 財 채째 ○ 또 家財를 어듬이 有 우잉 何 허ᄒᆡ 不
부붕 好 핳핳 ○ 엇디 됴티 아니ᄒᆞ리오 俗 슈쓩 語 유유 說 숴쉉 ○ 俗語에 닐로되 男
난난 家 갸갸 不 부붕 望 왕망 女 뉴뉴 家 갸갸 鈔 찬참 ○ 男家ㅣ 女家 鈔를 ᄇᆞ라디 아니ᄒᆞᆫ다
ᄒᆞ거니와 ○ 鈔見 第一篇 錢鈔註 有 우잉 得 더딍 来 레래 也 여여 要 얀햫 ○ 어더 옴이 이시

면또要ᄒᆞᆫ다 ᄒᆞ니이다 (夫) 嬭 마마 嬭 마마 我 어오 說 숴쉬 你 니니 聽 딩팅 ○ 嬭嬭ㅣ아

내날러든 네드르라

(丑) 老 랖랖 夫 부부 人 신신 如 슈슈 此 ᄎᆞ츠 說 숴쉬 ○ 老夫人이 이러ᄐᆞ시 닐ᄋᆞ시니 我

어오 沒 뭉무 處 츄츄 討 탕탚 了 럏랖 ○ 내 어들 곳이 업스더라 我 어오 去 큐큐 我 어오

去 큐큐 ○ 내 가ᄂᆞ이다 (末) 且 쳐쳐 住 쥬쥬 且 쳐쳐 住 쥬쥬 ○ 아직머 믈라아

직머 믈라 (丑) 等 등등 我 어오 再 재재 想 샹샹 ○ 내 다시 ᄉᆡᆼ각홈을 기ᄃᆞ리라 我 어오 想

샹샹 起 키키 来 래레 ○ 내 ᄉᆡᆼ각ᄒᆞ여 내니 這 져져 箇 거거 再 재재 嫌 현현 沒 뭉무 處

츄츄 討 탕탚 了 럏랖 ○ 이롤 다시 나므라ᄒᆞ면 어들 곳이 업서이다 (夫) 你 니니 說 숴쉬 ○

네니 르라 (丑) 我 어오 不 붕부 說 숴쉬 ○ 내 니르디 못ᄒᆞᆯ소이다 有 잏우 賞 샹샹 錢 쪈쳔

我 어오 才 째채 說 숴쉬 ○ 賞錢이 이시면 내 그제야 니ᄅᆞ려니와 沒 뭉무 錢 쪈쳔 留 릳루

與 유유 別 뼝벼 人 신신 家 갸갸 討 탕탚 賞 샹샹 ○ 돈이 업스면 머믈어 다ᄅᆞᆫ 家ᄅᆞᆯ 주어 賞

을어드리이다 ㊟你니니說숴숭中중중老랖랖夫부부人신인意이이 ○네날러老

夫人ᄯᅳᆺ에마ᄌᆞ면 花화화紅훙훙利리리市ᄉᆞ쓰不부붕必샤샤了랴랼你니니的

디딩 ○花紅利市네게젹디아니ᄒᆞ리라 ○俗呼小錄喜事爲利市譯語類解云纏中錢謂之花紅利市

㊁我오어說숴숭 ○내닐ᄋᆞ리라 不부붕說숴숭 ○닐ᄋᆞ디못ᄒᆞ리로다 ㊇你니니

說숴숭了랴랼罷바빠 ○비닐옴이므던ᄒᆞ다 ㊁我오어說숴숭 ○내닐ᄋᆞ리이다 有

우잉箇거거大다따人신인家갸갸 ○ᄒᆞᆫ大人家ㅣ시니 官권권居규규一이잉品

핀핀 ○官은一品에居ᄒᆞ고 位위위列려령三산산公궁궁 ○位는三公에列ᄒᆞ여시니 ○書

周官立太師太傅太保玆惟三公 擡태때人신신便변뼌至즈즇上샹썅靑청칭天텬텬

○사ᄅᆞᆷ을들면곳靑天에오ᄅᆞ매니ᄅᆞ고 推튀튀人신신便변뼌至즈즇塡뎐뗜溝구긓

壑학핳 ○사ᄅᆞᆷ을밀티면곳溝壑에몌오매니ᄅᆞᄂᆞ니 他타타那나나大다따小샾샹姐

져저 ○뎌의뎌큰小姐ㅣ 嫁갸갸與유유箇거거秀식싱才채째 ○ᄒᆞᆫ秀才의게嫁與ᄒᆞ

朴通事諺解 卷之上

니

這 저저 秀 ᄉᆡᆼ식 才 재채 丁 딩딩 字 쯔즈 也 여여 不 불부 識 싱시 一 힝이 箇 거거

○이 秀才ㅣ 丁字도 ᄒᆞ나흘 아디 몯ᄒᆞ되 ○唐張弘靖曰 天下無事 爾輩挽兩石弓 不如識一丁字

着 쨩죠 他 타타 擡 때태 舉 규규 起 키키 来 래레

○뎌로 ᄒᆞ여 들도 도와 닐ᄋᆞ혀니

夫 부부 便 뼌변 做 주주 了 랴랴 五 우우 馬 마마 諸 쥬쥬 侯 ᅘᆕ후

○지아비ᄂᆞᆫ 곳 諸侯ㅣ 되고 ○五馬 遯齋閑覽 漢時朝臣出使以駟馬為太守增一馬故為五馬 唐詩令之太守古諸侯

妻 치치 便 뼌변 受 ᄉᆡᆼ슈 了 랴랴 五 우우 花 화화 官 권권 誥 갛갚

○안ᄒᆡᄂᆞᆫ 곳 五花官誥를 바ᄃᆞ니 ○文獻通考 唐 開寶四年大食國遣使貢方物以其使李訶末為懷化將軍特以金花五色綾紙寫官誥以賜之

這 저저 箇 거거 好 ᄒᆞᆸ할 無 무우 得 듸더 嫌 ᅘᅧᆫ현 了 랴랴

○이 됴ᄒᆞ니 나므라홀 거시 업스리이다

(末) 這 저저 箇 거거 好 ᄒᆞᆸ할 ○이 됴ᄒᆞ니 也 여여 得 듸더 擡 때태 舉 규규 大 따다 官 권권 人 신신

○또 大官人을 들도 도믈어 드리로다

(夫) 這 저저 箇 거거 越 웡워 不 붕부 好 ᄒᆞᆸ할 了 랴랴

○이 더옥 됴티 아니ᄒᆞ다

古 구구 人 신신 詩 ᄉᆞ스 說 숴워 道 닿닾 是 ᄉᆞ스

○古人詩에닐옴이올흐니 世시싱 人인인 若쇼샤 假갸갸 君균균 釵차차 力리링 ○世人이만일君釵力을빌면 處츄츄 世시싱 何허허 由우잉 得더듸 出츄츟 頭투뜰 ○世에處홈애엇디말미암아出頭ᄒᆞ리오ᄒᆞ니○宋人讖黃勉齋詩詳見萬姓統譜 我오어 兒술슈 子즈즁 不부붕 去큐큐 那나나 油우잉 頭투뜰 粉븐븐 面면면 上샹썅 取츄츄 氣키키 ○내兒子ㅣ더油頭粉面上에가取氣티아니ᄒᆞ리라 (丑) 兒술슈 子즈즁 又우잉 得더딍 媳시싱 婦부뿌 ○兒子ㅣᄯᅩ媳婦룰엇고 又우잉 得더딍 官권권 做주주 ○ᄯᅩ벼슬홈을어들거시니 這져져 等등등 還환횐 不부붕 好핳핳 ○이런이로도로혀됴티아니타ᄒᆞ면 還환횐 要얖향 怎즘즘 麽마마 的디딍 ○도로혀엇던이로ᄒᆞ려ᄒᆞᄂᆞ니잇고 (夫) 我오어 說숴쉬 你니니 聽팅팅 ○내닐러든네드르라 (丑) 你니니 這져져 老랄랄 夫부부 人인인 好핳핳 刁댜댱 譎귀귀 ○너이老夫人이ᄀᆞ장야긔ᄯᆞ다字箋詐僞曰刁 ○ 富부부 的디딍 也여여 不부붕 要얖향 ○富ᄒᆞᆫ이도要티

아니ᄒᆞ고 貴 귀귀 的 듸디 也 여여 不 부불 要 얗얀 ◯ 貴ᄒᆞᆫ이도 要티 아니ᄒᆞ니 不 부불 中
중중 要 햫얀 那 나나 貧 삔핀 賤 쪈젼 的 듸디 ◯ 더 貧賤ᄒᆞᆫ이는 要홈이 맛당티 아니ᄒᆞ다 ㊄
我 어오 只 즘즈 要 햫얀 那 나나 良 량량 善 쎤션 有 잉우 家 갸갸 法 빵바 的 듸디 人
신인 家 갸갸 ◯ 내 그저 良善ᄒᆞ고 家法 잇ᄂᆞᆫ 人家를 要ᄒᆞ노라 媽 마마 媽 마마 我 어오 說
쉬숴 你 니니 聽 팅팅 ◯ 媽媽ㅣ 아내 닐러든 네 드르라
㊀ 老 랗랖 夫 부부 人 신인 有 잉우 了 랼랖 有 잉우 了 랼랖 ◯ 老夫人 아 잇ᄂᆞ이다 잇ᄂᆞ
이다 ㊄ 誰 쒸쉬 家 갸갸 ◯ 뉘 집고 ㊀ 施 승스 善 쎤션 敎 걓갼 先 션션 生 승송 有
잉우 兩 량량 箇 거거 女 뉴뉴 兒 ᅀᅳᆯ ◯ 施善敎先生씌 두 ᄯᆞᆯ이 이시니 大 따다 的 듸디 是
씃스 他 타타 親 친친 生 승송 女 뉴뉴 ◯ 큰이ᄂᆞᆫ 뎌의 親生ᄒᆞᆫ ᄯᆞᆯ이오 小 샿샤 的 듸디 是
씃스 他 타타 姑 구구 娘 냥냥 女 뉴뉴 ◯ 젹은이ᄂᆞᆫ 이 뎌의 姑娘의 ᄯᆞᆯ이니 也 여여 生 승송
得 듷더 好 핳한 ◯ ᄯᅩ 얼굴이 됴코 也 여여 會 휘휘 針 진진 指 즘즈 ◯ ᄯᅩ 針指를 알고 也

여여 會 휘훼 紡 방방 織 지징 ○ 또 紡織을 알고 也 여여 識 시싱 得 더듸 字 즈쯔 ○ 또 字

를 아ᄂ니 這 저져 箇 거거 十 시씽 分 븐븐 好 한할 ○ 이 ᄀ장 됴ᄒ니이다 ⊛夫 這 저져 便

변뼌 是 스쓰 我 오어 兒 ᅀᅳᆯ 子 즈쯔 的 디듸 先 션션 生 승승 ○ 이는 곳 내 兒子의 先生이

로다 只 즈쯔 是 스쓰 是 스쓰 我 오어 我 오어 第 디띠 三 산산 箇 거거 孩 해해 兒 ᅀᅳᆯ 也 여여 大 다따

了 랸량 ○ 그 저대 셋재 아ᄒᆡ 또 거시니 也 여여 要 얀양 討 닫탕 一 이힝 箇 거거 ○ 또 ᄒ

나흘 엇고져 ᄒ노라 ⊕丑 老 랄랄 夫 부부 人 신신 呵 허허 ○ 老夫人아 呵見第一篇 ○ 薄 보빱

餠 빙빙 從 충쭝 上 상썅 揭 겨켱 ○ 薄餠도 우흘조차 것ᄂ니 本趙晃妻引諺語 討 닫탕 得

더듸 兩 량량 箇 거거 了 랸량 ○ 둘흘 어드면 那 나나 一 이힝 箇 거거 不 부붕 妨 방방

○ 더ᄒ나흔 방해롭디 아니ᄒ니이다 ⊛夫 今 긴긴 朝 잔쨩 日 시씽 吉 기깅 時 스쏘 良 량량

○ 今朝ㅣ 日吉 時良ᄒ니 便 변뼌 請 칭칭 張 쟝쟝 媽 마마 媽 마마 ○ 곳 張媽媽의게 請ᄒ

ᄂ니 往 왕왕 施 스쓰 先 션션 生 승승 家 갸갸 走 주즈 一 이힝 遭 잔쟝 則 저즈 箇 거거

○ 施先生집을향ᄒᆞ여ᄒᆞᆫ디위둔님이므던ᄒᆞ다 婚 훈훈 姻 인인 自 즈ᄍᆞ 古 구구 用 융융 良

량량 ○ 婚姻은녜로브터良媒를쓰니 不 부붕 得 더듸 良 량량 媒 믜믜 路 루루 不

부붕 開 개개 ○ 良媒를엇디못ᄒᆞ면히여디못ᄒᆞᄂᆞ니라 길 ㊉外 若 쇼샹 得 더듸 償 챵쨩 還

환환 見 숀숀 女 뉴뉴 債 재재 ○ 만일見女債갑흠을어드면○佛經有十胃十因之語凡人過去生

胃心未除故必於現在生結為夫婦以續前因如追償宿債然又佛氏宿世情緣為債 使 변뻔 須 슈슈

舍 한햔 笑 샨샹 入 유융 泉 쳔쳔 臺 태때 ○ 곳모롬이우음을머금고泉臺에들리라○泉臺黃

泉夜臺 ㊉丑 先 션션 生 승숭 萬 완완 福 부붕 ○ 先生萬福 ㊉外 媽 마마 媽 마마 拜 배배

揖 이읍 ○ 媽媽ㅣ아拜揖ᄒᆞ노라 媽 마마 媽 마마 希 히히 行 힝힝 ○ 媽媽ㅣ드믈이드니

더니 今 긴긴 日 싀ᅀᅵᆯ 来 레래 俺 암함 家 갸갸 有 우잉 甚 슴씸 事 스ᄊᆞ ○ ○ 오ᄂᆞᆯ우리집의

오니므슴일이잇ᄂᆞ뇨 ㊉丑 有 우잉 些 셔셔 好 한할 事 스ᄊᆞ ○ 져기됴흔일이잇ᄂᆞ이다 ㊉外

甚 숨씸 麽 마마 好 한할 事 스ᄊᆞ ○ 므슴됴흔일고 ㊉丑 好 한할 事 스ᄊᆞ 只 즈즈 是 스ᄊᆞ

難난난說숴쉬○됴흔일이로되그저니르기어려워ᄒ다㊇說숴쉬又읟우何혀허妨
방방○날옴이ᄯᅩ므슴방해로오랴오㊀前젼쳔日ᅀᅵ시張쟝쟝財ᄍᆡ채主쥬쥬家갸갸
也여여請칭칭我어오做주주媒미미○前日張財主집의셔도나롤請ᄒ여듕미ᄒ라ᄒ고
昨쪼조日ᅀᅵ시李리리尙쨩챵書슈슈家갸갸也여여請칭칭我어오做주주媒
미미○어제李尙書집의셔도나롤請ᄒ여듕미ᄒ라ᄒ고○尙書周之六卿也漢成帝初置列曹尙書
今긴긴日ᅀᅵ시伍우우夫부부人ᅀᅵᆫ인家갸갸又읟우請칭칭我어오做주주媒
미미○오늘伍夫人집의셔ᄯᅩ나롤請ᄒ야듕미ᄒ라ᄒᄒ니我어오三산산箇거거都두두說
숴쉬○내셰흘다니르면好황화歹대태有읟우箇거거成쪙칭○모롬이ᄒ나흔일옴
이이시리로다我어오不붕부敢간간說숴쉬恐쿵쿵老랖랖先션션生승승怪패패
○내敢히니르디못ᄒ노니老先生이허믈ᄒ실새저퍼이다㊇試승스說숴쉬我어오聽
팅팅○시험ᄒ야니르라내듣자㊀人ᅀᅵᆫ인家갸가請칭칭我어오做주주媒미미二

슬을 位 위위 小 샹샹 姐 져져 ○ 人家ㅣ 나ᄅᆞᆯ 請ᄒᆞ여 二位小 姐ᄅᆞᆯ 듕믜ᄒᆞ라 ᄒᆞ더이다 外 誰

쉬쉬 家 가가 ○ 뉘 집고 丑 我 오어 不 부붕 敢 간간 說 쉬쉉 ○ 내 敢히 니ᄅᆞ디 못ᄒᆞᆯ소이

다 外 一 이힝 家 가가 養 양양 女 뉴뉴 百 버빙 家 가가 求 쿠꾸 ○ ᄒᆞᆫ 집이 ᄯᆞᆯ을 기ᄅᆞ매

빅집이 求ᄒᆞᄂᆞ니 說 쉬쉉 又 우잉 何 허허 害 해해 ○ 니ᄅᆞᆷ이 ᄯᅩ 므서시 해로오리오 丑 皁

부뿡 財 채쨰 坊 방방 張 쟝쟝 財 채쨰 主 쥬쥬 家 가가 ○ 皁財主집 坊은 張 他 타타 斗

두등 量 량량 珎 진진 珠 쥬쥬 谷 유융 量 량량 牛 누능 馬 마마 ○ 뎨 말로 되고 珎珠로 골로

牛馬ᄅᆞᆯ 되니 人 신신 號 한향 他 타타 做 주주 張 쟝쟝 十 시씽 萬 완완 ○ 뎌 사ᄅᆞᆷ이 號ᄅᆞᆯ

子ᄒᆞ여 張十萬이라 ᄒᆞᄂᆞ니 有 우잉 箇 거거 兒 솔슝 子 즈즇 甚 신씬 聰 충충 俊 쥰쥰 ○ ᄒᆞᆫ 兒

子ㅣ 이시되 甚히 聰俊ᄒᆞ니이다 外 我 오어 家 가가 貧 핀삔 窮 쿵꿍 陪 피뻬 奉 부뽕 他

타타 不 부붕 起 키키 ○ 내 집이 貧窮ᄒᆞ니 뎌ᄅᆞᆯ 陪奉티 못ᄒᆞ리로다 丑 老 랖랗 先 션션 生

這 져져 家 가갸 你 니니 不 부붕 肯 큰큰 ○ 老先生아 이 집을 네 즐겨 아니ᄒᆞ면 我 오어

又위잉有위잉一이ᄒᆞᆼ家갸갸 ○ 내ᄯᅩᄒᆞᆫ집이이시니 想샹샹沒무뭉得더듸嫌현현

了랴랑 ○ 싱각건대나므라미업스리이다 ㊉ 誰쉬쉬家갸갸 ○ 뉘집고 ㊀ 鳴밍밍

珂커커坊방방李리리尚챵쨩書슈슈家갸갸 ○ 鳴珂坊李尚書집은 于유유今긴긴

一이ᄒᆞᆼ人신인之즈ᄌᆞ下햐해萬완완人신인之즈ᄌᆞ上샹썅 ○ 이제一人의下요萬

人의上이니 朝챠짜中중중號하ᄒᆞᆼ他타타做주주擎깅깅天텬텬柱쥬쥬 ○ 中朝

이더롤號ᄒᆞ야擎天柱ㅣ라ᄒᆞᄂᆞ니 ○ 張 說作姚崇碑曰擎天八柱高明之法列 有우잉箇거거兒

ᅀᆞᆯᅀᆞᆯ子즈ᄌᆞ十시씨分분븐標뱌뱌致지지 ○ ᄒᆞᆫ兒子ㅣ이시되ᄀᆞ장영노ᄉᆞᆯ가오니이다 ○

標致見茅一篇 ㊉ 我오어家갸갸寒한ᄒᆡᆫ微위위陪피뻬奉붕뿡他타타不부부得

더듸 ○ 내집이寒微ᄒᆞ니뎌롤陪奉티못ᄒᆞ리로다 ㊀ 這져져老랖랖先션션生승승好

한항刀댜됴譎겨궈 ○ 이老先生이ᄀᆞ장야귀ᄯᆞ다 富부부的디듸不부봉肯큰큰貴

귀귀的디듸又우잉不부봉肯큰큰 ○ 가음연이도즐겨아니ᄒᆞ고귀ᄒᆞᆫ이도ᄯᅩ즐겨아니ᄒᆞ니

你니니 要양얀 甚씸슴 的디디 人신인 家갸가 ○네 엇던 人家를 要ᄒᆞᄂᆞ다 (外) 媽마마

媽마마 ○媽媽ㅣ아 人신인 家갸가 富부부 貴귀귀 貧삔핀 賤쪈젼 何허허 常쨩챵

之즈즈 有잉악 ○人家ㅣ富貴貧賤이 엇디 덧덧홈이 이시리오 今긴긴 日싀시 富부부 貴

귀귀 ○오늘 富貴ᄒᆞ나 安한안 知징지 他타타 日싀시 不부부 貧삔핀 賤쪈젼 乎후후

○엇디 他日에 貧賤티 아닐 줄을 알며 今긴긴 日싀시 貧삔핀 賤쪈젼 ○오늘 貧賤ᄒᆞ나 安

안안 知징지 他타타 日싀시 不부부 富부부 貴귀귀 乎후후 ○엇디 他日에 富貴티 아닐

줄을 알리오 雖쉬쉬 是스스 而ᅀᅳᆯ 今긴긴 人신인 家갸가 富부부 盛씽싱 ○비록

이제 人家ㅣ 富盛ᄒᆞ나 那나나 子즈즈 弟디디 每믜믜 村춘춘 朴팝팍 ○뎌 子弟들이 村

朴ᄒᆞ면 雖쉬쉬 有잉왁 兩량량 文문운 錢쪈쳔 ○비록 兩文錢을 두어시나 亦이이 是

스스 守싱식 錢쪈쳔 奴누누 ○또 이 守錢奴ㅣ오 ○漢馬援遊隴漢間田牧有牛馬羊數千頭穀數

萬斛既而歎曰凡殖財產貴能施賑 雖쉬쉬 是스스 人신인 家

也否則守錢虜耳盡分昆弟故舊

가갸 貴 귀귀 顯 현현 ◯ 비록人家 貴顯ᄒᆞ나 ㅣ 那 나나 子 즈ᄌᆞ 弟 뎨디 每 믜믜 驕 걓걒

奢 셔셔 ◯ 뎌子弟들히 驕奢ᄒᆞ면 雖 쉬쉬 有 우잉 氣 키키 勢 시싱 ◯ 비록氣勢ㅣ 이시나

亦 이잉 是 스쑹 花 화화 木 무뭉 瓜 파파 ◯ 또花木瓜ㅣ라○本草 綱目이木瓜處處有之而宣

城者為佳木狀如奈春末開花其實如瓜上黃如着粉 始實成則宣人鏇紙花粘於上夜露日烘漸變紅花色

其文如生故有宣城花木瓜之梅楊廷秀詩天下宣城 花木瓜日華露夜繡成花盖外飾浮藻誇眩入眼者乃

假爾也 眞也 非 况 황황 其 끼키 中 중중 又 잉우 有 잉우 不 붕부 肖 샿샾 的 딩디 ◯ ᄒᆞ믈

며그가온대ᄯᅩ 不肖ᄒᆞ이이셔 賭 두두 錢 쪈쳔 喫 치칭 酒 쟉쟝 持 치찡 刀 됴돵 弄 롱룽 杖

장쟝 ◯ 賭錢喫酒ᄒᆞ고 持刀弄杖ᄒᆞ며 養 양양 女 뉴뉴 調 됴됴 婦 부뿌 鬪 두듕 鷄 기기 走

주증 馬 마마 ◯ 養女調婦ᄒᆞ고鬪鷄走馬ᄒᆞ다가○按養與 養漢之養同義調四聲通解通作誂戲也

一 이흥 朝 쟌쟐 父 부뿌 兄 훙흥 死 스숭 了 랴랼 ◯ 一朝에父兄 이죽으면 漂 퍞퍌 蕩

당땅 流 루릏 落 로랗 無 우뭉 所 소숭 不 부붕 至 즈즁 ◯ 漂蕩流落ᄒᆞ여니 러다아닐ᄊᆡ업시

나ᄒᆞᄂᆞ 富부부 貴귀귀 豈키키 可커커 常쨩챵 保밯밮 乎후후 ○ 더富 可貴 허를 덧엇

으덧 리이 오밋 媽마마 媽마마 ○ 丨媽 아媽 你니니 看칸칸 誰쒸쉬 家갸가 有융우 至

중즈 誠찡칭 勤낀긴 謹긴긴 的듸디 秀슣수 才째채 ○ 誠네 勤보 謹라 ᄒᆞ뉘 秀집 才의 丨至

고잇 는 你니니 便뻔변 来래레 說숴쉬 ○ 니네 ᄅᆞ곳 고와 那나나 等등등 的듸디 休

흘학 提떠티 ○ 기더 티런 말이 라란 뎨 ㉠正징징 撞좡좡 着쟣죠 我어오 的듸디 ○

만정 나히 거내 다하 롤 正징징 撞좡좡 着쟣죠 我어오 的듸디 ○ 만정 나히 거내 다하 롤

㉡如유유 何허허 這져져 等등등 說숴쉬 ○ 니엇 ᄅᆞ디 는이 다리 ㉠我어오 這져져

花화화 紅훙훙 利리리 市쓰스 討탈탄 得듸더 成찡칭 了럎랴 ○ 利내 市이 어花 든紅

리을 로일 다오 ㉡誰쒸쉬 家갸가 ○ 고뉘 집 ㉠五우우 馬마마 坊방방 伍우우 太

태태 守싷수 家갸갸 兩랑량 箇거거 舍서셔 人인인 ○ 두五 舍馬 人坊 이伍 니太 이守 다집

職○ 似按 是此 推舍 敬人 之非 稱官 ㉡這져져 是쓰스 我어오 學햫효 生승숭 ○ 내이 뎨는

라지 ㉤ 老 랖랄 夫 부부 人 신신 央 양양 及 기끼 老 랖랄 身 신신 来 레래 說 숴숼 親
친친 ○ 老夫人이 老身을 비러 와 親을 니ᄅ라 ᄒ니 不 부붕 知 지징 老 랖랄 先 션션 生 승승
心 신산 下 햐하 如 슈슈 何 허혀 ○ 아디 못거이다 老先生 ᄆᆞ옴에 엇더ᄒ니잇고 ㉻ 我 오어
有 우왕 兩 량량 箇 거거 女 뉴뉴 孩 해해 兒 솔숲 ○ 내게 두 ᄯᆞᆯ이 이시니 不 부붕 知 지징
要 얖향 說 숴숼 那 나나 箇 거거 ○ 아디 못게라 어늬를 니ᄅ고져 ᄒ더뇨 ㉤ 說 숴숼 大
다따 小 샾샾 姐 져져 ○ 큰 小姐ᄅᆞᆯ 니ᄅ더아다 ㉻ 大 다따 的 디ᄃᆞᆼ 且 쳐쳐 未 위위 許
휴휴 人 신신 ○ 큰이도 아직 사ᄅᆞᆷ의게 許티 아니ᄒ엿거니와 先 션션 許 휴휴 小 샾샾 的 디ᄃᆞᆼ
○ 몬저 저근이ᄅᆞᆯ 許ᄒ리라 ㉤ 是 스ᄊᆞ 何 허혀 緣 연연 故 구구 ○ ㅣ므슴 緣故ㅣ니잇고
㉻ 大 다따 女 뉴뉴 兒 솔숲 是 스ᄊᆞ 我 오어 親 친친 生 승승 的 디ᄃᆞᆼ ○ 큰ᄯᆞᆯ은 이 내 親
生ᄒᆞᆫ 이오 弟 디뎌 二 을을 女 뉴뉴 兒 솔숲 是 스ᄊᆞ 我 오어 姐 져져 姐 져져 的 디ᄃᆞᆼ 孩
해해 兒 솔숲 ○ 둘재 ᄯᆞᆯ은 이 내 姐姐의 조식이라 他 타타 父 부뿌 母 무무 死 스ᄉᆞ 了 랖랼

◯ 뎌의父母ㅣ죽으매 我 오어 取 츄츄 來 래래 養 양양 ◯ 내ᄃᆞ려와길럿노니 俺 암함 秀

삭싱 才 채째 人 신신 家 갸갸 手 삭싱 頭 투뜰 短 뒨뒨 窄 저징 ◯ 우리秀才人家ㅣ슈단이

短窄ᄒᆞ여 兩 량량 箇 거거 女 뉴뉴 兒 ᅀᆞᆯᅀᆞ 一 이ᅙᆞᆼ 齊 치찌 發 바봥 落 로랗 不 부붕 得

더듸 ◯ 두ᄯᆞᆯ을ᄒᆞᆫ번에發落디못ᄒᆞᆯ거시니 ○發落吏學指南云明白散附也 且 쳐쳐 備 비뻬 些

셔셔 頭 투뜰 面 면면 衣 이이 服 부뽕 ◯ 아직져기頭面과衣服을ᄀᆞ초아 先 션션 把 바바

姐 져져 姐 져져 女 뉴뉴 兒 ᅀᆞᆯᅀᆞ 嫁 갸갸 了 랴랼 ◯ 몬져姐姐의ᄯᆞᆯ을다가嫁ᄒᆞ고 等 등등

後 후흫 稍 산상 寬 퀀퀀 舒 슈슈 了 랴랼 ◯ 후에져기寬舒ᄒᆞᆷ올기ᄃᆞ려 才 채째 打 다다

發 방봥 我 오어 的 디딩 親 친친 生 숭승 女 뉴뉴 兒 ᅀᆞᆯᅀᆞ ◯ 그제야내親生ᄒᆞᆫᄯᆞᆯ을디쳐ᄒᆞ

리라 ㊀ 老 랖랑 先 션션 生 숭승 如 유유 此 츠ᄎᆞ 存 춘쭌 心 신신 ◯ 이老先生이러ᄐᆞ시

存ᄒᆞ니 心 世 시싱 間 견견 少 샇생 有 우잉 ◯ 世間에젹게이시리로다 伍 우우 夫 부부 人

신신 兩 량량 箇 거거 兒 ᅀᆞᆯᅀᆞ 子 즈ᄌᆞ ◯ 伍夫人의두兒子를 都 두두 成 칭찡 就 직찍 他

타타 了 랼랑 罷 바빠 ○ 다 뎌와 일옴이 무던ᄒᆞ이다 ㊕ 這 져져 等 등등 也 여여 可 거거

○ 이러면 ᄯᅩ 무던ᄒᆞ니 你 니니 回 휘휘 去 큐큐 上 샹쌍 覆 부봉 老 랖랑 夫 부부 人 인인

○ 네 도라가 老夫人ᄭᅴ ᄉᆞᆯ오라 ㊀ 一 이힝 言 연연 已 이이 出 츄츙 駟 스ᄉᆞ 馬 마마 難

난난 追 쥐쥐 ○ ᄒᆞᆫ 말이 임의 나매 駟馬ㅣ ᄯᆞ로기 어려오니 老 랖랑 先 션션 生 ᄉᆞᆼ승 休 후힝

要 얀향 悔 휘휘 ○ 老先生은 뉘웃디 마ᄅᆞ쇼셔 ㊕ 老 랖랑 身 신신 的 디딩 不 부봉 食

시씽 言 연연 ○ ○老身은 본명히 食言티 아니ᄒᆞ리라 食言 書註 言已出而反呑之也 ㊀ 媒 믜믜

婆 포뿨 去 큐큐 了 랼랑 ○ 媒婆ㅣ 가ᄂᆞ이다 ㊕ 媒 믜믜 婆 포뿨 你 니니 回 휘휘 来

레래 ○ 媒婆ㅣ야 네 도로 오라 我 오어 與 유유 你 니니 說 쉬쉉 ○ 내 너ᄃᆞ려 니ᄅᆞ마 ㊀

說 쉬쉉 甚 숌씸 的 디딩 ○ 므서슬 니ᄅᆞ려 ᄒᆞᄂᆞ니잇고 ㊕ 我 오어 丁 딩뎡 寧 닝닝 你

니니 一 이힝 遍 변변 ○ 내 너ᄃᆞ려 ᄒᆞᆫ번 당부ᄒᆞ쟈 ○丁寧同叮嚀字彙囑辭 我 오어 見 견견 世

시씽 上 샹쌍 那 나나 做 주주 媒 믜믜 人 신신 的 디딩 ○ 내 보니 世上에 뎌 媒人 되엿ᄂᆞᆫ 이

伍倫全備諺解卷二 二十一

去큐큐男난난家갸갸便뺸변哄훙훙說쉉숴○男家에가꿋소겨니ᄅᆞ되○哄本嗊字四

聲通解俗謂給人曰哄女뉴뉴家갸갸有읻우陪삐픠嫁갸갸○女家의陪嫁ㅣ잇고諸

쥬쥬般번번財째채禮리리都두두不붕부責쥥저備삐비○여러가지財禮를다責備

티아니ᄒᆞ고女뉴뉴兒ᅀᆞᆯ술十씹시分뿐분生승승得듹더標뱧뱦致짛지○女兒

ㅣᄀᆞ장ᄉᆞᆷ김이영노ᄀᆞᆯ갑고針진진指즈즈鍋궈고竈잫잔件견견件견견皆계계能

능능○針指와鍋竈를가지가지다잘ᄒᆞᆫ다ᄒᆞ며去큐큐女뉴뉴家갸갸便뺸변哄훙훙說

쉉숴○女家의가꿋소겨니ᄅᆞ되男난난家갸갸有읻우錢쪈천肯큰큰出츙츄財째채

禮리리○男家에돈이셔財禮를즐겨내고陪삐픠嫁갸갸粧좡좡奩련련都두두不

붕부要향야○陪嫁와粧奩을다要티아니ᄒᆞ고○說文女奩鏡匣也粧字彙수俗以物送女嫁曰粧奩女

뉴뉴婿시시又읻우聰충충俊쥰쥰○女婿ㅣ또聰俊ᄒᆞ여會휘휘讀뚱두書슈슈曉

햫햐禮리리數수수○글닑기를알고禮數를안다ᄒᆞ여無우우中중중生승승有읻우

有우잉 中중중 生숭승 無우무 ○업슨가온대잇는거슬내며잇는가온대업슨거슬내여 及

기끵 哄훙훙 得더듷 人신신 家갸갸 肯큰큰 了랴량 ○人家를소겨즐겨홈애밋처는 待

대때 媒믜믜 婆포뽀 有우잉 些셔셔 少샤샿 不부붕 周작쥥 至즈즈 ○媒婆를ᄃᆡ졉홈

이저기周至티못홈이이시면 便변뺸 生승승 言연연 造잔짱 語유유 ○곳生言造語ᄒ여

千천쳔 百버쁴 般번번 出츄츄 来레래 説쉬숴 ○千百가지로내여니ᄅ되 男난난 親

친친 家갸갸 家갸갸 又우잉 長챵쨩 又우잉 短된뒨 ○男親家의집이또長ᄒ고또短ᄒ다

ᄒ며 女뉴뉴 親친친 家갸갸 家갸갸 又우잉 短된뒨 又우잉 長챵쨩 ○女親家의집이

또短ᄒ고또長ᄒ다ᄒ야 引인인 得더듸 兩량량 家갸갸 不부붕 和호훠 ○兩家不和를혀

내여 遂쉬쒸 至즈즈 不부붕 上샹쌍 門믄믄 者저저 往왕왕 往왕왕 有우잉 之즈즈

○드뎌여上門티못홈애니ᄅ者ㅣ往往에잇ᄂ디라 ○李白註俗稱新婦初謂翁姑謂之過門亦曰上門

媽마마 媽마마 ○媽媽ㅣ야 我오어 勸권권 你니니 休휘흴 如유유 此츠츠 ○내너

러뤌 勸ᄒᆞ 시노 말니 라 이 有 잉우 便 뺸변 說 숴쉬 有 잉우 無 무우 便 뺸변 說 숴쉬 無

무우 ◯ 업이 스시 면면 곳곳 업잇 다다 니니 ᄅᆞᄅᆞ 고며 不 붕부 好 할핳 說 숴쉬 的 딩디 兩 량량

頭 뜽투 遮 저져 掩 연연 ◯ 란니 두ᄅᆞ 편기 으됴 로티 遮아 掩닌 ᄒᆞ거 여스 都 두두 不 붕부 要

향얀 說 숴쉬 ◯ 과다 더니 ᄒᆞᄅᆞ 노더 니말 做 주주 媒 믜미 的 딩디 這 저져 等 등등 存 쭌춘

心 신신 ◯ 이媒 리ㅣ 存되 心엿 ᄒᆞ논 면이 鬼 귀귀 神 씬신 也 여여 輔 뿌부 佑 잉우 他 타타

◯ 輔鬼 佑神 ᄒᆞ도 고뎌 로 人 신신 家 갸갸 男 난난 女 뉴뉴 成 쪙칭 就 찧쥐 了 랼랴 ◯

成人 就家 ᄒᆞ男 여女 ㅣ 生 승송 見 숸숀 長 쟝쟝 女 뉴뉴 也 여여 不 붕부 忘 망왕 他 타타

◯ 로生 닛見 더長 아女 니ᄒᆞ ᄒᆞ여 리도 라뎌 又 잉우 有 잉우 一 힝이 件 견견 ◯ 지또 이효 시가

니 人 신신 家 갸갸 婦 뿌부 女 뉴뉴 喪 상상 了 랼랴 夫 부부 家 갸갸 ◯ 女人 ㅣ家 지婦

喪아 홈비 애로 多 더도 有 잉우 要 향얀 守 싛삭 志 즈즈 不 붕부 嫁 갸갸 的 딩디 ◯ 을뜻

ᄒᆞ되 논희 이여 만嫁 히티 잇아 다니 가코 도쟈 多 티도 着 쨯죠 這 저져 媒 믜미 婆 뽀포 說 숴쉬

動 둥둥 了 랴랴 ○ 이媒婆의널러動홈을닙으리만흐니 這 져져 箇 거거 尤 임우 損 순순

陰 힌인 騭 징지 ○ 이더옥陰騭을損홈이라 這 져져 等 등등 人 인인 往 왕왕 往 왕왕 墮

뙤도 落 랑로 ○ 이런사룸이徃徃에墮落ᄒᆞ누니 媽 마마 媽 마마 你 니니 聽 팅팅 我 어오

說 쉐쉬 ○ 媽媽ㅣ야네내니룸을드르라 ㊀ 老 랑랴 先 션션 生 승승 ○ 老先生아 你 니니

說 쉐쉬 出 츄츄 媒 믜믜 人 인인 心 신신 肝 간간 五 우우 臟 짱장 來 래레 了 랴랴 ○

네媒人의心肝五臟을닐러내시니 我 어오 從 쭝충 今 긴긴 怕 파파 不 붕부 做 주주 媒 믜믜

了 랴랴 ○ 내이제로조차저퍼듕믜ᄒᆞ디아니려니와 老 랑랴 先 션션 生 승승 ○ 老先生아

你 니니 知 징지 其 끼키 一 힝이 不 붕부 知 징지 其 끼키 二 숭을 ○ 네그ᄒᆞ나흘알고그

둘흘아디못ᄒᆞ다 今 긴긴 世 싱시 的 당디 人 인인 ○ 수世ᄉᆞ룸이 不 붕부 但 딴단 那

나나 做 주주 媒 믜믜 的 당디 不 붕부 是 쓰스 ○ 다믄뎌듕미ᄒᆞ는이올티아닐섄아니라 那

나나 請 칭칭 媒 믜믜 的 당디 人 인인 家 갸갸 也 여여 有 잉우 不 붕부 是 쓰스 處 츄츄

○뎌媒를請ᄒᆞᄂᆞᆫ人家도올티아닌곳이잇ᄂᆞ니 當당당 其끼키 纔째채 請칭칭 媒믜믜 婆
뽀포 去큐큐 說숴쉬 親친친 時쓰스 ○그곳媒婆를請ᄒᆞ야가說親ᄒᆞᆯ배로當ᄒᆞ여ᄂᆞᆫ 十씽시
分븐븐 小샿샾 心신신 盡찐진 禮리리 致징지 敬깅깅 ○ᄀᆞ장小心ᄒᆞ야盡禮致敬ᄒᆞ여
惟웨위 恐쿵쿵 事쓰스 不붕부 成찡칭 ○오직일이이디못ᄒᆞᆯ싸저허ᄒᆞ다가 一힝이 得
듸더 事쓰스 成찡칭 了랼랸 ○ᄒᆞᆫ번일이일믈어듬애 必샹샤 有읗우 些셔셔 不붕부
周짛작 全쮠춴 ○져기周全티못ᄒᆞᆷ이이시면 便뼌변 要향얀 打다다 罵마마 媒믜믜
人신신 ○곳媒人을打罵코자ᄒᆞ며 及낑기 至쯔즈 擡때태 得듸더 媳싱시 婦뿌부 上
쌍상 門믄믄 ○밋媳婦를드러上門ᄒᆞᆷ애니르러ᄂᆞᆫ 便뼌변 不붕부 管권권 媒믜믜 人신신
了량랸 ○곳媒人을ᄀᆞ옴아디아니코 生승승 兒ᅀᅳ올 嫁갸갸 女뉴뉴 都두두 無무우
媒믜믜 人신신 分뿐븐 了량랸 ○生兒嫁女토록다媒人의分이업ᄂᆞ니 不붕부 知짓치
沒뭏무 媒믜믜 婆뽀포 ○아디못게라媒婆ㅣ업스면 怎즘즘 得듸더 他타타 兩량량

口쿠쿠兒ᅀᅳᆯᅀᅳᆯ做주주一이ᅙᅵ處츄츄 ○ 엇디시러곰 더ᄃᆞᆯ히 一處ㅣ 되야 生승승出

츄츄ᇰ那나나兒ᅀᅳᆯᅀᅳᆯ女뉴뉴來래래 ○ 뎌 兒女롤 나흐리오 ㊉ 你니니說숴숴也여여

是ᄉᆞᄊᆞ ○ 네 니ᄅᆞᆷ도 올ᄒᆞ니 你니니再재재聽팅팅我오어囑쥬쥬ᇰ付부부你니니

○ 네 다시 드르라 내 네ᄃᆞ려 당부ᄒᆞ쟈

㊇ 永융융安안한何허ᄒᆟ在재째 ○ 永安이 어듸 잇ᄂᆞ다 ㊍ 有우잏有우잏 ○ 잇ᄂᆞ

이다 잇ᄂᆞ이다 少샾샾當당당事ᄉᆞᄊᆞ長쟝쟝卑비비合허ᄒᆟ奉붕뿡尊준쭌 ○ 져믄

이 얼운 셤김이 맛당ᄒᆞ고 ᄂᆞᄌᆞᆫ이 노ᄑᆞᆫ이 밧들미 합당ᄒᆞ도다 覆부붕老랖랖夫부부人신ᅀᅵᆫ ○

老夫人ᄭᅴ ᄂᆞ니 呼후후喚훤훤永융융安안한為위위甚슴씸的디딩 ○ 永安을 브

르시니 므서슬 為ᄒᆞ예니잇고 ㊇ 這져져幾기기日ᅀᅵᅀᅵ三산산位위위小샾샾官권권

人신신 ○ 요ᄉᆞ이 三位 小官人이 做주주甚슴씸的디딩工궁궁課코쿼 ○ 므슴 공부

ᄒᆞ며 交걒걓甚슴씸的디딩朋펑뿡友우잏 ○ 엇던 벗을 사괴ᄂᆞ뇨 你니니一이ᅙᅵ一

이훙 說 쉬숴 與 유유 我 오어 聽 팅팅 ○네 一一히 닐러 내게 들라라 他 타타 讀 두뚱 的

다븡 是 스쓰 何 허햬 書 슈슈 ○뎌 닑는 거지 이 므슴 글고

㊟末 老 랖랗 夫 부부 人 인인 放 방방 心 신신 ○老夫人은 放心ᄒᆞ쇼셔 這 져져 三 산산

箇 거거 官 권권 人 인인 ○이 세 官人이 這 져져 等 등등 攻 궁궁 書 슈슈 向 향향 學

효햫 ○이리 攻書 向學ᄒᆞ니 不 부붕 愁 추쯯 不 부붕 愁 추쯯 不 부붕 中 중쭝 擧 규귀 ○中擧티 못ᄒᆞᆯ새 근심

아닐 거시오 不 부붕 愁 추쯯 不 부붕 做 주주 官 권권 ○做官티 못ᄒᆞᆯ새 근심 아니ᄒᆞ리이다

㊟夫 你 니니 莫 모망 替 티티 他 타타 說 쉬숴 謊 황황 ○네 뎌를 ᄀᆞᄅᆞ차 거즛말 닐ᄋᆞ디 말고

你 니니 喚 훤훤 他 타타 三 산산 箇 거거 孩 해해 兒 술ᅀᅳᆯ 出 츄츙 來 레래 ○네 뎌 세 아

ᄒᆡ롤 블러 나오라 我 오어 問 운믄 他 타타 則 저즣 箇 거거 ○내 뎌ᄃᆞ려 묻쟈 ㊟末 三 산산

箇 거거 官 권권 人 인인 有 우잉 請 칭칭 有 우잉 請 칭칭 ○세 官人아 請홈이 잇ᄂᆞ이다 請

홈이 잇ᄂᆞ이다 ㊟奎 勿 우뭉 謂 위위 今 긴긴 日 ᅀᅵᅀᅵᇰ 不 부붕 學 효햫 而 ᅀᅳᆯᅀᅳᆯ 有 우잉 來

레래日싀잉○오ᄂᆞᆯ비호디아냐도来日이잇다니ᄅᆞ디말다라(尘)勿우뭏謂위위今긴긴

年년년不부붕學효햫而ᅀᅵ싀有우잉来레래年년년○올히비호디아냐도来年이잇

다니ᄅᆞ디말다라(淨)日시싱月워웛逝시씨矣이이歲쉬쉬不부붕我오어延연연

○日月이가ᄂᆞᆫ디라歲ㅣ날을延티아니ᄒᆞᄂᆞ니鳴우후呼후후老랖랗矣이이是스ᄊᆞ誰

쉬쒸之즈즈愆견견○鳴呼ㅣ라늙을디라이뉘허물고(奎)母무무親친친大다따人

신신○母親大人이喚훤훤我오어兄흉흉弟디뎌每믜믜有우잉甚슴씸事스ᄊᆞ

○우리兄弟들을브르시ᄂᆞ니므슴일이잇ᄂᆞ니잇고(夫)前천쪈日시싱採채채訪방방相

샹샹公궁궁說숴쉉○前日에採訪相公이니로되○採訪見萘一篇今긴긴年년년春츈츈

榜방방動둥뚱選숸쉰場챵쨩開개개○올히春榜이動ᄒᆞ야選場을開ᄒᆞ리라ᄒᆞ야要

얀향儞니니兄흉흉弟더뎌每믜믜去큐큐科코쿼擧규규○너兄弟들로ᄒᆞ여가科擧

과뎌ᄒᆞ니永융융安안한儞니니便변뼌收수싕拾시씽○永安아네곳收拾ᄒᆞ야同

퉁뚱 㤻닌닌 哥거거 哥거거 去큐큐 觀권권 場창쨩 走주즘 一이힝 遭잔쟝 ○네哥

哥와ᄒᆞᆫ가지로가과 거보라ᄒᆞᆫ디위가라 伍우우 倫륜륜 全췬쳔 伍우우 倫륜륜 備비베 安

안한 克킈킝 和호훠 都두두 過고궈 来레래 ○伍倫全伍倫備安克 和ᄂᆞᆫ다나아오라 我

오어 分분븐 付부부 你니니 ○내너ᄃᆞ려 分付ᄒᆞ쟈

(奎)孃냥냥 呵허허 我오어 捨셔셔 不부봉 得더듸 孃냥냥 去큐큐 ○孃아내 孃을ᄇᆞ

리고가ᄏᆡ못ᄒᆞ 리로소이다 (夫)說쉬숴 甚슴씸 話화홰 ○므ᄉᆞᆷ말을 니ᄅᆞᄂᆞᆫ다 敎쟢걓 你

니니 讀두뚱 書슈슈 做주주 甚슴씸 的디딍 ○널로ᄒᆞ여글을닑혀 므섯ᄒᆞ려ᄒᆞ더뇨

(坐)孃냥냥 呵허허 怎즘즘 生승승 割거겅 捨셔셔 得더듸 孃냥냥 ○孃아엇 디孃을

버혀ᄇᆞ 리리오 我오어 不부봉 去큐큐 ○내가디못ᄒᆞ 리로소이다 (夫)我오어 敎쟢걓 你

니니 讀두뚱 書슈슈 做주주 甚슴씸 麽마마 ○내널로ᄒᆞ여글을닑 혀므섯ᄒᆞ려ᄒᆞ더뇨

(净)孃냥냥 呵허허 我오어 死스ᄉᆞ 也여여 不부봉 去큐큐 ○孃아내죽어 도가디못ᄒᆞᆯ

소이다 我 死 也 捨 不 得 我 孃 去 ○ 내 죽어도 내 孃을 ᄇᆞ리고 가디 몯ᄒᆞᆯ소이다 (夫) 說 甚 話 ○ 므슴 말을 니ᄅᆞ논다

我 教 你 讀 書 做 甚 麼 ○ 내 널로 ᄒᆞ여 글을 닑혀 므슷ᄒᆞ려 ᄒᆞ더뇨 (奎) 先 儒 尹 和 靖 母 有 言

○(一) 先儒尹和靖의 母ㅣ 말ᄉᆞᆷ을 두되 ○和靖名火傍享字彥明洛陽人師事伊川有篤行欽宗賜號和靖處士嘗應擧發策有誅元祐諸臣議和靖不對而出歸告其母母日吾知汝以志養不知汝以祿養伊川聞之日賢哉母矣

吾 願 汝 以 志 養 ○ 내 네 志로 뻐 養ᄒᆞᆷ을 願ᄒᆞ고

不 願 汝 以 祿 養 ○ 네 祿으로 뻐 養ᄒᆞᆷ을 願티 아닛노라 ᄒᆞ고

王 荊 公 亦 云 ○ 王荊公이 ᄯᅩ 니로ᄃᆡ ○荊公名安石字介甫號半山臨川人相宋神宗封荊國公

古 人 一 日 養 不 以 三 公 換 ○ 古人이 一日養을 三公으로 뻐 밧고디 아닛ᄂᆞᆫ다 ᄒᆞ니 孩 兒

實싱시不붕부願원원離리리膝싱시下햐하 ○ 孩兒ㅣ 실로 膝下 ᄠ남을 願티 아니ᄒᆞᄂ

이다 ㊁夫 不붕부是쏘스這져저等등등說숴쉬 ○ 이리 니롬이 아니라 伱니니三산산

箇거거孩해해兒슬술 ○ 너 세 아히 定뎡딩有일우別뼝베緣연연故구구不붕부

肯큰큰去큐큐 ○ 일뎡 다룬 緣故ㅣ 이셔 가디 아니ᄒᆞᄂ뇨 ㊀奎 別뼝베無무우緣

연연故구구 ○ 다룬 緣故ㅣ 업서 只즈즈是쏘스捨셔셔不붕부得듸더母무무親

친친去큐큐 ○ 그저 母親을 ᄇ리고 가디 몯ᄒᆞᆷ이니이다 ㊤生 只즈즈是쏘스離리리不붕부

得듸더母무무親친친 ○ 그저 母親을 ᄠ나디 몯ᄒᆞᆷ이니이다 ㊄淨 只즈즈是쏘스撇평퍼

不붕부得듸더母무무親친친 ○ 그저 母親을 ᄇ리디 몯ᄒᆞᆷ이니이다 ㊀末 莫맘모不붕부

是쏘스三산산箇거거小샿샤官권권人신인 ○ 아니 세 小官人이 都두두要얗야

討탕토了랗랴娘냥냥子즈즈才채채方방방去큐큐 ○ 다 娘子를 엇고 그제야 보아ᄒᆞ

로 가려 ᄒᆞᄂ냐 ㊁夫 伱니니不붕부去큐큐永융융安한안也여여笑샿샤伱니니 ○

安네가디아니ᄒᆞ나永 이도너를웃ᄂᆞ다 ㊝ 我오어 問운문 你니니 ○ 내너ᄃᆞ려뭇쟈 古구구

人인신 說쉬워 ○ 古人이니로더 有우잉 孝햪향 之ᄌᆞ즈 始스스 有우잉 孝햪향 之

ᄌᆞ즈 終중중 ○ 孝의始이시며孝의終이잇다ᄒᆞ니○孝經語 你니니 說쉬워 與유유 我오어

聽팅명 ○ 네닐러너게들리라 (奎) 身신신 體티티 髮방방 膚부부 受식씁 之ᄌᆞ즈 父

부뿌 母무무 ○ 身體髮膚ᄂᆞᆫ父母씌바다시니 不부붕 敢간간 毁휘회 傷샹샹 ○ 敢히毁傷

티아니홈이 是스쏘 孝햪향 之ᄌᆞ즈 始스ᄉᆞ ○ 이孝의始오 立리립 身신신 行힝ᄒᆡᆼ 홈

道닷땀 揚양양 名명밍 於유유 後후흫 世시씽 ○ 立身行道ᄒᆞ야일을後世에揚ᄒᆞ야

以이이 顯현현 父부뿌 母무무 ○ 뻐父母로顯케홈이 是스쏘 孝햪향 之ᄌᆞ즈 終중중

○ 이孝의終이니이다 ㊝ 却거궝 又우잉 你니니 也여여 知지징 道닷땀 ○ 또너도아

ᄂᆞᆫ나고 我오어 又우잉 問운문 你니니 ○ 내너ᄃᆞ려뭇쟈 如유유 何허헝 是스쏘

小샾샹 孝햪향 ○ 엇디홀신이小孝며 如유유 何허헝 是스쏘 大다따 孝햪향 ○ 엇디

大홀孝쇼오이㊀養양양口쿠킁體티티是스쓰小샤샤孝햐향○口體로養홈은이小

孝오ㅣ養양양心신신志즈죵是스쓰大다따孝햐향○心志로養홈은이大孝ㅣ니

見中孟○子語㊁却거겅又우잉你니니也여여知지징道도당○또너도아논고나

㊂我오어不부붕知지징甚슴씸麼마마是스쓰小샤샤孝햐향甚슴씸麼마마

是스쓰大다따孝햐향○내모서시이小孝며므서시이只즈즁大孝ㅣ줄을아디몯ᄒᆞ거니와

是스쓰母무무子즈즁每믜믜○그저母子ㅣ들히終중중日시싱在재째眼연연面

면면前쳔쪈○終日토록眼前에이셔親친친親친친密미밍密미밍熱여셩熱여셩

烙로랑烙로랑的디딩○親親密密ᄒᆞ며熱熱烙烙홈이這저져便변뼌是스쓰孝햐향

○이곳孝ㅣ라我오어見견견東둥둥邊변변張쟝쟝左조저丞칭찡○내보니東

邊張左丞이○漢成帝建始四年置尚書負五人有四丞光武始減其二惟置左右丞掌錄文書期會晉宋齊

梁隋皆有是官唐龍朔元年改左右丞曰左右肅機咸

亨元年復舊名五代梁開平二年改爲左右司侍郎至

後唐同光元年復舊宋元祐令尚書左右丞並正二品為執政元以為宰相之貳佐治省事 做주주了

랖럏大다따官권권◯大官되나이撇펴평下하햐老랖럏孃냥냥不부붕曾층쯩

迎잉잉養양양◯老孃을ㅂ리고일쪽迎養티아니ᄒᆞ야無우무人신신奉붕뿡事스쏘

◯사ᄅᆞᆷ이奉事ᄒᆞ리업ㅅ나老랖럏孃냥냥受식씽了랖럏誥고ᇴ命밍밍穿쳔춴了

랖럏命밍밍服부뿡◯老孃이誥命을밧고命服을니버시나○字箋漢武帝元狩六年初作誥然不以命官宋始以誥命庶官凡追贈大臣贈封其祖父妻室不宣于庭者皆用之大明會典洪武十七年奏定有封爵者給誥一品至五品皆以誥命六品至七品皆以勑命婦人從夫職品命服周禮再命受服三命受位

只즈즁是스쓰肚두두裏리리受식씽飢기기◯그저비주림을밧고西시시邊변변

王왕왕丞칭찡事스쏘◯西邊王丞事ᄂᆞᆫ○宋皇祐中詔特差近上知禮官一員兼丞事雖쉬쉬

不부붕曾층쯩做주주官권권◯비록일벼슬ᄒᆞ디못ᄒᆞ여시나家갸갸裏리리有우임

兒술슬女뉴뉴奉붕뿡事스쏘◯집의兒女ㅣ奉事ᄒᆞᆯ이이셔每믜믜日시싀絃

현현 歌 거거 酒 직징 燕 연현 接 져졍 杯 븨븨 擧 규규 觴 샹샹 ○ 每日에絃歌酒燕ᄒᆞ며接

杯擧觴ᄒᆞ야 十 시씽 分 븐븐 快 쾌쾌 活 호훵 ○ ᄀ장즐기니 他 타타 那 나나 老 랖랗

母 무무 ○ 뎌의뎌老母ㅣ 雖 쉬쉬 無 우무 語 갸걍 命 밍밍 雖 쉬쉬 無 우무 命 밍밍 服

부뿡 ○ 비록語命이업스며비록命服이업스나 肚 두두 裏 리리 却 거컹 飽 밮밯 ○ 비ᄯᅩ브르

니라 孃 냔냥 孃 냥냥 你 니니 莫 모망 要 얀향 癡 치칭 ○ 孃아孃아네얼아려말라 你 니니

逼 비빙 着 쟢쨥 俺 암함 弟 디띠 兄 흉훙 每 믜믜 去 큐큐 了 랖럏 ○ 네우리弟兄들을핍

박ᄒᆞ여보내나 只 조즈 怕 파파 你 니니 要 얀향 見 견견 不 부붕 得 더듷 見 견견 ○ 그저

저권대네보고자호되보디못ᄒᆞ면 你 니니 那 나나 時 스쏘 節 져졍 ○ 네그ᄯᅢ에 却 거컹 想

샹샹 却 거컹 恨 흔흔 却 거컹 悔 휘휘 却 거컹 怨 원원 ○ ᄯᅩᄉᆡᆼ각ᄒᆞ며ᄯᅩ恨ᄒᆞ며ᄯᅩ뉘웃츠며

ᄯᅩ怨ᄒᆞ여 咿 이히 咿 이히 啞 야햐 啞 야햐 的 디딩 長 챵쨩 聲 싱싱 嘆 탄탄 短 뒨뒨 聲

싱싱 嘆 탄탄 ○ 咿咿啞啞히長聲嘆短聲嘆ᄒᆞ며 東 둥둥 也 여여 去 큐큐 問 운문 信 신신

○東으로가問信ᄒᆞ고西시시也여여去큐큐卜부붕卦과과○西로가卜卦ᄒᆞ여○卜字
彙占卜也曲禮註大事求正于龜卜說文卦筮也徐曰筮而畫之三變而成畫六畫而成卦望왕망得
더듸你니니眼연연睛징징穿춴춴○ᄇᆞ람애네眼睛이ᄯᅮ러디고想샹샹得더듸你
니니肝간간腸챵쨩斷돤똰○싱각홈애네肝腸이ᄭᅳᆫ처디리니那나나時스쓰節져졍
不부붕干간간我오어事스쓰○뎌ᄠᅢ에ᄂᆞᆫ내게간셥디아닌일이라㊀你니니每믜믜
只즈즘管권권去큐큐莫모맙管권권我오어○너희들이그저가기ᄅᆞᆯᄀᆞ음알고날을ᄀᆞ
음아다말라若쇼샵得더듸你니니兄흉훙弟디띠每믜믜成칭쪙名밍밍○만일
네兄弟들이일홈일옴을어드면我오어早잔잘朝잔쟐見견견了랸량○내무朝에보고
晩완환些셔셔便변뻔死스ᄉᆞ了랸량也여여甘간간心신신○늣게야곳죽어도甘
心ᄒᆞ리라你니니不부붕見견견古구구人신신說쉬쉬㊀네古人의니ᄅᆞᆷ을보디못ᄒᆞ엿
ᄂᆞᆫ다子즈ᄌᆞ在재째親친친側저쯕無우무離리리憂위윙親친친心신신不부붕

樂 로랑 ○ 子ㅣ 親側에 이시면 離憂ㅣ 업서도 親心이 즐겨 아니ᄒᆞ고 子 즈즈 在 재째 京 깅깅

師 스ᄉᆞ 雖 쉬쉬 有 우잉 離 리리 憂 우잉 親 친친 心 신신 樂 로랑 ○ 子ㅣ 京師에 이시면

비록 離憂ㅣ 이셔도 親心이 즐긴다 ᄒᆞ니라 ○ 韓昌黎 歐陽詹 哀辭 語 (大全) 這 져져 等 등등 只 즈즈

着 죠쟣 伍 우우 倫 룬룬 備 비삐 安 안안 克 킈킝 和 호훠 去 큐큐 ○ 이러면 그저 伍倫備

와 安克和로 ᄒᆞ여 가게 ᄒᆞ고 留 랴릳 着 죠쟣 孩 해ᅘᆡ 兒 ᅀᆞᆯ 奉 붕뿡 事 스ᄉᆞ 孃 냥냥 ○

孩兒로 머므러 孃을 奉事케 ᄒᆞ쇼셔 (夫) 不 부붕 中 중중 ○ 맛당티 아니ᄒᆞ다 (小全) 留 랴릳 着

죠쟣 孩 해ᅘᆡ 兒 ᅀᆞᆯ 養 양양 孃 냥냥 ○ 孩兒로 머므러 孃을 養케 ᄒᆞ고 等 등등 哥 거거 哥

거거 與 유유 兒 ᅀᆞᆯ 弟 디띠 去 큐큐 ○ 형과 다뭇 아이 감을 기ᄃᆞ리쇼셔 (夫) 不 부붕 中

중중 ○ 맛당티 아니ᄒᆞ다 (淨) 恁 닌닌 兩 량량 位 위위 哥 거거 哥 거거 有 우잉 工 궁궁

夫 부부 ○ 너 兩位 형은 工夫ㅣ 이셔 有 우잉 決 궈궐 科 코쿼 的 디딩 才 채째 ○ 決科 ᄒᆞᆯ지

죄이시니 都 두두 去 큐큐 應 잉잉 擧 규규 ○ 다 가 應擧ᄒᆞ라 安 안안 克 킈킝 和 호훠 不

부붕曾층쯩讀두뚱書슈슈不부붕去큐큐罷바빠○安克和ᄂᆞᆫ 일쯕 글 닑디 몯ᄒᆞ엿ᄂᆞᆫ디

라 가디 아니홈이 무던ᄒᆞ니 在재쨰家갸갸替티티二ᅀᅳᆯᅀᅳᆼ位위위哥거거哥、거거養

양양孃냥냥○집의 이셔 二位 형을 ᄀᆞᄅᆞ차 孃을 養ᄒᆞ리이다 ㊉夫 你니니兄훙훙弟디띠每

믜믜這져져等등등無우무志즈즈氣키키○네 兄弟들이 이리 志氣ㅣ 업스니 養양양

這져져等등등、不부붕才채째子즈즈○이런 不才子를 養홈이 不부붕如슈유我

오어死스ᄉᆞ○내 죽음만 ᄀᆞᆺ디 몯ᄒᆞ다 ㊉末 聽팅팅老랄랗夫부부人신인說숴쉬○

老夫ㅅ의 닐으심을 들으쇼셔 ㊉奎 ㊉尘 ㊉淨 孩해해兒ᅀᅳᆯ每믜믜去큐큐○孩兒들이 가리

니母무무親친친大다다人신인莫모마氣키키莫모마氣키키○母親大人은 애

ᄡᅳ디 말으쇼셔 ᄡᅳ디 말으쇼셔 孩해해兒ᅀᅳᆯ即지징日ᅀᅵᅀᅵ便변뼌起키키程칭찡

○孩兒ㅣ 即日에 ᄀᆞᆺ 起程ᄒᆞ리이다 ㊉夫 永융융安안한收식싷拾시씽了랴랴不부붕

曾층쯩○永安아 收拾ᄒᆞ엿ᄂᆞᆫ다 몯ᄒᆞ엿ᄂᆞᆫ다 ㊉末 都두두齊치찌備비삐了랴랴○다 齊

備 ᄒ엿ᄂ이다 ㊅ 永 융융 安 안한 今 긴긴 日 이싀 子 즈즈 好 할할 ○ 永安아 오놀이 됴코

天 텬텬 色 서싀 晴 칭찡 明 밍밍 ○ 天色이 晴明ᄒ니 便 변뼌 與 유유 哥 거거 哥 거거

每 믜믜 去 큐큐 ○ 곳 형들로 더브려 가라

㊇ 永 융융 安 안한 取 츄츄 酒 작쟝 來 레래 ○ 永安아 술 가져오라 我 오어 把 바바 一

이황 杯 비븨 別 벼뼈 孃 냥냥 ○ 내 ᄒ잔을 잡아 孃을 니별ᄒ쟈

㊉ 二 슬슿 哥 거거 把 바바 酒 작쟝 ○ 二哥ㅣ아 술을 잡으라

㊉ 三 산산 哥 거거 把 바바 酒 작쟝 ○ 三哥ㅣ아 술을 잡으라

㊉ 永 융융 安 안한 也 여여 把 바바 一 이황 杯 비븨 ○ 永安이 도ᄒ잔 잡으리이다

㊅ 你 니니 兄 흉흉 弟 디떠 路 루루 上 샹썅 須 슈슈 要 얀향 小 샨샹 心 신신 ○ 네 兄

弟 路上에 모롬이 小心ᄒ라 我 오어 囑 쥬쥭 付 부부 你 니니 ○ 내 너ᄃ려 당부ᄒ니 你 니니

聽 팅팅 着 죠쟣 ○ 네 들으라

㊄青청칭雲운윤得디듸路루루雖쉬쉬堪칸칸喜히히 ○ 青雲에 길흘 어둠이 비록

깃겁즉ᄒᆞ나 白버뻥髮밤방臨린린岐키끼亦이잉可켜커傷샹샹 ○ 白髮에 거리에

臨홈이 또ᄒᆞᆫ 가히 슬프도다 ○ 字箋 分道日岐 ㊃永융융安안한伱니니看칸칸那나나裏

리리有우잉赴부부擧규규的디딩朋픙뿡友우잉 ○ 永安아 네 보라 어뒤 赴擧ᄒᆞᆯ 朋友ㅣ

잇더뇨 邀얀향一이힝箇거거做주주伴번뺀行힝힝 ○ ᄒᆞ나흘 쳥ᄒᆞ여 벗지어 가쟈

㊇有우잉見현쪈說쉐숴 ○ 시방 닐ᄋᆞ리 이시되 那나나村츈츈庄좡좡裏리리有

우잉箇거거秀삭싱才채째 ○ 뎌 村庄에 ᄒᆞᆫ 秀才이셔 也여여要얀향去큐큐赴부부

擧규규 ○ 또 가 赴擧ᄒᆞ코 져ᄒᆞᆫ다 ᄒᆞ니 我오어邀얀향他타타来레래同퉁뚱去큐큐 ○

내 뎌롤 쳥ᄒᆞ여 와셔 가게 ᄒᆞ리이다 홈 那나나甚섬슴麽마마姓싱상的디딩秀삭섬才

채째 ○ 뎌 므숨 姓에 秀才ㅣ야 有우잉請칭칭 ○ 請홈이 잇다 請請홈이 잇다

㊀誰쉬쒸請칭칭我오어 ○ 뉘 날을 請ᄒᆞᄂᆞ뇨 ㊇我오어請칭칭伱니니 ○ 내 너

로노 請라 ᄒᆞ ㊀ 我 오어 也 여여 請 칭칭 你 니니 你 니니 也 여여 請 칭칭 我 오어 ○

나너 도도 너나 롤롤 請請 ᄒᆞᄒᆞ 고니 兩 량량 下 하햐 准 쥰쥰 折 져졍 ○ 두빅 편어 이 都 두두

莫 모맙 来 레래 去 큐큐 罷 바빠 ○ 다옴 오이 도무 가던 도ᄒᆞ 말다 ㊁ 請 칭칭 請 칭칭 請 칭칭 請

칭칭 ○ 請노 ᄒᆞ라 노請 라ᄒᆞ 請노 ᄒᆞ라 ㊀ 我 오어 做 주주 秀 식싱 才 채째 姓 싱싱 魯 루루

鈍 둔뚠 ○ 내이 秀魯 才鈍 되ᄒᆞ 여여 姓 一 이힝 日 시싀 喫 치칭 了 랸럏 五 우우 六 릭룽

頓 둔둔 ○ ᄒᆞ씩 ᄅᆞ먹 다누 엿나 기 昨 조짱 日 시싀 走 주즣 到 닿당 十 시씽 字 즈쯔 街

계계 ○ 어街 제에 十가 字니 人 신인 人 신인 喚 훤훤 我 오어 做 주주 木 무뭉 邊 변변 寸

츈츈 ○ 사木 롬邊 마寸 다이 나라 롤ᄒᆞ 블더 러라 ㊁ 木 무뭉 邊 변변 寸 츈츈 是 스쏘 箇 거거

村 츈츈 字 즈쯔 ○ 木村 邊字 寸ㅣ 은니 이 是 스쓰 箇 거거 村 츈츈 秀 식싱 才 채째 ○

이才 村로 秀다 ㊀ 老 랖랄 哥 거거 拜 배배 揖 이잏 ○ 늘揖 근ᄒᆞ 형노 아라 拜 你 니니 喚

훤훤 我 오어 做 주주 甚 슴씀 的 디띵 ○ 네숨 날ᄒᆞ 을러 블ᄒᆞ 러ᄂᆞ 무뇨 ㊁ 我 오어 家 갸갸

秀 싱식 才 째채 ○ 秀우 才리 집 着 짭죠 我 어오 邀 향얀 你 니니 同 뚱퉁 去 큐큐 應
힝잉 擧 규규 ○ 지날 로로 가ᄒ 應여 擧니 ᄒ롤 려청 ᄒᄒ ᄂ여 니ᄒ 라가 ㊀丑 我 어오 正 징징 要
향얀 討 탕탈 箇 거거 秀 싱식 才 째채 去 큐큐 ○ 才내 롤정 어히 더ᄒ 가秀 替 티티 我 어오
代 때대 筆 삐비 ○ 筆나 코롤 져ㄱ ᄒᄅ 더차 니代 得 긍더 他 타타 正 징징 好 향한 ○ 롤더
히어 됴드 타니 正 在 째재 那 나나 裏 리리 ○ ᄂ어 ᄂ됴더 잇 我 어오 同 뚱퉁 你 니니 去
큐큐 見 견견 他 타타 ○ 가내 뎌너 롤파 보ᄒ 리가 라지 로 (末) 那 나나 秀 싱식 才 째채 來
래레 了 랴랸 ○ ᄂ뎌 이秀 다才 왓 (大圭) 請 칭칭 入 융유 來 래레 ○ 려請 오ᄒ 라여 드 (丑)
三 산산 位 위위 秀 싱식 才 째채 都 두두 好 향한 爽 솽솽 利 리리 ○ 다三 ㄱ位 장秀 영才
갑노 고솔 小 샹샨 子 즈즈 也 여여 爽 솽솽 利 리리 ○ 솔小 가子 오도 니엿 노 正 징징 好
향한 相 샹샹 陪 삐피 伴 뻔번 去 큐큐 科 커코 擧 규규 ○ 가정 科히 擧서 홈ᄅ 이벗 됴지 흐어
다리 로 老 랑랖 兄 훙훙 高 강간 姓 싱싱 貴 귀귀 名 밍밍 ○ 파老 貴兄 名의 이高 여姓 (大圭)

小샿샾子즈즈姓싱싱伍우우名밍밍倫룬룬全쥔쳔○小子의 姓은 伍ㅣ오 일홈은 倫全이오

這져져箇거거是쓰스我어오弟떠디二ᅀᅳᆯ을兄흉흉弟떠디名밍밍倫룬룬備삐비○이는 이 나의 둘재 아이니 일홈은 倫備오

這져져箇거거是쓰스我어오弟떠디三산산兄흉흉弟떠디○이는 이 나의 셋재 아이니 姓싱싱安한안名밍밍克킈킈

和훠호○姓은 安이오 일홈은 克和ㅣ라 (丑)你니니三산산兄흉흉弟떠디只즈즈有잉우兩량량樣양양姓싱싱○너희 세 兄弟는 그저 두 가지 姓이 잇거니와

我어오一힝이箇거거人신인也여여有잉우四스스五우우十씽시箇거거姓싱싱○나ᄒᆞᆫ 사ᄅᆞᆷ은 또 四五十 姓이 이세라

(奎)老랑랑兄흉흉高강간姓싱싱○老兄의 姓이여 高 (丑)我어오魯루루鈍둔둔姓싱싱不부부高강간○내 魯鈍ᄒᆞ여 姓이 놉디 못호라

(坐)問문운老랑랑兄흉흉姓싱싱甚씸슴麼마마○뭇노니 老兄의 姓이 므서시뇨 (丑)無우우甚씸슴麼마마姓싱싱○아므란 姓이 업세라

(淨)問문운你니니百븽버家갸갸姓싱싱

裏리리 姓싱상 箇거거 甚씸슴 的디디 ○ 너ᄃᆞ려 뭇노니 百家姓에셔 姓이 므서시뇨 丑 好핳한 哥거거 隨쮜취 你니니 百븨버 家갸갸 姓싱싱 中중중 選쉰숸 一힝이 箇거거 姓싱싱 與유유 我어오 ○ 됴ᄒᆞᆫ 형아 네 대로 百家姓中에 ᄒᆞᆫ 姓올 ᄀᆞᆯᄒᆡ여 나ᄅᆞᆯ 주고려 奎 老랑랖 兄훙훙 既기기 無무우 姓싱싱 請칭칭 貴귀귀 名밍밍 ○ 老兄아 임의 姓이 업스면 請컨대 貴名이여 丑 既기기 沒몽무 有잉우 姓싱싱 ○ 임의 姓이 업스니 那나나 裏리리 得븡더 名밍밍 ○ 어ᄃᆡ 일홈을 어드리오 隨쮜취 你니니 立링리 箇거거 名밍밍 叫걓갸 罷빠바 ○ 네 대로 일홈을 세워 브름이 무던ᄒᆞ다 淨 叫걓갸 你니니 做주주 柳륭릭 龍룽룽 卿킹킹 ○ 너ᄅᆞᆯ 블러 柳龍卿이라 ᄒᆞ쟈 丑 也여여 好핳한 ○ 또 됴타 小 叫걓갸 你니니 做주주 胡ᅘᆞ후 子즈즈 傳쮠쥔 ○ 너ᄅᆞᆯ 블러 胡子傳이라 ᄒᆞ쟈 丑 也여여 好핳한 ○ 또 됴타 奎 那나나 裏리리 有잉우 箇거거 人신인 沒몽무 姓싱싱 名밍망 ○ 어ᄃᆡ 사ᄅᆞᆷ이 姓名 업슨이 이시리오 丑 我어오 哄훙훙 你니니 ○ 내 너ᄅᆞᆯ 소

겻더니 我오어 咱쟈걍 做주주 張쟝쟝 打다다 油우잉 ○ 나ᄅᆞᆯ 張打油ㅣ라 브ᄅᆞ기ᄅᆞᆯ ᄒᆞ

ᄂᆞ니라 衆 張쟝쟝 打다다 油우잉 秀샥싕 才채째 ○ 張打油秀才로다 丑 小생샹

子즈즁 有우잉 一이ᅙᅵᆼ 件견견 事ᄉᆞ쑹 ○ 小子ㅣ ᄒᆞᆫ 일이 이셔 央양향 及기끙 恁닌닌

三산산 位위위 老랖랗 兄흉흉 ○ 너희 세 老兄의게 비노니 你니니 替티티 我오어 做

주주 頭투뚷 場챵짱 ○ 너ᄂᆞᆫ 나ᄅᆞᆯ ᄀᆞ라차 첫 場을 지으라 你니니 替티티 我오어 做주주

第디떼 二슬ᅀᅳᆼ 場챵짱 ○ 너ᄂᆞᆫ 나ᄅᆞᆯ ᄀᆞ라차 둘재 場을 지으라 你니니 替티티 我오어 做

주주 第디떼 三산산 場챵짱 ○ 너ᄂᆞᆫ 나ᄅᆞᆯ ᄀᆞ라차 셋재 場을 지으라 你니니 替티티 我오어

做주주 第디떼 四스ᅀᅳᆼ 場챵짱 ○ 너ᄂᆞᆫ 나ᄅᆞᆯ ᄀᆞ라차 넷재 場을 지으라 末 那나나 裏리리

有우잉 第디떼 四스ᅀᅳᆼ 場챵짱 ○ 어듸 넷재 場이 이시리오 丑 你니니 三산산 箇거거

都두두 不부붕 要얀햘 做주주 ○ 너희 세흔 다 짓디 말고 都두두 替티티 我오어 做

주주 ○ 다 나ᄅᆞᆯ ᄀᆞᄅᆞ차 지으려 ᄒᆞ면 我오어 才채째 和호훵 你니니 去큐큐 ○ 그제야

너과가려니와 不부붕 是스쑹 我오어 不부붕 去큐큐 ○ 아니면내가디 아니ᄒ리라 (大全)

老랄랄 兄흉흉 何허헝 故구구 ○ 老兄아므 슴연고고 (丑) 那나나 裏리리 消샿샿 要

얀햫 你니니 雇구구 ○ 어듸 속절업시 네게 삭갑슬 要ᄒ오 ○接上句故字與雇同音故設此戲言

你니니 替티티 我오어 做주주 文운문 章쟝쟝 ○ 네 나를 ᄀᄅ차 글을 지으면 我오어

一이힝 箇거거 雇구구 錢쳔쪈 也여여 不부붕 要얀햫 你니니 的디딩 ○ 내ᄒ낫 雇

錢도 네게 要티 아니ᄒ리라 (末) 休힉힝 胡후훙 說쉬숴 請칭칭 行힝힝 ○ 간대로 니ᄅ디

말라 請ᄒ노니 가쟈

(上) 父부뿌 母무무 人인인 皆계계 有우잉 ○ 父母ᄂ 사ᄅ마다 다 두엇거ᄂ 如유유 何

허헝 我오어 獨두뚱 無우뭉 ○ 엇디 나는 홀로 업슨고 茫망망 茫망망 天텬텬 地디띠

裏리리 ○ 茫茫ᄒ 天地 안희 ○茫茫廣大貌 自ᄌ쯔 覺갸갸 此ᄎᄎ 身신신 孤구구 ○

스스로 이 몸이 외로온 줄을 ᄭᆡᄃᄅ리로다 奴누누 家갸갸 不부붕 幸힝헝 父부뿌 母무무

34a

早잠잔亡망왕○奴家ㅣ不幸ᄒᆞ여母ㅣ早亡ᄒᆞ심애父賴래래我어오母무무舅공구
養양양育융유○우리母舅ㅣ養育홈을힘닙어把바바做주주親친친生승송女뉴뉴
兒슬올一흥이般번번看칸칸待대대○親生女見로다가가지로看待ᄒᆞ니也여여
隨쮜취時쓰스過궈고了랴랴○ᄯᅩ隨時ᄒᆞ여디내거니와只즈즈是쓰스我어오那
나나爺여여孃냥냥○그저우리뎌爺孃이不붕부曾쯩층生승승得듸더一흥이箇
거거男난난兒슬올主쥬쥬奉뿡붕香향향火훠호○일쯕ᄒᆞᆫ男兒를나하香火를主奉티
못ᄒᆞᆯ샤今긴긴日잉이是쓰스三산산月웨웨清칭칭明밍밍時쓰스節져져○
오ᄂᆞᆯ은이三月清明時節이오○三統曆清明為三月中氣謂物生清淨明潔又잉우恰캬갸好할한
遇유유着쟢죠我어오先선선人인인忌끼기日잉이○ᄯᅩ마치됴히우리先人의忌日
을만낫ᄯᅩ다○禮祭義君子有終身之喪忌日之謂也云忌日親之死日也人인인家갸갸父뿌부
母무무墳뿐분墓무무○人家父母墳墓에都두두有잉우人인인拜배배掃삼산

◯다사ᄅᆞᆷ이拜掃ᄒᆞ리잇거늘 獨두뚱 奴누누 家갸갸 生숭승 来레래 孤구구 苦쿠쿠

◯홀로奴家ㅣ生来에孤苦ᄒᆞ고 是스쓰 箇거거 女뉴뉴 身신신 ◯이女身이라 不부붕

好한황 出츄츙 去큐큐 上샹쌍 墳븐뿐 ◯나가上墳ᄒᆞ기됴티아니ᄒᆞ니 爺여여 孃냥냥

呵허허 ◯아爺孃 你니니 生숭승 我오어 這져져 女뉴뉴 孩해해 兒ᅀᅳᆯᅀᅳᆯ ◯네나

이女孩兒를나흠이 似스쓰 不부붕 曾층쯩 生숭승 一이힝 般번번 ◯일쪽나티아님ᄒᆞᆫ가

지ᄀᆞ투니 苦쿠쿠 呀햐햐 苦쿠쿠 呀햐햐 ◯셟다셟다

(삼) 爺여여 孃냥냥 呵허허 ◯아爺孃 你니니 那나나 墳븐뿐 墓무무 撇펴평 在

재째 空쿵쿵 山산산 裏리리 ◯네뎌墳墓ㅣ空山에블려이신들 誰쉬쒸 人인신 去큐큐

看칸칸 一이힝 看칸칸 ◯뉘가보리오

(삼) 誰쉬쒸 家갸갸 沒무뭉 爺여여 孃냥냥 ◯뉘집의爺孃이업스며 誰쉬쒸 家갸갸

沒두뭉 子즈쯔 孫순순 ◯뉘집의子孫이업스리오마는 只즈쯔 是스쓰 我오어 家갸갸

爺여여孃냥냥沒몰무有잉우 ○ 그저우리집爺孃이업슨디라 對뒤뒤此츠츠寒한한
食씩시時쓰스節졍져 ○ 이寒食時節을對ᄒᆞ니 ○ 荊楚記云去冬至一百五日有疾風甚雨謂之
寒食又謂之百五節秦人呼爲熟食日言其不動烟火預辦熟食過節也晉文公焚山求子推因燒死遂禁火
以報之東京錄唐明皇詔寒食上墓都人傾城出郊 好핳한交꺌갸人인인傷샹샹情찡칭呵
허허 ○ ᄀᆞ장사ᄅᆞᆷ으로ᄒᆞ여곰情을슬프게ᄒᆞ다
(說) 爺여여孃냥냥 ○ 아爺孃生승숭這저져女뉴뉴孩해해兒슬술做주주甚
씸슴的듸디呵허허 ○ 이女孩兒로나하무슴ᄒᆞ리오
(說) 我어오這져져女뉴뉴孩해해兒슬술 ○ 나이女孩兒ㅣ 任인인從쭝충有잉우
甚씸슴麽마마孝햫햔心신신 ○ 제대로아므란孝心이이실썬들 只즈즈是쓰스心
신신裏리리疼뜽등得듸더 ○ 그저ᄆᆞ옴의셜워ᄒᆞ고 口큭쿠裏리리說쉬쉬得듸더
○ 입에닐러도 身신신上샹샹行힝힝不붕부得듸더 ○ 몸에行티못ᄒᆞ니 哭쿵쿠

殺새새也여여是쓰스閑현현○울어도이속절업다

㽞爺여여呀하하孃냥냥呀하하○爺孃아ㅣ아你니니生승승時쓰스疼뜽틍

你니니那나나孩해해兒슬술○네生時예見롤소랑ᄒᆞ여더니孩兒聲싱싱叫걀갸聲

應잉잉○소리ᄒᆞ여應ᄒᆞ여부ᄅᆞ더면니소你니니如슈슈今긴긴在째재那

나나裏리리去큐큐○네이제어듸가셔不부부來래래應잉잉你니니孩해해兒

술슬○와티네아孩兒롤눈다應苦쿠쿠也여여苦쿠쿠○셟셟다다

㽞姐져져姐져져不부부好할할了랄랄不부부好할할了랄랄○姐아姐도ㅣ티

아니ᄒᆞ다니ᄒᆞ다됴苦쿠쿠苦쿠쿠苦쿠쿠○셟다셟다셟다我오허眼연연瞇치칭

開캐캐不부부得더득了랄랄○내눈이곱ᄯᅳ디못ᄒᆞ여세여擡태태頭투뚤不부부

見견견天텬텬日시싱○마리롤드러天日을보디못ᄒᆞ고只즈즈覺교걓得더득黑

흑허洞둥뚱洞둥뚱地더떠○그저黑洞洞地롤ᄢᅵᄃᆞᄅᆞ리로다大다다姐져져姐져져

快쾌쾌来레래快쾌쾌来레래○大姐姐ㅣ아 섈리오라 섈리오라 我오어不부붕好

핳할了랴량○내 됴티 아니ᄒᆞ다

(豈)姐져져姐져져你니니上샹썅来레래○姐姐ㅣ아 네 올라오되 我오어都두두

不부붕見견견你니니了랴량○내 다 너롤 보디 못ᄒᆞ리로다 (荅)如유유何허허這

져져等등등○엇디 이러뇨 (豈)我오어想샹샹着죠쟣我오어爺여여孃냥냥○

내 우리 爺孃을 싱각ᄒᆞ여 哭쿠쿵哭쿠쿵啼티띠啼티띠○哭哭啼啼홈애 不부붕覺교걓

淚리뤼盡진찐眼연연枯쿠쿠○눈믈이 盡ᄒᆞ여 눈이 므룸을 ᄭᆡᄃᆞᆺ디 못ᄒᆞ니 眼연연裏

리리似스쓰被븨쁴物우뭉遮져져蔽비비了랴량一이힝般번번○눈에 物이 ᄀᆞ리

옴을 닙음ᄒᆞᆫ 가지 ᄀᆞᆺᄒᆞ여 全쳔쭨不부붕見견견了랴량○젼혀 보디 못ᄒᆞ니 如유유何

허ᄒᆟ是스쓰好핳할○엇디ᄒᆞ여야 이 됴흐리오 (荅)你니니看칸칸我오어手사싛做

주주甚슴씸的디딩○네 보라 내 손으로 므섯ᄒᆞᄂᆞ뇨 (豈)不부붕曾층쯩見견견你니니

手 삭싱 ○ 일쯕네손을보디못ᄒᆞ리로다 㕘 痴 치칭 妮 니니 子 즈즈 ○ 어린년아 爺 여여

孃 냥냥 死 스ᄉᆞ 了 랸량 是 스쏘 他 타타 天 텬텬 命 밍밍 ○ 爺孃이죽음은이뎌의天命이

라 你 니니 便 변뼌 哭 쿠쿵 殺 새새 也 여여 不 부붕 濟 지지 事 스쏘 ○ 네곳울어도일

을일우디못홀ᄲᅥ니 徒 투뚜 損 슌슌 了 랸량 你 니니 無 우무 益 이흥 於 유유 親 친천 ○

ᄒᆞᆫ갓네게만損ᄒᆞ고어버의게益홈이업ᄉᆞ니라

㕘 媚 믜미 春 츈츈 媚 믜미 春 츈츈 ○ 媚媚春春아아 㕘 大 다따 姐 져져 姐 져져 뎌

걍갸 我 오어 做 주주 甚 슴씸 麽 마마 ○ 大姐姐ㅣ아나로블러므슴ᄒᆞ려ᄒᆞ시ᄂᆞ니잇고 㕘

二 슬ᄉᆞᆯ 姐 져져 姐 져져 不 부붕 好 화ᄒᆞᆼ 了 랸량 ○ 二姐姐ㅣ아니됴티아니ᄒᆞ다 㕘 如 유유

何 허ᄒᆞ 不 부붕 好 화ᄒᆞᆼ ○ 엇디됴티아니ᄒᆞ니잇고 㕘 哭 쿠쿵 壞 홰ᄢᅫ 了 랸량 眼 연연

了 랸량 ○ 우려눈이ᄒᆞ여덧다 㕘 口 쿠킁 在 재째 麽 마마 ○ 입이잇ᄂᆞ니잇가 㕘 醒

칙칭 妮 니니 子 즈즈 ○ 더러온년아 口 쿠킁 不 부붕 在 재째 那 나나 裏 리리 去 큐큐

○입이잇더아니 코어더가리오 (爭)要 얀향 口 쿠쿵 吃 치칭 飯 반빤 罷 바빠 ○입은 ᄒᆞ여

밥먹기므던 ᄒᆞ거니와 要 얀향 眼 연연 做 주주 甚 슴씸 麼 마마 ○눈을ᄒᆞ여므 슴ᄒᆞ리오

那 나나 二 슬승 姐 저저 姐 저저 兩 량량 箇 거거 眼 연연 快 쾌쾌 聰 추층 人 신신 ○

뎌二姐ㅣ두눈으로 사ᄅᆞᆷ흘긔기ᄅᆞᆯ잘ᄒᆞ니 由 우잉 他 타타 瞎 하향 了 랴랑 罷 바빠 ○제

로멀미므 던ᄒᆞ다 (沓)媚 믜믜 春 츈츈 伱 니니 去 큐큐 告 갚깡 與 유유 爺 여여 爺 여여

○媚春아네가爺 爺씌告ᄒᆞ여 連 련련 忙 망망 請 칭칭 箇 거거 太 태태 醫 이이 来 래래

看 칸칸 他 타타 ○살리ᄒᆞ 여太醫로 와뎌ᄅᆞᆯ請 뵈라 (女爭)我 오어 不 부붕 去 큐큐 告 갚깡

爺 여여 爺 여여 ○내가爺爺씌 아니告 리니 等 등등 我 오어 只 즈즘 去 큐큐 請 칭칭

伍 우우 二 슬승 官 권권 人 신신 来 래레 醫 이이 他 타타 ○내그官人저가伍二을請ᄒᆞ야

와뎌ᄅᆞᆯ고팀을 기ᄃᆞ리쇼셔 (沓)胡 후후 說 쉬쉉 ○관대로 니ᄅᆞ다 (爭)二 슬승 姐 저저 姐 저저

저那 나나 眼 연연 睛 징징 ○二姐姐ㅣ뎌 眼睛으로 快 쾌쾌 瞭 랸랸 望 왕망 那 나나

伍우우 二슬슬 官권권 人신신 ○더伍二官人瞭望ᄒᆞ기를잘 ᄒᆞ더니○瞭廣韻目清明也 因

인힌 此츠ᄎᆞ 瞎하햐 了랴랴 ○이런젼ᄎᆞ로 머러시니 正징징 好한ᄒᆞᇢ 教갸갸 他타타

来래래 醫이이 ○정히터로ᄒᆞ여와 고티미됴희이다 㕘 Y야야 頭투ᄐᆞ 莫모마 閑현현

話화화 ○Y頭ㅣ아힘 ᄒᆞᆫ말말고 連련련 忙망망 去큐큐 請칭칭 太태태 醫이이 ○

ᄉᆡᆯ리가太醫 롤請ᄒᆞ라 㕘 那나나 裏리리 有우잉 這져져 等등등 太태대 醫이이 ○

어더이런太 醫이시리오 箇거거 箇거거 太태태 醫이이 都두두 有우잉 眼연연 ○낫낫

히太醫다눈 이잇ᄂᆞᆫ더라 他타타 有우잉 眼연연 如슈슈 何허ᄒᆡ 醫이이 得더ᄃᆡ 沒무몽

眼연연 的디ᄃᆡ ○테눈이시니엇디눈 업ᄉᆞᆫ이롤고티리오 須슈슈 是스ᄊᆞ 尋신씬 箇

거거 沒무몽 眼연연 的디ᄃᆡ ○모롬이눈업ᄉᆞᆫ 이롤어더야 方방방 纔채ᄍᆡ 醫이이 得

더ᄃᆡ 他타타 ○그제야더롤 고티리이다 㕘 去큐큐 請칭칭 去큐큐 請칭칭 ○가請 ᄒᆞ라

가請 ᄒᆞ라 㕘 南난난 門문믄 惠휘휘 濟지지 坊방방 有우잉 箇거거 張쟝쟝 光광광

明밍밍 ○南門惠濟坊에張光明이이시니 這저저 箇거거 老랖랖 郎랑랑 中중중 也

여여 沒뭉무 眼연연 睛징징 ○이老郎中이ᄯᅩᄒᆞᆫ眼睛이업슨디라○周禮六卿屬官有下大夫盖

郎中之任也秦有郎中以其為郎侍衛居中故曰郎中此即俗人一時推敬之稱 等등등 我어오 去

큐큐 請청청 他타타 ○내가뎌를請ᄒᆞᆷ을기ᄃᆞ리쇼셔 正징징 好항한 正징징 好항한 ○

정히됴타정히됴타 等등등 他타타 兩량량 不붕부 相상상 見견견 ○뎌둘히서ᄅᆞ보디못

ᄒᆞᆷ을기ᄃᆞ리사이다 (夅) 張쟝쟝 太태태 醫히이 先션션 生승ᄉᆞᆼ 有잉우 請청청 有잉우

請청청 ○張太醫先生아請ᄒᆞᆷ이잇다請ᄒᆞᆷ이잇다 (丑) 誰쒸쉬 請청청 我어오 ○뉘나를請

ᄒᆞᄂᆞ뇨 請청청 我어오 做주주 甚씸숨 ○나를請ᄒᆞ여므슴ᄒᆞ려ᄒᆞᄂᆞ뇨 (夅) 請청칭 你

니니 醫히이 眼연연 ○너를請ᄒᆞ여眼을고티려ᄒᆞᄂᆞ니라 (丑) 我어오 沒뭉무 眼연연 不

붕부 認신신 得ᄃᆞᆼ더 ○내눈이업서아디못ᄒᆞ니 眼연연 是ᄊᆞᆼ스 箇거거 甚씸숨 東둥둥

西시시 ○眼이이므스것고○華人謂物件曰東西稗海何以謂之東西曰東方是甲乙木西方是庚辛

金木是求之不難南方是丙丁火北方是壬癸水水火是到處而易只說東西不說南北(爭)眼연연

便변뼌是스쓰眼연연眼연연是스쓰箇거거甚슴씸東둥둥西시시○眼이곳이

眼이니眼이이오므스거시리오(丑)人신신身신신上샹썅眼연연多도더○사ᄅᆞᆷ의몸에眼

이만ᄒᆞ니○按中國人謂窶爲眼如井一眼之類先션션說쉬쉐了랴랴明밍밍白버뻥我

오어然연연後후훟去큐큐○몬져니르기를明白히ᄒᆞ라내그린후에가리라(爭)胡후후

說쉬쉬胡후후說쉬쉬○관관대대로로니니룬룬다다(丑)我오어不부붕見견견路

루루○내길흘보디못ᄒᆞ니行힝행走주즇不부붕得더듷○가디못ᄒᆞ리로다(爭)我

오어扶부뿌侨니니去큐큐○내너를븟드러가리라(爭)這저저裏리리是스쓰門

믄믄○예는이門이라(丑)是스쓰門믄믄○이門가(爭)這저저裏리리是스쓰聽

팅팅屋우훙○예는이屋이라聽(丑)好한향大다따解개계麼마마我오어極기끵

了랴랴○丘히大解ᄒᆞᆯ되나내ᄒᆞ여라○按中國謂廳屋曰大解又撒尿曰大解與解同音故云極與

急同音謂 裏急也 (夅) 人인인 家갸갸 廳팅팅 屋훙우 是쓰스 客켜켜 位위위 ○ 家人

廳屋이 容位니 이 如유유 何해허 穢휘위 污후우 ○ 엇디 이러리오더 (丑) 我어오 家

갸갸 前쳔쳔 後흫후 都두두 在째재 廳팅팅 屋훙우 裏리리 ○ 내집前後에 도다廳屋이

잇ᄂ니라 (夅) 這져져 是쓰스 回훼휘 廊랑랑 ○ 廊이 이ᄂ니 回 (俺)함암 姐져져 姐

저져 在째재 這져져 裏리리 ○ 우리 예 잇ᄂ니라 姐姐ㅣ (丑) 官권권 人인인 娘냥냥 子

즈증 拜배배 揖흥이 ○ 官人娘子과 拜揖ᄒ노라 셕 (夅) 俺함암 家갸갸 姐져져 姐져져

是쓰스 閨귀귀 女뉴뉴 ○ 우리 집 姐姐ㅣ 閨女ㅣ니라 ᄂ (丑) 那나나 裏리리 知징지 道

닫땅 有일우 姐져져 姐져져 沒뭉무 姐져져 夫부부 ○ 어듸 姐姐ㅣ 姐夫 업슨 줄을 잇고 알

오리 (夅) 大따다 姐져져 姐져져 太태태 醫이이 到당됴 了랼랸 ○ 大姐姐 太醫 왓ㅣ 아

다ᄂ 이 (査) 呀하햐 原원원 来래레 也여여 是쓰스 箇거거 瞎햫하 太태대 醫이이 ᄒ

○ 呀 본ᄃ 또ᄒᆞᆫ 눈 먼 太醫로다 (丑) 老랼랖 漢한한 不붕부 瞎햫하 ○ 老漢이 머디 아니ᄒ

야 只즈즈是쓰스沒무몽眼연연睛징징 ○ 그저眼睛이 업섯시니 眼연연睛징징

雖쉬쉬瞎하향心신신却커컹不부붕曾층쯩瞎하향 ○ 眼睛이비록머 러시나ᄆᆞᄋᆞᆷ은

도일쯕어머디아 니ᄒᆞ엿노라 我오어看칸칸世시싀上샹쌍行힝힝醫이이的디딩 ○

내보니世上에 行醫ᄒᆞᄂᆞ니 眼연연雖쉬쉬不부붕瞎하향箇거거箇거거心신신瞎

향하 ○ 눈은비록머디아니ᄒᆞ여시 나ᄂᆞᆺᄂᆞᆺ히心은머럿ᄂᆞ니라 那나나當당당汗한한的디딩

他타타反반반去큐큐下ᄒᆞ하 ○ 뎌맛당이汗홀이룰데 도로혀下ᄒᆞ게ᄒᆞ고 當당당下

ᄒᆞ하的디딩他타타反반반去큐큐吐투투 ○ 맛당이下홀이룰데 도로혀吐ᄒᆞ게ᄒᆞ며 大

따다方방방脈머멍科코쿼 ○ 大方脈科에 傷샹샹風붕붕錯초창認인인作조잡

傷샹샹寒한한 ○ 傷風寒을 그릇ᄒᆞ고 아라 陰인인證징징錯초창認인인作

조잡陽양양證징징 ○ 陰陽證을 그릇ᄒᆞ여 아라 醫이이小샨샾兒올ᅀᆞ科코쿼

○ 小兒科에 고티ᄂᆞᆫ 羊양양顛뎐뎐做주주驚깅깅風붕붕 ○ 羊癲

을그릇아라 ᄒᆞ고 ○ 五癩[illegible]家[illegible]癩라 醫이 婦부부 人신신 科커코 ○ 婦人科 티ᄂᆞᆫ고

에 錯초참 認신신 帶대대 下하하 做주주 血혀형 崩붕붕 ○ 帶下를그릇 아라血崩이

라ᄒᆞ며 又우임 有우임 一이황 樣양양 全쳔쮠 無우무 知지징 的디딍 ○ 또ᄒᆞᆫ 젼혀

無知ᄒᆞᆫ 이이셔 見견견 人인인 撒사상 尿뇨뇽 說쉐숴 是스쏘 淋린린 ○ 사ᄅᆞᆷ의 오좀눔

을보고이淋 이라니ᄅᆞ고 見견견 人인인 呵허허 欠견견 說쉐숴 是스쏘 嘔우흥 ○ 사ᄅᆞᆷ

의하픠옴홈을보고 이구긔라니ᄅᆞ며 見견견 人인인 翻반반 胃위위 說쉐숴 是스쏘 飽

반밤 ○ 사ᄅᆞᆷ의翻胃를보고 이비부르다니ᄅᆞ고 見견견 人인인 虛휴휴 腫중중 說쉐숴 是

스쏘 肥븨쀠 ○ 사ᄅᆞᆷ의虛腫을보고 이술지다니ᄅᆞᄂᆞ니 這저저 等등등 人인인 ○ 이런사ᄅᆞᆷ

은 雖쉬쉬 有우임 兩량량 箇거거 光광광 光광광 亮량량 亮량량 的디딍 眼연연

睛징징 ○ 비록두光光亮亮 ᄒᆞᆫ眼睛이이시나 他타타 那나나 心신신 黑허흥 黑허흥 洞

뚱둥 洞뚱둥 地디띠 ○ 뎌의뎌ᄆᆞ옴은 黑黑洞洞ᄒᆞ여 與유유 那나나 瞎하향 的디딍 一

이황般번번○더눈먼이과ᄒᆞᆫ가지라老랖랑漢한한年년년紀기기少샾샿時스씃

○老漢이나히졈어실새에只즈즈為위위心신신瞎하향○그저모ᄋᆞᆷ이멀므로不부붕

知지징病빙뻥之즈즈標뱌뱡本븐븐○病의標本을아디못ᄒᆞ며標字彙本末標本猶言

本末不부붕知지징藥요얍之즈즈氣키키味위뮈○藥의氣味를아디못ᄒᆞ여胡후ᅘᅮ

針진진亂뤈뤈灸구궁○관대로침주며어ᄌᆞ러이ᄯᅳᆷ질ᄒᆞ고輕킹킹易이이用융융藥

요얍○輕易히藥을쓰며乘칭쪙人인인危위위極기끵索새쌩人인인錢쳔쪈鈔

찬찰○사ᄅᆞᆷ의危極홈을타사ᄅᆞᆷ의錢鈔를索ᄒᆞ여以이이致지징壞홰훼人인인性싱싱

命밍밍○써사ᄅᆞᆷ의性命을ᄒᆡ여ᄇᆡ림애닐위니損순슌了랖랼陰인힌騭지징○陰騭

을損ᄒᆞ여折져졍得더뒁兩량량箇거거眼연현都두두瞎하향了랖랼○빅어두눈

이다머럿더니○按折即準折之義老乞大將功折罪于유유今관긘老랖랼去큐큐○이졔

늘거감애經깅깅歷리릥事스씃多도더○일디냄이만하方방방才채쨰省싱싱悟

우우 ○ 보야흐로 곳셔드라 這 져져 點 뎜뎜 心 신신 方 방방 才 채째 光 광광 明 밍밍 不

부봉 瞎 하향 ○ 이 흔 뎜 무옴이 보야흐로 곳光 明호여 머디 아니호엿거니와 無 우무 奈 내내 眼

연연 却 귀컁 早 잔잠 先 션션 瞎 하향 了 랴랼 ○ 눈이 또 볼셔 몬져 멀매 엇디홈이 업슨디라

今 긘긘 世 시싱 醫 이이 人 인인 不 부봉 把 바바 我 오어 為 위위 戒 계계 ○ 수世 醫人

이날로다가경계 롤삼디아니호면 只 즈즈 恐 쿵쿵 不 부봉 徒 투뚜 瞎 하향 了 랴랼 他 타타

本 본본 身 신신 ○ 그저 저 권대호 갓뎌의 本身이 멀쌘 아니라 他 타타 日 이잉 果 고궈 報

반방 ○ 他日果報에 ○觀經疏云 修善得善果 作惡得惡 報謂之果報 又佛經疏 善惡有業曰果 因業受生

日報 連 련련 他 타타 子 즈즈 孫 순순 都 두두 瞎 하향 了 랴랼 ○ 뎌의子孫조 차다멀리라

老 랄랄 漢 한한 轉 좐좐 思 스스 量 량량 起 키키 來 리래 ○ 老漢이두르혀 성각호여내니

不 부봉 獨 두뚜 醫 이이 人 인인 心 신신 瞎 하향 ○ 홀로醫人이 무옴 이멀뿐 아니라 世

시싱 上 상샹 人 인인 多 도더 少 샤샹 心 신신 瞎 하향 的 디딩 ○ 世上사롬이 무옴 먼이언

마나ᄒᆞ뇨 做주주官권권人신신的더딍錯초착斷된둰了랴량事ᄉᆞᄉᆞ ◯官人되얏

논이일을그릇결단ᄒᆞ고 做주주先션션生승ᄉᆞᆼ的더딍錯초착講걍걍了랴량書슈슈

◯先生되얏논이글을그릇講ᄒᆞ며 筭숸숸命밍밍的더딍錯초착安안한了랴량星

싱싱 ◯筭命ᄒᆞᄂᆞᆫ이星을그릇버리고 地디디理리리人신신錯초착放방방了랴량向

향향 ◯地理ᄒᆞᄂᆞᆫ사ᄅᆞᆷ은向을그릇노흐며 經깅깅紀기기人신신錯초착筭숸숸了랴량

帳쟝쟝 ◯經紀ᄒᆞᄂᆞᆫ사ᄅᆞᆷ은帳을그릇혜고 ○委巷叢談能善營生曰經紀 手ᄉᆞᆨ싣藝이이人

신신錯초착做주주了랴량工궁궁 ◯手藝ᄒᆞᄂᆞᆫ사ᄅᆞᆷ은工을그릇ᄒᆞᄂᆞ니 這져져等등등

人신신 ◯이런사ᄅᆞᆷ은 雖쉬쉬有우잉兩량량箇거거眼연연睛징징 ◯비록두眼

睛이이시나 其키끼心신신委위위實시상是스쑤瞎하햐 ◯그ᄆᆞ음이진실로머런눈

더라 我오어這져져眼연연睛징징只즈즐是스쏘不부봉見견견物우뭉形힝형

◯내이眼睛은그저이物形을보디못ᄒᆞ거니와 他타타那나나心신신瞎하햐的더딍却

컹커 是 쑈스 不 붕부 見 견견 道 땋도 理 리리 ○ 理더 를므 보음 더먼 못이 ᄒᆞ는 는또 더이 라道

看 칸칸 来 래레 他 타타 還 횐환 瞎 햫하 似 쑿스 我 어오 ○ 로보 혀아 멀ᄒᆞ 미니 날뎨 굿도

다또 (查) 不 붕부 必 빙비 多 더도 言 연연 ○ 言굿 티티 말여 고多 儞 니니 且 쳐쳐 看 칸칸

我 어오 這 져져 妹 믜믜 子 즈즈 証 징징 候 흫후 是 쑿스 如 유유 何 허허 ○ 직네 우아

ㅣ리 엇이 더妹 ᄒᆞᆫ子 고의 보証 라候 (관) 別 뼈벼 人 신신 行 헝힝 醫 이이 看 칸칸 病 삥빙 ○

홈다 애룬 病사 을룸 보은 거醫 롤를 行 我 어오 行 헝힝 醫 이이 看 칸칸 行 헝힝 ○ 醫나 를ᄂᆞᆫ

실行 을홈 보애 고힐 別 뼈벼 人 신신 看 칸칸 病 삥빙 論 룬룬 証 징징 ○ 은다 病룬 을사 봄룸

논애 ᄒᆞ証 거을 논의 我 어오 看 칸칸 病 삥빙 論 룬룬 心 신신 ○ ᄆᆞ나 음ᄂᆞᆫ 을病 의을 논봄 ᄒᆞ애

니노 若 샿쇼 是 쑿스 心 신신 好 항한 行 헝힝 好 항한 的 딩디 人 신신 ○ ᄆᆞ만 음일 이이

흔됴 사코 룸힝 이실 면이 됴 便 뻔변 是 쑿스 重 쭝중 病 삥빙 也 여여 不 붕부 妨 방방 ○

방꼿 해이 롬重 더ᄒᆞ 아病 니이 ᄒᆞ라 고도 若 샿쇼 是 쑿스 心 신신 不 붕부 好 항한 行 헝힝 不

봉부 好 핳핟 的 딍디 人 신신 ○ 만일 이 ᄆᆞ음이 됴티 아니ᄒᆞ고 힝실이 됴티 아닌 사ᄅᆞᆷ이면 便

뻔변 是 쓰스 身 신신 無 무우 病 빙빙 ○ 곳 이 몸에 病이 업서도 他 타타 心 신신 早 잔잔

已 이이 病 빙빙 了 량랴 ○ 뎌의 ᄆᆞ음이 불셔 이ᄆᆡ 病드러시니 身 신신 不 붕부 死 ᄉᆞ스 心

신신 已 이이 死 ᄉᆞ스 了 량랸 ○ ○ 몸이 죽디 아니ᄒᆞ여도 ᄆᆞ음이 이ᄆᆡ 죽엇ᄂᆞᆫ디라 且 쳐쳐 問

문운 小 샹샤 姐 져져 姐 져져 ○ ᄯᅩ 뭇노니 小姐姐ㅣ 因 인인 何 허허 得 딍더 這 져져 病

ᄲᆞᆼ빙 來 래레 ○ 무서슬 因ᄒᆞ여 病을 어덧ᄂᆞ뇨 이 (答) 為 위위 啼 티티 哭 쿠쿠 來 래레 ○

啼哭홈이라 (丑) 不 붕부 知 징지 啼 티티 哭 쿠쿠 因 인인 甚 씸슴 的 딍디 ○ 아디 못게

라 啼哭홈이 므서슬 因ᄒᆞ엿ᄂᆞ뇨 홈 (答) 因 인인 想 샹샹 他 타타 的 딍디 爺 여여 孃 냥냥 ○

뎌의 爺孃을 싱각올 因ᄒᆞ엿ᄂᆞ니라 (丑) 這 져져 等 등등 不 붕부 必 빙비 用 융융 藥 얗요

○ 이러면 반ᄃᆞ시 藥을 쓰디 아닐디라 若 얗요 是 ᄉᆞ스 想 샹샹 別 뼝벼 的 딍디 人 신신 ○

만일 다ᄅᆞᆫ 사ᄅᆞᆷ을 싱각ᄒᆞ여 啼 떠티 哭 콩쿠 得 딍더 病 빙빙 ○ 啼哭ᄒᆞ여 病을 어더시면 我

오어 決궈퀘 不부붕 醫이이 他타타 ○ 내결단코뎌로고티디못ᄒᆞ려니와 若요얗 是스쏘

為위위 因인힌 思스승 量량량 父부뿌 母무무 啼티뗘 哭쿠콩 ○ 만일父母롤싱각홈

을因ᄒᆞ여啼哭ᄒᆞ여시면 這저져 是스쏘 孝햐햫 心신신 ○ 이논孝心이라 孝햐햫 為

위윔 百버벙 行힝힝 之즈즈 本븐븐 萬완완 善션션 之즈즈 原원원 ○ 孝行의ᄂᆞᆫ 本百

原이며萬善의 孝햐햫 可커커 以이이 感간간 天텬텬 地디띠 動둥뚱 鬼귀귀

神신씬 ○ 孝ᄂᆞᆫ 可히 鬼神을 뻐 天地를 動ᄒᆞ며 感ᄒᆞ나니 人신인 有와왕 孝햐햫 心신신 ○

사ᄅᆞᆷ이 이시면 孝心이 便변뺸 是스쏘 死스숭 了랴랼 也여여 活호횅 回휘휘 來레래

○ 사ᄅᆞᆷ이 죽어도 라가 도라오리라 ○ 況황황 只즈즈 是스쏘 靑칭칭 盲믕믕 乎후훃 ○

目ᄒᆞ ᄆᆞ롤 有 睛而 不視 物 ○ 靑盲 ᄒᆞ면 그 저 이 ᄂᆞᆫ 靑盲 ○ 小샤샹 姐저져 姐저져 放방방 心신신

小姐ᄒᆞ고 姐ᄂᆞ셔 放 不부붕 必비빙 老랴랗 漢한한 醫이이 治치찡 ○ 반ᄃᆞ시 老

漢이고 털거 아니라 自즈쯩 有우왕 天텬텬 醫이이 來레래 治치찡 他타타 ○ 스스

로天醫이셔와뎌를고티리니老랖랗漢한한田휘휘去큐큐也여여○老漢이도라가ᄂᆞ이

다老랓랗漢한한有왁잉幾기기句규규話화홰○老漢이여러귓말이이시니說

숴쉬與유유姐져져姐져져每믜믜聽팅팅○姐姐들의게닐러들리리라㊍試스ᄉᆞ

說숴쉬不부붕妨방방○시험ᄒᆞ여니름이방해롭디아니타

㊀生ᄉᆡᆼ승來레래做주주太태태醫이ᄋᆡ○生來에醫되여太不부붕靠쾊캎醫

이히錢쳔쪈使스ᄉᆞ○醫錢을靠ᄒᆞ여쓰디아니ᄒᆞ노라○靠心經釋義附註곡고二音憑也人

인인皆계계用융융雙상솽眼연연○사ᄅᆞᆷ은다雙眼을쓰거ᄂᆞᆯ我오어只즈즈憑핑뺑

兩량량耳ᅀᅳᆯ싈○나ᄂᆞᆫ그저兩耳ᄅᆞᆯ憑ᄒᆞ노라我오어眼연연雖쉬쉬無우무光광광

○내눈이비록光이업스나我오어心신신儘진진有왁잉理리리○내ᄆᆞᄋᆞᆷ은ᄀᆞ장理잇ᄂᆞ니

ᄂᆞᆫ디라治치찌病빙삥不부붕用융융針진진○病을다ᄉᆞ림애針을쓰디아니ᄒᆞ고診

진진脈머믜不부붕用융융指즈즘○脈을診홈애指를쓰디아니ᄒᆞ노라○診字彙審辨也倉

脉(公傳醫家察脉謂之診) 有우 箇거 神신 妙먀 方방 ○ᄒᆞᆫ 神妙方이 이시니 只

즈즘 用융 心신 一이 字즈 ○그저 心一字로 쓰노라 道닾 德더 是ᄉᆞ

丹단 頭투 ○道德은 이 丹頭ㅣ오 仁義 이 作조 引인 子즈 ○仁義

로 引子를 삼노라 炮팦 炙과 不부 用융 火호 ○炮炙에 블을 쓰디 아니ᄒᆞ고

煎젼 煮쥬 不부 用융 水쉬 ○煎煮에 믈을 쓰디 아니ᄒᆞ노라 若요 是ᄉᆞ

心신 好한 時ᄉᆞ ○만일 ᄆᆞᄋᆞᆷ이 됴ᄒᆞ면 病빙 重중 也여 無우 事ᄉᆞ

○病이 重ᄒᆞ여도 일이 업고 若요 是ᄉᆞ 心신 歹대 時ᄉᆞ ○만일 ᄆᆞᄋᆞᆷ이 사오나

오면 無우 病빙 已이 先션 死ᄉᆞ ○病이 업서도 블셔 죽엇ᄂᆞ디라 勿우 藥

요약 是ᄉᆞ 中중 醫이 ○勿藥이 中醫라 ᄒᆞ옴이(○漢藝文志有病不治常得中醫) 斯ᄉᆞ

言연 深신 有우 味위 ○이 말이 깁히 맛이 잇ᄂᆞᆫ디라 奉봉 勸권 世시

上샹 人신 ○世上 사ᄅᆞᆷ을 奉勸ᄒᆞ노니 行힝 醫이 莫모 輕킹 易이 ○

醫롤 輕易히 行홈을 말라 莫모맙 將장쟝 人인신 之즈즈 命밍밍 ○ 사롬의 命으로다가 試

스승 汝유유 醫이이 之즈즈 技기끼 ○ 네 醫의 技롤 試티 말며 下하햐 氣키키 求규끵

明밍망 師스승 ○ 下氣ᄒᆞ여 師롤 求ᄒᆞ여 明고 用융융 心신신 究구궁 精징징 義이이 ○

用心ᄒᆞ여 精義롤 究ᄒᆞ며 莫모맙 執지징 一이흥 己기기 見견견 ○ 一己의 見을 잡디 말고

莫모맙 徇슌쓘 主쥬쥬 人인신 意이히 ○ 主人의 意롤 좃디 말며 莫모맙 惜시싱 己

기기 藥요약 材채째 ○ 己의 藥材롤 앗기디 말고 莫모맙 貪탄탐 人인신 財채째 賄휘휘

○ 사롬의 財賄롤 貪티 말라 用융융 心신신 苟구긍 如유슈 此ᄎᆞ춘 ○ 用心이 진실로 이런

듯ᄒᆞ면 自즈쯔 有위잉 自즈쯔 然연연 利리리 ○ 스스로 利 잇ᄂᆞ니 自然 人인신 心

신산 旣기긔 誠칭졍 切쳐쳥 ○ 人心이 誠切ᄒᆞ면 임의 神신씬 明밍밍 亦이잉 陰인힌

庇비비 ○ 神明이 또 陰庇ᄒᆞᆯ 셔니 本븐븐 身신신 常창쨩 安안한 康강캉 ○ 本身이 덧

덧이 安康ᄒᆞ고 後후흫 代대때 多도더 榮융융 貴귀귀 ○ 後代ㅣ 榮貴ᄒᆞ리 만ᄒᆞ리라 ᄒᆞ 切

처청 莫 모맘 錯 초참 用 용융 心 신신 ○ 일졀히 그릇 用心ᄒᆞ여 假 가갸 術 슈숑 營 잉잉

家 가갸 計 기기 ○ 術올 假ᄒᆞ여 家計를 營티 말라 神 신씬 理 리리 不 부불 相 샹샹 容 융융

○ 神理 서ᄅᆞ 용납디 아니ᄒᆞ여 災 재재 殃 양양 立 리립 見 현현 至 즈즈 ○ 災殃이 즉시 니

ᄅᆞ리라 已 기기 身 신신 雖 쉬쉬 幸 힝ᄒᆡᆼ 免 면면 ○ 己身이 비록 幸免ᄒᆞ나 子 즈즈 孫

순순 亦 이잉 零 링링 替 티티 ○ 子孫이 ᄯᅩᄒᆞᆫ 零替ᄒᆞ리라

㊀ 但 단딴 得 더ᄃᆞᆼ 一 이ᄒᆞᆼ 心 신신 明 밍밍 烱 흉흉 烱 흉흉 ○ 다ᄆᆞᆫ 一心이 明烱烱홈을 어드

면 不 부봉 妨 방방 雙 솽솽 眼 연연 黑 허흥 茫 망망 茫 망망 ○ 雙眼이 黑茫茫홈이

방해롭디 아니ᄒᆞ니라 [illegible] 這 져져 箇 거거 太 태태 醫 이이 說 쉬쉐 話 화화 有 우잉 道

단땅 理 리리 ○ 이 太醫 니ᄅᆞᆫ 말이 道理 이시니 妹 믜믜 子 즈즈 想 샹샹 必 비삥 你 니니

這 져져 眼 연연 不 부붕 妨 방방 ○ 妹子ㅣ ᄉᆡᆼ각건대 반ᄃᆞ시 네 이 눈이 방해롭디 아니ᄒᆞ다

[illegible] 我 오어 這 져져 眼 연연 是 스쏘 父 부뿌 母 무무 生 승승 的 디듸 ○ 내 이 눈은 父

母ㅣ 나흔 거시니 我 어오 爲 위위 父 뿌부 母 무무 壞 홰홰 了 랴랴 他 타타 生 승승 的 득더 眼 연연 又 잉우 何 허허 妨 방방 ○ 내 父母로 위ᄒᆞ여 뎌의 나흔 눈을 ᄒᆞ여ᄇᆞ려시니 또 므서시 방해로오리오 (音) 只 즈즈 是 쓰스 一 힝이 件 껸견 ○ 그저 가지논 明 밍밍 日 ᅀᅵᅀᅵ 去 큐큐 人 신신 家 갸갸 做 주주 媳 싀시 婦 뿌부 不 붕부 方 방방 便 뼌변 ○ ᄂᆡ일 ᄂᆞᄆᆡ 家에 가 媳婦 됨이 方便티 아니ᄒᆞ다 (音) 姐 져져 姐 져져 你 니니 還 환환 想 샹샹 我 어오 嫁 갸갸 哩 리리 ○ 姐姐ㅣ 아네 도로혀 내 嫁홈을 ᄉᆡᆼ각ᄒᆞᄂᆞ냐 ○ 字 箋 哩 語助聲 (音) 你 니니 父 뿌부 母 무무 無 무우 兒 ᅀᆞᆯᅀᆞᆯ 子 즈즈 ○ 네 父母ㅣ 兒子ㅣ 업고 只 즈즈 生 승승 得 득더 你 니니 一 힝이 箇 거거 ○ 다믄 너 ᄒᆞ나흘 나ᄒᆞ시니 雖 쉬쉬 無 무우 男 난난 子 즈즈 ○ 비록 男子ㅣ 업스나 尙 썅샹 幸 ᄒᆡᆼ힝 有 잏우 箇 거거 女 뉴뉴 孩 해해 兒 ᅀᆞᆯᅀᆞᆯ ○ 오히려 힝혀 ᄒᆞ 女孩兒ㅣ 이시니 雖 쉬쉬 無 무우 本 븐븐 姓 싱싱 子 즈즈 息 싀시 以 이이 承 쪙칭 宗 중중 祀 쓰스 ○ 비록 本姓 子息이 써 宗祀 니을 이 업스나 得 득더 箇 거거 外 왜왜 孫 순순 兒

술
◯ 흔솨孩을어더 澆 奠 一 杯 也 好 ◯ 一杯를 澆奠흠

이 또됴흐니 字箋澆沃也 ◯ 你 如 何 這 等 說 話 ◯

네 엇디 이런 말을 흐는다

伍倫全備諺解 卷二

伍倫全備諺解 卷三

伍우우倫륜륜全쭨쳔備삐비諺연연解계계卷권권三산산

(外)朝챠쟝廷팅띵所소수重중쭝是스쏘文운문章쟝쟝 ○ 朝廷이 重히 너기논 바논

이이 文章 我오어以이이文운문章장장上샹썅玉유옹堂탕땅 ○ 내 文章으로 뻐

玉堂의 올랏ᄂᆞᆫ디라 ○ 元城語錄 玉堂漢殿名 待詔直廬在殿側故宋以玉堂榜翰院門李肇翰林志居翰苑

者曰登玉堂 荷허혀國귀귁厚후훙恩은흔無우무以이이報보밥 ○ 나라 厚恩을 닙

어시되 배 갑홈이 업스니 願원원求귀낑賢현현俊쥰쥰輔부뿌君군군王왕왕 ○ 願

대 賢俊을 求ᄒᆞ여 君王을 도으리라 小샨샹官권권奉붕뽕九귀깅重충쭝恩은흔命밍밍

○ 小官이 九重恩命을 밧ᄌᆞ와 ○ 九重楚辭註天子有關門遠郊門近郊門城門皐門雉門應門庫門路門

做주주考간강試스씃官권권 ○ 考試官이 되야 考간강試스씃天텬텬下하해擧

규규子즈즈 ○ 天下擧子를 考試ᄒᆞ니 專젼쭨心신신致지징志즈즈 ○ 專心致志ᄒᆞ야

爲위위國귀귁家가갸求귀낑賢현현才채째 ○ 國家를 爲ᄒᆞ야 賢才를 求ᄒᆞ야 以이이

需슈슈一잉이時쓰스之즈즈用융융○라배○一時의用을需호리 需字彙須也待也 嘗

쟝챵見견견世싱시上썅샹爲위위考캄칸試쓰스官권권的딩디○일쪽보니世上

에考試官되는이受쓯샤君균균之즈즈命밍밍○님금의命을바다徃왕왕徃왕왕

不붕부肯큰큰用융융心신신○徃徃에즐겨用心티아니ᄒ여旣기기不붕부能능능

律률류已기기○임의能히已를律티몯ᄒ고又임우不붕부能능능革긔거弊삐비

○또能히弊를革디몯ᄒ고防빵방閑현현不붕부嚴연연○防閑ᄒ기를嚴히몯ᄒ여透

틓투漏릏루題띠티目뭉무者져져有잉우之즈즈○題目을透漏ᄒ는者도이시며出

츙츄的딩디題띠티目뭉무分븐븐截졍져不붕부明밍밍者져져有잉우之즈즈

○내ᄂᆞᆫ題目이分截이ᄇᆞᆰ디몯ᄒᆫ者도이시며主쥬쥬張쟝쟝不붕부定띵딩者져져有

잉우之즈즈○主張을定티몯ᄒᆫ者도이시며不붕부依이이聖싱싱賢현현經깅깅傳

줜줜○聖賢經傳을依티아니ᄒ고喬꺄꺄立리리箇거거主쥬쥬意이이者져져有

임우之즈즈◯主意를喬立ᄒᆞᄂᆞᆫ者도 이시여○喬恐矯字之誤 自ᄌᆞᄌᆞ家가가義이이理
리리不붕부明밍밍◯自家ㅣ義理ᄇᆞᆰ디몯ᄒᆞ여以이이是씅스爲위위非븨븨以이이
非븨븨爲위위是씅스者져져有임우之즈즈◯是로ᄡᅥ非를삼으며 非로ᄡᅥ是를삼ᄂᆞᆫ者
시도及끵기有임우好할호卷권권◯이믿이됴셔흔도시권 爲위위避삐비嫌
현현疑이이不붕부敢간간取츄츄者져져有임우之즈즈◯爲嫌ᄒᆞ疑여避敢흠히을
者取도티이못시ᄒᆞ며ᄂᆞᆫ者칸칸卷권권之즈즈際지지◯즈시음권에볼苟궁구且쳐쳐
老랑랄草참찬委위위之즈즈氣키키數수수者져져有임우之즈즈◯老苟草且
ᄒᆞ曰여使氣當數國에ㅅ委未ᄒᆞ必ᄂᆞᆫ不者出도於이和시但며不○至朱一子一論聽趙命忠如肅秦鼎檜
和老了草及끵기至즈즈取츄츄人신인之즈즈際지지◯ᄂᆞᆫ밋즈사음름에을니取ᄅᆞᄒᆞ
러有임우畏위위懼귀귀權권권勢싱시而슬슬取츄츄者져져◯畏權懼勢ᄒᆞ를
도여이取시ᄒᆞ며ᄂᆞᆫ者有임우受씽수人신신囑죵쥬託탁토而슬슬取츄츄者져져

○사ᄅᆞᆷ의 囑託을 바다 取ᄒᆞᄂᆞᆫ 者도 이시며 有우잉 未위뮈 鎖소숴 院원웬 之즈즈 前쳔젼

先션션 賣매매 題티띠 目무뭉 者져져 ○鎖院티 아닌 前의 몬져 題目을 ᄑᆞᄂᆞᆫ 者도 이시며

有우잉 作조장 字ᄌᆞ쯔 誦한향 先션션 賣매매 與유유 人신신 者져져 ○字를 誦지 어 몬져 사ᄅᆞᆷ의게 ᄑᆞ라 주ᄂᆞᆫ 者도 잇ᄂᆞ니

這져져 等등등 的디딩 人신신 何허ᅘᅥ 不부붕 反반반 思ᄉᆞᄊᆞ ○이런 사ᄅᆞᆷ은 엇디 도로혀 ᄉᆡᆼ각디 아니ᄒᆞᄂᆞᆫ고 我오어 也여여 是ᄉᆞᄊᆞ 擧규귀

人신신 出츄츙 身신신 ○나도 이 擧人 出身이라 我오어 中즁즁 擧규귀 時ᄉᆞᄊᆞ ○내 과거홀 ᄢᅢ에

也여여 曾층쯩 用융용 錢쳔쪈 買매매 來레래 不부붕 曾층쯩 ○ᄯᅩ 일ᄶᅩᆨ 돈을 ᄡᅥ 삿ᄂᆞᆫ가 아니ᄒᆞ엿ᄂᆞᆫ가

他타타 人신신 做주주 考칸캎 官권권 ○다ᄅᆞᆫ 사ᄅᆞᆷ이 考官이 되여

不부붕 用융용 心신신 看칸칸 我오어 卷권권 ○用心ᄒᆞ여 내 시권을 보디 아니ᄒᆞ여

將장쟝 我오어 好한함 文운ᄆᆞᆫ 字ᄌᆞ쯔 ○내 됴흔 文字를다가 作조잡 不부붕 好한함

的디딩 點츄츔 落로랑 ○됴티 아닌 거슬 삼아 點落ᄒᆞ면 我오어 心신신 下하ᅘᅡ 如

슈유 何 허햐 ○ 내ᄆᆞᄋᆞᆷ에 엇더ᄒᆞ료 這 져져 等 등등 人 신신 ○ 이런 사ᄅᆞᆷ은 上 샹샹 負
부뿌 國 귀궈 恩 은흔 ○ 우ᄒᆞ로 國恩을 져ᄇᆞ리고 下 하햐 負 부뿌 所 소수 學 효햫 ○ 아ᄅᆡ
로 ᄇᆡ혼 바를 져ᄇᆞ리니 天 텬텬 地 디ᄯᅵ 鬼 귀귀 神 신씬 也 여여 不 부붕 容 융융 他 타타
○ 天地鬼神도 더블 용납디 아니ᄒᆞ리라 小 샨샾 官 권권 今 긴긴 日 시싱 出 츄츙 来 래래
幹 간간 這 져져 場 챵쨩 事 스ᄊᆞ ○ 小官이 오ᄂᆞᆯ 나와 이 파당 일를 ᄀᆞᅀᆞᆷ아니 决 겨뎡 不 부붕
敢 간간 如 슈유 此 ᄎᆞᄎᆞ ○ 결단코 敢히 이러틋 아니호리라 若 쇼샤 有 우잉 此 ᄎᆞᄎᆞ 等
등등 ○ 만일 이러ᄒᆞᆷ이 이시면 人 신신 雖 쉬쉬 可 커커 欺 키끼 瞞 먼먼 ○ 사ᄅᆞᆷ은 비록 가
히 소기나 上 샹샹 天 텬텬 可 커커 欺 키끼 瞞 먼먼 乎 후훟 ○ 上天을 可히 소기며 面 면면
雖 쉬쉬 不 부붕 慙 찬짠 愧 귀귀 ○ ᄂᆞᆾ치 비록 慙愧티 아니ᄒᆞ나 其 기끼 心 신신 不 부붕
慙 찬짠 愧 귀귀 乎 후훟 ○ 그 ᄆᆞᅀᆞᆷ애 慙愧티 아니ᄒᆞ랴 左 조져 右 우잉 ○ 左右ㅣ아 (末)
有 우잉 有 우잉 ○ 잇ᄂᆞ이다 잇ᄂᆞ이다 才 채ᄍᆡ 持 치찌 囊 낭낭 橐 토탕 隨 취쮜 朝 찬쨩

出츄츄 ○ 又囊櫜을가지고朝로조차나왓더니○漢張安世持櫜簪筆以備顧問趙充國傳持櫜所以

盛書 又임우 捧붕붕 文문운 書슈슈 入슝슈 院원원 来래레 ○ 또文書를밧드러院에드

러왓도다 (外) 你니니 取츄츄 香향향 案안안 来래레 ○ 네香案을가져오라 我어오 當

당당 天텬텬 發방바 一잉이 箇거거 誓씽시 ○ 내하ᄂᆞᆯ을當ᄒᆞ여ᄒᆞᆫ밍셔를發ᄒᆞ리라 (末)

小샹샨 人신신 便뼌변 去큐큐 取츄츄 ○ 小人이곳가가져오리이다 (外) 且처쳐 羅

빠바 且처쳐 羅빠바 ○ 아아 직직 말말 라라 人신신 這져져 一잉이 點뎐뎐 心신신 便

뼌변 是쓰스 天텬텬 心신신 ○ 사ᄅᆞᆷ의一點心은곳이天心이라 人신신 心신신 才째채

動뚱둥 處츄츄 鬼귀귀 神씬신 便뼌변 知짛지 ○ 人心이곳動ᄒᆞ논곳에鬼神이곳아ᄂᆞ니

何쩌허 用융융 發방바 誓씽시 ○ 엇디배밍셔를發ᄒᆞ리오 左저조 右잏우 ○ 左右ㅣ아

你니니 去큐큐 開개개 封봉봉 府부부 禮리리 房빵방 裏리리 ○ 네開封府禮房에가

○開封府廣輿記禹貢兗豫之域春秋鄭衛陳之境魏都此曰大梁秦屬三川郡漢爲陳留郡東魏曰梁州曰

開封後周隋唐曰汴五代梁都此曰東京金曰南京元曰汴梁皇明爲開封府

査짜차 看칸칸 今긴긴 年년년 有잉우 多더도 少샾샤 秀심쉬 才째채 來래레 就찍주 試스스 ○올히 언머 秀才ㅣ 이셔 와 就試ᄒᆞᄂᆞ뇨 査看ᄒᆞ여

你니니 討탕탇 箇거거 數수수 目뭉무 來래레 與유유 我어오 知징지 ○네 數目을 어더와 내게 알게 ᄒᆞ라

(未) 有잉우 五우우 千쳔쳔 五우우 百빙버 人신신 ○五千五百人이 잇ᄂᆞ이다

(와) 是씃스 有잉우 這져져 些서셔 人신신 ○이 이만 사ᄅᆞᆷ이 잇도다

一힝이 箇거거 人신신 一힝이 日싱시 兩량량 箇거거 饅먼먼 頭뜽투 ○ᄒᆞᆫ 사ᄅᆞᆷ의게 ᄒᆞᄅᆞ 두낫 饅頭ㅣ니 同話旅食品饅頭本是蜀饌

三산산 場쨩창 共궁궁 六룽릭 箇거거 饅먼먼 頭뜽투 ○三場에 대되여 숫낫 饅頭ㅣ라

每믜미 一힝이 人신신 六룽릭 箇거거 ○每ᄒᆞᆫ 사ᄅᆞᆷ의게 여숫이니

十씽시 人신신 六룽릭 十씽시 ○열 사ᄅᆞᆷ의게 六十이오

百빙버 人신신 六룽릭 百빙버 ○百 사ᄅᆞᆷ의게 六百이오

千쳔쳔 人신신 六룽릭 千쳔쳔 ○千 사ᄅᆞᆷ의게 六千이니

五우우 六룽릭 方방방 三

산산 十 씽시 ○五六이 三十이라 경허 除 쮸츄 零 링링 不 붕부 筭 숸숸 該 개개 三 산산

萬 완완 箇 거거 饅 면면 頭 뚤투 ○零을더러혀디아녀도 되三萬낫饅頭ㅣ니 有 임우 司

숭스 難 난난 於 유유 供 궁궁 給 긔기 ○ ○有司ㅣ供給이어려오니 等 등등 我 어오 小 샾샵

考 캎캎 除 쮸츄 去 큐큐 那 나나 文 문운 理 리리 不 붕부 通 퉁퉁 的 딩디 ○내小考ᄒᆞ

여뎌文理不通ᄒᆞᆫ이를 除去ᄒᆞᆷ을기ᄃᆞ리라 左 저조 右 임우 ○左右ㅣ아 有 임우 應 잉잉 擧

규규 的 딩디 秀 싱식 才 째채 在 째재 外 왜왜 ○應擧ᄒᆞᆯ秀才이셔밧긔잇거든 都 두두 着

쨩죠 他 타타 入 슝슈 来 래레 ○다려로ᄒᆞ여드러오게ᄒᆞ라 我 어오 考 캎캎 他 타타 ○

내뎌를考ᄒᆞ야 考 캎캎 得 딩더 中 중중 的 딩디 着 쨩죠 他 타타 入 슝슈 場 쨩창 ○考ᄒᆞ

여맛티ᄂᆞᆫ이란뎌로ᄒᆞ여入場ᄒᆞ게ᄒᆞ고 不 붕부 中 중중 的 딩디 打 다다 出 츙츄 去 큐큐 ○

맛티디못ᄒᆞᆫ이란텨내텨 免 면면 得 딩더 虛 휴휴 費 빙빙 供 궁궁 給 긔기 ○供給虛費ᄒᆞᆷ을

免ᄒᆞᆷ이 多 더도 少 샾샾 是 숭스 好 핳핲 ○언머이됴커니ᄯᆞ녀 ㊟ 秀 싱삭 才 째채 每

미믜入슝슈院원원来래레考캎캎試솠스 ○ 秀才들은院에들어와考試ᄒᆞ라 (奎)聖

싱싱朝쟣챺開캐캐擧규규待때대儒슈슈流릳릳 ○ 聖朝ㅣ과거를열어儒流를待ᄒᆞ는

다ᄯᅩ (坐)正징징是쏘스賓빈빈興힝힝大따다比비비秋칭칙 ○ 정히이賓興大比秋

ㅣ로다 ○ 賓興見茅二篇大比周禮天官小司徒之職三年則大比註謂使天下簡閱民數 (爭)士쏘스

子줃즈揚양양眉믜믜争증즁獻현현技끼기 ○ 士子ㅣ揚眉ᄒᆞ여ᄃᆞᆺ토아지조를드리는

다ᄯᅩ (丑)此촌츠来래레只줃즈是쏘스爲위위饅먼먼頭뜰투 ○ 이옴은그저饅頭롤

위홈이로다 (末)秀섷식才째채都두두入슝슈来래레了량랸 ○ 秀才ㅣ다드려왓ᄂᆞ

이다 (衆)秀섷식才째채拜배배揖홍이 ○ 秀才ㅣ拜揖ᄒᆞᄂᆞ이다 (外)逐쫑주箇거거

過귀고来래레我어오問믄운你니니 ○ ᄒᆞ나식오라내너ᄃᆞ려무로리라 (奎)小샹샾

人신신是쏘스伍우우倫륜륜全쮠취 ○ 小人은이伍倫이全이로소이다 (外)過귀고来

래레我어오問믄운你니니 ○ 오라내너ᄃᆞ려무로리라

㉮這저저箇거거秀싱식才째채尚샹상生승승踈수수○이秀才오히려生踈ᄒᆞ니

且쳐쳐回훼휘去큐큐○아직도라가用융융心신신講걍걍習씽시下햐하科

커쿄來래레○用心講習ᄒᆞ여ᄒᆞᆺ파거에오라○下科釋見譯語類解㉯小샹샨人신신是

숩스張장장打다다油잉우○小人은이張打油ㅣ로소이다我어오自쯔즈來래레賭

두두錢쪈쳔不봉부會훼휘輸슈슈○내본ᄃᆡ돈더너기ᄒᆞ야줄을아디못ᄒᆞ노니○輸훌按賭

與讀輸與書同音故以此答讀書之問書슈슈書슈슈書슈슈甚씸슴麽마마書슈슈○

書書書므슴書고㉰問문운你니니平삥핑日싕시在째재家갸갸讀뚱두甚씸슴

麽마마書슈슈○뭇노니네平日에집의이셔므슴書를닑엇ᄂᆞᆫ다㉯我어오無무우有

잉우書슈슈不봉부讀뚱두○내無有書不讀이로소이다㉮是숩스箇거거好항한

秀싱식才째채○이됴흔秀才ㅣ로다人신신一잉이本븐븐書슈슈也여여讀뚱두

不봉부得뎡더○사ᄅᆞᆷ이一本書도닑디못ᄒᆞ엿거ᄂᆞᆯ他타타無무우書슈슈不봉부讀

두뚜 ○ 뎨 無書不讀이라ᄒᆞ니 你 니니 從 충쭝 頭 투뚜 都 두두 數 수수 與 유유 我 오어

聽 팅팅 ○ 네 ᄎᆞ음브터 다 혜여 내게 들리라 ㊀ 我 오어 不 부붕 識 시싱 數 수수 ○ 내 수

를 아디 몯ᄒᆞ노이다 ㊉ 既 기기 你 니니 會 휘회 讀 두뚜 書 슈슈 ○ 임의 네 글 닑기를 알면

如 슈슈 何 허허 不 부붕 識 시싱 數 수수 ○ 엇디 수를 아디 못ᄒᆞ리오 ㊀ 我 오어 無 우무

有 우잉 書 슈슈 ○ 내 書 업스매ㅣ 所 소수 以 이이 不 부붕 曾 층쯩 讀 두뚜 得 더딓 ○

이러모로 일쯕 닑더 못ᄒᆞ엿노이다 ㊉ 別 벼뼝 書 슈슈 不 부붕 讀 두뚜 得 더딓 ○ 다ᄅᆞᆫ 글은

닑디 못ᄒᆞ여셔도 ᄒᆞ 好 할함 歹 대대 也 여여 讀 두뚜 得 더딓 箇 거거 本 븐븐 經 깅깅 ○

모로미 ᄒᆞᆫ 本經은 닑어시리라 ㊀ 有 우잉 本 븐븐 經 깅깅 ○ 本經은 잇노이다 ㊁ 那 나나

一 이잉 經 깅깅 你 니니 說 쉬숴 ○ 므슴 ᄒᆞᆫ 經고 네 닐ᄋᆞ라 ㊀ 三 산산 字 ᄌᆞ쯔 經 깅깅

○ 三字經이로소이다 ○ 三字經不知何人所述中朝人教小兒始以千字文此書次之以三字為句 ㊉

打 다다 打 다다 打 다다 ○ 티라티라티라 ㊁ 打 다다 三 산산 棍 군군 乂 차차 出 츄츈

去큐큐 ○ 싀번막대로더딜러내티라

㐃 遣쟝쟌 是쓰스 我어오 只즈즈 說숴숴 三산산 字쯔즈 經깅깅 ○ 마좀내그저三字經을닐을시만 若샵쇼 說숴숴 百빙버 中중중

經깅깅 ○ 만알百中經을닐으더면 ○ 百中經晁氏日紹興二十一年以上百二十年曆日節文也 豈

키키 不붕부 喫칭치 打다다 一휭이 百빙버 ○ 엇디一百마좀을닙디아니ᄒᆞ리오 正징징

是쓰스 三산산 場쨩챵 文운운 字쯔즈 人신신 爭증증 去큐큐 ○ 졍히三場文字를사

롬이ᄃᆞ토라가거늘 六룽뤼 箇거거 饅먼먼 頭뜰투 我어오 喫칭치 來래레 ○ 여숫낫饅

頭를내먹으라왓도다 ㊍ 稟빈빈 覆붕부 老랑랖 先션션 生승승 ○ 老先生씌稟覆ᄒᆞ노

이다 ㊕ 有임우 甚씸슴 事쓰스 ○ 모슴일이잇ᄂᆞ뇨 ㊍ 這져저 伍우우 倫륜륜 備

베비 是쓰스 我어오 親친친 弟띠디 ○ 이伍倫備는나의친아이오 這져저 安안안 克

킝킈 和훠호 ○ 이安克和는 他타타 父뿌부 親친친 與유유 先션션 父뿌부 相샹샹

交걒갼 ○ 뎌의父親이先父로ᄃᆞ려서로사피더니 他타타 父뿌부 死쓰스 了랴랴 ○ 뎌의

父음애ㅣ죽 毋무무 親친친 養양양 他타타 做주주 義이이 弟디디 ◯ 毋親이더를養

ᄒ여義弟를삼앗ᄂ니 俺암함 兄흉흉 弟디디 二슬ᅀᅳᆯ 人신ᅀᅵᆫ 情칭찡 願원원 退튀튀

了랴ᇰ랸 一이힝 箇거거 ◯ 우리兄弟二人에情願으로ᄒ나ᄒ믈리티고 着죠쨯 安안한 克

킈킁 和호홰 入슈슝 場창쨩 ◯ 安克和로ᄒ여入場ᄒ게ᄒ쇼셔 ㊋ 情칭찡 願원원 退

튀튀 了랸랑 小샨샹 子즈즁 ◯ 情願으로小子를믈리티고 等등등 家갸갸 兄흉흉 進

진진 場창쨩 ◯ 家兄이進場홈을기ᄃ리ᄂ이다 ㊍ 情칭찡 願원원 退튀튀 了랸랑 小

샨샹 子즈즁 ◯ 情願으로小子를믈리티고 等등등 舍셔셔 弟디디 入슈슝 場창쨩 ◯

舍弟入場홈을기ᄃ리ᄂ이다 ㊌ 兩량량 位위위 哥거거 哥거거 年년년 紀기기 大다따 小

◯ 兩位형이나히만ᄒ니 着죠쨯 他타타 入슈슝 場창쨩 ◯ 뎌로ᄒ여入場ᄒ교 小샨샹

子즈즁 考간랑 不부붕 中즁즁 ◯ 小子는考不中ᄒ엿시니 情칭찡 願원원 退튀튀 回

휘홰 下하햐 科코쿼 再재재 來레래 ◯ 情願으로믈러도라가훗科에다시오리이다 ㊏ 此

츠츠是씃스大따다比비비興힝힝賢현현◯이ᄂᆞᆫ이大比興賢이라專쥰쥰論룬룬
文운문章쟝쟝◯젼혀文章을의논ᄒᆞᄂᆞ니決겨겨無우무可커커相샹샹讓샹샹之
즈즈理리리◯결단코可히相讓홀理업스니使스스不부붕得더딩使스스不부붕得
더딩◯그리못ᄒᆞ리라그리못ᄒᆞ리라這져져箇거거秀식싱才채째難난난得더딩◯
이秀才는얻기어렵다別벼뼝人신신只즈즈管권권自즈쯔家가가不부붕中중중
◯다ᄅᆞᆫ사ᄅᆞᆷ은그저ᄉᆞᆯ의아自家ㅣ맛티디못ᄒᆞ면還한한要얀얀生승승計기기去큐큐
退튀뒤那나나中중중的디딩◯도로혀계교내여더맛틴이ᄅᆞᆯ믈리티고져ᄒᆞᄂᆞ니豈키키
肯큰큰自즈쯔退튀뒤讓샹샹與유유別벼뼝人신신◯엇디즐겨스스로믈러나다ᄅᆞᆫ
사ᄅᆞᆷ의게讓ᄒᆞ여주려ᄒᆞ리오㊟既기기是씃스如슈슈此츠츠准쥰쥰他타타罷바빠
◯임의이럿ᄐᆞᆺᄒᆞ면뎌를准홈이므던ᄒᆞ이다㉮豈키키有잉우此츠츠理리리◯엇디
이理이시리오㊟准쥰쥰他타타罷바빠◯뎌를准홈이므던ᄒᆞ이다㉮無우무此츠츠

理리리 ○ 이理업ᄉᆞ니라 ㊟ 相샹샹 公궁궁 不부붕 准쥰쥰 ○ 相公이准티아니ᄒᆞ신다

㊉ 伱니니 三산산 箇거거 都두두 過고궈 来레래 ○ 너희세히다오라 我오어 說

쉬숴 伱니니 聽팅팅 ○ 내닐을써시니네드르라

㊉ 伍우우 倫륜륜 備비삐 第디띠 一이힝 ○ 伍倫備ᄂᆞᆫ第一이오 伍우우 倫륜륜 全

췬쮠 第디띠 二ᅀᆞᆯᅀᆞᆯ ○ 伍倫全은第二라 安안한 克킈콕 和호훠 且쳐쳐 回휘훼 去

큐큐 ○ 安克和ᄂᆞᆫ아직도라가 再재재 努누누 力리링 讀두뚱 書슈슈 下하햐 科코쿼

来레래 ○ 다시힘뼈글닑어호科에오라 伱니니 回휘훼 来레래 我오어 與유유 伱니니

說쉬숴 ○ 네도라오라내너ᄃᆞ려니ᄅᆞ마 我오어 見견견 世시싀 上샹샹 考칸캉 不부붕

中중중 的디딩 秀식슘 才재째 ○ 내世上에考ᄒᆞ여맛티디못ᄒᆞᆫ秀才를보니 往왕왕 往왕왕

왕왕 不부붕 肯큰큰 反반반 己기기 自ᄌᆞᄍᆞ 責저징 ○ 往往에즐겨己에反往ᄒᆞ야스스로責

디아니ᄒᆞ고 怨원원 恨흔흔 試스ᄉᆞ 官권권 ○ 試官을怨恨ᄒᆞᄂᆞ니 殊슈슈 不부붕 知

只지짇有우잉錯초창中중중的디딍沒무뭉有우잉錯초창退퉈튀的디딍

○즈믓 그저 그릇 맛티리는 이셔도 그릇 退ᄒᆞ리 업슨 줄을 아디 몯ᄒᆞᄂᆞ다라 所소수以이이不

中부붕中중중者져져○ᄇᆡ맛티디 몯ᄒᆞᆫ 밧者ㅣ 必비빙然션연有우잉不부붕好한함

處츄츄○必然됴티 아닌 곳이 잇거ᄂᆞᆯ 他타타沒무뭉得더딍遮져져羞ᄉᆡᆷ심○뎨붓

그림ᄌᆡ시 마리 업서 올 把바바那나나文운문章쟝쟝不부붕好한함處츄츄○文뎌

章됴티 아닌 곳을 다가 都두두掩연연藏창짱了랴량○다掩藏ᄒᆞ고 只즈즐管권권

把바바那나나好한함處츄츄遮져져飾시싱○그저ᄉᆞ리 뎌 됴ᄒᆞᆫ 곳으로 다가 遮飾ᄒᆞᆫ

ᄂᆞ니秀수ᄉᆡᆼ才채재○秀才아 學ᄒᆞᆨ在재재已기기中중중不부붕中중중在

재ᄌᆡ天텬텬○學은 已에 中不 中은 天에 잇ᄂᆞ니라 摑쾌쾌黃황황過고궈眼연연切

쳐쳥莫모망自즈ᄍᆞ棄키키○摑黃이 눈에 디나 지나 일절이 ᄉᆞ로 ᄇᆞ리디 말고○南唐諺日摑ᄉᆞ

花黃擧子忙反반반已기기自즈ᄍᆞ責저징莫모망怨원원別벼뼈人신신○已메

反ᄒᆞ야스스로責ᄒᆞ고 다ᄅᆞᆫ사ᄅᆞᆷ을怨티말라 況황황有우잉志즈즈者져져事ᄉᆞᄉᆞ竟깅깅

成칭쪙○ᄒᆞ물며ᄯᅳᆺ이잇ᄂᆞᆫ者ᄂᆞᆫ 일이ᄆᆞᄎᆞᆷ내이ᄂᆞ니 有우잉學효햑的디뎍必비빙無

우무 終즁즁身신신不부붕中즁즁之즈즈理리리○學잇ᄂᆞᆫ이반ᄃᆞ시 몸이ᄆᆞᆺ도록맛티시

디업 못스 ᄒᆞᆯ니 理라 (爭)敢간간不부붕領링링受ᄉᆞᆯ쓸○감히領受티아 니ᄒᆞ리잇가 人

신신 從ᄎᆞᆼ쭝天텬텬上샹쌍探탄탄花화화去큐큐○사ᄅᆞᆷ은天上을조 차探花ᄒᆞ라가거

늘 園○秦中雜記進士杏 初宴謂之探花宴 我오어向향향龍룽룽門믄믄點뎜뎜額여뎡

回휘휘○나ᄂᆞᆫ龍門을向ᄒᆞ여點額ᄒᆞ야도라오ᄂᆞᆫ또다 交州記有龍門水深百尋大魚登此化成龍

不得過曝腮點額謂傷其腮額 也自眉故事云下第曰點額 (坐)覆부봉老랄랄先션션生승승

○老先生 쇄노니 自즈쯔古구구以이이來래릐○녜로부터 배옴으로터 無무우第

디ᄯᅵ 先션션兄흉흉之즈즈理리리○아이兄의게몬져 ᄒᆞᄂᆞᆫ理업스니 願원원把바바

家갸갸兄흉흉做주주第디ᄯᅵ一이ᅙᅵᆯ○願컨대家兄을다 가第一을삼고 退퉤퉤小

小子 做苐二 ○ 二小子를退ᄒ야苐

㉮ 我只擫文章 ○ 나ᄂᆞᆫ 그저 文章을 擫ᄒ고 不知誰是

苐 誰是兄 ○ 뉘이며 뉘이 형인 줄을 아디 몯ᄒ노라 况此

是小考 ○ ᄒᆞ물며 이ᄂᆞᆫ 小考ㅣ니 不足爲輕

重 ○ 足히 輕重이 되디 아니ᄒ니라 你向庭試裏去

爭去 ○ 廷試를 向ᄒ여 가 ᄃᆞ토라 ○ 廷試ᄂᆞᆫ 廷之試 唐選舉志 武后天授元年 策貢士 卽殿

試於洛城殿 貢士殿試自此始

㉮ 古人於其心所不

安處 ○ 古人이 그 ᄆᆞᄋᆞᆷ에 편안티 아닌 바 곳에 不忍須臾處

○ ᄎᆞᆷ아 須臾도 處티 아니ᄒᄂᆞ니 雖是小考 ○ 비록 이 小考ㅣ나

小子心自不安 ○ 小子ㅣ ᄆᆞᄋᆞᆷ에 스스로 편안티 몯ᄒ여이

다

㉮ 文章無定準 ○ 文章이 定準이 업서 這遭

考캎캏得더듷高갚강◯이번의考ᄒᆞ여노품을어ᄃᆞ니那나나遭잪잠又우잏考캎캏得더듷低디디◯뎌번의또考ᄒᆞ여ᄂᆞᄌᆞᆷ을엇ᄂᆞ니亦이잉不부붕見견견得더듷◯또ᄒᆞᆫ보디못ᄒᆞ엿ᄂᆞ다我오어若쇼얗爲위위你니니那노너移이아◯내만일너를위ᄒᆞ여노니러옴기면○四聲通解推移調用曰那移恐쿵쿵怕파파外왜왜人신신議이이論룬룬我오어較걒걍文운문不부붕精징징考캎캏試스ᄉᆞᇫ不부붕公궁궁◯外人이내較文不精ᄒᆞ여考試不公ᄒᆞᆷ을議論ᄒᆞᆯᄶᆞ저페라 (小生)本본본朝챠쨯宋숭숭祁키끼◯本朝宋祁도也여여還환ᅘᅪᆫ讓샹샹他타타哥거거宋숭숭郊걒걍做주주壯좡좡元원원◯또도로혀제형宋郊의게讓ᄒᆞ여壯元을삼앗ᄂᆞ니이다○宋朝宋郊宋祁同時登第而小宋居魁章獻太后當朝乃謂弟不可先兄命郊爲第一祁爲第十 (外)擬이이人신신必비빙於유유其키끼倫균균◯사ᄅᆞᆷ비김을반ᄃᆞ시그뉴에ᄒᆞᄂᆞ니我오어是스ᄉᆞᇫ人신신臣친찐難난난比비비人신신君균균◯나ᄂᆞᆫ이人臣이니人君에比키어려온디라在재ᄍᆡ人신신

君균균施슿스恩흔은則즹저可커커 ◯ 人君의施恩홈애이셔는可커니와 爲위위人

臣씬신者져져只즈즈得듷더守싷식法방바 ◯ 人臣되엿는者는 그저法을딕힐디니

라니 (奎) 老랄랄先션션生승승說숴숴得듷더是슿스 ◯ 老先生의니ᄅᆞ심이올ᄒᆞ니

兄흉흉弟띠디再재재不붕부必빙비說숴숴了랼랴 ◯ 아ᄋᆞ는다시반ᄃᆞ시니ᄅᆞ디말

라 請칭칭先션션生승승坐쬐조 ◯ 請컨대先生은안즈쇼셔 學햫효生승승拜배배

謝쎠셔 ◯ 學生이拜謝ᄒᆞ리이다

(外) 伱니니兄흉흉弟띠디聽팅팅我어오說숴숴 ◯ 너희兄弟내니ᄅᆞ믈을드르라 我

오어見견견世씨시上샹샹秀식식才째채 ◯ 내보니世上秀才ㅣ 未위위中중중擧

규규時슿스 ◯ 中擧티못ᄒᆞ여실때에 東둥둥邊변변抄참찬幾기기篇편편程찡칭

文운운 ◯ 東邊으로여러篇程文을抄ᄒᆞ고 字箋程式也謂科場程式之文也 ◯ 西시시邊변변

討탄탄幾기기篇편편經깅깅義이이 ◯ 西邊으로여러篇經義를討ᄒᆞ여 經義 記기기誦

숭승得듷더幾기기篇편편文문운字쯔즈 ○여러篇文字를記誦ᄒᆞ여僥걓갿倖ᅘᆡᆼ힝

中즁즁一잉이箇거거科쿼코擧규규 ○僥倖으로ᄒᆞᆫ科擧를맛티면便뼌변說숴쉬

大따다話쏴화砍칸칸韓랑라嘴쥐쥐 ○꼿큰말니ᄅᆞ기를베히ᄂᆞᆫ미온부리로ᄒᆞ여以

이이此ᄎᆞᆼ츠驕걓갿人싄신 ○일로배사ᄅᆞᆷ의게驕ᄒᆞᄂᆞ니殊슝슈不붕부知징지 ○

ᄌᆞ못아디못ᄒᆞᄂᆞᆫ또다秀심식才째채每믜믜借져져此ᄎᆞᆼ츠門믄믄路루루出츙츄

身신신 ○秀才들이이門路를비러出身ᄒᆞ나所수소以이이盡진진儒슈슈者져져道

돠도理리리經깅깅濟지지功궁궁業엽여 ○써儒者道理와經濟功業을다ᄒᆞᄂᆞᆫ배原

원원不붕부在째재此ᄎᆞᆼ츠 ○본ᄃᆡ이예잇디아니ᄒᆞ니라又임우有임우一잉이等

등등人싄신 ○또ᄒᆞᆫ등사ᄅᆞᆷ이이시니僥걓갿倖ᅘᆡᆼ힝一잉이擧규규之즈즈後흫후

○僥倖으로ᄒᆞᆫ번과거ᄒᆞᆫ後에便뼌변把바바書슈슈本븐븐子즈즈 ○꼿칙을다가

撇평펴在째재腦낭나背븨븨後흫후 ○곡ᄃᆡ뒤희ᄇᆞ려두며東송수之즈즈高갛갸

閣거궁 ○ 高閣에 묵거 再재재 不부붕 把바바 眼연연 看칸칸 ○ 다시 눈으로 다가 보

디 아니ᄒᆞ니 他타타 平핑뼝 日시싱 口쿠킁 裏리리 讀두뚱 的디딩 手수싱 裏리리

寫셔셔 的디딩 ○ 뎌 平日에 입에 닑던 것 파손에 쓰던 거시 都두두 是스ᄊᆞ 一이힝 場창쨩

虛휴휴 話화화 ○ 다 이 一場 虛話ㅣ라 甚신씬 者져져 叨타탐 忝텬텬 得더듸 一이힝

官권권 ○ 甚ᄒᆞᆫ 者ᄂᆞᆫ ᄒᆞᆫ 벼ᄉᆞᆯ을 叨忝ᄒᆞ여 어드면 便변뼌 借져져 朝챠쨯 廷팅띵 官권권

職지징 来레래 ○ 곳 朝廷官職을 비러다가 奈내내 何허허 人신신 ○ 사ᄅᆞᆷ을 보채며 欺

키끼 負부뿌 人신신 ○ 사ᄅᆞᆷ을 欺負ᄒᆞ며 驕갸걍 傲아앙 人신신 ○ 사ᄅᆞᆷ의게 驕傲ᄒᆞ며

討탄탕 人신신 錢쳔쪈 鈔챠챵 ○ 사ᄅᆞᆷ의 錢鈔를 討ᄒᆞ며 害해해 人신신 性싱싱 命

밍밍 ○ 사ᄅᆞᆷ의 性命을 害ᄒᆞᄂᆞ니 這져쪄 等등등 的디딩 ○ 이런 이ᄂᆞᆫ 都두두 是스ᄊᆞ 下

하햐 流루릳 之즈즛 輩븨븨 ○ 다 이 下流의 輩오 名밍밍 教갸걍 罪쥐쮜 人신신 ○

名教의 罪人이니 ○ 名教 小學 註謂人倫之教有實有名也 賢현현 輩븨븨 千쳔쳔 萬완만 莫

모맘 要양약 如슈슈 此ᄎᆞ츠 ○ 賢輩는千萬 이럿틋말라 我오어 說쉐쉐 伱니니 聽팅팅

○ 내닐을써시 니네드르라

朱 長챵쨩 樂로랑 鐘중쭝 鳴밍밍 曉햫햫 殿뎐뗜 開캐캐 ○ 長樂에鐘이 울매새벽殿이

이열리니○史記漢高祖七年長樂宮成劉禹錫詩今夜初聞長樂鐘 一이ᄒᆞᆼ 聲싱싱 清칭칭 蹕

비빙 下하하 天텬텬 來레래 ○ ᄒᆞᆫ소리는淸蹕이하늘로셔ᄂᆞ려오 다리○說文蹕止行也漢儀註

皇帝出則傳蹕 殿 龍룽롱 樓루릏 鳳봉뽕 閣거겅 連련련 三산산 殿뎐뗜 ○ 龍樓鳳閣

은三殿을連ᄒᆞ엿고○楓窓 續文德殿有正殿及前後殿 小 玉유융 節져졍 金긴긴 瓜과과 列

려령 兩량량 階계비 ○ 玉節金瓜는兩階에버럿다○節以 旋爲之上下相重如竹節周禮禮官守

邦國者用玉節瓜三才圖會按武經骨朶有二曰蒺藜 蒜頭盖曰物制形以爲仗衛之用金瓜盖骨朶之流元

制瓜立瓜皆制 如瓜形塗以黃金 紫즈즈 氣키키 騰등뜽 騰등뜽 龍룽룽 御유유 座조쬬

○ 紫氣는騰騰ᄒᆞ여 御座에龍ᄒᆞ엿고 紅훙훙 雲윤윤 朶도더 朶도더 擁옹옹 仙션션 臺

태때○紅雲은朶朶ᄒᆞ여金臺를셧ᄯᅩ다恠패패來레래昨조쟉夜여여文운문星싱싱

現현현○피이타어제밤의文星이뵈더니今긴긴日ᅀᅵᅀᅵᆼ臨린린軒현현策처쳑後

쥰쥰才재째○오ᄂᆞᆯ軒에臨ᄒᆞ여俊才를策ᄒᆞ신다○石林燕語曰唐禮部試詩賦宋朝始增殿試天子

親御殿熙寧三年呂公著知貢擧密奏曰天子臨軒策士用詩賦非擧賢求治之意今廷試乞以詔策咨訪治

道自是上御集英殿試以策問小샨샹官권권不부붕是스ᄉᆞ別벼뼈人신인○小官은이

다ᄅᆞᆫ사ᄅᆞᆷ이아니라朝찬쨩中중중一이힝箇거거閣거겅門문믄大다따使스ᄉᆞ便

변뻔是스ᄉᆞ○朝中ᄒᆞᆫ閣門大使ㅣ못이라○按文獻通考閣門大使即古者儐相之職也宋有東西上

閤門使掌承稟旨命供奉乘輿朝會遊宴及賓導三公羣臣藩國朝見辭謝糾彈失儀之事云云以此觀之閤恐

是閣字今긴긴日ᅀᅵᅀᅵᆼ官권권裏리리親친친御유유正징징朝찬쨩○오ᄂᆞᆯ황뎨

親히正朝에御ᄒᆞ샤[illegible]官裏釋見譯語類解史記五帝官天下三王家天下故云官裏家或云官裏字彙聽政受

朝之地謂之朝俯부부頒반반清칭칭問운문○清問을俯頒ᄒᆞ야○書呂刑註虛心而問也

策처칭試스슷多도더士스슷○多士를策試ᄒᆞ시ᄂᆞᆫ디라胜조짱日시싱傳쳔쮠奉
봉뽕○어뎨뎐지를밧ᄌᆞ오니着죠쨯俺암함閣거봉門믄믄○우리閣門으로ᄒᆞ여陳
친쩐設셔봉鹵루루簿부뿌大다따駕가갸○鹵簿大駕를陳設ᄒᆞ라ᄒᆞ시니○天子法從物
數皆著之簿故曰鹵簿應劭有漢官鹵簿圖不부뿡免면면先션션到도당文운믄德더듕
殿뎐뎐下하ᄒᆡᆼ○마디몯ᄒᆞ여몬져文德殿아라니르러捲권권起키키珠쥬쥬簾련련
○珠簾을거고擺배배起키키仙션션仗장짱○仙仗을버리고立리립在재째冊
단단墀치찌左조저側저증○冊墀左側에셔셔○百官志尚書郎奏事明光殿以明粉塗壁畫古
賢烈士以冊朱漆地謂之冊墀侯스솟候후흫着죠쨯聖싱싱駕가갸出츄츙來레래臨
린린軒현현策처칭士스슷○聖駕ㅣ나와軒에臨ᄒᆞ여士를策ᄒᆞ심을기ᄃᆞ리노라你니니
着칸칸○네보라那나나温운운温운운和호홰和호홰春츈츈風붕붕初추추
扇션션○더温温和和ᄒᆞᆫ거슨春風이처음으로扇홈이오蒼창창蒼창창凉량량凉량량

曉(햪향)日(싀싱)將(쟝쟝)升(싱싱)○蒼蒼凉凉ᄒᆞᆫ거슨曉日이장ᄎᆞᆺ올음이오霏(븨븨)霏(븨븨)

微(위위)微(위위)一(이잏)天(텬텬)香(향향)霧(무무)○霏霏微微ᄒᆞᆫ거슨一天香霧ㅣ오稀

(희희)稀(희희)朗(랑랑)朗(랑랑)幾(기기)點(뎜뎜)殘(찬짠)星(싱싱)○稀稀朗朗ᄒᆞᆫ거슨幾點殘星이오

半(번번)空(쿵쿵)裏(리리)巍(위위)巍(위위)峩(오어)峩(오어)龍(룽룽)樓(루릉)鳳

(붕뿡)閣(거겅)○半空에巍巍峩峩ᄒᆞᆫ거슨龍樓鳳閣이오三(산산)殿(뎐뎐)裏(리리)寬(권권)寬

(권권)敞(챵챵)敞(챵챵)金(긴긴)屋(우옹)銀(인인)屛(핑뼹)○三殿에寬寬敞敞ᄒᆞᆫ거슨金屋銀屛

이오前(쳔쪈)殿(뎐뗜)後(후흫)殿(뎐뗜)嚶(잉잉)嚶(잉잉)噰(융융)噰(융융)推(튀튀)開(캐캐)

門(믄믄)軸(주쯓)○前殿後殿에嚶嚶噰噰ᄒᆞᆫ거슨門軸롤推開홈이오文(운믄)樓(루릉)武

(우무)樓(루릉)軟(원원)軟(원원)款(권권)款(권권)捲(권권)起(키키)簾(련련)旋(징징)○文樓

武樓에軟軟款款ᄒᆞᆫ거슨簾旋을捲起홈이오○簾旋李白註簾額絲旋 鎗(챵챵)叉(차차)入(슈슝)

磕(커커)撞(쫭쫭)得(더득)支(즈즈)支(즈즈)查(차짜)查(차짜)響(향향)○鎗叉ㅣ들어다리

매支支查查ᄒᆞᆫ소릐오○說文手指相錯曰义鎗义恐指槍枝也 刀단닿劍견견擺배배照잔쟣

映잉힝得더듷光광꽝光광꽝晃황뽱晃황뽱明밍밍○刀劍이버러비최매光光晃晃

히붉고 鸞뤈뤈旗키끼龍룽룽虎후후旗키끼悠우힝悠우힝揚양양揚양양擺

배배動둥뚱○鸞旗와龍虎旗ᄂᆞᆫ悠悠揚揚ᄒᆞ여버러움즈기고 黃황뽱旛반반豹밮밮尾

이밍旛반반招갿걒招갿걒搖얀얖搖얀얖飛븨븨騰틍뜽○黃旛과豹尾旛은招招

搖ᄒᆞ야飛騰ᄒᆞ고○旛字彙幟也韵府羣玉旌旗旐幅下垂者 堂탕땅上샹썅樂요얖堂탕땅下

햐ᄒᆞ樂요얖陳친찐陳친찐設셔셯設셔셯備비삐而ᅀᅳᆯᅀᅳ未위뮈用융융○堂上

樂과堂下樂은陳陳設設ᄒᆞ여ᄀᆞ자시되ᄡᅳ디아니ᄒᆞ엿고○書傳註鳴球琴瑟堂上樂也管籥鼗鼓笙鏞堂

下樂也 文운문德더듷舞우무武우무功궁궁舞우무粧좡좡粧좡좡扮반반扮

반반具규ᄁᆔ而ᅀᅳᆯᅀᅳ未위뮈興힝힝○文德舞와武功舞ᄂᆞᆫ粧粧扮扮ᄒᆞ여ᄀᆞ자시되니르혀디

아니ᄒᆞ엿고○文獻通考宋太常竇儼奏改周樂文舞崇德之舞為文德之舞武舞象成之舞為武功之舞

金긴긴輅루루玉유융輅루루前쳔젼前쳔젼後후흫後후흫擺배배于유유雙
쌍솽闕궈궐◯金輅와玉輅ᄂᆞᆫ前前後後ᄒᆞ여雙闕에버럿고◯劉熙釋名云闕在門兩旁中央闕然爲
道也以門之相對爲雙故云雙闕 金긴긴瓜과과玉유융節졀졍參친친參친친差ᄎᆞ츠
差ᄎᆞ츠列려령于유유兩량량楹잉잉◯金瓜와玉節은參參差差ᄒᆞ여兩楹에버럿고◯字
彙屋一列爲一楹說文柱也 猉키끼獜린린鳳봉뿡凰황뽱儀이이儀이이師ᄉᆞ스
師ᄉᆞ스都두두是ᄉᆞ亽珍진진禽킨낀異이이獸식싱◯猉獜과鳳凰은儀儀師師ᄒᆞ니다이
珍禽異獸ㅣ오 女뉴뉴眞진진韃다당靼다당兀우옹兀우옹剌라랑剌라랑許
휴휴多도더異이이語유유殊슈쓔形힝헝◯女眞과韃靼은兀兀剌剌ᄒᆞ니許多ᄒᆞᆫ異語와
殊形이오◯殊域周咨錄女眞古肅愼之地在混同江東開原北西接兀良哈南隣朝鮮後漢謂之挹婁元魏
謂之勿吉隋唐曰黑水靺鞨唐初始來朝開元中以其地爲燕州置黑水府其後粟末靺鞨强盛號渤海黑水
徃屬之及渤海浸弱爲契丹所攻黑水復擅其地即金鼻祖之部落也初號女眞避遼興宗諱改曰女直臣屬

於遼至阿骨打始大昜部建國曰金仍滅遼稱帝金亡歸元廢居山谷其族部有海西女真建州女真野人女

真而自海至黑龍江略事耕種者曰生女真韃靼北狄夏曰獯鬻周曰玁狁秦漢皆曰匈奴唐曰突厥宋曰契

丹在兩漢之世始合而強後分而弱烏桓繼興漢末鮮卑滅烏桓盡有其地後魏烏桓又弱蠕蠕獨強蠕蠕滅

而突厥興盡有西北地唐貞觀初李靖滅之五代及宋契丹復盛與宋為敵國後滅於女真別建國曰西遼後

復滅於蒙古別部小者曰泰赤烏曰塔塔兒曰克列各據分地俱為蒙古所併 立 리 링 仗 장 쟝 馬 마 마

羣 큔 큔 羣 큔 큔 隊 뒤 뒤 隊 뒤 뒤 盡 진 진 隨 취 쮜 駕 가 갸 擺 배 배 ○ 立仗馬ᄂᆞᆫ羣羣隊隊

ᄒᆞ여다駕ᄅᆞᆯ뫼ᅀᆞ와버럿고○通鑑釋義飛龍厩日以八馬列於宮門外號南衙立仗馬 把 바 바 門 믄 믄

象 샹 썅 雙 솽 솽 雙 솽 솽 對 뒤 뒤 對 뒤 뒤 禁 긴 긴 着 죠 쨯 人 신 싄 行 힝 헝 ○ 把門象은

雙雙對對ᄒᆞ여人行을禁ᄒᆞᄂᆞᆫᄯᅩ다 鎮 진 진 殿 뎐 뗜 将 장 쟝 軍 균 균 披 피 피 金 긴 긴 甲 갸 걍

長 창 쟝 長 창 쟝 大 다 따 大 다 따 ○ 鎮殿将軍은金甲을닙어시니長長大大ᄒᆞ고○老朴輯覽募

選身軀長大壯偉異於人者紅盔銀甲立於殿前月臺上四隅名鎮殿将軍 常 창 쨩 參 찬 찬 近 긴 긴

侍쏭스搖양얀玉융유佩삐븨琮쭝충琮쭝충琤충층琤층층○는常王縈佩近를侍

琤흔ᄒ드는니또琮다琮琤嚴연연嚴연연肅숑수肅숑수都두두怕파파那나나紏

굉구儀이이御유유史숫스○御嚴史嚴로肅다肅저ᄒ펴니ᄒ더고紏儀濟지지濟지지

楚추추楚추추爭증쟝看칸칸那나나殿뎐뎐試승스儒슈슈生승승○楚濟楚濟

다ᄒ○니字ᄃ箋토濟와濟뎌多殿威試儀ᄒ貌는楚儒楚生鮮을明보貌는또上썅상林린린鴉

야야高강갈高강갈下햐하下햐하百빙버千천천萬완완箇거거嘔흥우嘔흥우

啞야야啞야야○야上百林千가萬마이괴嘔는嘔高啞高啞下ᄒ下고ᄒ景깅깅陽양양鍾

중중緊긴긴緊긴긴慢만만慢만만一흥이百빙비八빵바下햐하旁봉봉旁봉봉

彭방방彭방방○오景니陽旁鍾旁은彭緊彭緊ᄒ慢고慢○ᄒ唐야詩一註百武八帝을宮ᄂ中리

陽不樓聞字端彙門旁鼓彭漏皆置壯鍾也景中중중中중중外왜왜外왜왜嚴연연嚴연연

辨빤반辨빤반○無中辨中嚴外之外色嚴註嚴辨辨即辨狂ᄒ也니避○明漢帝書諱吳也漢初

正징징是스쏘早잔잠朝챺짶時스쏘候후흫也여여○정히 이 早朝時候ㅣ로다五

우우鳳봉뽕樓루릏頭투뚷鼓구구○五鳳樓頭鼓는○五代史梁太祖即位命羅紹威取魏博

間良材造為五鳳樓極其雄麗籠룽룽同퉁뚱籠룽룽同퉁뚱籠룽룽同퉁뚱籠룽룽籠

룽룽同퉁뚱籠룽룽籠룽룽同퉁뚱○籠同籠同籠同籠籠同籠籠同籠룽룽同퉁뚱籠

룽룽同퉁뚱籠룽룽同퉁뚱籠룽룽籠룽룽同퉁뚱籠룽룽籠룽룽同퉁뚱○籠同

籠同籠同籠籠同籠籠同籠룽룽同퉁뚱籠룽룽同퉁뚱籠룽룽同퉁뚱籠룽룽籠룽룽

同퉁뚱籠룽룽籠룽룽同퉁뚱○籠同籠同籠同籠籠同籠籠同ᄒᆞ여播뤼뤼三산산通

퉁퉁○三通을티고○衛公兵法軍城及行軍日出沒時鼓千撾三百三十三撾為一通文운문樓

루릏上샹썅支즈즈更깅깅鼓구구○文樓上支更鼓는同퉁뚱同퉁뚱同퉁뚱同

퉁뚱同퉁뚱打다다五우우更깅깅○同同同同同ᄒᆞ야五更을티고銅퉁뚱壺후후漏

루릏水쉬쉬○銅壺漏水는○見第一篇丁딩딩丁딩딩丁딩딩滴디딩三산산點뎐뎐

○丁丁丁ᄒᆞ야 點이 ᄯᅳᆺᄯᅳᆺ고 三 絳강강 幘저징 鷄가기 人신인 報반방 曉햐향 ○絳幘

鷄人이 새벽을 報홈애 ○按周禮鷄人掌夜呼朝며 王洙云鷄人朱冠以象鷄 居규규 居규규 居규규

唱창창 三산산 鳴밍밍 ○居居居ᄒᆞ여 鳴을 唱ᄒᆞ고 三 丹단단 墀치찌 上상쌍 淨징찡

鞭변변 ○丹墀上淨鞭은 ○周禮條狼氏執鞭以趨辟王 出入則夾道晉中朝大駕有執鞭之制歷代因

之宋以紅 絲爲鞭 刺라랑 刺라랑 刺라랑 刺라랑 刺라랑 刺라랑 刺라랑 刺라랑 刺

라랑 響향향 三산산 聲싱싱 ○刺刺刺刺刺刺刺刺刺 ᄒᆞ여 三聲이 響ᄒᆞ고 洞둥둥 洞둥둥

蕩당당 蕩당당 天텬텬 門믄믄 開캐캐 ○洞洞蕩蕩히 天門이 열리니 聖싱싱 人신인

升싱싱 殿뎐뎐 也여여 ○聖人이 殿에 오ᄅᆞ시ᄂᆞᆫᄯᅩ다 齊치찌 齊치찌 截져쪙 截져쪙

百버빙 官권권 起키키 居규규 罷바빠 ○齊齊截截ᄒᆞ여 百官이 起居ᄒᆞ기를 못ᄎᆞᆷ애 趍

趍츄츄 蹌창창 蹌창창 進진진 士스ᄾᆞ 毋미미 入유슈 對뒤뒤 大다따 庭팅띵

○趍趍蹌蹌ᄒᆞ야 進士들히 들어와 大庭에 對ᄒᆞᄂᆞᆫᄯᅩ다 ○白眉故事擧人稱鄕貢進士 對 (奎) 淡단딴

月 웕웕 踈 수수 星 싱싱 繞 샿샿 建 견견 章 쟝쟝 ◯ 淡月踈星이 建章을 둘러시니 ○漢武帝

作建章宮為千門萬戶在未央宮西 天 텬텬 風 봉봉 吹 취취 下 햐하 御 유유 爐 루루 香 향향

◯ 天風이 御爐香을 블어ᄂᆞ리오ᄂᆞᆫ ᄯᅩ다 (坐) 侍 ᄊᆞᆼ스 臣 찐친 鵠 ᅘᅩᆨ후 立 립리 通 퉁퉁 明

밍밍 殿 뎐텬 ◯ 侍臣이 通明殿에 鵠立ᄒᆞ여시니 ○通明殿藝文玉帝所居之殿 一 힝이 朶 뎌도

紅 ᅘᅩᆼ훙 雲 윤윤 捧 뽕봉 玉 욕유 皇 ᅘᅪᆼ황 ◯ 一朶紅雲이 玉皇을 捧ᄒᆞ엿ᄯᅩ다 ○翼聖傳玉帝所

居常有紅雲擁之雖真仙亦不得見其面 (末) 進 진진 士 ᄊᆞᆼ스 每 믹믹 跪 꿰귀 聽 팅팅 制 징지

策 칙처 ◯ 進士들은 ᄭᅮᆯ어 制策을 드르라 跪 꿰귀 ◯ ᄭᅮᆯ라

(末) 奉 뽕봉 宣 쉰쉰 諭 유유 ◯ 宣諭ᄅᆞᆯ 밧ᄌᆞ오니 這 져져 策 칙처 文 문운 理 리리 通

퉁퉁 暢 챵챵 ◯ 이 策이 文理 通暢ᄒᆞ고 言 연연 詞 ᄊᆞᆼ스 切 쳥쳐 直 찡지 ◯ 言詞 切直ᄒᆞㅣ

니 宜 이이 茅 ᄃᆡ다 一 힝이 ◯ 맛당이 茅一이라

(末) 奉 뽕봉 宣 쉰쉰 諭 유유 ◯ 宣諭ᄅᆞᆯ 밧ᄌᆞ오니 這 져져 策 칙처 文 문운 理 리리 平

핑빙順슌슌○이策이文理平順ᄒᆞ고言연연詞ᄉᆞᅀᆞ激기긩切쳐쳥○言詞ㅣ激切ᄒᆞ

니宜이이第뎨디二ᅀᅵ슬○맛당이第二라第뎨디一힝이甲갸갸第뎨디一힝이

名밍밍壯좡장元원원伍우우倫륜륜全쳔쳔○第一甲第一名壯元은伍倫全이오第

뎨디一이굉甲갸갸第뎨디二슬ᅀᅵ名밍밍榜방방眼연연伍우우倫륜륜備삐비

○第一甲第二名榜眼은伍倫備라聽팅팅宣원원諭유유○宣諭로드르라

(末)奉봉뽕宣원원諭유유○宣諭로밧ᄌᆞ오니伍우우倫륜륜全쳔쳔可커커授

식싈諫견견議이이大다따夫부부○伍倫全은可히諫議大夫로授ᄒᆞ고伍우우倫륜륜

備삐비可커커授식싈東둥둥陽양양郡균균刺츠ᄎᆞ史ᄉᆞᄉᆞ○伍倫備ᄂᆞᆫ可히東陽

郡刺史로授ᄒᆞ니○廣輿記東陽隷浙江金華府即지징日이잉赴부부任신싄○即日에赴

任ᄒᆞ라

(末)奉봉뽕宣원원諭유유○宣諭로밧ᄌᆞ오니卿킹킹等등등即지징日이잉赴

부부 任 신신 ○ 卿等이卽日赴任ᄒᆞ라 奎 自 즈ᄌᆞ 念 년년 微 위뮈 臣 친씬 ○ 스스로念

ᄒᆞ니臣이微 幼 우힝 年 년년 喪 상상 父 부뿌 ○ 幼年에喪父ᄒᆞ고 兄 흉흉 弟 디띠 二

을슨 人 신신 ○ 兄弟二人이 賴 래래 母 무무 養 양양 育 유융 成 칭찡 人 신신 ○ 母의

養育成人홈을힘닙엇더니 母 무무 今 긴긘 年 년년 老 랄랄 ○ 母ㅣ이제나히늙고 別 벼뼈

無 우무 他 타타 人 신인 奉 봉뿡 侍 스쑈 ○ 別로他人이奉侍ᄒᆞ리업슨디라 況 향향 臣

친씬 家 갸갸 世 시씽 惟 위뮈 單 단단 傳 쳔쭨 ○ ᄒᆞ믈며臣의家世ㅣ오직單傳ᄒᆞ엿고 今

긴긴 臣 친씬 兄 흉흉 弟 디띠 俱 규규 未 위뮈 婚 훈훈 配 피피 ○ 이제臣의兄弟ㅣ다婚配티

못ᄒᆞ여시니 不 부뿡 孝 햐향 有 우잉 三 산신 無 우무 後 후흫 爲 위위 大 다따 ○ 不孝

ㅣ三이이심대後ㅣ업슴이큰디라⊙孟子曰家貧親老不爲祿仕一不孝也阿意曲從陷親不義二不孝也

不娶無嗣絶先祖祀三不孝也 伏 부뿡 乞 키킹 聖 싱싱 恩 은흔 ○ 伏乞聖恩은 許 휴휴 臣

친씬 歸 귀귀 省 싱싱 就 작쫑 畢 비삐 姻 인힌 事 스쑤 ○ 臣의歸省ᄒᆞ고인ᄒᆞ여혼ᄉᆞ를못참

을許ᄒᆞ쇼서

臣친쩐等등등下하ᅘᅡ情칭찡無우무任신ᅀᅵᆫ ○ 臣等下情에任ᄒᆞᆷ이업서

不부붕勝싱싱感간간戴대대之즈즁至즈즁 ○ 感戴의지극ᄒᆞᆷ을이긔디못ᄒᆞᆯ소이다

㊍ 奉붕뽕宣쉰쉔諭유유 ○ 宣諭롤밧ᄌᆞ오니合허ᅘᅥᆸ准쥰쥰所소수言연연 ○ 니르논바롤准ᄒᆞ염즉ᄒᆞ니

即지징日시ᅀᅵ命밍밍敎갸걒坊방방司스ᄉᆞ ○ 即日에敎坊司로命ᄒᆞ여 ○唐開元二年置內敎坊于蓬萊宮側有音聲博士京師置左右敎坊掌俳優雜劇

備비삐鼓구구樂요약頭투뚜踏다따 ○ 鼓樂과頭踏을ᄀᆞ초와 ○譯語類解頭踏前排戱子也

迎잉잉壯장쫭元원원歸귀귀第디띠 ○ 壯元을마자집의도라가遊우읗街계계三산산

日시ᅀᅵ後후흫 ○ 三日을遊街ᄒᆞᆫ後에馳치찌驛이잉衣이이錦긘긘還환ᅘᅪᆫ鄕향향

○ 驛을馳ᄒᆞ여衣錦還鄕ᄒᆞ라

㊍ 綰완ᅘᅪᆫ結겨켱宮궁궁中즁즁五우우綵채채絨슝슝 ○ 宮中五綵絨을미자九

重츙쯍賜스ᄉᆞᆼ出츄츓聖싱싱恩은은濃눙눙 ○ 九重에셔賜出ᄒᆞᆫ애聖恩이濃ᄒᆞ도

다 長챵쟝安안한陌머믹上샹썅輕킹킹揮휘휘處츄츄 ◯ 長安陌上가 빅아이두로

는곳 의 人인신似스쓰神신씬仙션션馬마마似스쓰龍룽룽 ◯ 사름은神 仙곳고 믈

은龍굿 도다 壯장좡元원원受수쑤絲스스鞭변변 ◯ 壯元은絲鞭을바 드라○登科似有

賜鞭之規而 未詳其制 榜방방眼연연受수쑤絲스스鞭변변 ◯ 榜眼은絲鞭 을바드라

淨 那나나箇거거是스쓰壯장좡元원원 ◯ 어니이 壯元고 末 此츠ᄎᆞ位위위是

스쓰 ◯ 이位ㅣ 이라 淨 壯장좡元원원萬완완福부봉 ◯ 壯元 萬福 我오어怕파파

壯장좡元원원是스쓰天텬텬上샹썅神신씬仙션션做주주 ◯ 내저권대 壯元은이

天上神仙이 눈가ᄒᆞ더니 ᄒᆞ 原원원來레래也여여是스쓰人인인做주주 ◯ 본디 또이

사름이ᄒᆞ 눈도다 此츠ᄎᆞ位위위是스쓰誰쉬쉬 ◯ 이位눈이 누고오 末 此츠ᄎᆞ位

위위 是스쓰榜방방眼연연 ◯ 이位눈이 榜眼이라 淨 胡후훠說숴쉬 ◯ 간대로 니룬다

脚교걍手식싱便변뻔綁방방得더딍 ◯ 발과손은곳 綁ᄒᆞ려니와 眼연연怎즘즘生

승승 鄕방방得더듷○眼롤 엇디 鄕ᄒᆞ리오 ○榜鄕同音故戱之 (末)第디뗴一이잏名밍밍

是스쓰壯좡좡元원원○第一名은 이 壯元이오 第디뗴二슬ᅀᆞᆯ名밍밍是스쓰榜

방방眼연연○第二名은 이 榜眼이라 (淨)榜방방眼연연萬완완福부붕○榜眼萬福

(末)此츠츠處츄츄便변뼌是스쓰天텬텬街계계○이 곳은 곧 이 天街ㅣ니 ○天街謂御

道也 請칭칭壯좡좡元원원榜방방眼연연上샹썅馬마마出츄츙遊우잉○請권

대 壯元과 榜眼은 上馬出遊ᄒᆞ쇼셔

(丑)接져졍絲스ᄉᆞ鞭변변接져졍絲스ᄉᆞ鞭변변○絲鞭을 接ᄒᆞ

여지이다 (奎)做주주甚슴씸麽마마○므슴ᄒᆞ려 ᄒᆞᄂᆞ다 (末)人신신家갸갸擇저쪄

婿시시○人家ㅣ 擇婿ᄒᆞᄂᆞ이다 (奎)且쳐쳐莫모망管권권他타타○아직 뎌롤 관셥

디 말라 (丑)接져졍絲스ᄉᆞ鞭변변接져졍絲스ᄉᆞ鞭변변○絲鞭을 接ᄒᆞ여지이다 絲

鞭을 接ᄒᆞ여지이다 (淨)有우잉人신신接져졍了랴랼○사ᄅᆞᆷ이 接ᄒᆞᆫ 이 잇ᄂᆞ니라 (丑)誰

쒸쉬 人 인인 敢 간간 接 졉져 ○ 뉘감히接ᄒᆞ엿ᄂᆞ뇨 (坴) 我 어오 這 져져 條 댶탼 絲 ᄉᆞ스

鞭 변변 ○ 내이오리 絲鞭은 我 어오 未 뮈위 登 등등 科 쿼코 時 ᄊᆞ스 ○ 내登科티못ᄒᆞ

제여 已 이이 有 잉우 人 인인 接 졉져 了 랼랴 ○ 임의사ᄅᆞᆷ이이셔 接ᄒᆞ엿ᄂᆞ니라 (小坐)

我 어오 這 져져 條 댶탼 絲 ᄉᆞ스 鞭 변변 ○ 내이오리 絲鞭은 宮 궁궁 中 중중 尚 썅샹

未 뮈위 做 주주 時 ᄊᆞ스 ○ 宮中의셔오히려 드디못ᄒᆞ여신제민 已 이이 有 잉우 人 인인

接 졉져 了 랼랴 ○ 임의사ᄅᆞᆷ이이셔 接ᄒᆞ엿ᄂᆞ니라 (净) 你 니니 不 부부 接 졉져 我 어오

接 졉져 罷 빠바 ○ 네接디아니ᄒᆞ거든 내接홈이므던ᄒᆞ다 媽 마마 媽 마마 ○ 媽媽ㅣ 아○媽

二媽見苐篇 要 햐약 我 어오 不 부부 要 햐약 我 어오 ○ 날을요구ᄒᆞᄂᆞ 날을요구티아니

ᄒᆞ나 ᄂᆞ 把 바바 我 어오 這 져져 條 댶탼 短 둰둰 棍 군군 ○ 내이오리短 棍을다가 與

유유 你 니니 接 졉져 罷 빠바 ○ 너를주어接홈 이므던ᄒᆞ다 (丑) 你 니니 兩 량량 人 인인

我 어오 務 무우 要 햐약 接 졉져 一 이이 箇 거거 ○ 너두사ᄅᆞᆷ에내브ᄃᆡ ᄒᆞ나흘接고저ᄒᆞ노

㊎媽 마마 媽 마마 ○ 媽媽ㅣ아 我 오어 兄 훙훙 弟 디뗘 二 슬슬 人 인신 都 두두

早 잔짷 定 딩뎡 親 친친 了 랖럏 ○ 우리 兄弟 두 사ᄅᆞᆷ이 다 불셔 定親ᄒᆞ여시니 你 니니 請

칭칭 回 휘휘 ○ 너는 請컨대 도라가라 ㊀丑 你 니니 定 딩뎡 的 디딍 親 친친 是 스쏘 誰

쉬쒸 家 가갸 ○ 네 뎡ᄒᆞᆫ 親이 뉘 집이니잇고 ㊎我 오어 定 딩뎡 的 디딍 是 스쏘 鄉 향향

里 리리 人 인신 家 갸갸 ○ 내 뎡ᄒᆞᆫ 이는 이 鄉里人家ㅣ니라 ㊀丑 我 오어 奉 봉뽕 丞 칭찡

相 샹샹 府 부부 命 밍밍 ○ 나는 丞相府命을 바닷노이다 ㊍末 那 나나 箇 거거 丞 칭찡

相 샹샹 ○ 어너 丞相고 ㊀丑 你 니니 不 부붕 知 지징 ○ 네 아디 못ᄒᆞᄂᆞᆫ다 當 당당 今

긴긴 一 이잉 人 인신 之 즈즞 下 하햐 萬 완완 人 인신 之 즈즞 上 상썅 更 긍긍 有 우잉

誰 쉬쒸 ○ 當今一人의 下ㅣ오 萬人의 上이 또 뉘 잇ᄂᆞ뇨 ㊍末 這 져져 莫 모뫃 不 부붕 是 스쏘

王 왕왕 桂 쥬쮸 國 궈귕 家 가갸 ○ 이 아니 王桂國 집가 ○桂國 上卿官名 ㊀丑 可 커커 知

지징 是 스쏘 ○ 그리어니기라 ㊍末 壯 좡좡 元 원원 莫 모뫃 要 얏약 蹉 초처 過 고궈 了

랴량 ○ 壯元은 그릇 디내디 말오쇼셔 ㊤ 說 쉬숴 甚 슴씸 的 디딍 話 화화 ○ 므슴 말 니ᄅᆞᄂᆞᆫ

다 小 샾샹 子 즈즈 兄 흉흉 弟 디떼 早 잔장 孤 구구 養 양양 母 무무 ○ 小子兄弟ㅣ 早

孤ᄒᆞ야 養 母 數 수수 年 년년 前 쳔쪈 已 이이 定 딩띵 了 랴량 親 친친 ○ 數年前에 임의

親을 定ᄒᆞ여시니 決 궤퀑 然 연연 不 부붕 可 커커 ○ 결단코 可티 아니ᄒᆞ다 俺 암함 讀

두뚱 書 슈슈 人 신인 ○ 우리ᄂᆞᆫ 글닑은 사ᄅᆞᆷ이라 怎 즘즘 肯 큰큰 停 팅띵 妻 치치 娶 츄츄

妻 서치 ○ 엇디 즐겨 妻롤 머므로고 妻롤 娶ᄒᆞ리오 ㊟ 不 부붕 必 비삥 多 도더 慮 류류 ○

반ᄃᆞ시 多慮티 마ᄅᆞ쇼셔 村 춘춘 庄 장장 農 눙눙 夫 부부 ○ 村庄農夫ㅣ 多 도더 收 삭싱

十 시씽 石 단단 穀 구궁 子 즈즈 ○ 해 열짐 곡식을 거두면 ○ 合擔 通一斛也 唐詩 敬宗勸高宗易

后類此語 便 번뻔 要 야얏 換 훤훤 妻 치치 ○ 곳 妻롤 밧고고져ᄒᆞ거든 況 황황 壯 좡좡 元

원원 高 갇강 科 코쿼 及 기끵 第 디떼 ○ ᄒᆞ믈며 壯元이 高科及第ᄒᆞ야 榮 융융 官 환환 在

재째 邇 술슝 富 부부 貴 귀귀 逼 비빙 人 인인 ○ 榮官이 갓가이 잇고 富貴ㅣ 사ᄅᆞᆷ을 逼ᄒᆞ니

見현현娶츄츄的딍디也여여要얗얀更긍긍易잉이不붕부妨빵방事쏘스○
見娶ᄒᆞ이롤또밧고고져ᄒᆞ여 도일에방해롭디아니커든 況황황纔째채定띵딩尚썅샹未
위 웨過궈고門믄믄○ᄒᆞ믈며굿定ᄒᆞ고오히려過門티못ᄒᆞ 니ᄯᅡ녀○李白註俗稱新婦初謁翁姑
謂之過門㊀丞찡칭相샹샹家갸가女뉴뉴是쓰스天텬텬上썅샹人인인○相丞
집女ᄂᆞᆫ이夫 上사롬이니你니니見견견了랼랴教걒갸你니니骨쿠구頭듷투都두두
蘇수수了랼랴○네보면널로ᄒᆞ여骨頭ㅣ다蘇ᄒᆞ 리니○蘇恐蕭字之誤字彙蘇爛也癡칭치心
신신漢한한只즈즈怕파파一이이日싀시想샹샹死스스你니니○어린놈 아그저
자프권대一日에싱각 ᄒᆞ여네죽을싸ᄒᆞ노라(奎)古구구人인인有잉우言연연○古人 이말
을두 되 糟장잔糠캉캉之즈즈妻치치不붕부下햐하堂땅탕○糟糠의妻 는堂에ᄂᆞ
리오디아 니ᄒᆞ고 貧삔핀賤쪈젼之즈즈交걒갸不붕부可커커忘왕왕○貧賤 의交
ᄂᆞᆫ可히닛디아닌ᄂᆞᆫ다 ᄒᆞ니○東漢宋弘語 決궤궤不붕부可커커決궤궤不붕부可커커

○결단코 可티 아니ᄒᆞ나 결단코 可티 아니ᄒᆞ다 ㊍ 古구구 人인신 道됴닿 妻치치 不부붕

下햐하 堂당땅 ○古人이 닐ᄋᆞ되 妻不下 堂이라 ᄒᆞ엿거니와 不부붕 曾층쯩 說쉬숴 女뉴뉴

兒ᅀᅳᆯ슬 不부붕 下햐하 堂탕땅 ○일쯕 女兒不下堂이라 닐ᄋᆞ디 아니ᄒᆞ엿ᄂᆞ니라 你니니

這져져 箇거거 是ᄉᆞ쓰 不부붕 曾층쯩 過고궈 門믄믄 ○네 이ᄂᆞᆫ 일쯕 過門티 아니ᄒᆞ

여시 니 還환환 是ᄉᆞ쓰 人신신 家갸갸 女뉴뉴 兒ᅀᅳᆯ슬 ○당시론 이 ᄉᆞ 家女兒ㅣ 오 不

부붕 是ᄉᆞ쓰 人신신 家갸갸 妻치치 ○이 人家妻ㅣ 아니니 便변뻔 下햐하 堂탕땅 有

우잉 何허허 妨방방 ○곳 堂에 ᄂᆞ리옴이 므서시 방해로옴이 이시리오 壯좡좡 元원원 別

벼뼝 娶츄츄 等등등 他타타 別벼뼝 嫁갸갸 ○壯元은 다ᄅᆞᆫ 듸 娶ᄒᆞ고 톄다ᄅᆞᆫ 듸 嫁홈을 기드

림이 兩랑량 不부붕 相샹샹 妨방방 ○둘히 서르 방해롭 디 아니ᄒᆞ이다 ㊏ 那나나 丞

칭찡 相샹샹 家갸갸 富부부 貴귀귀 ○뎌 丞相 집이 富貴ᄒᆞ야 黃황황 金긴긴 堆뒤뒤

至즈즈 斗두등 ○黃金을 싸하 斗에 니르고 ○李白詩 黃金堆北斗 財채째 寶밮발 積지징

如유유山산산○財寶ㅣ싸혀山ᄀᆞᆺᄒᆞ니你니니不부붕要야향蹉초처過고궈了
랴량○네그릇디내티디말고遞디떠那나나絲스ᄉᆞ鞭변변來레래了랴량罷바빠
○뎌縧鞭을뎐홈이므뎐ᄒᆞ다(淨)媽마마媽마마你니니看칸칸我오어○媽媽야네
날을보라中중중你니니意이히不부붕中중중○네뜻에마즌가맛디아니ᄒᆞᆫ가中중중
你니니意이히要야향我오어罷바빠○네뜻에맛거든날을구홈이므뎐ᄒᆞ다(奎)貧
핀뻰者져져士스ᄉᆞ之즈즈常창짱○貧은士의덧덧ᄒᆞᆫ거시니他타타富부부貴귀귀
從중쭝他타타富부부貴귀귀○뎌富貴ᄒᆞᆫ이ᄂᆞᆫ제대로富貴ᄒᆞ나我오어不부붕愛
애해他타타富부부貴귀귀○내뎌의富貴를ᄉᆞ랑티아니ᄒᆞ노니我오어貧핀뻰賤전쪈
的디딩只즈즘伴번뻔着죠쨩我오어那나나貧핀뻰賤전쪈的디딩○나貧賤ᄒᆞᆫ
이ᄂᆞᆫ그저나뎌貧賤ᄒᆞᆫ이로벗ᄒᆞ리라(丑)他타타那나나小샤샾姐져져十시씹分븐븐
標뱌뱦致지징○뎌의뎌小姐ㅣᄀᆞ장영노솔가와○標致見蒂一篇比비비花화화花화화

解계계語유유○꼿에此홈애꼿이말을알고○天寶遺事太液池白蓮開明皇指妃子曰何如此花

解語似스쓰玉유융玉유융生싱승香향향○玉곳ᄒᆞ되玉에향내나ᄂᆞ니○杜陽雜編肅宗

賜李輔國香玉香聞數百步雖鎖之於金函石匱不能掩其氣你니니不부붕要얀얗蹉초처過

고궈了랸럎○네그릇디내티디말고遞디띠那나나絲스스鞭변변來레래罷바빠

○뎌絲鞭을뎐홈이므던ᄒᆞ다奎醜착칭婦부뿌家갸갸中중중寶반방○醜婦는家

中寶ㅣ니他타타標뱐뱡致지짛從충쭝他타타標뱐뱡致지짛○뎌영노술가온이눈

제대로영노술가오로나我오어不부붕愛애해他타타○내뎌ᄅᆞᆯᄉᆞ랑티아니ᄒᆞ노니我

오어醜착칭陋루릉的디딍只즈즈對뒤뒤着죠짷我오어那나나醜착칭陋루릉

的디딍○나醜陋ᄒᆞ이는그저나의뎌醜陋ᄒᆞ이롤對ᄒᆞ리라

夫也여여罷바빠也여여罷바빠○ᄯᅩ무던ᄒᆞ다ᄯᅩ무던ᄒᆞ다你니니年년년紀기기

尚샹썅青칭칭春츈츈○네나히오히려青春이니好한항再재재加갸가功궁궁○

됴히 다시 공부롤 더ᄒᆞ라 恁닌닌 哥거거 哥거거 今긴긴 在재째 那나나 裏리리 ○ 네 형
이 이제 어ᄃᆡ 잇ᄂᆞ뇨 淨 他타타 也여여 奏주증 准쥰쥰 回휘휘 來레래 畢비빙 姻인힌
○ 뎨 또 奏准ᄒᆞ야 도라와 畢姻ᄒᆞ려 ᄒᆞ니라 不부붕 久구궁 便변뺸 到닫당 ○ 오래디 아니ᄒᆞ
야 곳 니르리이다 泥니니 金긴긴 報반방 喜히히 先션션 期키끼 到닫당 ○ 泥金報喜
ㅣ 期여 몬져 니ᄅᆞ니 ○ 盧氏雜記 唐時進士及第 以泥金書帖 付家書中 報登科之喜 晝작쟝 錦긴긴
還환훤 鄉향향 不부붕 日시ᅀᅵᇰ 來레래 ○ 晝錦還鄉ᄒᆞ기롤 날이 몯ᄒᆞ여오리로다 ○ 韓魏公
詩云 古人之富貴 歸於本郡縣 譬若衣錦遊白晝 自光絢
奎 小生 母무무 親친친 大다때 人신신 萬완완 福부봉 ○ 母親大人萬福 夫 我오어
兒ᅀᆞ올 來레래 了랴량 ○ 내 아ᄒᆡ 오나다 奎 孃냥냥 請칭칭 坐조쬬 孩해ᅘᅢ 兒ᅀᆞ올
拜배배 ○ 孃은 청권대 안조쇼셔 孩兒ㅣ 절ᄒᆞ리이다 夫 你니니 且처쳐 去큐큐 拜배배
祖주주 宗중중 然연션 後후ᅘᅮ 來레래 拜배배 我오어 ○ 네 아직 가 祖宗ᄭᅴ 拜ᄒᆞ고 후에 와

내게拜ᄒᆞ라

㊄請 칭칭 母 무무 親 친친 大 다다 人 인인 坐 조조 ○ 청컨대母親大人은안조쇼셔 孩

해해 兒 ᅀᆞᆯ 拜 배배 ○ 孩兒ㅣ拜ᄒᆞ리이다

㊇生 ᄉᆞᆼᄉᆞᆼ 汝 유유 者 져져 父 뿌부 母 무무 也 여여 ○ 너를나흔이는父母ㅣ어니와 敎

걒갼 汝 유유 者 져져 先 션션 生 ᄉᆞᆼᄉᆞᆼ 也 여여 ○ 너를ᄀᆞᄅᆞ친이는先生이라 你 니니 兄

흉흉 弟 띠디 每 믜믜 有 잉약 个 궈궈 日 ᅀᅵ이 ○ 너희兄弟들히오ᄂᆞᆯ이이심이 皆 계계 是

ᄯᆞᆼᄉᆞ 先 션션 生 ᄉᆞᆼᄉᆞᆼ 平 삥핑 日 ᅀᅵ이 教 걒갼 訓 휸휸 之 즈즈 力 링리 ○ 다先生이平

日에敎訓ᄒᆞᆫ힘이니 你 니니 即 징지 便 뼨변 往 왕왕 先 션션 生 ᄉᆞᆼᄉᆞᆼ 家 갸갸 拜 배배 謝

셔셔 去 큐큐 ○ 네곳先生집을향ᄒᆞ여拜謝ᄒᆞ라가라

㊄先 션션 生 ᄉᆞᆼᄉᆞᆼ 来 래래 了 랼랴 ○ 先生이오시ᄂᆞ이다 ㊈老 랖랖 夫 부부 人 인인

拜 배백 揖 힝이 ○ 老夫人끠拜揖ᄒᆞᄂᆞ이다 ㊇先 션션 生 ᄉᆞᆼᄉᆞᆼ 萬 완완 福 부부 ○ 先生

萬福今긴긴日싱이小샿샤兒숭올中중중擧규규○오늘小兒ㅣ中擧홈은皆계계

先션션生승승平빙핑日싱이敎걀갸訓휸휸之즈즈功궁궁○다先生의平日에敎

訓ᄒ功이라纔째재要얀얀謝써셔先션션生승승他타타兩량량兄흉흉弟디디去큐큐○

두兄弟로ᄒ여가拜배배謝써셔先션션生승승○先生ᄭᅴ拜謝ᄒ려ᄒ더니先션션生승승

却켜커反반반先션션來래레了랴랖○先生이ᄯᅩ도로혀몬져오시니不부부是쓰스

禮리리不부부是쓰스禮리리○이禮아니로다㉮令링링嗣쓰스

令긴긴日싱ㅣ衣히이錦긴긴還환환鄕향향○令嗣ㅣ오늘錦還鄕ᄒ니衣老랖랖

夫부부禮리리當당당先션션來래레○老夫ㅣ禮예맛당히몬져와老랖랖夫부부

人인인處츄츄行힝힝拜배배賀해허禮리리○老夫人ᄭᅴ拜賀禮를行홀거시니이다

㊇先션션生승승請칭칭坐쭤조小샿샤兒숭올拜배배○先生은請컨대안조쇼셔

小兒ㅣ拜ᄒ리이다㉮待때대我어오先션션賀해허夫부부人인인了랴랖然션션

後후흫受샥쌓令링링詞스숭拜배배○내몬져夫人씌賀ᄒᆞᆫ然後에令嗣의拜ㅣ받ᄋᆞᆷ을기

드리쇼셔 (夫)使스숭不부붕得터틍○그리못ᄒᆞᆯ시니請칭칭先션션生싱승受

샥쌓小샤샿兒ᅀᅳᆯᅀᅳᆼ拜배배○請컨대先生은小兒의拜를바드쇼셔

(外)左조저右왁잉取츄츄酒잗잫來래래○左右ㅣ아술을가져오라慶킹킹賀허혀

老랖랗夫부부人신싄○老夫人씌慶賀ᄒᆞᆫ쟈

(外)請칭칭壯좡좡元원원把바바一이힝杯비븨○請컨대壯元은ᄒᆞᆫ잔을잡으라(大全)

不부붕敢간간○不敢ᄒᆞ여이다待대때學효햫生싱승先션션把바바與유유先

션션生싱승了랖럏○學生이몬져ᄡᅥ드리ᄆᆞᆯ기잡아ᄃᆞ리쇼셔先生(夫)不부붕用융융把

바바了랖럏罷바빠○잡디말미무던ᄒᆞ다等등뜽老랖랗身신신拜배배謝셔써先

션션生싱승○老身이先生씌拜謝홈을기드리라

(夫)伍우우倫룬룬全춴쮠你니니兄흉흉弟디띠○伍倫全아네兄弟ㅣ더可거꺼

送숭숭先션션生승승田휘휘學햫효館권권○可히先生을보내여學館의도라가就

쨩작拜배배謝써셔去큐큐○인ᄒᆞ여拜謝ᄒᆞ라가라㊀外白뻐버書찡직錦긴긴衣

히이歸귀귀故구구鄉향향○白書에錦衣로故鄉의도라왓도다㊁一공이朝쟝쟌門

믄믄戶후후倍삐비生승숭光광광○一朝에門戶ㅣ生光이倍ᄒᆞ도다㊂親친친生

승숭師스스教걓갸恩은은難난난報밯반○親生師教ᄅᆞᆯ은혜갑기어려오니刻킈킈

腑부부銘밍밍心신신不붕부敢간간忘왕왕○刻腑銘心ᄒᆞ여敢히닛디몯ᄒᆞ리로다

㊀夫永융융安안안你니니去큐큐請칭칭那나나張쟝쟝媒믜믜婆뽀포來래레

○永安아네가뎌張媒婆ᄅᆞᆯ請ᄒᆞ여오라㊀末理리리會회휘得듷더○아노이다張쟝쟝

媽마마媽마마有읻우請칭칭○張媽媽ㅣ아請홈이잇다㊀丑伍우우老랗랖夫부부

人신신請칭칭我어오哩리리○伍老夫人이날을請ᄒᆞ시ᄂᆞ냐○字箋哩語助聲我어오

不붕부去큐큐我어오不붕부去큐큐○내내가가디디아아니니ᄒᆞᄒᆞ리리라라㊀末如

유유 何 허ᅘᅥ 不 부붕 去 큐큐 ○ 엇ᄯᅥ 가디 아니려 ᄒᆞᄂᆞ뇨 ㊀ 這 져져 事 스ᄊᆞ 不 부붕 好

한할 了 랸량 ○ 이 일이 됴티 아니ᄒᆞ다 ㊄ 如 유유 何 허ᅘᅥ 不 부붕 好 한할 ○ 엇ᄯᅥ 됴티

아니ᄒᆞ뇨 ㊀ 苦 쿠쿠 苦 쿠쿠 苦 쿠쿠 ○ ᄡᅥᆲ다 ᄡᅥᆲ다 ᄡᅥᆲ다 這 져져 花 화화 紅 훙훙 利 리리

市 스ᄊᆞ 討 토탕 不 부붕 成 칭쪙 了 랸량 ○ 이 花紅利市를 엇디 못ᄒᆞ리로다 ○花紅利市見第

二篇 ㊄ 你 니니 且 쳐쳐 來 래레 ○ 네 아직 오라 ㊀ 我 오어 來 래레 我 오어 來 래레

○ 내 오노라 내 오노라 ㊄ 媒 믜믜 婆 포뿨 來 래레 了 랸량 ○ 媒婆ㅣ 왓ᄂᆞ이다 ㊅ 張

장쟝 媽 마마 媽 마마 好 한할 幾 기기 日 시ᅀᅵᆼ 不 부붕 見 견견 你 니니 ○ 張媽媽ㅣ 아ᄆᆞ

장 여러 날 너를 보디 못ᄒᆞ리로다 兩 량량 位 위위 官 권권 人 신인 中 중중 擧 규규 回 휘ᄒᆔ

來 래레 ○ 兩位官人이 中擧ᄒᆞ여 도라왓거늘 你 니니 也 여여 不 부붕 來 래레 看 칸칸 一

이ᄒᆡᆼ 看 칸칸 ○ 네 ᄯᅩ 와 보디 아니ᄒᆞᄂᆞᆫ다 ㊀ 兩 량량 箇 거거 官 권권 人 신ᅀᅵᆫ 壯 좡좡 元

웬원 及 기끵 第 디띠 回 휘ᄒᆔ 來 래레 ○ 두 官人이 壯元及第ᄒᆞ여 도라 옴애 昨 조쪙 日 시ᅀᅵᆼ

府부부縣현현官권권 ○ 어제府縣官이 擺배배頭뚤투踏땅다動뚱둥鼓구구樂얍요

迎잉잉他타타 ○ 頭踏을버리고鼓樂을動ᄒᆞ여더믈마즈니 千쳔쳔人인인萬완완

人인인看칸칸 ○ 千人萬人이보앗거든 那나나裏리리少샹샤到당단我어오一횽이

箇거거人인인看칸칸他타타 ○ 어듸나ᄒᆞᆫ사ᄅᆞᆷ이로봄애셔디리오뎌 (夫)小샹샤

見숟순奉뽕봉恩흔은命밍밍回훠휘來래레畢빙비姻힌인 ○ 小見ㅣ恩命을밧드

러도라와畢姻ᄒᆞ려ᄒᆞ나 正징징要얀얀呌걒걒你니니來래레議이이這저저親친친

事쑿스 ○ 정히너롤블러와이親事를의논코져ᄒᆞ노라 (丑)休힣화提띠티了랴랴 ○ 뎌긔

티마ᄅᆞ쇼셔 兩량량位위위官권권人인인那나나時쑿스是쑿스秀싣수才째채

○ 兩位官人이뎌배ᄂᆞᆫ이秀才ㅣ라 便뻰변要얀얀那나나閑현현人인인家갸갸女뉴뉴

子즈즈 ○ 곳뎌閑人家女子ᄅᆞᆯ구ᄒᆞ엿새니와 于유유今긘긘是쑿스官권권人인인

了랴랴 ○ 이제ᄂᆞᆫ이官人이라 另링링尋씬신官권권人인인家갸갸女뉴뉴 ○ 별로

官人家女로太즐새시니要얀향他타타做주주甚슴씸的디딩◯뎌롤要ᄒᆞ야므슴ᄒᆞ리잇
고夫你니니說숴쉬甚슴씸話화화◯네므슴말니ᄅᆞᄂᆞᆫ다古구구人인신道닫땋
◯古人이니ᄅᆞ되結겨경親친친即지징結겨경義이이◯親을結홈은곳義로結홈이니
寸츤츈絲스ᄉᆞ已이이定딩띵千쳔쳔金긴긴不부붕移이이◯寸絲ㅣ임의定홈에
千金이라도옴기지몯ᄒᆞᄂᆞ니◯續幽怪錄韋固少未娶遇異人倚囊向月撿書曰此幽冥之書主天下
之婚固曰囊中赤繩何用曰以繫夫婦之足雖仇家異域此繩一繫終不可易你니니休휘화如유유
此츠ᄎᆞ說숴쉬◯네이러ᄐᆞ시니ᄅᆞ디말라丑我어오不부붕說숴쉬夫부부人인신
不부붕知지징◯내니ᄅᆞ디아니ᄒᆞ면夫人이아디몯ᄒᆞᆯ새시오說숴쉬起키키來래레到닫땋
好한항笑샾샾◯날러내면도로혀ᄀᆞ장우으니이다夫如유유何허허好한항笑샾샾
你니니說숴쉬◯엇디ᄀᆞ장우ᄉᆞ오뇨네니르라丑二ᅀᆞᄉᆞᆯ官권권人인신定띵딩
的디딩那나나媳시싀婦부뿌見견슨◯二官人의定ᄒᆞᆫ뎌媳婦ㅣ于유유今긴긴瞎햐ᄒᆡ

향하 了 략략 兩 량량 箇 거거 眼 연연 ◯ 머이 럿제 ᄂᆞ두 이눈 다이 夫 真 진진 箇 거거 瞎

향하 了 략략 ◯ 럿진 ᄂᆞ실 나로 머 丑 瞎 향하 便 뻔변 不 붕부 曾 쯩층 瞎 향하 ◯ 믄멀

니곳 ᄒᆞ일 여쪽 시머 되디 아 只 즈즈 是 씃스 兩 량량 箇 거거 眼 연연 ◯ 두그 눈저 이이 擡

때태 頭 뜰투 不 붕부 見 견견 天 텬텬 ◯ 보마 디리 못로 ᄒᆞ드 ᄂᆞ러 니하 이놀 다을 夫 瞎 향하

了 략략 如 유유 何 허허 好 향한 ◯ 여멀 야어 됴시 호면 리엇 오디 ᄒᆞ 丑 退 튀튀 了 략략

罷 빠바 ◯ 텬믈 ᄒᆞ리 여팀 이이 다므 末 二 슳슬 官 권권 人 인인 這 져져 等 등등 漢 한한

子 즈즈 ◯ 련二 ᄉᆞ官 나ㅅ 희이 煩 빤반 惱 놓노 沒 뭉무 好 향한 娘 냥냥 子 즈즈 ◯ 흔됴

娘煩 子惱 ᄒᆞㅣ 리업 잇슬 가ᄉᆞ 夫 怎 즘즘 麽 마마 中 중중 ◯ 맛엇 당디 홀ᄒᆞ 고여 야 丑 有

잉우 何 허허 不 붕부 中 중중 ◯ 이므 이슴 시맛 리당 잇티 고아 님 譬 피피 如 유유 人 인인

家 갸갸 要 향얀 買 매매 一 횡이 匹 핑피 馬 마마 騎 끼키 ◯ 셔비 호권 필대 몰ᄉ 을家 사의

여투 도려 ᄒᆞ 好 향한 歹 대대 不 붕부 要 향얀 一 횡이 箇 거거 殘 짠찬 疾 찡지 的 뎡디

○모롬이 ᄒᆞᆫ 殘疾ᄒᆞᆫ이로 要티 아니ᄒᆞ려든 況 황황 又 우잉 不 부붕 曾 층쯩 娶 츄츄 他 타타

過 고궈 門 믄믄 ○ᄒᆞ믈며 ᄯᅩ 일ᄶᅵᆨ 뎌로 娶ᄒᆞ여 過門티 아닌이 ᄯᆞᆫ녀 (夫) 是 스쓰 何 허헝 等 등등

說 숴쉉 話 화홰 ○이 엇던 말고 不 부붕 中 중중 ○맛당티 아니ᄒᆞ다 假 가갸 如 ᅀᅲ

我 오어 家 갸갸 孩 해ᄒᆡ 兒 ᅀᆞᆯᅀᅳ 不 부붕 幸 힝ᄒᆡᆼ 也 여여 殘 찬짠 疾 지찡 ○가ᅀᅵ

내 집 孩兒ㅣ 不幸ᄒᆞ야 ᄯᅩ 殘疾ᄒᆞ거든 他 타타 不 부붕 肯 큰큰 把 바바 他 타타 女 뉴뉴 兒 ᅀᆞᆯᅀᅳ

與 유유 我 오어 孩 해ᄒᆡ 兒 ᅀᆞᆯᅀᅳ ○뎨 즐겨 뎌의 女兒ᄅᆞᆯ 다가 孩兒ᄅᆞᆯ 주디 아니ᄒᆞ면 我

心 신신 下 햐햐 如 유유 何 허헝 ○내 ᄆᆞᄋᆞ매 엇더ᄒᆞ료 (丑) 我 오어 也 여여 曾 층쯩

與 유유 施 스ᄉᆞ 家 갸갸 說 숴쉉 來 레래 ○내 ᄯᅩ 일ᄶᅵᆨ 施家 두려 니ᄅᆞ니 施 스ᄉᆞ 家 갸갸

說 숴쉉 ○施家ㅣ 니로ᄃᆡ 旣 기기 是 스쓰 殘 찬짠 疾 지찡 ○님의 ᄒᆞ여 殘疾ᄒᆞ니 親 친친

家 갸갸 不 부붕 要 얀향 也 여여 從 충쭝 ○親家ㅣ 要티 아니ᄒᆞ면 조초리라 ᄒᆞ엿ᄂᆞ니 今

권권 二 슬슬 官 권권 人 인인 登 등등 高 갈강 科 코쿼 受 ᄉᆞ씽 顯 현현 職 지찡 ○이 제

顯職 二官人이高科ᄅᆞᆯ登ᄒᆞ여 職을受ᄒᆞ엿ᄂᆞᆫ디라 娶츄츄去큐큐便변뻔要얗햫做주주夫

부부人인신 ○娶ᄒᆞ여감애곳夫 人을삼을디니 不부붕中즁즁娶츄츄箇거거晌햐향

的디딍 ○눈먼이롤娶홈이ᄆᆞᆺ 당티아니ᄒᆞᆫ디라 老랖랖夫부부人인신雖쉬쉬是스쓰

不부붕肯큰큰退퉈퉈他타타 ○老夫人이비록즐겨 뎌롤退티아니ᄒᆞᆫ나 他타타也여여

要얗햫自즈ᄍᆞ家갸갸忖츈츈量량량 ○뎌도自家ㅣ 忖量호되 他타타那나나晌

하햐女뉴뉴兒ᄉᆞᆯ슬 ○뎌의뎌눈 먼ᄯᆞᆯ이 做주주得더듷夫부부人인신也여여是

스쓰做주주不부붕得더듷 ○夫人을삼어도ᄯᅩ 되디못홀새ᄒᆞ여 老랖랖夫부부人인신

家갸갸便변뻔要얗햫 ○老夫人이곳 요구ᄒᆞ여도 他타타也여여不부붕從충쭝 ○

뎨ᄯᅩ좃디아 니ᄒᆞ리이다 (末)他타타也여여說쉬숴得더듷是스쓰 ○뎨ᄯᅩ니롬 이올히이

다 (夫)我오어不부붕怕파파他타타不부붕從충쭝 ○내뎌의좃디아 닐가저퍼아니

ᄒᆞ노 라 人신인家갸갸娶츄츄婦부뿌望왕망長챵쨩久구긯 ○人家ㅣ娶 婦홈애長

라ᄉᆞ홈을ᄇᆡᄂᆞ니 若요약是스쓰好화핳便변뱬要야랑不부붕好화핳便변뱬退
튀튀 ◯ 만일됴커든곳要ᄒᆞ고됴 아니커든곳믈리티면 這져져便변뱬是스쓰沒무뭉天
텬텬理리리了랴랸 ◯ 理이업ᄉᆞ니 곳天如유유何허허得더듸久가기長창쨩 ◯
ᄉᆞ엇디長ᄒᆞ시리러오곰 媽마마媽마마我오어說쉬숴你니니聽팅팅 ◯ 媽媽ㅣ 야내늘
드러르든라네
㊉ 老랖랗夫부부人신인雖쉬쉬是스쓰你니니不부붕嫌현현瞎하향 ◯ 老夫
人아비록네눈멀믈혐의 不부붕知지징二을슬官권권人신신心
로ᄉᆞ이너기디아니ᄒᆞ나 二官人
신신下하햐如유유何허허 ◯ 아디못ᄒᆞ이다 二官人 夫 不부붕免
면면出츄츙他타타出츄츙來레래問운문一이향問운문 ◯ 마디못ᄒᆞ여 뎌롤블러나
자와 못 ㊌ 二을슳官권권人신인有와잉請칭칭 ◯ 二官人아이이 잇ᄂᆞ이다 請홈 ㊘
毋무무親친친大다따人신인萬완완福부붕 ◯ 母親大人萬福 夫 說쉬숴你니니

定뎡딩 的딍디 媳싱시 婦뿡부 壞홰홰 了럏랴 眼연연 ○ 너와 날러 뎡ᄒᆞ 媳婦ㅣ 눈이 희

ᄒᆞ여 니텻 다 你니니 心신신 下ᄈᆞ하 如유유 何ᄒᆞ허 ○ 네ᄆᆞᄋᆞᆷ에 엇더ᄒᆞ뇨 (小生) 這저저

是ᄊᆞ스 孩해해 兒ᅀᆞᆯ 命밍밍 分뽄분 所수소 這쟝잔 ○ 이 命分이 孩兒ᄂᆞᆫ 의 만 ㅣ 배

니 只즈즈 着쟣죠 取츄츄 來래레 ○ 그저 娶ᄒᆞ여 라 管권권 他타타 有잉ᅌᅯ 眼

연연 沒몽무 眼연연 ○ 눈이 업다 ᄒᆞ 데 관섭ᄒᆞ 리여 엇가 슴 (丑) 二ᅀᆞᆯ 官권권 人신신

你니니 的딍디 娘냥냥 子즈즈 ○ 二官人아 娘子ㅣ 見견견 你니니 做주주 了럏랴

官권권 ○ 네 눈을 보고 홈 眼연연 孔쿵쿵 大다다 了럏랴 不봉부 見견견 人신신

○ 을 눈 보 ᄯᅡ 더위 못커 ᄒᆞ사 니 롬 你니니 要향얀 也여여 是ᄊᆞ스 不봉부 要향얀 ○ 네 要

ᄒᆞ 아 니 ᄂᆞᆫ 다 ᄒᆞ 또 ᄂᆞᆫ 中要 티 (小生) 我오 어 娶츄츄 妻쳐쳐 只즈즈 要향얀 心신신 不봉부

要향얀 眼연연 ○ 내 ᄒᆞ 고 妻를 娶홈애 그저 ᄆᆞᄋᆞᆷ을 要 ᄒᆞ고 눈을 要티 아니ᄒᆞ노니 若ᅀᅣᇰ쇼 是ᄊᆞ스

他타타 心신신 好핳할 ○ 만일 뎌의 ᄆᆞᄋᆞᆷ이 됴ᄒᆞ면 沒몽무 眼연연 也여여 不봉부 姑

방방 ○ 눈이업서도방해롭디아니ᄒᆞ거니와 若쇼샵 是스쓰 他타타 心신신 歹대대 ○ 만일뎌의ᄆᆞ옴이사오나오면 要얖햫 他타타 眼연연 做주주 甚숨씸 的디딍 ○ 뎌의눈을要ᄒᆞ여므슴ᄒᆞ리오 世시싀 上샹썅 人신싄 那나나 箇거거 無우무 好할핳 眼연연 ○ 世上사ᄅᆞᆷ이어늬됴ᄒᆞᆫ눈이업ᄉᆞ리오마ᄂᆞᆫ 只즈즈 是스쓰 沒무뭉 好핫할 心신신 ○ 그저됴ᄒᆞᆫᄆᆞ옴이업ᄂᆞ니 媽마마 媽마마 我오어 說쉬숼 你니니 聽팅팅 ○ 媽媽ㅣ아내닐러든네드르라

㊃ 但단딴 得더듷 兩량량 心신신 同퉁뚱 一이힝 意이히 ○ 다ᄆᆞᆫ두ᄆᆞ옴이ᄒᆞᆫ빋곳ᄒᆞᆷ을어드면 不부붕 妨방방 四스ᄉᆞ 眼연연 欠견견 雙상쌍 瞳퉁뚱 ○ 四眼에雙瞳업슴이방해롭디아니ᄒᆞ다 ㊀ 老랖랗 夫부부 人신싄 如슈슈 此츠츠 存츈쭌 心신신 ○ 老夫人이이러ᄐᆞ시存心ᄒᆞ시니 兒ᅀᆞᆯᅀᆞᆯ 孫순순 必비빙 定딩명 昌창창 盛싱씽 ○ 兒孫이반ᄃᆞ시일뎡昌盛ᄒᆞ리로소이다 料랴량 他타타 無우무 不부붕 從충쭝 理리리 ○ 혜아리건

대뎨좆디아니홀 理ㅣ업소려니와 又잉우 是쓰스 一잉이 件견견 ○ 또이훈 가지는 自쯔즈

從쭝충 二슬을 官권권 人신신 田훼휘 後흫후 ○ 二官人이도라 온後로브터 我어오

便뺀변 與유유 施숫스 家갸가 說숴쉬 這져져 完원원 親친친 一잉이 節졍져 事

쓰스 ○ 내곳施家두려이完 親一節事를닐으니 老랑랖 親친친 家갸가 說숴쉬 且쳐처 停

뎡팅 些셔셔 時쓰스 ○ 老親家ㅣ닐으되아직져 기머믈오자ᄒᆞ더이다 ㊌ 兩량량 箇거거

官권권 人신신 田훼휘 来래레 心신신 急공기 如슈슈 火훠호 ○ 두官人이 도라옴애

ᄆᆞ옴急ᄒᆞ기 블곳거놀 他타타 却공거 要향야 停뎡팅 些셔셔 時쓰스 ○ 뎨쏘져 기머믈

오고져 ᄒᆞ더니 ㊇ 孩해해 兒슬올 請칭칭 命밍밍 田훼휘 来래레 ○ 孩兒ㅣ命 을請ᄒᆞ여

도라 옴애 限현현 期끼키 甚씬신 迫뵝버 ○ 限期ㅣ심 히迫ᄒᆞ니 如슈슈 何허허 可커커

久광구 停뎡팅 ○ 얻디可히오 래머믈리오 ㊉ 施숫스 老랑랖 親친친 家갸가 說숴쉬

○ 施老親家 ㅣ닐으되 他타타 為위위 因힌인 壯쫭좡 元원원 田훼휘 來래레 畢삐리

姻 힌인 ○ 톄壯元이 도라와 畢姻ᄒ려 홈을 因ᄒ야 新 신신 近 긴긴 求 끟꾸 得 듷더 一 힗이

箇 거거 丫 야야 鬟 환환 要 얗얀 陪 삐픽 嫁 갸가 ○ 요ᄉ이 ᄒ丫鬟을 求 得ᄒ야 陪嫁코져 ᄒ

여 ○ 女兒頭上作兩髻 謂之丫鬟即婢子之稱 用 융융 鈔 찰찬 二 슬을 百 븽비 貫 퀀권 取 츄츄

來 래레 ○ 鈔二百貫을 빠드려와 到 닿닫 家 갸가 後 흫후 ○ 집의 니른 후에 見 견견 他 타타

타타 擧 규규 止 즈즈 端 돤돤 詳 샹샹 ○ 뎌를 보니 擧止 端詳ᄒ야 不 부부 似 스스 小 샤샤

家 갸갸 女 뉴뉴 兒 슬슬 ○ 小家女兒곳 다 아니ᄒ거늘 仔 즈즈 細 시시 究 궁구 問 룬운

○ 仔細히 究問ᄒ니 原 원원 來 래레 是 쑤스 他 타타 舊 낃구 日 잏이 朋 뻥픙 友 잉우

的 디디 女 뉴뉴 子 즈즈 ○ 본뎌 이의 녯 날 벗의 ᄯᆞᆯ이라 于 유유 今 긴긴 他 타타 那 나나 家 갸가

父 뿌부 孃 냥냥 都 두두 死 스스 了 량랴 ○ 이제 뎌의 父孃이 다 죽어심애 人 신신 家 갸가

討 탈토 去 큐큐 做 주주 豚 뚠툰 養 양양 媳 시시 婦 뿌부 ○ 人家ᅵ 어뎌가 민며ᄂ리롤 삼가

婦 앗 釋 더 見 니 譯 ○ 語 豚 類 養 解 媳 那 나나 人 신신 家 갸가 見 견견 他 타타 無 무우 父 뿌부

無 무우 孃 냥냥 ○ 뎌 人家ㅣ 뎌의 부모 업슴을 보고 貧 탄탄 圖 뚜투 人 인인 財 째채 錢
쳔천 ○ 사ᄅᆞᆷ의 財錢을 貧圖ᄒᆞ여 將 장장 來 래레 出 츄츄 賣 매매 ○ ᄃᆞ려와 ᄑᆞ니 老 랗란
親 친친 家 갸갸 不 붕부 忍 인신 將 장장 將 장장 良 량량 作 잪조 賤 쪈젼 ○ 老親家ㅣ ᄎᆞᆷ아 良을
다가 賤을 삼디 못ᄒᆞ야 把 바바 他 타타 洗 시시 刷 쏴솨 起 키키 來 래레 ○ 뎌롤 다가 싯가
식여 내여 與 유유 他 타타 家 갸갸 兩 량량 箇 거거 姐 져져 姐 져져 一 힝이 般 번번 看
칸칸 承 찡칭 ○ 뎌 집두 姐姐파 ᄒᆞᆫ가지로 보ᄉᆞᆯ피고 要 향얀 將 장장 大 따다 姐 져져 姐 져져
一 힝이 半 번번 粧 좡좡 奩 련련 分 븐븐 與 유유 他 타타 ○ 大姐姐의 一半 粧奩을 다가 ᄂᆞᆫ
화 뎌롤 주어 粧奩見第二篇 ○ 先 션션 嫁 갸가 他 타타 與 유유 人 인인 然 연연 後 헣후 ○
몬져 뎌롤 嫁ᄒᆞ야 사ᄅᆞᆷ을 준 然後에 發 봥바 落 랗로 兩 량량 箇 거거 姐 져져 姐 져져 ○ 두 姐
姐롤 디쳐코져 ᄒᆞ되 如 유유 今 긴긴 尙 썅샹 未 뮈위 尋 씬신 得 듷더 匹 핑피 配 픠픠 ○
이제 오히려 匹配롤 엇디 못ᄒᆞ여심애 以 이이 此 ᄎᆞ츠 要 향얀 將 장장 俺 함암 家 갸가 親

친친 事 쏘스 ○ 일로ᄡᅥ우리 親事를다가 집 且 쳐쳐 停 뎡팅 留 릭릭 些 셔셔 時 쏘스 ○

아직져기停留코 져ᄒᆞᄂᆞ니이다 ㊅ 老 랖랖 親 친친 家 갸가 存 쭌춘 此 ᄎᆞᄎᆞ 點 뎐뎐 心

신신 ○ 老親家ㅣ이효뎡 ᄆᆞ옴을두어시니 世 싱시 上 썅샹 罕 한한 有 잏우 ○ 世上에 드믈이

잇다 古 구구 人 신인 道 땋닫 ○ 古人이 니ᄅᆞ되 蘧 킈큐 伯 븡버 玉 융유 恥 칭치 獨 뚱두

爲 위위 君 균균 子 즈즈 ○ 蘧伯玉이홀로君子됨을붓그려ᄒᆞ 다ᄒᆞ니 ○ 東軒筆錄縣令鍾離意有

女與隣縣許令結婚女將出適買一婢以從嫁詢得其 婢是前令之女隣而悲之以書抵許曰當輟吾女嫁資

先為前令女求婚更俟一年為吾女辦奩篚歸君子可 乎許答曰蘧伯王恥獨為君子願以前令女配吾子別

求良婿以嫁君女 俺 함암 家 갸갸 三 산산 哥 거거 正 징징 少 샿샤 一 잉이 箇 거거 媳

싀시 婦 뿌부 ○ 우리집三哥에정히 ᄒᆞᆫ媳婦ㅣ업스니 就 찍작 望 왕왕 伱 니니 與 유유 老

랖랖 親 친친 家 갸가 說 숴쉬 ○ 인ᄒᆞ여ᄇᆞ라ᄂᆞ니네 老親家ᄃᆞ려닐러 都 두두 成 칭정 就

찍작 了 럏랴 這 져져 一 잉이 段 돤돤 好 핳하 事 쏘스 罷 빠바 ○ 다이一段好 事를成就ᄒᆞᆷ

어므던 ᄒ다 你 니니 聽 팅팅 我 어오 說 쉬숴 ○ 네 드르라 내 니르마

㊀丑 老 랖랗 身 신신 謹 긘긘 領 링링 ○ 老身이 삼가 領ᄒ리이다 老 랖랗 身 신신 去 큐큐

了 랴랼 ○ 老身이 가ᄂ이다 我 어오 有 임우 一 힝이 句 큐큐 話 화화 ○ 내 혼 句 말이

니이시 告 갛갚 老 랖랗 夫 부부 人 인인 說 쉬숴 ○ 老夫人ᄭ 告ᄒ노니 ᄂ르리이다 我 어오

從 쭝충 三 산산 十 씽시 歲 쉬쉬 便 뼌변 做 주주 媒 믜믜 ○ 내 三十歲브터 곳 듕매 되야

到 닾닾 如 유유 今 긘긘 纔 째채 見 견견 倆 닌닌 兩 량량 親 친친 家 갸갸 ○ 이제 니르러 ᄀᆺ 너희 두 親家로 보얏ᄂ니 真 진진 箇 거거 世 싀시 間 견견 罕 한한 有 임우 ○ 진실로 世間에 드믈이 잇도소이다

㊁未 少 샾샾 年 녠녠 歸 귀귀 娶 츄츄 沐 뭉무 恩 흔은 波 붜보 ○ 少年에 歸娶홈애 恩波를 沐ᄒ니 ○ 唐詩 沐恩波鳳池頭 共 歌 거거 管 권권 聲 싱싱 中 중중 簇 충추 綺 키키 羅 러로

○ 歌管聲中에 綺羅 ᅵ 簇ᄒ얏도다 桂 귀귀 籍 찌지 錦 긘긘 袍 빺팦 新 신신 進 진진 士

스쏘 ○ 桂籍錦花新進士ㅣ○唐選擧志唐制取士目有秀才有明經有進士 燭주죵 闈위위 花

화화 榜방방 小샤샹 登등등 科코커 ○ 燭闈花榜小登科ㅣ로다○南部新書太中以来禮部放

榜歲取二三人姓氏稀僻謂之色目人亦曰花榜唐書武元一幼時議張氏女為婚年未二十遂登第帝勅令

歸家完娶陳子昂贈詩曰宴罷櫻桃宴花燭大登科後小登科 自즈쯔 家가갸 不부붕 是스쏘 別

벼뼝 人인인 ○ 自家ㅣ이다ᄅᆞᆫ사ᄅᆞᆷ이아니라 是스쏘 伍우우 太태태 守식싱 家가갸 使

스쓰 喚훤훤 的디딩 一이힝 箇거거 小샤샹 郞랑랑 便변뼌 是스쏘 ○ 이伍太守ㅅ집

使喚ᄒᆞᄂᆞᆫᄒᆞᆫ小郎이곳이로니 今긴긴 日ᅀᅵᅀᅵᆼ 是스쏘 箇거거 天텬텬 德더등 合허헝 日

ᅀᅵᅀᅵᆼ ○ 오ᄂᆞᆯ은이天德合日이라○曆法正月在壬三月在丁四月在丙六月在己七月在戊九月在辛十月

月在庚十二月在乙謂之天德合日 俺암함 家갸갸 老랖랑 夫부부 人인인 ○ 우리집老夫ㅅ

이 要얖향 與유유 二ᅀᅳᆯᅀᅳᇫ 位위위 官권권 人인인 畢비빙 姻인힌 ○ 二位官人을위

ᄒᆞ여畢姻코져ᄒᆞᆷ애 親친친 朋픙뿡 畢비빙 集지찡 花화화 燭주죵 煇휘휘 煌황ᅘᅪᇰ ○

親朋이다못고花燭이빗나도다

㊍道닷담猶유읶未위뮈了랴량○니르기로오히려못디못ᄒᆞ여셔老랖랑夫부부

人인인到닷닿来래레○老夫人이오시거다

㊎男난난子즈즈生승승而ᅀᅳᆯ願원원為위위之즈즈有임우室시싱○男子ㅣ남애위ᄒᆞ여室둠을願ᄒᆞ고女뉴뉴子즈즈生승승而ᅀᅳᆯ願원원為위위之즈즈有임우家가가○女子ㅣ남애위ᄒᆞ야家둠을願ᄒᆞᄂᆞ니○見孟子滕三篇永융융安한안今긴긴

日ᅀᅵᆯ昏훈훈時쓰스○永安아오늘昏時에欲유용遣권권二ᅀᅳᆯ位위위官권권

人인인行힝힝親친친迎잉잉禮리리○二位官人을보내여禮를行코져ᄒᆞ니○親迎禮昏義父醮子而命之迎奠雁降出御婦車先俟于門外婦至壻揖婦以入徐니니可커커備ᄇᆡ비

生승승鴈연연一이ᅙᅵᆯ雙쌍쌍○네可히生鴈ᄒᆞᆫ雙을ᄀᆞ초와用융용紅훙홍絲ᄉᆞ스纏젼쳔項향향○紅絲로써목을미야與유유二ᅀᅳᆯ位위위官권권人인인○二位官人

어을 주往왕왕親친친家갸갸行힝힝禮리리則즉저箇거거○親家에가行禮혼

라 ㊟ 鴈연연是쓰스隨쮜취陽양양鳥냥냐○鴈은이隨陽鳥ㅣ니書註ㅣ陽鳥依居秋니

南北春 天텬텬生숭싱耿긍긍介계개資즈즈○하놀이내신耿介資ㅣ라紅훙홍絲

스숨纏젼젼頸깅깅項향항○紅絲로목을미야奠뎐뎐爾슴슬表뱜뱌婚훈훈儀

이이○너롤奠후야婚儀로表후니라○禮昏義壻執鴈入揖讓升堂再拜奠鴈 ㊟ 伍우우倫

륜륜全쥰쳔伍우우倫륜륜備쁴비伱니니兩량량兄훙흉弟뗴디過궈고來래레

○伍倫全伍倫備너두兄弟오라我어오分븐븐付부부伱니니則즉저箇거거○너내

付ᄃ려후分자 ㊟ 請칭칭老랄랄夫부부人신신行힝힝醮쟐쟌禮리리○請老대권

夫人은醮禮롤行후고쇼서○醮而無酬酢曰醮小學註云蓋婚禮贊者三酌婚婦而不酬酢也 ㊇ 永융융

安한안取츄츄酒질쥬來래레○永安아술을가져와適띠디與유유二숭숭位위위

官권권人신신○二位官人의게適與혼라 ㊟ 酒질쥬在째재此츠츠○술이예잇느이

다

(夫)跪귀궤受슈쓯酒쥬작○바다드러술로라 (末)啐취취酒쥬작○술로마시쇼셔

○禮記禮也小記啐酒成歠曰啐聽팅팅訓훈훈辭스쏘○르訓쇼辭셔로드 (夫)往왕왕迎

잉잉爾술술相샹샹承칭칭我오어宗종종祀스쏘○가너도으리로마자우리宗祀롤承

호더勉면면率쇄솔以이이敬깅깅若쇼샹則저즉有유잉常챵쟝○힘써으로敬써

率常호을야두네라곳(夌)(小生)諾보낙○諾다諾箋應辭○字惟위위恐쿵쿵不부불堪

관관敢관관不부블承칭칭命밍밍○오직감당티못홀가저허호거니감히命을承티아니호

리土잇昏가禮○篇儀語禮(末)俯부부伏부뽄興흥흥○俯伏興호쇼셔(夌)(小生)聽팅팅

慈츠쪼母무무訓훈훈辭스쏘○慈母의訓辭로듯조오니敢관관不부블用융융心

신신謹근근記기기○감히用心호야삼가기록디아니호리잇가

(末)纔재쩨看칸칸兩량량兩량량見술슨親친친迎잉잉○親又迎兩兩見홈을보ㅣ

-302-

34b

고佇쥬쥬見견견雙상상雙상상婦부뿌入유슝門문문○雙雙婦ㅣ入門홈을佇見ᄒᆞ도ᄯᅩ다ᄂᆞᆫ

㊟新신신婚시시到당도請청칭主쥬쥬人신인出츄츌迎잉잉○新婚ㅣ니르러시니請컨대主人은나마조쇼셔

㊟此ᄎᆞ츠是쓰스親친친門믄믄○門이이논니이親新신신婚시시行힝힝奠뎐뎐鴈연연禮리리○新婚ᄒᆞ논奠鴈禮로行ᄒᆞ쇼셔鴈연연是쓰스知지지時쓰스鳥냐냥○鴈은이知時鳥ㅣ라○管子鴻鴈秋南春北不失其時飛비븨鳴밍밍不부붕亂런런

羣군균○飛鳴홈애亂羣티아니ᄒᆞᄂᆞ니大대대夫부부行힝힝贄지지禮리리○大夫ㅣ贄禮를行ᄒᆞ거늘○儀禮大夫執鴈取其候時而行也攝셥셔盛씽싱借져져爲위위婚혼혼○셩ᄒᆞ거슬잡아비러婚을ᄒᆞᄂᆞᆫ또中○按士昏禮謂之攝盛盖以士而服大夫服乘大夫車執大夫贄故云

(生) 天텬텬 上썅샹 已이이 登등등 新신신 進진진 士쓰스 ○ 의天 新上 進에 士임

르에 고오 人신인 間견견 又잉우 赴부부 小샹샨 登등등 科쿼코 ○ 小ㅅ 登間 科에 에또

또赴 다ᄒ 는

(外) 老랑랃 姆무무 引인인 二승슬 位위위 姐져져 姐져져 向향향 前쪈쳔 来래레

○ 라老 ○姆 字ㅣ 彙야 姆二 女位 師姐 也姐 又를 弟引 妻ᄒ 謂야 夫앏 之흘 嫂向 日ᄒ 姆야 姆오 我 어오

囑죵쥬 付부부 他타타 ○ 부내 ᄒ뎌 쟈를 당 (丑) 怎즘즘 麽마마 說쉬쉬 ○ 니엇 ᄅ디

뇨ᄂ 我어오 耳숭숄 背비비 聽팅팅 不붕부 見견견 ○ ᄒ내 리귀 로먹 다어 ○듯 耳디 背못

語釋 類見 觧譯 (淨) 我어오 知징지 道땋단 了럏랸 ○ 노내 라아 (丑) 姐져져 姐져져 每

믜믜 ○ 듣姐 아姐 你니니 向향향 爹뎌뎌 爹텨텨 前쪈쳔 聽팅팅 囑죵쥬 付부부 ○

로네 드爹 르爹 라의 ○앏 爹희 爹向 見ᄒ 第야 二당 篇부 (外) 在쨰재 家갸갸 則쯩저 為위위 女

뉴뉴 子즈즈 ○ 女집 子의 ㅣ이 되셔 고ᄂ 嫁갸갸 人신신 則쯩저 為위위 媳싱시 婦뿌부

○사ᄅᆞᆷ의게嫁ᄒᆞ면媳婦ㅣ되ᄂᆞ니 既기기 嫁갸갸 丈쟝쨩 夫부부 當당당 行힝ᄒᆡᆼ 婦부뿌 禮리리 ○임의丈夫을嫁ᄒᆞ애맛당히婦禮물行홀디라 莫모망 比비비 在재째 家갸가 爹뎌뎌 孃냥냥 根근근 前쳔쪈 撒사샹 驕갸걍 了랴량 ○집의이셔爹孃의손듸ᄒᆞ간양홈애比티못ᄒᆞ리라 左조저 右악잉 取츄츄 酒작쟝 来레래 ○左右ㅣ아술을가져와 與유유 二을ᅀᅳᆯ 位위위 姐져져 姐져져 行힝ᄒᆡᆼ 醮쟌쟝 禮리리 ○二位姐姐를주어醮禮를行ᄒᆞ게ᄒᆞ라 古구구 人신ᅀᅵᆫ 造잔짱 此츠ᄎᆞ 酒작쟝 ○古人이이술을지어 用융융 以이이 醮쟌쟝 婚훈훈 儀이이 ○뻐婚儀에醮케ᄒᆞ니라 姐져져 姐져져 接져졍 酒작쟝 盞잔잔 ○姐姐ᄂᆞᆫ술잔을잡아 聽팅팅 取츄츄 訓훈훈 戒계계 辭스ᄉᆞ ○訓戒ᄒᆞᄂᆞᆫ말를들으라

㊍此츠ᄎᆞ 是스ᄉᆞ 中중중 堂당ᄯᅡᆼ ○이ᄂᆞᆫ이中堂이로소이다 ㊉孩해ᄒᆡ 兒술ᅀᆞ 過고궈 前쳔쪈 来레래 我오어 囑쥬죵 付부부 你니니 ○孩兒ㅣ아나아오라내너ᄃᆞ려당부

ᄒᆞ자 好항한 生승승 伏뿡부 事쑹스 伱니니 婆뿨포 婆뿨포 ○ ᄆᆞ장 네 婆婆룰 伏事ᄒᆞ라

箋○ 婆婆字 公姑也 㕘 省 敢간간 不붕부 遵쥰쥰 承찡칭 ○ 敢히 遵承티 아니ᄒᆞ리잇가

丑 爺여여 爺여여 說숴쉐 的디 言연연 語유유 ○ 爺爺의 니ᄅᆞ시ᄂᆞᆫ 말을 須슈슈

要향얀 牢랑랖 記기기 着쨩쟢 ○ 모롬이 굿이 긔록파뎌 ᄒᆞ노라

末 這저저 裏리리 是쓰스 中중중 門믄믄 ○ 예ᄂᆞᆫ 이 中門이로소이다 外 老랗랖 姆

무무 姆무무 伱니니 扶뿌부 兩량량 箇거거 姐져져 姐져져 來래레 ○ 老姆姆ㅣ 아네

두 姐姐룰 븟드러 오라 我오 分븐븐 付부부 他타타 ○ 내 뎌드려 分付ᄒᆞ쟈 好항한 生

승승 順쓘쓘 承찡칭 伱니니 丈쨩장 夫부부 ○ ᄀᆞ장 네 丈夫ᄅᆞᆯ 順承ᄒᆞ라 㕘 省 敢간간

不붕부 遵쥰쥰 依이이 ○ 敢히 遵依티 아니ᄒᆞ리잇가 丑 爺여여 爺여여 好항한 言

연연 語유유 ○ 爺爺의 됴흔 말ᄉᆞᆷ을 不붕부 要향얀 忘망왕 了랗랖 ○ 닛디 말과뎌 ᄒᆞ노라

末 這저저 裏리리 是쓰스 外왜왜 門믄믄 ○ 예ᄂᆞᆫ 이 外門이로소이다 外 老랗랖 姆

무무姆무무扶뿌부儞니니姐져져姐져져過궈고前쪈쳔來래리○老姆姆ㅣ아네

姐姐롤븟드러나아오라我어오囑죵쥬付부부他타타○내뎌ᄃᆞ려당부ᄒᆞ쟈好항한生

승승和훠호睦뭉무儞니니那나나六룽릭親친친○ᄀᆞ장네뎌六親을和睦ᄒᆞ라○六親

見第一篇(査)(삽)敢간간不붕부遵쥰쥰從쭝충○敢히遵從티아니ᄒᆞ리잇가(丑)爺

여여爺여여敎걍갸儞니니的딩디都두두是쓰스好항한言연연語유유○爺爺

ㅣ너롤ᄀᆞᄅᆞ치시는거시다이됴흔말ᄉᆞᆷ이니一링이句규규句규규都두두要향야記기기

在째재心신신裏리리○句句마다다ᄆᆞ옴에긔록ᄒᆞ야두과뎌ᄒᆞ노라

(丑)只즈즈管권권不붇부去큐큐○그져ᄉᆞ릐야가더아니ᄒᆞ거니와只즈즈恐쿵쿵

儞니니去큐큐了량랴○그저저건대네가면又잉우不붕부肯큰큰回훼휘來래레

○또즐겨도라오더아닐가ᄒᆞ노라(未)時쓰스候흥후到닿도了량랴○時候ㅣ니르러

시니老랖랖爺여여爺여여回훼휘去큐큐罷빠바○老爺爺ㅣ도라감이므던ᄒᆞ니라等

등등 姐저져 姐저져 行힝힝 ○ 姐기 姐ᄃᆞ ㅣ리 行쇼셔 홈을 (外) 我오ㅓ 兒술ᄉᆞ 伱니니

去큐큐 了랴랴 ○ 我내 兒가 ㅣ라 아 非븨븨 是ᄊᆞ스 父뿌부 親친친 拋팦퐈 撒폄펴

子즈즈 ○ 이리 ᄂᆞᆫ 親줄 이이 아ᄌᆞ 식니 을라 ㅂ 人신신 倫륜륜 自ᄍᆞ즈 古구구 禮리리

當당당 然션션 ○ 人禮 倫ㅣ 이當 然녜 로ᄒᆞ 븟니 터라 (末) 請칭칭 新신신 人신신 上쌍상

轎갸갸 ○ 上請 轎권 대ᄒᆞ 新쇼 人셔 은

(末) 這저저 裏리리 是ᄊᆞ스 中중중 門믄믄 ○ 예門 ᄂᆞᆫ이 이니 中 請칭칭 新신신 人

신신 下햐햐 轎갸갸 ○ 下請 轎권 대ᄒᆞ 新쇼 人셔 은

(末) 這저저 裏리리 是ᄊᆞ스 中중중 堂땅당 ○ 예堂 ᄂᆞᆫ이 이니 中 請칭칭 新신신 人

인인 行힝힝 禮리리 ○ 行請 禮권 대ᄒᆞ 新쇼 人셔 은 切쳐쳐 以이이 禮리리 重쭝중 婚

혼혼 姻인인 玆즈즈 實시시 人신신 倫륜륜 之즈즈 大따다 ○ 그ᄂᆞᆫ 婚으 姻기 이ᄲᅧ 禮重

ᄒᆞ 倫니 의이 큰실 거로 시人 오 義이이 當당당 配픠픠 偶ᅌᅮ우 爰원원 思ᄉᆞ스 宗중중 祀

(스 쓰) 之(즈 즈) 承(칭 찡) ○ 義예配偶ㅣ맛당ᄒᆞ니이에 宗祀니음을싱각홀디라 首(사 삼) 嚴(연 연)

見(현 현) 廟(먀 먕) 之(즈 즈) 儀(이 이) ○ 웃듬으로見廟의 儀로嚴히ᄒᆞ고 次(ᄎᆞ 춧) 講(강 강) 拜

堂(탕 땅) 之(즈 즈) 禮(리 리) ○ 벅어拜堂의禮로講홀디니○ 此是婚禮時致辭見萬寶全書 請

(칭 칭) 新(신 신) 人(인 신) ○ 請권대 新人은 拜(배 배) 伍(우 우) 家(가 갸) 高(간 강) 曾(증 증) 祖(주 주)

考(간 강) 四(스 ᄉᆞ) 代(대 때) 先(선 션) 靈(링 링) ○ 伍家高曾祖考四代 先靈씌拜ᄒᆞ쇼셔

㊟ 請(칭 칭) 新(신 신) 人(신 신) ○ 請권대 新人은 拜(배 배) 尊(준 쥰) 堂(탕 땅) 老(랄 랑) 院(원 원)

君(균 균) 夫(부 부) 人(신 신) ○ 尊堂老院君夫 人씌拜ᄒᆞ쇼셔

㊟ 拜(배 배) 儀(이 이) 旣(기 기) 畢(비 빙) 禮(리 리) 意(이 히) 云(윤 윤) 周(작 쟉) ○ 拜儀임 畢홈의

에 ᄒᆞ 禮도 意다 周 伏(부 뿡) 願(원 원) 閨(귀 귀) 門(믄 믄) 雍(웅 옹) 肅(수 숭) 琴(긴 낀) 瑟(스 승) 和

(호 화) 諧(혜 해) ○ 엽드려願컨대閨門이雍肅ᄒᆞ고琴瑟이 和諧ᄒᆞ야○詩周南窈窕淑女琴瑟友之 奉

(봉 뽕) 祖(주 주) 禰(니 니) 以(이 이) 乘(취 쮜) 休(휴 흉) ○ 祖禰로밧드러休를 드리오고○字彙禰父

廟也 事 스쏘 公 궁궁 姑 구구 而 술슬 盡 진찐 禮 리리 ○ 公姑ᄅᆞᆯ 셤교ᄃᆡ 禮로 다ᄒᆞ야 即

지징 見 견견 多 도더 男 난난 之 즈즈 喜 히히 ○ 곳 多男의 喜로 보고 ○ 華封人祝堯曰壽富多

男子 永 용융 符 부뿌 八 바빵 世 시씨 之 즈즈 昌 챵챵 ○ 기리 八世의 昌을 符ᄒᆞᆯ ᄯᅵ라 ○ 左傳

懿氏卜妻陳敬仲其妻占之曰五世其昌並于正卿八世之後莫之與京 暫 잔짠 別 벼뼝 高 갈강 賓

빈빈 請 칭칭 歸 귀귀 香 향향 閣 거겅 ○ 잠깐 高賓을 別ᄒᆞ고 請컨대 香閣으로 도라가쇼셔 ○ 李

白詩天樂聞香閣 ㊇ 一 이힝 旦 잔쟝 喜 히히 還 환환 兒 솔ᄉᆞᆯ 女 뉴뉴 債 재재 ○ 一朝

애 깃비 兒女債로 갑ᄒᆞ니 ○ 兒女債見第二篇 百 버븽 年 년년 不 부붕 負 부뿡 守 식싱 孀 솽솽

心 신신 ○ 百年에 守孀心을 져ᄇᆞ리디 아니ᄒᆞ엿ᄯᅩ다 ㊍ 夫 부부 人 신신 去 큐큐 了 랴랼

○ 夫人이 가겨시니 請 칭칭 新 신신 人 신신 行 힝ᅘᅵᆼ 交 갸걍 拜 배배 禮 리리 ○ 請권

대 新人은 交拜禮로 行ᄒᆞ쇼셔 伏 부뿡 以 이이 男 난난 遵 쥰쥰 乾 견껸 道 단땅 女 뉴뉴 順

슌쓘 坤 쿤쿤 儀 이이 ○ 업듸어 ᄡᅥ 男은 乾道로 遵ᄒᆞ고 女ᄂᆞᆫ 坤儀로 順ᄒᆞᄂᆞᆫ디라 ○ 周易註 乾健也 陽

之性也坤順也陰之性也 禮리리有우웅尊쥰쥰卑븨븨拜배배無우뭉先션션後후흫
○禮논尊卑이시나拜논先後ㅣ업스니 男난난先션션下햐햐膝시싱女뉴뉴略랴략
沾젼젼裙균균○男이몬져膝을下ᄒᆞ면女ㅣ잠산裙을沾ᄒᆞᄂᆞ니 願원원相샹샹敬깅깅
之즈즈如슈슈賓빈빈○願컨대서ᄅᆞ공경홈을손ᄀᆞᆺ티ᄒᆞ야○晉郤缺耨其妻饁之敬相待如賓
饗햐햫齊치쪄眉믜믜之즈즈到닾당老랖랑○齊眉到老홈을본바드쇼셔○齊眉見荊
一篇可커커無우무拙줘쥥句규규少샤샹贊잔잔容융융儀이이○가히拙句로져
기容儀롤기림이업스리잇가○自章首至此亦致辭 相샹샹如슈슈新신신見견견卓조죨
文운문君균균○相如ㅣ새로卓文君을봄애○司馬相如漢武帝時人與臨邛令王吉善臨邛富人
卓王孫聞令有貴客爲具召之王孫有女文君新寡好音相如以琴心挑之與歸成都 相샹샹顧구구
頻핀삔頻핀삔屬슈쓩意이히勤낀끤○서ᄅᆞ도라봄을ᄌᆞ조ᄒᆞ야屬意홈아부즈런ᄒᆞ도다
行힝힝禮리리今긘긘宵샹샹須슈슈合허헣講강강○行禮롤今宵에모롬이강논ᄒᆞ

염즉ᄒᆞ니 男난난先션션下햐햐牓승시女뉴뉴沾뎐뎐裙균균○男이몬져牓을下ᄒᆞ면女ㅣ裙을沾ᄒᆞ리로다 請칭칭新신신人인인交걀걀拜배배○請컨대新人은交拜ᄒᆞ쇼셔

伍우우倫륜륜全쥔췬備뻬비諺연연解계계卷권권三산산

伍倫全備諺解 卷四

伍우우倫륜륜全쮠쳔備뻬비諺연연解계계卷권권四스스

(末)梅믜믜香향향取츄츄酒짇직来래레 ○梅香아술을가져오라 (孝)左조저手식식執짐직酒짇작壺후후 ○左手로술병잡으며 右우임手식식捧봉봉酒짇작盃비비 ○右手로술잔맛들고 睁쯩쯩睁쯩쯩两량량箇거거眼연연 ○두눈을써다 ○字箋九開眼亦謂之睁眼 只즈즈看간간别뼈벼人신인為위위 ○그저다ᄅᆞᆫ사ᄅᆞᆷ의ᄒᆞ논양을보노쏘다 酒짇작壺후후在째재此츠츠 ○술병이예잇ᄂᆞ이다 (末)高갸갸燒샤샤銀인인燭주주照쟈쟈紅홍홍粧좡좡 ○놉히銀燭을혀紅粧애비최니 攀편편折져정수긴긴宵샤샤任신인粉분분郎랑랑 ○攀折홈을수宵에粉郎의게任ᄒᆞ리로다 ○韓翃詩章臺柳往日青青今在否縱使長條似舊垂也應攀折他人手唐雲安公主催粧詩粉面仙郎選正朝 各거거飲인인一이이盃비비歡훤훤喜히히酒짇작 ○각각一盃歡喜酒를먹고 百버비年년년和호호合허허效햫햐鸞뤈뤈凰황황 ○百年和合홈을鸞凰을본바ᄃᆞ리로

다請칭칭新신신人인신行힝힝交걒쟌杯븨븨禮리리○請건대新人은交杯禮롤

行ᄒᆞ쇼셔(等)天텬텬生승숭一이이箇거거匏빵팦○하ᄂᆞᆯ히박을ᄂᆞᆫ호범이애分분분開

개개做주주兩량량邊변변○ᄂᆞᆫ화兩邊을모ᄃᆞ라一이이人신신喫칭치一이이盞

잔잔○호사ᄅᆞᆷ이盞식먹ᄂᆞ니喫칭치了랸랸便뼌변團뛴뛴圓원원○먹으면곳團圓

ᄒᆞᄂᆞ니爲兩瓠이다謂之巹○禮昏禮註以一瓠分夫婦各執一片以酳姐져져姐져져休힘흑喫

칭치盡쯴진留릳릭下햐하一이이些셔셔殘짠찬○姐姐ㅣ다먹고ᄒᆞ야말고먹저기기롤

잔쟌杜詩殘盃與冷炙쥬롤머므로라○(末)留릳릭下햐하一이이些셔셔殘짠찬做주주

甚씸심的디딩○져기잔쥬롤머므러ᄒᆞ려ᄒᆞᄂᆞ다(等)也여여分분분一이이些

셔셔與유유我오어○나ᄯᅩ져기롤주려ᄒᆞ노라休힉힝粧좡좡假갸갸○조말라장你

니니再재재推튀튀我오어便변뼌替티티你니니喫치칭了랴랴○네다시사양ᄒᆞ

면내너롤마곰곳네롤ᄃᆡ신ᄒᆞ여먹으리라

(等) 小샤샨 郞랑랑 釃스스 酒짇작 ○ 小郞은술을거르라○釃字 彙酥酒也詩釃酒有藇稗海

臨安人酺酒亦曰灑酒수俗 中國人酺酒曰醋酒音새 合거궁 來레래 是스쓰 一이힝 杯븨비

○ 合ᄒ면이호잔이오 分분븐 開캐캐 是스쓰 兩량량 盞잔잔 ○ 눈호면이두잔이라 姐

져져 夫부부 喫치칭 了랴량 動둥뚱 心신신 ○ 姐夫ㅣ먹으면ᄆᆞ옴을動ᄒ고 姐져져 姐

져져 喫치칭 了랴량 開캐캐 眼연연 ○ 姐姐ㅣ먹으면눈을쓰고 啞야야 子즈즈 喫치칭

了랴량 些셔셔 殘잔짠 ○ 병어리져기잔쥬로먹으면 便변뺀 會휘훼 開캐캐 聲싱싱

吶누눙 喊한한 ○ 곳소리롤여러吶喊ᄒᆞᆯ줄을아ᄂᆞ니라○吶喊字箋示勇聲

(等) 娘냥냥 子즈즈 倷니니 忒특티 小샤샨 心신신 ○ 娘子ㅣ야네너무조심ᄒ다 這

저저 等등등 清칭칭 和화호 天텬텬 氣키키 ○ 이런清和호天氣예 纔재째 新신신 婚

훈훈 恰캬컁 燕연연 爾슬솔 ○ 又新婚ᄒ야마치너롤燕ᄒ여시니 正징징 好한항 兩량량

口쿠쿠 兒슬솔 歡훤훤 會훼휘 ○ 졍히丘히兩口ㅣ歡會ᄒ여 恨흔흔 不부붕 得더득

把바바兩량량夜여여做주주一이ᅙᅵᆼ夜여여五우우更깅깅做주주一이ᅙᅵᆼ更

깅깅 ○ 一兩夜ᄅᆞᆯ다가一夜ᄅᆞᆯ삼으며五更으로 更을삼디몯홈을恨홀ᄊᆡ시어늘 你ᄂᆡᄂᆡ拖토터

着죠쨥業여ᅇᅧᆸ骨구궁頭투ᄄᇹ起키키来래래 ○ 네업구즌ᄲᅧ롤 ᄊᆞ을고니러 交갼걍

我오어畢비빙落로랍東둥둥西시시畢비빙落로랍南난난北버븽哩리리 ○

날로ᄒᆞ여東西로출호게ᄒᆞ며南北 을출호게ᄒᆞᄂᆞ뇨○東西見第二篇

(淨)你ᄂᆡᄂᆡ這져져娘냥냥子즈ᄌᆞ只즈ᄌᆞ是스ᄉᆞ要얀양討토탕得더ᄃᆡ這져져

煩반빤惱노ᄂᆞᆼ ○ 너이娘子ㅣ그저이 煩惱ᄅᆞᆯ엇고져ᄒᆞ다 家가갸裡리리無우무限헌현

丫야야頭투ᄄᇹ小샨샹斷스ᄉᆞᆼ ○ 집의限업슨ㄚ 頭와小斷니 等등등他타타整징ᄌᆞᆼ

理리리罷바빠 ○ 터의整理홈을기 ᄃᆞ림이무던커늘 管권권他타타做주주甚숨씸麽

마마 ○ 텨롤ᄆᆞᄋᆞᆷ아라므 숨ᄒᆞ려ᄒᆞᄂᆞ뇨 (査)你ᄂᆡᄂᆡ說쉬숴甚숨씸話화화 ○ 네무 숨말

니ᄂᆞᆫ 루다 古구ᄀᆞ書슈슈說쉬숴 ○ 古書에 니ᄅᆞ되 婦부뿌人인ᅀᅵᆫ教갼걍令링링不

부붕 出 츄츌 閨 귀귀 門 문믄 ○婦人의 敎令이 閨門의 나디 아니ᄒᆞ여 事 ᄉᆞ亽 在 재ᄌᆡ 饋

괴귀 食 ᄉᆞ싀 之 즈ᄌᆞ 間 견견 而 ᅀᅵᅀᅵ 已 이이 ○일이 饋食의 間에 이실 ᄯᆞᄅᆞᆷ이라 ᄒᆞ엿고 ○小

學孔子語 況 황황 婦 부뿌 人 신신 之 즈ᄌᆞ 禮 리리 ○ᄒᆞ믈며 婦人의 禮ᄂᆞᆫ 在 재ᄌᆡ 冪 미밍

酒 작쟉 漿 쟝쟝 精 징징 五 우우 飯 반빤 事 ᄉᆞ亽 舅 구궇 姑 구구 ○酒醬을 뎝ᄒᆞ며 五飯

을 精히ᄒᆞ며 舅姑ᄅᆞᆯ 셤김애 잇ᄂᆞ니 ○本孟母語 五飯 禮記月令 春食麥 夏食菽 食稷 秋食稻 冬食黍 凡

반빤 待 대ᄄᆡ 賓 빈삔 客 긔깅 亦 이잉 不 부붕 可 거거 不 부붕 躬 궁궁 親 친친 整 징징

理 리리 ○므릇 賓客을 뎌졉홈애 도ᄯᅩᄒᆞᆫ 가히 몸소 整理티 아니티 못ᄒᆞ려든 況 황황 来 래례 朝

쟐쟐 是 ᄉᆞ쓰 我 오어 婆 포뻐 婆 포뻐 生 승숭 日 싀싱 ○ᄒᆞ믈며 来朝ᄂᆞᆫ 이 우리 婆婆의 生日

이니 豈 키키 可 거커 使 ᄉᆞ싀 別 벼뼝 人 신신 代 대ᄄᆡ 做 주주 ○잇디 가히 다ᄅᆞᆫ 사ᄅᆞᆷ으로

ᄒᆞ여곰 代ᄒᆞ여 ᄒᆞ게ᄒᆞ리오 雖 쉬쉬 是 ᄉᆞ쓰 別 벼뼝 人 신신 做 주주 了 랴량 ○비록 이다

ᄅᆞᆫ 사ᄅᆞᆷ이 ᄒᆞ여도 也 여여 過 고궈 不 부붕 得 더듷 我 오어 意 이이 ○ᄯᅩ 내 ᄠᅳᆮ에 디나디 못

홀ᄯᅵ라 媚믜믜春츈츈可커커將쟝쟝盤펀뱐兒ᅀᆞᆯᅀᆞᆯ盞잔잔兒ᅀᆞᆯᅀᆞᆯ椀원원兒

ᅀᆞᆯᅀᆞᆯ楪뎌뎡兒ᅀᆞᆯᅀᆞᆯ匙ᄎᆞᆺᄍᆞᆼ兒ᅀᆞᆯᅀᆞᆯ筯쥬쮸兒ᅀᆞᆯᅀᆞᆯ○媚春이盞과사발과楪과盤과뎝시

와술과저ᄅᆞᆯ가져다가一이힝一이힝都두두洗시시刷솨솽得더ᄃᆡᆼ潔겨겨淨징쨍

了랼량○一一히다싯가싀여기로潔淨히ᄒᆞ여蓋개개覆부부在재째那나나裏리리○

덥허뎌거두어等등등我오어替티티孀신신孀신신趲잔잔這져져上샹쌍壽식씍

的디딩鞋혜혜了랼량○내孀孀을ᄀᆞ르차이上壽ᄒᆞᆯ신을죄오고便변뺀来레래揩캐캐

抹마뭠等등등乾간간淨징쨍○곳와싯가싀여乾淨히ᄒᆞᆷ을기ᄃᆞ리라(先淨)娘냥냥子

ᄌᆞ즈你니니忒퇴퇴操찬창心신신○娘子ㅣ아데너무操心ᄒᆞ다你니니是스쓰媳

시싱婦부뿌二ᅀᆞᆯ娘냥냥子ᄌᆞ즈不부부是스쓰媳시싱婦부뿌○너는媳婦ㅣ이

오二娘子ᄂᆞᆫ媳婦ㅣ아니이가別베뼝人신신家갸갸姆무무姆무무孀신신孀신신○

다ᄅᆞᆫ집姆姆孀孀은○字彙ᄋᆡ俗凡婦ᄒᆞ弟妻曰孀孀姆姆見苐三篇一이힝箇거거要야양強

似 一 箇 ◯ ᄒᆞ나히 ᄒᆞ나ᄎᆞ고져 ᄒᆞ여 做 婔 婔 的

◯ 媶媶이 되어 恨 不 得 將 那 嬸 嬸 踏 다ᄃᆞᆼ

在 爛 泥 裡 ◯ 아뎌 嬸을 다가 즌 흙에 ᄇᆞᆲ다 못 ᄒᆞᆷ을 恨ᄒᆞ거 늘 你

便 替 他 做 奴 ◯ 너 ᄌᆞ 종이 되여 나ᄂᆞᆫ 뎌 ᄆᆞᄅᆞᆯ 爲ᄒᆞ야 他 和

他 二 官 人 ◯ 官人 뎌 二 과 在 那 被 窩

裡 熱 熱 烙 烙 的 睡 ◯ 뎌 니블 속의 熱熱 烙烙히

你 在 這 裡 ◯ 너 이 예셔 拖 業 骨 頭

成 夜 不 睡 ◯ 업구 즌 도록 ᄌᆞ 쟈 ᄲᅥ ᄃᆞᆯ 아니 ᄒᆞ고 밤 여 巴 罷

巴 刼 刼 替 他 整 理 席 面 也 罷

了 ◯ 巴巴 刼刼히 뎌ᄅᆞᆯ ᄆᆞᄅᆞ 차 席面을 整理 ᄒᆞᆷ도 므던 ᄒᆞ거 늘 ◯ 刼刼 韓文 註 猶 汲汲 也 又

要 替 他 趲 鞋 上 壽 ◯ ᄯᅩ 뎌ᄅᆞᆯ ᄆᆞᄅᆞ 차 신을 ᄌᆞ 야

上壽ᄒᆞ려ᄒᆞ니 老 랖랗 夫 부부 人 인인 怪 괘괘 他 타타 怪 괘괘 伱 니니 ○ 老夫人이뎌를

허믈ᄒᆞ라너를허믈ᄒᆞ라 (音) 伱 니니 這 져져 丫 야야 頭 투뜰 不 부붕 知 지징 道 도땅 理

리리 ○ 너이丫頭ㅣ道理를아디몯ᄒᆞ다 我 오어 是 스쓰 㛂 무무 㛂 무무 他 타타 是 스쓰

嬸 신신 嬸 신신 ○ 나ᄂᆞᆫ이㛂㛂ㅣ오뎌ᄂᆞᆫ이嬸嬸이니 凡 반빤 事 스쓰 都 두두 當 당당 我

오어 管 권권 ○ 凡事를다맛당히내ᄆᆞ옴알셔시라 便 변뻔 使 스ᄉᆞ 他 타타 無 우무 疾 지찡

病 빙삥 也 여여 該 개개 是 스쓰 我 오어 管 권권 ○ 곳뎌로ᄒᆞ여곰疾病이업서도내ᄆᆞ옴알

암즉ᄒᆞ거든 況 황황 他 타타 又 우잉 有 우잉 疾 지찡 ○ ᄒᆞ믈며뎨또병이이시니 也 여여

難 난난 怪 괘괘 他 타타 ○ 또뎌를허믈키어렵다 (奉) 他 타타 不 부붕 好 호함 央 양양

及 기낑 他 타타 親 친친 的 디띵 ○ 뎨뎌의親ᄒᆞᆫ뒤빌미됴티아니ᄒᆞ라 (音) 我 오어 是 스쓰

他 타타 㛂 무무 㛂 무무 尚 샹썅 不 부붕 肯 큰큰 替 티티 他 타타 ○ 내이뎌의㛂㛂로도

오히려즐겨뎌를마릇뎌아니코 着 죠쨯 他 타타 央 양양 及 기낑 誰 쉬쒸 ○ 뎌로ᄒᆞ여뉘게

빌라ᄒᆞ며 誰쉬쒸 人신신 又우잉 親친친 似스쏘 姆무무 姆무무 ◯ 어이 너ᄯᅩ 사親 ᄅᆞᆷᄒᆞ

아ᄒᆞ 姆리 姆오 乂 丫야야 頭투뜰 你니니 急기깅 忙망망 整징징 理리리 ◯ 丫ㅣ 頭야

네理 셜ᄒᆞ 리고 整 莫모말 閑현현 說쉬숴 話화화 ◯ 브말 절말 업라 시

㊟ 娘낭낭 子즈즈 盤편뻔 兒슬슬 盞잔잔 兒슬슬 椀원원 兒슬슬 楪뎌뎌 兒슬슬

匙츠쯔 兒슬슬 筯쥬쮸 兒슬슬 都두두 乾간간 淨징찡 了랸량 ◯ 娘子ㅣ 盤盞ㅣ 파야 파

사발과 뎝시와 술마져롤 다 乾淨히 ᄒᆞ엿ᄂᆞ니이다 ㊟ 丫야야 頭투뜰 喚훤훤 廚츄쮸 上샹쌍

老랄랖 阿아하 媽마마 來레래 我오어 問운믄 他타타 ◯ 丫의 頭着 阿ㅣ 媽야 부로 억블

오라 내뎌 려러 무로리라 ᄃᆞ ㊟ 老랄랑 阿아하 媽마마 娘낭낭 子즈쯔 喚훤훤 你니니

◯ 老阿媽ㅣ 으신ᄯᅡ이 야 阿媽 娘子 見第ㅣ 二篇 녀롤 블 ㊟ 我오어 在재째 廚츄쮸 下햐햐

畢비빙 落로랑 下하햐 飯반반 不부붕 得더등 閑현현 ◯ 내반 부찬 억을 의출 이호 서노

라 녈을 블로 엇디 뭇ᄒᆞ리로다 ㊟ 不부붕 得더등 閑현현 也여여 來래래 ◯ 녈을 엇디 뭇

ᄒᆞ여오라도 ㊤ 娘낭낭 子즈즈 萬완완 福부부 ◯ 娘子萬福 有일우 何허 使ᄉᆞ스

令링링 ◯ 므슴使令이 잇ᄂᆞ니잇고 ㊃ 五우우 般번번 按한안 酒쥐쟝 都두두 有일우

了랸랴 未워위 有일우 ◯ 다ᄉᆞᆺ가지按酒ㅣ 다 잇ᄂᆞ냐 업ᄂᆞ냐 ㊤ 有일우 了랴랸 ◯ 잇ᄂᆞ

이다 ㊀ 你니니 數수수 我오어 聽팅팅 ◯ 네 혜라 내 듯자 ㊤ 一이힝 樣양양 鳴밍멍 ◯ ᄒᆞᆫ가

而술술 起키키 ◯ 지로 鳴而起ᄒᆞᄂᆞᆫ 一이힝 樣양양 川천쳔 其키끼 舍셔셔 ◯ ᄒᆞᆫ가

지 솜 ㅣᄂᆞᆫ 오끼 其 一이힝 樣양양 爾술술 愛해애 其끼키 ◯ ᄒᆞᆫ가지로 爾愛其ᄒᆞᄂᆞᆫ 一이힝 樣양양 一이힝

樣양양 是ᄉᆞ스 其끼키 兄흉흉 生승승 ◯ ᄒᆞᆫ가지로 其兄生이ᄂᆞᆫ 이오 一이힝 樣양양 是

ᄉᆞ스 我오어 所수소 欲용유 ◯ ᄒᆞᆫ가지로 欲ᄒᆞᄂᆞᆫ 이 所이로소이다 我 所 ㊀ 你니니 調댱됴 文

운운 我오어 不부부 曉향햔 得더더 ◯ 비로소 알리로ᄉᆞᆷ이다 ○ 글을 내 아디 못ᄒᆞᆫ 居家必用 飾詞 曰

調 ㊤ 呵허허 呵허허 枉왕왕 要향얀 你니니 做주주 狀장장 元원원 的디디 娘

낭낭 子즈즈 ◯ 呵呵ᄂᆞᆫ 웃ᄂᆞᆫ 소리라 元의 娘子를 삼시 업슬 닐로다 壯論 른른 語유유 孟믕믕 子즈즈

裡리리頭뚷투的딍디說숴숴話홯화俆니니也여여曉햫햐不붕부得더더○

論語孟子엣말을네 또아디못ᄒᆞ논또다 ㊅俆니니解계계我어오聽팅팅○라네내사드기

라르 리㊀鳴밍밍而쉬숼起키키是쓰스鷄기기○鷄鳴ㅣ而니起이ᄂᆞᆫ다이㊂孟

믕믕子즈즈說숴숴鷄기기鳴밍밍而쉬숼起키키○鷄孟鳴子而ㅣ起니라ᄅᆞᄒᆞ샤시되

나也여여胡후후搊추추得더더好한한○기또롤간잘대ᄒᆞ로엿며다구㊀川쳔쳔

其끼키舍셔셔是쓰스猪쥬쥬○猪ㅣ其니舍이ᄂᆞᆫ다이㊂論룬룬語유유云윤윤

山산산川쳔쳔其끼키舍셔셔諸쥬쥬○論語에니르되山川 猪쥬쥬

온其舍諸아ᄒᆞ니

同뚱퉁音힌인○音猪ᄒᆞㅣ니同俆니니也여여搊추추得더더好한한○녜또 구

ᄒᆞ기엿롤다잘㊀爾술술愛애애其끼키是쓰스羊양양○羊爾이愛니其이ᄂᆞᆫ다이㊂

論룬룬語유유爾술술愛애애其끼키羊양양○論語에羊가爾ᄒᆞ愛여其시也ᄂᆡ也여여

搊추추得더더是쓰스○또먹이올타곰㊀其끼키兄흥흥生승승是쓰스鵝어오

○其兄生은 鵝ㅣ니이다 (曰)孟믕믕子즈즈說숴쉏有우잏饋귀귀其키키兄훙훙

生승승鵝어오者져져 ○孟子ㅣ니ᄅ샤ᄃ 有饋 兄生鵝者ㅣ라ᄒ시니 其伱니니也여여

搊추츻得더듷是스쑹 ○네 또 먹곰 이올다 (丑)我오어所소수欲유융是스쑹魚

유유 ○我所欲은 魚ㅣ니이다 (曰)孟믕믕子즈즈曰워웧魚유유我오어所소수欲

유융也여여 ○孟子ㅣ니ᄅ샤ᄃ 魚도 我所欲也ㅣ라ᄒ시니 老랖랖阿아하媽마마 ○阿老

媽야ㅣ伱니니調됴땋這져져文운믄說숴쉏得더듷深신신了랖랖 ○네 글을 이

엄녀니곰 이깁도다 (丑)門믄믄裡리리出츄츙身신신不부붕曉햪햫也여여三산산

分븐븐 ○門裡出身ᄒ여도 三分이 아니디 못ᄒ여 我오어是스쑹天텬텬下햐햐狀쟝쟝

元원원家갸갸的더듷老랖랖娘냥냥 ○나는 이 天下狀元의 집 老娘이라 這져져些

서셔書슈슈帒대때豈키키不부붕會휘휘掉댶댱 ○이만 書帒를 엇디 놀릴 줄을 아디 못

ᄒ리잇고 ○玉壺清話 党進不識一字 朝廷遣防秋於高陽 朝辭日 強進致詞曰 朕聞上古 其風朴略 願官家

好將息仗衛掩口左右問曰何故念此兩句進曰我常
見措大愛掉書帒我亦掉兩句要得官家知我讀書字
彙帒盛書囊 我어오 問문운 伱니니 ○ 내너ᄃᆞ려뭇자 五우우 般번번 果궈고 子즈즈
有잉우 也여여 未뮈위 有잉우 ○ 다ᄉᆞᆺ가지과실이 잇ᄂᆞ냐업ᄂᆞ냐 (丑) 都두두 有잉우
了랼랴 ○ 다잇ᄂᆞ이다 (曰) 伱니니 數수수 我우오 聽팅팅 ○ 네혜라 내듣쟈 (丑) 有
일우 一황이 件견견 是쓰스 王왕왕 大따다 姐져져 寅인인 卯맏맏 不봉부 通퉁퉁 箇
光광광 時쓰스 候헇후 ○ ᄒᆞᆫ가지이시니王太姐ㅣ寅卯不通光ᄒᆞᆯ빼예 生숭승 下햐하 箇
거거 小샿샨 哇와와 哇와와 ○ ᄒᆞᆫ아ᄒᆡ롤나ᄒᆞ거시로소이다 ○ 哇哇字彙小兒啼聲 (曰) 寅
인안 卯맏맏 不봉부 通퉁퉁 光광광 是쓰스 早잗잔 ○ 寅卯不通光은 이 早ㅣ니 莫맏모
不봉부 是쓰스 棗잪잔 子즈즈 ○ 아니棗子ㅣ나 (丑) 一황이 件견견 是쓰스 說숴쉬
親친친 的딩디 張쟝쟝 媽마마 媽마마 ○ ᄒᆞᆫ가지ᄂᆞᆫ說親ᄒᆞᄂᆞᆫ張媽媽ㅣ 養양양 箇거거
男난난 兒슳술 ○ ᄒᆞᆫ男兒롤나ᄒᆞᆫ거시로소이다 (曰) 說숴쉬 親친친 的딩디 媽마마 媽

마마是쓰스媒믜믜○說媒ᄂᆞᆫ親ᄒᆞᆫ이媒니媽ᄂᆞᆫ敢간간是쓰스梅믜믜子ᄌᆞ즈○梅이

ᄒᆞ子朩ㄴ둣㊀一ᄒᆞᆼ이件견견是쓰스深신신山산산中중중拿나나住쥬쥬箇

거거走주증閃션션的디딍狹래래兒술슳○ᄒᆞ가지ᄂᆞᆫ길흔뫼희잡은ᄒᆞ두라나숨눈숡을

거소시어로다㊂是쓰스掩탄땸子ᄌᆞ즈○이遮掩子ㅣ로意而다○遮與按掩閃同音是

故云㊀一ᄒᆞᆼ이件견견是쓰스我오어脚꾜걒下햐햐穿춴츈的디딍○ᄒᆞ가지ᄂᆞᆫ

내거발시알로신소의이은다㊂古구구人신신喚훤훤鞋혜혜做주주履리리○녯사

ᄅᆞᆷ麻이曰鞋을屨블皮러曰履履라俗ᄒᆞ所니謂○鞋字者箋是也這져져是쓰스李리리子ᄌᆞ즈

○이ᄂᆞᆫ按李取子履ㅣ與로李다同音㊀又우일有우잉一ᄒᆞᆼ이件견견醜착청不

부붕好할항說쉬숑○또ᄒᆞᆫ가지이시되더러워니ᄅᆞ기됴티아니ᄒᆞ니馬마마胯쿠쿠下,

햐햐滴디딍溜랴림着죠짱垂취쮜下햐햐的디딍○몰다리오리ᄂᆞᆫ말의거시처니티이

다㊂我오어曉햪향不부붕得터듷○내아디못ᄒᆞ노라㊁這져져箇거거是

스쏭 老 란랑 阿 아하 媽 마마 的 디딩 頭 투뜰 ◯ 이는 이老阿媽의마리로다 ㊀ 是 스쏭

杏 힝힝 子 즈즈 ◯ 이杏子ㅣ로소이다 ○按杏與莖同音指陰莖 ㊂ 你 니니 這 져져 媽 마마

媽 마마 好 한함 粗 추추 燥 산상 ◯ 네이媽媽ㅣᄀᆞ장추조ᄒᆞ다 我 오어 問 운문 你 니니

◯ 내너ᄃᆞ려므르리라 五 우우 般 번번 菜 채채 蔬 수수 有 우잉 也 여여 未 위위 有 우잉

◯ 다ᄉᆞᆺ가지菜蔬ㅣ잇ᄂᆞ냐업ᄂᆞ냐 ㊀ 都 두두 有 우잉 了 랴랴 ◯ 다잇ᄂᆞ이다 ㊂ 有

우잉 那 나나 一 이흥 般 번번 ◯ 어ᄂᆡᄒᆞᆫ가지잇ᄂᆞ뇨 ㊀ 有 우잉 一 이흥 般 번번 四 스ᄉᆞ

五 우우 十 시씽 年 년년 了 랴랴 ◯ ᄒᆞᆫ가지이시니四五十年이로소이다 ㊂ 四 스ᄉᆞ 五

우우 十 시씽 年 년년 是 스쏭 久 구깅 了 랴랴 ◯ 이四五十年은久ㅣ니 這 져져 是 스쏭

韮 구깅 菜 채채 ◯ 이는이韮菜ㅣ로다 ○取久韮同音 ㊀ 有 우잉 一 이흥 般 번번 是 스쏭

隊 뒤뛰 伍 우우 中 중중 蒙 뭉뭉 古 구구 人 신인 ◯ ᄒᆞᆫ가지이시니이隊伍中蒙古人이로소

이다 ㊂ 隊 뒤뛰 伍 우우 中 중중 是 스쏭 軍 균균 蒙 뭉뭉 古 구구 人 신인 是 스쏭 達

다땅 達다땅 ○古隊伍中은 이 韃軍이오 蒙古ㅅ은 이 韃韃이니 這저져 是스쓰 着균균 達다땅

菜채채 ○이ᄂᆞᆫ 이 着達菜ㅣ로다 按取軍韃韃與着達同音 ○ 丑 有우임 一이ᄒᆞᆼ 般번번 生ᄉᆞᆼ

승 在재째 手수싕 丫야야 裡리리 抓좌좌 抓좌좌 猛난낭 猛난낭 的디디 ○ᄒᆞᆫ가

지이시니 손삿혜 나 글거 두도록 두도록 ᄒᆞᆫ거시로소이다 旦 這저져 是스쓰 芥계계 菜채채

○이ᄂᆞᆫ 이 芥菜ㅣ로다 按芥與齊同音 指齊蒼 ○ 丑 有우임 一이ᄒᆞᆼ 般번번 無우무 明밍밍

無우무 夜여여 做주주 工궁궁 的디디 ○ᄒᆞᆫ가지이시니 無明無夜히 做工ᄒᆞᄂᆞᆫ거시로소이

다 旦 這저져 是스쓰 芥긴낀 菜채채 ○○이ᄂᆞᆫ 芥菜ㅣ로다 按取芥與勤同音 丑 有

우임 一이ᄒᆞᆼ 般번번 生ᄉᆞᆼ승 得더듷 甚신씬 醜척칭 不부붕 好한함 說쉬쉼 ○ᄒᆞᆫ가

지이시니 삼김이 심히 더러워 니ᄅᆞ기 됴티 아니ᄒᆞ여이다 旦 我오어 曉햐향 不부붕 得더듷

○내 아디 못ᄒᆞ노라 奉 我오어 知지징 道도동 了랴량 ○내아노라 莫모맙 不부붕

是스쓰 老랖랑 阿아하 媽마마 的디듷 淡단딴 菜채채 ○아니 老阿媽의 淡菜ㅣ가 ○媽嫏

嫘記海中所産多類人身底車類男陰文 𧕿類女陰文𧕿卽淡菜亦名東海夫人 ㊂休힣후閑현현

說숴쉬 ○힘힘히 니ᄅᆞ디 말라 若샵쇼是씃스品핀핀物뭉우件견견件견견都두두

有임우了랼랴 ○만일 品物이 가지가지 다 이시면 只즈즈是씃스明밍밍日ᅀᅳᆼᅀᅵ行

힝힝慶킹킹賀허허禮리리 ○그저 ᄂᆡ일 慶賀禮를 行ᄒᆞᆯ 거시로ᄃᆡ 嬸신신嬸신신行힝힝

禮리리不붕부方방방便뻔편 ○嬸嬸의 行禮홈이 편티 몯ᄒᆞ니 如슈슈何허허是씃스

好핳한 ○엇디ᄒᆞ여야 이 됴ᄒᆞ료 Y야야頭뜰투你니니討탐탄香향향爐루루來

래레 ○Y頭ㅣ아 네 香爐를 어더오라 我어오當당당天텬텬禱담단祝죻주一힝이遍

변변 ○내 하ᄂᆞᆯ을 當ᄒᆞ여 ᄒᆞᆫ 번 비러 萬완완一힝이感간간動뚱둥神씬신明밍밍 ○

萬一 神明을 感動ᄒᆞ야 得듷더我어오嬸신신嬸신신兩량량眼연연光광광明밍밍

○우리 嬸嬸의 兩眼이 光明홈을 어더 弟띠디兄흉흉妯쥭쥭娌리리 ○弟兄妯娌ㅣ ○字彙

兄弟之妻曰妯娌 雙쐉솽雙쐉솽對뒤뒤對뒤뒤在째재堂땅탕階계계下햐햐拜

배배 ◯ 雙雙對對히 堂墻下의 이셔 절ᄒᆞ여 遞디뎨 酒작잫 一이힝 杯븨븨 ◯ 술ᄒᆞᆫ잔을 드리

거든 我오어 那나나 婆포뿨 婆포뿨 見견견 那나나 兒슬ᅀᅳᆯ 子즈ᅎᅳ 媳시싱 婦부뿌

◯ 우리 뎌 婆婆ㅣ 뎌 兒子와 媳婦ㅣ〻 伶링링 伶링링 俐리리 俐리리 在재째 他타타 眼

연연 面면면 前쳔쪈 ◯ 伶伶俐俐히 뎌의 眼 面前의 이심을 보면 多도더 少샤샿 是스ᄊᆞ 好

한함 ◯ 언머이뇨 거니ᄯᆞ녀 (奉) 有우잉 香향향 了랸량 ◯ 香이 잇ᄂᆞ이다

(当) 姆무무 姆무무 這져저 早잔장 晩완완 還환ᅘᆞᆫ 不부붕 睡쉬쒸 ◯ 姆姆ㅣ 아이리

늣도록 당시론 자디 아니ᄒᆞ고 你니니 在재째 這저져 裡리리 燒샤샿 香향향 做주주 甚

슴씸 的디딩 ◯ 네 예 이셔 香을 픠오고 무서슬 ᄒᆞᄂᆞᆫ요 (查) 保반밤 護후ᅘᆞ 嬸신신 嬸신신

◯ 嬸嬸을 保護ᄒᆞ노라 (当) 姆무무 姆무무 怪괘괘 不부붕 得더ᄃᆞᆼ ◯ 姆姆야 괴이티 아니

ᄒᆞ나 奴누누 奴누누 睡쉬쒸 中즁즁 得더ᄃᆞᆼ 一이힝 夢뭉뭉 ◯ 奴奴ㅣ 睡中에 ᄒᆞᆫ ᄭᅮᆷ을 어

드니 夢뭉뭉 見견견 箇거거 老랖랗 人신신 ◯ ᄭᅮᆷ에 보니 ᄒᆞᆫ 老人이 皂잔짱 巾긴긴 白

빠빵 袍 팦빵 ○ 皂帊白袍로 手 싀심 中 중중 執 지징 着 죠짱 箇 거거 胡 후후 蘆 루루

○ 手中에胡蘆를가지고 ○ 字箋葫蘆卽瓠瓢 放 방방 光 광광 明 밍밍 照 쟈쟝 我 오어 ○

光明을노하내게비최며 稱 칭칭 說 쉬숴 他 다다 是 스쓰 天 텬텬 醫 이이 使 스ᄉᆞ 者 져져

○ 일ᄀᆞ라닐오되뎌는이天醫使者ㅣ라 上 샹썅 帝 디디 感 간간 你 니니 孝 햫햫 心 신신

誠 칭찡 至 조죠 ○ 上帝ㅣ네孝心誠至홈과 及 기끼 你 니니 親 친친 人 신신 虔 견껸 誠

칭찡 禱 단당 告 간강 ○ 밋네親人의虔誠禱告홈을感ᄒᆞ샤 着 죠짱 我 오어 來 레래 醫 이이

你 니니 眼 연연 ○ 날로ᄒᆞ여와네눈을고티라ᄒᆞ신다ᄒᆞ고 吹 취취 一 이힝 口 쿠쿻 氣 키키

在 재째 我 오어 眼 연연 上 샹썅 ○ ᄒᆞᆫ口氣를브려내눈우희두고 驀 머믕 地 디띠 一 이힝

陣 진찐 風 봉봉 起 키키 不 부봉 見 견견 了 랴럏 ○ 믄득一陣風이니러남애보디못홀러니

今 긴긴 早 잔짱 起 키키 來 레래 見 견견 得 더듷 物 우뭉 事 스쓰 ○ 수무에니러잡은거

슬봄애 都 두두 了 랴럏 然 션션 明 밍밍 白 버뻥 ○ 다了然히明白ᄒᆞ다 㕦 呀 하햐 真

진진箇거거光광광明밍밍了랴랴○呀진실로光明ᄒᆞ얏ᄂᆞ냐你니니知징지我어오

做주주甚씸슴麽마마○네내무슴ᄒᆞ는고알라(沓)姆무무姆무무舉규규三산산

箇거거手심식招쨔쟈搖얗얍○姆姆ㅣ세손싸락을들어흔드ᄂᆞ이는고나(沓)眞진진箇

거거光광광明밍밍了랴랴○진실로光明ᄒᆞ다(丑)胡후후說숴쉬○간대로니르다

那나나裡리리眼연연瞎햐하了랴랴又임와會휘휘開개개○어더눈이멀고또빨

리줄오알等등등我어오作잡조手심식勢시시○내손즛흠을기ᄃᆞ리라看간간他

타라見견견不붕부見견견○뎨보ᄂᆞᆫ가보디못ᄒᆞᄂᆞᆫ가보쟈(沓)揚양양起키키拳편권

來래래○주머귀를펴니르켜다(丑)呀하하眞진진箇거거光광광明밍밍了랴랴

○呀진실로光明ᄒᆞ고나(沓)丫야야頭뚜투○丫頭ㅣ아嬸신신嬸신신眼연연光

광광明밍밍了랴랴○嬸嬸의눈이光明ᄒᆞ여시니可커커急긔기去큐큐報방반與

유유老랖랖夫부부人신신得더더知징지○可히急히가老夫人씌報ᄒᆞ야아라시게ᄒᆞ라

(小旦) 我어오 就짇잭 借져저 此츠츠 香향향 案한안 ○내인ᄒᆞ여이 香案을비러 拜배배

謝써셔 天텬텬 地띠디 多더도 少샤샨 是ᄊᆞ스 好함할 ○天地씌拜謝홈이언머이됴커

니녀 ᄯᅡ

(大旦) 得더더 我어오 嬸신신 嬸신신 眼연연 明밍밍 ○우리嬸嬸의눈 붉음을어드니 非

뵈뵈 但딴단 嬸신신 嬸신신 有임우 幸힝힝 ○다믄嬸嬸이幸이실샹아니라 實시싱

是ᄊᆞ스 伍우우 家갸가 一힝이 門믄믄 都두두 有임우 幸힝힝 了랴랴 ○전실로이

伍家一門이다 幸이시니 等등등 我어오 也여여 謝써셔 天텬텬 地띠디 一이힝 謝

써셔 ○나도 天地씌 謝홈을기ᄃᆞ리라

(孝) 二슬슬 娘냥냥 子즈즈 平핑뼁 復부봉 了랴랑 ○二娘子平復ᄒᆞ니 十시씽 分

본본 希히히 罕한한 ○ᄀᆞ장希罕ᄒᆞ다 請칭칭 坐조쭤 等등등 我어오 拜배배 一이훙

拜배배 ○請컨대안자내절홈을기ᄃᆞ리쇼셔 (丑) 老랖랑 身신신 也여여 拜배배 一이훙

拜배배 ○老身도절ᄒ리이다

(小旦)姆무무 姆무무 請칭칭 坐쬐조 ○姆姆ᄂᆞᆫ請권대안자 等등등 奴누누 奴누누 拜

배배 謝셔셔 ○奴奴의拜謝홈을기ᄃᆞ리쇼셔 奴누누 家갸갸 前쳔쳔 生승승 作잡조 何

혀허 惡합어 業영여 ○奴家ㅣ前生의므슴惡業을지엇관ᄃᆡ 生승승 來래레 父뿌부 母

무무 早장잔 亡망왕 ○나며父母ㅣ早亡ᄒ고 瞎향하 了랖랖 雙솽솽 眼연연 ○두눈

이머럿더니 又임우 不붕부 知징지 作잡조 何혀허 善썬션 業영여 ○ᄯᅩ아디못게라

므슴善業을지엇관ᄃᆡ 得둥더 老랑랖 舅깅갸 爺여여 養양양 育융유 成찡칭 人신신

○老舅爺의養育成人홈을엇고○母之兄弟曰舅 嫁갸갸 到당닫 人신신 家갸갸 ○嫁ᄒᆞ

여人家의니ᄅᆞ러 又임우 得둥더 姆무무 姆무무 扶뿡부 持찡치 教걍갼 導땅닫 ○

ᄯᅩ姆姆의扶持教導홈을어드니 所수소 謂위위 不붕부 幸힝힝 中중중 之즈즈 幸힝힝

也여여 ○닐온바不幸中의幸이로다

(大旦)你니니 說숴쉬 甚씸슴 麼마마 話화화 ○

네므슴말 니ᄅᆞ는다 我어오 的딍디 是쓰스 姐져져 姐져져 你니니 是쓰스 妹믜믜 子
ᄌᆞ즈 ◯ 나는 이 姐姐ㅣ오 너는 이 妹子ㅣ니 難난난 比비비 別뼝벼 人ᅀᅵᆫ신 ◯ 다ᄅᆞᆫ 사ᄅᆞᆷ의게
比기어려 오니라 〔旦〕人ᅀᅵᆫ신 家갸갸 親친친 姊ᄌᆞ즈 妹믜믜 在째재 家갸갸 時쓰스
◯ 人家親姊妹ㅣ 집의 이실ᄯᅢ예도 爭ᄌᆞᆼ즁 衣이이 奪뚱도 食씌시 尙쌍샹 且쳐쳐 不
부붕 和호훠 ◯ 爭衣奪食ᄒᆞ야 오히려 ᄯᅩ 和티 못ᄒᆞ거든 況황황 我어오 是쓰스 表반뱡 姊
ᄌᆞ즈 妹믜믜 ◯ ᄒᆞ믈며 우리는 이 表姊妹ㅣ오 又우잉 爲위위 妯작짐 娌리리 越워웡 難
난난 相샹샹 處츄츄 ◯ ᄯᅩ 妯娌 되여시니 더옥 相處ᄒᆞ기 어려온디라 世싀시 上샹쌍 一이힝
等등등 人ᅀᅵᆫ신 ◯ 世上에 ᄒᆞᆫ 등 사ᄅᆞᆷ이 一等人猶言一種人也 ◯ 按 寧닝닝 可거거 交갸걒
結겨겹 外왜왜 人ᅀᅵᆫ신 ◯ ᄎᆞᆯ하리 可히 外人을 交結ᄒᆞᆯᄯᅵ언뎡 反반반 害해해 自ᄌᆞ즈 家
갸갸 ◯ 도로혀 自家ᄅᆞᆯ 害ᄒᆞᄂᆞ니 姐져져 姐져져 你니니 這져져 賢현현 德더듸 ◯ 姐姐
ㅣ아 네 이 賢德이 世싀시 上샹쌍 眞진진 少샾샹 有우잉 ◯ 世上에 진실로 젹게 이시니

妹믜믜子즈즈死스스生승승不부부敢간간忘왕왕○妹子ㅣ死生에敢히닛디몯홀

다라請칭칭坐조좌等등등妹믜믜子즈즈拜배배謝셔셔○請컨대안자妹子의拜謝

홈을기ᄃ리쇼셔

㊟今긴긴日싀이是스스老랖랖夫부부人신신壽쌱삭旦쟌쟌○오늘은이老夫

人의壽朝ㅣ라昨쟉조日싀이蒙뭉뭉壯좡좡元원원台태태旨즈즈○어제壯元의台

旨를닙으니着쟢죠小샹샤人신신洒새새掃샹산聽팅팅堂땅탕安한안排빼패

筵연연宴연연○小人으로ᄒᆞ여聽堂을洒掃ᄒᆞ며筵宴을安排ᄒᆞ고請칭칭老랖랖夫부부

人신신出츄츄来레래慶깅깅壽쌱삭○老夫人을請ᄒᆞ야나와慶壽ᄒᆞ려ᄒᆞ니等등등

我오어去큐큐請칭칭幾기기箇거거會훼휘歌거거舞우무的디딩子즈즈弟

디떠每믜믜○내가여러歌舞아ᄂᆞᆫ子弟들을請ᄒᆞ야○子弟見第一篇前쳔쳔来래래侑우임

觴샹샹○나아와잔권홈을기ᄃ림이多도더少샤샹是스쓰好한함○언머이됴커니

녀ᄯᅳ 子즈즈 弟디ᄯᅵ 每믜믜 有우잉 請칭칭 ◯ 子弟들아 請홈이 잇다

(奎) 永융융 安안한 ◯ 永安아 (末) 有우잉 ◯ 잇ᄂᆞ이다 (大奎) 供궁궁 帳쟝쟝 都두두

了랴랴 未위위 ◯ 供帳을 다ᄒᆞ엿ᄂᆞ냐 못ᄒᆞ엿ᄂᆞ냐 (末) 都두두 齊치찌 備비삐 了랴랴

◯ 다 齊備ᄒᆞ엿ᄂᆞ이다 (奎) 你니니 領링링 衆중중 子즈즈 弟디ᄯᅵ 每믜믜 ◯ 네 모든 子

弟들을 領ᄒᆞ고 請칭칭 老랴랴 夫부부 人신신 出츄츄 来레래 ◯ 老夫人을 請ᄒᆞ야 나오라

(末) 老랴랴 夫부부 人신신 請칭칭 坐조쭤 ◯ 老夫人은 請컨대 안조쇼셔 (大奎) 永융융

安안한 取츄츄 酒작잠 杯비비 酒작잠 壺후화 菓고궈 合허헝 来레래 ◯ 永安아 酒

盃와 酒壺와 果盒을 가져오라 (末) 請칭칭 壯쟝쟝 元원원 行힝힝 慶깅깅 壽식씸 禮리리

◯ 請컨대 壯元은 慶壽禮를 行ᄒᆞ쇼셔

(末) 請칭칭 大다다 娘냥냥 子즈즈 行힝힝 禮리리 ◯ 請컨대 大娘子ᄂᆞᆫ 禮를 行ᄒᆞ쇼셔

(末) 請칭칭 榜방방 眼연연 行힝힝 禮리리 ◯ 請컨대 榜眼은 禮를 行ᄒᆞ쇼셔

(末)二 슬슬 娘 냥냥 子 즈즈 行 힝힝 禮 리리 ◯ 二娘子ᄂᆞᆫ 禮를 行ᄒᆞ쇼셔

(夫)人 신신 無 우무 父 부뿌 母 무무 ◯ 사ᄅᆞᆷ이 父母ㅣ 업ᄉᆞ면 生 숭승 日 시ᄉᆡᆼ 當 당당

倍 븨븨 悲 븨븨 痛 퉁퉁 ◯ 生日에 맛당이 悲痛이 倍ᄒᆞᄂᆞ니 ○本程子語 你 니니 外 왜왜 公

궁궁 外 왜왜 婆 포뽀 ⊙ 네 外公 外婆ㅣ 生 승승 我 오어 今 긴긴 年 년년 七 치칭 十 시씽

年 년년 了 랴랴 ◯ 나ᄅᆞᆯ 나한디 올 히 七十年이라 今 긴긴 日 시싱 見 견견 你 니니 兄 흉흉

弟 디띠 来 레래 ◯ 오ᄂᆞᆯ 너희 兄弟ㅣ 와 把 바바 酒 작잡 慶 킹킹 我 오어 壽 싹씩 ◯ 술을

잡아 내 壽를 慶ᄒᆞᆷ을 보니 我 오어 心 신신 中 중중 不 부봉 勝 싱싱 悽 치치 慘 찬찬 ◯ 내 心

中에 悽慘ᄒᆞᆷ을 이긔디 못ᄒᆞ여라 想 샹샹 着 조쟢 你 니니 那 나나 外 왜왜 婆 포뽀 ◯ ᄉᆡᆼ각

건대 네 더 外婆ㅣ 當 당당 此 츠츠 日 시싱 分 분분 娩 면면 ◯ 이 날ᄃᆞᆫ 當ᄒᆞ여 分娩ᄒᆞ여 ○字

箋 分娩卽免身生産之謂也 養 양양 我 오어 身 신신 出 츄츔 来 레래 ◯ 내 몸을 養ᄒᆞ여 넘이

也 여여 似 스쓰 我 오어 養 양양 你 니니 兄 흉흉 弟 디뗴 一 이잉 般 번번 ◯ 또 내 너희

兄弟養홈을 가지ᄀᆞᆺ호여 十씽시 分본븐 苦쿠쿠 惱낳나 ◯ᄀᆞ장 苦惱ᄒᆞ얏ᄂᆞ니 今긴긴 日
시싱 我어오 老랖랗 年년년 ◯오늘 老年에내 見견견 你니니 兄흉흉 弟뎌디 成칭쩡
立리링 如슈유 此츠ᄎᆞ ◯이네 兄弟ㅣ成立홈이 이러ᄐᆞᆺ홈을 보되 我어오 那나나 孃냥냥
在재째 那나나 裡리리 ◯우리 뎌孃은 어ᄃᆡ 뎌신고 (奎)(坐) 母무무 親친친 大다다 人
신인 不부붕 必비빙 多도더 憂우잉 ◯母親大人은 多憂티 마ᄅᆞ쇼셔 반ᄃᆞ시 母무무 親
친친 年년년 高갇강 不부붕 比비비 少샾샾 壯좡좡 時스쑿 ◯母親이 年高ᄒᆞ시니 少壯
時에 比티 몯ᄒᆞᆯ 거시라 可커커 開개개 懷홰홰 受ᄊᆞᆫ씽 兒슬슬 子즈즈 媳시싱 婦부뿌 每
미미 慶킹킹 賀허허 ◯可히 開懷ᄒᆞ여 兒子와 媳婦들의 慶賀를 바ᄃᆞ쇼셔 (夫) 我어오 兒슬슬
◯我兒ㅣ아 我어오 外왜왜 面면면 雖쉬쉬 樂로랗 ◯내 外面에 비록 즐겨ᄒᆞ나 中중중
心신신 實시싱 憂우잉 ◯中心은 실로 근심ᄒᆞ노라 (奎) 母무무 親친친 大다다 人신신
不부붕 必비빙 多도더 慮류류 ◯母親大人은 반ᄃᆞ시 多慮티 마ᄅᆞ쇼셔 (奎) 奶내내 奶

내내 寬퀀퀀 心신신 少샿샹 坐쭤조 片편편 時쓰스 ○ 奶奶ㅣ寬心ᄒᆞ고 져기片時를안자

待때대 兒ᅀᅳᆯ슬 女뉴뉴 每믜믜 歡훤훤 樂랗로 一이 番반반 ○ 兒女들의 ᄒᆞᆫ번歡樂

홈을 기ᄃᆞ리쇼셔 (夫) 你니니 起키키 来래레 ○ 네니러나라

(奎) 古구구 者져져 老랗랖 萊래래 子ᄌᆞ즈 ○ 녜老萊子ㅣ老萊子楚人也 行힝힝 年

년년 七칭치 十씽시 ○ 行年七十에 尚썅샹 着쟢죠 斑반반 斕란란 衣이이 ○ 오히

려 斑斕衣를닙고 為위위 嬰잉잉 兒ᅀᅳᆯ슬 戲히히 舞무우 於유유 親친친 前쪈쳔 ○

嬰兒戲를ᄒᆞ여 親前의셔 춤추엇ᄂᆞ니 今긴긴 日ᅀᅵᆯ시 我어오 兄훙훙 弟떠디 舞무우 一

이 箇거거 ○ 오ᄂᆞᆯ우리兄弟ㅣᄒᆞ나식춤추어 與유유 母무무 親친친 看칸칸 以이이

為위위 戲히히 樂랗로 ○ 母親씌뵈아ᄡᅥ 戲樂을삼쟈 母무무 親친친 寬퀀퀀 心신신

則즥저 箇거거 ○ 母親은寬心ᄒᆞ쇼셔

(夫) 二ᅀᅳᆯ 位위위 娘냥냥 子ᄌᆞ즈 獻현현 鞋혜혜 上썅샹 壽쑤쓔 ○ 二位娘子는신

을드려上 ㉾沓 奴누누 奴누누 做주주 得듸더 一힝이 雙솽솽 鞋혜혜 將샹상

來래례 ◯ 奴奴ㅣ흔雙신을 믿드라가져와 奉뽕붕 上썅상 奶내내 奶내내 千쳔쳔 歲

쉬쉬 壽씀식 ◯ 奶奶씌千歲壽를밧 드러올리ᄂᆞ이다

㉾沓 奴누누 奴누누 也여여 請칭칭 姆무무 姆무무 做주주 鞋혜혜 一힝이 雙솽솽

◯ 奴奴도姆姆씌請ᄒᆞ 야ᄒᆞᆫ雙신을믿ᄃᆞ라 奉뽕봉 上썅상 奶내내 奶내내 千쳔쳔 歲쉬쉬

壽씀식 ◯ 奶奶씌千歲壽를밧 드러올리ᄂᆞ이다

㊇夫 媳싱시 婦뿌부 你니니 手싐식 裡리리 做주주 出츄츄 的듸디 ◯ 媳婦ㅣ손 아녜

에믿ᄃᆞ라 낸거시 在쩨재 我어오 脚갸교 底디디 下햐하 穿춴춴 着쟣죠 ◯ 내발 아리

이셔신 어시니 我어오 穿춴춴 着쟣죠 這져져 鞋혜혜 兒슬술 ◯ 내이신을 신움에 常

창쨩 似쓰스 你니니 在쩨재 我어오 脚갸교 下햐하 跟근근 隨쮜취 一힝이 般번번

◯ 뎟뎟이네발아리이셔 跟隨홈ᄒᆞᆫ가지ᄀᆞᆺ트더라 你니니 做주주 人신신 步뿌부 步뿌부

兒슬슬 ○ 네사ᄅᆞᆷ의 步兒ㅣ 되야 步學효햫 得더듷 你니니 婆포뿨 婆포뿨 走주즇 動
둥뚱 也여여 好할함 了랼량 ○ 네 婆婆의 走動홈을 비홈이 또 됴타 (査) (小旦) 奶내내 奶내내
萬완완 福부뿡 ⊙ 奶奶萬福 (末) 我오어 衆중중 子즈즈 弟디띠 每믜믜 ○ 우리 모드
子弟들히 今긴긴 日시싀 老랄랑 夫부부 人신신 華화화 誕단딴 之즈즈 日시싀 ○
오늘 老夫人 華誕의 日에 欲유융 呈칭찡 箇거거 口쿠쿨 號할햠 ○ 흔 口號를 呈코져 ᄒᆞ니
伏부뿡 望왕망 老랄랑 夫부부 人신신 領링링 受시씽 則저즹 箇거거 ○ 업더여 ᄇᆞ
라건대 老夫人은 領ᄒᆞ여 受ᄒᆞ쇼셔 伏부뿡 以이이 祥샹썅 開개개 初추추 度두뚜 庭텅뗭
前쳔쪈 萱훤훤 草찬참 自즈쯔 春츈츈 ○ 업디여 ᄇᆡ祥이 初度에 열리니 庭前 萱草ㅣ 스스로
봄이오 ○ 離騷經註 初度生日也 萱忘憂草 詩焉得萱草 言樹之背 註背北堂也 福부뿡 介계계 高
간감 年년년 海해해 上상썅 蟠편뻔 桃토땅 正징징 熟수쓕 ○ 福이 高年에 크니 海上 蟠
桃ㅣ 正히 닉엇또다 ○ 山海經 東海度索山有大桃實 屈盤三千里曰蟠桃 漢武故事 王母以桃五枚與帝曰

此桃三千年一結子 龜귀귀齡령링鶴학허髮발바當당당七칠치十씹시古구구稀

희히之즈즈年년년◯龜齡鶴髮은七十古稀의年을當ᄒᆞ엿ᄂᆞ고○杜詩人生七十古來稀 紫ᄌᆞ즈

綬슈쉬金긴긴章쟝쟝正졍징二ᅀᅵ슬子ᄌᆞ즈榮영용歸귀귀之ᄌᆞ즈日일시◯

紫綬金章은正히二子榮歸ᄒᆞᆫ日이로다○前漢百官表丞相金印紫綬顏師古曰印文曰章 光광광生

ᄉᆡᆼ승閭려류里리리喜희히溢일잉庭뎡팅闈위위◯빗히閭里에나고喜ㅣ庭闈에溢ᄒᆞ고

엿다 또 恭궁궁惟위위老로랄夫부부人신신◯恭惟老夫人은地디디上샹샹行

ᄒᆡᆼ힝仙션션人신신間견견活호활佛보불◯地上行仙이오人間活佛이라○楞嚴經阿難

有十種仙堅固服餌而不休息道圓成名曰地行仙 蠶잠잠守슈슈栢ᄇᆡᆨ빅舟쥬쥬之ᄌᆞ즈節

져졀四ᄉᆞ스德덕더兼겸겸全젼젼◯일ᄶᆞᆨ이栢舟의節을딕희어시니四德이兼全ᄒᆞ고○衛

共伯之妻共姜早寡作栢舟篇以自誓四德見第一篇 每ᄆᆡ믜和화호熊흉흉膽담단之ᄌᆞ즈

九원원一이흥經깅깅示ᄉᆞ스教교교◯미양熊膽의九을和ᄒᆞ야一經으로ᄀᆞᄅᆞ침을뵈ᄂᆞᆫ

丘다○唐柳仲郢之母韓氏常命粉苦參黃連和熊膽爲丸賜諸子每永夜習學含之以資勤苦漢韋賢及玄
成俱以明經位至丞相故語曰遺子黃金滿籯不如教子一經泥니니金긴긴金긴긴帖텨텽已
이이承칭찡天텬텬上샹썅之즈즈恩은흔○泥金金帖은임의天上의恩을니엇고○泥金
金帖義見第三篇戲히히綵채채綵채채庭팅띵克키킁享향향人신신間견견之
즈즈樂로랄○戲綵綵庭에능히人間의樂을享ᄒᆞ는丘다○戲綵老萊子事備비삐九구궁五
우우福부붕應잉힝八바빵千쳔쳔秋칙칭○九五福이ᄀᆞ잣고八千秋를應ᄒᆞ엿丘다○洪
範九五福一曰壽二曰富三曰康寧四曰攸好德五曰考終命南華經楚之南有大椿者以八千歲爲春八千
歲爲秋某무무等등등仰양양芘비비餘유유光광광叨탄탕霑젼젼漏루릏澤
저쪙○某等은餘光을仰芘ᄒᆞ고漏澤올叨霑ᄒᆞ니塵친쪈凡반빤一이힝墮도뙤雖쉬쉬
莫모맙瞻젼졈西시시崑군군阿아하母무무之즈즈遊우잉○塵凡에흔번뎌러뎌
비록西崑阿母의遊를보디몯ᄒᆞ나○神仙通鑑云西王母太陰之精天帝之女人身虎首豹尾蓬頭治崑崙

西北隅列子云周穆王升崑崙遂賓西王母王母觴於瑤池 才채째 思ᄉᆞ숲 未위뮈 荒황황 猶
우잉 能능능 頌숭쑹 南난난 極기끅 老랖랑 人신신 之즈ᄌᆞ 現현현 ◯ ᄌᆡ사荒티아니
ᄒᆞ니오히려능히南極老人의뵘을頌ᄒᆞᆯ씨라○甘氏星經老人一星在弧南爲南極星主壽常以秋分日見
見則大赦天下安王者壽 輒져졍 陳친진 俚리리 句규규 用융융 助주쭈 歡훤훤 聲싱싱
◯ 믄득俚句를베플어써歡聲을 돕ᄂᆞ이다○字箋鄙俗曰俚
高강광 堂탕땅 戲히히 綵채채 樂로랗 無우무 垠인힌 ◯ 高堂에戲綵홈애즐거옴이ᄀᆞ
업ᄉᆞ니 滿먼먼 座조쫘 春춘춘 風붕붕 笑샾샹 語유유 頻핀삔 ◯ 座에ᄀᆞ득ᄒᆞᆫ春風에
笑語ㅣᄌᆞᆺ도다 王왕왕 母무무 蟠편뻔 桃탕땅 重충쯍 結겨겹 子즈ᄌᆞ ◯ 王母의蟠桃ᄂᆞᆫ
거듧子를結ᄒᆞ엿고 杜두뚜 家갸갸 慈츠쯔 竹주쭝 定딩띵 生승승 孫순순 ◯ 杜家의慈
竹은일뎡孫이낫도다○杜甫慈竹詩序太夫人堂下累土爲山傍植慈竹陸機草木疏南方生子母竹今慈
竹也又云孝竹 登등등 龍룽룽 令링링 子즈ᄌᆞ 來릐래 天텬텬 上샹썅 ◯ 登龍ᄒᆞᆫ令子ᄂᆞᆫ

天上으로 셔왓거늘 跨과과鶴헣허仙션션人신신下햐햐海해해濱빈빈○跨鶴ᄒᆞᆫ仙

人은海濱으로 ᄂᆞ리ᄂᆞᆫ또다 로 願원원與유유兒ᅀᆞᅀᆞᆯ孫순순長쟝챵作좡조主쥬쥬○

願건대見孫을두 려기리主ㅣ되야 年년년年년년此ᄎᆞᄎᆞ日ᅀᅵᅀᅵ賀해허生승승辰젼친

○年年此日에生 辰을賀ᄒᆞ리라

(末)俺함암衆즁즁人신신呈쪙쳥箇거거口큭쿠號향호○우리衆人이 口號를呈ᄒᆞ

야 獎쟝쟝賀해허老랗랖夫부부人신신○獎老夫人을 賀ᄒᆞ쟈 (淨)先션션當당당

副부부末뭉모後흫후當당당副부부淨쪙징○몬저ᄂᆞᆫ副末이當ᄒᆞ 고後에ᄂᆞᆫ副淨이當

ᄒᆞ리라○南村輟耕錄云唐有傳奇宋有戲曲唱諢詞 說金有雜劇諸宮調院本雜劇其實一也國朝院本雜

劇始釐而二之院本五人一曰副淨古謂之參軍一曰 副末古謂之蒼鶻鶻能擊衆鳥末可打副淨古云一曰

引戲一曰末泥一曰孫裝又謂之五花爨弄或曰宋徽 宗見爨國人來朝衣裝鞵履巾裹傅粉墨舉動如此使

優人效之 以為戲 (末)先션션當당당副부부淨쪙징後흫후當당당副부부末뭉모

○몬져 副淨이 當ᄒᆞ고 後에는 副末이 當ᄒᆞ리라 ㊀先션션當당당副부부末몽모○

몬져 副末이 當ᄒᆞ리라 ㊄小샤샹子즈즈占젼젼先션션休휘휘怪괘괘○ㅣ小子ㅣ몬

뎌 홈을 占ᄒᆞ니 허믈 말라 老랖랄夫부부人신신是ᄊᆞ스海해해上샹샹一이ᅙᅵ座조좌

山산산○一老夫人은 海上一座山이로다 ㊀好핳하好핳하好핳하一이ᅙᅵ座조좌

山산산○一됴타됴타 됴다 座山이로다 ㊄山산산上샹샹樹슈슈木무뭉千쳔쳔萬

완완般번번○山上에 樹木이 千萬가지라 也여여有익잉松숭숭也여여有익잉栢

버븽也여여有익잉檀딴단○또 松이 이시며 또 栢이 이시며 또 檀이 이시니 燦현현日이싀

花화화千쳔쳔朶도더清칭칭風봉봉竹주종萬완완竿간간○ㅣ燦 日에 千朶ㅣ花ㅣ

오 清風에 竹이 萬竿이라 有익잉時ᄊᆞ스飛븨븨来래레緱구긍山산산千쳔쳔歲쉬쉬

鶴허협○잇다감 ᄂᆞ라오ᄂᆞᆫ거슨 緱山千歲鶴이오○廣輿記緱山在河南偃師縣即周靈王太子晉昇

仙處上有飲鶴池古今註鶴千歲則變蒼又千歲黑 有익잉時ᄊᆞ스飛븨븨来래레丹단단穴

휘훵 五우우 色싀싱 鸞뤈뤈 ○ 잇다감ᄂᆞ라오ᄂᆞᆫ거슨丹穴五色鸞이로다○山海經丹穴之山有

鳥五色而文名曰鳳蔡衡曰象鳳者有五多赤色者爲鳳多青色者爲鸞 任신신 從쭝즁 他타타 地

다띠 覆부봉 天뎐뎐 飜반반 ○ 제대로地覆天翻ᄒᆞ여도 我오어 這저져 山산산 見술슬

○우리山은이 千쳔쳔 秋쳥챡 萬완완 歲쉬쉬 屹이잉 立리링 立리링 長챵쨩 在

재쩨 天뎐뎐 地디띠 間견견 ○ 千秋萬歲에屹立ᄒᆞ여기天地間에이시리로다 (爭) 好

한항 好한함 好한함 ○ 됴다됴다도다 (未) 請칭칭 請칭칭 請칭칭 ○ 請ᄒᆞ노라請ᄒᆞ노라

請ᄒᆞ노라 (爭) 小샤샹 人신신 斗두등 膽단단 占젼젼 先션션 ○ 小人이斗膽으로몬져홈

을占ᄒᆞ노라○蜀志姜維死時剖腹膽如斗大 老랄랑 夫부부 人신신 是스쑹 天뎐뎐 上샹썅

一이흥 輪륜륜 月워웡 ○ 老夫人은이天上一輪月이로다 (丑) 好한함 好한함 好한함

箇거거 一이흥 輪륜륜 月워웡 ○ 됴다됴다됴ᄒᆞᆫ一輪月이로다 (爭) 月워웡 見술슬 團

퉌퉌 團 퉌퉌 長챵쨩 不부붕 鈌퀘퀑 ○ 돌이團團ᄒᆞ여기리이즈러지디아니ᄒᆞ니리 玉유융

兎투투搗도담的디딩藥요얍是스쑈長챵쨩生숭승丹단단○玉兎ㅣ떳는藥은이長生丹이오○西陽雜俎月中有兎與蟾蜍傳玄擬天問月中何有有兎搗藥吳우우剛강강斫쟉쟝的디딩斧부부是스쑈不부붕銹식싱鐵텨텽○吳剛이버히논도최는이보믜쓰디아닛는鐵이로다○西陽雜俎月桂高五百丈下有一人常斫之樹創隨合人姓吳名剛西河人學仙有過謫令伐樹廣광광寒한햔宮궁궁是스쑈玉유융宇유유瓊큥큥樓루릉○廣寒宮은이玉宇瓊樓ㅣ오○開元中明皇與申天師中秋月夜遊月光中見一大宮榜曰廣寒清虛之府翠色冷光相射目眩極寒不可進而清칭청虛휴휴府부부是스쑈瑤얍양臺태때貝븨븨闕궈퀑○清虛府는이瑤臺貝闕이라桂귀귀花화화開재개滿먼먼散산산香향향風봉붕○桂花ㅣ開滿ᄒᆞ니香風이흗터디고玉유융斧부부修식싱成칭쩡飛뷔븨玉유융屑셔셯○玉斧로修成ᄒᆞ니玉屑이ᄂᆞᆯ리는또다○西陽雜俎鄭仁本游嵩山迷路見一人枕幞呼之其人曰君知月乃七寶合成乎月勢如丸其影則日爍其凹處常有八萬二千戶修之予卽一數因開幞有斤鑿斧數事兩

畏眉

玉嫦(쟝챵)娥(어오)常(쟝챵)不(부붕)老(랖랑)○嫦娥ㅣ덧덧이늙디아니ᄒᆞ여○淮南子羿得不死之藥于西王母其妻嫦娥竊之以奔月遂託身於月是爲蟾蜍千(쳔쳔)秋(챠칭)守(싀싱)清(칭칭)節(져졍)○千秋에清節을디희ᄂᆞᆫ다任(신인)從(충쭁)他(타타)斗(두등)轉(쥰쥰)星(싱싱)移(어어)○제비로斗轉星移ᄒᆞ여도我(오어)這(져져)月(웨웡)輪(륜륜)兒(술슬)○우리이月輪은千(쳔쳔)秋(챠칭)萬(완완)歲(쉬쉬)輪(륜륜)迴(휘휘)天(텬텬)地(디디)間(견견)長(챵쟝)不(부붕)歇(혀혱)○千秋萬歲에天地間에輪迴ᄒᆞ여기리쉬디아니ᄒᆞᄂᆞ니라(丑)(末)好(한항)好(한항)好(한항)○됴타됴타됴타(丑)你(니니)一(이이)箇(거거)說(워쉬)月(웨웡)是(스쓰)天(텬텬)上(샹샹)的(디딩)○너ᄒᆞ나흔ᄃᆞᆯ을니ᄅᆞ니이天上엣거시오一(이이)箇(거거)說(워쉬)山(산산)是(스쓰)地(디디)上(샹샹)的(디딩)○ᄒᆞ나흔山을니ᄅᆞ니이地上엣거시니我(오어)說(워쉬)一(이이)箇(거거)甚(숨씸)的(디딩)○나ᄂᆞᆫᄒᆞ나므스거슬니ᄅᆞ료說(워쉬)箇(거거)人(신인)罷(바빠)○사ᄅᆞᆷ을니ᄅᆞᆷ이무던ᄒᆞ다(末)天(텬텬)地(디디)人(신인)輳(ᄎᆞ츄)成

쩡칭 三산산才째채○天地人三才를轃成ᄒᆞ면 好향핳好향핳好향핳○됴타됴타됴타

丑小샹샹人신신斗듷두膽단단○小人이斗膽이라老랑랗夫부부人신신是

쓰스世싱시上썅샹一힝이箇거거人신신○老夫人은이世上ᄒᆞᆫ사ᄅᆞᆷ이로다淨夫

부부人신신不붕부是쓰소人신신是쓰스甚씸씀的딩디○夫人이이사ᄅᆞᆷ이아니오

이므섯고丑人신신有임우幾기기等등등○사ᄅᆞᆷ이여러等이이시니原원원来래레

是쓰스玉융유清칭칭聖싱싱境깅깅元원원始스스天텬텬尊쥰쥰○본ᄃᆡ이玉

清聖境元始天尊이라○玉清天宮也隋書經籍志日元始天尊生於太元之先稟自然之氣沖虛凝遠莫知

其極天地淪壞劫數終盡而天尊之體常存每至天地初開或在玉京之上或在窮桑之野授以秘道謂開劫

度人太玄真一經云無宗無上獨能為萬物之始故名曰元始運道一切為極尊而常處三清出諸天上故稱

天尊淨如유유何쎠허是쓰스元원원始스스天텬텬尊쥰쥰○엇디ᄒᆞᆯ쏘이元始天

尊고丑元원원始스스天텬텬尊쥰쥰始스스初추추天텬텬地띠디開개개闢

피픙 時스씃 ◯ 元始天尊은처음天地開闢홀셰예 化화화 生숭승 下하햐 一이힝 箇거거

人신신 ◯ ᄒᆞᆫ사ᄅᆞᆷ이化生ᄒᆞ니 自즈쯔 此츠츤 後후흫 千쳔쳔 變변변 萬완뫈 化화화

◯ 이후로브터千變萬化ᄒᆞ야 有우잉 千쳔쳔 千쳔쳔 萬완뫈 萬완뫈 人신신 ◯ 千千

萬萬人이이시니 也여여 有우잉 君균균 也여여 有우잉 臣친찐 ◯ 또君이이시며또臣

이이시며 更긍긍 也여여 有우잉 父부뿌 也여여 有우잉 子즈쯔 ◯ 또父ㅣ이시며또子

ㅣ이시며 兄흉흉 兄흉흉 弟디떼 弟디떼 ◯ 兄兄弟弟 大다따 大다따 小샾샹 小샾샹

◯ 大大小小 長쟝쟝 長쟝쟝 幼우힝 幼우힝 ◯ 長長幼幼 長챵쨩 長챵쨩 短뒨뒨 短

뒨뒨 ◯ 長長短短 尖젼젼 尖젼젼 禿투퉁 禿투퉁 ◯ 尖尖禿禿ᄒᆞᆫ 有우잉 越워웡 多

도더 人신신 ◯ 더옥만ᄒᆞᆫ사ᄅᆞᆷ이이시며 也여여 有우잉 聖싱싱 人신신 ◯ 또聖人도이시

며 也여여 有우잉 賢현뼌 人신신 ◯ 또賢人도이시며 也여여 有우잉 貴귀귀 人

신신 ◯ 또貴人도이시며 也여여 有우잉 賤젼쪈 人신신 ◯ 또賤人도이시며 也여여

有(우/임)好(할/함)人(신/신) ○ 또 됴흔 사룸도 이시며 也(여/여)有(우/임)歹(대/대)人(신/신) ○

또 사오나온 사룸도 이시며 也(여/여)有(우/임)傢(니/니)憨(한/한)皮(피/삐)畫(화/화)臉(련/련)不

(부/붕)是(스/쓰)人(신/신) ○ 또 너 어린가 족그린 낫 사룸 아닌 것도 이시며 也(여/여)有(우/임)二(을/슬)

位(위/위)官(권/권)人(신/신) ○ 또 二位 이시며 二位 官人 이시며 也(여/여)有(우/임)二(을/슬)位(위/위)夫

(부/부)人(신/신) ○ 또 二位 夫人 이시며 也(여/여)有(우/임)我(오/어)這(져/져)小(샤/샤)人(신/신)

○ 또 나이 小人 라 淨 誰(쉬/쒸)數(수/수)到(닫/닫)傢(니/니) ○ 뉘 혜어 리오 네게

丑 也(여/여)有(우/임)傢(니/니)子(즈/즈)弟(디/띠)每(믜/믜)衆(중/중)人(신/신) ○ 또 너 弟子들 衆子

(스/누)(도/니)(잇/라) 末 淨 多(도/더)謝(셔/써)多(도/더)謝(셔/써) ○ 多謝 호노라 多謝 丑 他(타/타)

那(나/나)山(산/산)若(요/얍)是(스/쓰)沒(무/몽)了(랴/랸)人(신/신) ○ 더 산이 사룸 업스만 일면 사

誰(쉬/쒸)知(지/징)他(타/타)是(스/쓰)峯(봉/봉)是(스/쓰)巒(뤈/뤈)是(스/쓰)巖(연/연)是(스/쓰)嶺 뉘 뎌이 峯이며 이 巒이며 이

(링/링) ○ 뉘 巖이며 이 嶺인 줄을 알며 他(타/타)那(나/나)月(워/윙)若(요/얍)

是스쑤沒무뭉了랴랑人신신○뎌 돌이 만일 사롬이 업스면 誰쉬쒸知지징他다타
是스쑤冬둥둥是스쑤夏하햐是스쑤秋칙칭是스쑤春츈츈○뉘 뎌 이 冬이며 이 夏
ㅣ며 이 秋ㅣ며 이 春ㅣ인줄을 알리오 只즈즈有우잉人신신在재쨰天텬텬地디띠間견견
○그 저 사롬이 天地間에 이셔 生숭승生숭승長챵쨩不부붕絶줘쮜○生生ᄒᆞ여 기리
믄허지디 아니ᄒᆞ야 ○元本長作常誤 世시싀世시싀永융융常챵쨩存츈쭌○世世예 기
리 덧덧이 잇ᄂᆞᆫ디라 本븐븐身신신生숭승下하햐子즈즈○本身이 子를 나코 子즈즈
又우잉生숭승孫순순孫순순又우잉生숭승子즈즈子즈즈又우잉生숭승孫순순
순순○子ㅣ 또 孫을 나코 孫이 또 子를 나코 子ㅣ 또 孫을 다하 孫순순孫순순子즈즈子즈즈
子즈즈子즈즈孫순순孫순순○孫孫子子子孫孫이 子 常챵쨩奉봉뿡事스쑤着
죠쟝老랴랑夫부부人신신一이힝身신신○덧덧이 老夫人一身을 奉事ᄒᆞ리로다 (末)
衆중중人신신奬쟝쟝賀허혀老랴랑夫부부人신신已이이畢비빙○衆人이 老

夫人奬賀홈을님 의畢ᄒᆞ여시니 齊져쩌 舞우무 箇거거 蛾오어 郎랑라 兒ᅀᆞᆯᅀᅵ ◯ 蛾郎

兒을齊舞ᄒᆞ야 ○ 按哦郎兒曲名 喜히히 樂로랑 老란랑 夫부부 人신신 則즉즉 箇거거

多도더 少샤샹 是스ᄊᆞᆺ 好한함 ◯ 老夫人을喜樂게홈이 언머이됴커니ᄯᆞ녀 衆 好한함

好한함 好한함 ◯ 됴타됴타 됴타

衆 笑샤샹 時스ᄊᆞᆺ 花화화 近긴간 眼연연 ◯ 우을세예곳이 눈에갓갑고 舞우무 罷

바빠 錦긴긴 纏쳔쪈 頭투뚷 ◯ 춤을못츰애비단으로마리예둘 러다 ○ 唐書代宗詔許大臣燕

郭子儀于其第魚朝恩出錦三十匹為纏頭之費 末 慶

舊俗賞歌舞人以錦綵置之頭上謂之錦纏頭

킹킹 筵연연 已이이 畢비빙 ◯ 慶筵을님의 못츰애 樂로랑 意이이 云윤윤 周작짐 ◯

樂意ㅣ周ᄒᆞ도다 伏부뽕 願권원 靈리링 萱훤훤 不부봉 老란랑 ◯ 업더여願 건대靈萱

이늙디아니ᄒᆞ고 慈ᄌᆞ쯔 竹주쭁 常샹쨩 靑청칭 ◯ 慈竹이덧덧 이프르러 鳳봉뽕 詔

간감 鸞롼뢘 章쟝쟝 行힝ᅘᅵᆼ 荷허ᅘᅥ 上샹썅 天텬텬 之즈즈 寵충충 ◯ 鳳詔鸞 章은쟝

초上天의寵을니블써시오○杜詩註紫錦誥之字有回鸞勢○金긴긴昆균균玉유융李기기早

잔잠登등등平핑빙地디띠之즈즈仙션션○金昆玉李는일쪽이平地의仙에올랏도다○

宋王銓與弟錫齊孝行人日二王金昆玉李来레래歲쉬쉬今긴긴朝잔쟝還환훤来례래

慶깅깅讚잔잔○来歲今朝에도로와慶讚ᄒᆞ리로다

(奎)昨조쨩日시싕有우잉文운문書슈슈到닾당○ㅣ어제文書ㅣ이셔와催취취俺

암함弟디띠兄흉흉赴부부任신신○우리弟兄을지촉ᄒᆞ여赴任ᄒᆞ라ᄒᆞ니堂탕땅前

젼쳔有우잉七치칭句쥬쥬老란랑母무무○堂前에七旬老母ㅣ잇ᄂᆞᆫ디라怎즘즘生

승승割거겨捨셔셔得더둥去큐큐○엇디ᄇᆞ리고가리오리(坐)欲유융使변뼌奉봉뽕

親친친之즈즈任신신○곳奉親ᄒᆞ여任에가以이이就쥭쯍祿루룽養양양○祿써

養져ᄒᆞ애就나쿄奈내내山산산川춴춴脩식싱阻주주水쉬쉬陸루룽驅큐큐馳

치쯩○山川이修阻ᄒᆞ딕水陸驅馳에엇디ᄒᆞ며老란랑母무무親친친多도더病빙뼝○

老母親이多病ᄒᆞ시니 萬환완 一황이 途뚜투 中즁즁 有잉우 意히이 外왜왜 不붕부

測칭처 之즈즈 事쏘스 ○萬一途中에意外예혜아리디못홀일이이시면 奈내내 何혀허

奈내내 何혀허 ○엇디ᄒᆞ리오엇디ᄒᆞ리오 (奎)只즈즈 得듷더 留릥릭 下햐햐 妻치치

小샹샤 ○그저妻小로머므러 奉뽕봉 侍쏘스 母무무 親친친 ○母親을奉侍ᄒᆞ고 俺

암함 弟떼디 兄흉흉 獨뚱두 自쯔즈 赴부부 任신신 罷빠바 ○우리弟兄이혼자赴任홈

이무ᄒᆞ다던 (坐)不붕부 免면면 請칭칭 母무무 親친친 大따다 人신신 出츙츄 来

래례 商샹샹 議이이 則증저 箇거거 ○마디못ᄒᆞ여母親大人을請ᄒᆞ여나와商議ᄒᆞ자

(奎)(坐)母무무 親친친 大따다 人신신 萬환완 福봉부 ○母親大人萬福 (夫)我어오

兒슳술 為위위 甚씸숨 這져저 等등등 恓시시 惶황황 ○我兒ㅣ아므서슬為ᄒᆞ여이리

서그러ᄒᆞᄂᆞ다○字 箋恓惶煩惱之貌 (奎)瞞먼먼 母무무 親친친 說숴쉬 不붕부 得듷더

○母親씌속여닐우디못ᄒᆞ리니 我어오 弟떼디 兄흉흉 懞믕믕 恩흔은 命밍밍 ○리우

弟兄이恩命을납어 歸귀귀省싱싱畢빙비姻힌인 ○ 歸省畢姻ᄒᆞ야 限현현期끼기已

이이滿먼먼 ○ 限期ㅣ임의찻는디라 今긴긴奉뽕봉詔쟣쟌来래레催취취 ○ 이제

詔를밧드러와져촉ᄒᆞ니 欲융유待때대要향약去큐큐 ○ 가고져ᄒᆞ여도 又임우割겅거

捨셔셔不붕부得듕더母무무親친친 ○ 또母親을ᄇᆞ리디몯ᄒᆞᆯ써시오 欲융유要향약

不붕부去큐큐 ○ 가디아니코져ᄒᆞ면 又임우恐쿵쿵違위위了럏랴君균균命밍밍

○ 또君命을어긔올ᄊᆞ저퍼이다

㊀夫 我어오兒숭술休힣휴哭쿻쿠 ○ 我兒ㅣ아우디말라 古구구人신신云윤윤 ○

古人ᄋᆡ닐ᄋᆞ되 無뭉우私숭스恩혼은非븨뷔孝향햐子증즈 ○ 私恩이업소면孝子ㅣ아

니오 無뭉우公궁궁義이이非븨븨忠중중臣찐친 ○ 公義업소면忠臣이아니라ᄒᆞ니

我어오兒숭술自쯔즈我어오送숭숭你니니讀뚱두書슈슈時씅스 ○ 我兒ㅣ아

내너를보내여글닑을빼로브터 已이이捨셔셔了럏랴你니니了럏랴 ○ 임의너를ᄇᆞ렷

니〮不是今日才捨你니 ○ 이 오ᄂᆞᆯ ᄀᆞᆺ 너를 ᄇᆞ리미 아니라

你休哭 ○ 네 우디 말라 (奎)孃忠孝不能兩全 ○ 孃이 忠孝ㅣ 能히 兩全티 몯ᄒᆞᆯ셔시니

○ 契丹侵府州折御卿御卿之旣而疾甚其母密召之歸御卿日世受國恩今臨敵安可棄士卒自便爲白太夫人無念我忠孝不能兩全言訖泣下翌

日卒 如何是好 ○ 엇디ᄒᆞ여야 됴ᄒᆞ리잇고 (夫)我兒

誤矣 ○ 我兒ㅣ 그르다 忠孝不兩全說得

不是 ○ 忠孝ㅣ 兩全티 몯ᄒᆞ리라 ᄒᆞ니라 이 ᄂᆞᆷ이 올티 아니ᄒᆞ니라 忠孝只

是一理 ○ 忠孝ㅣ 一理라 그저 未有忠的

人不孝 ○ 忠ᄒᆞᆫ 사ᄅᆞᆷ이 孝티 아닐 이 업소며 亦未有孝

的人不忠 ○ 孝ᄒᆞᆫ 사ᄅᆞᆷ이 忠티 아닐 이 업ᄉᆞ니 若是

不忠便是不孝 ○ 만일 忠티 몯ᄒᆞ면 곳 이 不孝ㅣ오 不

부붕 孝햪향 便변뺸 是스쑹 不부붕 忠중즁 ◯ 孝티 못ᄒᆞ면 곳 不忠이라 古구구 者

져져 求킥낌 忠중즁 臣친찐 於유유 孝햪향 子즈즈 之즈즈 門믄믄 ◯ 古者에 忠臣을

孝子의 門에 求ᄒᆞ다 ᄒᆞ니 ○ 東漢韋彪曰國以簡賢爲務賢以孝行爲首是以求忠臣必於孝子之門 全

쳔쮠 忠중즁 便변뺸 是스쑹 盡진찐 孝햪향 ◯ 全忠이 곳 이 盡孝ㅣ라 誰쉬쒸 說숴쉉

道단땅 忠중즁 孝햪향 不부붕 能능능 兩량량 全쳔쮠 ◯ 뉘 닐ᄋᆞ되 忠과 孝ㅣ 能히 兩全

티 못ᄒᆞ리라 ᄒᆞᄂᆞ뇨 (尖) 哥거거 哥거거 好한함 難난난 ◯ 형아 ᄀᆞ장 어렵다 去큐큐 的

디딩 是스쑹 不부붕 去큐큐 的디딩 是스쑹 ◯ 가야 올흐냐 가디 아니ᄒᆞ여야 올흐냐 (尖)

怎즘즘 生승승 這져져 等등등 說숴쉉 話화홰 ◯ 엇디 이런 말ᄋᆞᆯ 닐ᄋᆞᄂᆞ다

(尖) 孃냥냥 說숴쉉 的디딩 是스쑹 ◯ 孃의 닐ᄋᆞ심이 올ᄒᆞ니 兒슬ᅀᅳᆯ 子즈즈 心신신

裡리리 豈키키 不부붕 曉햪향 得더딍 ◯ 兒子ㅣ ᄆᆞᄋᆞᆷ에 엇디 아디 못ᄒᆞ리오마ᄂᆞᆫ 只즈즈

是스쑹 割거겅 捨셔셔 不부붕 得더딍 ◯ 그저 ᄇᆞ리디 못ᄒᆞᆯ소이다 (尖) 苦쿠쿠 殺새새

我(어오) ○ 나를 섭섭게 ᄒᆞᆫ다 着(잫죠)實(씽시)割(궝거)捨(셔셔)不(붕부)得(듷더) ○ 진실로 ᄇᆞ리디 못홀 소이다

㊀孩(해해)兒(슿술)也(여여)曉(햫햐)得(듷더) ○ 孩兒도 알오되 只(즈즈)是(쏘스)割(궝거)捨(셔셔)不(붕부)得(듷더) ○ 그저 ᄇᆞ리디 못홀소이다 ㊀割(궝거)捨(셔셔)不(붕부)得(듷더) ○ ᄇᆞ리디 못홀시니 我(어오)由(읗우)他(타타)做(주주)不(붕부)成(찡칭)官(권권)罷(빠바) ○ 내 제대로 벼슬을 니홈이 무로던ᄒᆞ니 아! 且(처쳐)養(양양)孃(냥냥)上(썅샹)本(븐븐)去(큐큐)辭(쏫츠)官(권권) ○ 아직 孃을 養ᄒᆞ고 本을 려 가 벼슬을 ᄉᆞ양ᄒᆞ쟈 ㊀你(니니)說(숴쉬)甚(씸슴)話(화화) ○ 네 무슴 말 니루는다 我(어오)死(스스)了(랴랴)你(니니)便(뼌변)割(궝거)捨(셔셔)得(듷더)了(랼랴) ○ 내 죽어야 네 곳 ᄇᆞ리리라 ㊀聽(링링)老(랖랖)夫(부부)人(신신)說(숴쉬) ○ 老夫人의 니루심을 드르쇼셔 ㊀永(융융)安(한안)你(니니)說(숴쉬)一(이이)說(숴쉬) ○ 永安아 네 닐으라

㊎看간간来래레母무무親친친說쉬숴得더듸是스쓰 ◯ 보아ᄒᆞ니母 親니ᄅᆞ심이 올ᄒᆞ니

孩해해兒ᅀᅳᆯ슬卽지징便변뼌登등등程칭찡 ◯ 孩兒ㅣ곳 登程ᄒᆞ고 留릭릳

下햐햐媳시싱婦부뿌伏부뽕事스쏘母무무親친친 ◯ 媳婦를머므리 母親을伏事ᄒᆞ리 여쟈 이다

㊤嫂산상嫂산상是스쓰宗중쭝婦부뿌 ◯ 嫂嫂ㅣ는이 宗婦ㅣ라 宗중쭝祀스쏘

所소수係히히 ◯ 宗祀의미 인배니 留릭릳着죠쨯小샤샹媳시싱婦부뿌伏부뽕

事스쏘母무무親친친 ◯ 小媳婦를머므러母親 을伏事ᄒᆞ여지이다 ㊎不부붕中중쭝

◯ 맛당티아 니ᄒᆞ다 宗중쭝婦부뿌正징징當당당伏부뽕事스쏘婆포뽀婆포뽀

◯ 宗婦ㅣ正히맛당히婆 婆를伏事홀ᄯᅵ니라 ㊇等등등我오어喚훤훤兩량량箇거거

媳시싱婦부뿌出츄츙来레래 ◯ 내두媳婦를 불러나와 問운문他타타着죠쨯

誰쉬쒸人신인去큐큐 ◯ 뎌두려눌로ᄒᆞ여갈 쇼므ᄅᆞᆷ을기ᄃᆞ리라

㊇媳시싱婦부뿌伱니니来레래了랴럄 ◯ 媳婦ㅣ아 네오나다 ㊐孃냥냥孃냥냥

萬완완福부붕 ○ 萬福孃孃 (夫) 我오어今긴긴日시싀喚훤훤伱니니兩량량箇

거거出츄츄来래래無우무甚씸씸事스쑤 ○ 내 오늘 너희 둘흘 블러 나옴은 아므란 일이 업

서 只즈즈為위위伱니니兒슬슬夫부부將장장行힝힝 ○ ㅣ 그저 네 兒夫 장ᄎᆞ 行홈

을 ᄒᆞ여 為여 伱니니兩량량箇거거要향햐留릳릳一이이箇거거伏부뿡事스쑤我

오어 ○ 너희 둘헤 ᄒᆞ나흘 머므러 나를 伏事ᄒᆞ고져 ᄒᆞ니 伱니니兩량량箇거거留릳릳誰쉬쒸

○ 너희 둘헤 눌을 머므르료 (査) 留릳릳大다따媳시싀婦부뿌伏부뿡事스쑤孃냥냥

孃냥냥 ○ 大媳婦를 머믈워 孃孃을 伏事ᄒᆞ게 ᄒᆞ쇼셔 (省) 留릳릳小샾샾媳시싀婦부뿌伏

부뿡事스쑤孃냥냥孃냥냥 ○ 小媳婦를 머믈워 孃孃을 伏事ᄒᆞ게 ᄒᆞ쇼셔 (査) 媳싀싀婦부뿌

年년년紀기기大다따了럏럏 ○ 媳婦는 나히 만코 二 且쳐쳐是스쑤宗중중婦부뿌

○ 또 이 宗婦ㅣ니 合허헝當당당伏부뿡事스쑤婆포뽀婆포뽀 ○ 맛당히 婆婆를 伏事

ᄒᆞᆯ 시오 嬸신신嬸신신年년년少샾샾未위위曉향햔世시싱事스쑤 ○ 嬸嬸은 나

히졈어世事를아디못ᄒᆞ니 着죠쟣他타타隨취쮜叔수슣叔수슣赴부부任신인 ○
뎌로ᄒᆞ여叔叔을조차赴任ᄒᆞ게ᄒᆞ쇼셔 (大生) 大다따媳시싱婦부뿌說쉬쉉得더듷是스씅
○ 大媳婦의니ᄅᆞᆷ이올ᄒᆞ니이다 (小旦) 姆무무姆무무是스씅宗중중婦부뿌主쥬쥬奉붕뿡
香향향火호훠 ○ 姆姆ᄂᆞᆫ이宗婦ㅣ니香火를主奉ᄒᆞᆯ씨시오 大다따伯버븽年년년
長쟝쟝未위뮈有약잉子즈즈息시싱 ○ 大伯이年長ᄒᆞ되子息이업소니 宗중중祀스쓰
爲위위重중쭝 ○ 宗祀ㅣ重ᄒᆞᆫ디라 當당당着죠쟣姆무무姆무무去큐큐 ○
맛당히姆姆로ᄒᆞ여가게ᄒᆞ고 留리링小샤샹媳시싱婦부뿌伏부뿡事스쓰婆포뿨婆포뿨
○ 小媳婦를머믈워婆婆를伏事ᄒᆞ게ᄒᆞ쇼셔 (小生) 小샤샹媳시싱婦부뿌說쉬쉉得더듷
是스씅 ○ 小媳婦의니ᄅᆞᆷ이올ᄒᆞ니이다 (夫) 大다따兒슬승子즈즈要요양留리링大다따
媳시싱婦부뿌 ○ 大兒子ᄂᆞᆫ大媳婦를머므로고져ᄒᆞ고 小샤샹兒슬승子즈즈要요양
留리링小샤샹媳시싱婦부뿌 ○ 小兒子ᄂᆞᆫ小媳婦를머므로고져ᄒᆞ야 兩량량箇

거거 都두두 不부붕 肯큰큰 去큐큐 ○ 둘히 다 즐겨 가디 아니흐니 我오어 也여여 難

난난 主쥬쥬 張쟝장 ○ 나도 主張흐기 어렵다 ㊟ 這저져 等등등 ○ 이러면 兩량량

位위위 娘낭낭 子즈즈 都두두 莫모망 去큐큐 ○ 兩位娘子ㅣ 다 가디 말고 待대때 兩

량량 位위위 官권권 人신신 到도당 任신신 後후흫 ○ 兩位官人이 到任흔 後를 기드려

方방방 纔채째 来래래 接져졍 老랃랑 夫부부 人신신 同퉁퉁 去큐큐 如유유 何

허허 ○ 그제야 와 老夫人을 마자 흠ᄭᅴ 감이 엇더흐니잇고 ㊟ 不부붕 中중중 ○ 맛당티 아니흐

다 我오어 今긴긴 年년년 七치칭 十시씽 歲쉬쉬 了랃랑 ○ 내 올히 七十歲ㅣ니 再

재재 會휘휘 活호훵 得더등 十시씽 年년년 罷바빠 了랃랑 ○ 다시 十年이 사라야 무던

흔디라 兩량량 箇거거 孩해해 兒슬숭 都두두 無우무 子즈즈 息시싱 ○ 두 孩兒ㅣ

다 子息이 업소니 豈키키 可거거 為위위 我오어 十시씽 年년년 之즈즈 身신신 ○

엇디 가히 나의 十年 몸을 為흐여 廢비빙 絶쥐쮕 伍우우 氏스씃 千천천 年년년 之즈즈

朴通事新釋諺解 卷三 二十二

祀쓰스 ○ 伍氏千年의祀를廢絕ᄒᆞ리오 決퀑궈 都두두 不봉부 可거거 留릳릭 ○ 결단

코다가히머므디못ᄒᆞᆯ쎠시니 兩량량 箇거거 都두두 要얗얖 去큐큐 ○ 둘히다가과뎌ᄒᆞ노

라 奎 坐 母무무 親친친 大따다 人신인 年년년 老랄랖 了랼랼 ○ 母親大人이年

老ᄒᆞ시고 孩해해 兒슬슬 年년년 尚썅샹 少샾샾 ○ 孩兒는나히오히려졈어시니 孩해해

兒슬슬 奉뽕봉 事쓰스 母무무 親친친 日싀싀 短뒨뒨 ○ 孩兒ᅵ母親을奉事ᄒᆞᆯ날은뎌

르고 夫부부 婦뿌부 相샹샹 守싐식 日싀 長쨩샹 ○ 夫婦ᅵ相守ᄒᆞᆯ날은기니 伏뽕부

望망왕 母무무 親친친 大따다 人인산 寬퀀퀀 心신산 ○ 업ᄃᆡ여ᄇᆡ라ᄂᆞ니母親大人은

寬心ᄒᆞ쇼셔 夫 伱니니 都두두 起키키 来래레 ○ 네다닐라 奎 坐 我어오 死숬스

也여여 不봉부 起키키 ○ 내죽어도니디못ᄒᆞᆯ소이다 母무무 親친친 大따다 人신신

容융융 留림릭 媳싀시 婦뿌부 伏뽕부 事쓰스 ○ 母親大人이媳婦를머므러伏事게ᄒᆞ시

면 孩해해 兒슬슬 纔쨰채 起키키 ○ 孩兒ᅵ그제야닐리이다 夫 也여여 罷빠바 ○

또무던ᄒᆞ다 想 샹샹 我 오어 也 여여 活 호횅 不 부붕 久 과굉 ○ 싱각ᄒᆞ니나 도 살기오래

디아닐새시니 由 우임 他 타타 兩 량량 箇 거거 媳 시싱 婦 부뿌 都 두두 留 릭림 罷 바빠

○ 제대로두媳婦ㅣ다 머믈미므던ᄒᆞ니 你 니니 起 키키 来 레래 ○ 네날 라

㊎末 行 힝헝 李 리리 都 두두 齊 치쪄 備 비삐 了 랴량 ○ 行李롤다齊備ᄒᆞ 여시니 ○ 通雅曰

行李行使也 卽裝治也 請 칭칭 二 을슬 位 위위 官 권권 人 신신 卽 지징 日 시싱 啓 키키

行 힝헝 ○ 請大二位官人은 卽日啓行ᄒᆞ쇼셔 ㊎夫 伍 우우 倫 륜륜 全 춴쮠 伍 우우 倫

륜륜 備 비삐 我 오어 兒 슬슾 今 긴긴 日 싀싱 便 변뻰 行 힝헝 ○ 伍倫全伍倫 備내아히아

오늘꼿 行ᄒᆞ라 ㊎大生 ㊎小生 孩 해해 兒 슬슾 拜 배배 別 벼뼝 母 무무 親 친친 ○ 孩兒ㅣ 母親ᄭᅴ

拜別ᄒᆞ ᄂᆞ이다

㊎夫 為 위위 功 궁궁 名 밍밍 ○ 功名을為 홈이니 哭 쿠콩 甚 숨씸 的 디딩 ○ 울어 므슴

ᄒᆞ리 오

(夫) 你니니 弟디뎌 兄흉흉 去큐큐 便변뼌 去큐큐 ○네弟兄이 가면 곳 가라 가 哭쿠쿵

箇거거 甚슴씸 麼마마 ○울어므슴ᄒᆞ리오

(奎) 大다따 娘냥냥 子즈즈 你니니 過고궈 来레래 ○大娘子야 네 오라 我오어 分

분분 付부부 你니니 ○내 네게 分付ᄒᆞ쟈

(沓) 丈쟝쨩 夫부부 你니니 放방방 心신신 去큐큐 ○丈夫ㅣ아 네 放心ᄒᆞ고 가라 (夫) 他타타 是스쏘 媳시싱 婦부뿌 ○뎌는 어媳婦ㅣ라 禮리리 當당당 伏부뿡 事스쏘

他 我오어 ○禮ㅣ 맛당히 나를 伏事ᄒᆞᆯ 써시니 你니니 便변뼌 不부붕 囑쥬죵 付부부 他

타타 ○네 꼿뎌를 당부티 아니ᄒᆞᆫ들 敢간간 不부붕 伏부뿡 事스쏘 我오어 ○敢히 나를

伏事티 아니ᄒᆞ라 你니니 只즈즈 管권권 去큐큐 ○네 그저 가믈 ᄆᆞ음 알라 我오어 自

즈즈 有우잉 分분본 曉햐향 你니니 去큐큐 ○내 스스로 알게 홈이 이실써시니 네 가라 (奎)

我오어 兄흉흉 弟디뗘 別벼뼝 攘낭낭 去큐큐 ○우리 兄弟ㅣ 攘을 니별ᄒᆞ고 가ᄂᆞ이다

㊇你니니且쳐쳐住쥬쮸○네아직머믈라我오어有우잉幾기기句규규話화화

囑쥬죵付부부你니니○내여러귀말이이셔너를당부ᄒ리라伍우우倫륜륜全춴쮠

過고귀前쳔쪈来레래○伍倫全은나아오라伍우우倫륜륜全춴쮠你니니這져져

官권권是스쓰諫견견議이이大다따夫부부○伍倫全아네이벼슬이諫議大夫ㅣ니

官권권以이이諫견견議이이為위위名밍밍你니니知지짒道단땋麽마마○

벼슬을諫議로써일홈삼음을네아ᄂ다㊈兒슬슲子즈즈知지짒道단땋○兒子ㅣ아ᄂ이

다㊇知지짒道단땋是스쓰如유유何허혀○아니이엇디오㊈諫견견者져져

諫견견爭중증也여여議이이者져져議이이論룬룬也여여○諫者ᄂ諫爭ᄒ이오

議者ᄂ議論ᄒ이니이다㊇你니니官권권以이이諫견견爭중증議이이論룬룬為

위위名밍밍○네벼슬이諫爭議論으로써일홈을삼앗거ᄂᆯ却거쿵乃내내畏위위縮수송

怯겨켱懦노너○또이에畏縮怯懦ᄒ야惴쥐쥐惴쥐쥐焉연연不부붕敢간간出

츄츙一이잉言연연半번번語유유○惴惴히敢히一言半 語를내디몯ᄒᆞ면將쟝쟝何

헝허面면면目무뭉見견견天텬텬下햐뺘士스쓰大다따夫부부○쟝ᄎᆞ어 녀面目

ᄋᆞ로天下士大夫를보리오須슈슈要얀얗明밍밍目무뭉張장쟝膽단단烈려렬烈

려령轟홍홍轟홍홍做주주一이힁場창쨩○모롬이明目張膽ᄒᆞ고 烈烈轟轟히ᄒᆞᆫ바탕을

훌ᄯᅥ라有우잉言연연責저졍者져져不부붕得더듷其키끼言연연則저졍去

큐큐○言責을둔ᄂᆞᆫ재그言을得디몯 ᄒᆞᆫ즉去ᄒᆞᄂᆞ니○本孟子語汝유슈能능능盡진찐職

지징事스쓰○네能히職事 를다ᄒᆞ면雖쉬쉬以이이言연연得더듷罪쥐쮜○비 록

말로ᄡᅥ罪 를어더도㑭니니孃냥냥含한햔笑샨샹入슈슝地디떠下햐뺘見견견汝

슈슈父부뿌親친친矣이이○네孃이우음을머금고地下모 의드리가네父親을보리니莫막

要얀얗顧구구㑭니니老란랍孃냥냥○네老孃을 념티말라 고㑭니니能능능爲

위위范반빤滂팡팡○네能히范滂이되고○范滂字孟博漢 桓帝時人坐鉤黨死其母就與之訣曰

今汝與李杜齊名死亦何恨 既有令名復求壽考可得乎 不부봉 怕파파 你니니 老랄랃 孃냥냥

做주주 不부붕 得더듷 范반빤 滂팡팡 母무무 ○ 네老孃이范滂의母ㅣ되디몯홀가저페

말라 ㊎ 謹긴긴 受삭쌀 教갸걓 ○ 삼가ᄀᆞᄅᆞ치심을바ᄃᆞ리이다 ㊇ 伍우우 倫륜륜 備

비삐 過고궈 来래래 ○ 伍倫備오라 你니니 這져저 官권권 是스쓰 太태태 守식십

○ 네이벼슬은이太守ㅣ니 ○ 太守見第二篇 太태대 守슈싱 是스쓰 一이힝 方방방 之

즈즈 師스숭 師쇄쇄 ○ 太守는이一 의師師ㅣ오 方 萬완완 民민민 之즈즈 父부뿌 母

무무 ○ 萬民의父母ㅣ라 你니니 曉햪햫 得더듷 ○ 네아는다 師스숭 師쇄쇄 父부뿌

母무무 是스쓰 如슈슈 何허헝 說숴숳 ○ 師師父母는이 얻디니룸고 ㊎ 師스숭 師

쇄쇄 所소수 以이이 教갸걓 之즈즈 ○ 師師는ᄡᅥᄀᆞᄅᆞ치는배오 父부뿌 母무무 所소수

以이이 養양양 之즈즈 ○ 父母는ᄡᅥ養ᄒᆞᄂᆞ니이다 ㊇ 為위위 民민민 師스숭 師

쇄쇄 ○ 民의師師ㅣ되야 民민민 之즈즈 愚유유 蠢츈츈 不부붕 思스숭 所소수 以

이이 教갸걍 之즈증 ○民의愚蠢을뻬ᄀᆞᄅᆞ칠바를셩각디아니ᄒᆞ고 便변뼌 加갸갸 之즈증

撫쥐쥐 楚추추 ○곳撫楚를더ᄒᆞ며 爲위위 民민민 父부뿌 母무무 ○民의父母ㅣ되

여 民민민 之즈증 貧핀삔 窘균균 不부붕 思스ᄉᆞᆼ 所소수 以이이 養양양 之즈증 ○도로

○民의貧窘을뻬칠바를셩각디아니ᄒᆞ고 反반반 奪도뙇 其끼끼 衣듸디 食시씽 ○

혀그衣食을앗ᄂᆞ니 你니니 去큐큐 郡균균 中중중 ○네郡中에가 教갸걍 那나나 百

버븽 姓싱싱 ○더百姓ᄀᆞᄅᆞᄋᆞ침을 亦이잉 如유유 先션션 生숭승 之즈증 教갸걍 你

니니 一이힝 般번번 ○또先生이너ᄀᆞᄅᆞᄒᆞᆫ가짓히ᄒᆞ며침 養양양 那나나 百버븽 姓

싱싱 ○더百姓치기를 亦이잉 如유유 我오어 養양양 之즈증 養양양 你니니 一이힝 般번번

○또내너를기름과ᄒᆞᆫ가짓히ᄒᆞ라 我오어 養양양 你니니 ○내너를길러 爲위위 你

니니 母무무 ○네어미되매 曾층쯩 毒두뚱 害해뗴 你니니 索새생 落로랖 你니니

不부붕 曾층쯩 ○일ᄶᆞᆨ너를毒害ᄒᆞ며네게구석ᄒᆞ더냐아니ᄒᆞ더냐 你니니 推취취 我오어

此(츠/춘) 心(신/신) ○ 네 나의 이 몸을 미뢰여 以(이/이) 為(위/위) 民(민/민) 父(부/뿌) 母(무/무) 則

(저/쯩) ○ 뼈 民의 父母ㅣ 되면 古(구/구) 之(즈/즁) 循(슌/쓘) 吏(리/리) 不(부/붕) 過(고/궈) 是(스/쏭) 矣

이이 ○ 네 循吏라도 이예 디나디 몯ᄒᆞ리라 ○ 漢書有循吏傳居家必用云上順公法下順人情謂之循吏

伱(나/니) 千(쳔/쳔) 萬(완/완) 莫(모/망) 學(효/햫) 嚴(연/연) 延(연/연) 年(년/년) ○ 네 千萬嚴延年을 비

화 ○ 嚴延年漢宣帝時為河南太守為治陰鷙酷烈其母從東海来適見報囚大驚謂延年曰天道神明人不可獨殺吾不意見子被刑戮遂去歸郡後延年果棄市東海莫不賢智其母

使(스/ᄉᆞ) 我(오/어) 為(위/위) 延(연/연) 年(년/년) 之(즈/즁) 母(무/무) ○ 날로 ᄒᆞ여곰 延年의 母ㅣ 되게 말라

(小生) 謹(긴/긴) 受(식/씽) 教(갸/걍) ○ 삼가 ᄀᆞᄅᆞ치심을 바ᄃᆞ리이다

(夫) 我(오/어) 兒(슬/ᅀᆞᆯ) 便(변/뼌) 行(힝/힝) ○ 내 아희 곳 行ᄒᆞ라

(夫) 我(오/어) 兒(슬/ᅀᆞᆯ) 休(후/힣) 哭(쿠/콩) 去(큐/큐) 了(랴/량) 罷(바/빠) ○ 내 아희 우디 말고 감이 무다ᄒᆞᆫ

(小生) 兒(슬/ᅀᆞᆯ) 去(큐/큐) 了(랴/량) ○ 見ㅣ 가ᄂᆞ이다 苦(쿠/쿠) 為(위/위) 功(궁/궁) 名(밍/밍)

別벼뼝 北버븍 堂탕땅 ○ 섧다니 功名을為ᄒᆞ여北堂을니별ᄒᆞ ○詩小註堂房半址為北堂南為

南堂韓文公稱母為北堂 臨린린 歧키끼 回휘훼 首싀싀 倍비븨 悲비븨 傷샹샹 ○ 거리

에臨ᄒᆞ여마리룰두르혀매悲傷홈이倍ᄒᆞ도다 ㊀夫 百버빅 年년년 歲쉬쉐 月워웛 能능능

多도뎌 少샤샹 ○ 百年歲月이能히언머나ᄒᆞ고 只즈즈 恐쿵쿵 兒ᅀᆞ술 歸귀귀 不부불

見견견 孃냥냥 ○ 그저兒ㅣ도라옴애孃을보디못ᄒᆞᆯ가저허ᄒᆞ노라 ㊁末 纔채째 見견견 子

辭즈쯔 母무무 ○ 子ㅣ母를辭홈을보고 又우임 看간간 夫부부 別벼뼝 妻치치

○ 佐夫ㅣ妻를別홈을보는또다 ㊀奎 請칭칭 娘냥냥 子즈즈 拜배배 別벼뼝 ○ 請권대娘

子ㅣ아別ᄒᆞ쟈 拜 ㊁査 官권권 人신인 已이이 拜배배 了랴랴 ○ 官人이임의拜ᄒᆞ엿ᄂᆞ니

이다 ㊀奎 前쳔젼 頭투뜰 之즈즈 拜배배 ○ 젼의절홈은 是스쓰 請칭칭 伱니니 替

리티 我오어 養양양 孃냥냥 ○ 이네게請ᄒᆞ여날을ᄀᆞ르차孃을養홈이오 這져져 遭잔짱

拜배배 才채째 是스쓰 別벼뼝 伱니니 ○ 이번절은ᄀᆞᆺ너를別홈이라

㊃我오어去큐큐了랸랼別벼뼝無우무他타타言연연○내가노라별로다른말이별
업서老랖랗母무무親친친都두두付부부與유유伱니니○老母親을다네게付與ᄒᆞ
노라㊃謹긴긴領링링受식씽○삼가領受ᄒᆞ노니兒ᅀᆞᆯᅀᅳᆯ夫부부只즈즈管권권
盡진찐心신신事ᄉᆞᄉᆞ君균균○兒夫는그저盡心事君홈을ᄆᆞ음알라養양양親친친
之즈즈事ᄉᆞᄉᆞ奴누누家갸갸一이이力리링承칭찡當당당○養親ᄒᆞᆯ일은奴家ㅣ
一力承當ᄒᆞ리니若요얍有우잉些셔셔少샤샹奉봉뽕承칭찡不부붕到도닿○
만일적이奉承키를극진티못홈이이시면天텬텬日시싀照잔짤察차창○天日이照察ᄒᆞᆯ
새시오他타타日시싀再재재無우무面면면目무뭉相샹샹見견견○다른날에
다시面目으로서ᄅᆞ봄이업스리이다㊃娘냥냥子즈ᄌᆞ只즈즈怕파파伱니니言연연
不부붕應잉잉口쿠쿵○娘子ㅣ아그저저ᄑᆞ건대네말이입을應티못ᄒᆞᆯ가ᄒᆞ노라㊃官
권권人신신不부붕信신신○官人이믿디아니ᄒᆞ면將쟝쟝刀도닿來레래剁도뎌

箇거거 指즈즈 頭뚷투 為위위 信신신 ○ 칼을 가져와 손싸락을 베혀 信을 삼으리이다

(上) 嫂삼산 嫂삼산 嫂삼산 不불부 須슈슈 如유유 此충츠 ○ 嫂嫂는 모롬이 이럿틋 마ᄅ쇼셔

(上) 嫂삼산 嫂삼산 請칭칭 上쌍상 ○ 嫂嫂는 請컨대 오ᄅ쇼셔 兄흉흉 弟뗴뎨 拜배배

別뼝볘 ○ 아이 拜別ᄒ사이다 別뼝볘 無무우 他타타 事쏭스 ○ 別로 다ᄅᆞᆫ 일이 업서 母

무무 親친친 在째재 家갸갸 ○ 母親이 집의 겨시니 伏뿍부 望망왕 嫂삼산 嫂삼산 早

잠잔 晚뭔완 用융용 心신신 侍쏭스 奉뽕봉 ○ 업셔여 ᄇ라ᄂ니 嫂嫂ᄂᆞᆫ 무晚에 用心侍奉ᄒ

쇼셔 (沓) 叔숭수 叔숭수 放방방 心신신 去큐큐 ○ 叔叔은 放心ᄒ고 가 與유유 俆니니

哥거거 哥거거 盡찐진 心신신 職징지 事쏭스 ○ 네 형으로ᄃ려 職事에 盡心ᄒ쇼셔 此

충츠 一힝이 事쏭스 ○ 이ᄒᆞᆫ 일은 嫂삼산 嫂삼산 與유유 嬸신신 嬸신신 一힝이 力

링리 承찡칭 當당당 ○ 嫂嫂ㅣ 嬸嬸으로ᄃ려 一力承當ᄒ리이다

(坐) 媳싱시 婦뿌부 過궈고 來래래 拜배배 別뼝볘 哥거거 哥거거 ○ 媳婦ᄂᆞᆫ 와 형의

게拜別ᄒᆞ라 (奎)好한항生숭승和호훠伱니니姆무무姆무무伏부뿡事스쓰母

무무親친친 ◯ ᄆᆞ장네姆姆과로母 親을伏事ᄒᆞ쇼셔 (宣)謹긴긴受식씩命밍밍 ◯ 삼가

命을바드리니 大다따伯버븡去큐큐心신신放방방 ◯ 大伯은감애모 ᄆᆞᆷ을노ᄒᆞ쇼셔

(坐)嫂산삼嫂산삼和호훠媳시싱婦부뿌 ◯ 嫂嫂는 媳婦과 請칭칭回휘훠去큐큐

奉봉뽕母무무親친친 ◯ 請권대도라가 母親을 시봉ᄒᆞ쇼셔 (奎)俺암함兄흉흉弟디떠

今긴긴日시싀別벼뼝也여여 ◯ 우리兄弟ㅣ오늘 니별ᄒᆞ리로다 (合)流리릴淚리뤼

淚리뤼流리릴流리릴盡진찐淚리뤼 ◯ 눈믈을흘림애 눈믈이흘러 흘을눈믈이 다ᄒᆞ엿ᄯᅩ

다 (宣)斷뒨뒨腸챵쨩腸챵쨩斷뒨뒨斷뒨뒨無우무腸챵쨩 ◯ 간댱을ᄭᅳᆫ춤애 간댱

이ᄭᅳᆫ처 댱이업ᄯᅩ다 출간 (末)已이이看간간夫부부別벼뼝婦부뿌 ◯ 임의夫ㅣ婦를

니별홈올 보고 更긍긍看간간弟디떠分븐븐兄흉흉 ◯ ᄯᅩ아이兄을는 홈을보리로다 (奎)

俺암함這저져兩량량人신신行힝힝路루루到닷닿那나나裡리리分븐븐 ◯

우리이두사ᄅᆞᆷ의갈길히어듸다ᄃᆞ라ᄂᆞ뇨 (末)到닿닿二슬슳十시씽里리리長창쨩亭

텡뎡 ○二十里長亭애다ᄃᆞᄅᆞ면 帖十里一長亭五里一短亭 ○六 是스쓰分븐븐入슈슝京

깅깅路루루 ○이서울로드ᄂᆞᆫ길히ᄂᆞᆫ호이리이다 (坐)兄흉흉弟디떠俺암함緊긴긴行

힝힝幾기기步부뿌 ○아ᄋᆞ야우리밧비여러거름ᄇᆡ쟈 程칭찡限현뼌已이이逼비삥

了랴랼 ○程限이임의갓가왓다

(末)這져져裡리리是스쓰三산산义차차路루루口쿠큼 ○예ᄂᆞᆫ이三义路口ㅣ니

往왕왕東둥둥是스쓰去큐큐東둥둥陽양양郡균균路루루 ○東으로향ᄒᆞ면이東

陽郡으로가ᄂᆞᆫ길히오 往왕왕北버븽去큐큐是스쓰赴부부京깅깅都두두路루루

○北으로향ᄒᆞ여가면이京都로가ᄂᆞᆫ길히니 二슬슳位위위官권권人신신到닿닿此

츠츠分븐븐路루루 ○二位官人이여긔니르러길흘ᄂᆞᆫ호리이다 (坐)哥거거哥거거俺

암함弟디떠兄흉흉在재째此츠츠分븐븐路루루 ○형아우리弟兄이예셔길흘ᄂᆞᆫ호리

니 請칭칭 哥거거 哥거거 暫잔짠 住쥬쥬 ◯ 請컨대형은잠깐머므쇼셔 小샤샹 弟

디뎌 拜배배 別벼뼈 ◯ 小弟ㅣ拜別ᄒᆞᄉᆞ이다

㊝ 兄흉흉 弟디뎌 你니니 為위위 郡균균 守식싱 ◯ 아ᄋᆞ야네郡守ㅣ되야시니 處

츄츄 江걍걍 湖후후 之즈즈 遠원원 則저정 憂우웅 其기끼 君균균 ◯ 江湖의遠에處

ᄒᆞ면그님금을근심ᄒᆞ야 ◯ 范仲淹岳陽樓記 居廟堂之高則憂其民處江湖之遠則憂其君 一ᄒᆞᆼ이 飯

반빤 莫모맘 要약향 忘왕망 君균균 ◯ 一飯에君을닛디말과다ᄒᆞ노라 ㊥ 哥거거 哥

거거 你니니 官권권 近긴긴 侍스쏘 ◯ 형아네벼슬이近侍니 居규규 廟먀먀 堂당당

之즈즈 近긴긴 則저정 憂우융 其기끼 民민민 ◯ 廟堂의近에居ᄒᆞ면그ᄇᆡᆨ셩을근심ᄒᆞ여

一이흥 夫부부 不부붕 可커커 使스슷 之즈즈 失시싱 所소수 ◯ 一夫도可히ᄒᆞ여곰

失所케못ᄒᆞ리이다 ㊝ 臨린린 行힝힝 記기기 得터득 母무무 親친친 的디디 言연연

語유유 ◯ 臨行에母親의말ᄉᆞᆷ을記得ᄒᆞ여 我오어 和호화 你니니 各거거 宜이이 勉

면면勵리리○내너과각각맛당히勉勵ᄒ야毋무우貽이이毋무무親친친憂우우慮

류류○毋親의憂慮를기리디마쟈㊤哥거거哥거거說쉬숴得더듸正징징合허허

我오어意이이○형의니ᄅ심이졍히내쁫외숨ᄒ여이다㊥倒닫닫是스ᄉ我오어走

주즘得터듸快쾌쾌些셔셔○도로혀아내돗기를샐리흘시만뎡争중증些셔셔趕간간

不부불上상썅了랴랴也여여○져기트면밋디못흘낫다㊦兀우올的디듸不부불

是스ᄉ三산산官권권人신신来레래也여여○테아니이三官人아오는가㊤三

산산哥거거来레래了랴랴○三哥ㅣ온다㊤三산산哥거거伱니니来레래了

랴랴○三哥ㅣ아네오나다㊥走주즘得터듸走주즘得터듸○드르매드르매我오어

我오어沒무몽氣키키了랴랴○내내긔운이업세라大다따大다따哥거거萬완완

福부봉○大哥萬福二슬슴二슬슴哥거거萬완완萬완완福부봉○二哥二萬

萬福㊦待대때伱니니不부봉見견견回휘훼○너를기드려또옴을보디못호라되無

우무 奈내내 限현현 期끼기 已이이 逼빙비 ○ 限期의 逼홈애 엇디 홈이 업서 不부붕

得더득 已이이 起키키 程칭찡 ○ 마디 못ᄒᆞ야 起程ᄒᆞ니 正징징 欲유용 見견견 你

니니 兄훙흉 弟디띠 一이힝 面면면 付부부 託토탕 母무무 親친친 ○ 정히 너 아ᄋᆞ를

ᄒᆞᆫ번 보아 母親을 付託고져 ᄒᆞ더니라 (淨) 哥거거 哥거거 你니니 說숴쉬 甚숨씸 話화화

○ 형아 네 므슴 말 니ᄅᆞᄂᆞ뇨 你니니 的디디 母무무 親친친 便변뻔 是스쓰 我오어 母

무무 親친친 ○ 네 母親이 곳 이 내 母親이니 何허쩌 用융융 付부부 託토탕 我오어 ○

엇디 내게 付託ᄒᆞ리오 二슬싀 位위위 哥거거 哥거거 ○ 二位 형은 只즈즈 管권권 用

융융 心신신 盡진찐 你니니 職지징 事스쏘 ○ 그저 ᄉᆞ리아 用心ᄒᆞ여 네 職事를 다ᄒᆞ라 家

갸가 中중중 事스쏘 有위임 二슬싀 位위위 嫂산삼 嫂산삼 在재째 上샹쌍 ○ 家中

이 事는 二位 嫂嫂ㅣ 셔 우희 겨시고 門문문 外왜왜 事스쏘 兄흉훙 弟디뗴 一이힝 擔단단

都두두 挑됴툐 了랴랴 ○ 門外事는 아기 ᄒᆞᆫ 점의 다 메리이다 (太) 他다다 事스쏘 猶우임

自쯔즈可커커○다른일은오히려스스로可히저니와只즈즈是쓰스老랗랖母무무親

친친無우무人신신照잪쟣管권권○그저老母親을사름이보숨피리업소니望왕왕你

니니早잪잡晩완완侍쓰스奉봉뽕○보라건대네무晩에라侍奉ᄒᆞ라淨母무무親친친

我오어也여여着죠쟣一이흥擔단단挑댶략了랖량○母親을내또ᄒᆞᆫ짐의메리이다

씰兄훙흥弟디뗴你니니說쉬쉬甚숨씸話화화○아이아네무合말니르ᄂᆞ다淨

呵허허呵허허你니니不부봉見견견正징징月워웡半번번○허허네보디몯ᄒᆞ여

ᄂᆞᆫ다正月半에人신신家가갸孝햫햫順순쓘兒슬숭子즈즈○人家孝順兒子ㅣ將

쟝쟝他타타那나나孃냥냥用융융繩싱씽綑쿤쿤縛봐빺着죠쨯○며孃을다가노

ᄒᆞ로뼈얼거미고把바바一이흥條턒툫杠강강穿천쳔擡때때上샹쌍城칭찡裡

리리去큐큐看간간燈등등○ᄒᆞᆫ오리막대로다가뀌여들어잣안히가리看燈ᄒᆞᄂᆞ니○容齋隨筆

上元張燈太平御覽曰漢家祀太乙以昏時祠到明今人正月望日夜遊觀燈是其遺事俗쓩슈有잉우

四 스슷 句 규규 說 숴쉬 得 듸더 好 한할 ○ 俗에四句ㅣ이셔 니름이됴터라 (末) 願 원원

聞 운문 ○ 들음을願 ᄒᆞ노이다 (淨) 小 샤샾 子 즈즈 本 븐븐 姓 싱싱 丁 딩딩 ○ 小子ㅣ本

姓이이라 丁 撞 태때 孃 냥냥 去 큐큐 看 칸칸 燈 등등 ○ 孃을들어가 看燈ᄒᆞ니 雖 쉬쉬

然 션연 孃 냥냥 受 삭씽 苦 쿠쿠 ○ 비록孃이괴로 옴을바드나 也 여여 是 스쏘 孝 한할

順 슌슌 心 신신 ○ 또이孝順읫ᄆᆞ 옴이라ᄒᆞ니라 (奎) 伱 니니 只 즈즈 是 스쏘 愛 애애 這

져져 等 등등 戲 히히 謔 햐햑 ○ 네그저이런戲謔 을됴히너기다 (淨) 哥 거거 哥 거거 伱

니니 行 힝힝 ○ 형아네 감애 我 오어 沒 무뭄 甚 슴씸 麼 마마 送 숭숭 伱 니니 ○ 내아

므란너를보 별새시업서 連 련련 路 루루 上 샹샹 来 래래 口 쿠큭 占 젼젼 兩 량량 首 삭씽

詩 스슷 ○ 길흘連ᄒᆞ여옴애兩首詩를口占ᄒᆞ여 ○字彙口述其事令人書之曰口占 每 미미 人

신신 送 숭숭 詩 스슷 一 이힝 首 삭싱 ○ 每人을詩一首 로보내리아다 (奎) 願 원원 聞 운문

○ 들음을願 ᄒᆞ노라 (淨) 詩 스슷 曰 워웡 ○ 詩예ᄀᆞᆯ 오되 大 다따 哥 거거 送 숭숭 伱

니니 赴부부京깅깅城쳥칭 ○큰형아너를보내여京城에가니 勸권권你니니做주주
官권권休힝휘做주주聲싱싱 ○너를勸ᄒᆞ노니벼ᄉᆞᆯ홈애소릐ᄒᆞ디말라 只즈즈管권권
低디디頭뜽투喫칭치官권권飯빤반 ○그저ᄉᆞᆯ이야마리를수겨官飯을먹고 聽팅팅
得듸더也여여似쏘스不붕부曾쯩층聽팅팅 ○들어도일쪽듯디아닌ᄃᆞ시ᄒᆞ라 (淨)
這져져詩ᄉᆞ스好함한麼마마 ○이詩도ᄒᆞ니잇가 (奎)不붕부好함한 ○됴티아니
ᄒᆞ다 我어오去큐큐做주주官권권 ○내가벼ᄉᆞᆯ홈애 你니니勸권권我어오敢간간
言연연 ○네날을勸ᄒᆞ여敢言ᄒᆞ라홈이 便뼌변是쏘스朋뿡픙友임우規귀귀戒계계
之즈즈義이이 ○곳이朋友規戒ᄒᆞᄂᆞᆫ義어늘 你니니却켜커敎갸갸我어오緘견견
默믜머不붕부言연연 ○네또날로ᄒᆞ여緘默不言ᄒᆞ라ᄒᆞᄂᆞᆫ고야 (淨)哥거거哥거거你
니니不붕부見견견那나나老랗랃鴉야야 ○형아네뎌老鴉를보디못ᄒᆞ엿ᄂᆞᆫ다 ○雲濤談
叢云鵲噪人聞之而喜故曰喜鵲鴉鳴聞者皆惱故名惱鴉而世乃從老字名老鴉非也 飛븨븨去큐큐

人신신家갸갸屋홍우上썅샹啞야야啞야야的딩디呌걓걒○ᄂᆞ라人家屋上의가

啞啞히울매人신신便뼌변把바바彈딴탄弓궁궁来래레打다다他타타○사ᄅᆞᆷ

이꼿彈弓으로다가뎌를팀은不봉부是쓰스嫌현현那나나老랑랖鴉야야○이뎌老鴉

를혐의홈이아니라是쓰스嫌현현他타타那나나聲싱싱氣키키老랑랖鴉야야○

이뎌소리ᄒᆞᄂᆞᆫ鴉를혐의홈이라老我어오勸권권你니니莫맙모做주주聲싱싱罷빠바

○내너를勸ᄒᆞ노니소리말미무텬ᄒᆞ이다(奎)我어오做주주言연연官권권○내言官이

되여시니言연연是쓰스我어오的딩디職징지事쓰스○言은이나의職事ㅣ니라也

여여管권권不봉부得딩더他타타人신신○ᄯᅩ다른사ᄅᆞᆷ의게관셥디아니ᄒᆞ니라○原本

人字下缺二字蓋有闕文或有追書越多二字而義未詳故姑闕之(淨)我어오試슷스看간간哥

거거哥거거心신신下햐하如슈슈何혀허○내시험ᄒᆞ여형의ᄆᆞᄋᆞᆷ이엇더홈을봄이라

我어오別뼝벼有임우一힝이首싷식好핳할的딩디○내별로ᄒᆞᆫ首됴ᄒᆞᆫ거시이시니

我오어念년년哥거거哥거거聽팅딩○내念홀거시니형은드르쇼셔(大全)好한함的

디딩你니니便변뼌念년년○됴커든곳念ᄒᆞ고네不부붕好한함的디딩不부붕必

비삥念년년○됴티아니커든반ᄃᆞ시念티말라(淨)我오어這져져首식싛忒틔퉁好

한함了랼랑○내이首ㅣ마장됴흐니只즈즣怕파파哥거거哥거거依이이不부붕

得더듷○그저권대형이이대로못ᄒᆞᆯ가ᄒᆞ노라詩스슿曰워웡○詩에오되簪잔잔

筆비삥螭치칭頭투뚱侍스쑹王우웅皇황황○簪筆ᄒᆞ고螭頭에王皇을뫼셔시니○辛

毗傳魏大會羣臣見御史簪白筆問曰此是何官毗對曰御史簪筆以奏不法者螭似龍無角漢書殿陛欄楯

刻螭為飾故丹墀之階曰螭頭擧규규頭투뚱咫즈즣尺치칭是스쑹清칭칭光광광○

마리를들매咫尺이이清光이로다○晁錯策曰執事之臣皆天下之選已然莫能望陛下之清光古구구

人신신有우잉語유유君균균須슈슈記기기○古人이말을두어시니君이모롬이긔록

ᄒᆞ야烈려령烈려령轟훙훙轟훙훙做주주一이힝塲챵짱○烈烈轟轟ᄒᆞᆫ바탕을ᄒᆞ

라 ㊤謝셔쎠得더듣佳가갸作조잫◯佳作을 ᄒᆞ노니 謝你니니哥거거哥거거
雖쉬쉬無우무才채째能능능◯네 형이 비록 才能이 업스나 敢간간不부붕服부뽁
膺잉잉◯감히 服膺티 아니ᄒᆞ라 ㊥我오어也여여有우잉一이힝首식싱送숭숭
二슬슰哥거거◯내 또 ᄒᆞᆫ 首ㅣ 이셔 二哥를 보내노니 比비비那나나頭투뚷首식싱送
숭숭大다따哥거거的디딩又우잉好한핳些셔셔◯뎌 첫 首 큰 형 보내ᄂᆞᆫ 이에 比컨대 또
ᄒᆞᆫ 적이 어 됴다 ㊤願원원聞운문◯드르믈 願ᄒᆞ노라 ㊥詩스숳曰워윓◯詩에 ᄀᆞᆯ오
되 二슬슰哥거거送숭숭你니니赴부뿡東둥뚱陽양양◯二哥ㅣ 아 너를 보내여 東
陽에 가니 聞운문說쉬쉉東둥둥陽양양山산산水쉬쉬強걍꺙◯니르믈 드르니 東陽
山水ㅣ 낫다 ᄒᆞ더라 好한핳把바바地디띠皮피삐都두두捲권권起기키◯丘히 地皮
를 다 가다것고◯南唐王知訓守宣州入覲賜宴伶人戲作綠衣人大面如鬼狀或問何為者荅曰吾宣州土
地神問何故到此曰王知訓入覲和地皮捲來因得至此 連련련他타타山산산水쉬쉬帶대대

還환환 鄕향향 ○더山水조차ᄯᅥ여還鄕ᄒᆞ라 (淨)我오어 這져져 詩스스 好한함 麼

마마 ○내이詩됴ᄒᆞ니잇가 (坐)是스ᄊᆞ 何허ᅘᅥ 言연연 歟유유 ○이므슴말고 我오어

怕파파 你니니 見견견 我오어 赴부부 官권권 ○내저권데네내赴官홈을보고 有우임

何허ᅘᅥ 規귀귀 戒계계 言연연 語유유 ○므슴規戒홀말이실ᄉᆡᄒᆞ엿더니 原원원 來

레래 勸권권 我오어 去큐큐 貪탄탄 贓장장 ○본ᄃᆡ나를勸ᄒᆞ야가貪贓ᄒᆞ라ᄒᆞᄂᆞᆫ피야 (淨)

俗슈쑹 語유유 云윤윤 ○俗語애니루되 做주주 官권권 不부붕 要야ᅸ 錢쳔졘 ○

벼ᄉᆞᆯ홈애돈을要티아니ᄒᆞ면 為위위 事스ᄊᆞ 沒무뭉 盤편뻔 纏쳔쪈 ○일을홈애盤纏이업

다ᄒᆞ니 若요ᅸ 是스ᄊᆞ 你니니 清칭칭 則저즹 ○만일네清ᄒᆞ면 你니니 自즈쯔 受

삭씽 了랴랑 你니니 那나나 清칭칭 名밍밍 ○네스스로네뎌清名을바ᄃᆞ려니와 那나나

裡리리 有우임 我오어 兄흉흉 弟디떼 分븐븐 ○어ᄃᆡ나아의게ᄂᆞᆫ홈이이시리오 你

니니 討토탕 得더듕 來레래 多도더 ○네어더옴이만ᄒᆞ면 也여여 分븐븐 一이잉 些

셔셔與유유兄흉흉弟띠디◯또져기는화아올주리라(尘)生승승受씸삭你니니◯

네슈고ᄒᆞ여다(净)呵허허呵허허◯허허我어오但딴단試슳스哥거거哥거거◯

내다믄형을시험ᄒᆞ야看간간哥거거哥거거要향얀也여여不붕부要향얀◯형이

要ᄒᆞ는가要티아니ᄒᆞ는가보려홈이러니我어오另링링有임우一힝이首씽삭好항한

的띵디◯내作로ᄒᆞᆫ首됴ᄒᆞᆫ거시이셰라(尘)願원원聞문운◯드름을願ᄒᆞ노라(净)詩

슳스曰웡워◯詩예ᄀᆞᆯ오ᄃᆡ年넌년少샿샤承찡칭恩흔은秉빙빙郡균균麾휘휘

◯年少承恩ᄒᆞ여郡麾ᄅᆞᆯ잡아시니○字彙麾旌旆之屬顔延之詩一麾乃出守麾盖太守之旗郡균균

人신신洗시시眼연연看간간施슳스爲위위◯郡人이洗眼ᄒᆞ고施爲ᄅᆞᆯ보ᄂᆞᆫᄯᅩ다古

구구人신신有임우語유유君균균須슈슈記기기◯古人이말을두어시니君이모로미

긔록ᄒᆞ야雖쉬쉬是쓰스蒲뿌푸鞭변변也여여莫맙모施슳스◯비록蒲鞭이라도ᄯᅩ

施티말라○東漢劉寬拜南陽守吏人有過蒲鞭示辱而已(尘)謝쎠셔得듕더賢현현弟떠디

佳갸갸作조잫○賢弟의佳作을謝ᄒᆞ노니敢간간不부붕勉면면承칭찡○감히勉承

ᄒᆞ티아니라淨二슬슴位위위哥거거去큐큐也여여○二位형아가쇼셔兄흉흉

弟디떠急기긍忙망망回휘훼去큐큐○아이셜리도라가寬권퀀慰위위老랄랄

母무무親친친○老母親을寬慰ᄒᆞ야免면면他타타憂우욯慮류류二슬슴位위위

哥거거哥거거○테二位형을憂慮홈을免케호리라奎多도더謝셔쎠賢현현弟디떠

○賢弟의게謝ᄒᆞ노라多奎我오어三산산人신신從충쭝此츠츠別벼뼝矣이이

○우리三人이일로조차니별ᄒᆞ니不부붕知지징何허혀日시싱再재째相샹샹見

견견○아디몯게라어ᄂᆡ날다시서르보리오

伍우우倫륜륜全쳔쳔備비삐諺연연解계계卷권권四소ᄉᆞ

伍倫全備諺解 卷五

[印]全쥔쥔備삐비諺연연解계계卷권권五우우

御유유筆빙비新신신除쮸츄作잡조諫견견官권권○御筆로新除ᄒᆞ여諫官을

참[illegible]니○資暇錄凡言除[illegible]除故官就新官云 職징지當당당言연연路루루古구구來

[印]難난난○나버슬이言路에當ᄒᆞ니古來에어렵도다平뼝핑生승싱所수소學햫효將

쟝장御혀허用융용○平生에비혼바를쟝ᄎᆞᆺ어ᄃᆡᄡᅳ리오留릳류取츄츄淸칭칭名밍밍

百븽버世싳시看간간○淸名을留取ᄒᆞ야百世에보게ᄒᆞ리로다小샿샤官권권叨랗랖

登등등甲걓가第떠디○小官이甲第에叨登ᄒᆞ야仰양양荷혀허聖싱싱恩흔은○

聖恩을仰荷ᄒᆞ여擢쫩조居규규諫견견議이이大따다夫부부之즈ᄌᆞ職징지○

諫議大夫의職에擢居ᄒᆞ엿ᄂᆞᆫ디라思슷스量량량這저져職징지事쑤스○싱각ᄒᆞ니이벼

슬이喚훤훤做주주諫견견議이이大따다夫부부○諫議大夫ㅣ라브르니諫견견

者저져諫견견諍증쯩也여여○諫者ᄂᆞᆫ諫諍홈이오議이이者저져議이이論룬룬

1a

也 여여 ○ 議者ᄂᆞᆫ 議論홈이라 若 얗쇼 閉 비비 口 큳쿠 不 붏부 言 연연 ○ 만일 입을 다더
말아니ᄒᆞ고 尸 ᄉᆞ스 位 위위 素 수수 飡 찬찬 ○ 位예 尸ᄒᆞ여 素히 飡ᄒᆞ면 乃 내내 是 씌스
箇 거거 緘 견견 默 멍머 大 따다 夫 부부 ○ 이ᄂᆞᆫ 이ᄒᆞᆫ 緘默 大夫ㅣ라 豈 기기 不 붏부 上
쌍상 負 뿌부 吾 우우 君 균균 下 햐햐 負 뿌부 所 수소 學 ᅘᅡᆨ호 ○ 엇디 우호로 우리 님금을
저ᄇᆞ리며 아래로 ᄇᆡ혼 바ᄅᆞᆯ 저ᄇᆞ림이 아니리오 思 ᄉᆞ스 量 량량 起 기기 來 래래 ○ ᄉᆡᆼ각ᄒᆞ야
내니 如 슈슈 今 긴긴 國 귁귀 家 갸갸 事 ᄊᆞ스 勢 싀시 ○ 이제 國家 事勢ㅣ 可 거거 為
위위 痛 퉁퉁 哭 쿵쿠 可 거거 為 위위 太 태태 息 식시 ○ 可히 痛哭ᄒᆞ염즉ᄒᆞ며 可히 太息ᄒᆞ
염즉홈이 比 비비 漢 한한 文 문운 帝 뎨뎨 時 ᄊᆞ스 ○ 漢文帝ᄯᅢ예 比컨대 更 깅깅 加 갸가
十 씹시 倍 븨븨 ○ 다시 十倍나 더ᄒᆞ니 使 ᄉᆞ스 賈 갸가 生 승승 當 당당 此 ᄎᆞ츠 時 ᄊᆞ스
節 졍져 ○ 賈生으로 ᄒᆞ여곰 이ᄯᅢᄅᆞᆯ 當ᄒᆞ면 ○ 賈生名誼 為梁太傅 進治安策曰 可為痛哭者一 流涕者
二 長太息者六云 不 붏부 知 징지 上 썅상 了 랼랴 多 더도 少 샹샾 章 쟝쟝 疏 수수 ○

아디못새라언머章疏를올려시리오 他타타 說숴쉬 漢한한 文문운 帝디디 時쓰스 ◯
뎨漢文帝ᄢᅴ를니ᄅᆞ되 如슈슈 人신신 廚추추 火훠호 於휴유 積징지 薪신신 之즈즈
下햐햐 而ᅀᅳᆯ슬 寢친친 其끼키 上썅상 ◯ 사ᄅᆞᆷ이블을ᄡᆞ흔섭아리두고그우희자며 自
쯔즈 謂위위 安한안 穩운운 ◯ 스스로편안ᄒᆞ라니ᄅᆞ고 不붕부 知징지 火훠호 將쟝쟝
燒샿샤 着쨯쵸 他타타 了량랴 ◯ 블이쟝ᄎᆞᆺ더를ᄉᆞᆯ올줄을아디몯홈ᄆᆞᆺ다ᄒᆞ니 今긴긴 日
잉시 事쓰스 勢싱시 ◯ 勢수는日事 非뷔븨 但단단 卧어오 在째재 薪신신 上썅상
◯ 다ᄆᆞᆫ섭우희누어실ᄲᅮᆫ아니라 蓋개개 已이이 落랄로 在째재 火훠호 焰연연 中중중
了량랴 ◯ 대개임의블ᄭᅩᆺ가온ᄃᆡᄠᅥ러딤이니 如슈슈 何혀허 是쓰스 好황핳 ◯ 엇디ᄒᆞ여
야이됴ᄒᆞ리오 呀햐햐 彼븨비 丈쨩쟝 夫부부 也여여 ◯ 하뎌도丈夫ㅣ오 我어오 丈
쨩쟝 夫부부 也여여 ◯ 나도丈夫ㅣ라 他타타 做주주 得듷더 我어오 豈기기 做주주
不붕부 得듷더 ◯ 뎌ᄒᆞ여시니내엇디몯ᄒᆞ리오 古구구 人신신 言연연 ◯ 古人이니

되ᄅᆞ 平삥핑居규규無무우犯빤반顏연연敢간간諫견견之즈즈士ᄉᆞ스○平居

애犯顏敢諫의士ㅣ업스면 臨린린難난난必빙비無무우仗쨩장義이이死ᄉᆞ스節

령텨之즈즈臣쪈친○難을臨ᄒᆞ야반ᄃᆞ시仗義死節ᄒᆞᆯ臣이업스리라ᄒᆞ니○張南軒栻語 食

씽시人신신之즈즈祿룽루而ᅀᆞᆯᅀᆞᆯ不붕부慮류류人신신之즈즈危위위○사ᄅᆞᆷ

의祿을먹고사ᄅᆞᆷ의위ᄐᆡ홈을념녀티아니ᄒᆞ면 天텬텬地떠디鬼귀귀神씬신也여여不

붕부相샹샹容융융○天地鬼神도서ᄅᆞ용납디아니ᄒᆞ리라 左저조右임우○左右ㅣ아

那나나裡리리取츄츄過궈고紙즈즈筆빙비來래레○더그紙筆을가져오라 我

오어草참챠一황이箇거거諫견견章쟝쟝○내ᄒᆞᆫ諫章을草ᄒᆞ야 明밍밍日잉싀早

짱잔朝짱챠進진진去큐큐○明日早朝에進去ᄒᆞ리라 ㊍有임우○잇ᄂᆞᆫ이다 隨쮜쉬

朝짱챠纔째채出츄츄天텬텬門믄믄外왜왜○隨朝ᄒᆞ야天門밧긔나와 侍ᄉᆞ스

史ᄉᆞ스還환환來래레書슈슈舘권권中중중○侍史로書舘中에도라왓ᄯᅩ다○說文史

記事者春秋後語孟嘗君屛風後有侍史記客語 (奎)永융융安안한你니니取츄츄紙즈즈

筆비빙来레래 ○永安아네紙筆을가져오라 (末)紙즈즈筆비빙在재째此츠ᄎᆞ ○

紙筆이예잇ᄂᆞ이다

(奎)你니니濃눙눙研연연磨모뭐墨머믕 ○네무르녹게먹을골아 待대때我오어

草찬창一이황通퉁퉁章쟝쟝疏수수 ○내一通章疏를草ᄒᆞ여○字箋文詞自起至結謂之

一通 明밍밍日시ᅀᅵ早잔장朝챺쨯去큐큐進진진 ○明日早朝에가나옴을기ᄃᆞ리라

(末)官권권人신신不부붕知지짖所소수言연연何허해事스ᄉᆞ ○官人아아디못

거이다니르려ᄒᆞᄂᆞᆫ배므슴일이니잇고 (奎)你니니不부붕必비빙問운믄 ○네반ᄃᆞ시뭇디

말라 說쉬숴與유유你니니也여여曉햔향不부붕得더득 ○너ᄃᆞ려닐러도아디못ᄒᆞ

리라 (末)人신신同퉁뚱此츠ᄎᆞ心신신心신신同퉁뚱此츠ᄎᆞ理리리 ○사ᄅᆞᆷ은이

ᄆᆞᄋᆞᆷ이ᄒᆞᆫ가지오ᄆᆞᄋᆞᆷ은이理ᄒᆞᆫ가지라 人신신有우잉貴귀귀賤젼쪈心신신無우무貴

귀귀 賤 쪈쪈 ○사름은 貴賤이 이시나 모음은 貴賤이 업스니 試 슷스 說 숴쉬 我 어오 聽 팅팅

○시험ᄒᆞ야 니르쇼 내 드르리이다 小 샾샤 人 신신 慶 깅깅 曆 링리 年 년년 間 견견 ○

○小人이 慶曆年間에 慶曆은 宋仁宗年號 也 여여 曾 쯩층 伏 뿡부 事 쏬스 老 랖랖 爺 여여 爺 여여

여여 做 주주 朝 쨯챺 官 권권 ○일쯕 老爺ㅣ 朝官 되여실제 伏事ᄒᆞ니 他 타타 每 믜믜 常

쨩챵 做 주주 的 딩디 文 운운 字 쯔즈 ○每常 文字를 짓ᄂᆞᆫ 대 也 여여 說 숴쉬 小 샾샤 人

신신 聽 팅팅 ○또 小人ᄃᆞ려 닐러 들리시니 以 이이 此 츳츠 也 여여 略 랴랖 曉 향햪 得

더둥 一 이힝 二 슴을 分 븐븐 ○일로ᄡᅥ 져기 分을 아노이다 一 二 ㊟ 當 당당 今 긴긴 不

부봉 是 쏬스 那 나나 慶 깅깅 曆 링리 時 쏬스 了 랴랴 ○當今은 慶曆 ᄠᅢ 아니더라 今 긴긴

日 싀시 時 쏬스 事 쏬스 ○오늘 時事ㅣ 都 두두 被 삐비 那 나나 小 샾샤 人 신신 弄

룽룽 壞 홰홰 了 랴랴 ○다 뎌 小人의 弄壞홈을 닙엇ᄂᆞ니라 我 어오 官 권권 當 당당 言 연연

路 루루 ○내 벼슬이 言路에 當ᄒᆞ야 以 이이 諫 견견 諍 쯩쯩 爲 위위 職 징지 事 쏬스 ○

諫諍으로ᄡᅥ職事를삼으니 若쇼샥 要야약 不부붕 言연연 ○만일닐으디말고져ᄒᆞ면 又

우임 怕파파 那나나 士스ᄉᆞ 大다따 夫부부 淸칭청 議이의 上상쌍 天텬텬 降걍강

殃앙향 ○또뎌士大夫淸議와上天降殃이저프고 言연연 得더득 起기긔 來레래 ○니르

려면ᄒᆞ 又우임 怕파파 觸추촉 犯반빤 那나나 權권퀀 貴귀귀 有우임 不부붕 測

처칙 之즈즈 禍호화 ○또뎌權貴를觸犯ᄒᆞ야혜아리디몯ᄒᆞᆯ禍ㅣ이실가저프니 怎즘즘 生

승ᄉᆞᆼ 是스ᄉᆞ 好한ᄒᆞᆼ ○이엇디ᄒᆞ여야도ᄒᆞ료 ㊟ 滿먼먼 朝쟈쟝 官권권 負원원 不

부붕 是스ᄉᆞ 官권권 人신ᅀᅵᆫ ○滿朝官負이이官人이아니가 都두두 不부붕 作조잡 聲

싱싱 ○다소리ᄒᆞ디아니ᄒᆞ거늘 你니니 管권권 他타타 做주주 甚合씸 的디딩 ○네뎌

를마옴아라무슴ᄒᆞ려ᄒᆞ시ᄂᆞ니잇고ᄒᆞ ㊟ 方방방 今간긴 宋숭송 朝쟈쟝 ○方今宋朝ㅣ

大다따 臣친찐 固구구 位위위 而슬ᅀᅳᆯ 不부붕 肯큰큰 言연연 ○大臣은벼슬을굳티

노라즐겨말ᄒᆞ디아니ᄒᆞ고 小샤샹 人신ᅀᅵᆫ 畏위위 罪쥐쮀 而슬ᅀᅳᆯ 不부붕 敢간간 言

연연 ○ 小人은 罪ᄅᆞᆯ 저허 敢히 말ᄒᆞ디 못ᄒᆞ니 別뼝벼 的딩디 官권권 不붕부 言연연 ○
다른 관원은 말 아니ᄒᆞ여도 尙쌍상 有임ᅌᅵᇢ 可커거 說쉬쉐 ○ 오히려 可히 니ᄅᆞᆷ이 잇거니와
我어오 是쏘스 諫견견 議이이 大따다 夫부부 ○ 나는 이 諫議大夫ㅣ라 如유유 何
ᅘᅧ허 不붕부 言연연 ○ 엇디 말ᄒᆞ디 아니ᄒᆞ리오 苟긍구 徒뚜투 自쯔즈 便뺜편 ○ 구챠
히 ᄒᆞᆫ갓 自便ᄒᆞ려 ᄒᆞ나 如유유 公궁궁 議이이 何ᅘᅧ허 ○ 公議예 엇디ᄒᆞ며 如유유 天
텬텬 道땋단 何ᅘᅧ허 ○ 天道에 엇디ᄒᆞ리오 (末) 老랑랖 奶내내 奶내내 在째재 堂땅당
○ 老奶奶 堂에 계셔 年년년 紀기기 老랑랖 了량랴 ○ 나히 늙으시니 不붕부 無무우
驚깅깅 恐쿵쿵 他타타 ○ 뎌를 驚恐홈이 업디 아닐가 若샹쇼 是쏘스 朝짷챠 廷뎡팅
容융융 納낭나 直찡지 言연연 便뺜변 好핳한 ○ 만일 이 朝廷이 直言을 容納ᄒᆞ면 곳 됴커
니와 萬완완 一잉이 有임ᅌᅵᇢ 不붕부 測칙처 之즈즈 禍ᅘᅩ호 ○ 萬一 혜아리디 몯ᄒᆞᆯ 禍ㅣ
이시면 置징지 老랑랖 奶내내 奶내내 身신신 於유유 何ᅘᅧ허 地디뎌 ○ 老奶奶의

돔을어더두려ᄒᆞ시ᄂᆞ니잇고 (奎) 古구구 人신싄 云운윤 ○古人이니ᄅᆞ되 事ᄉᆞᄊᆞ 君군균

不부붕 忠중즁 非븨뵈 孝햐향 也여여 ○님금셤김을忠으로아니면孝ㅣ아니라ᄒᆞ고○禮

祭義篇語 古구구 者져쟈 求각끙 忠중즁 臣친찐 於유ᅙᅲ 孝햐향 子ᄌᆞᄌᆞ 之ᄌᆞᄌᆞ 門

믄믄 ○古者에忠臣을孝子의門에求ᄒᆞᆫ다ᄒᆞ니○事見第四篇 若쇼ᅀᅣᇢ 是스ᄊᆞ 貪탐탐 位위위

不부붕 言연연 則저즉 是스ᄊᆞ 不부붕 忠중즁 ○만일位를貪ᄒᆞ여말을아니ᄒᆞ면곳이不

忠이니 豈기킈 得더득 為위위 孝햐향 ○엇디시러곰孝ㅣ되리오 不부붕 幸힝ᅘᆡᆼ 而

슬ᅀᅳᆯ 受수쓯 敢간간 言연연 之즈ᄌᆞ 罪쥐쮜 ○不幸ᄒᆞ여敢言의罪를밧으면 這져져 便

변뼌 是스ᄊᆞ 揚양양 名밍밍 於유ᅙᅲ 後후ᅘᅮᇢ 世시ᄉᆡ ○이곳이後世예揚名ᄒᆞ야 以이이

顯현현 父부뿌 母무무 ○배父母를顯홈이니 豈기킈 不부붕 是스ᄊᆞ 大다따 孝햐향

○엇디이大孝ㅣ아니리오 (末) 大다따 廈하ᅘᅣ 非븨뵈 一이힝 木무몽 所소수 支즈ᄌᆞ

○大廈ㅣ一木의지당홀ᄲᅢ아니오 積지쪙 弊비뼤 非븨븨 一이힝 日시ᅀᅵᇙ 能능능 去

규큐 ○積弊ㅣ一日에能히업시홀 써시아니오 君균균心신신非븨빅一이잉言연연可

커커感간간 ○君心이一言의可히감동홀써시아니니 官권권人신신宜이이仔즈즈細

시시思스스量량량 ○官人은맛당히仔細히思量홀써니이다 奎 我오어籌챡쥥之즈즈

熟수쓩矣이어 ○내혜알이가를닉이ᄒᆞ여시니 爾슬숭莫모망多도더言연연 ○네

하말 게고 取츄츄紙즈즈筆비빙過고궈來레래 ○紙筆을가져오라 宋 小샤샹人

신신不부붕識시싱 ○小人이아디못ᄒᆞ니 官권권人신신一이잉一어평讀두뚱與

유유我오어聽팅팅 ○官人아一一히닐어내게들리쇼셔 奎 你니니曉햐향得더릉甚

숨씸的디딩 ○네므서슬알싹 左조저右우잉 ○左右ㅣ야 擡대때過고궈香향향案

안한來레래 ○香案을드러오라 我오어演연연習시씽 ○내演習ᄒᆞ야 等등등明

밍밍日시싱早잔짱朝찬쨩當당당仗쟝쨩進진젼讀두뚱免면면致지징錯초챵

了랴량 ○明日早朝를기드려當仗進讀홈애致錯을免케ᄒᆞ리라 ○字箋唐制兵馬環衛殿前謂之立

仗史記貞觀之制中書門下及三品官入奏事必使諫官隨之有失則匡正服豸冠對仗讀彈文及許敬宗李義府用事奏事官多俟仗下於御座前屛人啓奏開元五年宋璟請復貞觀制 ㊟小샤샹人신신問
운몬相샹샹公궁궁 ○ 小人이相公씌묻노니 三산산更깅깅半번번夜여여裡리리
○ 三更半夜에 燒샤샹香향향做주주甚슴씸的디듸 ○ 香을픠오고므서슬ᄒᆞ시ᄂᆞ니
잇고 ㊟我오어要얀향習시씽演연연諫견견章쟝쟝 ○ 내諫章을習演ᄒᆞ야 說슈쉉
天텬텬下하햐事ᄉᆞᄊᆞ ○ 天下事를니ᄅᆞ고져ᄒᆞ노라 ㊟天텬텬下하햐事ᄉᆞᄊᆞ不
부붕是ᄉᆞᄊᆞ你니니家갸갸事ᄉᆞᄊᆞ ○ 天下事ㅣ야네집일이아니라 天텬텬下하햐人
신신都두두不부붕說슈쉉 ○ 天下ㅅ사ᄅᆞᆷ이다니ᄅᆞ디아니ᄒᆞ거늘 你니니說슈쉉他
타타做주주甚슴씸的디듸 ○ 네뎌를닐러므슴ᄒᆞ려ᄒᆞ시ᄂᆞ니잇고 小샤샹人신신在
재째衙아야門믄믄裡리리二을ᅀᅳᆼ十시씽年년년 ○ 小人이衙門에이셔디二十年에
見견견了랴량多도더多도더少샤샹少샤샹 ○ 엇마를보아시라잇고 ㊟你니니

見견견甚씸슴的딕디 ○네므스슬보왓ᄂᆞᆫ다 (淨)小샿샤人싄신見견견那나나不

부붕作조장聲싱싱的디딕 ○小人이뎌소리ᄒᆞ디아니ᄒᆞᄂᆞᆫ이를보니 箇거거箇거거都

두두起기기去큐큐做주주大다따官권권 ○낫낫히다니더니官이되엿ᄂᆞᆫ디라 大价

누누看간간兩량량制지징兩량량司ᄉᆞ스相샹샹公궁궁 ○네보라兩制兩司相公이

中○王堂謾筆宴制以翰林帶知制誥謂之內制書帶知制誥謂之外制其後混謂之兩制 那나나箇

거거是ᄉᆞ스做주주聲싱싱的디딕 ○어닌이소리ᄒᆞᄂᆞᆫ이오 那나나出츄츄尖젼전

多도더嘴줘줘的디딕 ○뎌혀내여부리ᄒᆞ던이어ᄂᆞᆫ 往왕왕南난난去큐큐便

변변做주주新신신春츈츈恩은은的디딕鬼귀귀 ○南을향ᄒᆞ여가면곳新春恩에鬼ㅣ

되고 ○廣輿記新州屬廣東肇慶府漢為臨允晉為新興梁為新州春州屬肇慶府漢為高涼地梁為陽春

唐為春州恩州屬山東東昌府漢為清河後周為貝州

宋為恩州湘山野錄盧多遜貶朱崖諫議大夫李符求

見趙普言朱崖雖在海外而水土無他惡春州雖在內

地而至者必死望追前命以外彰寬宥置於必死之地

普領之後符坐事貶普郎以符知春州到郡月餘卒 向 향향 北 버븽 去 큐큐 便 변뼌 做 주주 雲

윤윤 應 잉힝 朔 소삽 的 디딩 軍 균균 ◯ 北을向ᄒᆞ여가면곳雲應朔에軍이되ᄂᆞ니○廣輿記雲

州今山西大同府本禹貢冀州之域春秋北戎所居戰國屬趙秦曰雲中曰代郡曰鴈門唐曰雲州屬縣有應

州州朔 相 샹샹 公 궁궁 小 샤샿 人 신인 勸 권권 相 샹샹 公 궁궁 ◯ 相公아小人이相公

을勸ᄒᆞ노니 得 더등 休 화힝 且 쳐쳐 休 화힝 不 부붕 必 비빙 用 융융 心 신신 ◯ 시러

곰말량이어든아직말아반드시用心티마ᄅᆞ쇼셔 (奎) 燕 연현 雀 쵸잪 安 안한 知 지짛 鴻 훙훙

鵠 후훙 志 즈즣 ◯ 燕雀이엇디鴻鵠의뜻을알리오 快 쾌쾌 走 주즇 去 큐큐 ◯ 샐리가라

(爭) 不 부붕 管 권권 我 오어 事 스쏘 ◯ 내게관셥디아닌일이라 你 니니 自 즈쯔 作 조잪

自 즈쯔 受 수쑿 ◯ 네스스로짓고스스로밧을셔니 你 니니 愛 애해 名 밍밍 ◯ 네일홈을

ᄉᆞ랑ᄒᆞ거니와 只 즈즣 怕 파파 你 니니 討 톼탕 得 더등 名 밍멍 來 래래 沒 무뭉 了 랴량

命 밍밍 ◯ 그ᄌᆞ저컨대네일홈을어더옴애목숨이업쓸까ᄒᆞ노라 香 향향 案 안한 在 재쨰 此

츠츠 ○香案이예 잇ᄂᆞ이다 㚖 諫견견 議이이 大따다 夫부부 臣쪈친 伍우우 倫룬룬

全쮠췬 為위위 陳쪈친 言연연 事쏘스 ○諫議大夫臣伍倫全은 為陳言事 誠쪙칭 惶

황황 誠쪙칭 恐쿵쿵 稽키키 首싇싀 頓둔둔 首싇싀 ○誠惶誠恐稽首頓首 百븽버 拜

배배 上썅샹 言연연 ○百拜上言ᄒᆞ노이다

㚖 俯부부 伏뿌부 臣쪈친 伍우우 倫룬룬 全쮠췬 ○俯伏臣伍倫全은 下햐햐 情

쪙칭 無무우 任쉰쉰 不부부 勝싱싱 激기기 切쳐쳐 屛빙빙 營잉잉 之즈즈 至즈즈

○下情의 任홈이 업서 激切屛營의 至ᄅᆞᆯ 이긔디 몯ᄒᆞᄂᆞ니라 ○字箋 屛營惶恐不安貌 誠쪙칭 惶

황황 誠쪙칭 恐쿵쿵 稽키키 首싇싀 頓둔둔 首싇싀 ○誠惶誠恐稽首頓首ᄒᆞ야 謹긴긴

具귀귀 以이이 聞운운 ○삼가 ᄀᆞ초아 ᄡᅥ 들리ᄂᆞ이다 建견견 中중중 靖징징 國궈궈

三산산 年년년 七치치 月웨웨 十시시 五우우 日시시 ○建中靖國三年七月十五日이

라 ○建中靖國 宋徽宗年號 永융융 安안안 伱니니 聽팅팅 ○永安아 네 드르라 我오어

讀두뚷得더듷好한항麼마마 ○ 내닑는거시됴ᄒ나 你니니留릳릳心신신記기기

着죠쨯 ○ 네留心ᄒ여그록ᄒ나 ㊟末 官권권人신인讀두뚷得더듷甚신씬好한항

○ 官人의닑는거시甚히됴ᄒ되 只즈즈是스쓰裡리리面면면許휴휴多도더故구구

事스쓰 ○ 그저속에許多故事를 我오어不부붕曉햔향得더듷 ○ 내아디못ᄒ니 那

나나長챵쨩脚교걀奴누누是스쓰誰쉬쒸 ○ 뎌長脚奴는이뉘니잇고 ○ 精忠傳秦檜少時

與同窓數人戲于廡下偶一異人至問諸生曰此長脚

者何人他日雖貴其奸邪殘忍必為國家之患諸公亦

有被其害者由是學中號檜長脚云 ㊟ 是스쓰秦친찐檜귀귀 ○ 이秦檜니라 ㊟末 藍란란

面면면鬼귀귀是스쓰誰쉬쒸 ○ 藍面鬼는이뉘니잇고 ○ 盧杞懷慎之孫貌醜色如藍有口辯

性陰狡不附已者必置之死地 ㊟ 是스쓰盧루루杞키키 ○ 이盧杞니라 ㊟末 那나나猫

맏맘兒슬슰是스쓰李리리義이이府부부 ○ 뎌猫兒는이李義府ㅣ어니와 ○ 李義府貌柔

恭心褊忌時稱笑中有刀又以柔而害物謂之李猫 那나나貛훤훤郎랑랑是스쓰誰쉬쒸 ○

더㩭郎은이뉘니잇고 ○爾雅牲曰㩭 批曰狼王安石生而㩭入室故呼㩭郎 (奎)是 스쑹 王 왕왕 安
안한 石 시쑹 ○王安石이니라 (淨)我 오어 聽 팅팅 相 샹샹 公 궁궁 說 쉬숴 ○내相
公의니ᄅᆞ심을드르니 我 오어 毛 맏망 髮 바방 都 두두 竪 슈쓔 起 기기 来 레래 ○내毛
髮이다니러나ᄂᆞ이다 莫 모망 帶 대대 累 뤼뤼 我 오어 ○날란년누티마ᄅᆞ쇼셔 莫 모망
帶 대대 累 뤼뤼 我 오어 ○날란년누티마ᄅᆞ쇼셔 若 요샹 是 스쑹 人 신인 来 레래 拿
나나 我 오어 ○만일사ᄅᆞᆷ이와날을잡거든 你 니니 可 거거 說 쉬숴 與 유유 那 나나 官
권권 校 한향 ○네可히뎌官校ᄃᆞ려닐러 吏文輯覽官官負校校尉也 ○只 즈즈 鎖 소숴 我 오어
頸 깅깅 項 향쌍 ○그저내목을ᄌᆞᆷ으고 莫 모망 鎖 소숴 我 오어 鼻 비삐 子 즈ᄌᆞ ○내코
ᄂᆞᆫᄌᆞᆷ으디말아 留 릭링 我 오어 鼻 비삐 孔 쿵쿵 聞 운몬 香 향향 氣 기기 ○내코ᄭᅮᆷ글머므
러香氣를맛게ᄒᆞ고 若 요샹 是 스쑹 拿 나나 去 큐큐 殺 사상 ○만일잡아가죽이거든 可
거거 說 쉬숴 與 유유 劊 귀귀 子 즈ᄌᆞ ○可히劊子ᄃᆞ려닐러 ○劊子見第一篇 只 즈즈 砍

간간了랴랴頭투뚤○그쟈마리만버히고千쳔쳔萬완완留릭릭口쿠쿵喫치칭飯

반빤○千萬입을머므러밥을먹게ᄒᆞ쇼셔㊃這져져廝스ᄉᆞ胡후후說쉬숴○이놈이간

대로닐은다天텬텬作주쭈宋숭숭朝챠쨯○하ᄂᆞᆯ히宋朝ᄅᆞᆯ도으시니必비빙無우무

此츠ᄎᆞ事스ᄉᆞ○반ᄃᆞ시이ᄅᆞᆯ이업스리니你니니放방방心신신休히힝憂우ᄋᆞᆼ慮

류류○네放心ᄒᆞ고憂慮티말라

㊉袞군군袞군군諸쥬쥬公궁궁被비삐錦긴긴袍판빵○袞衣ᄒᆞᆫ諸公이錦袍ᄅᆞᆯ닙

어시되○袞衣相繼之意不부붛知지징民민민瘼모망半번번分분분毫학ᅘᆞᆼ○民瘼

을半分毫도아디몯ᄒᆞᄂᆞᆫ또다頻핀삔斟진진美미믜酒주즇千쳔쳔人신신血혀혱○

ᄌᆞ조븟ᄂᆞᆫ美酒ᄂᆞᆫ千人의피요細시시切쳐쳥肥비삥羊양양百버빙姓싱싱膏가강○

ᄀᆞᄂᆞᆯ게써ᄒᆞᆫ肥羊은百姓의기름이로다燭주죵淚리뤼落로랑時스ᄊᆞ人신신淚리뤼落

로랑○燭淚ᄯᅥ러딜ᄯᅢ예人淚ㅣᄯᅥ러디고歡훤훤聲싱싱高가강處츄츄怨훤훤聲싱싱

高갈간○歡聲이노픈곳의 / 怨聲이놉도다為위위官권권若샵쇼不봉부知징지民

민민苦쿠쿠○관원이되야만일民 / 쁨를아디못ᄒᆞ면虛휴휴受씸삭朝짤챂廷띵팅爵

잡잔祿롱루叨탕탄○헛되이朝廷爵祿을 / 바다叨흠이로다小샹샨官권권由잉우新

신신進진진士쓰스○小官이新進士 / 로말미아마奉뿡봉九깁구重쭝충恩흔은命

밍밍○九重恩命을밧드러 / 九重見第三篇來래레守심숙這져져東둥둥陽양양郡

균균○와이東陽郡을딕희 / 니○東陽見第三篇官권권居규규五우우品핀핀○벼슬 / 이五

品에 / ᄒᆞ야居為위위五우우馬마마諸쥬쥬侯흫후○五馬諸侯ㅣ / 되여시니我어오

這져져職징지事쓰스亦잉이不봉부小샹샨了량랴○내이職事ㅣᄯᅩ / ᄒᆞᆫ젹디아니토

다一잉이介계계書슈슈生숭송○一介書生이纔째채脫툉토了량랴秀심수

才째채頭뜰투巾긴긴○又秀才의頭 / 巾을벗고便뼌변居규규一잉이郡균균五

우우邑잉이吏리리民민민之즈즈上썅상○곳一郡五邑吏民 / 의우희居ᄒᆞ야為위위

一힁이 方방방 之즈즈 師스스 師쇄쇄 萬완완 民민민 之즈즈 父뿌부 母무무 ○ 一方의 師師와 萬民의 父母ㅣ 되야시니 若약요 不붕부 知짖지 民민민 疾찍지 苦쿠쿠 革킹거 民민민 奸견견 弊삐비 ○ 만일 빅셩의 疾苦를 아라 빅셩의 奸弊를 革디 아니ᄒᆞ면 便뺀변 是쑿스 尸숭스 位위위 素수수 飡찬찬 ○ 곳이 尸位素飡이라 縱중중 百븨버 姓싱싱 不붕부 奈내내 我어오 何해허 ○ 비록 百姓이 내게 엇디홈이 업스나 其끼기 如유유 天뎐텬 道땋닾 何해허 其끼기 如유유 國궈궈 家갸갸 何해허 ○ 그 天道에 엇디ᄒᆞ며 그 國家에 엇디ᄒᆞ리오 左저조 右임우 ○ 左右ㅣ야 看칸칸 外왜왜 頭뜽투 有임우 百븨버 姓싱싱 來래레 告갛갚 狀쫭쫭 者저져 ○ 보라 밧긔 百姓이 와 告狀ᄒᆞᆯ 이 잇거든 喚훤훤 他타타 入융유 來래레 ○ 뎌를 블러 드려오고 不붕부 許휴휴 阻주주 當당당 攔란란 截쪙져 他타타 ○ 뎌를 阻當攔截홈을 許티 말라 ㊟末 領링링 台태태 旨즈즈 ○ 台旨를 領ᄒᆞ엿ᄂᆞ이다、 這져져 東둥둥 陽양양 郡균균 一힁이 向향향 有임우 天텬텬 無무우

日잉이 ○ 이이東시陽되郡히이업一더向니하늘 今긴긴朝쟝잘天텬텬開개개了

랴랴 ○ 오늘아츰에 百븨버姓싱싱入유유来래레告갈갈狀좡좡了

랴랴 ○ 百姓은드려와 丑 告갈갈狀좡좡 ○ 狀을告ᄒ다 坐 你니니

狀좡좡在째재那나나裡리리 ○ 네뒤이狀잇누어 丑 只즈즈是스스口쿠쿠告

갈갈 ○ 그저입으로 告ᄒ리이다 哥거거哥거거争증정家갸갸財째채 ○ 형지이믈집을

듯와 토 欺키키我어오年년년少샾샾分븐븐田뎐뎐不부부平삥핑 ○ 내히나절

다를 ᄒ不고平소히겨ᄒ밧엿는ᄂ호이기다 坐 如유유何허허不부부平삥핑 ○ 엇디 不平

ᄒ노 丑 他타다把바바一이이坵킥킥田뎐뎐鋸규규作조잡七치칭片편편 ○

뎨각 ᄒᆫ에 큰믠밧드흘라다 ○ 가字겨箋날坵곱大조也 他타다要양향九구긍片편편只즈즐

與유유我어오一이이片편편半번번 ○ 뎨저아나ᄒ를조ᄒ각조을각가半지을고주그ᄂ

이다 坐 這저저厮스스說숴숴謊황황 ○ 이말놈니이ᄅ거다 쥿 田뎐뎐如유유何

허ᄲᅥᆼ 鋸규규得더듷 ○ 밧흘엇디 겨리오 打다다 ○ 티라 (丑) 莫모맣說쉬숴田텬뗜

鋸규규不부붕得더듷 ○ 밧흘겨디못ᄒᆞ리라 니루디마루쇼셔 父부뿌親친친有우잉

一이잉眼연연井징징 ○ 父親이ᄒᆞᆫ구멍우 믈을두엇더니 半번번夜여여被비삐着

죠쨩 哥거거嫂산상兩량량箇거거撞대때去큐큐藏창짱了랴랼 ○ 半夜에 형과아

ᄌᆞ미둘히들어가 ᄌᆞᆷ촘을넙어시니 有우잉這져져等등등冤원웜屈큐쿵 ○ 이런冤 屈잇ᄂᆞ

ᄂᆞ다 이 (坐) 這져져廝스슷胡후후說쉬숴 ○ 이놈이간대 로닐은다 左조저右우잉

○ 左右ㅣ야 提티떠他다다哥거거來레래 ○ 뎌의형을 잡아오라 (末) 他다다哥거거

哥거거來레래了랴랼 ○ 뎌의형이 왓ᄂᆞ이다 (坐) 伱니니怎즘즘的디딩騙편펀伱

니니兄흉흉弟디띠田텬뗜 ○ 네엇디아ᅀᆞ의밧 흘소겨아ᄉᆞᆫ다 (學) 我오어不부붕曾

층쯩騙편편他다다的디딩田텬뗜 ○ 내일ᄶᅥᆨ뎌의밧흘소 겨아ᄉᆞᆫ줄이아니라 只즈즈是

스쑹 三산산十시씽日시싕脫완뢴 ○ 그저이ᄀᆞᆷ음 날늣게이야 只즈즈聽팅팅得더듷

人신쉰馬마마聲싱싱閙낲난炒찰찬炒찰찬的듸디○그저人馬소리 짓궤믈 드를러

語니言○嘈炒雜當謂作之訬訬字閙箋明밍밍日싱시起키키來래레看간간○날이 볼거든 니러

보 不붕부知징지何허허處츄츄強깡강盜땅단○아디 못게라 어니 곳 強盜ㅣ

把바바我어오兄흉흉弟띠디田뗜텬一잉이分본븐○내 아ᄋᆡ 밧 一分을 다가 偷

투투去큐큐不붕부見견견了랼랸○도적ᄒᆞ여 가 일헛거늘 他타타不붕부去큐큐

尋씬신○뎨가 ᄎᆞᆺ디 아니ᄒᆞ고 反반반來래레賴래래我어오騙편편他타타的듸디

○도로혀 내 뎌의 거슬 소겨 앗다 ᄒᆞᄂᆞ이다 (坐)胡ᅘᅮ후說숴쉬○간대로 니ᄅᆞ다 人인인

怎즘즘偷투투得더더田뗜텬○사ᄅᆞᆷ이 엇디 밧흘 도적ᄒᆞ리오 打다다○다티라 (爭)認

인신了랼랸○아니 이다 是쓰스我어오不붕부合뻥허多더도占젼젼我어오兄

흉흉弟띠디田뗜텬○올ᄒᆞ니 내 아ᄋᆡ 밧흘 多占홈이 맛당티 아니ᄒᆞ여이다 (坐)你니니聽

팅팅我어오說숴쉬○네 들으라 내 니르마 難난난得더더者져져兄흉흉弟띠디○

엇기어려온거슨兄弟오易이이得더듷者저져田뎐뗜地디띠 ○ 엇기쉬온거슨田地라

便변뼌使스ᄉᆞ你니니得더듷了랴랼田뎐뗜地디띠 ○ 곧널로ᄒᆞ여곰田地를엇고

失시싏了랴랼你니니那나나兄흉흉弟디띠心신신 ○ 네더아ᄋᆞ의ᄆᆞ옴을일ᄒᆞ면

你니니心신신下하햐如유유何허허 ○ 네ᄆᆞ옴의엇더ᄒᆞ료 你니니做주주哥거거

的디딓 ○ 네형되엿ᄂᆞᆫ이多도더收샤싷禾호ᅘᅯ米미미 ○ 만히禾米를거두어與유유

你니니妻치치子즈ᅎᆞ一이잉家갸갸老랴랑少샤샹 ○ 네妻子一家老少로드려喫

치칭得더듷溫운운飽밮반快쾌쾌活호ᅘᅯᇹ ○ 먹어溫飽ᄒᆞ여즐기고却궈궝着죠쨯

你니니那나나兄흉흉弟디띠 ○ 또네더아ᄋᆞ로ᄒᆞ여受수씋凍둥둥餓기기餓오어

○ 얼고줄임을바드면你니니做주주哥거거看간칸得더듷過궈고看간칸不부봉

過고궈 ○ 네형이되야보아디내라보아디내디못ᄒᆞ라你니니父부뿌母무무在재째地

디띠下하햐知지징道닫땋你니니如유유此츠ᄎᆞᆼ ○ 네父母ㅣ地下에이여네이러ᄐᆞᆺ홈

을알면 豈키기容융융得더득你니니 ○엇디너를용납ᄒᆞ리오 我오어且쳐쳐問
운문 你니니 ○내또너ᄃᆞ려뭇ᄂᆞ니 幾기기箇거거兒ᅀᆞᆯᅀᅳᆯ子즈ᅏᅳ說쉬숴来레래 ○
몃ᄌᆞ식이뇨니ᄅᆞ라 淨 兩량량箇거거 ○둘히로소이다 生 你니니爭증증這져져田
뎐뗜 你니니死스쓰後후ᅘᅮᇢ與유유誰쉬쒸 ○네이밧ᄀᆞᆯᄃᆞ토와네죽은후의눌을줄빠 淨
與유유我오어兒ᅀᆞᆯᅀᅳᆯ子즈ᅏᅳ ○내兒子ᄅᆞᆯ주려ᄒᆞᄂᆞ이다 生 你니니那나나兒ᅀᆞᆯᅀᅳᆯ
子즈ᅏᅳ ○네더兒子ㅣ 是스쓰你니니與유유妻치치生숭승的디딩不부봉是
스쓰 ○ ○이비妻로ᄃᆞ려나흔이나아니나 淨 是스쓰與유유我오어妻치치生숭승的
디딩 ○올ᄒᆞ니내妻로ᄃᆞ려나흔이로소이다 生 自즈쯔你니니身신신上샹썅看간간
○네몸으로부터보면 你니니兩량량箇거거便변뼌是스쓰兄훙훙弟디떼 ○너희
둘히곳兄弟어니와 自즈쯔你니니爺여여孃냥냥看간간 ○네爺孃으로브터보와논
你니니兩량량箇거거都두두是스쓰兒ᅀᆞᆯᅀᅳᆯ子즈ᅏᅳ ○너희둘히다이兒子ㅣ라 你

니니 争종증 兄훙훙 弟디띠 田뎐뗜 ○ 네아의밧흘ᄃᆞ토니 伱니니 是스쓰 做주주 揉

양양 子즈ᄌᆞ 與유유 伱니니 兒을슬 子즈ᄌᆞ 每믜믜 相샹샹 争종증 ○ 네이揉子를민

들아내兒子들흘주어서ᄅᆞᄃᆞ토게홈이로다 古구구 人신신 說쉬숴 ○ 古人이날으되 兄훙훙

弟디띠 是스쓰 手삭심 足주죵 ○ 兄弟는이手足이라ᄒᆞ니○莊子兄弟爲手足夫婦爲衣服：

手삭심 與유유 足주죵 都두두 是스쓰 一이힝 箇기거 人신신 身신신、上샹썅 的

디딍 形힝힝 體티티 ○ 손과다뭇발은다이ᄒᆞᆫ사ᄅᆞᆷ의身上엣形體ㅣ라 兄훙훙 弟디띠 相

샹샹 争종증 ○ 兄弟서ᄅᆞᄃᆞ톰이 是스쓰 把바바 左조저 右우잉 手삭심 相샹샹 打

다다 ○ 이左右手로다가서ᄅᆞ티며 是스쓰 把바바 左조저 右우잉 脚교갼 相샹샹 踢

티텽 ○ 이左右脚으로다가서ᄅᆞ참이니 自조쪼 家갸갸 傷샹샹 自조쪼 家갸갸 ○ 自家

ㅣ自家를傷홈이라 (淨) (丑) 相샹샹 公궁궁 說쉬숴 得더듸 是스쓰 ○ 相公의날으심이올

ᄒᆞ니 我오어 本븐븐 心신신 情칭찡 願원원 不부붕 争종증 田뎐뗜 了랖량 ○ 내本

心이情願으로밧흘두토디아니ᄒᆞ니 分븐븐 與유유 弟띠디 罷빠바 ○논화아을줌이무던
ᄒᆞ여이다 丑 哥거거 哥거거 肯큰큰 認신신 不부부 是스스 ○형이즐겨올티아닌줄을
아니니 小샤샹 人신신 情칭찡 願원원 不부붕 要얀얀 田뎐뎐 ○小人이情願으로밧흘要
티아니ᄒᆞ노니 都두두 與유유 哥거거 哥거거 罷바빠 ○다형을줌이무던ᄒᆞ이다 小生 我
오어 說쉬숴 你니니 聽팅팅 ○내닐러든비들으라
淨 我오어 兄흉흉 弟디띠 感간간 相샹샹 公궁궁 敎갸걒 化화화 ○우리兄弟ㅣ相
公의敎化를감동ᄒᆞᄂᆞ니 從충쭝 今긴긴 已이이 後후흫 ○이제로조차己後는 永융융 和
호화 氣기기 了랴랴 ○기리和氣ᄒᆞ리로다 丑 莫모망 因인인 閑현현 氣기기 傷샹샹
同퉁뚱 氣기기 ○閑氣를因ᄒᆞ여同氣를傷티말디어다 淨 須슈슈 把바바 人신신 心신신
契기기 道닷닿 心신신 ○모롬이人心을다가道心에맛게ᄒᆞ리로다 ○書註心者人之知覺出於
中而應於外者也指其發於形氣者而言則謂
之人心指其發於義理者而言則謂之道心 ○ 小生 天텬텬

理리리在재째人인인心신신○天理ㅣ人心에이셔本본본来레래不부붕曾층쯩

泯민민滅며몀○본ᄃᆡ일쯕泯滅티아니ᄒᆞ여시되只즈즐爲위위私ᄉᆞ슳欲유융遮

저져蔽비비了랴랴○그저私欲의마리옴이되ᄂᆞᆫ디라你니니看간간遠져져兩량량

箇거거兄흉흉弟디띠○네보라두兄弟ㅣ이聞운믄我오어一이힁言연연○내ᄒᆞ

말을듯고卽지징便변뼌感간간化화화了랴랴○곳感化ᄒᆞ니只즈즐是스쓰做

주주官권권的디딩○그저이관원되엿ᄂᆞᆫ어治치찌他타타不부붕得더듷道다땋

理리리○뎌ᄅᆞᆯ다ᄉᆞ리기ᄅᆞᆯ道理로얻디몯홈이로다㊟使스ᄉᆞ郡균균縣현현皆계계

得더듷相샹샹公궁궁治치찌理리리○郡縣으로ᄒᆞ여곰다相公의治理ᄅᆞᆯ어드면兄

흉흉弟디띠無우무有우잉不부붕相샹샹友우잉愛애해了랴랴○兄弟ㅣ서ᄅᆞ友

愛티아니리업스리로다㊞左조저右우잉○左右ㅣ야有우잉告간강狀장쨩的디딩

○告狀ᄒᆞ리잇거든뎌간강他타타進진진来레래○더ᄅᆞᆯ블러나아오라㊡告간강

狀쫭좡 ○ 狀을告ᄒᆞᄂᆞ이다 (小生) 問믄운 那나나 婦뿌부 人인신 告감갓 甚씸슴 的딩디 ○ 뎌婦人ᄃᆞ려무르라 무서슬告ᄒᆞᄂᆞ뇨 (丑) 告감갓 老랑랏 公궁궁 ○ 老公을告ᄒᆞᄂᆞ이다 (小生) 夫부부 爲위위 妻치치 綱강강 ○ 夫ㅣ妻綱이되ᄂᆞᆫ디라 那나나 裡리리 有임우 老랑랏 婆뽀포 告감갓 老랑랏 公궁궁 的딩디 理리리 ○ 어듸老婆ㅣ老公을告홀理이시리오 赶간간 出츄츄 去큐큐 ○ 쫏차내티라 (丑) 相샹샹 公궁궁 可거거 憐련련 見견견 ○ 相公은에엿비너기쇼셔 我어오 的딩디 丈짱장 夫부부 ○ 내丈夫ㅣ 以이이 大따다 爲위위 小샹샤 以이이 小샹샤 爲위위 大따다 ○ 큰이로ᄡᅥ져근이를삼고 져근이로ᄡᅥ큰이를삼ᄂᆞ이다 (小生) 律륭류 理리리 有임우 妻치치 妾쳥쳐 失씽시 序쓔슈 一이 條땨댜 ○ 律理에妻妾失序一條ㅣ이시니 ○見大明律 將쟝쟝 狀쫭좡 上쌍샹 來래레 ○ 狀을가져올려오라 (丑) 我어오 狀쫭좡 在째재 舌쎵셔 上쌍샹 ○ 내狀이혀우희 잇ᄂᆞ이다 我어오 的딩디 丈짱장 夫부부 二ᅀᅳᆯ슬 十씽시 歲쉬쉬 ○ 내丈夫ㅣ二十歲예

娶 츄츄 我 오어 過 고궈 門 믄믄 ○ 나ᄅᆞᆯ 娶ᄒᆞ야 過門ᄒᆞ여 今 긴긴 年 년년 四 ᄉᆞ스 年

년년 了 랴량 ○ 올히 四年에 生 승승 了 랴량 七 치칭 箇 거거 兒 ᅀᆞᆯᅀᆞᆯ 女 뉴뉴 ○ 닐곱

兒女ᄅᆞᆯ 나핫ᄂᆞ이다 (坐) 胡 후후 說 숴쉬 ○ 간대로 니ᄅᆞᆫ다 四 스ᄉᆞ 年 년년 生 승승 七 치칭

箇 거거 兒 ᅀᅳᆯᅀᆞᆯ ○ 四年의 닐곱식을 나흐라 㗂 (末) 你 니니 敢 간간 是 ᄉᆞᄉᆞ 狗 구궇 母

무무 猪 쥬쥬 母 무무 ○ 네 이 狗母猪母ᄂᆞᆫ 돗ᄒᆞ다 (丑) 不 부붕 是 ᄉᆞᄉᆞ ○ 아니라 初 추추

年 년년 一 이힝 年 년년 五 우우 箇 거거 月 워웡 生 승승 了 랴량 一 이힝 箇 거거 ○

初年 一年은 다ᄉᆞᆺ 돌에 ᄒᆞᆫ나흘 나코 後 후흫 三 산산 年 년년 每 믜믜 年 년년 雙 솽솽 生 승승

兩 량량 箇 거거 ○ 後 三年은 每年에 둘식 雙生ᄒᆞ니 以 이이 此 ᄎᆞᄎᆞ 湊 추층 成 칭칭 七

치칭 箇 거거 ○ 일로ᄡᅥ 모화 닐곱이 일웟ᄂᆞ이다 (坐) 胡 후후 說 숴쉬 ○ 간대로 니ᄅᆞᆫ다 生

승승 子 즈ᅎᆞ 了 랴량 如 유유 何 허혀 告 간강 ○ ᄌᆞ식을 나하시면 엇디 告ᄒᆞᄂᆞ뇨 (丑) 他

타타 又 우잉 娶 츄츄 一 이힝 箇 거거 小 샤샹 老 랴랑 婆 포뽀 ○ 뎌 또 ᄒᆞᆫ 져근 老婆ᄅᆞᆯ 娶ᄒᆞ

고 便뼌변 把바바 我어오 赶간간 逐쭝주 出츄츄 来래레 不붕부 要향얀 我어오

○ 나꼿 로나 要로 티다 아가 니쫏 ᄒᆞ차 ᄂᆞ내 이티 다고 坐 提떠티 他타타 丈쨩장 夫부부 来

래레 ○ 잡뎌 아의 오丈 라夫 롤 末 領링링 鈎균균 旨즈즈 ○ 얏鈎 ᄂᆞ旨 이롤 다領 ᄒᆞ 他

타다 丈쨩장 夫부부 到당도 了랴랴 ○ 르뎌 럿의 ᄂᆞ丈 이夫 다ㅣ 니 坐 這져져 婦뿌부

人인인 是쓰스 你니니 甚씸슴 麼마마 人인인 ○ 게이 무婦 슴人 사이 롬이 고네 淨 我

어오 不붕부 識씽시 他타타 ○ 못내 ᄒᆞ뎌 ᄂᆞ롤 이아 다디 坐 打다다 打다다 ○ 티티 라라

淨 我어오 認인인 得등더 他타다 ○ ᄂᆞ내 이뎌 다롤 아 是쓰스 我어오 赶간간 出

츙츄 去큐큐 的딩디 老랑랖 婆뻐포 ○ 婆이 ㅣ내 로쫏 소차 츤ㅣ 이내 다틴 老 坐 有임우 甚

씸슴 緣연연 故구구 赶간간 他타타 ○ 셔므 뎌슴 롤緣 쫏故 츤ㅣ 다이 淨 他타타 事쓰스

多더도 說쒕쉬 不붕부 盡찐진 ○ 기터 롤의 다일 못이 홀만 쏘ᄒᆞ 이니 다니 ᄅᆞ 坐 我어오

且쳐쳐 問문운 你니니 ○ 려내 뭇또 노너 ᄂᆞ드 古구구 有일우 七칭치 去큐큐 ○ 七녜

去ㅣ이시니○家語七去一不順父母二無子三淫四妬五有惡疾六多言七竊盜 他타타是씃스淫인인麽마마◯뎌이淫ᄒᆞ나 淨誰쒸쉬要향야他타타◯뉘뎌롤要ᄒᆞ리잇고 尘他타타妬두두麽마마◯뎌새옴ᄒᆞᄂᆞ냐 淨略량랴略량랴有잉우些셔셔◯잠깐잇ᄂᆞ니이다 尘他타타多더도言연연麽마마◯뎌말이하냐 淨他타타禿퉁투舌쎵셔兒숳술◯뎌혜믜니이다 尘他타타不붕부順쓘슌俙니니的딩디父뿌부母무무麽마마◯뎌네父母의게順티아니ᄒᆞ나 淨我어오無무우父뿌부母무무了랴랴◯내父母ㅣ업ᄂᆞ이다 尘他타타無무우子즈즈麽마마◯뎌ᄌᆞ식이업ᄂᆞ냐 淨他타타五우우男난난二ᅀᅳᆯ을女뉴뉴七칭치子즈즈團뛴퉌圓원원◯뎨五男二女ㅣ七子團圓ᄒᆞ야三산산箇거거喫칭치酒징직四ᅀᅳ스箇거거賭두두錢쪈쳔◯세흔술먹고네흔돈더ᄂᆞ기ᄒᆞᄂᆞ니이다 尘他타타有잉우惡향어疾찡지麽마마◯뎨惡疾이잇ᄂᆞ나 淨沒뭉무有잉우只즈즈是씃스生승승些셔셔疥계계癩래래◯업스

이되 낫그 누저 니져 이기 다옴 (尘) 他 타타 七 칭치 去 큐큐 中 즁즁 皆 계계 無 무우 ○ ㄴ뎌

업去 스中 면에 다 沒 뭉무 有 잉우 可 커커 出 츙츄 之 즈즈 理 리리 ○ 理미 업히 거내 놀틸

如 유유 何 햐허 赶 간간 他 타타 ○ 쪼엇 츠디 뇨뎌 로 (淨) 他 타타 生 승승 得 듸더 醜

칭칙 ○ 려뎌 오삼 니김 이이 다더 (丑) 我 어오 不 붕부 醜 칭취 ○ 니내 ᄒᆞ더 이럽 다디 아 我

어오 每 믜믜 日 잉이 八 빵바 更 깅깅 起 키키 來 래레 ○ 更내 에每 닐日 어八 搽 짜차 上

썅상 四 숭스 兩 량량 粉 븐븐 三 산산 兩 량량 胭 연연 脂 즈즈 ○ 낭넉 胭냥 脂粉 롤과 ㅂ석

니르 眉 믜믜 兒 을을 不 붕부 青 칭칭 不 붕부 白 뻥버 似 쑹스 冬 둥둥 瓜 과과 一 황이

般 번번 ○ 니눈 ᄒᆞ섭 여이 동프 화르 ᄒᆞᆫ도 가아 지니 ᄀᆞᆺ고 ᄒᆞ희 니도 아 如 유유 何 햐허 是 쑹스

我 어오 醜 칭취 ○ 내엇 오디 리이 잇내 고더 (淨) 他 타타 醜 칭취 得 듸더 十 씽시 分 븐븐

古 구구 恠 괘괘 ○ 古뎨 恠더 ᄒᆞ러 니워 이ᄀᆞ 다장 (尘) 這 져져 廝 숭스 無 무우 天 텬텬 理

리리 ○ 理이 업놈 스이 니天 打 다다 ○ 라티 必 삥비 有 잉우 緣 연연 故 구구 說 숴숴 來

래레 ○ 반ᄃᆞ시 緣故ㅣ 이실쎠시니ᄅᆞ라 淨 別 뼈벼 無 우무 緣 연연 只 즈ᄌᆞ 是 스ᄉᆞ 他

타타 沒 무몽 中 중중 用 융융 ○ 다ᄅᆞᆫ 연괴 업서 그저 쁠ᄃᆡ 업스니이다 丑 相 샹샹 公 궁궁

我 오어 綉 식심 紅 쿠쿵 剪 젼젼 裁 채째 件 견견 件 견견 都 두두 會 휘휘 不 부붕 拿

나나 來 래레 ○ 相公아 내 綉紅剪裁를 가지가지 다 알거ᄂᆞᆯ 가져오디 아니ᄒᆞ고 ○ 四聲通解 細紅 들마

기 偏 편편 生 ᄉᆞᆼ승 把 바바 這 져져 難 난난 的 디딩 來 래래 難 난난 我 오어 ○ 별독

이 이 어려온 거ᄉᆞ로다 가 날을 혈난ᄒᆞᄂᆞ이다 淨 相 샹샹 公 궁궁 他 타타 好 할항 一 이ᅙᅵᆼ 張

장장 嘴 쥐쥐 ○ 相公아 뎨ᄒᆞᆫ 놀리ᄂᆞᆫ 부리 됴커니와 他 타타 緞 찬챵 一 이ᅙᅵᆼ 條 탸턍 布 부부

衫 산산 帶 대대 也 여여 不 부붕 會 휘휘 ○ 뎨ᄒᆞᆫ 오리 뵈젹삼 셕ᄃᆞᆯ 줄 도 아디 못ᄒᆞᄂᆞ니이다

丑 相 샹샹 公 궁궁 大 다따 剪 젼젼 小 샤샹 裁 채째 鍋 고궈 頭 투ᄯᅳᇢ 竈 잘쟝 腦 노낭

接 져졍 人 인인 待 대대 客 져경 ○ 相公아 大剪小裁와 鍋頭竈腦와 接人待客을 那 나나 一

이ᅙᅵᆼ 件 견견 不 부붕 會 휘휘 ○ 어ᄂᆡ ᄒᆞᆫ 가지ᄅᆞᆯ 아디 못ᄒᆞ리잇고 末 這 져져 箇 거거 沒

뭉디 肉 슝우 ◯ 의나 슬는 히이 라더 打 다다 着 쟣죠 我 어오 他 타타 也 여여 疼 뚱등 ◯

我 어오 的 듸디 心 신신 肝 간간 ◯ 心뎌 肝는 이이 오나 의 我 어오 是 쓰스 他 타타 的

如 유유 何 혀허 替 티티 得 듸더 他 타타 ◯ 럿엇 ㅊ디 리뎌 오를 ᄀᆞ 淨 他 타타 是 쓰스

다리 이 坐 他 타타 是 쓰스 他 타타 你 니니 是 쓰스 你 니니 ◯ 너뎌 는는 이이 네뎨 니오

쇼마 셔 小 샹샿 人 인인 情 찡칭 願 원원 替 티티 他 타타 ◯ 뎌小 를人 ᄀᆞ이 릇情 ㅊ願 으

어뎌 오의 라뎌 뭇妾 쟈을 잡 淨 不 붕부 要 향얀 拿 나나 妾 쳥쳐 来 래레 ◯ 아妾 오을 디잡

쥐쥐 ◯ 흐뎨 니또 이부 다리 됴 坐 拿 나나 他 타타 那 나나 妾 쳥쳐 来 래레 問 운운 ◯

沒 뭉무 用 융융 也 여여 罷 빠바 ◯ 또빌 두뎌 려업 니기 와는 他 타타 又 일우 好 핳한 嘴

를를 ᄃᆞᄀᆞ 니ᄀᆞ 豈 키키 可 커커 赶 간간 逐 쭈주 他 타타 ◯ 쪼엇 차디 내可 리히 리뎌 오를 淨

沒 뭉무 用 융융 ◯ 뎌비 업록 스뎨 나빌 只 즈즈 當 당당 教 걍갸 他 타타 ◯ 당그 히저 뎌맛

뭉무 用 융융 的 듸디 婦 뿌부 ◯ 어이 미빌 니뎌 이업 다슨 지 坐 縱 중중 然 연연 他 타타

나롤티면뎨또알파ᄒᆞᆯ써시니 只 즈즈 打 다다 我 어오 罷 빠바 ○ 그저나를팀이므텬ᄒᆞ여이다

(小全) 打 다다 着 쟣죠 這 져져 廝 ᄉᆞᆼ스 ○ 이놈을티라 他 타타 還 환환 護 후후 那 나나

妾 쳥쳐 ○ 뎨당시론뎌妾을護ᄒᆞ는고나 左 저조 右 잉우 ○ 左右ㅣ아 取 츄츄 他 타타 那

나나 鞋 혜혜 戴 대대 在 째재 他 타타 頭 뚱투 上 썅샹 ○ 뎌의뎌신을갸져다가뎌의마리우

희이오고 取 츄츄 他 타타 帽 망맏 穿 쳔쳔 在 째재 他 타타 脚 걓교 上 썅샹 ○ 뎌의갓을

가져다가뎌의발에신기라 這 져져 等 등등 穿 쳔쳔 戴 대대 好 항한 看 간간 麼 마마 ○

이리신고쏨이보기됴호나 (淨) 不 붕부 中 중중 ○ 맛닷티아니ᄒᆞ니 顚 뎐뎐 倒 당닾 了

량랴 ○ 顚倒ᄒᆞ여이다 (小全) 伱 니니 也 여여 知 징지 道 땋닿 ○ 너도아는고나 古 구구 人

신신 說 숴쉬 ○ 녯사름이니르되 妻 치치 者 져져 齊 찌치 也 여여 妾 쳥쳐 者 져져 接

졍져 也 여여 ○ 妻는齊ㅣ오妾은接이라ᄒᆞ니○陳澔註解內則語 履 리리 雖 쉬쉬 新 신신 不

붕부 可 거거 加 갸가 之 즈즈 首 싱식 ○ 신이비록새나可히마리에더ᄒᆞ디몯ᄒᆞ고 冠 권권

雖 쉬쉬 舊 깋구 不 붕부 可 커커 加 갸갸 之 즈즈 足 죻주 ○冠이 비록 놀그나 可히 발에 더

ᄒᆞ디 못ᄒᆞᄂᆞ니 似 ᄊᆞ스 人 신인 家 갸갸 妻 치치 妾 쳥쳐 一 힝이 般 번번 ○人家妻妾ᄒᆞᆫ가

지ᄀᆞᄐᆞ디라 妻 치치 雖 쉬쉬 醜 칙착 陋 릏루 ○妻ㅣ 비록 醜陋ᄒᆞ나 不 붕부 可 커커 降

강강 下 햐하 為 위위 妾 쳥쳐 ○可히 ᄂᆞ리와 妾을 삼디 못ᄒᆞ고 妾 쳥쳐 雖 쉬쉬 貌 망모 美

믜믜 ○妾이 비록 얼굴이 아ᄅᆞᆷ다오나 不 붕부 可 커커 陞 싱싱 起 키기 為 위위 妻 치치 ○

가히 올려 妻를 삼디 못ᄒᆞᆯ 써시니 大 따다 還 훤환 是 ᄊᆞ스 大 따다 ○큰이ᄂᆞᆫ 도로혀 이 큰이로

ᄒᆞ고 小 샿샤 還 훤환 是 ᄊᆞ스 小 샿샤 ○져근이ᄂᆞᆫ 도로혀 져근이로 ᄒᆞ라 這 져져 等 등등

兩 량량 平 삥핑 ○이러면 兩平ᄒᆞ여 便 뻔변 無 뭉우 爭 증증 了 랴랴 ○이곳 ᄃᆞ톰 업스

리라 (淨) 相 샹샹 公 궁궁 說 숴슈 得 듷더 有 잏우 理 리리 ○相公의 니ᄅᆞ심이 有理ᄒᆞ니ᄅᆞ

我 어오 曉 향햐 得 듷더 了 랴랴 ○내 알게이다 從 쭝충 今 긴긴 後 흫후 ○이후로브

터ᄂᆞᆫ 妻 치치 還 훤환 是 ᄊᆞ스 他 타타 妻 치처 ○妻ᄂᆞᆫ 도로혀 터 妻로 ᄒᆞ고 妾 쳥쳐 還 훤환

是 스 씃 他 타 타 妾 쳐 쳥 ○ 妾은도로혀뎌 妾으로ᄒᆞ여 再 재 재 不 부 붕 敢 간 간 ○ 다 시
敢히아니 호리이다 ㊤ 咱 쟈 쟝 那 나 나 婦 부 뿡 人 신 신 過 고 궈 來 레 래 ○ 뎌婦人 을불러
오 라 看 간 간 起 키 키 來 레 래 你 니 니 也 여 여 有 우 잉 不 부 붕 是 스 씃 處 츄 츄 ○ 보 와
ᄒᆞ니너도올리 아난곳이잇다 好 한 향 歹 대 대 你 니 니 那 나 나 眼 연 연 睛 징 징 裏 리 리 着
죠 쟣 不 부 붕 得 더 딍 沙 사 사 ○ 모롬이네뎌眼睛에모 래를두디못ᄒᆞᆯ쏘나 ㊞ 相 샹 샹 公
궁 궁 我 오 어 的 디 딍 床 창 쫭 人 신 신 睡 쉬 쒸 着 죠 쟣 ○ 相公아내床에 사ᄅᆞᆷ이자고 我
오 어 的 디 딍 凳 등 등 人 신 신 坐 조 쭤 着 죠 쟣 ○ 내凳에사ᄅᆞᆷ이안ᄌᆞ ○ 凳四聲通解坐具俗呼
板 凳 我 오 어 的 디 딍 丈 쟝 쟝 夫 부 부 人 신 신 摟 루 룽 着 죠 쟣 ○ 내丈夫를사 ᄅᆞᆷ이잇그니
這 져 져 氣 기 걔 實 시 씽 是 스 씃 難 난 난 受 식 씽 ○ 이애ᄃᆞ롬을진실로 밧기어렵도소이다
㊤ 自 즈 쯔 古 구 구 來 레 래 有 우 잉 妻 치 치 有 우 잉 妾 쳐 쳥 ○ 뎨로부터옴 으로妻ㅣ이
시며妾이 이시니 不 부 붕 可 커 캐 以 이 이 用 용 융 大 다 따 做 주 주 小 샤 샹 ○ 可히 벼큰

이로ᄡᅧ 저근이를 삼디 못ᄒᆞ려니와 若샤샵 是스ᄊᆞ 婦부뿌 人인신 嫉지찡 妬두두 實시싱

亦이잉 難난난 當당당 ○만일 婦人이 嫉妬ᄒᆞ면 실로 또ᄒᆞᆫ 當키 어려오니 再재재 休휘힝

妬두두 了랴랼 ○다시 새오디 말라

淨 丑 小샤샹 人인신 感간간 相샹샹 公궁궁 教갸걍 導닾땋 ○小人이 相公의 教導

홈을 感ᄒᆞ노니 從충쭝 後후흫 俺암함 夫부부 妻치치 和호훠 順쉰쓘 ○後로조차 우리

夫妻ㅣ 和順ᄒᆞ야 大다따 的디딩 是스ᄊᆞ 大다따 的디딩 小샤샹 的디딩 是스ᄊᆞ 小

샤샹 的디딩 ○큰이는 큰이로ᄒᆞ고 저근이는 저근이로ᄒᆞ야 再재재 不부붕 相샹샹 爭

쯩증 了랴랼 ○다시 서르 ᄃᆞ토디 아니ᄒᆞ리이다 心신신 中중쭝 熱여셔 熱여셔 一이힝

盆픈뻔 火호훠 ○心中에 덥고 더온 一盆火ㅣ 盡진찐 被비삐 尊준쥰 官권권 冷릉릉

水쉬쉬 澆갸걓 ○다 尊官의 ᄎᆞᆫ 믈로 흘님을 닙엇도다 坐 我오어 看간간 世시싱 上샹쌍

無우우 不부붕 可거커 化화화 的디딩 人인신 ○내 보니 世上에 可히 化티 못홀 사ᄅᆞᆷ이 업

스되 只즈즈 是스쓰 做주주 官권권 的디딍 ○그저 이관원되엿는이 自즈쯔 家갸갸

昧믜믜 了랸랑 天텬텬 理리리 ○自家ㅣ天理에昧호디라 已기기 身신신 不부붕 正

징징 ○이녁몸이正티못호니 安안한 能능능 正징징 得더득 他타타 人신신 ○엇디

능히다룬사룸을正호리오 你니니 看간간 兩량량 夫부부 婦부뿌 ○네보라두夫婦ㅣ

聞운몬 我오어 言연연 語유유 卽지징 便변뻔 感간간 化화화 ○내말을듯고곳感化

ᄒᆞ는고야 ㊡ 相샹샹 公궁궁 以이이 德더등 化화화 人신신 ○相公이德으로뻐사룸을

化홈에 人신신 無우무 不부붕 服부뿡 ○사룸이服디아니리업스니 比비비 他타타

專쥔쥔 用융융 棍군군 杖장쨩 的디딍 爭종증 差차차 ○뎌젼혀棍杖쓰는이에比건대

다룬이다 ㊣ 這져져 東둥둥 陽양양 郡균균 一이잉 箇거거 小샤샹 去큐큐 處츄츄

○이東陽郡혼젹은곳에 如유유 何허혀 告간강 狀장쫭 的디딍 這져져 等등등 許

휴휴 多도더 ○엇디告狀ᄒᆞ리이리만ᄒᆞ뇨 ㊡ 都두두 是스쏘 弄룽룽 筆비빙 頭투뚱

的딩디不붕부是쏘스 ○ 다이弄筆ᄒᆞᄂᆞᆫ이 올티아니ᄒᆞ니 有잏우一힝이樣양양人
ᅀᅵᆫᅀᅵᆫ專줜줜在째재詞쏘스狀쫭좡中즁즁 ○ ᄒᆞᆫ가지사ᄅᆞᆷ이이시니 젼혀詞狀中에이셔
無몽우中즁즁生승숭有잏우㧊향야曲큥큐作잡조直찡지 ○ 업슨가온 ᄃᆡ잇ᄂᆞᆫ거
슬내고구본거슬휘 여고든거슬삼아 人신신家갸갸本븐븐不붕부告갛간狀쫭좡 ○
스家ㅣ본ᄃᆡ告狀 티아니ᄒᆞ거늘 他타타百븽비般번번教걍갸唆서소引인인誘임우
人신신 ○ 뎨百가지로사ᄅᆞᆷ 올教唆引誘ᄒᆞ야 既기기替티티原원원告갛간寫셔셔狀
쫭좡 ○ 임의原告ᄅᆞᆯᄆᆞ ᄅᆞ차狀을쓰고 又임우替티티被삐비告갛간供궁궁詞쏘스 ○
또被告ᄅᆞᆯᄆᆞᄅᆞ 차詞ᄅᆞᆯ供ᄒᆞ야 增즁증減겸견情찡칭詞쏘스起키기減몀며詞쏘스訟
쑹숭 ○ 情詞ᄅᆞᆯ增減ᄒᆞ며 詞訟을起滅ᄒᆞ니 都두두是쏘스他타타要향야肥삐뵈已기기
다이뎌의肥已 코뎌홈이오 不붕부管권권人신신家갸갸破풔포 ○ ᄉ家ㅣ 破홈을
ᄆᆞ음아디아니 ᄒᆞᄂᆞ니이다 (尘) 尾와와鑵권권不붕부離리리井징징上쌍샹破풔포

○尼鑵온井上을쎠나디아니ᄒᆞ여破ᄒᆞᄂᆞ니 喫치칭 這져저 等등등 衣이이 飯빤반 的디

딍 ○이런衣飯먹ᄂᆞᆫ이 那나나 箇거거 得딍더 久걍각 長쨩창 ○어ᄂᆡ久長홈을어드

리오 你니니 看칸칸 這져져 等등등 人신신 子ᄌᆞ즈 孫순순 ○네보라이런사ᄅᆞᄆᆡ子孫

이 那나나 箇거거 得딍더 昌창창 盛씽싱 ○어ᄂᆡ昌盛홈을어드리오 ㊟相샹샹公

궁궁 宜이이 差채채 緝칭치 事ᄊᆞ스 吏리리 ○相公이맛당히緝事吏를시겨 ○稗官雜記凡緝事吏

急幹使令之人廣中亦稱緝事 都두두 拿나나 得딍더 來래레 懲찡치 戒계계 ○다잡어와

懲戒ᄒᆞ쇼셔 ㊟人신신 有임우 究원원 屈쿵큐 ○사ᄅᆞᆷ이究屈이이셔도 多더도 有

임우 不붕부 能능능 自ᄍᆞ즈 備삐비 詞ᄊᆞ스 的딍디 ○스ᄉᆞ로能히備詞티못ᄒᆞ리만히잇

ᄂᆞ니 若샹요 是ᄊᆞ스 爲위위 人신신 伸신신 究원원 理리리 枉왕왕 的딍디 ○만일

사ᄅᆞᆷ을爲ᄒᆞ여伸究理枉ᄒᆞᄂᆞᆫ이ᄂᆞᆫ 律룽류 亦잉이 不붕부 禁긴긴 ○律에또ᄒᆞᆫ禁티아니ᄒᆞ여

시니 若샹요 是ᄊᆞ스 一힝이 槩개개 拿나나 來래레 ○만일一槩로잡어오면 恐쿵쿵

後후흫人신싄有우잏寃원웬枉왕왕的디딩不부붕得더듷伸신신了랴럏○

저권대후에사ᄅᆞᆷ이寃枉잇ᄂᆞᆫ이시러곰伸리몯ᄒᆞᆯᄡᆞᄒᆞ노니等등둥他타타自즈ᄍᆞ犯반빤○

뎌스스로犯ᄒᆞᆷ을기ᄃᆞ리리라他타타雖쉬쉬僥갸걓倖힝헁瞞먼먼得더듷人신싄○

뎨비록僥倖으로사ᄅᆞᆷ을속이나天텬텬也여여不부붕饒샤샿他타타○하ᄂᆞᆯ이ᄯᅩ뎌를

요샤티아니ᄒᆞ리라你니니聽팅팅門문믄外왜왜甚슴씸麼마마人신싄鬧낲낳攘

샹샹的디딩○네드르라믄밧ᄭᅴ엇던사ᄅᆞᆷ이짓궤ᄂᆞ뇨拿나나進진진來레래問

운둔他타타端둰둰的디딩○잡아와뎌ᄃᆞ려그런줄을무롬이○端的釋見第一篇多도더

少샤샿是스ᄊᆞ好한핳○언머이됴커니ᄯᅩ녀㊟看칸칸和호훠尙상썅與유유道

닿땋士수ᄊᆞ爭즁즁風붕붕○보니중이道士로ᄃᆞ려爭風ᄒᆞᄂᆞ이다○字箋批牡相誘謂之風

㊀小샤샿僧승승被븨삐這져져潑포퐁道닿땋士스ᄊᆞ無우무理리리○小僧

이이보피라온道士ㅣ無理ᄒᆞ여擅션쎤入유슝方방방丈장쨩中중중○천조히方丈가

온대드러와 ○唐顯慶中王玄策使西域至毗耶離城有維摩居士石室以手板縱橫量之得十笏故名方丈室

奸간간 小샹샾 僧승승 的딍디 老랗랖 婆뿨포 ○小僧의 겨집을 음간ᄒᆞ고 反반반

打다다 小샹샾 僧승승 ○도로혀 小僧을 탐올 닙엇ᄂᆞ이다

(坐) 元원원 来래레 你니니 和호훠 尙샹썅 也여여 有잏우 老랗랖 婆뿨포 ○본ᄃᆡ 너 즁도 겨집이 잇닷다

(丑) 元원원 不부붕 曾층쯩 有우잉 ○본ᄃᆡ 잇디 아니ᄒᆞ더니 只즈즈 因인힌 前쳔쪈 夜여여 在재째 人신신 家갸갸 賭두두 錢쳔쪈 ○그저 前夜에 人家에 이셔 돈 더ᄂᆞ기를 因ᄒᆞ여 贏잉잉 得더딍 箇거거 小샹샾 婆포뿨 娘냥냥 来레래 ○ᄒᆞᆫ 졀믄 겨집을 이긔여 어더와 就작쪙 剃티티 頭투뚷 出츄츙 家가갸 做주주 箇거거 師ᄉᆞ스 姑구구 ○인ᄒᆞ여 마리를 갓가 出家ᄒᆞ야 ᄒᆞᆫ 師姑를 삼앗ᄂᆞ이다 ○按僧尼皆有師弟尼之師曰師姑

(坐) 元원원 来래레 這져져 廝스숫 也여여 會휘휘 賭두두 錢쳔쪈 ○본ᄃᆡ 이 놈이 또 돈 더ᄂᆞ기를 아이닷다

(丑) 自즈쯔 来레래 不부붕 曉햪향 賭두두 錢쳔쪈 ○본ᄃᆡ 돈 더ᄂᆞ기를 아디 몯ᄒᆞ더니 只즈즈

因힌인在쨰재人인신家갸가喫칭치酒징직 ○그저人家에이셔술먹음을因ᄒᆞ여醉

쥐쥐後ᅘᅳᇢ후被삐피人신신哄ᅘᅩᇰ홍了랑랴 ○醉後에사ᄅᆞᄆᆡ속임을닙어學ᅘᅣᇢ효賭

두두些셔셔錢쪈쳔 ○져기돈더ᄂᆞ기로비홧ᄂᆞ이다 (尘)元원원来레래這져져廝ᄉᆞ스

也여여會ᅘᆔ휘喫칭치酒징직 ○본ᄃᆡ이놈이또술먹기를아닷다 (丑)自ᄍᆞ즈来래레

不붕부會ᅘᆔ휘喫칭치酒징직 ○본ᄃᆡ술먹기를아ᄃᆡ못ᄒᆞ더니只ᄌᆞ즈因힌인在쨰재

屠뚜투家갸갸喫칭치牛닣뉘肉숭수 ○그저屠家에이셔쇠고기먹음을因ᄒᆞ여被삐븨

老랗랖婆뻐포央양양不붕부過궈고 ○겨집의빌믈닙어견ᄃᆡ디못ᄒᆞ여學ᅘᅣᇢ효喫

칭처了랑랸幾기기鍾중중 ○여러죵먹기를비홧ᄂᆞ이다 (尘)元원원来래레這져져

廝ᄉᆞ스也여여喫칭치牛닣뉘肉숭수 ○본ᄃᆡ이놈이또쇠고기를먹닷다 (丑)未뮈위

出츙츄家갸가前쪈쳔生승숭来래레胎태태裡리리喫칭치素수수 ○出家디아

닌前은生来에胎裡에셔素를먹고並삥빙不붕부敢간간喫칭치葷훈훈 ○다敢히葷을먹

디못ᄒᆞ더니○臭菜肉通稱葷 落로랑 頭투뚱 髮바방 後후ᅘᅳᇢ 来레래 ○마리ᄶᅡᆨ근後에 不

부붕 久구깅 纔채째 學효햫 喫치칭 些셔셔 葷훈훈 ○오래디아녀셔곳적이葷먹기를비

홧ᄂᆞ이다 (小生) 那나나 道단땅 士스씃 如슈슈 何허ᅘᅥ 與유유 他타타 争종즁 甚슴씸

麼마마 老랖랗 婆포뽀 ○뎌道士ㅣ엇디뎌로ᄃᆞ려언던겨집을ᄃᆞ토ᄂᆞ뇨 (净) 他타타 做

주주 和호ᅘᅩ 尚샹썅 ○뎨즁이되야 又우잉 沒무뭉 頭투뚱 髮바방 又우잉 沒무뭉

度두뚜 牒뎌뗭 ○또頭髮이업고또度牒이업ᄉᆞᄂᆡ○按度牒卽度人爲僧道之牒高僧傳度牒自南

北朝有之 不부붕 當당당 討탁탕 老랖랗 婆포뽀 ○겨집을어드미맛당티아니코 我오어

道단땅 士스씃 ○나道士ᄂᆞᆫ 又우잉 有우잉 頭투뚱 髮바방 有우잉 度두뚜 牒뎌뗭

○또頭髮이잇고度牒이이시니 合허헝 當당당 討탁탕 老랖랗 婆포뽀 ○겨집을어드미

合當ᄒᆞᄂᆡ이다 (小生) 左조저 右우잉 打다다 這져져 廝스ᄉᆞ ○左右ㅣ야이놈을티라 (净)

饒샹얀 打다다 便변뼌 害해ᅘᅢ 了랴랑 天텬텬 尊준준 ○님을사ᄒᆞ쇼셔곳天尊을해ᄒᆞ

리이다 尊見第四篇 ○天生你니니聽팅팅我오어說쉬숑○네드르라내 니ᄅᆞ리라這

져져廝스ᄉᆞ每믜믜你니니不부봉出츄츙家갸갸也여여由우잉得더듸你니니

○이놈들아네出家티아녀 셔는ᄯᅩ비대로ᄒᆞ려니와你니니旣기기出츄츙家갸갸○네 임

의出家ᄒᆞ 여시니當당당自즈ᄌᆞ遵쥰쥰守삭싱清칭칭規귀귀○맛당히스 스로清規

를遵守ᄒᆞᆯ 써시여늘你니니却거켱這져져等등등所소수為위위○네ᄯᅩ이럿 ᄐᆞᆺᄒᆞᄂᆞᆫ배

敗배빼壞홰ᅘᅫ人신신倫룬룬○人倫을敗 壞ᄒᆞ니非븨븨惟위뮈傷샹샹害해ᅘᅢ

風봉봉俗슈숑○風俗을傷 害ᄒᆞ고得더딍罪쥐쮜名밍밍敎걒걒○罪를名 敎에어

들ᄲᅮᆫ아니라 名敎見第三篇○使스ᄉᆞ你니니那나나佛보뽕與유유天텬텬尊쥰쥰有

와임靈링링○네더佛과다못天尊으 로ᄒᆞ여곰靈이이시면亦이잉不부봉容융용你니니

○ᄯᅩ너를용납디 아니ᄒᆞ리라你니니那나나經깅깅中즁즁說쉬숑的디딍地디띠

獄유융○네더經中에니ᄅᆞᆫ地獄이○佛經有刀山地獄 鑊湯地獄寒冰地獄劍樹地獄拔舌地獄毒蛇

地獄剉碓地獄鉅解地獄鐵床地獄黑闇地獄沒무뭉有우잉便변뼌罷바빠了랴랼○업스

면곳무던거니와若쇼샾是스쑹果고궈有우잉地디띠獄유융○만일과연地獄이이

시면正징징是스쑹要야향奈내내何허헝你니니這져져等등등人신신○졍히

너이런사름을보챌새시오你니니那나나經깅깅中중즁說쉬숴的디듸輪룬룬迴

휘훼○네뎌經中에니른輪迴ㅣ○佛經一切衆生十習未除故出入三界沉淪苦海乃於身死之日隨緣

受形徃復輪迴萬劫不息沒무뭉有우잉便변뼌罷바빠了랴랼○업스면곳무던거니와

若쇼샾是스쑹果고궈有우잉輪룬룬迴휘훼○만일과연輪迴ㅣ이시면你니니這

져져斷스숭再재재生숭승來레래○너이놈이再生홈애一이흥定딩뎡披피피毛

맛망戴대대角교걍○일뎡히털을닙고쓸을이리라○變化記貞元中海塩縣有戴文者性貪與隣

人交利刻剝文死隣人家牛生一黑犢脇下白毛成字曰戴文(丑)不부붕管권권我오어事스쑹

○내게관셥디아닌일이오他타타養양양我오어老랖랑婆포뿨○뎌내겨집을어로ᄂᆞ

이다 ㊀坐 許휴휴 你니니 和훠호 尚썅샹 討탈탚 老랄랖 婆뽀포 ◯ 너 즁이 겨집 엇기를
許ᄒᆞ엿ᄂᆞ냐 朝쨯챺 廷띵팅 有잏우 例리리 ◯ 朝廷에 例ㅣ 이셔 僧승승 道닿닿 娶
츄츄 妻치치 ◯ 僧道ㅣ 妻를 娶ᄒᆞᄂᆞᆫ 이를 許휴휴 諸쥬쥬 人신신 打다다 死ᄉᆞ스 勿뭉우
論룬룬 ◯ 모든 사ᄅᆞᆷ이 텨 죽여도 論티 말믈 許ᄒᆞ엿ᄂᆞ니 打다다 這져져 廝ᄉᆞ스 ◯ 이 놈을 티
라 ㊀淨 相샹샹 公궁궁 可커커 憐련련 見견견 ◯ 相公은 어엿비 너기쇼셔 人신신 從
쭝충 欲용유 中중중 来래레 ◯ 사ᄅᆞᆷ이 欲中으로 조차 와시니 ○夷門廣牘 人從慾中生死 不
봉부 能능능 無무우 欲용유 ◯ 능히 欲이 업더 못ᄒᆞ니이다 ㊀坐 笑샴샾 ◯ 우웁거니와
這져져 廝ᄉᆞ스 也여여 說숴숴 得듸더 有잏우 理리리 ◯ 이 놈이 또 니ᄅᆞᆷ이 有理ᄒᆞ니
由잉우 你니니 還환환 俗쓩슈 ◯ 네 대로 還俗ᄒᆞ라 ㊀丑 我어오 還환환 要햪야 做
주주 和훠호 尚썅샹 ◯ 내 도로 혀 즁이 되고져 ᄒᆞᄂᆞ이다 俗쓩슈 人신신 只즈즈 守싷식
一힝이 箇거거 老랄랖 婆뽀포 ◯ 俗人은 그저 ᄒᆞᆫ 겨집을 딕희니 如슈유 何허허 過궈고

得더듸 ○ 얻디 디내 리잇고

㊀ 相샹샹 公궁궁 說숴쉬 透틓투 我어오 心신신 ○ 相公의 니르심이 내 ᄆᆞᄋᆞᆷ에 ᄉᆞ못 ᄎᆞ이

ᄂᆡ 情찡칭 願원원 也여여 要향얖 還환환 俗쓩슈 罷빠바 了랑랴 ○ 情願으로 還ᄯᅩ

俗ᄒᆞᆷ이 ᄒᆞ여 이 무 다 던 ㊁ 從쭝충 小샹샨 時씡ᄉᆞ 被삐븨 人인인 哄훙훙 了랑랴 ○

졈어셔 부터 사ᄅᆞᆷ 의 속임을 닙어 險현현 些셔셔 絶쮱줘 了랑랴 種중중 類뤼뤼 ○ ᄒᆞ마

種類를 ᄭᅳᆫ 츨러니 今긴긴 日ᅀᅵᆼ이 遇유유 相샹샹 公궁궁 ○ 오ᄂᆞᆯ 相公을 만나 方방방

纔째째 成찡칭 得듸더 箇거거 人인인 ○ 보아 ᄒᆞ로 ᄉᆞ ᄅᆞᆷ을 일워 시 니 有임약 如유유

再재재 生ᄉᆞᆼ승 一이ᅙᅵᆼ 般번번 ○ 再生ᄒᆞᆷ ᄀᆞᆮᄒᆞᆫ 가 다 라 丢듸 了랑랴 冠권권 ○

관을 리고 ᄇᆞ 這져져 遭잡잔 打다다 箇거거 畨반반 筋긴긴 斗등두 罷빠바 ○ 이번

에ᄒᆞᆫ 번 ᄒᆞᆷ이 무 던ᄒᆞ다 筋斗칠 ㊀ 丢듸두 了랑랴 帽맘맘 ○ 帽를 ᄇᆞ리고 蹤땽랴 出츄츄

輪륜륜 迴휘휘 業여여 海해해 中중중 ○ 輪迴業海中에 ᄲᅱ여 나쟈 ㊂ 左조저 右약임

○丨左右야 令긴긴 日잉이 是쑹스 二슬승 月웕웕 十씽시 五우우 日잉이 花화화
朝잪쟣 之즈즈 辰친쩐 ○오늘이二月十五日花朝之辰이라 故구구 事쑹스 合허헣
當당당 勸권권 農눙눙 ○故事에맛당히勸農ᄒᆞᆯ써시니 不부붕 免면면 出츄츻 郊갼걒
外왜왜 走주즇 一이힝 番반반 ○마디못ᄒᆞ여郊싸에나가ᄒᆞᆫ번ᄃᆞ녀 按안한 行힝헹 田
뎐뎐 畒무믕 勸권권 課코쿼 農눙눙 桑상상 則저즹 箇거거 ○田畒에按行ᄒᆞ야農桑을
勸課ᄒᆞ자

(小生) 一이힝 年년년 之즈즈 計기기 惟위윙 在재쨰 於유유 春츈츈 ○一年의計는오
직春에잇고 百버빙 工궁궁 之즈즈 事스쑹 莫모맣 急기깅 於유유 農눙눙 ○百工
의事는農만急ᄒᆞᆫ이업슨디라 當당당 此츠츠 仲중쭝 春츈츈 之즈즈 月웕웕 ○이春의仲
月을當ᄒᆞ여 正징징 是스쑹 太태태 守싀싱 勸권권 農눙눙 之즈즈 時스쑹 ○
正히이太守의勸農ᄒᆞᆯ때라 左조저 右우임 ○丨左右야 急가깅 鞴비삐 馬마마 来레래

○急히 몰기로 마지어 오고 其끼기 餘유유 頭뜰투 踏땅다 儀이이 從쭝중 盡찐진 皆
계계 除쮸츄 去큐큐 ○그 남은 頭踏儀從은 다 除去ᄒ야 不붕부 用융융 驚깅깅 動뚱뚱
百븽버 姓싱싱 ○百姓을 驚動게 말라 ㊍ 領링링 台태태 旨즈즈 ○台旨룰 領ᄒ리
이다 馬마마 在쨰재 此츠츠 請칭칭 相샹샹 公궁궁 上썅샹 馬마마 ○몰이예 이시니
請건대 相公은 몰을 ᄐ쇼셔
㊍ 父뿌부 老랖랖 百븽버 姓싱싱 每믜믜 来래레 ○父老와 百姓들이 와 迎잉잉 接
졉져 相샹샹 公궁궁 ○相公을 迎接ᄒᄂ이다 這져져 裏리리 是쓰스 杏힝힝 花화화
村춘춘 ○예는 이 杏花村이니 請칭칭 相샹샹 公궁궁 下햐하 馬마마 ○請건대 相公은
몰을 ᄂ리쇼셔 這져져 裏리리 是쓰스 申신신 明밍밍 亭띵팅 ○예는 이 申明亭이니 請
칭칭 相샹샹 公궁궁 坐쭤조 ○請건대 相公은 안조쇼셔 ㊏外 老랖랖 爺여여 百븽버 姓
싱싱 每믜믜 磕커컹 頭뜰투 ○老爺ㅣ아 百姓들이 마리롤 좃ᄂ이다 百븽버 姓싱싱 在

째재 鄉 향향 下 햐햐 ◯ 下百 에姓 이이 녀鄉 望 망왕 相 샹샹 公 궁궁 如 유유 在 째재 天

텬텬 上 썅샹 ◯ 에相 잇公 는브 듯라 ᄒ기 더롤 니天 上 今 긴긴 日 잉이 幸 형힝 得 틍더 相

샹샹 公 궁궁 来 래레 在 째재 這 져져 裏 리리 ◯ 예오 이놀 심힝 을혀 엇相 게公 이이 다와 ㊟

老 랑란 人 인신 多 더도 少 샹샤 年 년년 紀 기기 ◯ 히老 엇人 메이 뇨나 ㉮ 九 깅구 十

씽시 九 깅구 歲 쉬쉬 ◯ 로九 소十 이九 다歲 ㊟ 起 키키 来 래레 ◯ 라날 只 즘즈 欠 견견

一 황이 歲 쉬쉬 滿 먼먼 百 빙버 歲 쉬쉬 了 량랴 ◯ 百다 歲믄 ㅣ흔 찻히 도업 다시 天 텬텬

下 햐하 之 즘즈 達 뜽다 尊 준준 三 산산 ◯ 이天 세下 히의 니達 尊 爵 쟝쟌 一 황이 德

뜽더 一 황이 齒 츠츠 一 황이 ◯ 齒爵 ㅣ이 一一 이이 라오 ○德 本이 孟一 子이 語오 小 샹샤 官

권권 只 즘즈 是 숭스 有 잉우 爵 쟝쟌 而 숭술 已 이아 ◯ 이小 이官 실은 ᄯ다 롬믄 이이 오爵

老 랑란 人 인신 齒 츠츠 德 틍더 俱 규규 尊 준준 ◯ 이老 다人 놉은 ᄒ齒 니德 敢 간간 不

봉부 尊 준준 敬 깅깅 ◯ 아敢 니히 ᄒ尊 랴敬 티 古 구구 者 져저 天 텬텬 子 즘즈 問 믄운

百빙비年년년者져져就쪙직見견견之즈즈○녜天子ㅣ百年인자로무르심애나아가
보왓거든○本禮記王制篇語卽其家而見之以其年高不召見也況황황小샿샤官권권只즈즈
是씃스一힝이箇거거太태태守싱식○ᄒᆞ믈며小官은다문이효太守ㅣ라敬깅깅老
랑랄得둥더老랑랄○老로敬ᄒᆞ야老로어든이理리리當당당如슈슈此츠츠○理에
맛당히이톨셔니라又㊕請칭칭相샹샹公궁궁坐쭤조○請권대相公은안조쇼셔失
싱시觀권권瞻젼젼了랑랴○觀瞻에失ᄒᆞ리이다㊍老랑랄人신신說숴쉬得둥더
是씃스○老人의니ᄅᆞᆷ이올ᄒᆞ니相샹샹公궁궁請칭칭坐쭤조○相公은請컨대안조㊋老
쇼셔下햐하民민민不붕부好항한看칸칸○下民이보기됴티아니ᄒᆞ여이다
랑랄人신신休휭후恠괘괘○老人은허믈말라㊫百빙비姓싱싱每믜믜磕컹커
頭뚱투○百姓들히마리좃ᄂᆞ이다相샹샹公궁궁千쳔쳔歲쉬쉬○相公千歲相
샹샹公궁궁休휭후恠괘괘○相公은허믈마ᄅᆞ쇼셔小샿샤百빙비姓싱싱方방방

纔째채在째재山산산上쌍샹補부부地띠디皮삐피○小百姓이보야호로ᄉ山上의
이셔地皮롤깁더니望왕랑見견견相상샹公궁궁到담도○相公의니ᄅ을보라보고심
急공기忙망망走쯩주下햐하来래레○라셜옴리애ᄃ不붕부曾쯩층帶대대得
등더山산산妻치치来래레見현현○와일뵈쪽디山못妻ᄒ롤니ᄃ려休힐휘怪괘괘
○ᄅ허쇼믈셔마(坐)你니니補부부甚씸슴地띠디皮삐피○롤네깁무텬合다地皮
(丑)瞞먼먼相상샹公궁궁說쒀쉬不붕부得듷더○더相못公홀을소속이여다니ᄅ
本븐븐縣현현地띠디皮삐피都두두着쨯죠前쪈천任인신官권권捲권권將
장장去큐큐了랼랴○어本가縣져地감皮을다닙前어任시官니의것如유유今긴긴一
횽이縣현현地띠디都두두沒뭉무有잉우皮삐피了랼랴○히이다지가一족縣이ᄯ
디업라슨里리리甲갸갸催취취趲잔잔去큐큐補부부地띠디○족里ᄒ甲야이가지
ᄯ흘깁더니이다○宋神宗七年司農司乞廢戸長坊正擇為隣戸三二十家排比成甲迭為甲頭督輸税賦

苗後 (尘)做주주官권권的듸디受쓯샥了랼랖朝쟣챂廷띵팅厚흫후祿롷루○
벼슬ᄒᆞ는이朝廷厚祿을밧고却경거又잉우貪탄탄害햬해百븽버姓싱싱○또百姓을
貪害ᄒᆞᄂᆞ니殊쓔슈不붛부思숳스財쨰채者져져民민민之즈즈心신신○조못
지믈은百姓의心인줄을ᄉᆡᆼ각디아니ᄒᆞ는또다剜훤원百븽버姓싱싱的듸디心신신肝
간간来래레○百姓의心肝을앗가養양양你니니妻치치兒숳슬老랼랖小샿샾○
네妻兒老小를養홈이於휴유你니니心신신安한안乎후후○네ᄆᆞ옴에편안ᄒᆞ랴你
니니看간간世싱시上썅샹做주주官권권的듸디○네보라世上에벼슬ᄒᆞ는이打
다다人신인討탕탄得듷더錢쪈쳔来래레○사름을리고돈을어더와셔那나나箇
거거子즈즈孫순순受쓯샥用융융得듷더○어늬子孫이受用ᄒᆞ더뇨(衆)千쳔쳔歲
쉬쉬○千歲(尘)你니니那나나農눙눙夫부부脚걓교如슈슈何ᄒᆞ허殘짠찬疾
찡지了랼랖○너더農夫ㅣ다리엇디殘疾ᄒᆞ엿ᄂᆞ뇨(爭)不붛부瞞먼먼相샹샹公궁궁

說 쉬셜 ◯ 相公을 속여 니르디 못홀 쓰이다 三 산산 年 년년 前 쪈쳔 饑 기기 荒 황황 ◯

三年前에 饑荒ᄒᆞ야 去 큐큐 義 이의 倉 창창 借 져져 了 랴랴 五 우우 斗 두듣 穀 구궁 来

래레 ◯ 義倉의 가닷 말 곡식을 ᄯᅮ어와 ◯ 宋乾德元年詔令諸州於所屬縣各置義倉自今官所收二稅石

別輸一斗貯之以備凶歉給貸 還 환환 三 산산 石 씌시 了 랴랴 ◯ 석셤을 갑고 前 쳔쪈 年

년년 赦 셔셔 書 슈슈 来 래레 赦 셔셔 了 랴랴 ◯ 前年에 赦書ㅣ 와 赦ᄒᆞ엿더니 官 권권 府

부부 又 우잉 行 힝힝 来 래레 追 쥐쥐 ◯ 官府ㅣ 또 힝회ᄒᆞ야 와 믈리니 又 우잉 納 나농 三

산산 石 시씌 尙 샹샹 未 위위 足 주죵 ◯ 또 석셤을 밧티되오히려 足디 못ᄒᆞᆫ디라 前 쳔쪈 後

후흫 爲 위위 五 우우 斗 두듣 穀 구궁 ◯ 前後에 닷말 곡식을 爲ᄒᆞ야 打 다다 了 랴랴 四

ᄉᆞ스 百 버븽 六 라룽 ◯ 四百六을 맛고 賣 매매 了 랴랴 三 산산 頭 투ᄯᅳᆼ 牛 누ᄂᆞᆼ 兩 량량

箇 거거 女 뉴뉴 兒 슬ᅀᅳᆯ ◯ 세쇼와 두ᄯᆞᆯ을 ᄑᆞ라 方 방방 纔 채쟤 還 환환 得 더듸 足 주죵

◯ 보야ᄒᆞ로 ᄌᆞ갑거를 足히ᄒᆞ니 以 이이 此 츠츠 打 다다 得 더듸 害 해해 了 랴랴 ◯ 일로

뻐마엿나이자다害ᄒᆞ ㊟ 朝쨔챠廷띵띵設셔셔立리리義이이倉창창 ○ 이朝義廷
立倉홈을은設本븐븐爲위위利리리民민민 ○ 홈본을되爲빅홈셩이을어利늘케奉뽕봉
行헁힝的딩디不붕부得득더其끼기人신신 ○ 룸奉을行엇ᄒᆞ디ᄂᆞᆫ못이ᄒᆞ그야사反
반반爲위위害해해民민민之즈즈具뀨규 ○ 의도具로ㅣ혀되害니民做주주官권권
的딩디見견견百븽버姓싱싱如슈슈此츠츠艱견견難난난苦쿠쿠惱낭나 ○
두벼시ᄉᆞᆫ艱ᄒᆞ難ᄂᆞᆫ苦이惱百홈姓을이보이고러當당당爲위위之즈즈哀해애憐련련賑
진진恤슝슈 ○ 賑맛恤당흘히써爲시ᄒᆞ어야늘哀憐如슈슈何쒀허又임악去큐큐這
져져等등등毒뚱두害해해他타타 ○ 를엇毒디害또ᄒᆞ가리이오리뎌也여여不붕부
想샹샹 ○ 홈또이싱로각다더못我어오家갸갸也여여是씃스百븽버姓싱싱 ○
百내姓집이이라또이我어오身신신起키키自쯔즈民민민間견견 ○ 民내間몸으이
러로나브시터니나我어오那나나父뿌부母무무受쌍슈此츠츠凌링링辱슝수 ○

우리 父母ㅣ 이 凌辱을 바드면 我어오 心신신 下햐하 如유유 何허허 ○ 내 무음에 엇더

ᄒᆞ며 人신신 這져져 等등등 打다다 我어오 皮삐피 肉숭수 ○ 사ᄅᆞᆷ이 이리 내 皮肉을 티

면 我어오 受씽삭 得등더 受씽삭 不붕부 得등더 ○ 내 바들싸 디 못ᄒᆞᆯ싸 밧 天텬텬

網망왕 恢귀귀 恢귀귀 疎수수 而슬 不붕부 漏룽루 ○ 天網이 恢恢ᄒᆞ야 疎ᄒᆞ덕 漏티

아니ᄒᆞᄂᆞ니 無外雖若踈濶 ○ 本道德經語言包羅 而一物莫能逃焉 這져져 等등등 人신신 不

붕부 在째재 其끼기 身신신 則즈저 在째재 其끼기 子즈즈 孫쑨순 ○ 이런 사ᄅᆞᆷ은 그

몸에 잇디 아니ᄒᆞ면 그 子孫에 잇ᄂᆞ니라 ⓟ淨 相샹샹 公궁궁 此츠츠 言연연 一이 郡균균

生승승 靈링링 之즈즈 福부부 ○ 相公의 이 말ᄉᆞᆷ이 一郡 生靈의 福이로소이다 千천천 歲

쉬쉬 ○ 千歲 ⓢ小 今긴긴 年년년 百븽버 姓싱싱 安한안 樂랍로 ○ 올흔 百姓이 安樂ᄒᆞ

ᄂᆞ나 ㉧外 勝싱싱 去큐큐 年년년 ○ 去年에셔 나ᄋᆞᆫ니이다 ⓢ小 今긴긴 年년년 田뎐뎐

禾호 有잉우 收씽삭 ○ 올흔 田禾를 거두엇ᄂᆞ나 ㉧外 半번번 收씽삭 ○ 半을 거두엇ᄂᆞ

이다 (尘) 鄕 향향 間 견견 有 우잉 盜 닾땋 賊 즤쯩 麼 마마 ○ 鄕間에 盜賊 이 잇ᄂᆞ냐 (外)

相 샹샹 公 궁궁 到 닾당 任 신신 後 후흫 漸 젼젼 少 샾샾 了 랴랑 ○ 相公이 到任ᄒᆞᆫ 後에

졈졈 젹다 이어 (尘) 老 랖랑 人 신신 我 오어 且 쳐쳐 問 운문 你 니니 ○ 老人아 내 ᄯᅩ 너ᄃᆞ려

무르리라 世 시싱 間 견견 何 허ᄒᆡ 物 우뭉 爲 위위 寶 밮방 ○ 世間에 무스 거시 보비뇨 (外)

珠 쥬쥬 玉 유융 是 스쑹 寶 밮방 ○ 珠玉이 보비니이다 (尘) 珠 쥬쥬 玉 유융 好 하항

喫 치칭 麼 마마 ○ 珠玉이 먹기 됴흐랴 (外) 不 부봉 好 하항 喫 치칭 ○ 먹기 됴티 아니ᄒᆞ니

이다 (尘) 旣 기기 不 부봉 好 하항 喫 치칭 也 여여 不 부봉 是 스쑹 寶 밮방 ○ 임의 먹기

됴티 아니ᄒᆞ면 보비 아니니라 農 ᄂᆞᆼ능 夫 부부 世 시싱 間 견견 何 허ᄒᆡ 物 우뭉 爲 위위 寶

밮방 ○ 農夫ᄂᆞᆫ 世間에 므스 거시 보비뇨 (丑) 金 긴긴 銀 인인 是 스쑹 寶 밮방 ○ 金銀이

보비니이다 (尘) 金 긴긴 銀 인인 好 하항 喫 치칭 麼 마마 ○ 金銀이 먹기 됴흐랴 (丑) 不

부봉 好 하항 喫 치칭 ○ 먹기 됴티 아니ᄒᆞ니이다 (尘) 也 여여 不 부봉 是 스쑹 寶 밮방 ○

또 이 보비 아니라 農눙눙夫부부何허허物우뭉是스쓰寶바방 ◯ 農夫ㅣ 므스 거시아

이 보비뇨 (淨) 錢쳔쪈鈔챠챵是스쓰寶바방 ◯ 錢鈔ㅣ 이 보비니이다 (注) 也여어不

부붕是스쓰寶바방 ◯ 또 이 보비 아니라 你니니說쉬쉏世시씽間견견何허허物

우뭉是스쓰寶바방 ◯ 네 니르라 世間의 므스 거시 이 보비뇨 (末) 米미미穀구궁是스쓰

寶바방 ◯ 米穀이 보비니이다 (注) 這져져箇거거是스쓰寶바방 ◯ 이 거시 보비

라 荒황황年년년缺킈퀘少샤샹米미미穀구궁 ◯ 荒年에 米穀이 업스면 金긴긴

銀인인珠쥬쥬玉유융錢쳔쪈鈔챠챵都두두喫치칭不부붕得더듷 ◯ 金銀珠玉

錢鈔ㅣ 다 먹디 몯ᄒᆞᄂᆞ니 惟위윙米미미穀구궁一이힝物우뭉一이힝日시싱不부붕

可커커無우무 ◯ 오직 米穀 一物이 一日도 可히 업디 몯ᄒᆞᆯ 꺼시라 但딴단有우잉米미미

穀구궁 ◯ 다만 米穀이시면 金긴긴銀인인珠쥬쥬玉유융錢쳔쪈鈔챠챵都두두

沒무뭉有우잉也여여罷바빠 ◯ 金銀珠玉錢鈔ㅣ 다 업서도 또 무던ᄒᆞ니라 欲유융積

지징 米미미 穀구콩 必비빙 先션션 務우무 農농농 ○ 米穀을쌀코져홀딘대반ᄃᆞ시몬져

農을힘쓸써시니 伱니니 農농농 夫부부 聽팅팅 我오어 勸권권 伱니니 ○ 너農夫ㅣ

내너勸홈을드르라

百버빙 姓싱싱 每미믜 過고궈 來레래 ○ 百姓들은오라 我오어 曉햔향 諭유유

伱니니 衆중중 農농농 夫부부 ○ 내너희모ᄃᆞᆫ農夫를曉諭호리라 耕궁긍 田뎐뎐 務

우무 要얀향 先션션 ○ 밧갈가를몬져홈을힘쓸써니 俗슈쓩 言연연 勤긘낀 挑닷됴 糞

분뿐 ○ 俗에니ᄅᆞ되거롬냄을브즈런이홈이 不부봉 如유유 早잔잠 犂레리 田뎐뎐 ○

일쯕이밧갈만ᄀᆞᆺ디못ᄒᆞ다ᄒᆞ니라 ⓢ衆 謝셔셔 相상샹 公궁궁 敎갸걍 導단당 ○ 相公의敎

導홈을謝ᄒᆞ노이다 ⓢ小主 勸권퀀 伱니니 勤긴끈 糞분뿐 田뎐뗜 ○ 너를勸ᄒᆞ니밧헤거름

올부즈러니ᄒᆞ라 糞분뿐 多도더 禾호홰 自주ᄍᆞ 茂무믕 ○ 거름이만ᄒᆞ면화곡이스스로

무셩ᄒᆞᄂᆞ니라 糞분뿐 是스쏘 五우우 穀구콩 化화화 ○ 거름은이五穀化ᄒᆞᆫ거시니 莫

모맙 嫌현혐 他타타 臭착침 穢위휘 ○ 뎌ᄂᆡ 더러옴을 혐의로이 너기디 말라 (衆) 謝셔샤

相샹샹 公궁궁 教갸걒 導닾됴 ○ 相公의 教導홈을 謝ᄒᆞ노이다 (坐) 勸권퀀 你니니 莫

모맙 殺사샹 牛누닝 ○ 너를 勸ᄒᆞ노니 쇼를 죽이디 말라 殺사샹 牛누닝 神신씬 不부붕

佑우잉 ○ 쇼를 죽이면 귀신이 돕디 아니ᄒᆞ리라 既기기 已이이 食시씽 其키끼 力리링

○ 임의 그 힘으로 먹고 何허혀 忍신인 喫치칭 其키끼 肉우웅 ○ 엇디 ᄎᆞᆷ아 그 고기를 먹으

리오 左조저 右우잉 ○ 左右ㅣ야 你니니 讀두뚱 教갸걒 民민민 書슈슈 ○ 네 教民ᄒᆞ

ᄂᆞᆫ 글을 닑어 與유유 百버븽 姓싱싱 每믜믜 聽팅팅 ○ 百姓들의게 들리라 (末) 老랖랗

人인인 百버븽 姓싱싱 跪귀뀌 ○ 老人과 百姓은 ᄭᅮᆯ라 東둥둥 陽양양 郡쥰쥰 剌츠ᄎᆞᆼ

史스ᄉᆞᆼ ○ 東陽郡剌史는 曉햪향 諭유유 百버븽 姓싱싱 每믜믜 ○ 百姓들의게 曉諭ᄒᆞ

노니 一이힝 年년년 之즈즁 計기기 在재쨰 於유휴 春츈츈 ○ 一年의 計는 春에 잇고

一이힝 日이잉 之즈즁 計기기 在재쨰 於유휴 寅인힌 ○ 一日의 計는 寅에 잇는디라

大다따富부부由유유天텬텬○大富ᄂᆞᆫ天을由ᄒᆞ거니와小샨샹富부부由유유勤

긘긘○小富ᄂᆞᆫ勤을由ᄒᆞᄂᆞ니莫모막作조작無우무益이익之즈즁事스ᄉᆞᆼ○無益

ᄒᆞᆫ일을짓다말며莫모막交갸걍無우무義이이之즈즁人인인○無義ᄒᆞᆫ사ᄅᆞᆷ을사괴

디말고糧량량稅쉬쉬須슈슈早쟈쟝納나낭○糧稅ᄅᆞᆯ모롬이일밧티며○按府州縣兩

遵納稅夏曰稅秋曰糧赴부부後이잉莫모막逡츈츈巡슌슌○赴後을逡巡티말고○逡

巡字箋退却貌敬깅깅爾슬승之즈즁長쟝쟝○네어른을敬ᄒᆞ며孝효효爾슬승之

즈즁親친친○네어버의게孝ᄒᆞ고憐련련孤구구恤슈슝寡과과○孤ᄅᆞᆯ憐ᄒᆞ고寡ᄅᆞᆯ恤

ᄒᆞ며敬깅깅老랄랑惜시셕貧핀빈○老ᄅᆞᆯ敬ᄒᆞ고貧ᄅᆞᆯ惜ᄒᆞ며和호화睦무목宗종종

族주족○宗族을和睦ᄒᆞ며勸권권化화화鄕향향鄰린린○鄕鄰을勸化ᄒᆞ고毋

우무賭두두博보박以이이破포파家가갸○賭博ᄒᆞ여ᄡᅥ집을破티말며⊙四聲通解博局

戲毋우무盜단땅竊쳐쳥以이이喪상상身신신○盜竊ᄒᆞ여ᄡᅥ몸을喪티말고勿

우롬 興힝힝 詞스쏭 以이이 告갸갈 許겨허 ○ 詞를興ᄒᆞ여 告許티말며 ᄲᅢ 勿우롬 破

포퓌 產찬친 以이이 祀스쏭 神신씬 ○ 產을破ᄒᆞ여 祀神티말라 ᄲᅢ 吾우우 言연연 切

처쳐 至즈즈 ○ 내말이 조ᄒᆞ여 切 再재재 四스스 諄쥰쥰 諄쥰쥰 ○ 再四諄諄히ᄒᆞ니 ○ 諄

字箋詩詩 言重複也 誨 爾슬을 宜이이 專젼젼 心신신 聽팅팅 念년년 ○ 네맛당히 專心

聽念ᄒᆞ고 毋우무 視스쏭 之즈즈 以이이 為위위 虛휴휴 文운문 ○ 보ᄲᅢ 文을아삼디 虛

말라 ㊕ ㊖ ㊊ 千천쳔 歲쉬쉬 ○ 千歲 ㊓ 父부뿌 老랖람 過고궈 前쳔젼 来레래

○ 父老ᄂᆞᆫ 나 아오라 我오어 說숴쉐 與유유 伱니니 聽팅팅 ○ 내닐러 게들리마네

㊊ 我오어 農눙눙 夫부부 不부붕 會회훼 唱챵챵 曲큐쿵 ○ 우리農夫ㅣ 唱曲을아디

못니 ᄒᆞ 等등등 我오어 唱챵창 一이잉 箇거거 山산산 歌거거 與유유 相샹샹 公

궁궁 聽팅팅 ○ 우리ᄒᆞᆫ山歌를불러相公 씌들리릶을기ᄃᆞ리쇼셔

(奎) 永용융 安안한 何허혀 在재째 ○ 永安아어 되잇ᄂᆞᆫ다 ㊍ 查차쨔 查차쨔 纔채째

聽 팅띵 呼 후후 雙 솽솽 字 ᄌᆞᄍᆞᆼ ◯ 查查히 ᄆᆞᄉᆞ 雙字 브ᄅᆞᆷ을 듯고 ○查 恐喳字 字音 鵲噪聲 唯

위윙 唯 위윙 連 련련 忙 망망 應 잉잉 一 이힝 聲 싱싱 ◯ 唯唯히 밧비 ᄒᆞᆫ 소리로 應ᄒᆞ논또다

覆 부뿡 相 샹샹 公 궁궁 有 우잉 何 허헝 使 ᄉᆞᄉᆞᆼ 令 링링 ◯ 相公ᄭᅴ ᄉᆞᆲ노니 므슴 使令이 잇

ᄂᆞ니잇고 ㊎ 永 융융 安 안한 我 오어 平 핑뼝 日 ᅀᅵᅀᅵᆼ 心 신신 中 즁즁 不 부뿡 曾 층쯩

思 ᄉᆞᄉᆞᆼ 慮 류류 ◯ 永安아 내 平日 心中에 일ᄶᅳᆨ 思慮티 아니ᄒᆞ니 所 소수 以 이이 無 우뭉 有

우잉 夢 몽몽 寐 미미 ◯ ᄡᅥ 夢寐ㅣ 업ᄉᆞᆫ 배러니 連 련련 夜 여여 心 신신 中 즁즁 不 부뿡

寧 닝닝 ◯ 連ᄒᆞ여 밤의 心中이 편티 못ᄒᆞ야 夢 몽몽 寐 미미 不 부뿡 吉 기깅 ◯ 夢寐ㅣ吉

티 아니ᄒᆞ니 不 부뿡 知 지징 有 우잉 甚 솜씸 麼 마마 事 ᄉᆞᄊᆞᆼ ◯ 아디 못게라 므슴 일이 이

실고 ㊍ 夜 여여 之 즈ᄌᆞᆼ 所 소수 夢 몽몽 卽 지징 晝 자쟝 之 즈ᄌᆞᆼ 所 소수 爲 위위 ◯

夜의 夢ᄒᆞᆫ 바ᄂᆞᆫ 곳 晝의 ᄒᆞᆫ 배니 官 권권 人 ᅀᅵᆫᅀᅵᆫ 思 ᄉᆞᄉᆞᆼ 量 량량 ◯ 官人은 思量ᄒᆞ쇼셔 平

핑뼝 日 ᅀᅵᅀᅵᆼ 有 우잉 何 허헝 事 ᄉᆞᄊᆞᆼ 便 변뼌 見 현현 ◯ 平日에 므슴 일이 이셔 곳 뵈더니잇

고 (奎)我오어無우무甚슴씸事스쏘 ○ 내아므란일이업스되只즈즈是스쏘日

싀씽前쳔쪈進진진箇거거本븐븐保반방擧규규施스쏘先션션生승숭 ○ 그저

日前에本을나와施先生을保擧ᄒᆞ엿더니每믜믜常창쨩早잔잠進진진本븐븐 ○ 미양

일本울나오면脫완완間견견出츄츄来레래旨즈즈意이이 ○ 늣게아旨ㅣ나오고意

脫완완進진진本븐븐明밍밍朝잔장早잔장旨즈즈意이이出츄츄来레래 ○

늣게야本을나오면明朝에일쪽旨意나오터니我오어這져져本븐븐進진진五우우日

싀씽不부봉出츄츙来레래了랸량 ○ 내이本이나완뎌五日이로되나오디아니ᄒᆞ다 (未)

官권권人신신正징징是스쏘這져져事스쏘了랸량 ○ 官人하졍히이일이로소이다

作조잡事스쏘當당당以이이公궁궁道단땅 ○ 일을홈애맛당히公道로ᄡᅥ홀써시어늘

保반방徐니니先션션生승숭這져져是스쏘私스ᄾᆞ意이히了랸량 ○ 네先生을

保홈이이私意로소이다(奎)徐니니豈키키知지징道단땅 ○ 네엇디알리오古구구人

신신內뉘뉘擧규규不부붕避비삐親친친 ○ 녜사ᄅᆞᆷ이안흐로擧홈애親을避티아니ᄒᆞ고

外왜왜擧규규不부붕避비삐仇쥐끵 ○ 밧그로擧홈애仇를避티아니ᄒᆞ나○本禮記儒行

篇語又左傳晉祁奚擧其子又薦其讐解狐 薦젼젼賢현혠爲위위國궈궈 ○ 賢을薦홈이나

라흘爲홈이오非븨븨是스쓰爲위위私스ᄉᆞ ○ 이私를爲홈이아니라 只즈즈看간간

這져져箇거거人신신當당당得더듷不부붕當당당 ○ 그저이사ᄅᆞᆷ이맛당ᄒᆞ며맛당

티아님을볼셔시니古구구人신신云윤윤 ○ 古人이니루되非븨븨親친친非븨븨故

구구何허허以이이識시싱其키끼才채째而ᅀᅳᆯᅀᆞ用융융之즈즈 ○ 親이아니며故

ㅣ아니면엇디뻐그지조를아라쓰리오ᄒᆞ니라○崔佑甫對唐德宗語 末 古구구人신신也여여

有우잉這져져等등등事스ᄊᆞ麽마마 ○ 녯사ᄅᆞᆷ도이런일이잇ᄂᆞ니잇가 奎 有우잉

之즈즈 ○ 잇ᄂᆞ니 唐당당李리리德더듷裕유유薦젼젼其키끼師스ᄉᆞ胡후흫

震진진 ○ 唐李德裕ㅣ그스승胡震을薦ᄒᆞ니○李德裕穆宗時人表薦其師曰前溧水尉胡震博通六

經華晧一志臣於震受業位列三公雖自君是씃스弟뗴디
恩亦由儒訓臣幸因家門舊事輒敢薦聞

子ᄌᆞ즈薦젼젼先션션生승싱○이ᄂᆞᆫ弟子ㅣ先生ᄋᆞᆯ薦홈이오程졍뎡明밍밍道됴도

薦젼젼伊이이川쳔쳔○程明道ㅣ伊川ᄋᆞᆯ薦ᄒᆞ시니是ᄊᆞ스薦젼젼其끼기弟뗴디

○이ᄂᆞᆫ그아ᄋᆞᆯ薦홈이오薦젼젼張쟝쟝橫ᅘᆈᆼ훵渠뀨큐○張橫渠ᄅᆞᆯ薦ᄒᆞ시니是ᄊᆞ스

他타타表뱧뱦叔슉슉○이ᄂᆞᆫ뎌의表叔이오○程顥字伯淳號明道ㅣ爲御史神宗嘗使推擇人才

薦數十人而以父表弟張載及弟頤居首頤字正叔號伊川載字子厚號橫渠祁끼기奚ᅘᅵ히擧규규

他타타兒ᅀᆞ올子ᄌᆞ즈○祁奚ᄂᆞᆫ뎌의兒子ᄅᆞᆯ擧ᄒᆞ고○祁奚晉人將請老晉侯問嗣對曰午也可

晉侯於是使祁午爲中軍尉呂류류蒙몽몽正졍정擧규규他타타姪찔지兒ᅀᆞ올○

呂蒙正은뎌의姪兒ᄅᆞᆯ擧ᄒᆞ되○宋眞宗封岱祀汾兩過洛陽皆幸呂蒙正第問曰卿諸子孰可用蒙正對曰

諸子皆不足用有姪夷簡任潁州推官宰相材也由是遂用之將大任之不果而崩太后知眞宗眷注遂擢居政

府自ᄍᆞ즈已기기不붕부以이이爲위위嫌현헌○自已ㅣ뎌의혐의ᄅᆞᆯ삼디아니ᄒᆞ며

當당당時씅스不붕부以이이為위위罪쮜쥐○當時에 罪를 삼디 아니ᄒᆞ며 後훟후
世씽시不붕부以이이為위위非뷩뷔○後世ㅣ 뻐 그름을 삼다 아니ᄒᆞ엿거든 況향황
于유유今긴긴聖싱싱明밍밍在쨰재上썅상○ᄒᆞ믈며 이제 聖明이 우희 겨시니 薦
젼젼進진진人신신才쨰재何허허嫌현현何허허疑이이○人才를 薦進ᄒᆞ옴애 엇디 嫌
ᄒᆞ며 엇디 疑ᄒᆞ리오 ㊟末 古구구者져져嫌현현疑이이必빙비假갸가卜붕부筮씽시
占젼젼之즈즈○다ᄂᆡ○嫌疑를 반ᄃᆞ시 卜筮를 비러 占ᄒᆞ니이 曲禮卜筮者先聖王之使民決嫌疑
㝎猶與也 ㊟奎 何허허處츄츄有잉우先션션生승승○어ᄂᆡ 곳에 先生이 잇ᄂᆞ뇨 你니니
請칭칭一이이箇거거来래래○네 ᄒᆞ나흘 請ᄒᆞ여오라 ㊟末 小샿샾人신신便뼌변
去큐큐○小人이 곳 가리이다 轉줜줜彎환완抹뭐모角갸교○구븨도라 모스서 這
져져裡리리便뼌변是씅스十씽시字쯔즈街계계頭틀투○예ᄂᆞᆫ 곳이 十字街頭ㅣ라
人인인號향한做주주張쟝쟝見견견鬼귀귀○사ᄅᆞᆷ이 블러 張見鬼라 ᄒᆞᄂᆞ니 先션션

生승숭有잉우請칭칭○先生아請홈이잇다ⓝ淨誰쒸쉬喚훤훤我어오○뉘날을부

르뇨ⓜ末我어오請칭칭你니니○내너를請ᄒᆞ노라ⓝ淨我어오不봉부見견견

你니니○내너를보디못ᄒᆞ리로다ⓜ末你니니眼연연不봉부瞎햐햐如유유何허허

不봉부見견견我어오○네눈이머디아니ᄒᆞ여시니엇디날을보디못ᄒᆞ리오ⓝ淨我어오

只즈즈見견견鬼귀귀不봉부見견견人인신○내그저귀신을보고사ᄅᆞᆷ을보디못ᄒᆞᄂᆞ

니是쏘스誰쒸쉬家갸갸○이뉘집고ⓜ末你니니會휘휘占젼젼卦과과却켜거

来래레問문운我어오○네占卦를알며또날ᄃᆞ려뭇ᄂᆞ냐卦說文筮也孔穎達曰卦之爲言掛○

也ⓝ淨等등등我어오擺배배籌쯓추兒ᅀᅳᆯ얼算쉰쉰一잉이算쉰쉰○내산을버

려혜아림을기ᄃᆞ리라我어오知징지道닿단了량랴○내알과라這져져箇거거人인신

인신家갸갸○이人家는是쏘스九깅구少샬샤了량랴四ᄉᆞ스是쏘스七칭치少

샬샤了량랴二ᅀᅵ을○이九에셔四ㅣ업고이七에셔二ㅣ업슴이오一잉이邊변변手싱수

掌장장指즈즈令긘긘年년년多도더一이흥季기기◯혼편손사각 오올히一季더이

홈이로다 ㊟末人신신說쉬쉬先션션生승승見견견鬼귀귀眞진진箇거거見견견

鬼귀귀◯사ᄅᆞᆷ이 닐오되 先生이 귀신를 본다 ᄒᆞ더니 진실로 귀신를 보ᄂᆞ다 請칭칭行힝힝

◯行홈을 請ᄒᆞ노라 占졈졈卦과과先션션生승승到단단了랴랴◯占卦ᄒᆞᄂᆞᆫ先生

이 왓ᄂᆞ이다 ㊟淨相샹샹公궁궁拜배배揖이흥◯相公아 拜揖ᄒᆞᄂᆞ이다 不부봉知

장자有읶우何허허事스스見견견命밍밍◯아디 못게라 므슴 일이 이셔 命ᄒᆞ실쇼 ㊟大全

古구구者저저卜부봉筮시씽所소수以이이決궈궈嫌현현疑이이◯녜 卜筮ᄂᆞᆫ

嫌疑를 결단ᄒᆞᄂᆞᆫ 배라 我오어心신신中중중有읶우些셔셔可거거疑이이之즈즈

事스스◯내 心中에 져기 可疑의 事ㅣ 잇ᄂᆞ니 久구강聞운문先션션生승승妙먀뱌於

유유易이임卦과과◯오래 先生의 易卦 妙타 ᄃᆞᆮ더니 請칭칭爲위위我오어一이흥

決궈궈之즈즈◯請컨대 날을 爲ᄒᆞ야 ᄒᆞᆫ 번 결단ᄒᆞ라 ㊟淨謹긘긘領링링命밍밍◯삼가

命을領ᄒᆞ리이다 相샹샹公궁궁休힣휘恠괘괘 ○ 相公은 허믈 마ᄅᆞ쇼셔 小샾샾人

신인禱닫닫告강갇 ○ 小人이 禱告ᄒᆞ리이다 日싱이吉깋기時씋스良량량天텬텬

地띠디開개개張쟝쟝 ○ 日吉時良天地開張 聖싱싱人신신作잨조易읶이幽힣유

贊잔잔神씬신明밍밍 ○ 聖人作易幽贊神明 ○ 伏羲畫卦 文王作大傳 周公作爻辭 孔子作十翼

焚뻔뿐香향향拜배배請칭칭張쟝쟝見견견鬼귀귀先션션生승승 ○ 焚香拜請

張見鬼先生 ㊟末 如슈슈何허허自쯔즈請칭칭徐니니 ○ 엇디 스스로 너를 請ᄒᆞᄂᆞ다

㊟淨 求낌끼人신신不붛부如슈슈求낌끼已기기 ○ 사ᄅᆞᆷ의게 求홈이 몸애 求홈만 ᄀᆞᆺ디

몯ᄒᆞ니라 東둥둥門믄믄教걒걒學햫효啞야야王왕왕先션션生승승 ○ 東門에 教

學ᄒᆞᄂᆞᆫ 벙어리 王先生 西시시門믄믄筭원원命밍밍聾룽룽張쟝쟝先션션生승승

○ 西門에 筭命ᄒᆞᄂᆞᆫ 귀먹은 張先生 南난난門믄믄看칸칸地띠디蹶꿔궈李리리先

션션生승승 ○ 南門에 看地ᄒᆞᄂᆞᆫ 저ᄂᆞᆫ 李先生 ○ 蹶當作瘸 四聲通解 手脚病也 扯븽버門믄믄

唱창창詞쏘스吃긩끼劉릴릭先션션生승승○壯門에唱詞ᄒᆞᄂᆞᆫ말구든劉先生 (末)

如슈슈何ᄲᅥ허都두두請칭칭這져져活ᅘᅪᇢ호人신신○엇디다이산사ᄅᆞᆷ을請ᄒᆞᄂᆞ뇨

(淨)我어오這져져遭잠잔至즈즈誠찡칭請칭칭了랴랴○내이번은至誠으로請ᄒᆞ노

라리謹긴긴焚뿐븐心신신香향향○삼가心香을픠워一힁이心신신拜배배請

칭칭○一心拜請ᄒᆞ노니道땋단香향향德득더香향향○道香德香無무우為위위

清칭칭淨찡징自쯔즈然연션香향향○無為清淨自然香鑾랑안糠강강香향향

乾간간淨찡징香향향○鑾糠香乾淨香虔껸견誠찡칭拜배배請칭칭○虔誠拜請

鬼귀귀谷구유先션션生승승邵쌰샤康캉강節졍저先션션生승승○鬼谷先生

邵康節先生○鬼谷姓王名詡晉平公時人隱居清溪之鬼谷因號焉在人間數百歲後不知所之善易學作百問篇康節姓邵名雍字堯夫范陽人覃思於易三年而學以大成宋元祐中賜謚康節作觀梅數孫순순

臏삔빈先션션生승승李리리淳쓘쓘風붕붕先션션生승승○孫臏先生李淳風先生

生○孫臏戰國時人善易學作探玄歌李淳風唐太宗時人能前知武后之亂作周易玄悟占燈法袁원원

天텬텬綱강강先션션生싱승陳친진希히히夷이이先션션生싱승○袁天綱先

生陳希夷先生○袁天綱成都人善風鑑無不奇中深於易理作太乙命訣陳希夷名摶字圖南宋太宗賜號

希夷好讀易善象學作紫薇數假가가爾슬슬卜부복龜귀귀有우유常창쌍○네卜龜ㅣ

有常홈을假ᄒᆞ노니○朱子曰龜歲久則靈故假之以驗其卦兆卜法以火灼龜為兆莫모막順슌쓘

人신신情칭졍莫모막順슌쓘人신신意이이○人情올順티말며人意를順티말아凶

흉흉則즉즉言연언凶흉흉吉길길則즉즉言연언吉길길○凶則言凶ᄒᆞ고吉則言吉

ᄒᆞ라重듕즁拆척쳑單단단○重拆單○卜筮全書擲錢三文一背曰必陰為拆一二背曰必陽為

單一純背曰老陰為重口純字曰老陽為交乂惟老陽老陰動而變餘不變單單單曰三乾拆拆拆曰三坤單

拆單曰三離拆單拆曰三坎餘卦倣此內뉘뉘卦과과得더득艮근근○內卦에艮을어더시

니再재재求구낑外외왜卦과과○다시外卦를求ᄒᆞ자○先三畫為內卦後三畫為外卦

畫自下而上故重拆單凶(흉흉)則(저즉)言(연연)凶(흉흉)吉(기길)則(저즉)

則單居上☰為艮卦

言(연연)吉(기길)○凶則言凶ᄒᆞ고吉則言吉ᄒᆞ라 單(단단)單(단단)單(단단)○單單單 外

卦(과괘)得(더득)乾(건건)○外卦에乾을어드니 先(선선)凶(흉흉)後(후후)吉(기길)○

先凶後吉이로다 ㊟得(더득)箇(거거)甚(심슴)卦(과괘)○므슴卦를어덧ᄂᆞ뇨 ㊟是(스시)

天(텬텬)山(산산)遯(둔둔)卦(과괘)○天山遯卦ㅣ니 第(뎨디)一(이일)爻(햫효)動(둥동)

○第一爻ㅣ動ᄒᆞ여 變(변변)作(조작)天(텬텬)火(호휘)同(둥동)人(신신)○天火同人이變ᄒᆞ여

人이되엿ᄂᆞ니 先(선선)號(할향)咷(랖땅)而(을슬)後(후흥)笑(샾샽)○몬져는울고後에는

우ᄉᆞᆷ을니 ○易 同人之九五爻辭 此(ᄎᆞ츠)卦(과과)先(선션)凶(흉흉)後(후흥)吉(기공)○卦이

先凶後吉이로다 ㊟畢(비빙)竟(깅깅)是(스쓰)如(슈슈)何(허쒀)○畢竟은엇더ᄒᆞ뇨 ㊟

遯(둔뜬)者(저저)逃(랖땅)遯(둔뜬)之(즈즈)意(이이)○遯은逃遯ᄒᆞᄂᆞᆫ뜻이니 退(튀튀)遯(둔뜬)

以(이이)同(퉁뚱)衆(중중)人(신신)可(거거)也(여여)○退遯ᄒᆞ여衆人과ᄒᆞᆫ가지로홈이可ᄒᆞ

니이다 (奎)易잉이為위위君균균子ᄌᆞ즈謀믕무○易이君子ᄅᆞᆯ為ᄒᆞ여謀ᄒᆞ고不
붕부為위위小샾샤人신신謀믕무○小人을為ᄒᆞ여謀티아니ᄒᆞ엿ᄂᆞ니如슈슈先션션
生승승言연연則즹저是쓰스易잉이為위위小샾샤人신신謀믕무矣이이○
先生의말ᄀᆞᆺᄒᆞ면이는易이小人을為ᄒᆞ여謀ᄒᆞᆷ이라卦과과意ᄋᆡ이盖개개欲융유我어오
退튀튀遯뚠둔以이이俟쓰스命밍밍耳ᅀᅳᆯ○卦意ㅣ대개날로退遯ᄒᆞ여ᄲᅧ命을기ᄃᆞ
리고터홈이로다 (凈)相샹샹公궁궁之즈즈見견견高갚간出츄츄衆중중人신신
○相公의소견이놉히衆人에나니斷뒨뒨之즈즈以이이心신신可커거矣이이○
ᄆᆞᄋᆞᆷ으로ᄲᅧ斷홈이可ᄒᆞᆯ디라小샾샤人신신辭쓰츠相샹샹公궁궁去큐큐○小人이相
公ᄭᅴ하딕고가ᄂᆞ이다四ᄉᆞ스海해해共궁궁知징지龜귀귀筮씨시妙뱦먀○四海
ㅣ다龜筮ㅣ妙홈을아니ㅣ九귬구原원원堪칸칸歎탄탄鶴헣허書슈슈遲찌치○九霄
에鶴書ㅣ더딤을歎ᄒᆞ염즉ᄒᆞ도다○本唐韓偓贈易卜崔江詩ㅣ九原作九霄此恐傳寫之誤蕭子良古今篆

隷文體有鶴頭書詔板所用 ㊎今긴긴日이잉所소수占젼젼得더득箇거거遯둔뚠

卦과과 ○ 오늘占흔배卦롤어드니遯 同퉁뚱人신신卦과과第디떼一이힝爻햐향

動둥뚱 ○ 同人卦는第一爻ㅣ動홈이라 先션션號할향咷랄땅而슬슬后후흫笑샤샿

○ 몬져울고后에우으리라ᄒ니 蓋개개凶흉흉在재쨰前젼쪈吉기긩在재쨰後후흫

○ 대개凶은앏희잇고吉은後에이실ㅆ라 奇기끼禍호홯旦잔쨩夕시씽將쟝쨩至즈즣

○ 奇禍ㅣ朝夕에쟝ᄎ니를이니 你니니出츄츓外왜왜面면면去큐큐打다다聽팅팅

回휘휑報반밠 ○ 네밧씌나가둣보와도라와보ᄒ라

㊍五우우鳳봉뽕樓루릏頭투뜰日시싱色서싱輝휘휘 ○ 五鳳樓頭에日色이빗나니

見고 ○ 五鳳樓第二篇 東둥둥華화홯門믄믄外왜왜軟원원塵친쪈飛븨븨 ○ 東華

門外에軟塵이ᄂ는다 ○ 楓窓小牘汴京宮闕本五代周舊都宋因之建隆三年廣皇城命有司畫洛陽宮

殿按圖修之東門曰東華百官出入之門前葦戲筆云西湖風月不如東華門外軟紅塵 忽후흫看간깐

一잏이使ᄉᆞ스雲윤윤中즁즁下햐하○믄득보니一使ㅣ雲中으로ᄂᆞ려와傳뎐뎐道

당단官권권家갸가有읻우指즈즈揮휘휘○官家ㅣ指揮잇다텬ᄒᆞ여니르ᄂᆞᆫ任다○官家

三見篇第覆부부相샹샹公궁궁得듸더知징지○相公ᄭᅴ숟와아ᄅᆞ시게ᄒᆞᄂᆞ이다令

긴긴[illegible]씽시早잔잔間견견旨즈즈意이이下햐하○오ᄂᆞᆯ일쯕이旨意ㅣᄂᆞ리되諫

견견議이이大따다夫부부伍우우某무무○諫議大夫伍某ㅣ薦젼젼擧규규不

부부以이이公궁궁○薦擧ᄅᆞᆯ公으로ᄡᅥ아니ᄒᆞ니難난난居규규諍증증臣찐친之

즈즈職징지○諍臣의職에居ᄒᆞ기어려온디라責직저降강강府부부州쥬자團뒨퇸

練련련使ᄉᆞ스○府州團練使에責降ᄒᆞ여○府州在延安府治南唐職林乾元初置團練使皆隷所

治州宋沿唐制置諸州團練使守슈슈備ᄈᆡ비神씬신木몽무寨째재○神木寨ᄅᆞᆯ守備케ᄒᆞ

ᄂᆞ니○廣輿記神木寨隷延安府漢五原河西地唐新秦宋神木命밍밍下햐하卽징지行힝힝

○命이ᄂᆞ림애곳行ᄒᆞ고不부부許휴휴辭쓰ᄎᆞ謝써셔○辭謝ᄒᆞ믈許티말라ᄒᆞᄂᆞ이다

(奎)此츠츠是쓰스微뮈위臣찐친之즈즈罪쮜쥐 ○ 이는 이 微臣의 罪ㅣ라 聖싱싱

恩흔은寬퀀퀀大따다不붕부蒙뭉뭉顯현현誅쥬쥬 ○ 聖恩이 寬大ᄒᆞ샤 顯誅를 닙히

디 아니ᄒᆞ시고 尚썅상畀비비以이이邊변변防빵방之즈즈任신신 ○ 오히려 邊防의

任으로ᄡᅥ 맛디시니 萬완완歲쉬쉬萬완완歲쉬쉬萬완완萬완완歲쉬쉬 ○ 萬歲萬歲

萬萬歲 伍우우倫룬룬全쮠췬伱니니粉븐븐身신신碎쉬쉬骨궁구 ○ 伍倫全이

네 粉身碎骨ᄒᆞ나 何허허以이이仰양양答다다朝쨔챠廷띵팅厚흫후恩흔은 ○

엇디ᄡᅥ 朝廷厚恩올 仰答ᄒᆞ료 (末)覆봉부官권권人신신 ○ 官人씌 [illegible] 收싱식拾씽시

行힝힝李리리卽징지便뼌변登등등程찡칭 ○ 行李를 收拾ᄒᆞ야 곳 登程ᄒᆞ쇼셔 ○ 行李

見第二篇 (奎)有일익甚씸슴行힝힝李리리 ○ 므슴 行李ㅣ 이시리오 一힝이箇거거鋪푸푸

蓋개개 ○ ᄒᆞᆫ 鋪蓋와 一힝이張쟝쟝琴낀긴 ○ ᄒᆞᆫ 張 거믄고와 一힝이把바바劍견견

○ ᄒᆞᆫ 조ᄅᆞ 칼과 幾기기本븐븐書슈슈 ○ 현 本 글이니 伱니니便뼌변挑탕탄

去큐큐罷빠바○네곳메여감이무던ᄒᆞ다○按今本此句無挑字依古本書

㊍官권권人신신幾기기年년년在째재朝쨯챂中중중享향향用융용富부부

貴귀귀○官人이몃ᄒᆡ를朝中에富貴를享用ᄒᆞ더니이今긴긴日싀싀途뚜두路루루

這져져般번번辛신신苦쿠쿠○오ᄂᆞᆯ途路에이辛苦ᄒᆞ니眞진진是쓰스一잉이

場쨩챵春츈츈夢뭉뭉○진짓이一場春夢이로소이다

㊎永융융安한안你니니也여여曉햪햪得듸더故구구事쓰스麼마마○永安

아너도故事를아ᄂᆞᆫ다唐땅당高강갇宗중중朝쨯챂久깅각無무우人신신言연연

事쓰스○唐高宗朝에오래사ᄅᆞᆷ이言事ᄒᆞ리업더니李리리善썬선感간간進진진一

잉이箇거거諫견견章쟝쟝○李善感이ᄒᆞᆫ諫章을나오니○唐史褚遂良韓瑗之死中外以言爲

諱無敢逆意直諫幾二十年李善感爲監察御史裡行始極諫天下皆喜謂鳳鳴朝陽時쓰스人신신

號햫한他다다做주주朝쨯챂陽양양鳴밍밍鳳뽕봉○時人이뎌를號ᄒᆞ여朝陽鳴鳳

이라ᄒᆞ니라○朝陽鳴鳳本詩卷阿章語 (末)却켱켜不붕부是ᄊᆞᄉᆞ這져져等등등○이또

검이아니라 官권권人신신薦젼젼擧규규其끼키師ᄉᆞ스有잉우甚씸슴罪쮜쥐

過궈고○官人이그ᄉᆞ승을薦擧홈이므슴罪過ㅣ이시리오 只즈즈爲위위前쪈쳔日싱시

上썅샹那나나諫견견章쟝쟝觸쵸추忤우우權꿘권奸견견○그저前日에뎌諫章

을올려權奸을觸忤ᄒᆞ니 所수소以이이他타타假갸갸這져져箇거거事ᄉᆞ스来래레

奈내내何허허你니니○이러므로뎨이일을비러너를보챔이니이다 (奎)豈키키不붕부

知징지道땋닫○엇디아디못ᄒᆞ리오 正징징是ᄉᆞ스人신신臣찐친之즈즈道땋닫

○正히人臣의道ㅣ 反반반躬궁궁自ᄍᆞᄌᆞ責쯩저不붕부敢간간歸귀귀咎낌구

於휴유上썅샹○反躬自責ᄒᆞ고敢히上에歸咎티못ᄒᆞᄂᆞ니라 (末)那나나裡리리關권권

官권권裡리리事ᄉᆞ스○어듸황뎨ᄭᅴ관섭ᄒᆞᆫ일이리오 都두두是ᄉᆞ스那나나小샹샤

人신신每믜믜做주주出츄츄来래레○다뎌小人들의지어냄이라 這져져等등등

嫉지찡賢현현妬두두能능능塞서승言연연路루루固구구寵충충位위위的
디딩○이런嫉賢妬能ᄒᆞ며言路를塞ᄒᆞ며寵位를固ᄒᆞᄂᆞᆫ이從충쭝古구구看간간来레래
○뎌붓더보니這져져等등등的디딩千쳔쳔載재재織위위青칭칭史스슷萬
완완世시싱留루륭罵마마名밍밍○이런이千載예青史를더러이고萬世예罵名을머므로
니이다○青史吳祐傳殺青簡盖以火炙竹簡令汗寫史不蠹㊟伱니니休힉항說쉬숴○네니
ᄅᆞ디말라日ᅀᅵᆼ色ᄉᆡ싱将쟝쟝脫완완我오어走주증倦권권了랴랼○日色이장
ᄎᆞᆺᄂᆞ젓고내가기ᄌᆞ부니看간간那나나村츈춘庄좡좡裡리리歇혀혐一이ᄋᆡᆼ歇혀혐
○보라어너村庄에셔쉬리오㊟兀우우的디딩柳랴륭林린린裡리리有우잉幾
기기箇거거人인신家갸갸○뎌柳林에여러人家ㅣ잇ᄂᆞ이다開개개門믄믄開개개
門믄믄○門門을열라門을열라不부봉開개개不부봉開개개○여디아니ᄒᆞᆫ다여디아니
ᄒᆞᆫ다借져져歇혀혐一이ᄋᆡᆼ歇혀혐○비러쉬쟈人신신来레래投투뚱主쥬쥬鳥

난놓 来레래 投투뜰 林린린 ○ 사ᄅᆞᆷ이 오면 쥬인의게 들고 새 오면 수플에 드ᄂᆞ니라 丑 朋

픙뻥 友우임 何허햐 往왕왕 ○ 벗아 어듸 가ᄂᆞ다 奎 往왕왕 府부부 州작짐 神신씬

木무릉 寨재재 ○ 府州ㅣ 神木寨예 가노라 丑 那나나 裡리리 非비븨 人신신 所소수

居규규 ○ 뎌ᄂᆞᆫ 사ᄅᆞᆷ의 居홀 배 아니니라 奎 奉봉뽕 命밍밍 守식싱 備비삐 ○ 命을 밧드

러守備ᄒᆞ노라 丑 伱니니 們믄믄 尚샹썅 認신인 得더듸 小샨샹 人신인 麼마마 ○

너희들이 오히려 小人을 알아보ᄂᆞ냐 奎 我오어 忘왕망 了랴략 伱니니 ○ 내 너를 니젓노라

丑 小샤샹 人신신 是스쓰 張쟝쟝 打다다 油우잉 ○ 小人은 이 張打油ㅣ로라 奎 故

구구 人신인 拜배배 揖이힘 ○ 故人아 拜揖ᄒᆞ노라 丑 久구긱 聞운문 賢현현 友우임

○ 오래 드르니 賢友ㅣ 平핑뻥 明밍밍 登등등 紫즈쯔 閣거거 日시싀 晏연연 下햐햐

形퉁뚱 闈위위 ○ 平明에 紫閣에 오로고 日晏에 形闈예 ᄂᆞ린다 ᄒᆞ더니 ○ 詩學大成註 早登紫宸殿

閤晩出形闈之 門形闈宮門也 今긴긴 日시싕 如슈슈 何허햐 到닫당 此츠츠 ○ 오ᄂᆞᆯ 엇디

이예니르럿ᄂᆞ뇨 (奎)為위위進진진本본븐薦젼젼先션션生ᄉᆼ승 ○ 本을나와先生
을薦홈을為ᄒᆞ여朝찬짱廷팅띵寬퀀퀀恩은흔 ○ 朝廷이寬恩ᄒᆞ샤不부붕加갸갸
誅쥬쥬戮루륭責저징降강걍邊변변城칭찡 ○ 誅戮을加티아니ᄒᆞ고邊城에責降ᄒᆞ니
라 (丑)必비빙不부붕為위위此ᄎᆞᄎᆞ ○ 반ᄃᆞ시이를為홈이아니로다自ᄌᆞᄌᆞ古구구
以이이來레래薦젼젼賢현현為위위國귀귕 ○ 녜로부터ᄡᅥ옴으로賢을薦홈이나라홀
為홈이니但단딴問운문其기끼人신신賢현현不부붕賢현현 ○ 다믄그사ᄅᆞᆷ의賢不
賢을므를ᄯᅵ니若요샤賢현현雖쉬쉬親친친何허허害해해 ○ 만일어딜면비록親이나
엇디害로오며若요샤是스ᄊᆞ不부붕賢현현 ○ 만일어디디못ᄒᆞ면雖쉬쉬無우무私스ᄉᆞ
스ᄉᆞᆷ亦이잉是스ᄊᆞ有우잉私스ᄉᆞ ○ 비록私ㅣ업스나또ᄒᆞᆫ이私ㅣ이심이라聖싱싱明
밍밍在재째上샹썅 ○ 聖明이우희겨시니决궤궝不부붕以이이此ᄎᆞᄎᆞ罪쥐쮜人
신신 ○ 결단코일로ᄡᅥ사ᄅᆞᆷ을罪티아니리니伱니니念년녠本븐븐與유유我어오聽

팅팅◯네本을念ᄒᆞ야내게들리라 ㊟諫견견議이이大다따夫부부臣친찐伍우우

倫륜룬全쳔쮠◯諫議大夫臣伍倫全은謹긴긴奏주즁爲위위薦젼젼擧규규事

ᄉᆞ슷◯謹奏爲薦擧事ㅣ라臣친찐聞운믄◯臣은드르니薦젼젼賢현쪈受수쓩上

샹샹賞샹샹蔽비비賢현쪈蒙뭉뭉顯현현戮루륭◯賢을薦홈애上賞을받고賢을蔽홈

애顯戮을납음이古구구之즈즈道도똫也여여◯녯道ㅣ라ᄒᆞ니◯漢武詔擧孝廉語伏

부뿡見견견草찬창澤저쪄處츄츄士ᄉᆞ슷施스싀善션션敎갸갸◯업ᄯᅧ여보니草

澤處士施善敎는◯字彙士之未仕曰處士三經깅깅傳젼쮠師스ᄉᆞ敎갸갸學효햫有우잉

本븐븐源원원◯經傳師敎ㅣ오學이本源이이시니誠칭찡聖싱싱世시싱之즈즈逸

이잉民민민◯진실로聖世의逸民이오丘콱킹園원원之즈즈高간강蹈단똥◯丘園

의高蹈ㅣ라久각깅處츄츄閭류류閻연연不부붕求콱낑聞운믄達다땅◯오래

閭閻에處ᄒᆞ여聞達을求티아니ᄒᆞᄂᆞ니若요샹加가갸擢조짭用융융以이이表뱌뱦式

싱시 多도더 士스쑹 ○만일 擢用홈을 더ᄒᆞ여 뻐 多士에 表式ᄒᆞ면 必비빙 能능능 敎갸걓

育유융 賢현쪈 才채째 以이이 資즈즈 國귀궉 家갸갸 之즈즈 用용용 ○반ᄃᆞ시 能

히 賢才을 敎育ᄒᆞ야 뻐 國家의 用을 資홀ᄯᆡ라 臣친쪈 忝텬텬 居규규 言연연 路루루 ○臣이

言路에 忝居ᄒᆞ니 薦젼젼 賢현쪈 為위위 國귀궉 不부붕 敢간간 有우잉 私스숭 ○

賢을 薦홈은 國을 為홈이오 敢히 私ㅣ 잇ᄃᆡ 아니ᄒᆞᆫ디라 萬완완 一이잉 不부붕 如슈슈 所소수

舉규규 ○萬一 舉ᄒᆞᆫ바와 ᄀᆞᆺ디 못ᄒᆞ면 甘간간 當당당 連련련 坐조쮜 之즈즈 罪쥐쮜

○連坐의 罪를 甘當ᄒᆞ리이다 謹긴긴 具규규 奏주즘 聞운믄 伏부뽕 候후흫 勅치칭

旨즈즈 ○謹具奏聞ᄒᆞ야 伏候勅旨ᄒᆞᄂᆞ이다 (丑) 據규규 此츠츠 奏주즘 亦이잉 無우뭉

甚슴씸 罪쥐쮜 ○이 奏를 據홈애 ᄯᅩ 甚ᄒᆞᆫ 罪 업스니 我오어 說쉬쉉 必비빙 有우잉

緣연연 故구구 ○내 니ᄅᆞ되 반ᄃᆞ시 緣故ㅣ 잇다ᄒᆞᄂᆞ니 賢현쪈 友우잉 曾층쯩 別벼뼝

進진진 章장쟝 疏수수 否부붕 ○賢友ㅣ 일쯕 別로 章疏를 나왓ᄂᆞᆫ가 아녓ᄂᆞᆫ가 (大全) 曾층쯩

進진진○일쯕나왓노라㊀你니니那나나章쟝쟝疏수수中중중說숴쉉的디딩

○네뎌章疏中에니롬이必비빙有우임觸추춍忤우우權퀀퀀奸견견的디딩話

화화○반ᄃᆞ시權奸을觸忤ᄒᆞᆫ말이잇도다㊄不부붕免면면有우임此ᄎᆞᄎᆞ言연연語

유유○이말이심을免티못ᄒᆞ여라㊀朋풍뿡友우임內뉘뉘中중즁必비빙有우임

主쥬쥬使스ᄉᆞ的디딩人신신○朋友야안히반ᄃᆞ시主使ᄒᆞᆫ사ᄅᆞᆷ이잇도다

㊀我오어見견견老랖랗兄흉흉如슈슈此ᄎᆞᄎᆞ說숴쉉○내老兄의이러ᄐᆞᆺ니ᄅᆞᆷ을

보니看칸칸起키키來레래○보아ᄒᆞ니人신신生승숭一이힝世시싱○人生一世

에徒투ᄯᅮ然션션老랖랗死ᄉᆞᄉᆞ草찬참木무뭉之즈즈間견견○쇽졀업시草木

ᄉᆞ이에늙어죽으면何허허異이이蟲충쭝蟻이이○엇디蟲蟻과다ᄅᆞ리오我오어本

본븐書슈슈已이이廢비빙久각깅矣이이○내本書를임의廢ᄒᆞ연디오란디라文운운

科쿼쿼決견곈不부붕能능능成칭찡○文科를결단코능히일오디못ᄒᆞ리니且쳐쳐

往왕왕邊변변上쌍샹投뚷투軍균균 ○ 아직 邊上에 가 投軍ᄒᆞ여 得득더一힁이箇
거거官권권做주주 ○ ᄒᆞᆫ 벼슬을 어더 홈 以이이盡찐진吾우우君균균臣찐친之
즁즈義이이 ○ ᄡᅥ 나의 君臣의 義를 다ᄒᆞ리라 (奎)君균균子즁즈之즁즈仕쑹스也여여
行행힝其끼기義이이也여여 ○ 君子의 仕홈은 그 義를 行홈이라 君균균臣찐친之
즁즈義아이無무우所수소逃땅랃於유유天텬텬地띠디 ○ 君臣의 義ᄂᆞᆫ 天地에 逃홀
배 업스니 ○ 本 論語 你니니能능능如유유此츳츠時쑹스不봉부可거커失싱시 ○
네 能히 이러ᄐᆞᆺ ᄒᆞ면 時롤 가히 일티 아닐셰시니라 (丑)但딴단是쑹스一힁이件껸견 ○ 다ᄆᆞᆫ
ᄒᆞᆫ 가지ᄂᆞᆫ 我어오家갸갸有웁우三산산喪상상 ○ 내 집의 三喪이 이셔 在째재淺쳔쳔
土투투十씹시年년년不봉부能능능擧규규 ○ 淺土에 이션디 十年이로되 能히 擧티 못
ᄒᆞ니 所수소以이이不봉부能능능便뺸변行힝힝 ○ 이러모로 能히 곳 行티 못ᄒᆞ노라
(奎)老랑랃兄훙훙量량량用융융多도더少샹샾盤뻔편費비비 ○ 老兄아 혜아리

권대언마盤費를쓰리오○質問云盤費纏繳供給之物如供給服食應用金銀財帛之類取義源流未詳

(丑)用융융鈔찬참七치칭百버빙貫권권文운몬○鈔七百貫文을쓰리로다

(奎)永융융安안한係니니筭쉰원着죠쟝○永安아비혜라隨취쮜身신신有우임多도더

少샤샿盤편뻔纏쳔쪈○몸에조촌거시언머盤纏이잇ᄂᆞ뇨

(末)前쳔쪈日이잉賣매매馬마마得더듸鈔찬참三산산百버빙貫권권○前日에물을ᄑᆞᆯ아鈔三百貫을어덧더니

沿연연途투뚜使스ᄉᆞ了랴럏一이힝百버빙五우우十시씽貫권권文운몬○沿途에一百五十貫文을쓰고尚샹썅餘유유得더듸一이힝半번번○오히려一半이남엇ᄂᆞ이다

(奎)此츠ᄎᆞ去큐큐神신씬木무뭉寨재째幾기기日이잉路루루程칭찡○예셔神木寨가기몃날길고

(丑)十시씽日이잉路루루程칭찡○열흘길히니이다

(奎)十시씽日이잉路루루程칭찡約요햫用융융五우우十시씽貫권권○열흘길히계요五十貫을ᄡᅳᆯ써시니除츄쮸下햐햐一이힝百버빙與유유這져져老랖랑兄

훙훙 ◯ 一百을더러이老兄을주라 ㊀ 賢현현友잉우今긴긴日싕이謫찡지降걍걍

邊변변 ◯ 職찡지 ◯ 賢友ㅣ오ᄂᆞᆯ邊職에謫降ᄒᆞ니 比비비那나나在째재朝쨯챠日싕이

不붕부同뚱퉁 ◯ 뎌在朝ᄒᆞᆫ발에比권대뭇디아니ᄒᆞᆫ디라 小샿샤人인인不붕부敢간간

受씽식 ◯ 小人이敢히밧디뭇ᄒᆞ리로다 (奎) 看간간來래레這져져一힝이百빙버貫

권권鈔챵찬也여여了량랴不붕부得딍더老랑랖兄훙훙的딍디大따다事쓰스

◯ 보아ᄒᆞ니이一百貫鈔도老兄의大事를뭇디욋ᄒᆞᆯ써시니 永융융安한안將쟝쟝出츙츄

我어오寶밯반劒견견來래레 ◯ 永安아내寶劒을가져내여와 贈쯩증與유유老랑랖

兄훙훙 ◯ 老兄을주라 (末) 不붕부肯큰큰 ◯ 즐겨아니ᄒᆞ노이다 這져져劒견견是

쓰스春츈츈秋칭착時쓰스呉우우王왕왕所수소用융융的딍디 ◯ 이칼은이春秋

ᄣᆡ呉王의ᄡᅳ뎐배라 名밍밍喚훤훤鐲죵주鏤류류價갸갸值찡지百빙버金긴긴 ◯

일홈을鐲鏤ㅣ라브르고갑시百金이ᄡᆞ니 ○ 史記呉王賜子胥鐲鏤之劒曰子以此死值直字之誤當也

官권권人신신平핑뼝日시싀最쥐쥐愛애해的디딍㊀官人이平日에ᄀ장ᄉ랑ᄒ던

거시오 況황황今긴긴去큐큐邊변변城칭찡正징징要얀햠他타타用융융○

ᄒ믈며이제邊城에가니졍히뎌를ᄡ려ᄒᆯ때라 這져져劒견견豈기기可거거與유유人

신인○이갈을엇디可히사름을주리잇고(奎)取츄츄將쟝쟝來레래○가져오라 此츠츠

劒견견値지찡百버븽金긴긴○이갈이百金이ᄡ니 老랖랑兄흉흉轉줜줜賣매매

與유유人신신則저즹三산산喪상상事스쏘可거거擧규규矣이이○老兄이轉

賣ᄒ여사름을주면三喪事를可히擧ᄒᆯ꺼니 喪상상事스쏘畢비빙卽지징赴부부功궁궁

名밍밍之즈즈會휘훠○喪事를못거든곳名의會에赴ᄒ라 功時스쏘不부붕可거거

失식싱○時를可히일티아닐꺼시니라(丑)賢현현友우잉請청칭上샹썅○賢友는請

권대올으라 小샾샹人신신拜배배謝셔써○小人이拜謝ᄒ오리라(奎)朋픙뿡友우잉

有우잉通퉁퉁財채째之즈즈義이이㊀朋友ㅣ通財ᄒ는義ㅣ이시니 老랖랑兄흉흉

何혀허謝쎠셔之즈즈有잎우◯老兄이므슴謝ᄒᆞ시리오㊏小샿샨人신신見

견견世싱시上샹샹人신신相샹샹交걍갸朋뿡픙友잎우◯小人이보니世上사ᄅᆞᆷ의

서ᄅᆞ사괴ᄂᆞᆫ벗이平삥핑日싱시無무우事쑹스時쑹스◯平日無事時예杯비비酒

쥐쥥交걍갸歡훤훤◯杯酒로서ᄅᆞ즐기며早짱잔脫뙨완相샹샹追쥐쥐逐쭝주◯

早晩에서ᄅᆞ追逐ᄒᆞ여指즈즈天텬텬說숴쉬誓씽시◯하ᄂᆞᆯ을ᄀᆞᄅᆞ쳐밍셰를닐러더生

승승死숭스不봉부相샹샹忘망왕◯生死에서ᄅᆞ닛디아니리라ᄒᆞ다가一횡이朝쟣쟌

臨린린利리리害해해◯一朝에利害ᄅᆞᆯ臨ᄒᆞ여ᄂᆞᆫ轉줜줜眼연연便뺜변不봉부相

샹샹識싱시◯눈을두로혀곳서ᄅᆞ아디못ᄒᆞ며那나나有잎우錢쪈쳔的딩디◯돈더

둔이ᄂᆞᆫ十씽시箇거거九깅구箇거거慳껸견吝린린◯열히아홉이慳吝ᄒᆞ여一

이횡箇거거錢쪈쳔便뺜변做주주十씽시箇거거使숭스◯ᄒᆞᆫ낫돈을곳열낫취지어

쓰려ᄒᆞᄂᆞ니當당당其끼기有잎우事쑹스請칭칭求낑쿠◯그일이이셔請求홈애當

ᄒᆞ여ᄂᆞᆫ 反반반 被삐븨 人신신 哄훙홍 嚇햐햐 ○ 도로혀사ᄅᆞᄆᆡ속여저힘을닙어 雖
쉬쉬 是쏭스 千쳔쳔 百븽버 兩량량 ○ 비록千百兩이라도 也여여 捨셔셔 得듷더 略
략략 不봉부 愛해애 惜싱시 ○ 또ᄇᆞ려져기도愛惜디아니ᄒᆞ다가 及끙기 至즹즈 周짱쥬
人신신 困쿤쿤 乏빵바 濟지지 人신신 急깅기 難난난 時쏭스 ○ 밋사ᄅᆞᄆᆡ困乏ᄋᆞᆯ周
ᄒᆞ며사ᄅᆞᄆᆡ急難을濟ᄒᆞᆷ애니르러ᄂᆞᆫ 一힝이 文ᄆᆞᆫ운 也여여 不봉부 捨셔셔 ○ 一文도ᄇᆞ
리디아니ᄒᆞᄂᆞ니 這져져 等등등 人신신 ○ 이런사ᄅᆞᆷ은 真잔진 箇거거 是쏭스 守
싱삭 錢쪈쳔 奴누누 ○ 진실로이守錢奴ㅣ라 ○守錢奴見第二篇 死ᄉᆞ스 到답도 頭뚷투
時쏭스 ○ 죽을ᄯᆡ예다ᄃᆞ라ᄂᆞᆫ 一힝이 文ᄆᆞᆫ운 也여여 帶대대 不봉부 去큐큐 ○ 一文
도가져가디못ᄒᆞᄂᆞ니 求낗쿠 如슈슈 賢현현 友잉우 者져져 ○ 賢友ᄀᆞᆺᄒᆞᆫ이ᄅᆞᆯ求ᄒᆞᆯ션대
世시시 間견견 真진진 箇거거 罕한한 有잉우 ○ 世間에진실로ᄃᆞ므니 所수소 謂
위위 施ᄉᆞ스 恩ᄒᆞᆫ은 於휴유 不봉부 報밯봐 之즈즈 地디디 ○ 닐온밧은혜ᄅᆞᆯ갑디못ᄒᆞᆯ

(…)히 비플며 ○本柳宗元寄許孟容書中語而小異 無(무) 所(소) 爲(위) 而(ᄉᆞᆯ) 爲(위) 者

(져) 也(여) ◯ 爲ᄒᆞᆯ빼업시ᄒᆞᄂᆞᆫ者ㅣ니 ○胡致堂論豫讓語 非(뵈) 但(단) 生(ᄉᆞᆼ) 人(신)

感(간) 恩(은) ◯ 生人이感恩ᄒᆞᆯ섇아니라 死(ᄉᆞ) 者(져) 亦(이) 當(당) 感(간) 恩

(은) 於(유) 地(디) 下(하) ◯ 死者ㅣ 또ᄒᆞᆫ 맛당히 地下의셔 感恩ᄒᆞ리라 [illegible]

伍(우) 倫(륜) 全(쳔) 備(비) 諺(연) 解(계) 卷(권) 五(우)

伍倫全備諺解 卷六

伍우우倫륜륜全쳔쮠備비삐諺연연解계계卷권권六라룽

杳 自즈쯔從충쭝夫부부君균균別벼뼝後후훟 ○ 夫君別後로브터 杳얀햫無

우무音인힌信신산 ○ 이묘연히音信업더니 昨조쨩日이잉有우잉人인언從충쭝

都듀두下햐뺘來레래 ○ 어제사ᄅᆞᆷ이이셔 都下로조차와 說쉬쉉道댜땋他타타謫

저쥥宦환환府부부州작쥥 ○ 니ᄅᆞ되府州에 謫宦ᄒᆞ야 守삭싱備비삐神신씬木

무뭉寨재쨰 ○ 神木寨ᄅᆞᆯ守 備ᄒᆞ다ᄒᆞ니 不부붕知지징他타타因인힌甚슴씸事스쏭

○ 아디몯게라뎌므ᄉᆞᆷ 일을因ᄒᆞ엿ᄂᆞᆫ디 想샹샹來레래只즈즁是스쏭以이이言연연

得더듷罪쥐쮜 ○ ᄉᆡᆼ각ᄒᆞ니그저말로 ᄡᅥ罪ᄅᆞᆯ어덧도다 若요얗是스쏭因인힌言연연

得더듷罪쥐쮜 ○ 만일말을因ᄒᆞ여 罪ᄅᆞᆯ어더시면 奴누누家갸갸嫁갸갸得더듷這

져져等등등丈장쨩夫부부 ○ 奴家ㅣ이런丈夫 ᄅᆞᆯ嫁ᄒᆞ여시니 一이잉世시싱兒ᅀᅳᆯᅀᅳᆼ

心신신願원원足주중矣이이 ○ 一世예心願 이足ᄒᆞ도다 但단딴念년년兒ᅀᅳᆯᅀᅳᆼ夫

부부 年 년년 逾 유유 三 산산 十 시씽 ○ 다히 三十이 넘어시되 ... 念권 대 見 夫ㅣ 나 尙 샹샹

無 우무 子 즈ᄌᆞ 息 시싱 ○ 오히려 子息이 업스나 不 부붕 孝 햫햫 有 우잉 三 산산 無

우무 後 후흫 爲 위위 大 다따 ○ 不孝ㅣ 三이 이심애 後ㅣ 업슴이 큰디라 奴 누누 家 갸갸 又

우잉 爲 위위 婆 포뽀 婆 포뽀 年 년년 老 랖랖 多 도더 病 빙뼁 ○ 奴家ㅣ 또 婆ㅣ 年老 多

病 爲 ᄒᆞᆷ을 ᄒᆞ여 一 이ᇙ 步 부뿌 也 여여 離 리리 不 부붕 得 더듷 ○ 一步도 ᄯᅥ나디 못ᄒᆞᄂᆞᆫ디

라 欲 유융 求 큐끟 良 량량 家 갸갸 閨 귀귀 女 뉴뉴 有 우잉 孃 냥냥 的 디딍 ○ 良家

閨 ᄂᆞᆫ 女ㅣ 孃을 求ᄒᆞ야 이ᄯᆞᆯ 寄 기기 與 유유 丈 쟝쟝 夫 부부 做 주주 箇 거거 偏 편편 房

방ᄲᆞᆼ ○ 丈夫의게 寄與ᄒᆞ야 偏房을 삼고 져ᄒᆞ노니 ○ 譯語類解 妾曰 偏房 多 도더 少 샹샹 是 스ᄉᆞ

好 한황 ○ 언머이도 거니ᄯᅡ녀

(丑) 我 오어 一 이흥 向 향향 久 구긓 不 부붕 曾 충쯩 到 닿도 伍 우우 壯 좡좡 元 원웜

家 갸갸 ○ 내 一向 오래 伍壯元 집의 니르디 못ᄒᆞ엿더니 今 긘긘 日 ᅀᅵᇙ이 無 우무 事 ᄉᆞ씅 ○

오ᄂᆞᆯ 업스니 이 到닾당 伍우우 馬마마 坊방방 行힝ᄒᆡᆼ 走주즘 一이ᅙᅵᆼ 遭잘잠 ○

伍馬坊에 니르러 ᄒᆞ다 위돈녀 看칸칸 他타타 那나나 兩량량 位위위 小샤샤 娘냥냥 子

ᄌᆞ즈 ○ 뎌 兩位小娘子를 보쟈 年년년 紀기기 小샤샤 小샤샤 的디디 ○ 나히 졈은 뒤

孤구구 ᄼᅲᆷ진진 獨두ᄯᅮᆼ 眠면면 ○ 孤ᄼᅲᆷ眠ᄒᆞ니 獨 甚씬신 是ᄉᆞᄊᆞ 難난난 過고귀 ○

심히 어려온디 내 기다라 老랖랗 身신신 當당당 他타타 ᄊᆞ샹 年년년 時ᄉᆞᄊᆞ ○ 身老

이 ᄃᆡ여 ᄡᅵ年一時 着죠짭 實시씽 是ᄉᆞᄊᆞ 捱애애 不부붕 過고귀 ○ 진실로 ᄃᆡ 견ᄃᆡ

몯ᄒᆞ리러라 大다대 娘냥냥 子ᄌᆞ즈 ○ 大娘子ㅣ아 老랖랗 人신인 家갸갸 腿퉈뒤

碾잉잉 了랴랗 不부붕 會휘훼 拜배배 ○ 늘근 사ᄅᆞᆷ이 다리 세여 능히 절ᄒᆞ디 몯ᄒᆞ니 娘

子ᄌᆞ즈 依희힝 恠패괘 ○ 娘子ㅣ 허믈 마쇼셔 ⓐ査 張쟝쟝 婆포뽀 ○ 張婆ㅣ아

我오어 正징징 要얀랑 着죠짭 人신인 請칭칭 你니니 ○ 내 졍히 사ᄅᆞᆷ으로 ᄒᆞ여 너를 請

코져 ᄒᆞ니 你니니 來레래 了랴랗 有우잉 緣연연 了랴랗 ○ 네 와 이시니 연분이 인ᄂᆞ

丑 請 我 做 甚 麽 ○ 나ᄅᆞᆯ 請ᄒᆞ여 므슴 ᄒᆞ려 ᄒᆞᄂᆞ니잇고 莫 不 是 大 娘 子 想 那 大 官 人 ○ 아니 이 大娘子ㅣ 뎌 大官人을 ᄉᆡᇰ각ᄒᆞ고 要 請 我 做 媒 ○ 나ᄅᆞᆯ 請ᄒᆞ야 媒ᄅᆞᆯ 삼아 討 箇 小 老 公 ○ 져근 小老公을 엇고져 ᄒᆞᄂᆞ니잇가 㕘 休 得 閑 說 ○ 힘힘ᄒᆞᆫ 말 니ᄅᆞ디 말라 你 看 那 箇 人 家 有 女 兒 ○ 네 보라 뎌 人家ㅣ 女兒 두어시니 出 口 與 人 做 偏 房 的 ○ 出口ᄒᆞ여 사ᄅᆞᆷ을 주어 偏房 삼으라 ᄒᆞᄂᆞ니 俺 討 一 箇 ○ 내 ᄒᆞ나ᄒᆞᆯ 엇쟈 丑 這 娘 子 ○ 이 娘子ㅣ 아 連 你 正 房 也 空 着 在 那 裏 ○ 네 正房조차 비여 거긔 잇거든 你 又 要 討 偏 房 ○ 네 또 偏房을 엇고져 ᄒᆞᄂᆞ냐 㕘 張 婆 不 瞞 你 說

쉬쓩 ○ 張婆ㅣ아 너롤 속여 니ᄅᆞ디 못ᄒᆞ리로다 我 오어 官 권권 人 인인 今 긴긴 年 년년 三
산산 十 시씽 歲 쉬쉬 了 랴랼 ○ 우리 官人이 올희 三十歲로되 沒 무뭉 箇 거거 子 즈ᄌᆞ 息
시싱 以 이이 奉 봉뽕 香 향향 火 호훠 ○ ᄒᆞᆫ 子息이 뻐 香火롤 밧들 거시 업고 我 오어 又 우읗
去 큐큐 不 부붕 得 더듸 ○ 내 ᄯᅩ 가디 못ᄒᆞ논디라 所 소수 以 이이 要 야향 討 탄탕 箇
거거 人 신신 送 숭숭 去 큐큐 替 티티 我 오어 ○ 이러모로 뻐 ᄒᆞᆫ 사ᄅᆞᆷ을 어더 보내여 나롤 ᄀᆞ롯
고져 ᄒᆞ노니 萬 완환 一 이힝 天 텬텬 地 디디 可 커커 憐 련련 見 견견 ○ 萬一天地 어엿
비너기샤 養 양양 得 더듕 兒 술슝 子 즈ᄌᆞ ○ 兒子롤 나하 接 져졍 續 슈쓩 伍 우우 家
갸갸 香 향향 烟 연련 ○ 伍家香烟을 接續ᄒᆞ고 後 후흫 代 대때 有 우읭 人 신인 也 여여
好 한황 ○ 後代에 사ᄅᆞᆷ이 이시면 ᄯᅩ 됴ᄒᆞ리라 (丑) 娘 냥냥 子 즈ᄌᆞ 休 휘흿 提 티띠 ○ 娘子
ᄂᆞᆫ 톄긔티 마ᄅᆞ쇼셔 你 니니 未 위위 老 랖랗 裏 리리 ○ 네 늙디 아니ᄒᆞ여시니 等 등등 到
닫당 四 스ᄉᆞ 十 시씽 歲 쉬쉬 ○ 四十歲예 니ᄅᆞᆷ을 기ᄃᆞ려 沒 무뭉 有 우읭 兒 술슝 子 즈ᄌᆞ

3a

再재재 商샹샹 量량량 ○兒子ㅣ 업거든 다시 商量ᄒᆞ사이다 (旦)張쟝쟝 婆뽀포 你니니

聽팅팅 我어오 說숴숴 ○張婆ㅣ아 네 드르라 내 니ᄅᆞ마 往왕왕 往왕왕 見견견 人신신

家갸갸 婦뿌부 女뉴뉴 ○往往에 보니 人家婦女ㅣ 為위위 因인인 嫉찌지 妬두두 ○嫉妬홈을

因ᄒᆞ여 絶쮀줘 了랴랴 多더도 少샤샤 宗중중 祀쓰스 ○언머 宗祀롤 그츠뇨

由잉우 他타타 絶쮀줘 不부부 絶쮀줘 ○제대로 그츠나 긋더 아니나 我어오 得더딍

(丑) 眼연연 前쳔쳔 自쯔즈 由잉우 自쯔즈 在째재 ○내 眼前에 自由自在홈을 엇으리이

다 (旦) 世싱시 上썅샹 人인신 生승숭 能능능 有잉우 幾기기 時쓰스 ○世上人生

이 能히 몃빼 잇ᄂᆞ뇨 七칭치 十씽시 歲쉬쉬 的딍디 古구구 以이이 為위위 稀히히 ○

七十歲롤 녜로빼 드므다 ᄒᆞ엿ᄂᆞ니 大따다 抵디디 婦뿌부 人신신 ○大抵婦人이 二숭슬

十씽시 歲쉬쉬 上썅샹 下햐햐 纔째채 嫁갸갸 ○二十歲上下에 ᄀᆞᆺ嫁ᄒᆞ고 四숭스 十

씽시 九광구 歲쉬쉬 天텬텬 癸귀귀 絶쮀줘 了랴랴 ○四十九歲예 天癸 그처디ᄂᆞ니 ○素

問註癸北方水也腎氣全盛衝任流通經血漸盛應時而下天眞之氣降與之從事故云天癸 此 ᄎᆞ츠 時

ᄊᆞ스 色 싱서 漸 쪈젼 衰 쇄쇄 ○ 이ᄢᅢ예 色이 점점 衰ᄒᆞ니 只 즈즈 有 잉우 三 산산 十 씽시

年 년년 受 쑹수 用 융융 ○ 다ᄆᆞᆫ 三十年 受用이 잇고 人 신신 家 갸갸 香 향향 烟 연연 傳

쭨췬 來 래래 百 뵝버 千 천천 萬 완완 年 년년 ○ 人家 香烟은 百千萬年을 傳ᄒᆞᄂᆞ니 爲 위위

我 어오 一 힁이 箇 거거 婆 뻐포 娘 냥냥 ○ 나 ᄒᆞᆫ 婆娘이 要 햘야 三 산산 十 씽시 年

년년 自 쯔즈 在 째재 ○ 三十年 편코져 홈을 위ᄒᆞ여 絶 쮕쥐 了 럏랴 千 천천 萬 완완 年

년년 香 향향 火 훠호 ○ 千萬年 香火를 ᄭᅳᆫᄎᆞ면 好 항한 沒 뭉무 恩 ᄉᆞᆫ스 量 량량 ○ ᄀᆞ장

싱각 업ᄉᆞ이라 婆 뻐포 娘 냥냥 無 뭉우 見 견견 識 싱시 也 여여 罷 빠바 ○ 婆娘은 見識이

업서도 므던커니와 也 여여 有 잉우 這 져져 等 등등 的 딩디 痴 칭치 漢 한한 ○ 도ᄅᆞ혀 어

린 놈이셔 爲 위위 怕 파파 老 랄랄 婆 뻐포 ○ 老婆 저퍼홈을 爲ᄒᆞ여 都 두두 不 붕부

知 징지 有 잉우 祖 주주 宗 중중 了 랼랴 ○ 다 祖宗이심을 아디 몯ᄒᆞ니 好 항한 笑 샹샨

○고장 우ᅀᆞ오니라 (丑)娘냥냥子즈ᄌᆞ你니니會휘ᄒᆈ說숴쉬 ○네 娘子ㅣ 니로ᄆᆞᆯ 아조

을알 니와 거 只즈ᄌᆞ怕파파你니니說숴쉬得더ᄃᆞᆼ行힝ᄒᆡᆼ不부부得더ᄃᆞᆼ ○그저

제ᄇᆞ 行티 건 몯대 ᄒᆞᆯ네 가니 ᄒᆞ니 노ᄅᆞ라 去큐큐年년넨李리리負원원外왜왜家갸갸 ○

去年李負外집의셔○事文類聚晉宋尙書省置負外郞分判曹事隋唐宋元同盖本負之外復置郞也

夫부부妻치치甚신씬和호ᅘᅯ順쓘쓘 ○夫妻和順ᄒᆞㅣ甚히 只즈ᄌᆞ爲위위沒무무

兒ᅀᅳᆯᅀᅳᆷ子즈ᄌᆞ ○다ᄅᆞᆫ 兒子ㅣ 업슴을 爲ᄒᆞ야 他타타娘냥냥子즈ᄌᆞ央양양及기끼是

我오어討타탕一이ᄒᆡᆼ箇거거妾쳐쳥 ○뎌 娘子ㅣ 내게 빌어 ᄒᆞᆫ 妾을 엇으니 且쳐쳐是

스쓰標반뱡致지징 ○또 가온디 이영 노라 ᄉᆞᆯ 才채째入슈슝門문믄一이ᄒᆞᆼ兩량량

日이ᅀᅵᇰ是스쓰好핟ᄒᆞᇢ ○깃 날은 入門ᄒᆞ뇨 두 터니 過고궈幾기기日이ᅀᅵᇰ ○여러

날 다 ᄂᆞᆷ애 見견견他타타與유유李리리負원원外왜왜戲히히耍솨솨 ○데 李負外

로도 홈을 려보고 戲耍就작쯯惱ᄂᆞ나起키키來래레 ○인ᄒᆞ여 노ᄒᆞ여 兩량량

夫부부婦부뿌至즈쯔今긴긴遂쉬쒸成칭찡反반반目무뭉 ◯ 두夫婦ㅣ이제니르
히드되여反目홈을일웟ᄂᆞ니이다 ◯ 易傳反目謂怒目相視也 (沓)人신신家갸갸娶츄츄妾
쳐쳥求쿠끙兒ᅀᅳᆯ ◯ 人家ㅣ妾을娶ᄒᆞ야ᄌᆞ식을求홈은 非븨븨但단딴為위위丈장쨩
夫부부 ◯ 다ᄆᆞᆫ丈夫를為홈이아니라 也여여是스쏘為위위自즈쯔已기기 ◯ ᄯᅩ이
自已로為홈이니 婦부뿌人신신有우잉丈장쨩夫부부在재쨰日시씅 ◯ 婦人이丈
夫ㅣ잇ᄂᆞᆫ날에ᄂᆞᆫ 無우뭉子즈쯔也여여不부붕妨방빵 ◯ ᄌᆞ식이업서도방해롭디아니
ᄒᆞ거니와 不부붕幸힝헝丈장쨩夫부부身신신死스ᄉᆞ ◯ 不幸ᄒᆞ야丈夫ㅣ죽음애 自
즈쯔已기기守시싱寡과꽈 ◯ 自已ㅣ守寡ᄒᆞ고 沒무뭉箇거거兒ᅀᅳᆯ子즈쯔 ◯
兒子ㅣ업ᄉᆞ면 那나나時스쓰受시씽人신신氣키키 ◯ 뎌배예사ᄅᆞᆷ의긔운을바다 這
져져件견견也여여不부붕許휴휴儞니니賣매매 ◯ 이것도네ᄑᆞᆯ믈許티아니ᄒᆞ고 那
나나件견견也여여不부붕許휴휴儞니니使스ᄉᆞ ◯ 뎌것도네ᄡᅳᆷ을許티아니ᄒᆞ며 上

썅샹房빵방要햫얀来래레承찡칭繼기기○上房이와承繼코쟈ᄒ고○上房猶言長房
下햐하房빵방也여여要햫얀来래리承찡칭繼기가○下房도와承繼코쟈ᄒ면係
니니開개개口큭쿠便뻔변罵마마他타타絶쮜쥐後흫후代때대的띵디○네입을열매곳더後代긋손이로쑤지즐새시니
那나나時쓰스節졍져恨흔흔不붛부得딓더
討탕탄十씽시来래레箇거거妾쳥쳐與유유他타타也여여遅찡치了량랴○더배에는열妾을어더뎌룰주다못ᄒ줄을恨ᄒ여도더디리라
(丑)大따다娘냥냥子즈즈○大娘子ㅣ아
係니니的딩디見견견識싱시世씽시上썅샹少샹상有잉우○네見識이世上에듬으니
不붛부必빙비再재재說쉉쉬○반ᄃ시다시니ᄅ디말으쇼셔我이오
現현현有잉우一힝이箇거거女뉴뉴兒슬올○내시방ᄒ女兒ㅣ잇ᄂ니見견견大
따다娘냥냥子즈즈如슈슈此츠츠賢현현惠휘휘○大娘子ㅣ이러ᄐ賢惠홈을보니
情찡칭願윈원把바바伏뿡부事쑤스大따다相샹샹公궁궁罷빠바○情願으로

다가大相公을伏事홈이무던ᄒᆞ여이다 ㊀ 今 긴긴 日 ᅀᅵᇰ시 好 ᄒᆞᇢ화 日 ᅀᅵᇰ시 子 즈즈 ○ 오ᄂᆞᆯ

이됴흔날이니 就 쯩직 備 삐비 財 쨰채 禮 리리 取 츄츄 了 럏랴 過 궈고 門 믄믄 ○ 인ᄒᆞ

여財禮로ᄀᆞ초아取ᄒᆞ여過門ᄒᆞ쟈 ㊀ 窮 꿍쿵 人 ᅀᅵᆫᅀᅵᆫ 家 갸갸 兒 ᅀᅳᆯ올 女 뉴뉴 ○ 窮人家兒

女ㅣ 諸 쥬쥬 般 번번 奩 련련 餙 ᄉᆞᆼ시 嫁 갸갸 粧 좡좡 都 두두 不 부부 備 삐비 ○ 여러

가지奩餙嫁粧이다ᄀᆞᆺ디몯ᄒᆞ니 如 유슈 何 ᄒᆡ허 是 ᄊᆞ스 好 ᄒᆞᇢ화 ○ 엇디ᄒᆞ여아이됴흐리엇

교 ㊀ 凡 빤반 我 어오 的 듸디 便 뺀변 是 ᄊᆞ스 他 타타 的 듸디 ○ 므릇내거시곳이뎌

의거시니 我 어오 身 신신 上 썅샹 衣 히이 服 뿡부 頭 뜰투 面 면면 ○ 내身上에衣服과頭

面을 ○ 頭面 見第二篇 件 견견 件 견견 都 두두 剝 밯보 與 유유 他 타타 了 럏랴 ○ 가지

가지다버서뎌ᄅᆞᆯ주리라 ㊀ 這 져져 等 등등 ○ 이러면 我 어오 討 톻토 轎 꺟갸 子 즈즈

○ 내轎子ᄅᆞᆯ어더 今 긴긴 日 ᅀᅵᇰ시 就 쯩직 擡 때태 他 타타 過 궈고 門 믄믄 ○ 오ᄂᆞᆯ인ᄒᆞ

여뎌ᄅᆞᆯ들어過門ᄒᆞ리이다

㊅ 揭겨겨 下햐하 一이이 箇거거 盖개개 頭투뚷 ○ 盖頭ᄒᆞᆫ 盖頭ᄂᆞᆫ 뵈ᄅᆞᆯ 山드 云니 用○

三幅長與身齊 以蒙婦人之首 盖 露루루 出츄츄 一이이 箇거거 粉븐븐 頭투뚷 ○ 粉ᄒᆞᆫ

頭ㅣ 드러 나ᄂᆞᆫ ᄯᅩ다 送숭숭 與유유 一이이 箇거거 老랖랗 頭투뚷 ○ 老頭ᄒᆞᆫ 계 보내야 의

○老頭猶言老子 다 養양양 下햐하 一이이 箇거거 丫야야 頭투뚷 ○ ᄒᆞᆫ 丫頭 나ᄒᆞ리로

㊄ 沒무뭉 有우읗 丫야야 頭투뚷 ○ 丫頭ㅣ 업스면 小샾샾 廝스ᄉᆞ 從충쭝 那

나나 裏리리 養양양 出츄츄 來레래 ○ 아ᄒᆡ 조차 어드러 나리오 ㊆ 我오어 為위위 丈

쟝쟝 夫부부 無우무 子ᄌᆞᄌᆞ ○ 내 丈夫ㅣ 업슴을 ᄌᆞ식 ᄒᆞ야 이 着죠쟢 他타타 替티티

我오어 ○ 뎌로 ᄒᆞ여 ᄀᆞᄅᆞ치 나ᄂᆞ냑 我오어 做주주 姐져져 姐져져 ○ 나ᄂᆞᆯ 블러

姐라 姐ᄒᆞᆫ ㅣ라 他타타 便변뼌 是스쑤 妹믜믜 子ᄌᆞᄌᆞ 了랴략 ○ 妹子ᄂᆞᆫ 뎌ᄂᆞᆫ 곳이라 ㊄

不부뿡 中중쭝 ○ 맛당티 아니ᄒᆞ니 大다따 還환환 是스쑤 大다따 小샾샾 還환환

是스쑤 小샾샾 ○ 큰이ᄂᆞᆫ 도로 큰이로 ᄒᆞ고 져근 이ᄂᆞᆫ 도로 져근 이로 ᄒᆞᆯ 거시니라 拜

배배 夫부부 人신인 ○ 夫人씌절ᄒᆞᄂᆞ이다

(争) 謝셔써 夫부부 人신인 賢현현 德더등 ○ 謝夫人의賢德을ᄒᆞᄂᆞ이다 (丑) 夫부부

人신인 的디딩 賢현현 德더등 世시싱 間견견 罕한한 有우읗 ○ 夫人의賢德이世間

의드므다 人신인 人신인 家갸갸 取츄츄 箇거거 偏편편 房빵방 ○ 人家의셔偏房을取ᄒᆞ면 那

나나 做주주 大다따 的디딩 ○ 더큰이엇눈이되 恨흔흔 不부붕 得더듸 用융융 一

이항 碗완원 涼량량 水쉬쉬 活호횡 活호횡 的디딩 把바바 那나나 小샤샹 的디딩 이

呑튼튼 去큐큐 了랴랴 ○ ᄒᆞᆫ사발涼水로배산이로더적은 물다가숨쎄디못홈을恨ᄒᆞ거늘

肯큰큰 挼바빵 下하쌰 金긴긴 釵차차 ○ 즐거히金釵 서물빠허며 脫토퉁 了랴랴 衣이이

服부뿡 與유유 你니니 ○ 衣服을버서 아너로주니 想샹샹 我오어 兒술숭 有우읗 福

부부 봉부 ○ 싱각ᄒᆞ니 福이이시니 내 撞좡좡 着죠쟣 這져쪄 等등등 賢현현 德더등 夫

부부 人신인 ○ 이런賢德夫人을만나도다 (寅) 媽마마 媽마마 ○ 媽媽ㅣ아 車쳐쳐 兒

술슿 轎 걋걓 兒 술슿 盤 펀뻔 纏 쳔쳔 ○ 술위와 교조와 盤纏이 件 견견 件 견견 齊 치찌

備 비삐 了 랴랼 ○ 가지가지 備ᄒᆞ엿고 齊 今 긴긴 日 ᅀᅵᅀᅵᆼ 日 ᅀᅵᅀᅵᆼ 子 즈즈 好 핲핳 ○

오ᄂᆞᆯ이 날이 됴ᄒᆞ니 伱 니니 便 변뻔 起 키키 程 칭찡 罷 바빠 ○ 네 곳 起程홈이 므던ᄒᆞ다 (玊)

老 랖랑 身 신신 便 변뻔 行 힝헝 ○ 老身이 곳 行ᄒᆞ리라 等 등등 孩 해해 兒 술슿 拜 배배

辭 초쫖 ○ 孩兒ㅣ 拜辭홈을 기ᄃᆞ리쇼셔

(査) 妹 믜믜 子 즈즈 伱 니니 去 큐큐 ○ 妹子ㅣ아 네 가 上 샹썅 覆 부봉 我 오어 夫 부부

主 쥬쥬 說 숴쉬 道 닿땅 ○ 우리 夫主씌 술와 닐으되 家 갸갸 中 즁즁 老 랖랑 婆 포뽀 婆

뽀포 都 두두 平 핑삥 安 안한 ○ 家中과 老婆婆ㅣ 다 平安ᄒᆞ니 只 즈쯔 管 권권 盡 진찐 心

신신 做 주주 官 권권 ○ 그저ㅆ리야 ᄆᆞ옴을 다ᄒᆞ야 做官ᄒᆞ고 莫 모맣 要 야양 掛 과과 念

년년 家 갸갸 裏 리리 ○ 집을 掛念티 말며 莫 모맣 爲 위위 一 이힝 遭 잘짱 跌 뎌뗭 挫

조쩌 ○ ᄒᆞᆫ번 跌挫홈을 爲ᄒᆞ여 便 변뻔 把 바바 平 핑뻥 生 숭승 志 즈즈 氣 키키 餧 뉘뉘

了랴랴 ○곳平生志氣로다가餒케말디니 ○孟子註 餒氣不充體 大따다 丈쟝쟝 夫부부 須

슈슈 要요얀 烈렬려 烈렬려 轟홍홍 轟홍홍 做주주 事쓰스 也여여 ○大丈夫ㅣ 모롬

이 烈烈轟轟히 做事홀새시라 ᄒᆞ라 (諍) 謹긴긴 領링링 命밍밍 ○삼가 命을 領ᄒᆞ리이다 (査)

明밍밍 年년년 若약쇼 有잇우 熊흥흥 羆비비 夢몽몽 ○明年에 만일 熊羆夢이 잇거든

○詩維熊維羆 男子之祥 此ᄎᆞᄎᆞ 際지지 多다도 傳뎐젼 魚유유 鴈연연 書슈슈 ○이즈

음에 만히 魚鴈書를 傳ᄒᆞ라 ○古詩 客從遠方來 遺我雙鯉魚 呼童烹鯉魚 中有尺素書 漢書 漢使詒曰天子

射上林中得鴈足繫帛書言蘇武等在某澤中 後仍為書信之稱

(諍) 遠원원 遠원원 山산산 下하하 ○遠山下에 遠山 一이힝 起키키 人인인 馬마마

来래레 了랴랴 ○一起人馬ㅣ 온다 (末) (外) 拿나나 住쥬쥬 拿나나 住쥬쥬 ○잡으

라 잡으라 (諍) 孃낭낭 那나나 裏리리 躲타도 好항호 ○孃아 어디 숨어야 됴ᄒᆞ료 (丑) 上

쌍샹 天텬텬 無무우 路루루 入슈유 地디디 無무우 門문문 ○하ᄂᆞᆯ에 오ᄅᆞ려ᄒᆞ야도 길

하업고什히들다려 ᄒᆞ여도門이업다 ㉮哈 헝허 敦 둔둔 跪 귀귀 下 햐햐 ○ 哈라 ○敦은 按哈을

敦子之番稱語女 ㉯我 어오 不 봉부 會 휘휘 跪 귀귀 ○ 내 굴ᄅᆞᆯ 줄 몯ᄒᆞ노라 ㉮你

니니 要 약약 那 나나 裏 리리 去 큐큐 ○ 네 어더 가ᄂᆞᆫ다 ᄒᆞ고 ㉰我 어오 送 숭숭 女

뉴뉴 兒 ᅀᅳᆯ 府 부부 州 ᄌᆞᆨ 去 큐큐 ○ 내 女兒ᄅᆞᆯ 府州에 보내 가 與 유유 伍 우우 大

다다 夫 부부 爲 위위 偏 편편 房 빵방 ○ 伍大夫를 주어 偏房 삼으려 ᄒᆞ노라 ㉮成 찡칭

親 친친 了 랴랴 未 위위 成 찡칭 親 친친 ○ 成親ᄒᆞ엿ᄂᆞ냐 成親티 못ᄒᆞ엿ᄂᆞ냐 ㉰不 봉부

曾 층층 ○ 못ᄒᆞ엿노라 ㉱我 어오 看 칸칸 他 타타 是 스스 箇 거거 黃 황황 花 화화

女 뉴뉴 ○ 내 더 譯語類解 보니 未嫁女 黃花女ㅣ라 ᄒᆞ니 黃花女 ○ 既 기기 是 스스 未 위위

成 찡칭 親 친친 ○ ᄒᆞ여 임의 成親티 못ᄒᆞ엿ᄂᆞᆫ디라 俺 암암 寨 재재 上 샹샹 大 다다 王 왕왕

○ 우리 寨上 大王이 ○ 字彙 編木自防爲寨 纔 재재 喪 상상 了 랴랴 夫 부부 人 인인 ○ 夫곳

人을 喪ᄒᆞ여시니 請 칭칭 去 큐큐 與 유유 他 타타 ○ 請ᄒᆞ여 가 뎌ᄅᆞᆯ 주어 填 뎐뎐 做 주주

押향야寨쨰재夫부부人인신 ○ 押寨夫人을 塡做홈이 多더도少샾샾是쓰스好

항한 ○ 언머이 귀니싸녀 됴 ㊀丑 我어오中중중國귀궈人인인 ○ 우리中國사ᄅᆞᆷ이 難

난난與유유外왜왜邦방방人인인爲위위配피피偶우우 ○ 와邦사ᄅᆞᆷ으로ᄃᆞ려配偶

오되니기라어려 ㊍末 問믄운他타타做주주甚씸슴麼마마 ○ 더ᄃᆞ려므러므슴ᄒᆞ리오

拿나나刀당단殺상사了랴랴老랕랃母무무狗긓구 ○ 칼을가져다가老母狗ᄅᆞᆯ죽이

라 ㊀丑 我어오的딩디女뉴뉴孩해해兒ᅀᆞᆯ술 ○ 내女孩兒ㅣ做주주不붕부得

덩더夫부부人인신 ○ 夫人이되디못ᄒᆞᆯ새시니 我어오爲위위母무무的딩디 ○ 나어

눈미이되얏 情찡칭願웬원替티티女뉴뉴孩해해兒ᅀᆞᆯ술做주주 ○ 로情女願孩으

차見되를리ㄱ라ᄅᆞ ㊍末 誰쒸쉬要햫얀你니니 ○ 흐뉘리너오롤 要你니니心신신下

햐햐如유유何허허說쉬쉬 ○ 디네니ᄆᆞᄅᆞ옴누에뇨엇 ㊈淨 我어오沒뭉무話화화說

쉐쉐 ○ 이내업니스로니말 只즈즈說쉬쉬一이字즈즈 ○ 니그ᄅᆞ저리ᄒᆞᆫ라字ᄅᆞᆯ ㊈外

甚씸슴麽마마字쯔즈○므습字고㊉一힝이箇거거死슿스字쯔즈○ᄒᆞᆫ死字ㅣ
라㊅你니니要향야死슿스有잉우何헣허難난난○네죽고져ᄒᆞ면므습어려옴이
이시리오你니니不붕부要향야頭뚱투○네마리롤要티아니ᄒᆞ거든你니니伸신신
頸깅깅膊밥밤出츙츄來래레○네목을느리혀내라好할한與유유他타타說숴쉬
○됴히더ᄃᆞ려니ᄅᆞ라你니니雖쉬쉬許휴휴與유유伍우우大따다夫부부○네비
록伍大夫의게許與ᄒᆞ여시나不붕부曾쯩층與유유他타타相샹샹會휘휘○일쪽뎌로
ᄃᆞ려서ᄅᆞ못디아니ᄒᆞ엿고나㊉我어오身신신雖쉬쉬不붕부相샹샹會휘휘㊀내몸
은비록서ᄅᆞ못디아니ᄒᆞ여시나我어오心신신已이이先션션許휴휴與유유他타타
了럏랴○내ᄆᆞ옴은임의몬져의게許與ᄒᆞ엿노라㊉你니니嫁갸갸與유유伍우우
大따다夫부부做주주偏편편房빵방○네伍大夫를嫁與ᄒᆞ여偏房이됨이何헣허如
유유與유유我어오寨재재主쥬쥬做주주箇거거正징징房빵방夫부부人신신

○ 우리 寨主를 주어 正房夫人이 됨과 엇더ᄒᆞ리오 (淨)這 져져 是 스ᄊᆞ 我 오어 命 밍밍 ○
이는 이 내 命이니 若 요얍 該 개개 做 주주 正 징징 房 방빵 ○ 만일 正房이 되얌즉ᄒᆞ면 我
오어 爺 여여 孃 냥냥 不 부붕 許 휴휴 我 오어 與 유유 人 인인 做 주주 偏 편편 房 방빵
○ 내 爺孃이 날을 許ᄒᆞ야 사ᄅᆞᆷ을 주어 偏房을 삼디 아니ᄒᆞ리라 (外)命 밍밍 由 우임 人 인인 造
잔짱 ○ 命이 사ᄅᆞᆷ으로 말ᄆᆡ암아 짓ᄂᆞ니 今 긴긴 日 시ᅌᅵ 把 바바 伱 니니 擡 태때 擧 규규
起 키키 来 레래 做 주주 正 징징 房 방빵 ○ 오ᄂᆞᆯ 너ᄅᆞᆯ 다가 擡擧ᄒᆞ야 니ᄅᆞ혀 正房을 삼으면
便 변뼌 是 스ᄊᆞ 伱 니니 命 밍밍 該 개개 做 주주 正 징징 房 방빵 ○ 이곳 네 命이 正房이
되염즉홈이니 豈 키키 不 부붕 是 스ᄊᆞ 命 밍밍 由 우임 人 인인 造 잔짱 ○ 엇디 命이 사ᄅᆞᆷ
으로 말ᄆᆡ암아 지음이 아니리오 (淨)命 밍밍 是 스ᄊᆞ 天 텬텬 生 ᄉᆞᆼ승 的 디딍 ○ 命은 이하
ᄂᆞᆯ이 낸 거시니 人 인인 豈 키키 能 능능 造 잔짱 得 더ᄃᆞᆼ ○ 사ᄅᆞᆷ이 엇디 能히 지으리오 只
즈ᄌᆞᆼ 當 당당 順 슌쓘 受 식쓍 ○ 그저 맛당이 順히 바들ᄯᅥ라 惟 위위 人 인신 君 균균 方

방빵 能 능능 造 짱잔 命 밍밍 ○ 오직 人君이야 보야ᄒᆞ로 能히 命을 짓ᄂᆞ니 儞 니니 毎 믜믜
夷 이이 狄 띵디 ○ 너희들 夷狄은 只 즈즈 會 휘휘 逆 잉이 命 밍밍 ○ 그저 命을 逆홀 줄을
아ᄂᆞᆫ디라 豈 키키 能 능능 造 짱잔 命 밍밍 ○ 엇디 能히 命을 지으리오 天 텬텬 地 띠디 間 견견
견견 生 숭승 三 산산 等 등등 物 뭉우 ○ 天地間에 三等 物을 내여시니 頭 뜽투 一 힝이 等
등등 是 쓰스 中 중중 國 궤궈 人 신신 ○ 읏듬 一等은 이 中國 人이오 苐 띠디 二 슬을 等
등등 是 쓰스 夷 이이 狄 띵디 ○ 苐二等은 이 夷狄이오 苐 띠디 三 산산 等 등등 是 쓰스
禽 낀킨 獸 씽식 ○ 苐三等은 이 禽獸ㅣ니 唯 뮈위 人 신신 不 붕부 可 거거 與 유유 夷
이아 人 신신 為 위위 配 픠픠 ○ 오직 사ᄅᆞᆷ이 可히 夷人으로ᄃᆞ려 配되디 못홈이 亦 잉이 如
유유 夷 이이 人 신신 不 붕부 可 거거 配 픠픠 禽 낀킨 獸 씽식 一 힝이 般 번번 ○ 또ᄒᆞᆫ
夷人이 可히 禽獸를 配티 못홈 ᄒᆞᆫ가지 ᄀᆞᄐᆞ니 吾 우우 今 긴긴 願 원원 死 스ᅀᆞ ○ 내 이제 죽음을
願ᄒᆞ고 不 붕부 肯 큰큰 配 픠픠 儞 니니 ○ 즐겨 네게 配티 아니ᄒᆞ리라 ㊟末 他 타타 不

부붕 肯큰큰殺사상了랴랴罷바빠 ○ 뎨즐겨아니ᄒ니죽임이므던ᄒ다 (淨)伱니니每

미믜 若요약肯큰큰真진진殺사상我오어 ○ 너희둘이만일즐겨진실로날을죽이려ᄒ면

등등 等등등我오어起키키来레래拜배배伱니니 ○ 내널어네게拜홈을기ᄃ리라 我오어

死스숭在재째地디떠下하햐也여여保반발護후후伱니니 ○ 내죽어地下에이셔

도너롤保護ᄒ리라 (外)伱니니勸권권女뉴뉴孩해해兒술슬 ○ 네女孩兒롤勸ᄒ라 他

타타 不부붕從충쭝我오어一이흥定딩띵殺사상伱니니 ○ 뎨조ᄎ디아니ᄒ면내一定

이너롤죽이고 强강갼擄루루他타타去큐큐 ○ 뎌를강박ᄒ여잡아갈ᄯ니 管권권他

타타 從충쭝不부붕從충쭝 ○ 뎌의조ᄎ며조ᄎ디아니홈을ᄀ초알라 (丑)我오어見술슬

伱니니從충쭝罷바빠 ○ 내아히아네조ᄎ춤이므던ᄒ니 得더듸一이흥日이싕過고궈

一이흥日이싕了랴랸 ○ 홀ᄅ롤어더도홀ᄅ디내리라 (外)伱니니孃냥냥說쉐쉬的

디등 是스쓸 ○ 네孃의닐옴이올ᄒ니 我오어山산산寨재째裏리리金긴긴銀인인

寶반밤 貝븨븨 件견견 件견견 都두두 有우잉 ◯ 우리山寨에金銀寶貝ㅣ가지가지다이

시니 隨쉬쮜 你니니 要야향 ◯ 네대로要ᄒᆞ라 淨 我오어 秀ᄉᆛ심 才재째 人신인 家

가갸 不부붕 要야향 他타타 ◯ 나ᄂᆞᆫ秀才人家ㅣ라더 룰要티아니ᄒᆞ노라 外 我오어 邦

나나 寨재째 裏리리 錦긘긘 綉ᄉᆛ심 綾링링 羅로러 件견견 件견견 有우잉 ◯ 우리

ᄃᆡ寨에錦綉綾羅ㅣ 가지가지이시니 隨쉬쮜 你니니 穿춴춴 ◯ 네대로 닙으라 淨 我오어

只즈즘 穿춴춴 布부부 衣이이 不부붕 要야향 他타타 ◯ 내그저布衣로 닙으니뎌로要

티아니 ᄒᆞ노라 外 我오어 寨재째 裏리리 丫야햐 頭투뚤 小샤샹 廝스ᄉᆞ 多도더 ◯

우리寨에丫頭와 小廝ㅣ만ᄒᆞ니 隨쉬쮜 你니니 使스ᄉᆞ 喚훤훤 ◯ 네대로使 喚ᄒᆞ라 淨

也여여 不부붕 要야향 他타타 使스ᄉᆞ 用융융 ◯ 또더브림을要 티아니ᄒᆞ노라 外 你

니니 要야향 甚ᄉᆞᆷ씸 麽마마 ◯ 네므서슬 要ᄒᆞᄂᆞᆫ다 淨 我오어 只즈즘 要야향 箇거거

天텬텬 理리리 要야향 箇거거 人인싄 倫륜륜 ◯ 나ᄂᆞᆫ그저天理로要 ᄒᆞ며人倫을要ᄒᆞ노

라 ㉮外 我 오어 不 부붕 殺 사상 你 니니 ○내너ᄅᆞᆯ주기디아니ᄒᆞ고 擡 태때 擧 규규 你 니니

做 주주 箇 거거 寨 재쨰 主 쥬쥬 夫 부부 人 신신 ○너ᄅᆞᆯ擡擧ᄒᆞ여寨主夫人을삼음이

這 져져 便 변뻔 是 스ᄊᆞ 天 텬텬 理 리리 ○이곳이天理라 淨 你 니니 沒 무뭉 天 텬텬

理 리리 ○네天理ㅣ업다 你 니니 有 우잉 天 텬텬 理 리리 ○네天理이시면 ㅣ 不 부붕

做 주주 賊 지찡 了 랴랑 ○도적이되디아니ᄒᆞ리라 ㉮外 擡 태때 你 니니 上 상쌍 山 산산

裏 리리 去 큐큐 ○너ᄅᆞᆯ들어山에올라가 與 유유 我 오어 寨 재쨰 主 쥬쥬 做 주주 夫

부부 妻 치치 ○우리寨主ᄅᆞᆯ주어夫妻ᄅᆞᆯ삼아 生 승싱 兒 ᅀᆞᅀᆞᆯ 做 주주 頭 투뚱 目 무뭉 ○

ᄌᆞ식을나하頭目을삼음이 這 져져 的 디딩 便 변뻔 是 스ᄊᆞ 人 신신 倫 륜륜 ○이거시ᄭᅮᆺ

이人倫이라 淨 你 니니 有 우잉 人 신신 倫 륜륜 ○네人倫이이시면 不 부붕 思 스ᄉᆞ

量 량랑 強 강깡 要 얗향 別 볘뼝 人 신신 妻 치치 妾 쳐쳥 ○다ᄅᆞᆫ사ᄅᆞᆷ의妻妾을強要홈을

싱각디아니ᄒᆞ리라 ㉯末 管 권권 他 타타 怎 즘즘 麽 마마 ○뎌ᄅᆞᆯᄀᆞ옴아라므슴ᄒᆞ리오 鎖

쉬소 来 래레 去 큐큐 ◯ 리좀 라가 가 ㊕净 我 어오 死 ᄉᆞ스 也 여여 在 째재 這 져져 裏

리리 ◯ 긔내 이죽 시어 리도 라여 也 여여 罷 빠바 ◯ ᄒᆞ또 다무 던 你 니니 寬 쿼쿼 我 어오

着 쨯죠 ◯ 누네 이날 라을 那 나나 裏 리리 有 잉우 井 징징 ◯ 이어 잇더 누우 뇨믈 等 등등

我 어오 去 큐큐 井 징징 邊 변변 ◯ 긔내 에우 가믈 沐 뭉무 浴 융유 乾 간간 淨 찡징 梳

수수 粧 좡좡 齊 찌치 整 징징 ◯ 梳沐 粧浴 을을 齊乾 整淨 히히 ᄒᆞᄒᆞ 여고 同 뚱퉁 你 니니 去

큐큐 見 견견 寨 째재 主 쥬쥬 ◯ 主너 롤과 봄 호 을가 기지 ᄃᆞ로 리가 라寨 ㊟未 好 할한 了 랼랴

◯ 타됴 他 타타 心 신신 轉 줜줜 了 랼랴 ◯ 詩데 我모 心ᄋᆞᆷ 匪올 石두 不로 可혀 轉다 也◯ 兀

용우 的 딩디 那 나나 裏 리리 是 ᄊᆞ스 井 징징 ◯ 우뎌 믈톄 이가 라이 ㊕淨 這 져져 裏 리리

是 ᄊᆞ스 甚 씸슴 麼 마마 去 큐큐 處 츄츄 ◯ 늬예 곳가 고이 어 ㊕外 這 져저 箇 거거 山

산산 是 ᄊᆞ스 清 칭칭 風 붕붕 嶺 링링 ◯ 輿이 記山 清은 風이 嶺清 在風 台嶺 州이 嵊오 縣◯ 輿廣

圖備考云王貞婦臨海人者元兵入境夫死婦被執帥欲

納之挈至嵊縣清風嶺守人少懈嚙指出血題字石上

投崖而死後其血漬入石間陰雨即墳起如昨書時旋日貞婦 這저저 箇거거 井징징 是스쓰 名밍밍 喚훤훤 做주주 淸칭청 烈려령 泉쳔쮠 ○ 이우믈은일홈을淸烈泉이라브르ᄂᆞ니라

淨 孃냥냥 這저저 裏리리 是스쓰 我오어 結겨경 果고궈 去큐큐 處츄츄 ○ 아孃여ᄀᆡ눈이나의므ᄎᆞᆯ곳이로다 ○ 結果 釋見譯語類解

外 伱니니 要약향 做주주 甚숨심 的디딍 ○ 네므섯ᄒᆞ려ᄒᆞᄂᆞ뇨 淨 等등등 我오어 捻녀녕 土투투 為위위 香향향 ○ 내흙을비븨여香을밍그라 告갇강 謝셔쎠 天텬텬 地디띠 ○ 天地씌謝ᄒᆞ고告 纔채째 與유유 伱니니 同퉁뚱 去큐큐 成칭찡 親친친 ○ 그제야널로ᄃᆞ려ᄒᆞᆫ가지로가成親ᄒᆞᆷ을기ᄃᆞ리라

丑 兒ᄉᆞᆯ슬 伱니니 休힉흫 哭쿠쿵 ○ 兒ㅣ아네우디말라 淨 我오어 不부붕 是스쓰 哭쿠쿵 我오어 自즈쯔 家갸갸 ○ 내이내自家를우는줄이아니라 哭쿠쿵 那나나 世시씽 上상썅 人신인 ○ 더世上사ᄅᆞᆷ을우노이다

(丑)孩해해兒술슳連련련我오어也여여罵마마了랴량○孩兒ㅣ날조차샤짓눈고
나(淨)娘냥냥我오어囑쥬죵付부부你니니○娘아내너ᄃ려당부ᄒ쟈
(淨)我오어命밍밍只즈즘在재째今긘긘日시싕了랴량○내命이다문오놀에이시
나娘냥냥你니니替티티我오어掃산샹井징징欄란란上샹썅石시씽○娘아
네나로ᄀᆞᄅᆞ차井欄우희돌을쓰러等등등我오어寫셔셔幾기기句규규在재째上샹썅
○내여러句롤써우희두어留랴링與유유伍우우大다따夫부부来레래看칸칸○
머므러伍大夫롤주어와봄을기ᄃ리쇼셔(末)他타타咬얀얍指즈즘做주주甚숨씸麼
마마○뎨손가락을므러므섯ᄒ눈고(外)出츄츙血혀형了랴량○피롤내다(淨)世시싱
人인쉰誰쉬쒸不부붕死스슾○世人이뉘죽디아니리오마눈我오어死스슾為위위
綱강강常챵쨩○나의죽음은綱常을為ᄒ욤이로다一이헝片편편心신신難난난[illegible]
희휭○ᄒ조각ᄆ옴은석기어렵고千천쳔年년년骨구궁尚샹썅香향향○千年에뻬

오히려 향긔로오리로다 婦뿌부人인신多더도水쉬쉬性싱싱 ○婦人은 水性이 만커니와

男난난子즈즈少샾샾剛강강腸챵쨩 ○男子도 剛腸이 져근이라 請칭칭看칸칸清

칭칭風붕붕嶺링링 ○請컨대 清風嶺을 보라 淋린린漓리리血혀혀兩량량行향항

○淋漓혼 피 두 줄이로다 昔시싱人인신已이이化화화山산산頭투뜰石시씽 ○

녯 사름은 임의 山頭石이 되엿거늘 ○一統志 昔人往楚累歲不還其妻登山望之乃化為石山在太平府城

北四十里 今긴긴我어오身신신為위위井징징底디디泉쳔쳔 ○이제 내 몸이 井底泉이

되리로다 ㊀丑我어오兒숳숄屈쿵큐死승스 ○내 아희 셜리 죽거다 ㊀末呀하하哈

헣허敦둔둔跎뚱똬下햐햐井징징 ○하ᄋᆞᆷ며 敦이 우믈에 뷔여 ᄂ리거다 都두두是쓰스

這져져老랄랄婆뽀포子즈즈哄훙홍俺암암來래레 ○이 老婆ㅣ 우리를 다려 속여시니

打다다打다다 ○티티라라 ㊀外不붕부干간간他타타事쓰스 ○뎌의게 간셥디 아닌

라일이 好항한貞징정烈령려婦뿌부人인신 ○ᄀ장 貞烈ᄒᆞᆫ 婦人이니 男난난子

즈즈 不부붕 如유유 ○男子도 못ᄒᆞ리로다 作조잡 揖아 老랖랗 哥거거 ○作揖

ᄒᆞ노라 俗애 老哥長揖爲作揖○字 我어오 不부붕 跟근근 你니니 了랖랴 ○내 너

를ᄡᅥ ᄯᅡ로ᄃᆞ리로다 못 我어오 本본븐 是ᄊᆞᄡᆞ 中중중 國궈궈 人신인 ○나ᄂᆞᆫ 본디 中

國사ᄅᆞᆷ이라 聽팅팅 見견견 那나나 死스ᄉᆞ 鬼귀귀 說쉬숴 ○더브러 死鬼의 니ᄅᆞᆷ을 드ᄅᆞ니 애

○死鬼指死婦人言 我어오 出추츄 一이이 身신신 冷릉릉 汗한한 ○내 一身에 冷汗이 나

니 我어오 情칭찡 願원원 隨취쉬 這져져 老랖랗 娘냥냥 ○내 情願으로 老娘을 조차

차 回휘휘 中중중 國궈궈 去큐큐 罷바바 ○中國에 도라감이 므던ᄒᆞ다

(奎) 小샤샹 官권권 平핑뼝 日이싱 在재째 玉유융 街계계 金긴긴 殿뎐뎐 上샹샹

行힝헝 ○小官이 平日에 玉街金殿에 이셔 ᄃᆞ니더니 誰쉬쒸 知지징 道닫댤 這져져 窮

궁궁 邊변변 絕줘쮜 塞새새 如유유 此츠ᄎᆞ 寥랴랴 落로랑 ○뉘 이 窮邊絕塞에 이러ᄐᆞᆺ

시 寥落ᄒᆞᆯ 줄을 알리오 可커커 傷샹샹 心신신 也여여 ○可히 傷心ᄒᆞ도다 不부붕 免

면면 떠 갸갼 左 저조 右 왕와 出 츄츄 来 래레 ○ 마디못ᄒᆞ야左右를블러나와 分 분분 付

부부 他 타타 ○ 뎌믈分付ᄒᆞ야 将 쟝쟝 錢 쪈쳔 粮 량량 軍 균균 馬 마마 數 수수 目 뭉무

查 짜차 理 리리 一 ᄒᆡᆼ이 番 반반 ○ 錢粮軍馬數目을다가ᄒᆞᆫ번查理ᄒᆞ쟈 左 저조 右 왕와

○ 左右ㅣ아 ㊍ 有 왕와 有 왕와 ○ 잇ᄂᆞ이다잇ᄂᆞ이다 纔 째채 聽 팅팅 一 ᄒᆡᆼ이 聲 싱싱

呼 후후 左 저조 右 왕와 ○ 곳ᄒᆞᆫ소리左右블음을듯고 疾 찡지 将 쟝쟝 兩 량량 脚 걓교

走 증주 東 둥둥 西 시시 ○ ᄲᆞᆯ리西脚으로다가東西로ᄃᆞᆮ노다 覆 봉부 大 따다 夫 부부

有 왕와 何 ᄒᆡ허 使 숭스 令 링링 ○ 大夫ㅣᄢᅴᄂᆞ이다므슴使令이잇ᄂᆞ니잇고 ㊎ 我 어오

奉 뽕봉 朝 쨯챠 命 밍밍 ○ 내朝命을내드러 為 위위 府 부부 州 짷자 團 뒨퉌 練 련련

使 숭스 ○ 府州團練使ㅣ되야 ○團練見茅五篇 專 쮠쥰 守 싱식 神 쎤신 木 뭉무 寨 째재

○ 神木寨를守ᄒᆞ여시니 專 伱 니니 把 바바 那 나나 粮 량량 料 럏랴 軍 균균 馬 마마 器

키키 械 ᄒᆡ혜 數 수수 目 뭉무 ○ 뎌粮料軍馬器械數目을다가 都 두두 查 짜차 来 래레

我오어 看간간 ○다 查ᄒᆞ여 오라 내 보자 ⊕末 那나나 數수수 目무뭉 那나나 裏리리

要약약 查차짜 ○뎌 數目을 어듸 查ᄒᆞ리오 開개개 眼연연 便변뼌 見견견 了랴랴 ○

눈을 ᄠᅳ면 곳 보리이다 ⊕査 你니니 說쉬숴 見현현 在재째 粮량량 ○네 니ᄅᆞ라 見在ᄒᆞᆫ 냥

식이 還환환 有우일 多도더 少샾샾 ○도로혀 언매 잇ᄂᆞ뇨 ⊕末 多도더 ○만ᄒᆞ니 七

치칭 千쳔쳔 九구긯 百버빙 八바빵 十시씽 九구긯 抄찬찰 ○十七千九百八 九抄ㅣ오

四○字彙六十四黍爲圭 四圭爲撮 三撮爲抄 一이잉 萬완완 五우우 千쳔쳔 六루룽 百버빙

三산산 十시씽 七치칭 撮초춍 ○一萬五千六百三十七撮이오 十시씽 二을슬 萬완완

九구긯 千쳔쳔 八바빵 百버빙 七치칭 十시씽 六루룽 粒리링 ○十二萬九千八百七

十六粒이로소이다 ⊕査 你니니 這져져 裏리리 無우무 斗두둥 斛후훟 ○네 여긔 斗斛이

업ᄂᆞ냐 ○十升爲斗 十斗爲斛 如유유 何허허 只즈즈 算숸숸 抄찬찰 撮초춍 顆코커 粒

리링 ○엇디 그저 抄撮顆粒으로 혜ᄂᆞ뇨 ⊕末 算숸숸 多도더 好한향 聽팅팅 ○혬을 만히

ᄒᆞᄒᆞ 여엿 듯새 기니 됴와 게 其키끼 實시씽 只즈즁 有우잉 七치칭 八바빵 斛후훙 米

미미 ○ 그斛 實밠 은이 다이 문시 七니 八 還환환 勾구궇 半번번 月웨웡 喫치칭 ○ 도로

혀여 半ᄒᆞ 돌니 먹이 기다 유 奎 只즈즁 有우잉 這져져 些셔셔 粮량량 ○ 그만 저냥 이식

이도 잇다 古구구 人인인 云윤윤 ○ 녯나 사ᄅᆞ 롬되 이 金긴긴 湯탕탕 非뷔뷔 粟수숭

不부붕 守ᄉᆞ씽 ○ 金湯도粟이아니면듸희디못ᄒᆞ다ᄒᆞ고 唐敬暉爲衛州刺史時河北經突厥所

發方秋築城暉日金湯非粟不守豈有 棄農畝事池隍哉按金湯金城湯池 俗슈쓩 語유유 云윤윤

○ 俗語에 니ᄅᆞ되 一이잉 日ᅀᅵ잉 無우무 糧량량 三산산 軍균균 無우무 義이이 ○

홀리냥식이업스면 三軍이義업다ᄒᆞ니 這져져 箇거거 城칭찡 如슈유 何ᄒᆡ허 守ᄉᆞ씽 得

더듕 ○ 이城을엇디 딕희리오 城칭찡 中중중 有우잉 多도더 少샨샾 喫치칭 糧량량

軍균균 ○ 城中에언마냥식 먹는군ᄉᆡ잇ᄂᆞ뇨 末 喫치칭 糧량량 的디딍 一이잉 箇거거

也여여 無우무 ○ 냥식먹는이효 나토업슨디라 今긴긴 年년년 飢기기 荒황황 ○ 올히

饑荒ᄒᆞ야 倉창창中중즁米미미少샾샾 ○ 倉中에ᄡᆞᆯ이적으니 留릭릳着쟢죠荅다다
應잉잉往왕왕來레래使스ᄉᆞ客겨켱 ○ 머믈워往來使客을졉應ᄒᆞ고 軍균균家가갸
只즈즈是스쓰喫치칭樹슈쓔皮피삐木무뭉根근근 ○ 軍家ᄂᆞᆫ그저樹皮木根을먹으
니 並빙삥沒무뭉有우잉箇거거喫치칭糧량량的디듸 ○ 다냥식먹ᄂᆞᆫ이업ᄉᆞ니이
다 [illegible] 見현현在재쨰軍균균數수수目무뭉多도더少샾샾 ○ 今見在ᄒᆞᆫ군數目이
ᄒᆞ연마나 ㊀末 瞞먼먼相샹샹公궁궁說숴쉬不부부得더듸 ○ 相公을속여니ᄅᆞ디
못ᄒᆞᆯ소이다 這저져城칭찡中중즁軍균균 ○ 軍이城中에 在채째遮탄땅走주즘
的디듸多도더有우잉 ○ 遮走에잇ᄂᆞᆫ이만흔디라 上샹썅司스ᄉᆞ來레래點뎐뎐 ○
上司ᄒᆞᆷ애ㅣ와 從충쭝前쳔쪈點뎐뎐過고궈 ○ 點過ᄒᆞ로조차ᄒᆞ고 後후ᄒᇢ又
와의 轉쥔쥔回휘휘來레래 ○ 뒤흐로또도라와 見현현數수수目무뭉多도더 ○
數目을뵈ᄂᆞ니만ᄒᆞᆷ 好호핳支즈즈糧량량 ○ 支糧ᄒᆞ기ᄂᆞᆫ됴커니와 ○ 支糧 譯語類解 穀食차ㅣ하

호다 實시싱 要약향 調댠턍 用융융 時스쓰 ○ 실로 調用호려 호면 箇거거 箇거거 都

두두 是스쓰 殘찬짠 疾지찡 老랖랗 弱쇼샿 的디딩 ○ 낫낫히 다 老弱이니 이다 殘疾이

(奎) 這저져 等등등 獘비삐 病빙삥 ○ 이런 病을 獘 上샹썅 頭두뜰 何허헝 由우임

得더듸 知지징 ○ 우히 엇디 말미 암아 알리오 (叫)갼걍 那나나 軍균균 士스쓰 過고궈 過고궈

来레래 點뎐뎐 ○ 뎌 軍士 블러 오라 와 點호라 (末) 叫갼걍 軍균균 士스쓰 過고궈 来레래

點뎐뎐 ○ 軍士 블러 點호며 니라 와 都두두 立리링 在재째 一이홍 邊변변 ○ 다 호

편셔 에라 (末) 蹶궈궈 張장쟝 三산산 ○ 저는 張三 當作 㾜 下同 아○ (丑) 有우임 ○ 잇ᄂ

다이 (奎) 你니니 如유유 何허헝 蹶궈궈 了랴랑 ○ 네 엇디 눈다 (丑) 我오어 不부불

蹶궈궈 ○ 내 저디 호야 아 只즈즈 是스쓰 一이홍 脚교걓 彎완환 些셔셔 ○ 그저

호다 리 구부니 적이 다이 (奎) 你니니 家갸갸 有우임 壯장쟝 丁딩딩 沒무몽 有우임 ○

비 집의 壯丁이 잇ᄂ냐 업ᄂ냐 (丑) 有우임 一이홍 箇거거 兄흉흉 弟디띠 又우임 壯장쟝

○ 호아 장뎡 이이 로이 뒤셔 또 我어오 壯좡좡 只즈즈 蹶궤궤 一이이 隻지징 脚갸교

○ 다나 리장 롤뎡 절은 가그 니저 와호 他타타 壯좡좡 都두두 蹶궤궤 兩량량 隻지징 脚

갸교 ○ 리더 저장 누뎡 니은 이다 다두 다 㚒 你니니 甚씸슴 麽마마 手실식 ○ 슴네 手므

뇨ㅣ 丑 我어오 有잉우 一힝이 箇거거 短뒨둰 棒빵방 槌쮜취 ○ 棒내 槌ᄒᆞ ㅣ뎌 잇론

다ᄂᆞ 이 奎 棒빵방 槌쮜취 如유유 何ᄒᆡᆼ허 殺상사 得드더 賊쯰즤 ○ 엇棒 디槌 도로

이적 리을 오죽 丑 賊쯰즤 來래레 這저저 等등등 擂뤼뤼 他타타 ○ 면도 이적 리이 더오

니롤 이티 다ᄂᆞ 奎 過궈고 去큐큐 ○ 가디 라나 末 禿터토 李리리 四ᄉᆞ스 ○ 은등 李곱

아四 ㅣ 淨 有잉우 ○ 이잇 다ᄂᆞ 奎 這저저 廝ᄉᆞ스 是ᄊᆞ스 箇거거 禿터토 子즈즈

○ 은이 놈놈 이이 로이 고등 나곱 淨 我어오 禿터토 不부부 得드더 了랴랴 ○ 곱내 은등

니줄 라이 아 去큐큐 年년년 本븐븐 是ᄊᆞ스 變완완 向향향 後흫후 ○ 본去 뒤年 굽에

ᄒᆞ어 엿뒤 더ᄒᆞ 니로 向 因힌인 地띠디 下해하 尋씬신 針진진 來래레 ○ 바사 놀히 어셔

등을因ᄒᆞ여 遂쉬쒸彎완환向향향前쳔젼来레래了랴랼 ○ 드듸여곱어앏흐로向ᄒᆞ

엿ᄂᆞ이다 (奎)你니니家갸갸有우잉壯좡좡丁딩딩沒무뭉有우잉 ○ 네집의壯丁이

잇ᄂᆞ냐업ᄂᆞ냐 (淨)有우잉丁딩딩只즈즐是스쏘不부붕壯좡좡 ○ 丁이잇시되그저壯

티아니ᄒᆞ야 有우잉二ᅀᅳᆯᅀᅳᆯ寸츈츈長챵쨩 ○ 二寸長이잇ᄂᆞ니이다 (末)問운믄你

니니家갸갸有우잉好한항漢한한沒무뭉有우잉 ○ 뭇ᄂᆞ니네집의好漢이잇ᄂᆞ냐업ᄂᆞ

냐 (淨)有우잉媳시싱婦부뿌懷홰홰了랴랼七치칭箇게거月웨웕胎태태 ○

媳婦ㅣ미셔닐곱ᄃᆞᆯ胎를ᄇᆡ야시니 這저져箇거거生승승出츄츙 ○ 이ᄅᆞᆯ나ᄒᆞ면 一이홍

㝎딩띵是스쏘好한항漢한한 ○ 一㝎이好漢이리라 (奎)是스쏘甚슴씸麽마마手

ᅀᅮ심 ○ 이므슴手ㅣ뇨 (淨)只즈즐是스쏘會휘휘吹취취火호훠筒퉁뚱 ○ 그저火筒

불줄을아ᄂᆞ이다 (奎)火호훠筒퉁뚱如슈슈何허헝殺사삼賊지찍 ○ 火筒으로엇디

도적을죽이리오 (淨)賊지찍来레래吹취취火호훠筒퉁뚱 ○ 도적이오거든火筒을블

어 當 당당 喇 랑라 叭 팡파 驚 깅깅 他 타타 ○ 喇叭을當ᄒᆞ여더 로놀래ᄂᆞ니이다 (奎) 過

去 큐큐 ○ 더나가라 (末) 臭 침차 王 왕왕 八 빵바 ○ 내나ᄂᆞᆫ王八아 ○ 俗謂縱婦行淫曰

王八 (奎) 有 잎우 ○ 잇ᄂᆞ이다 (奎) 這 저저 軍 균균 如 유유 何 ᄒᆡᆼ허 是 쓰스 箇 거거 婦

뿌부 人 인인 ○ 이軍은엇디 이婦人고 (奎) 小 샤샤 媳 싀시 婦 뿌부 是 쓰스 女 뉴뉴 軍

균균 ○ 小媳婦ᄂᆞᆫ이女 軍이로소이다 (奎) 這 저저 是 쓰스 你 니니 姓 싱싱 是 쓰스 你 니니

丈 쨩장 夫 부부 姓 싱싱 ○ 이거시이네姓가 네丈夫의姓가 (奎) 不 붕부 是 쓰스 丈 쨩장 姓

夫 부부 姓 싱싱 ○ 이丈夫의姓 이아니오 也 여여 不 붕부 是 쓰스 奴 누누 家 갸가 姓

싱싱 ○ 또이奴家의 姓도아니라 城 쳥칭 裏 리리 人 인인 見 견견 小 샤샤 媳 싀시 婦 뿌부

的 듸디 丈 쨩장 夫 부부 ○ 城안사ᄅᆞᆷ이小 媳婦의丈夫ᄂᆞᆫ 到 닿도 處 츄츄 養 양양 老 랖로

婆 뿨포 ○ 간곳마다老婆 어룸을보고 說 숴쉬 我 어오 不 붕부 長 쨩챵 進 진진 ○ 니ᄅᆞ

되내長進 티못ᄒᆞ야 縱 중중 容 융융 丈 쨩장 夫 부부 與 유유 人 인인 通 퉁퉁 姦 간간 ○

丈夫를권ᄒᆞ야사ᄅᆞᆷ으로더브러通케ᄒᆞ다ᄒᆞ야○縱容與慫慂通勸也 姦號 호햫 我 오어 做 주주

王 왕왕 八 빵바 ○ 날을王八이라브르고 又 잉우 是 쓰스 有 잉우 些 셔서 袖 쑹삭 裏

리리 病 삥빙 ○ ᄯᅩ져기袖裏病이이시니 因 힌인 此 츠츠 叫 걍쟈 做 주주 臭 칭취 王 왕왕

八 빵바 ○ 일로因ᄒᆞ여내나ᄂᆞᆫ王八이라브ᄅᆞᄂᆞ니이다 ㊍ 你 니니 是 쓰스 甚 씹숨 麼 마마

手 싱삭 ○ 너ᄂᆞᆫ이므슴手ㅣ뇨 ㊍ 是 쓰스 箇 거거 耙 바바 子 즈즈 ○ 이耙子ㅣ로소이다

田○ 器四 ○四聲通解耙田器쇼시랑 ㊍ 用 융융 他 타타 做 주주 甚 씸숨 ○ 뎔로뻐므슴ᄒᆞ리오 ㊍

用 융융 他 타타 耙 바바 灰 휘휘 ○ 뎔로뻐지롤그ᄂᆞ이다 ㊍ 打 다다 這 져져 潑 퐁포

婦 뿌부 ○ 이포피라온겨집을티라 ㊍ 是 쓰스 我 어오 家 갸갸 公 궁궁 的 딩디 老 랑락

手 싱삭 ○ 이ᄂᆞᆫ우리家公의老手ㅣ로소이다 ㊍ 過 궈고 去 큐큐 ○ 더나가라 ㊍ 謊 황황

趙 짠잔 二 ᅀᅳᆯ을 ○ 거즛말ᄒᆞᄂᆞᆫ趙二아 有 잉우 ○ 잇ᄂᆞ이다 ㊍ 如 유유 何 해허 自 쯔즈

應 힝잉 ○ 엇디스스로應ᄒᆞᄂᆞ뇨 ㊍ 是 쓰스 小 샹샨 人 신인 ○ 이小人이로소이다 齁

후흫 趙 쟌짷 二 슬슳 ○ 코ᄒ로숨쉬ᄂᆞᆫ趙二아 有 우잉 ○ 잇ᄂᆞ이다 奎 如 슈슈 何 허ᄒᆡ

兩 량량 樣 양양 叫 갸걓 你 니니 ○ 엇디두가지로너로브르ᄂᆞ뇨 末 無 우무 賊 즤쯰 来

레래 ○ 도적이옴이업ᄉᆞ면 跟 근근 官 권권 寫 셔셔 字 즈쯔 ○ 관원을ᄯᅡ字ᄅᆞᆯ쓰매라 搖

얀양 搖 얀얀 擺 배배 擺 배배 謊 황황 謊 황황 詐 자자 詐 자자 ○ 搖搖擺擺謊謊詐詐ᄒᆞ니

便 변뻔 是 스쓰 謊 황황 趙 쟌짷 二 슬슳 ○ 곳이거즛말ᄒᆞᄂᆞᆫ趙二오 聽 팅팅 見 견견 有

우잉 聲 싱싱 息 시싱 来 레래 ○ 聲息이이심을들으면 驚 깅긩 得 더듷 曳 이이 氣 키키

不 부붕 上 샹썅 喉 후흫 ○ 놀라긔운을ᄭᅳ어목굼게올리디못ᄒᆞ니 便 변뻔 是 스쓰 齁 후흫

趙 쟌짷 二 슬슳 ○ 곳이코ᄒ로숨쉬ᄂᆞᆫ趙二로소이다 奎 你 니니 一 이힝 身 신신 當 당당

兩 량량 役 이잉 ○ 네一身이兩役을當ᄒᆞ니 你 니니 是 스쓰 甚 심씸 麽 마마 手 삭싱 ○

네이므슴手ㅣ뇨 末 刀 단당 鞘 샨샹 手 삭싱 ○ 刀鞘手ㅣ로소이다 被 븨삐 賊 직찍 赶

간간 得 더듷 緊 긴긴 ○ 도적의ᄯᅥ로기緊히홈을님어ᄅᆞᆯ 吊 됴됸 下 하햐 刀 단당 只 즈쯔

剩싱싱 下하햐 鞘샨샿 ○칼흘 ᄠᅥ르티고 그저 가플만 남앗ᄂᆞ이다 (全) 刀도닿 便변뼌 殺

사샇 得더듷 賊적쩍 ○칼 혼곳도 적을 죽이려니와 要야걍 鞘샨샿 何허혀 用용융 ○

가플을ᄒᆞ여므 서세쓰리오 (末) 雖쉬쉬 沒무뭉 刀도닿 却거겅 好하핳 鞘샨샿 ○비록

칼히 업스나 ᄯᅩ 됴 혼 가플이니이다 哄훙흉 張장쟝 三산산 ○張소三기아ᄂᆞᆫ 不부붕 在재째

○업ᄂᆞ니 日시싀 前쳔젼 ○日前에 大다따 人신신 着죠쟉 他타타 做주주 夜

여여 不부붕 收수싛 去큐큐 ○大人이 더로ᄒᆞ여 夜不收롤 삼아 가ᄂᆞ 稗官雜記 軍中凡探聽賊中

動靜消息及急幹使令之人宋西邉謂 之急脚急力明朝西北邉稱夜不收 打다다 探탄탄 賊적쩍

情칭쪙 了랸량 ○賊情을 탐디게 ᄒᆞᆫ엿ᄂᆞ니이다 趙쟌쨯 錢쳔쪈 鬼귀귀 名밍밍 ○趙錢

은鬼名이오○魏文帝與吳質書云徐 陳應劉一時俱逝觀其姓名己為鬼録 孫순순 李리리 鬼귀귀

名밍밍 ○孫李도鬼名 이로소이다 (全) 陳진찐 亡왕망 的디딩 是스쓰 鬼귀귀 名밍밍

○陣ᄂᆞᆫᄒᆞᆫ이이 鬼名이라一 如슈슈 何허혀 都두두 是스쓰 鬼귀귀 名밍밍 ○엇더 다이

이思 눈名 (末) 俏 샾샿 胡 후후 七 치칭 ◯ 胡七 영노 아혼 不 부붕 在 재쨰 ◯ 업니 ᄂᆞ 這

져텨 廝 스亽 會 휘휘 說 쉬워 評 핑삥 話 화화 ◯ 이놈이 줄을 아ᄂᆞᆫ 評話 디니라 로ᄂᆞᆯ 把 바바

總 중중 那 나나 裏 리리 出 츄츄 去 큐큐 做 주주 圍 위위 子 ᄌᆞ즈 手 식싱 了 랴랼 ◯

把子 總手 이로 더삼 그앗 나ᄂᆞ 감니 애이 圍다 (大全) 呀 하햐 這 져져 等 등등 甚 슴씸 麼 마마 時

스ᄉᆞ 節 져졍 ◯ 하어 이니 거ᄇᆡ 시뇨 窮 궁궁 邊 변변 孤 구구 壘 뤼뤼 ◯ 窮邊孤 壘에 人

신인 不 부붕 聊 랴랼 生 승승 ◯ 사티 룸이 못ᄒᆞ 여聊生 殘 찬짠 兵 빙빙 疲 피삐 卒 주죵

不 부붕 滿 먼먼 數 수수 十 시씹 ◯ 殘兵疲卒이 數十에 太다 못ᄒᆞ고 纔 채째 有 잇잉 人

신싄 形 힝헝 ◯ 이계 요잇 人거 形늘 不 부붕 差 채채 他 타타 出 츄츄 ◯ 더내 로디 식아 ᄒᆞ니

고ᄒᆞ 便 변뼌 要 얀약 他 타타 跟 근근 隨 취쮜 ◯ 곳ᄒᆞ 더엿 로ᄂᆞ 跟나 隨 這 져져 破 포푸

城 칭쩡 中 중중 ◯ 이中 破에 城 只 즈즈 留 릭링 得 더릉 幾 기기 箇 거거 疙 토터 跋

보뷔 踚 뤼켜 瞎 하향 ◯ 그고 저눈 여머 러니 등만 곱머 고므 다러 리시 절니 托 토탕 庇 비비 朝

챵쨩 廷팅띵 洪훙훙 福부붕 ◯ 朝廷洪福을 托庇ᄒᆞ여 侥갸걍 倖힝ᅘᅵᆼ 無우무 事스쓰
也여여 過고궈 了랴랼 ◯ 侥倖으로 無事ᄒᆞ면 ᄯᅩ 디내려니와 萬완완 一이ᅙᅵᆯ 有우잍 些
셔셔 聲싱싱 息시싱 ◯ 萬一적이 聲息이 이시면 着죠쨯 誰쉬쒸 支즈즈 持치찡 ◯ 늘로
ᄒᆞ여 支持ᄒᆞ리오 俗슈쑹 語유유 云윤윤 ◯ 俗語에 니ᄅᆞ되 巧걓걓 媳시싱 婦부뿌 煑
쥬쥬 不부붕 得더듷 沒무뭉 米미미 飯반뻔 ◯ 巧媳婦도 ᄡᆞᆯ 업슨 밥은 짓디 못ᄒᆞᆫ다 ᄒᆞ니 便
변뼌 使스ᄉᆞ 白버ᄈᆡᆼ 起키키 韓한ᅘᅡᆫ 信신신 ◯ 곳 白起와 韓信으로 ᄒᆞ여곰 賊즤쯩 來
레래 軍균균 無우무 糧량량 食시씽 ◯ 도적이 오매 軍糧食이 업고 空쿵쿵 拿나나 着
죠쨯 拳퀀퀀 頭투뚷 ◯ 속절업시 주머귀만 가져시면 他타타 也여여 成칭찡 不부붕 得
더듷 事스쓰 ◯ 도 일을 일우디 못ᄒᆞ려든 況황황 是스쓰 今긴긴 世시싱 之즈즈 人
신인 ◯ ᄒᆞ믈며 수世 사ᄅᆞᆷ이ᄯᆞ녀 真진진 是스쓰 可커커 憐련련 可커커 憐련련 ◯ 진실
로 可憐可憐ᄒᆞ다 (淨) 事스쓰 急기깅 了랴랼 ◯ 일이 急ᄒᆞ엿ᄂᆞ이다 (末) 探탄탄 軍균균

回 휭휘 来 래레 ○ 探軍이 도라 왓ᄂᆞ이다 ㊟ 叫 걒쟌 入 슝유 来 래레 你 니니 問 믄운

他 타타 ○ 블러드려네뎌 드려무르라

㊟ 你 니니 叫 걒쟌 那 나나 牌 빼때 子 즈즈 過 궈고 来 래레 ○ 네 뎌 牌子로 블러오라

我 어오 問 믄운 他 타타 ○ 내 뎌ᄃᆞ려 므르리라 ㊟ 有 잉우 ○ 잇ᄂᆞ이다 ㊟ 胡 ᅘᅮ후 人

인인 愛 해애 的 딩디 是 씋스 寶 방바 ○ 胡人의 ᄉᆞ랑ᄒᆞ논 거슨 이 보비랑어늘 寶 방바 我 어오

這 져져 裏 리리 沒 뭉무 有 잉우 ○ 보비우리 여긔업고 胡 ᅘᅮ후 人 인인 愛 해애 的 딩디 裏

是 씋스 女 뉴뉴 色 싕서 ○ 胡人의 ᄉᆞ랑ᄒᆞ논 거슨 이 女色이어늘 我 어오 這 져져 裏 리리 是

沒 뭉무 子 즈즈 女 뉴뉴 ○ 우리 여긔 子女ㅣ 업고 胡 ᅘᅮ후 人 인인 愛 해애 的 딩디 是

쑹스 牲 승승 口 킁쿠 ○ 胡人의 ᄉᆞ랑ᄒᆞ논 거슨 이 牲口ㅣ어늘 我 어오 這 져져 裏 리리 沒

뭉무 羊 양양 馬 마마 ○ 우리 여긔 羊馬ㅣ 업소니 我 어오 這 져져 空 쿵쿵 城 칭칭 中 중중

都 두두 沒 뭉무 有 잉우 ○ 우리 이 空城中에 다 업거늘 他 타타 来 래레 討 탕닫 甚 씽슴

的 딍디 ○ 어뎌 드와 리므 오서 슬 (淨)他 타타 說 숸숴 ○ 르뎌 되니 要 얗얀 討 탛탁 軍 으뎌

균균 師 숬스 興 힝힝 兵 빙빙 馬 마마 去 큐큐 征 징징 西 시시 ○ 兵軍 馬師 롤롤 닐어 으더

○힉 䥲가 以西 孫로 臏티 爲러 軍ᄒᆞ 師뎌 니 有 잉와 一 힁이 箇 거거 中 즁즁 國 궈궈 人 인인

○ 흠ᄒᆞ 이中 이國 셔사 被 삐비 他 타타 擄 루루 去 큐큐 ○ 히뎌 여의 감게 을사 닙르 어잡 遂

쒸쉬 降 향향 他 타타 ○ 게드 항듸 복여 홈뎌 애의 用 융융 他 타타 做 주주 宣 숸숸 說 숸숴 魯 루루

干 간간 ○ 擻뎌 宣롤 魯뻐 于宣 胡魯 ᄼ于 馰을 馬삼 之ᄋ 稱니 ○ 那 나나 人 신신 說 숸숴 ○

닐텨 오사 되롬 이 大 따대 人 인인 是 쏘스 他 타타 朋 뿡픙 友 잉우 ○ 뎌大 의ㅅ 朋은 友이

라ㅣ 因 힌인 做 주주 諫 견견 官 권권 ○ 因諫 ᄒᆞ官 여됨 을 降 걍걍 在 째재 邊 변변 城

찡칭 ○ ᄒᆞ邊 여城 시에 니降 在 不 붕부 無 무우 怨 훤원 望 망왕 ○ 아怨 널望 ᄒᆡ이 시업 오미

且 쳐쳐 素 수수 有 잉우 韜 탕탁 略 량략 ○ 라또 ○본 兵듸 法韜 有略 六이 韜잇 三ᄂᆞᆫ 略디 要

향약 請 칭칭 大 따다 人 인신 去 큐큐 他 타타 國 궈궈 做 주주 軍 균균 師 숬스 ○ 大ㅅ

軍을 師請 ᄅᆞᆯᄒᆞ 삼야 고뎌 져나 ᄒᆞ라 여희 가 那나나 宣쉰쉰 鹵루루 干간간 要향야 致징지

書슈슈 来래레 與유유 大따다 人인신 ◯ 와뎌 大宣 人鹵 을干 주이 고글 져을 호닐 되위 여

知징지 大따다 人인신 必빙비 不붕부 從쭝충 ◯ 디大 아ㅅ 닐이 줄반 을ᄃᆞ 알시 고조 故

구ᄀᆞ 用융융 兵빙빙 威위위 相샹샹 貧ᄒᆡᆼ핀 ◯ ᄒᆞ짐 려즈 ᄒᆞᆫ兵 다威 ᄒᆞ로 더ᄢᅧ 이서 다ᄅᆞ 貧

㊄ 不붕부 知징지 他타타 要향야 我어오 身신신 要향야 我어오 頭뜽투 ◯ 디아

냐못 내게 마라 리뎌 롤내 要몸 ᄒᆞ을 더要 나ᄒᆞ 더 要향야 頭뜽투 把바바 與유유 他타타 ◯

뎌마 롤리 주롤 려要 니ᄒᆞ 와면 要향야 身신신 決줴궤 不붕부 與유유 他타타 ◯ 要몸 ᄒᆞ을

주면 디결 아단 니ᄒᆞ ᄒᆞ여 리뎌 라롤 我어오 也여여 無무우 韜탕탄 略랴랴 ◯ 略내 이ᄯᅩ 업韜

와거 니 有임우 也여여 不붕부 為위위 他타타 用융융 ◯ 임이 이셔 되도 디뎌 아의 니ᄡᅳ

라ᄒᆞ 리 左저조 右임우 ◯ ㅣ左 아右 事쓰스 急깅기 了랴랴 也여여 難난난 道땅단

坐쭤조 ◯ 잣일 쟈이 널急 으ᄒᆞ 기여 어시 렵니 다안 吹취취 起키키 號함할 頭뜽투 ◯ 라쥬

롤블라○號頭釋見譯語類解 (末)號호향頭투뜽三산산遭잔잠了랴량○쥬라ㅣ세번이
로되沒무몽一이힝箇거거人인인来레래○ᄒᆞᆫ사ᄅᆞᆷ도오ᄂᆞᆫ이업ᄂᆞ이다 (奎)擂뤼뤼
鼓구구○북을티라 (末)擂뤼뤼鼓구구三산산通퉁퉁了랴량○북팀이三通이로되
只즈즘有우잉三산산四스숭箇거거病빙삥軍균균来레래到닾당○다문서너
病軍이이셔왓ᄂᆞ이다 (奎)有우잉衣이히甲갸걍器키키械혜혜沒무뭉有우잉○
衣甲器械ㅣ잇ᄂᆞ냐업ᄂᆞ냐 (末)精징징皮피삐空쿵쿵手식싱○민가족빈손이로소이다
(淨)事스씅急기깅了랴량○일이急ᄒᆞ여시니請칭칭大다따人신인且쳐쳐走
주증去큐큐避비삐他타타一이힝避비삐○請권대大人은아직라나뎌룰避ᄒᆞ쇼셔ᄃᆞ
(奎)春츈츈秋츄칭大다따夫부부失시싱地디띠則저징書슈슈名밍밍○春秋
에大夫ㅣ싸홀일ᄒᆞ면일홈을썻ᄂᆞ니○胡傳曰王朝大夫及列國之命大夫例稱字其常也聖人按是非定
褒貶則有例當稱字或黜而書名其變也我오어奉붕뽕命밍밍守식싱城칭쪙○내命을밧

드러城을딕희니 當당당與유유城칭찡相샹샹爲위위存춘쭌亡왕뮝 ○ 맛당히城

으로더브러서ᄅᆞ存亡이될디라 世시싱上샹썅豈키키有우임逃탄땅走주증的디딩

大다따夫부부 ○ 世上에엇디逃走홀大夫ㅣ이시리오 ㊥走주증誰쉬쒸知지징道

닷땅 ○ ᄃᆞ른들뉘알리잇고 ㊨天텬텬知지징神신씬知지징你니니知지징我오어

知지징一이힝城칭찡人신신盡진진知지징知지징 ○ 하ᄂᆞᆯ도알고귀신도알고너도알고나도

도알고一城사ᄅᆞᆷ이다아ᄂᆞ니라 連련련忙망망申신신文운운書슈슈去규규 ○ 밧비文書

로申ᄒᆞ라가라 ○ 申音 云下司達於上司之謂 義 ㊟事스ᄉᆞ急기깅了랴량 ○ 일이急ᄒᆞ엿ᄂᆞ

이다 此츠ᄎᆞ去큐큐長챵쨩安안한九구깅千쳔쳔里리리帥쇄쐐府부부三산산

千쳔쳔里리리 ○ 예셔長安가기九千里오帥府ㅣ三千里니 遲치찡了랴량 ○ 더듸리로

다

㊥不부붕好화핳了랴량 ○ 됴티아니ᄒᆞ여이다 賊직찍臨린린城칭찡邊변변了

랴랸 ○ 도적이城邊에臨ᄒᆞ엿ᄂᆞ이다 (末) 急 긔기 關 권권 門 믄믄 ○ 急히門을다드라 (奎)

軍 균균 士 ᄉᆞ스 不 붕부 問 믄운 老 랖랖 幼 ᄋᆛ우 男 난난 婦 뿌부 ○ 軍士ᄅᆞᆯ老幼과男婦

ᄅᆞᆯ뭇디말고 都 두두 要 햫얀 上 썅샹 城 찡칭 ○ 다城에올라 一 힝이 人 신인 守 싷식

十 씽시 箇 거거 垜 더도 子 즈즈 ○ ᄒᆞᆫ사ᄅᆞᆷ이열각회씩딕희과뎌ᄒᆞ노라 (末) 也 여여 守

싷식 不 붕부 過 궈고 多 더도 ○ 또ᄒᆞᆫ힘이만티아니ᄒᆞ니 不 붕부 曾 쯩층 守 싷식 一 힝이

般 번번 ○ 일쯕딕희디아니홈ᄒᆞᆫ가지로다 (奎) 我 어오 伍 우우 倫 륜륜 全 쮠췬 好 핳한

男 난난 子 즈즈 ○ 나伍倫全好男子ㅣ 滿 먼먼 肚 두두 本 븐븐 事 ᄊᆞ스 竟 깅깅 不 붕부

曾 쯩층 施 ᄉᆞ스 一 힝이 施 ᄉᆞ스 ○ 비예ᄀᆞ득ᄒᆞᆫ지조ᄅᆞᆯ므ᄎᆞᆷ내베프디못ᄒᆞ리로다 (末) 小

샹샨 人 신인 有 임우 一 힝이 計 기기 甚 씬신 妙 먈먀 ○ 小人이一計이시되심히妙ᄒᆞ니

望 망왕 大 따다 人 신인 容 융융 納 낭나 ○ ᄇᆞ라건대大人은容納ᄒᆞ쇼셔 (奎) 何 혀허 計

기기 ○ 므슴계교뇨 (淨) 大 따다 人 신인 在 째재 朝 쨯챺 得 듷더 罪 쮜쥐 權 궨궨 臣

찐친 ○ 大人이朝에이셔罪 룰權臣의게어드니 本본븐 欲융유 陷쎤현 大따다 人인인 於

유유 死슷스 地띠디 ○ 본ᄃᆡ大人을死地 예陷코져홈이라 今긘긘 日싕싀 若샵쇼 是쓰스

死슷스 ○ 오ᄂᆞᆯ만일 죽으면 正징징 中중중 他타타 計기기 ○ 졍히뎌의계 교롤맛팀이

니이 다 ㊟ 你니니 要향얀 我어오 怎즘즘 的딍디 ○ 네날을엇디 과더ᄒᆞ눈다 淨 我

어오 願원원 大따다 人신인 且쳐쳐 降향향 他타타 ○ 내願컨대大人이 아직뎌의게항복

야ᄒᆞ 救강구 這져져 一힝이 城찡칭 生승승 靈링링 ○ 이一城生靈 을救ᄒᆞ쇼셔 ㊟ 我

어오 這져져 頭뜰투 一힝이 低디디 再재재 擡때태 得듸더 起키키 麽마마 ○ 내 이

마다 리시 롤드 ᄒᆞᆫ러 번니 ᄂᆞᄅᆞ 촘혀 애며 我어오 這져져 膝싱시 一힝이 屈쿵큐 再재재 申

신신 得듸더 直찡지 麽마마 ○ 내이무릅흘ᄒᆞᆫ번굽힘 애다시펴곳게ᄒᆞ라 我어오 有잉우

死슷스 而슬을 已이이 ○ 내죽음이이 실ᄉᆞ룸이라 我어오 之즈즈 此츠츠 來래래 ○

내의이 옴이 也여여 是쓰스 我어오 的딍디 罪쮜쥐 是쓰스 我어오 的딍디 命밍밍

○이 또 나의 罪며 이 나의 命이니 不부붕干간간別벼뼝人인인事스쓰 ○다론사룸의게 관셥디 아닌 일이라 若쇼얏是스쓰我오어降향향他타타則저즹 ○만일 내 뎌게 항복ᄒᆞ면 平핑뼝日이싀的디듸名밍밍節저졍都두두掃산삼了랴랴 ○平日엣 名節이 다 쓰러딜셔니 這저저箇거거正징징中중중他타타計기기 ○이거시 正히 뎌의 계교를 맛팀이라 倷니니休후흥提티떠 ○네 뎨긔티 말라

㊍罷바빠罷바빠罷바빠休후흥休후흥休후흥 ○두어두어두어말셔라말셔라말셔라 丈장쨩夫부부死스숳則저즹死스숳矣이이 ○丈夫ㅣ 죽음은 죽을디니 恨ᄒᆞᆫ흔不부붕光광광明밍밍俊쥰쥰偉위위耳슐슬 ○光明俊偉티 못ᄒᆞᆫ가 恨ᄒᆞᆫ디라 罷바빠罷바빠

○두두어어鬆산샹達다땅奴누누 ○鬆達奴야 倷니니拴쳐쳐我오어做주주甚심씸的디딍 ○네 나를 두리야 므슴ᄒᆞ려ᄒᆞᄂᆞ뇨

㊀宣쉬쉰魯루루干간간着죠쨯小샨샹人인인來레래請칭칭大다따夫부부 ○宣魯干이 小人으로ᄒᆞ여 와 大夫를 請ᄒᆞ더이

다 ㊎他타타是쓰스甚씸슴麽마마人인신請칭칭我어오○사뎨ᄅᆞᆷ이이엇완던
ᄒᆞ되ᄃᆞ나뇨ᄅᆞᆯ請 ㊉他타타于유유今긴긴在재재俺암암國궈궈中중중做주주
宣숸숸魯루루干간간○이뎨셔이宣제魯우干리이國되中야에統퉁퉁領링링五우우
千쳔쳔兵빙빙馬마마○統五領千ᄒᆞ兵고馬ᄅᆞᆯ金긴긴銀인인無우우數수수○
쉬金업銀고이牛부부馬마마滿먼먼山산산○ᄀᆞ牛도馬ᄒᆞㅣ고山에子즈즈女뉴뉴
滿먼먼前쳔쳔○ᄀᆞ子도女ᄒᆞㅣ야踏희十시시分분분富부부貴귀귀○富ᄀᆞ貴장
ᄒᆞᄂᆞ大따다夫부부今긴긴日이이到닿닿俺암암國궈궈中중중○大오夫ᄂᆞᆯ우ㅣ
니리ᄅᆞ國면中에明밍밍日이이也여여這져져等등등富부부貴귀귀○ᄉᆞ도니이일
리리이富다貴ᄒᆞ ㊎狗구구喫치치的디디人인신肯큰큰喫치치麽마마○개먹
즐ᄂᆞᆫ겨거먹슬으사라ᄅᆞᆷ이 ㊉你니니不부부要야야頭두두○네티마아리니ᄅᆞᆯᄒᆞ要ᄂᆞᆫ
다你니니敢간간這져져等등등無우우禮리리○네無敢禮히ᄒᆞ이다리 ㊎我

오어 一 이잉 到 닿당 城 칭쪙 中 중즁 ○ 내 ᄒᆞᆫ번 城中에 니르러 我 오어 己 이이 不 부붕

要 얀향 頭 투뜰 了 랴럏 ○ 내 임의 마리롤 要티 아니ᄒᆞ노니 你 니니 要 얀향 便 변뱬 取

츄츄 去 큐큐 ○ 네 要ᄒᆞ거든 곳 取ᄒᆞ야 가라 打 다다 甚 슴씸 緊 긴긴 ○ 무서시다 긴ᄒᆞ리오

㊀丑 好 한할 笑 샾샾 好 한할 笑 샾샾 ○ ᄀᆞ장 우옵다 ᄀᆞ장 우옵다 宣 훤훤 魯 루루 干 간간

再 재재 三 산산 上 샹썅 覆 부붕 大 다따 夫 부부 ○ 宣魯干이 再三 大夫씌 ᄉᆞᆯ오라ᄒᆞ니 你

니니 去 큐큐 不 부붕 妨 방방 ○ 네 감이 해롭디 아니ᄒᆞ다 (奎) 我 오어 死 스ᄉᆞ 也 여여 在

재쨰 這 저저 裏 리리 ○ 내 죽어도 예 이시리라 (淨) 拿 나나 將 쟝쟝 去 큐큐 ○ 잡아 가쟈

管 권권 他 타타 做 주주 甚 슴씸 ○ 뎌롤 ᄀᆞ옴아라 므슴ᄒᆞ리오

(女淨) 夫 부붕 人 신싄 萬 완완 福 부붕 ○ 夫人 萬福 夫 부부 人 신신 每 믜믜 日 싀싱 家

가가 喜 히히 色 서싕 蔥 충충 蔥 충충 ○ 夫人이 每日에 喜色이 ᄒᆞ더니 ○漢光武紀註 忩忩

氣之條暢 今 긴긴 日 싀싱 裏 리리 啾 작짱 啾 작짱 唧 지징 唧 지징 ○ 오늘은 啾啾唧唧ᄒᆞ

니○正字通唧竊語聲啾唧小聲也 必비삥 是스쏭 有우잏 緣연연 故구구 ○반ᄃᆞ시 緣故ㅣ
잇도다 (沓) 媚믜믜 春츈츈 ○媚春아 自즈쯔 從츙쭁 夫부부 君균균 因인힌 事
스쏭 謫지찡 守식싱 邊변변 城칭찡 之즈즁 後후훃 ○夫君이 일을 因ᄒᆞ야 邊城에 謫守ᄒᆞᆫ
後로브터 杳얀향 無우몽 音인힌 信신신 ○묘연히 音信이 업더니 近근긘 日싀싱 聞
운몬 人인신 從츙쭁 邊변변 上샹썅 來레래 傳쳔뭔 說쉬쉉 ○요ᄉᆞ이 사ᄅᆞᆷ이 邊上으로
조차 와 뎐ᄒᆞ여 닐옴을 드ᄅᆞ니 神신씬 木무몽 寨재쨰 被븨삐 虜루루 所소수 圍위위 ○
神木寨ㅣ 虜의에 온 바ᄅᆞᆯ 닙엇다 ᄒᆞ니 傳쳔뭔 言연연 不부붕 可커커 盡진진 信신신 ○
傳言을 可히 盡信티 못ᄒᆞᆯ 새시나 亦이힝 不부붕 可커커 不부붕 信신신 ○또ᄒᆞᆫ 可히 믿디
아니티 못ᄒᆞᆯ 새시라 城칭찡 寨재쨰 被븨삐 圍위위 邊변변 鄙븨븨 常챵짱 事스쑿 ○
城寨ㅣ 에옴을 닙음은 邊鄙의 常事ㅣ오 ○左傳註鄙邊邑也 臨린린 難난난 不부붕 避비삐 儒
유유 者져져 家가갸 法바뱝 ○難을 臨ᄒᆞ여 避티 아니홈은 儒者의 家法이어니와 祇즈즁 恐

쿵쿵兒숤숤夫부부偶우읗因인힌差차차錯초참起키키一이힝箇거거念년년

頭투뜽○다ᄆᆞ저프건대兒夫ㅣ우연히差錯을因ᄒᆞ야ᄒᆞᆫ念을닐ᄋᆞ혀萬완완一이힝爲위위

偷투틍生송승計기기○萬一偷生ᄒᆞ야計룰ᄒᆞ야貽이이笑샾샹天텬텬下햐햐士ᄉᆞ쏘

大다따夫부부○우음을天下士大夫의게깃티면連련련奴누누家갸갸也여여不

부붕得더듷出츄츙頭투뜽○奴家조차또마리롤내왓디못ᄒᆞ가ᄒᆞ노라正징징是ᄉᆞ쏘

人신신生숭승自즈쯔古구구誰쉬쒸無우무死스쏘○졍히이人生이녜로부터뉘죽이

음이업소리오留류릉取츄츢丹단단心신신照쟌쨯汗한핸靑칭칭○丹心을留取ᄒᆞ

야汗靑에빗칠디라○汗靑見夢五篇靑史註㊜好한항了랴량○됴타免면면得더둥夫

부붕人신신守슈슝空쿵쿵房방빵了랴량○夫人이空房 ᄃᆡᆨ힘을免ᄒᆞ고媚미믜春

츄츄也여여有유잉主쥬쥬了랴랼○媚春이도主ㅣ이실이로다囉로러嗹련련哩

리리○囉嗹哩○四聲通鮮囉嗹哩歌助聲㕘我오어愁추쯭他타타歡훤훤喜히히○

나ᄂᆞᆫ 근심ᄒᆞ거놀 뎌ᄂᆞᆫ 즐겨ᄒᆞ니 你니니 知지징 甚슴씸 麽마마 ○ 네 므서슬 아ᄂᆞ다 我

오 어 說쉬숴 與유유 你니니 聽팅팅 ○ 내 닐러 너ᄃᆞ려 들리마

(畣) 奴누누 家갸갸 想샹샹 見숄숑 夫부부 稟빈빈 天텬텬 地디디 浩할햏 然션션

之즈즈 氣키키 ○ 奴家ㅣ ᄉᆡᆼ각ᄒᆞ니 見夫ㅣ 天地浩然의 氣룰 稟ᄒᆞ여 ○ 孟子註 浩然盛大流行之貌

氣所謂體之充者 為위위 人신신 剛강강 毅이이 果고궈 決궤궹 ○ 為人이 剛毅果決ᄒᆞ

고 平핑뼝 日이씽 讀두뚱 聖싱싱 賢현쎤 書슈슈 ○ 平日에 聖賢書룰 닑어시니 決

궤궹 不부붕 至즈즈 緩원원 死스스 生숭승 以이이 為위위 一이힝 身신신 苟구긍

免면면 之즈즈 計기기 ○ 결단코 死生을 緩히ᄒᆞ여 뻐 一身구차히 免홀 계교롤 홈애 니ᄅᆞ디 아닐

새시 로되 但단딴 奴누누 家갸갸 此츠츳 心신선 ○ 다문 奴家의 이 ᄆᆞᄋᆞᆷ이 猶익잉 不

부붕 能능능 無우무 疑이히 ○ 오히려 능히 의심이 업디 못호라

(畣) 自즈쯔 古구구 世시싱 上샹쌍 無우무 不부붕 死스슷 的디딩 人신신 ○ 네로

븟터世上의죽디아 날사ᄅᆞᆷ이업스나 若쇼양 得더둥 其키끼 死스숭 則저징 ○만일 그죽
엄즉ᄒᆞᆫ뒤 롤엇으면 雖쉬쉬 二슬승 三산산 十시씽 歲쉬쉬 ○비록二三 十歲라도 也여여
強캉깡 如유유 伱니니 百버빙 歲쉬쉬 ○또네百歲에 셔낫거니와 若쇼양 當당당 死
스숭 不부붕 死스숭 ○만일맛망이죽을 뒤죽디아니ᄒᆞ고 苟구긍 活호훵 百버빙 年변변
○구차히百 年을살면 亦이잉 與유유 那나나 死소숭 的뎌딍 一이힝 般번번 ○또 뎌
죽은이과 ᄒᆞᆫ가지라 兒솔숭 夫부부 當당당 自즈쯍 努누누 力리릉 ○兒夫ᄂᆞᆫ맛 당히스스
로努力홀 써어다
(査) 兒솔숭 夫부부 纔채쨍 娶츄츄 奴누누 家가갸 三산산 箇거거 月워웡 ○兒 夫
ㅣ奴家롤娶 ᄒᆞᆫ연디석돌에 即지징 便변뻔 赴부부 任신신 ○곳赴任 ᄒᆞ여
힝 헹 今긴긴 日시싱 有우잉 此츠충 事스쑹 ○不幸ᄒᆞ여오ᄂᆞᆯ 이일이이시니 若쇼양 無
우무 罷바빠 了랴량 ○만일업ᄉᆞ면 므던커니와 萬완완 一이잉 有우잉 此츠충 事스쑹

○萬一이이시면 撇펴평了랴랴七치칭句쥬쥬老랖랖母무무○七句老母를브

又우약無우무嗣스슨息시싱○또嗣息이업스니眞진진箇거거可커커憐

련련○憐진실로ᄒᆞ다可 雖쉬쉬然연연人신신在재재天텬텬地디디間견견止

즈즈於유유百버빙年년년○비록그러나사ᄅᆞᆷ은天地間에셔百年에긋치거나聲싱싱

名밍밍流랴릴傳춴쮠乃내내至즈즈千천천萬완완年년년○聲名流傳홈은이에

千萬年애닐으나以이이數수수十시쓩年년년之즈즈身신신○數十年몸으로써那나나箇

換훤훤千천천萬완완年년년之즈즈名밍밍○千萬年일홈을밧고면那나나箇

거거多도더那나나箇거거少샤샤○어니만흐며어니적으뇨我오어只즈즈願원원

得더듸兒숼숼夫부부討탈탕這저져箇거거便편뻔宜이이○내願컨대그저兒夫

ㅣ便宜롤엇거든奴누누家갸갸奉봉뽕事스쏭婆포뾔婆포뾔後후흫○奴家ㅣ婆

婆롤奉事ᄒᆞᆫ後에也여여隨쥐쮜後후흫來래래○또隨後ᄒᆞ야決귀퀑不부부肯

큰큰 落랄로了랼랴這져져便뼌편宜이이○결단코 즐겨 이 便宜로 서르 티디 아니ᄒᆞ리라

(沓)想샹샹那나나夷이이狄띵디也여여是쓰스人신신○싱각ᄒᆞ니 뎌 夷狄도 이 사

ᄅᆞᆷ이라 倘탕탕若샿쇼見견견我어오夫부부忠즁중義이이○만일 내 지아븨 忠義

를 보면 感간간動뚱둥他타타○뎌를 感動ᄒᆞ야 放방방回휘회我어오夫부부○

내 지아비로 放回ᄒᆞ리니 回휘회也여여見견견不붕부得듷더○도라오면 보디 못ᄒᆞ라

(夫)媳싱시婦뿌부伱니니嗟져져怨윈원說숴쉬甚씸슴的듸디○媳婦ㅣ 아 네 嗟

怨ᄒᆞ야 므서슬 니ᄅᆞᄂᆞᆫ다 (沓)我어오待때대不붕부說숴쉬○내 ᄒᆞ마 니ᄅᆞ디 아니려 ᄒᆞ더니

婆뻐포婆뻐포聽팅팅得듷더了랼랴○婆婆ㅣ 드르시거다 若샿쇼說숴쉬得듷더

来래레○만일 니ᄅᆞ면 又잉우恐쿵쿵氣키키害해해了랼랴婆뻐포婆뻐포○

또 婆婆로 애ᄡᅳ게 ᄒᆞᆯ가 저프니 如슈슈何허허是쓰스好핳한○엇디ᄒᆞ여야 이 됴흐료 婆

뻐포 婆뻐포萬완완福봉부○婆婆萬福 (夫)伱니니在째재這져져裏리리○예네

이셔 長짱창聲싱싱短둰둰嘆탄탄甚씸슴的딩디○長聲短嘆홈은엇디오莫맙모
想샹샹不붕부是쑹스有잏우信신신息싱시○아니信息이잇ᄂᆞ나(査)媳싱시婦뿡부
着쟣죠母무무親친친○媳婦ㅣ母親을싱각ᄒᆞᄂᆞ이다(夫)我어오聽팅팅得등더
了량랴伱니니快쾌쾌說숴쉬○내드러시니네섈리니ᄅᆞ라(査)瞞먼먼奶내내奶
내내說숴쉬不붕부得등더○奶奶롤속여니ᄅᆞ디몯홀소이다今긴긴日싀시有잏우
人인인傳췐춴說숴쉬○오ᄂᆞᆯ사ᄅᆞᆷ이이셔傳ᄒᆞ여니ᄅᆞ되夫부부主쥬쥬被삐비達
땋다子즈즈園위위了량랴○夫主ㅣ達子의에옴을닙엇다ᄒᆞ니不붕부知징지是쑹스
否불부○是否롤아디몯게이다(夫)我어오孩해해兒ᅀᆞᆯ술秉빙빙性싱싱剛강강
烈렳려○내아ᄒᆡ秉性이剛烈ᄒᆞ니必빙비定띵딩身신신死ᄉᆞ스○일뎡身死ᄒᆞ리라
(査)罷빠바罷빠바○두어두어還ᅘᅪᆫ환不붕부端둰둰的딩디了량랴○도로혀端
的디몯ᄒᆞ여이다

㕘 孃냥냥 罷빠바 罷빠바 ○ 孃아 마르쇼서 休힣햐 哭쿵쿠 損숟순 害해해 ○ 어울

損害티마 르쇼서 ˉ 老랗랖 人인인 家갸갸 有잏와 多더도 少샿샾 力링리 ○ 늘근 사름

이언머 긔력이 이시리잇고

㕘 孃냥냥 罷빠바 罷빠바 ○ 孃아 마르쇼서 哭쿵쿠 他타타 做주주 甚씸슴 的딩디

○ 뎌룰 울어 므슴ᄒᆞ리잇고 養양양 他타타 不붕부 曾쯍층 得듷더 力리리 ○ 뎌룰 養ᄒᆞ

야 일쯕 힘을 엇디 못ᄒᆞ엿고 有잏와 二슿슬 哥거거 在째재 ○ 二哥ㅣ 잇고 兩량량 箇

거거 媳싷시 婦뿌부 伏뿡부 事쏭스 ○ 두 媳婦ㅣ 伏事ᄒᆞ니 不붕부 必빙비 哭쿵쿠 他

타타 ○ 반드시 뎌룰 우디 아닐 ᄊᆞ시니이다 夫 你니니 說쉬쉬 甚씸슴 的딩디 ○ 네 므서슬

니르ᄂᆞ다

㕘 孃냥냥 罷빠바 了랴랸 ○ 孃아 마르쇼서 他타타 做주주 國귕궈 家갸갸 臣찐친

○ 뎌 나라 신해 되야셔니 為위위 職징지 事쏭스 死숭스 也여여 落랗로 得듷더 好

한할 名 밍밍 兒 올슬 ○職事로為ᄒᆞ여죽으면ᄯᅩ 됴흔일홈을어드려니와 只 즈즈 怕 파파 他

타태 接 투뚱 降 향향 了 랴랴 ○그저저프건대 뎨接降ᄒᆞ야 辱 수슝 抹 마뭥 了 랴랴 祖

주주 宗 중중 ○祖宗을辱抹 홀가ᄒᆞ노니 孃 냥냥 莫 모맣 要 야향 哭 쿠쿵 罷 바빠 ○孃은

우디마ᄅᆞ심이 므던ᄒᆞ여이다

(小生) 今 권권 日 ᅀᅵ싕 是 스쓰 小 샾샹 官 권권 生 승승 日 ᅀᅵ싕 ○오ᄂᆞᆯ은이小 官의生日이

라 人 신신 無 우뭉 父 부뿌 母 무무 ○사ᄅᆞᆷ이父母 ㅣ업스면 生 승승 日 ᅀᅵ싕 當 당당

倍 븨쁴 悲 븨븨 痛 퉁퉁 ○生日에맛당히悲痛이 倍ᄒᆞᄂᆞ니○本伊川語 小 샾샹 官 권권 雖

쉬쉬 有 와잉 母 무무 而 술슬 不 부붕 得 더뜽 在 재째 膝 시싕 下 햐햐 拜 배배 奉 봉뽕

○小官이비록母ㅣ이시나膝 下의이셔拜奉티몯ᄒᆞ니 不 부붕 可 커커 受 삭씽 賀 허혀 ○

可히하례ᄅᆞᆯ밧 디몯ᄒᆞᆯ디라 左 조저 右 와잉 ○左右ㅣ아 有 와잉 人 신신 來 레래 賀 허혀

生 승승 日 ᅀᅵ싕 的 디딩 ○사ᄅᆞᆷ이와生日을 賀ᄒᆞ리잇거든 不 부붕 要 야향 受 삭씽 他

타타 禮리리 ○ 뎌의禮롤 밧디말라 (未) 領링링 台태태 旨즈즈 ○ 台旨롤 領호리이다 別

뼈벼 無뭉우 人인인 ○ 別로사룸이 업스되 只즈즈 是쓰스 早짱잔 間견견 有잉우 箇

거거 客컹커 人인인 ○ 그저 일쪽에 客人이 잇서 ᄒᆞᆫ 帶대대 得더더 包방바 袱뿡부 來

래레 說쉉쉬 ○ 와 니ᄅᆞ되 은袱로 띠고 老랗랖 夫부부 人인인 寄기기 來래레 ○ 老夫

人ᄭᅴ셔 브터 왓다ᄒᆞ고 放방방 下햐하 便뼌번 去큐큐 了럏랖 ○ 두고 곳 가더이다 (小生)

伱니니 取츄츄 來래레 看칸칸 ○ 네 가져오라 보쟈 (未) 一이이 匹핑피 苧쥬쥬 布

부부 ○ ᄒᆞᆫ 필 苧布와 一이이 箇거거 縉쯍충 袍빵팟 ○ ᄒᆞᆫ 縉袍ㅣ로소이다 (小生) 呀햐햐

這저저 布부부 是쓰스 我어오 孃냥냥 親친친 手싱식 織징지 的디디 ○ 이 뵈ᄂᆞᆫ

이 내 孃의 親手로 ᄧᆞᆫ 거시로다 我어오 母무무 今긴긴 年년년 七칭치 十씽시 強꺙캉 ○

我母ㅣ 올ᄒᆡ 七十이 남은디라 遙양야 憐련련 季기기 子즈즈 在쨰재 他타타 鄉향향 ○

아ᄋᆞ라이 季子ㅣ 他鄉에 이심을 어엿비 너기ᄂᆞᆫ또다 寄기기 來래레 新신신 織징지 機기기

頭투뚷布부부○브텨온새로뽀 襆頭에布ㅣ 一이힁寸츈츈麻마마緦스슿一이힁

寸츈츈膓창쨩○一寸麻緦예一寸膓이로다 說文兩麻一絲布曰緦 這져져衣이히服

부뿡是스씃我오어孃냥냥親친친手식싷縫봉뽕的디딩○이 오ᄉᆞᆫ이 내 孃의親手로

혼거시 로다 天텬텬涯애애芳방빵草찬창亦이잉婆포뽀娑소서○天涯芳 草ㅣ ᄯᅩ

ᄒᆞᆫ婆娑ᄒᆞ니○ 字箋婆娑舞貌 三산산釜부뿌無우무能능능奈내내我오어何허허○

三釜ㅣ 능히 내게 엇디 홈이 업도다○字彙釜容六斗 四升曾子曰吾及親仕三釜而心樂後仕三千鍾而不

暨吾 心悲 細시시數수수十시씹年년년原원원下하해淚리뤼○十年에原 下淚롤細

數ᄒᆞ 니 不부붕如유유慈ᄎᆞ쯔母무무線션션痕흔흔多도더○慈母의線 痕만흠만

깃디몯 ᄒᆞ도다 披피피取츄츄新신신衣이히趁친친我오어身신신○新衣롤 披取ᄒᆞ

야내몸의 미ᄎᆞ니 行힝헹行힝헹步부뿌步부뿌佩비비吾우우親친친○行行 步步

애내親올佩 ᄒᆞᆷ이로다 一이힁回휘훠穿춴춴起키키一이힁回휘훠哭쿠쿵○ᄒᆞᆫ 디

위닙고훈디위우니 淚릐뤼 滴디딩 前쳔쪈 襟긴깅 萬완완 點뎐뎐 痕흔흔 ○ 눈믈이前

襟點에뜻드러萬痕이로다 左조저 右우잉 ○ 左右ㅣ아 你니니 看칸칸 那나나 布부부

中중중 夾갸걍 着죠쟣 一이힝 包봐뱧 甚슴씸 麽마마 東둥둥 西시시 ○ 네보라더

빗가온대씨온훈쌈이므스것고 取츄츄 来레래 看칸칸 ○ 가져와보라 (末) 一이힝 張

장장 白버뻥 紙즈즐 包봐뱧 着죠쟣 花화화 青칭칭 ○ 훈張白紙에花青올빳느이다 ○花

青詳 未 (小註) 老랖랑 夫부부 人신인 的디딩 意이이 寄기기 信신신 ○ 老夫人의뜻에

信을븟터 教갸걍 我오어 做주주 官권권 要야향 清칭칭 白버뻥 ○ 날로흐여벼슬홈애

清白고져흐고 不부붕 要야향 貪탄탄 汚우후 ○ 貪汚코져아니흐심이로다

(末) 賢현현 哉재재 老랖랑 夫부부 人신인 ○ 어디다老夫人이여 做주주 母무무 的

디딩 ○ 엄이되엿는이 罷바빠 不부붕 得더딍 兒술슬 子즈즐 做주주 官권권 ○ 마디

못흐야兒子ㅣ벼슬흐면 多도더 討탄탕 金긴긴 銀인인 回휘훼 来레래 受식씽 用용용

○만히金銀을어더도라와受用ᄒ려ᄒᄂ니、誰쉬쉬肯큰큰這져져等등등○뉘즐겨이

리ᄒ리오

㊀坐 左조저右와잉取츄츄紙즈즈筆비빙過고궈来레래○左右ㅣ아紙筆을가져오

라 我오어做주주一이흥首식싱思스亽親친친詩스亽○내ᄒᆫ首思親詩롤짓쟈

朝잔쟝也여여思스亽親친친暮무무也여여思스亽○아ᄎᆷ도親을싱각ᄒ고져믈게

야도싱각ᄒ니相샹샹思스亽無우무有우잉畫진쩐頭투뚜期키끼○서루싱각홈애

다홀긔ᄒᆫ이업쏘다想샹샹應잉잉遊우잉子즈즈思스亽親친친處츄츄○싱각ᄒ니

벅벅이遊子ㅣ親을싱각ᄒᄂᆫ곳이正징징是스쏘慈즈쪼親친친憶이잉子즈즈時스쏘

○정히이慈親이子롤싱각ᄒᄂᆫ때로다十시씽二을슬時스쏘辰친쩐常챵쨩在재째

念년년○열두때에덧덧이念의잇고八바빵千천천里리리路루루未위위能능능

歸귀귀○八千里길히능히도라가디못ᄒᄂᆫ쏘다傷샹샹心신신正징장在재째思스亽

歸귀귀處츄츄○모옴을슬허홈이졍히도라감을싱각ᄒ눈곳에이시니라愁쯀추聽팅팅深
신신林린린叫걓갸子즈즈規귀귀○深林에子規ㅣ브름을시름ᄒ야듯눈ᄯ다○寰宇記蜀
王杜宇號望帝立鱉靈為相後因禪位自亡去化為子規自呼曰不如歸(未)子즈즈規귀귀叫걓갸
道단당不부붕如유유歸귀귀去큐큐○子規ᄂ블러니ᄅ되도라갈만곳디못ᄒ다ᄒ나니라
我오어看칸칸起키키來래래○내보아ᄒ니是스쑈歸귀귀不부붕得더듷○
이ᄂ도라가디못홈이로다(淨)別벼뼝後후흫歲쉬쉬頻핀삔更깅깅○別後에히ᄌ조
ᄂᆡᄀᆡ相샹샹思스숭不부붕暫잔짠停팅띵○서르싱각홈을잠간도머므디아니ᄒ눈ᄯ다
一이흥為위위朋픙뺑友우읗義이이○一은朋友義룰為홈이오二슬승為위위兄
흡흥弟디떠情칭찡○二ᄂ兄弟情을為홈이로다哥거거哥거거拜배배揖이흡○
형아拜揖(坐)兄흉흉弟디떠你니니來래래了랴량○아ᄋ야네오나다母무무親
친친好한항曆마마○母親이이대ᄒ시나(淨)母무무親친친好한항○母親이이대ᄒ

시나 只즈즈 是스스 想샹샹 死스스 ○그저 싱각ᄒᆞᆫ대 죽어시리라 (小生)如유유 何허허

這저저 等등등 說워쉐 話화화 ○엇디 이런 말을 ᄒᆞᄂᆞ다 (淨)我오어 母무무 親친친

聽팅팅 見견견 大다다 哥거거 謫저져 降강강 邊변변 城칭칭 ○우리 母親이 큰형이

邊城에 謫降ᄒᆞ옴을 드르시고 已이이 愁추쭈 沒무뭉 奈내내 何허허 了랴랴 ○임의 시름

ᄒᆞ야 엇디 ᄒᆞ옴이 업더니 近긴긴 日ᅀᅵ이 又ᅌᅧᆸ우 聞운문 大다다 哥거거 被비삐 賊직쩌

拿나나 去큐큐 ○요ᄉᆞ이 ᄯᅩ 큰형이 도적의 자바감 닙음을 듯고 越워웨 添텬텬 愁추쭈 沒

뭉무 說워쉐 處추추 ○더옥 시름을 더ᄒᆞ야 니롤 곳이 업서 ᄒᆞ더니 不부붕 知지징 死스스

活호훵 何허허 如유유 ○死活이 엇더ᄒᆞ옴을 아디 못ᄒᆞ여라 (小生)我오어 也여여 知지징

道닾땊 了랴랴 ○나도 알앗노라 日ᅀᅵ이 前쳔쪈 進진진 本븐븐 去큐큐 奏주쯧 朝

챤짱 廷팅띵 ○日前에 本을 나와 가 朝廷에 엿ᄌᆞ와 欲유융 要야얗 起키키 關권권 陝션션

四스ᄾᆞ 路루루 軍균균 馬마마 ○開陝四路軍馬롤 니르혀고 ○宋慶曆元年分陝西四路以秦

執中知永興軍路經略安撫招討使龐籍、知延州無鄜延路韓琦知秦州無秦鳳路范仲淹知慶州

無環慶路 乞킁키官권권家가갸 ○ 황뎨ᄭᅴ 비러 借져져倫륜륜備삐비管권권軍

균균職징지事쑿스 ○ 倫備로 管軍職事로 빌려든、直찡지衝충충屬루루人신신巢

짷찬穴휳훼 ○ 바로 屬人의 巢穴로 딜러 救궇구出춯츄大따다哥거거 ○ 큰 형을 救出코

져ᄒᆞ고 不붕부然션연 ○ 그러티 아니면 借져져與유유倫륜륜備삐비使슿스臣

찐친職징지事쑿스 ○ 倫備로 빌려 주어든 使臣職事 不붕부用융융一힝이軍균균

馬마마 ○ ᄒᆞᆫ 軍馬로 ᄡᅥ디 아니ᄒᆞ고 徑깅깅到당도賊쩍적營잉잉 ○ 바로 賊營에 니르러

把바바言연연語유유說쉉숴動뚱둥他타타 ○ 言語로 다가 닐러 뎌를 감동ᄒᆞ야 救

궇구出춯츄哥거거哥거거 ○ 형을 救出ᄒᆞ려 ᄒᆞ야 這져져本븐븐去큐큐了랼랴三

산산日싀이 ○ 이 本이 간 디 사ᄅᆞᆷ이니 此츠츠時쑿스想샹샹本븐븐已이이進진진

銀인인臺대대司숭스 ○ 이 ᄯᅢ예 싱각ᄒᆞ니 本이 임의 銀臺司에 나와 실새 시로되 ○ 會要 銀臺司

掌天下奏狀 至 즈즈 今 긴긴 尚 샹샹 不 부붕 見 견견 下 햐햐 落 로랖 ○ 이제니ᄅᆞ히오

히려ᄂᆞ림을보디못ᄒᆞ리로다 ㊀争 俺 암함 大 다따 哥 거거 的 디딍 仇 쿠끟 人 신싄 正 징징

是 스쑿 當 당당 權 권퀀 ○ 우리큰형의仇ᄉᆞ이졍히權을당ᄒᆞ여시니 此 ᄎᆞ춯 本 본본 決

궈궝 不 부붕 准 쥰쥰 ○ 이本을결단코准티아닐디라 我 오어 今 긴긴 日 ᅀᅵᅀᅵᆼ 要 얀향 辭

츠쑿 二 슬슿 哥 거거 前 쳔쪈 去 큐큐 ○ 내오ᄂᆞᆯ二哥ᄅᆞᆯ하딕고나아가 撞 장쫭 入 슈슝 虜

루루 營 잉잉 ○ 虜營에撞入ᄒᆞ야 救 구궇 出 츄츟 大 다따 哥 거거 ○ 큰형을救ᄒᆞ야내고

져ᄒᆞ노니 救 구궇 不 부붕 出 츄츟 ○ 救ᄒᆞ야내디못ᄒᆞ면 與 유유 他 타타 一 이힝 處 츄츄

死 스숭 罷 바빠 ○ 뎌로ᄃᆞ려ᄒᆞᆫ곳에셔죽음이므던ᄒᆞ다 ㊀小生 這 져져 等 등등 ○ 이러면

我 오어 今 긴긴 正 징징 當 당당 考 캎캎 滿 먼먼 ○ 내이제졍히考滿에當ᄒᆞ엿고○書舜典

三載考績 這 져져 東 둥둥 陽 양양 郡 균균 是 스쑿 腹 부붛 內 뉘뉘 地 디띠 方 방방 ○

이東陽郡은이腹內地方이라○按南北直隷之地並曰腹內 我 오어 于 유유 今 긴긴 別 볘뼝 無

우 他타타 事쓰스 ○ 내이제別로다 ᄃᆞᆫ일이업고 見혠현 有잉우 佐저조 貳ᅀᅳᆯ 官

권권 管권권 事쓰스 ○ 시방佐貳官이이셔일을ᄀᆞ음아나 吏學指南相副協賛之官曰佐貳 我

어오 就찍직 與유유 你니니 同뚱퉁 去큐큐 救갈규 哥거거 哥거거 ○ 내인ᄒᆞ여블로

두려효가지로 가형을救홈이 何혀혀 不붕부 好함한 也여여 ○ 엇디됴티아니리오 快쾌쾌

收싷삭 拾씽시 ◯ 셜리收拾ᄒᆞ라 (末) 相샹샹 公궁궁 擅션션 離리리 官권권 守싷삭

○ 相公이擅離官守홈이 這져져 罪쮜쥐 不붕부 輕킹킹 ○ 이罪輕티아니ᄒᆞ니이다 (坐)

我어오 今긴긴 日싀싀 為위위 哥거거 哥거거 死스스 也여여 不붕부 怕파파 ○

내오ᄂᆞᆯ형을為ᄒᆞ야죽어도저프디아니ᄒᆞ거니와 只즈즈 是쓰스 一이이 件견견 ○ 그저ᄒᆞᆫ가

지ᄂᆞᆫ 我어오 想샹샹 起키키 來래레 ○ 내ᄒᆞ니생각 這져져 𢷾삼산 達따다 子즈즈

○ 이𢷾達子ㅣ 不붕부 是쓰스 爭정증 地디디 方방방 ○ 이地方을ᄃᆞ톰이아니라 只

즈스 是쓰스 要양 俺암암 哥거거 哥거거 去큐큐 做주주 軍균균 師스스 ○ 그저

우리 軍師를 형을 삼으라 要ᄒ야 ᄒ고 가 也여여 沒무몰 有우잉 甚심씸 麽마마 深신신 怨

원원 ◯ 또 아므란 怨이 업스니 길흔 憑핑삥 我오어 去큐큐 說쉬숴 得더득 回휘훼 来

래례 ◯ 내 대로 가닐 러도 라와 셔 纔채째 去큐큐 朝챠쟣 廷팅뎡 覆부붕 罪쥐쮜 也여여 我오어

不부붕 遲치찌 ◯ 그제야 이 또 더 드 朝廷에 가 아니ᄒ니 覆罪홈 라 兄훙흉 弟디떠 我오어

和호화 伱니니 就쥐찍 此츠ᄎ 起키키 程칭쪙 ◯ 아ᄋ야 그 내 셔 起 너 程 ᄒ 파자 여

㊤ 鶺지징 鴒링링 在재째 原원원 兄훙흉 弟디떠 急기깅 難난난 ◯ 鶺鴒이 原에 이

語시니 鶺鴒兄弟急難에 雖渠水鳥 홈이라 ᄒ니 飛則鳴行則搖有急難之意 ◯ 詩小雅常棣篇 禽긴

鳥生뇽 尚상썅 知지징 有우잉 兄훙흉 弟디떠 ◯ 禽鳥도 오히려 兄弟 잇ᄂ 줄을 알거든

可커커 以이이 人신신 而슬술 不부붕 如슈슈 鳥生뇽 乎후ᅘᅮ ◯ 可히 사ᄅᆞᆷ이오 鳥

만 곳디 못ᄒ라

㊤ 嚶잉잉 其키끼 鳴밍밍 矣이이 求쿠낑 其키끼 友우잉 聲싱싱 ◯ 嚶 히 그 鳴홈이

여그벗을求ᄒᆞᄂᆞᆫ소리라ᄒᆞ니○嚶鳥聲之和也詩小雅伐木章語 禽킨낀 鳥냐냥 尙샹썅 知지짓

有우잉 朋픙뻥 友우잉 ○禽鳥도오히려朋友ㅣ잇ᄂᆞᆫ줄을알거든 可커커 以이이 人신인

而ᅀᅥᆯᅀᅳᆯ 不부붕 如슈슈 鳥냪냥 乎후ᅘᅮ ○可히ᄡᅥ사ᄅᆞᆷ이오鳥만ᄀᆞᆺ디몯ᄒᆞ랴

(俗) 俗슈쑹 語유유 云윤윤 ○俗語에니ᄅᆞ되 簷연연 前쳔쪈 靈링링 鵲챠챡 噪잔쟌

○ 簷前에靈鵲이울면 天텬텬 外왜왜 好ᄒᆞᇢ핳 音인인 来래래 ○天外에好音이온다ᄒᆞ니

乾○ 鵲西京雜記陸賈曰乾鵲噪而行人至 莫모맙 不부붕 是스쓰 鵲챠챡 兒ᅀᅥᆯᅀᅳᆯ 来래래 報

喜반발 히히 ○ 報아니가치와 救구궇 得더듷 哥거거 哥거거 回휘휘 来래래

○ 형도올라올救ᄒᆞ싸야 俺암함 三산산 箇거거 人인신 商샹샹 議이이 則저징 箇

거거 ○ 우리商議ᄒᆞ세사ᄅᆞᆷ자 (淨) 我오어 打다다 得더듷 好핳향 拳권퀀 ○내티거든

손됴ᄒᆞᆫ법이니 권 等등등 我오어 札자쟣 箇거거 棍균균 子ᄌᆞ즈 ○내ᄒᆞᆫ빠로막혀대

一이잉 路루루 打다다 將장장 進진진 去큐큐 ○一路에더나아감을기ᄃᆞ리라 (末) 我

어고 也 여여 扎 쟝자 箇 거거 棍 균균 子 즈즈 ◯ 대나 롤도 싸호 혀막 隨 쉬취 你 니니 同
뚱퉁 打 다다 進 진진 去 큐큐 ◯ 지너 로롤 텨조 나차 아호 가가 直 찡지 抵 디디 他 타타 巢
짷찰 穴 쀄훼 ◯ 에바 니로 루텨 리巢 라穴 (小坐) 這 저저 都 두두 不 붕부 是 쓰스 話 화화 ◯
닌이 말다 이올 로티 다아 他 타타 使 솟스 的 딩디 是 쓰스 真 진진 鎗 창창 刀 닿단 ◯ 쁘테
짓ᄂᆞᆫ 鎗거 刀손 ㅣ이 라진 你 니니 那 나나 拳 꿘권 棒 빵방 ◯ 棒네 은뎌 拳 只 즈즈 好 핳한
哄 훙홍 嚇 햐햐 人 인신 也 여여 用 융융 不 붕부 得 듷더 ◯ 기그 됴저 호사 되룸 쁘저 더히
려못 든ᄒᆞ 況 황황 要 햫얖 與 유유 達 땅다 子 즈즈 交 걒갸 戰 젼젼 ◯ 子ᄒᆞ 로믈 더며 브徒
져러 ᄒᆞ交 ᄂᆞ戰 나코 我 어오 當 당당 世 씨시 人 신신 徃 왕왕 徃 왕왕 學 햫효 拳 꿘권 棒
빵방 ◯ 에우 拳리 棒當 을世 비사 호룸 겨이 니徃 와徃 這 저저 箇 거거 無 무우 用 융융 的 딩디
手 싷샥 藝 이이 ◯ 슨이 手ᄂᆞᆫ 藝쓸 ㅣ뎌 라업 若 샿쇼 是 쓰스 太 태태 平 삥핑 時 쓰스 ◯
호만 ㅅ대일 예太 ᄂᆞᆫ平 官 권권 府 부부 有 일와 法 밯바 度 뚜두 ◯ ㅣ官 이府 시에 니法 度 打

다다 死스ᄉᆞ 人신신 的디딍 要얀ᅸ 償챵쨩 命밍밍 ○ 사ᄅᆞᆷ텨죽인이란償命ᄒᆞ고 이 打

다다 傷샹샹 人신신 的디딍 要얀ᅸ 問운문 罪쥐쮜 ○ 사ᄅᆞᆷ텨傷ᄒᆞᆫ이란問罪ᄒᆞ거니와 荒

황황 亂뤈뤈 時스쑈 鎗챵챵 刀닿닿 弓궁궁 箭젼젼 ○ 荒亂ᄒᆞᆫ 때예는 鎗刀弓箭이라 別

뼈볘 思스ᄉᆞ 量량량 則저즤 箇거거 ○ 別로 思量ᄒᆞ자 淨 我오어 有익잎 一이힝 計

기기 ○ 내ᄒᆞᆫ계ᄢᅴ이시니 都두두 粧좡좡 做주주 貧핀삔 子ᄌᆞ즈 ○ 다거위지 먹시룰ᄒᆞ

여 穿춴췌 破포풔 衣이이 裳샹쌍 ○ ᄒᆞᆫ衣裳을 여닙고 提티띠 老랖랗 巴바바 瓶

핑뼝 ○ 老巴瓶을 가지고 唱챵챵 蓮련련 花화화 落로랗 ○ 蓮花落을 브르고 蓮花落歌

曲名 吗 갼갸 化화화 進진진 他타타 那나나 裏리리 別뼈볘 商샹샹 議이이 ○ 빌며

더로 각나아가 商議ᄒᆞ야 자 別 末 你니니 唱챵챵 歌거거 與유유 我오어 聽팅팅 ○ 네놀

래블러 날을 들리라

末 我오어 也여여 唱챵챵 一이힝 箇거거 ○ 나도 ᄒᆞᆫ나흘 브르리라

㊤小 那나나 東둥둥 西시시 飛븨븨 不붕부 上썅샹 天텬텬 蹅땀탄 不붕부 過궈고

江걍강 ○ 더거시 ᄂ라 하ᄂᆞᆯ의 오ᄅᆞ디 못 ᄒᆞ고 ᄲᅱ여 江을 것너디 못홈이 也여여 象썅샹 你니니

們믄믄 要햘얀 假갸갸 做주주 먀걍갼 化화화 子즈즈 不붕부 得듸더 進진진 虜

루루 營잉잉 一힝이 般번번 ○ 또 너희들이 거즛 거워지되야 虜營에 나아가디 못홈 효가지 곳ᄒᆞ

니 這저저 計기기 也여여 使ᄉᆞ스 不붕부 得듸더 ○ 이 계교 도쓰디 못ᄒᆞ리라 ㊤末 我

어오 有일우 計기기 ○ 내 계꾀 이시니 俺함암 假갸갸 做주주 漢한한 朝짱챠 差채채

來래레 和훠호 番반반 使ᄉᆞ스 臣찐친 ○ 우리 거즛 漢朝의 서시 겨온 和番使臣이 되되 二

會슴슴 官권권 人신신 做주주 正징징 使ᄉᆞ스 ○ 二官人은 正使ㅣ 되고 三산산 官권권

人신신 做주주 副부부 使ᄉᆞ스 ○ 三官人은 副使ㅣ 되고 小샹샨 人신신 做주주 跟

근근 隨쮜취 的듸디 ○ 小人은 跟隨ㅣ 되여 這저저 等등등 入슝슈 得듸더 去큐큐 ○

이리ᄒᆞ여 들어가쟈 ㊤小 此ᄎᆞ츠 計기기 固구구 好할한 ○ 이 계꾀실로 됴ᄒᆞ되 但딴단 不

부봉是스쑈實시씷◯다믄이實이아니라惟위위天텬텬不부붕容융융假가갸僞
위위之즈즁事스쑈◯오직하ᄂᆞᆯ은假僞ᄒᆞᆫ일을용납디아니ᄒᆞ시ᄂᆞ니可커커行힝힝於
유유時스쑈不부붕可커거久구궁遠원원◯可히ᄒᆞᆫ때예行ᄒᆞ나可히久遠티못ᄒᆞᆯ셔라
至즈즁誠칭찡之즈즁道단땅◯至誠의道ᄂᆞᆫ可커커以이이感간간格거긍天
텬텬地디띠動동뚱乎후ᅘᅮ鬼귀귀神신씬◯可히天地를感格ᄒᆞ며鬼神을動ᄒᆞᄂᆞ니
況황ᅘᅪᇰ達다땅子즈즁亦이잉是스쑈人신인類뤼뤼◯ᄒᆞ믈며達子도ᄯᅩᄒᆞᆫ人類ㅣ라
推취취誠칭찡能능능感간간人신인◯誠을推ᄒᆞ면能히사ᄅᆞᆷ을감동ᄒᆞᆯ셔니豈키키
有우잉詐자자僞위위之즈즁事스쑈可커커以이이感간간動동뚱他타타人
신인◯엇디詐僞ᄒᆞᆫ일이可히ᄡᅥ다ᄅᆞᆫ사ᄅᆞᆷ을感動ᄒᆞᆷ이이시리오不부붕如유유只즈즁依
이히老랖랖實시씷說쉬쉉◯그저고디식ᄒᆞᆫ대로ᄂᆞᆯ온만곳디못ᄒᆞᄂᆞ니俺암함是스쑈伍
우우大다따夫부부的디딩兄훙훙弟디띠◯우리ᄂᆞᆫ이伍大夫의아이이라来래래替

티티 他타타 死스ᄉᆞ ○ 와뎌돌기루차 죽어지라ᄒᆞ여 萬완완 一이힝 感간간 動둥둥 他

타타 ○ 萬一뎌롤 感動ᄒᆞ면 或훠훵 有우잉 聽팅팅 從충쭝 之즈즟 理리리 ○ 或聽從홀

理이실 셔시오 若샾샹 是스쓰 不부붕 從충쭝 ○ 만일좃디아 니ᄒᆞ거든 以이이 死스ᄉᆞ

繼기기 之즈즟 ○ 죽음으로 뻐니어 隨취쮜 他타타 怎즘즘 的디딩 罷바빠 ○ 뎌의

엇뎟ᄂᆞᆫ대로홈 이무뎐ᄒᆞ다 (爭) 哥거거 哥거거 說쉬숴 得더듷 有우잉 理리리 ○ 형의

니ᄅᆞᆷ이有 理ᄒᆞ다

伍우우 倫룬륜 全쳔쩐 備비삐 諺연연 解계계 卷권권 六루륭

伍倫全備諺解 卷七

伍우우倫륜륜全쥔쳔備삐비諺연연解계계卷권권七칭치

(唱)娒무무嫵무무萬뫈완福붕부○娒娒萬福(白)嬸신신嬸신신萬뫈완福붕부

○嬸嬸萬福婆뻐포婆뻐포○ㅣ婆婆自쯔즈從쭝충兒슬슬夫부부為위위胡

후후人신인所수소虜루루○兒夫ㅣ胡人의사로ᄅ잡힌배ㅣ됨으로브터感간간一힝이口

쿠큰氣키키○一口氣를感ᄒᆞ야遂쒸쉬成찡칭痼구구疾찡지○드듸여痼疾이되엿ᄂ니

ᄂᆞᆫ디不痊라之疾○字箋曰痼祈끼기神씬신禱담도聖싱싱○祈神禱聖ᄒᆞ며求낑긱醫

이히用융융藥얍요○求醫用藥ᄒᆞ야那나나一힝이件껸건兒슬슬不붕부做주주

了랴랸○어닉가지를ᄒᆞ더니ᄒᆞ여시리오마ᄂᆞᆫ아病삥빙勢씨시日싀이甚씬신一

힝이日싀시○病勢날로ᄅ쎡甚ᄒᆞ니ᄒᆞ니不붕부知징지怎즘즘生승승是쑤스好함한

○아디못게라엇디ᄒᆞ여야이됴ᄒᆞ료(白)嫵무무嫵무무又임우遇유유着쨭죠這져져

等등등荒황황歉켠켠年년년歲쉬쉬○娒娒ㅣ아또이런荒歉ᄒᆞᆫ히를만나시니家갸가

中중중盤뻔편費비빙想샹샹皆계계用융융盡찐진了랼랴○家中에盤費싱각건
대다써盡ᄒᆞ여시리로다㊉査也여여管권권不봉부得득더使숭스○또쓸거슨관셥디아
니니리醫이이救긷구婆뻐포婆뻐포病삥빙好향한○婆婆ᄅᆞᆯ醫救ᄒᆞ야病이됴흐면
便뺸변賣매매奴누누身신신也여여得득더○곳내몸을프라도어드리라㊉査娘
낭냥子즈즈有읻우老랼랖公궁궁○娘子ᄂᆞᆫ老公이이시니賣매매沒뭉무人신신
要향얀○프라도사ᄅᆞᆷ이ᄒᆞᆯ이업슬디라要賣매매媚미믜春춘춘兒ᅀᅳᆯ罷빠바○
媚春을플미므던ᄒᆞ니且쳐쳐得득더箇거거老랼랖公궁궁○또ᄒᆞᆫ老公을어드리로다
㊉査人신신愁쯔추得득더要향얀不봉부得득더○사ᄅᆞᆷ이근심ᄒᆞ여ᄎᆞ리디몯ᄒᆞ거늘
他타타且쳐쳐歡훤훤喜히히○뎌또歡喜ᄒᆞᄂᆞᆫ고나㊉沓姆무무姆무무如슈슈何허
허是쓰스好향한○姆姆ㅣ아엇디ᄒᆞ여야어됴흐료㊉査昔싱시孔쿵쿵聖싱싱人
신신有읻우病삥빙○녜孔聖人이病이겨심애他타타徒뚜투弟띠디每미믜○徒뎨

이弟들 禱당단 于유유 上샹샹 下햐하 神씬신 祇끼키 ○上下 ○고 神祇 論語禱爾于上下神祇

神祇 于上下 又임우 庚유유 黔낀킨 婁릉루 毋무무 病삥빙 ○任庚黔婁ㅣ 毋病에 ○庚

齊人 黔婁字子貞南齊人爲孱陵令 每믜미 夜여여 禱당단 告강간 北븍버 斗등두 ○每夜에 北

斗에 告ᄒᆞ야 禱 祈끼기 以이이 身신신 代때대 ○몸으로써 代홈을 비러 果궈고 獲휘획

奇끼키 效햫햐 ○과연 奇效를 어덧ᄂᆞ니라 俺함암 兩량량 箇거거 媳싱시 婦뿌부 ○

우리 媳婦ㅣ 두리 每믜미 夜여여 裡리리 焚뿐븐 香향향 禱당단 告강간 天텬텬 ○每夜

에 焚香ᄒᆞ고 하ᄂᆞᆯ씌 禱告ᄒᆞ야 萬완완 一이이 天텬텬 可거거 憐련련 見견견 ○萬一 하ᄂᆞᆯ

이 에엿비 너기샤 救귀규 得더 俺함암 婆뽀포 婆뽀포 好한 ○우리 婆婆를 救ᄒᆞ야

면 됴ᄒᆞ 也여여 是쓰스 俺함암 一이 點뎐 孝햫 心신신 ○一點 孝心이어니 ᄯᅩ

이라 니 省 正징징 合헝허 我어오 意이이 ○졍히 내 ᄠᅳᆺ에 맛다 省 丫야야 頭틓투

擡때태 香향향 案한안 来래레 ○丫頭ㅣ 香案을 들어오라 擡때태 香향향 案

안한 做 주주 甚 씸合 的 듸디 ○ 香案을 들어 므슴ᄒᆞ려 ᄒᆞ시ᄂᆞ니잇고 〔荅〕 禱 담닫 告 감간

天 텬텬 保 밥반 護 후후 奶 내내 奶 내내 ○ 하ᄂᆞᆯ긔 禱告ᄒᆞ야 奶奶를 保護ᄒᆞ려 ᄒᆞ노라 〔問〕

正 징징 是 쓰스 沒 뭉무 來 래레 由 위우 ○ 졍히 ᄉᆞ졀 업스니 天 텬텬 公 궁궁 公 궁궁

是 쓰스 你 니니 家 갸갸 老 랖랖 子 즈즈 ○ 天公公이 네 집 老子가 이 他 타타 要 얀얀 你

니니 酒 작작 肉 수우 喫 처치 ○ 뎨 네 酒肉을 要ᄒᆞ여 먹우며 他 타타 要 얀얀 你 니니 錢

쳔쳔 鈔 찬참 使 스스 ○ 뎨 네 錢鈔를 要ᄒᆞ여 쓰려 ᄒᆞᄂᆞ니 你 니니 家 갸갸 婆 포뻐 婆 포뻐

病 빙빙 ○ 네 집 婆婆 病들매 你 니니 去 큐큐 央 양양 及 기끼 他 타타 ○ 네가 뎌의게 빌

려 ᄒᆞ니잇가 〔荅〕 丫 야야 頭 투뜰 ○ 丫頭 你 니니 曉 햘향 得 더듸 甚 씸合 的 듸디

○ 네 므서슬 아ᄂᆞᆫ다 只 즈즈 管 권권 取 츄츄 香 향향 來 래레 ○ 그저 ᄉᆞ리야 香을 가져오

라 〔荅〕 我 오어 不 부봉 取 츄츄 我 오어 不 부봉 取 츄츄 ○ 내 가져오디 아니ᄒᆞ리라 내 가

져오디 아니ᄒᆞ리라 你 니니 去 큐큐 冲 충충 撞 좡좡 了 랴랴 天 텬텬 公 궁궁 公 궁궁 ○

비가天公公을冲撞ᄒᆞ야○字箋冲與翀同直上也國語一飛冲天 着죠쨩 雷뤼뤼 公궁궁 来레래

打다다 你니니 ○雷公으로ᄒᆞ여와너를티거든○論衡圖雷之狀纍纍如連鼓形有一人若力士謂

之雷公左手引連鼓右手椎之 你니니 却거컹 莫모망 要얀향 詐자자 死스ᄉᆞᇫ ○네ᄯᅩ거즛

죽은톄마ᄅᆞ쇼셔 (査)這져져 丫야햐 頭투뜰 多도더 觜쥐쥐 ○이丫頭ㅣ부리하다○觜

當作嘴 (奉)我오어 不부붕 多도더 觜쥐쥐 ○내부리하미아니ᄒᆞ니 老랖랑 人신신

家갸갸 死스ᄉᆞᇫ 是스ᄊᆞᇫ 他타타 時스ᄊᆞᇫ 候후ᅘᅮᇰ ○늘근사ᄅᆞᆷ이죽음이뎌의ᄢᅢ라 由

우영 他타탸 死스ᄉᆞᇫ 了랴량 罷바빠 ○제대로죽음이므던ᄒᆞ니 死스ᄉᆞᇫ 了랴량 ○죽거

든 等등등 倷닌닌 妯쥬징 娌리리 好한항 去큐큐 尋신씬 官권권 人신신 ○너희

妯娌됴히가官人ᄎᆞ즘을기ᄃᆞ리리이다 (査)你니니 這져져 丫야야 頭투뜰 好한항 打다다

○네이丫頭ㅣ마장뎜즉ᄒᆞ다 (奉)我오어 好한항 打다다 我오어 好한항 打다다 ○

내마장뎜즉ᄒᆞ니잇가내마장뎜즉ᄒᆞ니잇가 等등등 我오어 去큐큐 討탄탕 香향향 案안한

討토탕香향향来레래了랸랑○내가香案을엇고香을 어더옴을기ᄃᆞ리쇼셔

(奉)俵난난二을슴位위위娘냥냥子즈즁○너희두位 娘子ㅣ都두두告간강天

련련救구깅奶내내奶내내○다하ᄂᆞᆯ쇠告ᄒᆞ야 奶奶를救ᄒᆞ거ᄂᆞᆯ我오어不부붕會휘휘

禱닫당祝주중○나ᄂᆞᆫ禱祝ᄒᆞᆯ줄 올아디몯ᄒᆞ니我오어只즈즁俗슈숭說쉬숸四스ᄉᆞ

句규규罷바빠○내그저俗說四句 를홈이무던ᄒᆞ다燒샨샹香향향告간강與유유天

련련公궁궁公궁궁○燒香ᄒᆞ고天公 公ᄭᅴ告ᄒᆞ노니保반밤護후후婆포뽀婆포뽀耳

슬슴莫모망聾룽룽○婆婆를保護ᄒᆞ 여귀먹디말아等등등得더ᄐᆞ兩량량箇거거官

권권人신신回휘휘来래래日시싀○두官人이도라 올날을기ᄃᆞ려那나나時스ᄉᆞ從

충쯍你니니丁딩딩東둥둥丁딩딩東둥둥丁딩딩丁딩딩東둥둥○뎌빼예 네대로

丁東丁東丁丁 東ᄒᆞ게ᄒᆞ쇼셔(太)丫야야頭투뜰說쉬숸甚슴씸麼마마話화화○頭丫

(省)丁딩딩東둥둥丁딩딩東둥둥丁딩딩丁딩딩東둥둥是ㅣ아므슴말 니ᄅᆞᄂᆞ다

스쏭甚씸씸麽마마話화화○丁東丁東丁東이 이므슴말고 (奎)打다다鼓구구送

숭숭喪상상○북을 티고 送喪홈이니이다 (音)這져져丫야야頭투뚱老랄랑大다따

了랼랑○이 丫頭ㅣ 老大호ᄃᆡ 只즈즈是스쏭這져져等등등沒무뭉張쟝쟝志즈즈

○그저 이리 張志업또다 ○張志恐作 張智俗呼小錄稱人不能曰無張智 (奎)不부붕知지징誰

쉬쒸沒무뭉張쟝쟝志즈즈○아디못게라 뉘 張志업스뇨 天텬텬公궁궁公궁궁是

스쏭你니니家갸갸的디딩老랄랑子즈즈○天公公이 이녜 집老子ㅣ 완뒤 你니니却

거컹要얀양不부붕死스숭便변뼌不부붕死스숭○네 또 죽디 아니코 져ᄒᆞ여든 곳 죽디

아니ᄒᆞ리잇가 你니니不부붕拜배배了랼랑○네 拜리 아니ᄒᆞ면 我오어把바바香

향향案안한收사심起키키罷바빠○내 香案을 다 거둠이 무던ᄒᆞ이다 (音)且져쳐留

리림着죠짱莫모망收사싱○아직 머무로고 거두디 말라 嬸신신嬸신신你니니先

션션回휘휘伏부뿡事스쏭婆포뿨婆포뿨○嬸嬸아 네 몬져 도라가 婆婆를 伏事ᄒᆞ고 等

등등我오어後후흫頭투뜰来래레○내後에옴을 기ᄃᆞ리라 ㉒ 姆무무姆무무早

잔잠来래레○姆姆ㅣ아 열오쇼셔 恐쿵쿵婆포뿨婆포뿨有우잉事스쓰喚훤훤伱

니니○저프건대婆婆ㅣ일이셔 너를브르실가ᄒᆞᄂᆞ이다 才채째從충쭝庭링띵院원원

閑현현祈키끼禱도닫○又庭院을조차힘 이祈禱ᄒᆞ더니 又우잉恐쿵쿵尊준준堂

당땅有우잉喚훤훤呼후후○또尊堂이브름이 실가저허ᄒᆞᄂᆞᆫ또다이 ㉓ 天텬텬天텬텬

○하ᄂᆞᆯ아하ᄂᆞᆯ아 妾쳐쳥的디딍婆포뿨婆포뿨范반빤氏스쓰○妾의婆 婆范氏年

년년老랄랖哭쿠쿵子즈즈成칭쩡疾지찌○나히늙은뒤조식을 울어병을일오니 醫

이히藥요얍無우무效햐햫○醫藥이효험 이업슨디라 古구구来레래相샹샹傳췬쮠

○녜로옴으로 서로傳ᄒᆞ되 以이이人인신補부부人인신○사ᄅᆞᆷ으로ᄡᅥ사 ᄅᆞᆷ을補ᄒᆞ면

庚유유幾기기可거거救각강○거의可히救 ᄒᆞ리라ᄒᆞ니 妾쳐쳥今긴긴情칭쩡願

원원割거봉開개개肚두뜨皮피뻬○妾이이제情願으로 빗갓츨割開ᄒᆞ고 取츄츄出

츄ᄒᆞᆼ 肝간간 片편편 奉봉뽕 與유유 婆포뿨 婆포뿨 ◯ 간ᄶᅩ각을내여婆 婆ᄭᅴ奉與ᄒᆞ려ᄒᆞ

니◯女史維揚田家婦事姑極孝姑病剔禱以身代忽 夢一老母語曰汝欲姑好須得人肝婦曰我肝可割取

也老母爲指示之曰肝在此地婦割之 果吐出烹以食姑病愈郡邑以聞旌閭 肝 伏부뿡 願원원 老

랖랗 天텬텬 陰인힌 助주쭈 ◯ 업드여願컨대老 天은陰助ᄒᆞ쇼셔 老랖랗 人신신 言연연

◯ 老人이 니ᄅᆞ되 將쟝쟝 欲유융 割거궝 肝간간 的디듸 人신신 ◯ 챵ᄎᆞ肝버 히고져ᄒᆞ

ᄂᆞᆫ사 ᄅᆞᆷ은 先션션 要얀얗 祝주중 刀닾닿 ◯ 몬져갈애 빌며니 祝주중 得더듸 刀닾닿

動둥뚱 方방방 可커커 下햐햐 手싛싛 ◯ 빌어갈이動ᄒᆞ여사보야 ᄒᆞ료可히下手ᄒᆞ다ᄒᆞ니

等등등 我오어 祝주중 看간간 ◯ 내빌어봄을 기ᄃᆞ리라 Y야야 頭투뚷 取츄츄 一

이흥 碗원원 水쉬쉬 來레래 ◯ Y頭ㅣ아ᄒᆞᆫ사발 믈을가져오라

查 媚미믜 春츈츈 你니니 看간간 ◯ 媚春아 네보라 刀닾닿 動둥뚱 不부뿡 曾층쯩

動둥뚱 ◯ 갈이動ᄒᆞᆫ나일쪽 動티아니ᄒᆞᆫ냐 逢 不부뿡 曾층쯩 動둥뚱 ◯ 일쪽 動티

아니ᄒᆞᄂᆞ이다

(淨)娘냥냥子즈쯔○娘子ㅣ아刀다오당兒슬슬跳탸오탕跳탸오탕起키키来레래了

랴오량○칼이ᄯᅱ노라니러나ᄂᆞ이다

(淨)我오어看칸칸一이흥看칸칸○내보리이다(旦)伱니니不부붕要야오양看

칸칸○네보려말라

(淨)有우잉人신신脚교걍步부뿌響향향響향향的더등上상썅来레래了랴오량

○사ᄅᆞᆷ의바자최소리이셔올라오ᄂᆞ이다(旦)看칸칸是스쓰誰쉬쒸○보라이뉘뇨(旦)

夜여여靜징찡人신신皆계계寢친친○밤이괴요ᄒᆞᆫ듸사ᄅᆞᆷ이다자거ᄂᆞᆯ更깅깅深

신신獨두뚱未위위眠면면○更이깁흔듸홀로자다아니ᄒᆞᄂᆞᆫᄯᅩ다嫲무무嫲무무伱

니니還환햔在재쨰此츠츠○嫲嫲ㅣ아네당시론예잇고나我오어怕파파嫲무무嫲

무무睡쉬쒸了랴오량○내져프건대嫲嫲ㅣ자ᄂᆞᆫ가ᄒᆞ여我오어正징찡要야오양出츄츙

来 래레 做 주주 些 셔셔 勾 긓긓 當 당당 ○ 내 졍히 나와 일ᄒᆞ고져 ᄒᆞ더니 姆 무무 姆 무무

還 환환 在 째재 這 져져 裡 리리 ○ 姆姆ㅣ 당시론 여긔 잇고나 (音) 你 니니 要 얗얖 做

주주 甚 씸슴 的 딩디 ○ 비므섯ᄒᆞ려 ᄒᆞᄂᆞᆫ다 (音) 瞞 먼먼 姆 무무 姆 무무 說 숴숴 不 붕부

得 딓더 ○ 姆姆를 속여 니르디 못ᄒᆞᆯ이로다 我 어오 見 견견 老 랗랖 人 싄신 說 숴숴 ○

내 老人의 니ᄅᆞᆷ을 보니 老 랗랖 人 싄신 病 삥빙 弱 얗쇼 了 랼랖 ○ 늙근 사ᄅᆞᆷ이 病弱ᄒᆞ야

醫 이이 藥 얗요 不 붕부 效 햫햐 的 딩디 ○ 醫藥이 效티 못ᄒᆞᄂᆞᆫ 이ᄂᆞᆫ 須 슈슈 是 씃스 用

융융 人 싄신 補 부부 人 싄신 ○ 모롬이 사ᄅᆞᆷ으로ᄡᅥ 사ᄅᆞᆷ을 補ᄒᆞᆫ다 ᄒᆞ니 我 어오 思 숭스

量 량량 起 키키 来 래레 ○ 내 ᄉᆡᆼ각ᄒᆞ여 내니 孃 냥냥 病 삥빙 已 이이 亟 긩기 ○ 孃의

病이 임의 급ᄒᆞ엿ᄂᆞᆫ디라 ○字箋 亟急也 別 뼝벼 無 뭉우 法 빵바 了 랼랖 ○ 別로 法이 업스니

須 슈슈 用 융융 割 궝거 些 셔셔 身 신신 上 쌍상 肉 숭수 ○ 모롬이 ᄡᅥ 身上肉을 버혀 與

유유 孃 냥낭 喫 칭치 看 칸칸 如 유유 何 혀허 ○ 孃ᄭᅴ 주어 먹여 엇더ᄒᆞᆫ고 보리라 (音) 嬸

신신嬸신신○아嬸 嬸這져져事쓰스如유유何쩌허不붕부早잠잣與유유我
어오說쓩숴○이일을엇디일쯕이날ᄃᆞ려닐으디아니ᄒᆞ뇨(宣)這져져等등등事쓰스不
붕부好항한說쓩숴○이런말이날으기됴티아니ᄒᆞ니說쓩숴了량랴便뻔변是쓰스
好항한名밍밍了량랴○날ᄋᆞ면곳이말홈을됴히녁임이라用융융也여여不붕부效
향햔○뼈도효험티못ᄒᆞ리이다(査)嬸신신嬸신신不붕부必삐비做주주了량랴○
시嬸ᄒᆞ嬸디은말반라ᄃᆞ我어오已이이有임우了량랴○내임의두엇노라(宣)各꺼거
人신신盡찐진各꺼거人신신的띵디心신신○各人이各人의ᄆᆞ음을다ᄒᆞᆯ디라姆
무무姆무무你니니割꺼거的띵디是쓰스甚씸슴的띵디○姆姆ㅣ아네버힌거시이
므섯고(査)我어오已이이割꺼거肝간간了량랴○내임의肝을버혓노라(宣)這
져져等등등○이러면奴누누家갸갸割꺼거股구구肉슉수罷빠바○奴家ᄂᆞᆫ다
릿ᄉᆞᆯ을버힘이므던ᄒᆞ다○女史郭良相妻喬氏性至
孝其姑疾篤遍服方藥不效密刲股以食而疾愈有司

旌其
門

(査) 謝 셔셔 得 더듸 嬸 신신 嬸 신신 如 슈슈 此 츠ᄎᆞ 用 융융 心 신신 ○ 嬸嬸의 이러ᄐᆞ

시 用心홈을 謝ᄒᆞ노라 (査) 嬸 신션 嬸 신신 的 디딩 心 신신 便 변뼌 是 스ᄊᆞ 姆 무무 姆

무무 心 신신 ○ 嬸嬸의 ᄆᆞ옴은 곳 姆姆의 ᄆᆞ옴이니이다 (擧) 你 니니 兩 량량 箇 거거 妯

쥭쥭 娌 리리 一 이이 般 번번 樣 양양 心 신신 ○ 너두 妯娌의 ᄒᆞᆫ가지 ᄆᆞ옴이 都 두두 好

핳핳 狠 흔흔 毒 두뚱 好 핳핳 狠 흔흔 毒 두뚱 ○ 다 ᄀᆞ장 모디다 ᄀᆞ장 모디다 你 니니 那

나나 心 신신 狠 흔흔 似 스ᄊᆞ 劊 귀귀 子 즈ᄌᆞ 手 식싕 ○ 네 ᄆᆞ옴이 모딜기 劊子手 ᄀᆞᆮ다

劊 귀귀 子 즈ᄌᆞ 手 식싕 割 거겅 人 신신 肉 수숭 ○ 劊子手ᄂᆞᆫ 사ᄅᆞᆷ의 술흘 버히되 不 부붕

肯 큰큰 割 거겅 自 즈ᄌᆞ 己 기기 肉 수숭 ○ 즐겨 어녁 술흘 버히더 아니ᄒᆞᄂᆞ니이다 (査) 丫

야야 頭 투뚱 ○ 丫頭아 你 니니 知 지징 道 닫땅 甚 숨섬 的 디딩 ○ 비므서슬 아ᄂᆞᆫ다

莫 모망 胡 후ᄒᆞᆼ 說 쉬숴 ○ 간대로 니ᄅᆞ디 말라 (擧) 老 랖랑 奶 내내 奶 내내 疼 등뜽 你

니니兩량량箇거거○老奶奶너희둘흘ᄉᆞ랑ᄒᆞ니一이흥箇거거是ᄉᆞ스老랄랄奶

내내奶내내的디딍心신신肝간간○ᄒᆞ나ᄒᆞᆫ이老奶奶의心肝이오一이흥箇거거是

ᄉᆞ스老랄랄奶내내奶내내的디딍肉숭수○ᄒᆞ나ᄒᆞᆫ이老奶奶의ᄉᆞᆯ히라媚미미春

츈츈看간간世시시上샹샹人신신家갸갸媳시싱婦부뿌○媚春이보니世上人家媳

婦ㅣ似ᄉᆞ스兩량량箇거거娘냥냥子즈즈的디딍甚신씬少샾샾○두娘子ᄀᆞᆺᄒᆞᆫ이

심히젹더이다孝햫햫順쓘슌的디딍○孝順ᄒᆞᆫ이는自쯔즈己기기割거거自쯔즈

已기기肉숭수養양양爺여여孃냥냥○이녁히이녁ᄉᆞᆯ을버혀爺孃을養ᄒᆞ고忤우우

逆이흥的디딍○忤逆ᄒᆞᆫ이는官권권府부부割거거他타타的디딍肉숭수来

래레喂위위狗구구○官府ㅣ뎌의ᄉᆞᆯ흘버혀개를먹이ᄂᆞ니이다〔省〕莫모모做주주聲

싱싱○소릐ᄒᆞ디말라〔省〕休희휴多도도嘴쥐쥐○부리한양말라〔省〕姆무무姆무무

先선션奉봉뿡與유유婆포뿨婆포뿨喫치칭○姆姆ㅣ몬져婆婆씌奉與ᄒᆞ여미히쇼셔

奴 누누 家 갸갸 隨 쉬쮜 後 후훟 來 레래 ○ 奴家ㅣ隨後ᄒᆞ리이다

(大旦) (小旦) 孃 냥냥 孃 냥냥 萬 완완 福 부봉 ○ 孃孃萬福 (大旦) 孃 냥냥 病 빙삥 好 핳함 些 셔셔

○ 孃의病이져기 됴ᄒᆞ시니잇가

(大旦) 孃 냥냥 沒 무뭉 奈 내내 何 허허 强 걍걍 呑 튼튼 一 이힝 口 쿠큳 ○ 孃아엿디려뇨

홈이입스니강인ᄒᆞ여 ᄒᆞᆫ머금머그쇼셔 (小旦) 喫 치칭 了 랴럏 這 져져 湯 탕탕 管 권권 敎 갸걒

孃 냥냥 好 핳함 ○ 이湯을먹으면ᄉᆞ릐야孃으로ᄒᆞ여곰됴ᄒᆞ리이다 (夫) 媳 시싱 婦 부뿡 你

니니 起 기기 來 레래 我 오어 不 부붕 濟 지지 了 랴럏 ○ 媳婦ㅣ아네닐라 내濟티못ᄒᆞ리로

다 (大旦) 孃 냥냥 喫 치칭 這 져져 口 쿠큳 湯 탕탕 ○ 孃은이머금湯을먹으쇼셔 孃 냥냥

不 부붕 喫 치칭 兩 량량 箇 거거 媳 시싱 婦 부뿡 死 스ᄉᆞᆼ 也 여여 不 부붕 起 기기 ○

孃이먹디아니ᄒᆞ시면두媳婦ㅣ죽어도니디못ᄒᆞᆯ소이다 (夫) 媳 시싱 婦 부뿡 我 오어 喫 치칭

不 부붕 得 더딍 了 랴럏 ○ 媳婦ㅣ아내먹디못ᄒᆞ리로다 (小旦) 孃 냥냥 勉 면면 强 걍걍 喫

치칭 一이잉 口쿠큼 ○孃은 勉强ᄒᆞ여 ᄒᆞᆫ 먹음 먹으쇼셔 ㊀夫 你니니 看간칸 我오어 氣

기키 奄연연 奄연연 將쟝쟝 盡진찐 了랴랼 ○네 보라 내 긔운이 奄奄將盡ᄒᆞ야 ○字箋 奄忽

也 有우잉 出츄츙 氣키키 沒무뭉 入슈슝 氣키키 了랴랼 ○날 긔운이 잇고 들 긔운이

업세라 ㊀ 孃냥냥 孃냥냥 嗅치칭 一이잉 口쿠큼 ○孃아 孃아 ᄒᆞᆫ 금 먹으쇼셔 ㊀夫

媳시싱 婦부뿌 你니니 這저져 孝햐햫 順슌쓘 心신신 我오어 知지징 道닾땅 了

랴랼 ○媳婦ㅣ 아 너이 孝順ᄒᆞᆫ ᄆᆞᄋᆞᆷ을 내 아노니 莫모망 說쉬숴 是스쏭 湯탕탕 ○이 湯을 니

ᄅᆞ디 말라 是스쏭 你니니 的디딩 心신신 肝간간 你니니 的디딩 肉수숭 也여여 嗅

치칭 不부붕 得더딍 了랴랼 ○이 너의 心肝이며 너의 肉이라도 먹디 못ᄒᆞ리로다 ㊁這저져

箇거거 正징징 是스쏭 兩량량 箇거거 娘냥냥 子즈쯔 的디딩 心신신 肝간간 肉

수숭 ○이 正히 두 娘子의 心肝과 肉이니이다 ㊁他타타 說쉬숴 這저져 箇거거 湯탕탕

是스쏭 媳시싱 婦부뿌 用융융 心신신 做주주 的디딩 ○뎌 니ᄅᆞ되 이 湯은 이 媳婦ㅣ 用

心ᄒᆞ여ᄆᆞᆫᄃᆞᆫ거시니 也여여 似스ᄊᆞ 媳시싱 婦부ᄲᅮ 心신신 肝간간 肉수ᅀᅮᇰ 一이ᅙᅵᇰ 般
번번 ◯ 또媳婦의心肝과肉ᄒᆞᆫ가지ᄀᆞᆺ다ᄒᆞᆷ이로소이다 ㊀夫 兒ᅀᆞᆯᅀᆞᆼ 兒ᅀᆞᆯᅀᆞᆼ 兒ᅀᆞᆯᅀᆞᆼ ◯ 아히
아아히아아히아 自즈ᄶᅳ 己기기 養양양 的디디 兒ᅀᆞᆯᅀᆞᆼ 子즈ᄌᆞᆼ ◯ 自己兒子ᄂᆞᆫ養ᄒᆞᆫ
用융융 了랴랴ᇢ 多도더 少샤샤ᇢ 心신신 不부부 曾층ᄍᆞᆼ 得더ᄃᆞᆼ 他타타 力리릉 ◯
엇머므ᄋᆞᆷ을ᄡᅥ시리오마ᄂᆞᆫ일ᄶᅩᆨ뎌의힘을엇디못ᄒᆞ고 今긴긴 日시ᅀᅵᆼ 伏부뿡 事스ᄊᆞᆼ 的디딩
◯ 오ᄂᆞᆯ伏事ᄒᆞᄂᆞᆫ이ᄂᆞᆫ 却겨켱 是스ᄊᆞᆼ 別벼뼝 人신신 養양양 的디딩 ◯ 또이다ᄅᆞᆫ사ᄅᆞᆷ
의養ᄒᆞᆫ이라 我오어 也여여 沒무뭉 奈내내 何허혀 强강걍 呑튼튼 一이ᅙᅵᇰ 口쿠킇
◯ 나도엇디려뇨ᄒᆞᆷ이업스니강인ᄒᆞ여ᄒᆞᆫ머금먹으리라 媳시싱 婦부뿡 呑튼튼 下하햐 這
져져 湯탕탕 ◯ 媳婦ㅣ아이湯을ᄉᆞᆷ씨니 覺교걓 得더ᄃᆞᆼ 我오어 心신신 下하햐 寬권권
快쾌쾌 些셔셔 ◯ 내ᄆᆞᆷ이져기寬快ᄒᆞᆷ을ᄭᅵ드ᄅᆞ리로다 你니니 起키키 來래레 ◯ 비ᄂᆞᆯ
라 昨조짱 夜여여 夢뭉뭉 你니니 公궁궁 公궁궁 與유유 我오어 說숴쒕 ◯ 어제

밤즁에 네 公公이 날ᄃᆞ려 니ᄅᆞ되 上(썅샹)帝(디디)感(간간)你(니니)兩(량량)箇(거거)媳(싱시)
婦(뿌부)孝(햫햐)心(신신)○上帝 너희 두 媳婦의 孝心을 감동ᄒᆞ시니 奈(내내)何(허허)我(어오)
陽(양양)算(숸숸)已(이이)盡(찐진)○내 陽算이 임의 盡ᄒᆞ매 엇디리오 ᄒᆞ더라 ○字箋 十二年爲紀
百日爲算 感應篇 凡人有過 大則奪紀 小則奪算 ⊙奉 奶(내내)奶(내내)料(량랸)成(찡칭)不(뿌부)
得(듸더)了(랴랸)○奶奶ㅣ 혜아리건대 이디 못ᄒᆞ리니 辜(구구)負(뿌부)你(니니)兩(량량)箇
(거거)娘(냥냥)子(즈즈)好(햫햐)心(신신)○너희 두 娘子의 됴흔 ᄆᆞᄋᆞᆷ을 辜負ᄒᆞᆯ ᄯᆞ라 等(등등)我
(어오)說(숴쉬)與(유유)奶(내내)奶(내내)知(징지)○내 奶奶ᄭᅴ 닐러 알게 ᄒᆞᆷ을 기ᄃᆞ리쇼셔 奶
(내내)奶(내내)○奶奶ㅣ아 這(져져)湯(탕탕)便(뺸변)是(씃스)兩(량량)箇(거거)娘(냥냥)子
(즈즈)割(궈거)肝(간간)肉(슿수)做(주주)的(듸디)○이 湯은 곳 이 두 娘子ㅣ 肝과 肉을 베혀 ᄆᆡᆫ든 거ㅣ
시니이다 ⊙夫 孝(햫햐)順(쓘슌)媳(싱시)婦(뿌부)世(씽시)間(견견)罕(한한)有(임우)○孝順
ᄒᆞᆫ 媳婦ㅣ 世間의 드므리 잇ᄂᆞ니라 我(어오)也(여여)沒(뭉무)甚(씸숨)麽(마마)報(밯밮)答(다다)

你니니 ○ 내또아므란너를報答홀셔시업스니 只즈즈 願원원 你니니 生승승 兒슬슬

討탛탛 媳시싱 婦부뿌 来레래 ○ 다믄願컨대네조식을나하媳婦를어더 也여여 孝햧햧

順쓘쓘 你니니 ○ 또네게順홈을 孝 似쏭스 你니니 孝햧햧 順쓘쓘 我어오 一이이

般번번 ○ 네내게孝順ᄒᆞ게 가지又게ᄒᆞ라 홈 我어오 去큐큐 了랸랼 ○ 내가노라 ㊍ 孃

냥냥 你니니 去큐큐 ○ 孃아네감애 都두두 不부붕 留릭링 一이잉 句규규 話화홰

便뻔뼌 去큐큐 ○ 다ᄒᆞᆫ말ᄉᆞᆷ을머므로디아니ᄒᆞ고곳가시리잇가 ㊇ 媳시싱 婦부뿌 你

니니 看간간 我어오 這져져 身신신 體티티 手식싱 足주종 ○ 媳婦ㅣ아네나의이身體

手足을보라 ○ 曾子有疾召門弟子 啓予足啓予手而今而後吾知免夫 白 曾쯩층 有잉위 些서셔

子즈즈 虧퀴퀴 損쑨순 不부붕 曾층쯩 ○ 일쯕적이虧損홈이잇ᄂᆞ냐아닛ᄂᆞ냐 我어오

爺여여 孃냥냥 囫후훙 圇룬룬 生승승 我어오 来레래 ○ 우리爺孃이囫圇히날을나핫

거늘 ○ 囫碎錄物 完全者爲囫圇 我어오 今긴긴 也여여 囫후훙 圇룬룬 回휘훼 去큐큐

○ 히내 도이 라제 가圀 니圇 我 어오 死 쓰스 也 여여 不 부부 枉 왕왕 了 랴랴 ○ 어내 도죽

아쇽 난절 디업 라디 伱 니니 每 믜믜 做 주주 婦 뿌부 人 인인 的 디디 ○ 되너 엇희 논婦 이人

得 듸더 似 쓰스 我 어오 也 여여 好 핲화 了 랴랴 ○ 면시 뜨러 됴곰 흘날 이마 라ᄃᆞ 等 등등

我 어오 數 수수 與 유유 伱 니니 聽 팅팅 ○ 림내 을혀 기여 ᄃᆞ네 리게 라들

㘴 孃 냥냥 孃 냥냥 還 홴환 有 잉우 甚 씸심 麽 마마 話 홰화 說 쉬쉬 麽 마마 ○ 이아孃

이孃 이아 서당 날시 으론 시므 리슴 잇말 가슴 夫 沒 몽무 話 홰화 說 쉬쉬 ○ 업닐 세을 라말 이아

我 去 큐큐 了 랴랴 ○ 노내 라가 㘴 孃 냥냥 孃 냥냥 伱 니니 去 큐큐 了 랴랴 ○

네孃 감아 애孃 아 都 두두 沒 몽무 句 큐큐 話 홰화 留 릳릭 與 유유 伱 니니 兒 숭올 ○

ᄋᆞ다 조ᄒᆞ 롤귓 줌말 이슴 업을 스머 이리 잇러 가네 夫 伱 니니 說 쉬쉬 與 유유 伍 우우 倫 룬룬

全 쮠쥒 ○ ᄃᆞ네 려伍 닐倫 러全 이 交 걒갸 他 타타 莫 맣모 要 햫햐 想 샹샹 孃 냥냥 盡

찐진 心 신신 報 밣봐 國 궈궈 ○ 盡뎌 心로 ᄒᆞᄒᆞ 여여 나孃 라을 흘싱 갑각 게디 ᄒᆞ칼 라고 㘴 還

환횐 有우잉 甚슴씸 話화홰 留릭릳 與유유 你니니 小샾샹 兒슬승 子즈즈 ○ 당시

론므슴말숨이이셔머무러네小兒子를주리잇고 ㊀說쉬숭 與유유 伍우우 倫룬룬 備비삐

○ 伍倫備두려닐려 交갸걍 他타타 赤치칭 心신신 報바방 國궈궝 ○ 뎔로ᄒᆞ여赤心

報國게ᄒᆞ라 ㊃孃냥냥 孃냥냥 怎즘즘 麼마마 好하항 ○ 孃아孃아엇디ᄒᆞ여야됴흐리

잇고 ㊀我오어 去큐큐 了랴량 ○ 내가노라 莫모맙 攬갸걍 我오어 ○ 나를요란게말

라 男난난 子즈즈 不부붕 死스ᄉᆞᆼ 於유유 婦부뿌 人신신 之즈즈 手삭싱 ○ 男子

는婦人의손의죽디아니ᄒᆞ고 婦부뿌 人신신 不부붕 死스ᄉᆞᆼ 於유유 男난난 子즈즈 之

즈즈 手삭싱 ○ 婦人은男子의손의죽디아니ᄒᆞᄂᆞ니○禮喪大記語 你니니 看칸간 這져져

裡리리 有우잉 男난난 子즈즈 漢한한 沒무뭉 有우잉 ○ 비라여긔ᄉᆞ나희잇ᄂᆞᆫ가업

는가 有우잉 男난난 子즈즈 都두두 趕간간 出츄츙 去큐큐 等등등 我오어 去큐큐

○ ᄉᆞ나희잇거든다ᄯᅩ차내티고내가기를기ᄃᆞ리라 我오어 去큐큐 了랴량 我오어 去큐큐

了 랴랴 ○ 내내 가가 노노 라라 這 져져 裡 리리 是 ᄊ스 那 나나 裡 리리 ○ 예는이어듸뇨

㊃査 是 ᄊ스 孃 냥냥 卧 어오 房 빵방 ○ 이孃의卧房이로소이다 ㊄夫 正 징징 人 신신 當

당당 死 ᄉ스 于 유유 正 징징 寢 친친 ○ 正人은맛당히正寢의셔죽을디니○禮喪大記君夫人

卒於路寢大夫世婦卒於適寢內子未命則死於下室士之妻皆死于寢 移 이여 我 어오 去 큐큐 正

징징 廳 팅팅 上 쌍샹 等 등등 我 어오 去 큐큐 ○ 나를옴겨正廳의가나의가기를기ᄃ리라

㊅丑 祖 주주 代 때대 原 원원 居 규규 土 투투 谷 욕유 渾 훈훈 ○ 祖代로본뎌土谷渾에居

ᄒ엿ᄂ니○類苑叢寶吐谷渾本遼東鮮卑西晉時酋長徒河涉歸有二子長日吐谷渾少日若洛廆後吐谷渾徙去萬里之外西附陰山止於抱罕其孫葉延遂以吐谷渾為氏據有甘松之南洮水之西去青海四十里

生 승승 來 래래 不 붕부 愛 애애 帖 텽려 里 리리 溫 운운 ○ 生來예마리를앗기디아니ᄒ

노라 至 즈즈 心 신신 歸 귀귀 命 밍밍 騰 뜽등 吉 깅기 里 리리 ○ 至心으로命을하늘에도

라보내노니 早 잠잔 早 잠잔 露 루루 得 듸더 箇 거거 賽 새새 因 힌인 哈 핳허 敦 둔둔

○일쯕이혼고은겨집을사ᄅᆞ자ᄇᆞ리라 (學)生숭승来레래偏편편愛애애答다당剌
라랑 蘇수수 ○生来예술을偏愛ᄒᆞᄂᆞᆫ디라 虜루루得더ᄃᆞᆼ漢한한兒슬ᅀᅳᆯ人인신○
漢사ᄅᆞᆷ을사ᄅᆞ잡어 便변뼌要얀양討토탐蒙뭉뭉孤구구 ○곳은을엇고져ᄒᆞ노라 若
요얍 得더ᄃᆞᆼ蒙뭉뭉孤구구来레래入슈슝手식싱 ○만일은을어더와손에들면 鐃
뱌뱡 傢니니迭뎌뎡孤구구 ○네죽기를샤ᄒᆞ고 放방방傢니니阿아하布부부○
너를노하ᄃᆞᆺ메ᄒᆞ리라 (丑)咱자쟝兩량량箇거거兒슬ᅀᅳᆯ都두두是스쏭納나낭哥
거거 兒슬ᅀᅳᆯ ○우리둘흔다이반당이로니○咱四聲通解我也本音잔平聲或音자平聲或音入聲或
音잔上聲通呼三聲쨤今從入聲後做此 不收식싱拾시씽帳쟝쟝房방빵 ○帳房을收拾ᄒᆞ
ᄶᆞ야 ○胡人無室屋毳幕爲穹廬 伺츠ᄎᆞᆼ候후ᄒᆞᇢ咱자쟝也여여克키킁罕한한出츄츙
来레래 ○우리也克罕의나옴을기ᄃᆞ리쟈○克罕當作可汗後做此 (學)這저져早잔장晩
완완 不부붕来레래耶여여 ○이리늣도록오디아니ᄒᆞᄂᆞ냐 (丑)也여여克키킁罕한한

来 래례 了 랴랴 ○也克罕이온다 也 여여 克 킈킈 罕 한한 萬 완완 福 부붕 ○也克罕萬

福 ㉮外 咱 자쟝 是 스쓰 漢 한한 朝 챠쨯 匈 흉흉 奴 누누 墨 머멍 特 듸뜽 單 쳔젼 于 의

유유 的 디딩 後 후흫 代 대때 ○우리는이漢朝匈奴墨特單于의後代로니○史記匈奴頭曼有太

子曰冒頓漢書匈奴傳註單于廣大之貌言其象天單于然也師古曰單于者匈奴天子之號也 烏 우후

孫 순순 公 궁궁 主 쥬쥬 便 변뱬 是 스쓰 咱 자쟝 家 갸갸 祖 주주 婆 포뿨 ○烏孫公主

는이우리집祖婆ㅣ라○漢書西域傳烏孫遣使獻馬願得尚公主元封中遣江都王建女細君為公主以

妻焉公主悲愁作黃鵠歌大宛傳烏孫在大宛東北可二千里 咱 쟈쟝 祖 주주 宗 중중 以 이이 来

래례 ○우리祖宗으로뻐옴으로 都 두두 是 스쓰 漢 한한 家 갸갸 的 디딩 外 왜왜 孫 순순

○다이漢家外孫이라 把 바바 阿 아아 禿 두퉁 兒 슬슰 ○把阿禿兒ㅣ아胡語壯士之稱○

今 긴긴 後 후흫 不 부붕 許 휴휴 說 쉬숼 番 반반 語 유유 ○今後란番語니르기를許티마니

쟈○吏文輯覽外國皆稱番 ㊏丑 ㊟淨 都 두두 學 효햪 漢 한한 兒 슬슰 人 신신 說 쉬숼 話

화화 ◯ 다漢사룸의말을비호리이다 (外) 這져져 廝스스 不부부 會휘휘 ◯ 이놈이아디못

ᄒᆞ다 (淨) 騰뜽틍 吉깅거 里리리 是씋스 甚씸슴 麼마마 東둥둥 西시시 ◯ 騰吉里는

이므스거시니잇고 (外) 是씋스 天텬텬 ◯ 이天이라 (淨) 合겅거 扎쟝자 兒슬 是씋스

甚씸슴 麼마마 ◯ 合扎見는이므스거시니잇고 (外) 是씋스 地띠디 ◯ 이라 地 他타타

是씋스 達땽다 達땽다 不붕부 曉햫햐 得듷더 說쉏쉬 ◯ 뎌는이達達이라니룰줄을아

디못ᄒᆞ거니와 ◯ 達達韃靼通北部摠名見第一篇 你니니 是씋스 中즁중 國귕귀 人신신 投

뜰투 降향향 的딩디 ◯ 너는이中國사룸投降ᄒᆞᆫ이라 你니니 如슈슈 何허허 不붕부 會

휘휘 說쉏쉬 ◯ 네엇디니룰줄을아디못ᄒᆞᄂᆞᆫ다 (丑) 小샹쌰 人신신 喫칭치 着쟣죠 達

땽다 達땽다 屎스스 了랴랴 ◯ 小人이達達의서룰먹고 都두두 變변변 做주주 達땽다

達땽다 種중중 了랴랴 ◯ 다變ᄒᆞ야達達의죵류ㅣ되엿노라 (外) 這져져 廝스스 說쉬쉬

謊황황 ◯ 이놈이거즛말니ᄅᆞ다 漢한한 兒슬 人신신 到당도 了랴랴 是씋스 漢

한한兒슳슬人신신○漢사름은다홈이漢사름이라我어오達뚱다達뚱다人신신雖

쉬쉬變변변得듷터你니니身신신○우리達達사름이록네몸을變ᄒᆞ나비不봉부變

변변你니니蠻만만舌쎵셔頭뜰투○네蠻舌頭는變티아니ᄒᆞ엿누니라○正義曰蠻濕生㓜

劣之按之蟲也南人性多類故以蠻呼今俗胡人呼漢人曰蠻子㊀漢한한兒슳슬人신신咩

걒걒天텬텬做주주天텬텬○漢사름은하늘을블러天이라ᄒᆞ거늘達뚱다達뚱다人

신신改개개天텬텬名밍밍○達達사름은하늘일홈을고더喚훤훤天텬텬做주주騰

뜽등吉기강里리리○하늘을블러騰吉里라호뒤天텬텬也여여沒뭉무奈내내達

뜽다達뜽다何허허○하늘도達達의게엇디홈이업서只즈즈得더더順쓘슌受셜식

○그저順受ᄒᆞ거든況황황漢한한兒슳슬人신신怕파파死스스投뜰투降향향

的딩디○ᄒᆞ믈며漢사름이죽기를저퍼投降ᄒᆞ니가㊀外把바바阿아아禿투퉁兒슳슬

○把阿禿兒丨아宣원원魯루루干간간去큐큐請칭칭伍우우大다다夫부부○

宣魯干이가伍大夫를請ᄒᆞ더니 至즈즈令긴긴不부붕見견견到단당 ○이제니ᄅᆞ히옴을 보디 못ᄒᆞ니 莫모맘不부붕是스씃他타타知지짇覺교갿走주즏了랴랼 ○아니 뎨 알고ᄃᆞ라낫ᄂᆞᆫ가 ㊀聽팅팅見견견瑣소숴納나놥滴디딍滴디딍達다땅達다땅的디딍響향향 ○瑣喇滴滴達達ᄒᆞᄂᆞᆫ소릐를드ᄅᆞ니 按納當作喇瑣喇譯語類解太平簫 ○莫모맘不부붕是스씃他타타來래레了랴랼 ○아니오ᄂᆞ냐뎌 ㊄我오어去큐큐看칸칸一이힝看칸칸 ○내가보쟈 遙야양聞운문金긴긴鼓구구喧훤훤天텬텬響향향 ○아ᄋᆞ라이金鼓ㅣ喧天ᄒᆞᄂᆞᆫ소릐를들으니 定딩띵是스씃班반반師스ᄉᆞ得더듷勝싱싱回휘휘 ○定히이班師ᄒᆞ야이김을어더도라오ᄂᆞᆫ또다 ○書註班還也

㊀你니니跪귀귀 ○네ᄭᅮᆯ라 ㊃中중중國귀궈人신신不부붕會회휘跪귀귀 ○中國사ᄅᆞᆷ이ᄭᅮᆯ줄을아디못ᄒᆞ노라 ㊀你니니見견견你니니官권권裡리리也여여不부붕跪귀귀 ○네네황뎨를보아도ᄯᅩᄭᅮ디아니ᄒᆞᄂᆞ다 ㊃中중중國귀궈人신신膝

시싱 下하ᄻᅣ 有우잉 黃황ᅘᅪᆼ 金긴긴 ○ 中國사ᄅᆞᆷ이 膝下의 黃金이 잇ᄂᆞᆫ디라 只즈즘 跪

귀뀌 天텬텬 子즈즘 不부붕 跪귀뀌 胡후ᅘᅮ 人신신 ○ 그저 天子씌 ᄭᅮᆯ고 胡人의게ᄂᆞᆫ ᄭᅮ디

아니ᄒᆞᄂᆞ니라 (丑) 你니니 這져져 厮스ᄉᆞᆼ 不부붕 要얀향 頭투ᄠᅳᇰ ○ 너 이 놈이 마리를 要

티 아니ᄒᆞᄂᆞᆫ고나 (奎) 我오어 到도ᄃᆞᇰ 這져져 裡리리 已이이 不부붕 要얀향 命밍밍

了랼랑 ○ 내 여긔 니ᄅᆞᆷ애 임의 命을 要티 아니ᄒᆞ니 要얀향 頭투ᄠᅳᇰ 做주주 甚슴씸 麼마마

○ 마리를 要ᄒᆞ여 므슴ᄒᆞ리오 把바바 這져져 頭투ᄠᅳᇰ 送숭숭 上샹썅 門믄믄 来리래

與유유 你니니 割거겅 去큐큐 罷바ᄲᅡ ○ 이 마리를 中門에 보내여 너를 주어 버혀 가게 홈

이 므던ᄒᆞ다 倒도ᄃᆞᇰ 得더ᄃᆞᆼ 一이힝 件견견 事스ᄉᆞᆼ 了랼랑 ○ 도로혀 ᄒᆞᆫ가지 일을 어드

리로다 (外) 把바바 阿아하 秃투통 兒슬ᅀᆞᆯ ○ 把阿秃兒ㅣ 아 解계계 伍우우 大다ᄯᅡ

夫부부 縛밯ᄲᅡᇢ ○ 伍大夫의 민 거슬 그르고 請칭칭 大다ᄯᅡ 夫부부 上샹썅 坐조쬐 ○

大夫를 請ᄒᆞ여 올려 안티라 (奎) 我오어 不부붕 會회ᅘᅱ 坐조쬐 ○ 내 안줄을 아디 못ᄒᆞ노

라 外 小샤샹 人신신 久가강 與유유 漢한한 朝챠쨯 和호쾅 親친친 ○小人이 올
애漢朝로더브러 和親ᄒᆞ여시니 非뷔뷔 是스씃 敢간간 犯반빤 邊변변 ○이敢히 邊을犯
홈이 아니라 只즈즘 因인힌 廸이이 西시시 回휘휭 回휘휭 一이힝 帶대대 地디띠
面면면 ○다믄西로뎐ᄒᆞᆫ回回一帶地面이○回回西域 大食國種也陳隋間入中國丘瓊山曰國在玉
門關 萬里 外 每믜믜 年년년 来레래 攬갼걍 我오어 邊변변 境깅깅 ○每年에 와우리
邊境을요란 홈을因ᄒᆞ여 欲유융 得더득 一이힝 箇겨거 有우잉 謀무믐 略랴랼 的디딍
軍균균 師스슷 ○ᄒᆞᆫ謀略잇ᄂᆞᆫ 軍師를어더 發바봥 蹤중중 指즈즘 示스씃 ○發蹤 指示
ᄒᆞ여○蕭相國世家漢高祖謂功臣等曰 追殺獸兎者狗也發蹤指示獸處者人也 廝슈슞 有우잉 成
칭찡 功궁궁 ○힝혀成功홈이 잇과뎌ᄒᆞ더니 宣쉰쉰 魯루루 干간간 與유유 大다따 夫
부부 素수수 交갸걍 ○宣魯干이大夫로더 브러본ᄃᆡ벗이라 因인힌 薦젼젼 擧규규 大
다따 夫부부 ○인ᄒᆞ여大夫 를薦擧ᄒᆞᄃᆡ 小샤샹 人신신 國귀궝 中중중 有우잉 事스씃

○小人이國中에잇이셔不부붕能능능自즈쯔去큐큐拜배배請칭칭○능히스스

로티가못拜ᄒᆞ請고特듸뜽遣견견人신신相샹샹請칭칭○특별이사ᄅᆞᆷ을보내여서르請

ᄒᆞ니冒맏망瀆두뚱冒맏망瀆두뚱○冒瀆冒瀆ᄒᆞᆫ디라千쳔쳔萬관완休휴흉恠

괘괘○千萬허물말라(奎)春츈츈秋착칭之즈즈義이이○春秋의義에大다따夫

부부無우무境깅깅外왜왜之즈즈交갸걍○大夫ㅣ境外의交ㅣ업ᄂᆞ니라○莊二十七年

公子友如陳葬原仲註人臣之禮無私交大夫非君命不越境(外)大다따夫부부儻탕탕不부붕

棄키키小샤샹國궈귁○大夫ㅣ만일小國을ᄇᆞ리디아니ᄒᆞ야屈큐쿵留류륭在재째

這져져裡리리○屈留ᄒᆞ여여긔이시면亦이잉當당당處츄츄以이이宣쉔쉔魯

루루干간간之즈즈職지징○또ᄒᆞᆫ맛당히宣魯干의벼슬로ᄡᅥ處ᄒᆞ리라(丑)宣쉔쉔魯

루루干간간是스쓰駙부뿌馬마마○宣魯干은이駙馬ㅣ니○駙馬字彙副馬也漢武帝始置

駙馬都尉掌駙馬魏晉以後尚公主並稱駙馬宋趙葵行營雜錄皇女為公主其夫必拜駙馬都尉故謂之駙

馬 要(얀 향)用(융 융)你(니 니)做(주 주)駙(부 뿌)馬(마 마)○널로 駙馬를 삼고져ᄒᆞᄂᆞ니라

㊄鳥(냐 냥)獸(삭 십)不(부 붕)可(커 커)與(유 유)同(퉁 뚱)羣(큔 큔)○鳥獸는 可히 더브러 同羣티 못ᄒᆞᆯ거시니라 ○論語微子篇語

㊀這(져 져)廝(스 ᄉᆞ)敢(간 간)這(져 져)等(등 등)無(우 무)禮(리 리)○이놈이 敢히 이리 無禮ᄒᆞᆯ다

㊁你(니 니)不(부 붕)聽(팅 팅)我(오 어)也(여 여)克(키 킈)罕(한 ᄒᆞᆫ)說(숴 쉬)○네 우리 也克罕의 니ᄅᆞᆷ을 듯디 아니면

恐(궁 궁)怕(파 파)你(니 니)後(후 ᄒᆞᇦ)悔(휘 훼)無(우 무)及(기 끼)○네 후에 뉘웃처도 밋디 못ᄒᆞᆯ가 접허ᄒᆞ노라

㊄死(스 ᄉᆞ)者(져 져)人(신 신)之(즈 ᄌᆞ)常(샹 쨩)○죽음은 사ᄅᆞᆷ의 ᄯᅥᆺᄯᅥᆺᄒᆞᆫ 거시니

死(스 ᄉᆞ)得(더 ᄃᆞᆼ)其(키 끼)所(소 수)又(우 잉)何(허 ᄒᆡ)悔(휘 훼)○죽기를 그곳을 어드면 ᄯᅩ 엇디 뉘웃츠리오

㊀你(니 니)這(져 져)等(등 등)砍(간 간)大(다 ᄯᅡ)嘴(쥐 쮜)○네 이리 큰 브리로 베틴드시ᄒᆞ니

你(니 니)不(부 붕)要(얀 향)你(니 니)頭(투 뜽)○네 네 마리를 要티 아니ᄒᆞᄂᆞ냐

㊀砍(간 간)你(니 니)頭(투 뜽)○네 마리를 버히려ᄒᆞ면 只(즈 ᄌᆞ)一(이 ᅙᅵ)刀(닷 당)到(닷 당)

落로랑得더듷伱니니○그저흔칼이니름애 너를셔ᄅᆞ티려니와我오어不부붕砍칸칸

伱니니○내너를버히디아니ᄒᆞ고却거컹碎쉬쉬碎쉬쉬剮과과煮쥬쥬喫치칭了

랴량伱니니○또줄게줄게ᄊᆞᆺ가너 를술마먹으리라

外咱자쟝是스쏘伱니니家갸갸奴누누○우리이네 집종가 奎呵허허呵허허

○呵呵自즈쯔古구구来래래呌갸걍恁닌닌達다땅達다땅做주주匈흉흉奴

누누○네로브터너희達達을 블러匈奴ㅣ라ᄒᆞ니伱니니不부붕是스쏘奴누누是스쏘

世시싀長쟝쟝○네이종이아니 오이世長가 外我오어兒슬슰呀햐햐○我ㅣ兒아

하我오어碎쉬쉬碎쉬쉬剁도더了랴량伱니니肉수숭来래래做주주鲊자자

○내줄게줄게비고기를 써흐러젓ᄆᆞᆫ들리라

丑我오어兒슬슰○我ㅣ兒아把바바伱니니那나나頭투뜽碎쉬쉬砍칸칸了

랴량做주주醬쟝쟝○네더마리를다가줄게 베혀醬을ᄆᆞᆫ들리라

(外)你니니把바바刀닫당背븨븨向향향他타타頸깅깅上썅샹研야야着쨯죠

嚇하하他타타 ○ 네 갈 등으로다가 뎌의 목을 向ᄒᆞ여 ᄉᆞᆯ젹여 뎌를 저혀 看칸칸他타타怕

파파不부봉怕파파 ○ 아뎌 저펴ᄒᆞᄂᆞᆫ가 저펴 니ᄒᆞᄂᆞᆫ가 보라 (奎)臊산삼狗구긍奴누누

○ 臊狗奴ㅣ아 ○ 唐顏杲卿罵安祿山謂臊羯狗 我어오頸깅깅膊밥박不부봉是쓰스你

니니磨모뭐刀닫당石시씽 ○ 내 목당이 이 네 갈ᄆᆞᄂᆞᆫ 돌히 아니니 ○ 唐史劉闢欲殺林蘊而惜其

直陰戒刑人抽劒磨頸脅服之蘊叱曰死卽死我頸豈頑奴砥石耶 把바바與유유你니니磨모뭐

刀닫당 ○ 가져 뎌를 주어 갈 ᄀᆞᆯ게ᄒᆞ라 你니니調댜댱過고궈那나나刀닫당口쿠쿵

來래레砍간간一이힝刀닫당罷바빠 ○ 네 뎌 갈ᄂᆞᆯ흘 두로혀 ᄒᆞᆫ 갈에 버힘이 무던ᄒᆞ거ᄂᆞᆯ

試스ᄉᆞᆼ研야야試스ᄉᆞᆼ的디딩弄룽룽得더딍人신신養양양 ○ 시험ᄒᆞ여 ᄉᆞᆯ젹여 사여

름을 弄ᄒᆞ여 ᄆᆞ렵게 ᄒᆞᆫ다 呵허허呵허허 ○ 呵呵

(外)這져져廝스ᄉᆞ可커커怒누누 ○ 이 놈이 可히 노홉다

伍倫全備諺解卷一

(外)你니니有우잉這져져等등등本븐븐事스쓰 ○ 네 이런 지죄 이시면 不부붕着

죠쨩我오어拿나나来레래 ○ 내게 잡혀오디 아니리랴

(外)他타타說쉬숴也여여是스쓰 ○ 뎌의 니름 도올흐니 他타타手식심下햐햐若

요약有우잉人신신 ○ 뎌의 手下의 만일 사름이 이시면 咱자쟘一이힝時스쓰也여여

擒긴낀他타타不부붕来레래 ○ 우리 一時의 뎌를 ᄅ잡아오디 못ᄒ리라

(外)這져져厮스슺無우무禮리리開재개口쿠큭便변뼌罵마마咱자쟘 ○ 이놈

이 無禮ᄒ여 입을 열면 곳 우리를 ᄭ지즈니 你니니討탄탕鋸규귀来레래鋸규귀他타타

○ 네 톱을 가져다가 뎌를 켜라 (丑)拿나나鋸규귀来레래了랴럎 ○ 톱을 가져다 왓ᄂ이다

(奎)我오어看간칸你니니怎즘즘麼마마鋸규귀我오어 ○ 내 네 엇디 나를 켜는고 보

쟈 (丑)我오어拿나나倒단당你니니便변뼌鋸규귀怎즘즘麼마마鋸규귀 ○

내 너를 잡아 것구르티고 곳 켜리니 엇디 켜리오 (奎)人신신身신신上상썅肉수숭奈내내

奈내내的디딍○사름의몸에고기무릭무릭ᄒ니鋸규귀如유슈何허허得더듸入
유슝○돕이엇더들리오外是스쓰鋸규귀不부불入유슝○올흐니돕이드디아니ᄒ
리라奎滕산상達다따奴누누○ㅣ滕達奴鋸규귀人신신當당당用융융板
반반○사름을져매맛당히널을빌디니○瓚言孫撲爲李克用所執欲以爲河東副使撲曰兵敗而死分
也豈能復事鎭使耶克用怒命鋸鋸不能入撲罵曰死狗奴鋸人當用板夾乃以板鋸之至死罵不絕聲把
바바板반반兩량량塊괘괘夾갸걍起기기來래레○널두빡으로다가뻐너르혀면一
이訁會휘휘便변뻔鋸규귀了랴럏有우임何허허難난난○ᄒ디위곳져리니므슴어
려옴이이시리오丑謝셔쎠指즈즈教갸걍○指教홈을謝ᄒ노라奎不부붕是스쑹
你니니爺여여爺여여這저져等등등大다따量랑랑○네爺爺의어련大量어아니면
誰쉬쉬肯큰큰教갸걍你니니○뉘즐겨너를ᄀᄅ치리오外好화항漢한한好화항
漢한한○好好漢이로다好漢아로다生淨末救구귤人신신救구귤人신신○사름

救ᄒᆞ자사 릴救ᄒᆞ자 外 甚 슴씸 麼 마마 人 신신 的 뎌 갸갸 敢 땀 ◯ 엇던사ᄅᆞᆷ이 짓궤ᄂᆞ뇨

敢無義意恐諫字之 誤正字通識叫怒也 坐 伍 우우 大 따다 夫 부부 家 갸갸 人 신신 送 숭숭

東 둥둥 西 시시 来 래래 看 간간 伍 우우 大 따다 夫 부부 ◯ 伍大夫의집사 ᄅᆞᆷ이잡은것보

내여와伍大夫 ᄅᆞᆯ보려ᄒᆞ노라 丑 有 우잉 懞 믕믕 孤 구구 麼 마마 ◯ 懞孤ㅣ 잇ᄂᆞ냐 坐 他

타타 討 탄탕 甚 슴씸 的 디딍 ◯ 뎨므서슬어 드려ᄒᆞᄂᆞ뇨 末 他 타타 問 운문 有 우잉 銀

인인 子 즈ᄌᆞ 沒 무몽 ◯ 뎨銀이잇ᄂᆞ냐업 ᄂᆞ냐못ᄂᆞ이다 淨 沒 무몽 有 우잉 ◯ 업세라

丑 有 우잉 合 허헝 石 시씽 麼 마마 ◯ 合石이 잇ᄂᆞ냐 坐 他 타타 問 운문 甚 슴씸 的

디딍 ◯ 뎨므서슬 뭇ᄂᆞ뇨 末 他 타타 問 운문 有 우잉 玉 유융 麼 마마 ◯ 뎨玉이 잇ᄂᆞ냐

못ᄂᆞ이다 淨 那 나나 裡 리리 得 더등 他 타타 ◯ 어더뎌를 어드리오 丑 有 우잉 按 안한

彈 탄딴 麼 마마 ◯ 按彈이 잇ᄂᆞ냐 末 問 운문 有 우잉 金 긴긴 子 즈ᄌᆞ 沒 무몽 有 우잉

◯ 金이잇ᄂᆞ냐업 ᄉᆞ냐못ᄂᆞ이다 淨 那 나나 裡 리리 討 탄탕 ◯ 어더어 드리오 丑 徐 니니

南난난邊변변来래레 ○ 네南邊에셔와시니 有잉우速숭수不봉부慯탕티麼마마

○ 速不慯이잇ᄂᆞ냐 (末) 他타타問문운有잉우珍진진珠쥬쥬麼마마 ○ 뎨珍珠ㅣ

잇ᄂᆞ냐못ᄂᆞ기다 (淨) 沒몽무有잉우 ○ 업세라 (丑) 有잉우禿통투魯루루哥거거

按한안彈딴탄迭뗭뎌延연연沒몽무有잉우 ○ 禿魯哥按彈迭延이잇ᄂᆞ냐업소냐 (末)

他타타問문운有잉우段된뒨子즈즈織징지金긴긴襖할안子즈즈沒몽무有

잉우 ○ 뎨段子織金오시잇ᄂᆞ냐업소나못ᄂᆞ기다 (淨) 都두두沒몽무有잉우 ○ 다업세라

(丑) 都두두沒몽무有잉우 ○ 다업스면 你니니把바바甚씸슴麼마마来래레贖

쑹슈你니니伍우우大따다夫부부 ○ 네大夫므서슬가져와贖ᄒᆞ려ᄒᆞᄂᆞ다 네伍 (坐) 我

어오送숭숭命밍밍来래레 ○ 내命을보내여왓노라 (淨) 我어오把바바天텬텬理

리리来래레 ○ 내天理로가왓노라다 (丑) 覆봉부也여여克퀵킈罕한한 ○ 罕也克꾀

니 노 伍우우大따다夫부부家갸갸有잉우人신신来래레看간간他타타 ○

五倫全備諺解 卷之

伍大夫의집의셔사ᄅᆞᆷ이 이셔와뎌를보려ᄒᆞ노이다 ㊀外 幾기기 箇거거 人신신 ○ 몃사ᄅᆞᆷ고

㊀丑 三산산 箇거거 ○ 세히로소이다 ㊀外 㗌장자、好항화 造짷잘 化화화 ○ 우리됴흔

造化ᄉᆞ망이로다 ○ ᄉᆞ망 釋見譯語類解 拿나나 一힝이 箇거거 人신신 得듷더 三산산 箇거거

人신신 ○ ᄒᆞᆫ사ᄅᆞᆷ잡은ᄃᆡ 세사ᄅᆞᆷ을어드니 正징징 是ᄽᅳ스 彼비비 求낗킥 之즈즈 而

ᅀᅳᆯ슬 不봉부 得듷더 ○ 졍히이뎌는求호ᄃᆡ엇디못ᄒᆞᆫ거늘 㗌장자 不봉부 求낗킥 而ᅀᅳᆯ슬

自쯔즈 至즈즈 ○ 우리는求티아니호ᄃᆡ 스스로니름이로다 呵허허 呵허허 ○ 呵呵 咍

걍갼 他타타 進진진 来래레 ○ 뎌를블러 나아오라 ㊀丑 三산산 箇거거 人신신 都두두

進진진 来래레 了랼랴 ○ 세사ᄅᆞᆷ이다나 아왓ᄂᆞ이다 ㊀外 你니니 三산산 人인신 是

ᄽᅳ스 伍우우 大따다 夫부부 甚씸씀 麼마마 人신신 ○ 너세사ᄅᆞᆷ은이伍 大夫의엇던사ᄅᆞᆷ

인다 ㊀坐 我어오 是ᄽᅳ스 他타타 親친친 弟뎨디 ○ 나는이뎌의 親弟ㅣ로라 ㊀淨 我어오

是ᄽᅳ스 他타타 朋뽕픙 友잏우 ○ 나는이뎌의 朋友ㅣ로라 ㊀末 我어오 是ᄽᅳ스 他타타

家갸갸 使ᄉᆞ스 喚훤훤 的딍디 ○ 나는 이 뎌 집 使喚ᄒᆞᄂᆞᆫ 이로라 外 你니니 毎믜믜 来
래레 做주주 甚씸숨 的딍디 ○ 너희들이 와 므슴ᄒᆞ려ᄒᆞᄂᆞᆫ다 坐 替티티 我어오 哥거거
哥거거 死ᄉᆞ스 ○ 내 형을 ᄀᆞᄅᆞ차 죽으려ᄒᆞ노라 外 你니니 来래레 做주주 甚씸숨 ○
네 와 므슴ᄒᆞ려ᄒᆞᄂᆞᆫ다 争 替티티 我어오 朋뻥픙 友임우 死ᄉᆞ스 ○ 내 벗을 ᄀᆞᄅᆞ차 죽으
려ᄒᆞ노라 外 你니니 来래레 做주주 甚씸숨 ○ 네 와 므슴ᄒᆞ려ᄒᆞᄂᆞᆫ다 末 替티티 我
어오 主쥬쥬 人신신 死ᄉᆞ스 ○ 내 主人을 ᄀᆞᄅᆞ차 죽으려ᄒᆞ노라 外 你니니 不붕부 是
ᄊᆞ스 来래레 替티티 死ᄉᆞ스 ○ 네 이와 죽기를 ᄀᆞᄅᆞ춤이 아니라 是ᄊᆞ스 来래레 添텬텬
死ᄉᆞ스 ○ 이와 죽기를 더홈이로다 一흥이 箇거거 人신신 一흥이 箇거거 命밍밍 ○
ᄒᆞᆫ 사ᄅᆞᆷ이 ᄒᆞᆫ 목숨이니 各궁거 人신신 死ᄉᆞ스 各궁거 人신신 的딍디 ○ 各人 죽음이 各
ᄉᆞ의 거시라 取츄츄 刀당도 来래레 殺상사 ○ 갈 가져다가 죽이라 殺상사 這져져 斷
ᄉᆞ스 ○ 이 놈을 죽이라

外殺사상這져저厮스숭○이놈을죽이라

外殺사상這져저厮스숭○이놈을죽이라

外這져저漢한한兒을슬人신신好화할蹊히蹺갼걍○이漢사름이ᄀᆞ장야긔ᄇᆞ

다他타타箇거거都두두不부봉怕파파死스숭○뎌낫낫치다죽기를접퍼

아니ᄒᆞᄂᆞ고야古구구人신신說숴숴○녯사름이니ᄅᆞ되人신신不부봉怕파파死

스숭○사름이죽기를접퍼아니면奈내내何허허以이이死스숭懼규규之즈즈○

엇디죽기로써두렵게ᄒᆞ리오ᄒᆞ니○本道德經語他타타這져저三산산箇거거自즈쯔来

래레的디당○뎌이세흔스스로와시니喒자장不부봉要야양殺사상他타타○우리

뎌를죽이디말고那나나伍우우大다따夫부부是스쏭喒자장拿나나得더등他

타타来래레○뎌伍大夫는이우리뎌를잡아와시니只즈즈殺사상這져저箇거거罷

바빠○그저이를죽임이무뎐ᄒᆞ다奎殺사상便변뺀殺사상○죽이거든곳죽이라大

驚깅깅小샤샹怪괘괘怎즘즘的디딍◯大驚小怪홈好핳핳了랴랼

好핳핳了랴랼也여여得더딍一이핑場챵짱事스쓰了랴랼◯됴타됴타또一場事

룰어드리로다

㊀說쉬숴甚씸씸的디딍◯므서슬니르는다伸신신膊바밥子즈즈來래래◯

목을느리혀莫모망要야양砍간간着죠쟝你니니天텬텬靈링링盖개개◯天네

靈盖를버게말라◯天靈盖本草註人腦盖骨也 ㊋殺사상我오어莫모망殺사상我오어

哥거거哥거거◯날을죽이고내형을죽이디말라 ㊌殺사상我오어莫모망殺사상

我오어朋픙뿡友우잉◯날을죽이고내벗을죽이디말라 ㊍殺사상我오어莫모망

殺사상我오어主쥬쥬人신신◯날을죽이고내主人을죽이디말라 ㊚漢한한兒슬슳

人신신好핳핳蹊히혜蹺갸걍◯漢사ᄅᆞᆷ이ᄀᆞ장야긔ᄠᆡ다眞진진箇거거不부붕怕파파

死스슷◯진실로죽기를저퍼아니ᄒᆞ는고나箇거거箇거거人신신都두두愛애애

死 숫스 ○ 낫낫히사름이다죽기를ᄉ랑ᄒ니 好 함할 歹 대대 這 져져 死 숫스 是 쓰스 箇

거거 快 괘괘 活 횡호 去 큐큐 處 츄츄 ○ 모롬이이죽음은이즐거온곳이로다 ㊀ 是 쓰스 都 쓰스

快 괘괘 活 횡호 ○ 이즐거오니 不 봉부 快 괘괘 活 횡호 ○ 즐겁디아니면 他 타타 都

두두 争 증종 他 타타 做 주주 甚 씸숨 的 딍디 ○ 뎨다텨룰ᄃ토와므슴ᄒ리오 ㊍ 也 여여

是 쓰스 快 괘괘 活 횡호 ○ 또이즐겁또다 自 쯔즈 我 어오 生 승승 長 쟝쟝 来 래레 ○

내生長홈으로브터 殺 상사 死 숫스 了 럏랸 多 더도 少 샾샾 人 신신 ○ 언머사름을죽여시

리오마ᄂ 都 두두 不 봉부 見 견견 一 횡이 箇 거거 走 즘주 回 휘휘 来 래레 的 딍디 人

신신 ○ 다ᄒ나토ᄃ라도라오ᄂ사룸올보디못ᄒ니 若 샾숖 是 쓰스 不 봉부 快 괘괘 活 횡호

○ 만일즐겁디아니면 便 뻔변 有 잉우 走 즘주 回 휘휘 来 래레 的 딍디 了 럏랸 ○ 곳ᄃ

라도라오리이시리라 ㊀ 看 간간 起 기기 来 래레 ○ 보아ᄒ니 這 져져 伍 우우 大 따다

夫 부부 是 쓰스 忠 중중 義 이이 人 신신 ○ 이伍大夫ㅣ이忠義엣사롬이니 他 타타 决

켜평 不부붕肯큰큰爲위위喒자쟝用융융 ○ 데결단코즐겨우리게 쓰임이되디아닐쌔시

오 不부붕但단딴他타타一이힝箇거거忠중즁義이이 ○ 다믄뎌ᄒᆞ나 히忠義ᄒᆞᆯᄲᅮᆫ

이아니라 他타타一이힝家갸갸都두두是스쓰忠중즁義이이人신싄 ○ 뎌一家ㅣ

다이忠義엣 사룸이니 殺사상了랴랸他타타 ○ 뎌를죽이면 騰등등吉기깅里리리

也여여不부붕容용용喒자쟝 ○ 하늘도또우리를용 납디아니ᄒᆞ리라 ㊉ 你니니好

한함 勸권권他타타看간간如유슈何허허說쉬숴 ○ 네됴히뎌를勸ᄒᆞ 여엇디니ᄅᆞᄂᆞᆫ고

보라 ㊀ 理리리會휘휘得더듸 ○ 아노라 伍우우大다따夫부부你니니在재째

漢한한朝챠쟝 ○ 伍大夫ㅣ아네 漢朝에이셔 官권권不부붕過궈고大다따夫부부

○ 벼슬이大夫에 디나디못ᄒᆞ고 才재째開개개口쿠쿵言연연事스ᄉᆞ ○ 又입을 열어일

을니 룸애 便변뻔被비븨權권권奸견견置지짛你니니於유유死스ᄉᆞ地디띠 ○

只權奸이너를死 地에둠을닙으니 你니니若샹쇼肯큰큰把바바你니니事스ᄉᆞ漢한한

官권권裏리리的디딍心신신○네만일줄거네漢황되셤기뎐모옴으로다가伏부뽕事

스쑹嗜자쟝也여여克킈킝罕한쌘○우리也克罕을伏事ᄒᆞ면富부부貴귀귀立리링

可커커致지징○富貴를즉시可히닐위리라 奎 我오어豈키키不부봉知지징惡

어향生승승勝싱싱於유유好한향死스숭○내엇디惡生이好死에셔나음을아디못ᄒᆞ리

오마但단딴人신신生승승天텬텬地디디間견견○다ᄆᆞᆫ사ᄅᆞᆷ이天地間에나當

당당盡진찐爲위위人신신的디딍道단땅理리리○맛당히사ᄅᆞᆷ되엿ᄂᆞᆫ道理를다ᄒᆞ셔

시니臣친찐之즈즈事스쑤君균균○신하ㅣ님금셤김이如슈슈女뉴뉴之즈즈事

스쑤夫부부○계집이지아비셤김마ᄃᆞ디라失시싱節져졍之즈즈女뉴뉴○節을일흔

계은雖쉬쉬姿즈즈色서싱之즈즈美미미工궁궁作조잡之즈즈巧걒걍○

비록姿色이아ᄅᆞᆷ답고工作이공교ᄒᆞ나也여여徒투뚜然션션了랴랑○또속졀업스며失

시싱節져졍之즈즈臣친찐○節을일흔신하ㅣ雖쉬쉬有우임甚습씸才채째能

능능 ○ 비록아므란才能이이시나 亦이잉 不부붕 足주죵 道단땅 ○ 또훈足히니르디못
ᄒᆞᆯ새시니라 (生) 哥거거 哥거거 你니니 說쉬숴 得더듷 是스쏘 ○ 형아네니름이올타
古구구 人신신 也여여 有우임 這저져 等등등 的디딩 ○ 녯사름이또이런이이시니
如유유 中중중 行항향 說쉬숴 李리리 陵링링 之즈즈 輩비비 ○ 中行說李陵의輩ᄀᆞ
ᄐᆞ니ᄂᆞᆫ ○ 史記老上單于立漢文帝遣宗室女妻單于
使宦者中行說傳翁主說不欲行彊使之說至降匈奴
爲單于畫策李陵拜騎都尉貳師擊匈奴陵自請以少
擊衆單于使騎並攻射矢如雨陵曰無面目報陛下遂
降 歷리링 歷리링 可커커 數수수 ○ 歷歷히可히혜리로다
(丑) 他타타 這져져 伍우우 大다따 夫부부 忠중중 肝간간 義이이 膽단단 ○ 이뎌
伍大夫ᄂᆞᆫ忠肝義膽이라 決궤궈 不부붕 肯큰큰 爲위위 咱자장 用융융 ○ 블단코즐겨우
리ᄡᅳ임이되디아니ᄒᆞ리니 由우임 他타타 都두두 放방방 他타타 去큐큐 了랼럏 罷
바빠 ○ 제대로다뎌ᄅᆞᆯ노하가게홈이므던ᄒᆞ다 (外) 你니니 再재재 與유유 他타타 說쉬숴

看간간 ○네다시더드려널려보라 ㊀伍우우大따다夫부부伱니니認싄신得득더

我어오麼마마 ○伍大夫ㅣ아네날을아는다 ㊄我어오認인신得득더伱니니是

쏘스誰쒸쉬 ○내네이뉜줄을알리오 ㊀伱니니是쏘스我어오恩흔은人신신 ○

너는이내恩人이라 ㊄我어오心신신下햐하忽홍후然션연醒싱싱起기기來래레

○내ᄆᆞ옴에忽然히셔드ᄅᆞ니 正징징是쏘스路루루上쌍상相샹샹逢뽕붕不붕부

相샹샹識싀시 ○졍히이路上에셔ᄅᆞ만남애셔ᄅᆞ아디못ᄒᆞ니 形행힝容융융變변변盡

찐진語유유音힌인存쭌춘 ○形容이變ᄒᆞ기ᄅᆞᆯ다ᄒᆞ고만잇다흠이로다 ○東坡詩語音伱

니니莫맙모不붕부是쏘스張쟝쟝打다다油잏우 ○비아니이張打油ᄂᆞᆫ다 伱니니

如유유何해허來래레到닿닷這져져裡리리這져져等둥둥打다다扮반반 ○

네엇디예와이리비웟ᄂᆞᆫ요 ㊀我어오瞞먼먼伱니니說숴쉬不붕부得듸더 ○내

ᄅᆞᆯ속여니ᄅᆞ디못ᄒᆞ리로다 小샤샤人신신自쯔즈從쭝충前쪈젼日싀시山산산庄

좡좡 相샹샹 會휘훼 ○小人이前日山庄에 서르모듬으로븟허 蒙뭉뭉 與유유 寶반밮 鈔잪잪

견견 ○寶鈔줌을 납어 轉좬좬 賣매매 與유유 人신신 ○轉賣ᄒᆞ여사 름을주어 得더뤼

銀인인 二ᅀᅳᆯᅀᅳᆯ 十시씨 錠딩딩 ○銀二十錠을어더○南村 耕錄元以五十兩為一錠 輟葬

장장 了랴랼 一이잉 家갸갸 三산산 箇거거 喪상상 ○一家에세상 ᄉᆞ를葬ᄒᆞ고 因인힌

此츠ᄎᆞ 欲유융 去큐큐 邊변변 上샹썅 尋신씬 大다따 夫부부 ○이를因ᄒᆞ여 邊上에

가를 大大 夫자 報박밯 答다땋 此츠ᄎᆞ 恩은흔 ○이은혜를報答 고뎌ᄒᆞ더니 中중중 途

투뚜 為위위 胡후후 人신신 所소수 虜루루 ○中途에胡人의사 로잡힌배되여 來레래

到닫담 國귀괭 中중중 ○國中에 오나 自ᄌᆞᄍᆞ 念년년 是스ᄊᆞ 小샤샹 民민민 ○

스스로싱각ᄒᆞ 니이小民이라 無우무 官권권 守사심 言연연 責저징 ○官守言責 이업스니

○孟子註官守以 為守言責以言為責 暫잔짠 降향향 他타타 ○잠깐더의게 항복ᄒᆞ야 蒙

뭉뭉 他타타 受사심 與유유 職지징 事스ᄊᆞ ○더의벼슬을줌을닙엇더 니○按受恐授字之誤

因힌인 迺이이 西시시 回휘휘 回휘휘 地띠디 面면면 常쨩챵 来래레 侵친친 邊

변변 ○이와 西로 侵년 邊혼 홈回 을回 因ㅅ ᄒᆞ하 여히 덧덧 欲용유 要햫햐 伐빵방 他타타 去

큐큐 ○고더 져를 호리 ᄃᆡ라 가 苦쿠쿠 無무우 主쥬쥬 謀뭉무 之즈즈 人신신 ○謀主

훌근 사심 름ᄒᆞ 이는 업디 슴라 을 小샹샤 人신신 因힌인 念년년 ○小人이 因ᄒᆞ여 싱각ᄒᆞ니

大따다 夫부부 為위위 權권권 奸견견 所수소 忌기기 ○大夫ㅣ 權奸의 忌혼 배 되여

置징지 之즈즈 死스스 地띠디 ○死地에 두 엇는디라 因힌인 此츠츠 勸권권 也여여

克킈키 罕한한 ○이 克罕을 因ᄒᆞ여 勸ᄒᆞ야 也 去큐큐 請칭칭 大따다 夫부부 来래레

作잡조 軍균균 師스스 ○가 軍師를 大夫를 請ᄒᆞ여 삼으려 와 호ᄃᆡ 見견견 大따다 夫부부

立리리 志즈즈 堅견견 定띵당 ○大夫의 立志堅 定홈을 보고 因힌인 此츠츠 上샹상

○이런 전ᄎᆞ로 假가가 以이이 兵빙빙 威위위 相샹샹 嚇혀혀 ○거즛 兵威로 벼서르

嚇홈 이오 本본븐 無우무 相샹샹 害해해 之즈즈 心신신 ○본ᄃᆡ 서ᄅᆞ 害홀 ᄆᆞᄋᆞᆷ이 업스니

라 ㊄你니니本븐븐是쓰스中중중國궈궈人신신○너는본ᄃᆡ이國사ᄅᆞᆷ으로中

一이잉旦쟌쟌毁휘휘冠권권裂려려冕면면来래레做주주夷이이人신신○

○一朝에毁冠裂冕ᄒᆞ고와夷人이되엿ᄂᆞᆫ디라 按逸民傳漢室中微士皆毁冠裂冕去之 古구구人

신신說쉬쉬○뒷사ᄅᆞᆷ이니ᄅᆞ샤ᄃᆡ吾우우聞운운用융융夏햐하變변변夷이이○

내夏ᄅᆞᆯ用ᄒᆞ야夷ᄅᆞᆯ變홈을듯고未위위聞운운變변변於유유夷이이者져져也여여

○夷의게變ᄒᆞᆫ者ᄅᆞᆯ듯디못게라ᄒᆞ시니○孟子滕文公篇語你니니可커커勸권권也여여

克커커罕한한○네可히克罕을勸ᄒᆞ야同퉁퉁俺암암歸귀귀順슌슌中중중國

궈궈去큐큐罷바바○우리과ᄒᆞᆫ가지로中國에歸順ᄒᆞ야감이므던ᄒᆞ다㊀我어오知지지

道닷닷○내알괘라㊉他다다如유유何허허說쉬쉬○뎨엇디ᄅᆞ더뇨㊀他

타타沒무무得더더說쉬쉬○뎨니ᄅᆞᆷ이업고我어오看칸칸起기기来래레○내보

아ᄒᆞ니中중중國궈궈是쓰스禮리리義이이之즈즈邦방방○中國은禮義의邦이

이오 喒 자장 達 다땅 達 다땅 地 디띠 面 면면 終 즁즁 是 스쓰 夷 이이 狄 디띵 ○ 우리

達達ᄯᅡ흔ᄆᆞᄎᆞᆷ내이夷狄이라 我 오어 勸 권권 也 여여 克 킈킝 罕 한한 ○ 내也克罕을勸ᄒᆞ노

니 都 두두 歸 귀귀 順 쓘쓘 漢 한한 朝 챠짱 去 큐큐 罷 바빠 ○ 다漢朝에歸順ᄒᆞ야감이

무던ᄒᆞ다 (外) 我 오어 適 시싱 才 채째 見 견견 他 타타 三 산산 四 스ᄉᆞ 箇 거거 漢 한한

兒 ᅀᅳᆯᅀᅳᆯ 人 ᅀᅵᆫᅀᅵᆫ 這 져져 等 등등 爭 종증 死 스ᄉᆞ ○ 내ᄆᆞᄌᆞᆷ굿뎌서너漢사ᄅᆞᆷ이이리죽기ᄃᆞ

톰을보니 感 간간 動 둥뚱 我 오어 心 신신 ○ 내ᄆᆞᄋᆞᆷ을感動ᄒᆞᆫ디라 正 징징 要 얀양 與

유유 你 니니 說 쉬쉥 ○ 뎡히너ᄃᆞ려니ᄅᆞ고져ᄒᆞ더니 你 니니 說 쉬쉥 出 츄츙 来 레래 ○

네날러내니 正 징징 合 허ᅘᅧᆼ 我 오어 意 이이 ○ 졍히내ᄠᅳᆺ과合ᄒᆞ다 你 니니 請 칭칭 伍

우우 大 다따 夫 부부 兄 흉흉 弟 디떠 上 샹쌍 来 레래 ○ 네伍大夫兄弟를請ᄒᆞ야올라오라

俺 암함 結 겨겹 義 이이 爲 위위 兄 흉흉 弟 디떠 ○ 우리結義ᄒᆞ야兄弟되쟈 請 칭칭 哥

거거 哥 거거 上 샹쌍 坐 조쭤 兄 흉흉 弟 디떠 拜 배배 ○ 請권대형은上坐ᄒᆞ라아이절ᄒᆞ쟈

㙔不부봉敢간간◯不敢ᄒᆞ여라

㊟越워월南난난冀기기北버븍邠빈빈西시시營잉잉東둥둥◯越南冀北邠西

營東이라○南海古蹟記越禹貢揚州之南境春秋時

地本百越至秦始通漢元鼎中立南海等郡屬交州至

唐立廣州宋爲淸海軍禹貢註冀州唐虞時爲帝都五

代漢改大名府魏置北冀州詩豳風註邠州在禹貢雍

州岐山之北今屬陝西西安府三水縣營州舜典註曰

分靑州之東北遼東等處爲營州輿圖備考曰卽今廣

寧以東地一이황人인신有우잉慶깅깅萬완완國귀궉来레래同둥둥◯一人이慶

이이심애萬國이와同ᄒᆞᄂᆞᆫ또다○殷見曰同仰양양九구굳門믄믄兮히헤天텬텬啓기기

◯九門을仰홈이여하ᄂᆞᆯ이열녓고儼연연雙쌍솽闕궈궐兮히혜雲윤윤重충중◯

엄연ᄒᆞᆫ雙闕이여구롬이거듧ᄒᆞ엿도다九구궁夷이이咸현현来레래進진진奉봉뽕◯

九夷ㅣ다와進奉ᄒᆞ고○通鑑釋義東方之夷九種曰畎夷于夷方夷黃夷白夷赤夷玄夷風夷揚夷八

바방蠻만만莫모막不부불向향향風붕풍◯八蠻이向風티아니리업스니○風俗通蠻類

有八天竺咳首僬僥跛踵穿胷儋耳 狗軹旁春書註九夷八蠻多之稱 言연연侏쥬쥬離리리而
슬슬形힝힝詭귀귀恠괘괘○말이侏離ᄒᆞ고얼굴이詭恠ᄒᆞ며 ○侏離南蠻傳註語不分明也
服부뽁藍란란縷류류而슬슬髮바방蓬풍뿡鬆숭숭○오시藍縷ᄒᆞ고 마리털이髼鬆
ᄒᆞ도 다 或휘훵金긴긴其키끼齒츠ᄎᆞ或휘훵綉수심其키끼胷흉흉○或그 니에
금칠ᄒᆞ고或그ᄉᆞ가合에綉ᄒᆞ여ᄯᅡ다○一統志哀牢蠻 人以金裹兩齒曰金齒蠻洪武年間来附立金齒衛置
指揮 使 或휘훵面면면如슈슈漆치칭黑허흥○或ᄂᆞᆺ치漆 黑ᄀᆞᆺ고 或휘훵睛징징
似스쓰火호훠紅훙훙○或눈망울이 火紅ᄀᆞᆺ도다 或휘훵口쿠쿵如슈슈猪쥬쥬嘴
쥐쥐○或입이猪 嘴ㅣᄀᆞᆺ고 或휘훵脚교걍似스쓰竹주중筒퉁뚱○或다리竹 筒ᄀᆞᆺ도다
或휘훵以이이竹주중皮피삐爲위위帽모망○或竹皮로ᄡᅥ 帽를ᄒᆞ엿고 或휘훵以
이이曲큐큥木무뭉爲위위弓궁궁○或曲木으로ᄡᅥ 弓을ᄒᆞ엿ᄯᅩ다 或휘훵以이이布
부부纏쳔젼首샤심○或뵈로ᄡᅥ마리ᄅᆞᆯᄡᆞᆺ고○類書纂要暹 羅國人男女推髻以白布纏頭被服長

衫 或휙휭 以이이 錦긘긘 飾시싱 躬궁궁 ○或비단으로ᄡᅥ몸을꿈엿ᄯᅩ다ᄡᅥ 或휙휭 以

이이 海해해 巴바바 為위위 用융용 ○或자개로ᄡᅥ쓰는거슬삼고巴當作蚆字彚仐雲南邉

夷貨多用貝呼為海蚆 或휙휭 以이이 鑌빈빈 鐵텨렁 為위위 鋒봉봉 ○或鑌鐵로ᄡᅥ鋒

을삼아시니○總龜云鑌鐵出西番面上自有旋螺一花者有芝麻花雪花者凡刀釰器打磨光淨價過於銀

說出波斯國 千쳔천 般번번 嬌갸갸 態태태 百빅빅 種죵죵 巧갸갸 工궁궁 ○千般

嬌態오百種巧工이로다 真진진 珠쥬쥬 燗흥흥 鯨깅깅 波보보 之즈즈 寒한한 碧비빅

○真珠ᄂᆞᆫ鯨波의寒碧의셔블갓고 珊산산 瑚호호 絢현현 扶부부 桑상상 之즈즈 晴

칭칭 紅홍홍 ○珊瑚ᄂᆞᆫ扶桑의晴紅의빗나도다○珊瑚南海志云樹生大海有玉處其色紅潤可為

珠間有孔者出波斯國獅子國以鉄網沉海底經年取之乃得十洲記碧海中有樹長數千丈一千餘圍兩幹

同根是以名扶桑淮南子日日出暘谷拂于扶桑 大따다 象샹샹 銜험현 杯빅빅 於유유 其

미기 鼻비비 ○大象은잔을그고에먹음엇고 巨규규 驢토뎌 背비븨 寶보보 於유유 其

끼키峯붕붕○巨駝는寶貝를그峯에젓ᄯᅡ다○漢西域傳鄯善國多駝駝師古曰脊上肉鞍隆高若封土

杜詩紫駝之峯出翠釜達땅다達땅다回횡휘回횡휘越웡워萬뫈완里리리而슬슬

来래레至조즈○達達回回는萬里를越ᄒᆞ야와니르고羅러로羅러로剌랑라剌랑라

重쭝충九긷구譯잉이而슬슬来래레通퉁퉁○羅羅剌剌은九譯을重ᄒᆞ야와通ᄒᆞ는ᄯᅩ

다○周成王時越裳氏重九譯而来震진진三산산呼후후之조즈動뚱둥地떠디○三呼

를震홈애ᄲᅥ히움즉이고○三呼漢武帝禮祭中嶽太室從官在山下聞若有言萬歲者三凡朝賀山呼似始

於此鏘챵창萬뫈완舞무우之조즈有임우容융용○萬舞를鏘홈애容이잇ᄯᅩ다○詩坪

風註萬者舞之總名南난난蠻만만北뵉버狄뎍뎌東둥둥夷이이西시시戎숭숭○

南蠻北狄東夷西戎이과莫맙모敢간간不붕부来래레王왕왕○감히来王티아니리업고

○書註九州之外世一見曰王莫맙모敢간간不붕부朝짱챠宗중중○敢히朝宗리아니리

업도다○禮諸侯朝于天子春見曰朝夏見曰宗正징징是쏘스化화화行힝힝禹유유貢

궁궁山산산川쳔쳔外왜왜○졍히化ᄂᆞᆫ禹貢山川밧긔行ᄒᆞ엿고人신신在ᄶᆡ재周쥬쥬

公궁궁禮리리樂요양中즁즁○사ᄅᆞᆷ은周公禮樂가온대잇ᄯᅩ다小샤샹官관관不

부뿡是ᄊᆞ스別벼뼗人신신○小官은다ᄅᆞᆫ사ᄅᆞᆷ이아니라是ᄊᆞ스箇거거閣거겅門

믄믄大다따使ᄉᆞ스便변뼌是ᄊᆞ스○이閤門大使ㅣ곳이라昨조쫭日실싷奉봉뽕

宣션원諭유유○어제宣諭ᄅᆞᆯ밧ᄌᆞ오니諫견견議이이大다따夫부부伍우우倫

륜륜全쳔쭨○諫議大夫伍倫全이以이이言연연事ᄊᆞ스謫저젹守식싱邊변변塞

재째○言事ᄒᆞᆷ으로ᄡᅥ邊塞예謫守ᄒᆞ여力리릭屈큐쿵不부붕支즈즈○힘이屈ᄒᆞᆷ애지

당ᄒᆞ여티못爲위위北버뷩虜루루所소수賫혀힝○北虜의賫ᄒᆞᆫ배되나抗강강言

연연不부붕屈큐쿵○抗言不屈ᄒᆞ고羈기기留리림虜루루營잉잉○虜營에羈留ᄒᆞ

엿더니其기끼弟디띠東동동陽양양郡균균刺ᄎᆞ츳史ᄉᆞ숫伍우우倫륜륜備

비삐○그아ᄋᆞ東陽郡刺史伍倫備聞문문兄흥흥被비삐虜루루○兄의被虜ᄒᆞᆷ을듯고

抗캉캉章쟝쟝給긔기告갛간○抗章給告ᄒᆞ야○字箋抗擧也 師古曰給告者請謁之言謂請休

徃왕왕救ᄀᆛ구其끼키兄흥훙○그兄을救ᄒᆞᆯ시兄흥훙弟뎨디爭쯩ᄌᆞᆼ死ᄉᆞ스

○兄弟죽기를두토아感간간動뚱둥虜루루心신신○虜心을感動ᄒᆞ여·相샹샹率

쐥쇄來래레降향향○서르거ᄂᆞ려와항복ᄒᆞ니方방방今긴긴四ᄉᆞ스海해해一힝이

家갸갸○一方今에四海家ㅣ라東둥둥西시시南난난三산산邊변변早잪잔見견견

歸귀귀化화화了럎랴○東西南三邊이블셔歸化ᄒᆞᆷ을보아시되只즈즈是ᄉᆞ스北

븽베虜루루時ᄉᆞ스常쨩샹犯빤반邊변변○그저北虜ㅣ時常犯邊ᄒᆞ더니于유유今

긴긴得더더他다다歸귀귀順쓘슌○이제뎌의歸順ᄒᆞᆷ을어드니四ᄉᆞ스方방방從

쭝충此ᄎᆞ츠都두두無무우事ᄉᆞ스了럎랴○四方이일로조차다無事ᄒᆞ리로다昨쨯조

日ᅀᅵᇰ시報밯반名밍밍○어제報名ᄒᆞ여시니今긴긴日ᅀᅵᇰ시早잪잔引인인見견견

○오ᄂᆞᆯ일ᄶᆞᆨ引見ᄒᆞ실러니這져져早잪잔晩완완不붕부見견견来래레呵허허○

이리 늣도록 옴을 보디 못ᄒᆞ리로다 話화화 猶유유 未위위 了료료 ○ 말을 오히려 못ᄒᆞ여

셔 兀우옹 兀우옹 刺라랑 刺라랑 進진친 来레래 ○ 兀兀刺刺ᄒᆞ고 나아 온다

(末) 奏주즘 事ᄉᆞᄉᆞ 官권권 止즈즈 此츠츠 ○ 奏事官은 여긔 머믈라

(末) 奉봉뽕 宣쉔쉔 諭유유 ○ 宣諭를 밧ᄌᆞ오니 伍우우 倫륜륜 全쥔쮠 誤우우 陷

현현 虜루루 庭팅띵 罪쥐쮜 不부불 在재째 已기기 ○ 伍倫全이 誤陷ᄒᆞ나 罪ㅣ 虜庭에 몸

애 잇디 아니ᄒᆞ고 化화화 服부뽁 遠원원 夷이이 厥궈궈 功궁궁 甚신씬 茂무믐 ○

遠夷를 化服ᄒᆞ니 그 功이 심히 茂ᄒᆞ도다 宜이이 擢조쫘 朔소쏘 方방방 鎭진진 經깅깅 略

략략 征징징 討토탈 使ᄉᆞᄉᆞ ○ 맛당히 朔方鎭經略征討使를 擢ᄒᆞ여 唐貞觀二年邊州別置經

略使 宋慶曆元年置經略安撫招討使 佩비비 征징징 虜루루 大다따 將쟝쟝 軍균균 印

인힌 ○ 征虜大將軍印을 ᄎᆞ고 鎭진진 守삭심 西시시 北비븨 一이힝 帶대대 地디띠

方방방 ○ 西北一帶地方을 鎭守ᄒᆞ라 ᄒᆞ시니 謝셔써 恩은흔 ○ 謝恩ᄒᆞ라 (奎) 萬완완 歲

쉬쉬 萬완완歲쉬쉬萬완완萬완완歲쉬쉬 ○ 萬歲萬歲萬萬歲

㊟ 奉봉뽕宣션쉰諭유유 ○ 宣諭ᄅᆞᆯ 밧조오니 伍우우倫룬룬備비삐雖쉬쉬有

우잉 擅션쎤離리리官권권守식심之즈즈罪쮜쮜 ○ 伍倫備 비록 官守ᄅᆞᆯ 擅離ᄒᆞᆫ 罪ㅣ 이

시나 然연연急기깅於유유為위위兄흉흉 ○ 그러나 兄을 為홈애 急ᄒᆞ니 情칭찡亦

이잉 可커커矜깅깅 ○ 情이 ᄯᅩᄒᆞᆫ 可矜ᄒᆞ고 況황황又우잉能능능率쇄쇙領링링番

반반 夷이이歸귀귀化화화 ○ ᄒᆞ믈 ᄯᅩ 能히 番夷를 率領ᄒᆞ여 歸化ᄒᆞ여시니 功궁궁亦

이잉 不부붕少샤샹 ○ 功이 ᄯᅩᄒᆞᆫ 젹디 아니ᄒᆞ니 宜이이擢조좝任신신金긴긴紫즈즈

光광광祿루룽大다따夫부부同퉁뚱中중중書슈슈門믄믄下하햐三산산品

핀핀 ○ 맛당히 金紫光祿大夫同中書門下三品을 擢任ᄒᆞ여 ○ 文獻通考秦時光祿勳漢太初元年更名

光祿大夫掌議論及西晉置左右光祿大夫假金章紫綬而與卿同百官志同中書門下三品謂侍中書令也

唐高宗已後為宰相者必加同中書門下三品雖品高者亦然惟三公中書令則否 叅찬찬掌장쟝機

기기務무우 ○ 機務ᄅᆞᆯ叅掌ᄒᆞ라ᄒᆞ시니○綱鑑會要樞密院掌天下之機務及邊境軍馬之政令 謝

셔셔恩은은 ○ 謝恩ᄒᆞ라 (小生) 萬완완歲쉬쉬萬완완歲쉬쉬萬완완萬완완歲쉬쉬

○ 萬萬歲萬萬歲萬歲 (末) 吐투투谷융유渾훈훈也여여克킈킈罕한한 ○ 吐谷渾也

克罕은 率쇄쇄領링링部뿌부落랗로入슙유朝찰찰進진진奉뽕봉 ○ 部落을率

領ᄒᆞ여入朝進奉ᄒᆞ라

(末) 也여여克킈킈罕한한等등등跪뀌귀聽팅팅宣쉰쉰諭유유 ○ 也克罕等은

러宣諭ᄅᆞᆯ듣조오라

(末) 吐투투谷융유渾훈훈也여여克킈킈罕한한 ○ 吐谷渾也克罕은 可커커授

식식金긴긴吾우우大다다將쟝쟝軍균균侍ᄊᆞ스衛위위司ᄉᆞ스親친친軍균균

都두두虞유유候ᄒᆞ후 ○ 可히金吾大將軍侍衛司親軍都虞候ᄅᆞᆯ授ᄒᆞ라ᄒᆞ신다○事文類聚唐

龍朔二年改左右候衛曰左右金吾宋六軍諸衛有左

右金吾上將軍五代之制有侍衛親兵盖侍衛親軍起

(於後唐宋置侍 / 衛親軍都虞候) (外) 萬완완 歲쉬쉬 萬완완 歲쉬쉬 萬완완 萬완완 歲쉬쉬

○ (萬歲萬歲 / 萬萬歲)

(末) 也여여 克킈킁 罕한한 妻치치 哈허허 敎둔둔 ○ (也克罕의 / 妻哈敎은) 可커커 授

식싀 歸귀귀 順쓘슌 夫부부 人신신 ○ (可히歸順夫人을 / 授ᄒᆞ라ᄒᆞ시니) 謝써써 恩은은

○ (謝恩 / ᄒᆞ라) (莩) 萬완완 歲쉬쉬 萬완완 歲쉬쉬 萬완완 萬완완 歲쉬쉬 ○ (萬萬歲 / 萬歲)

(萬萬 / 歲)

(末) 吐투투 谷유융 渾훈훈 一이잉 行힝힝 人신신 ○ (吐谷渾一 / 行人을) 都두두 授

식싀 以이이 管권권 軍균균 職지징 事스쏘 ○ (다管軍職事 / 로써授ᄒᆞ여) 永융융 遠원원

充충충 侍스쏘 衛위위 ○ (永遠히侍衛에 / 充ᄒᆞ라ᄒᆞ시니) 謝써써 恩은은 ○ (謝恩 / ᄒᆞ라) (丑)

(淨) 萬완완 歲쉬쉬 萬완완 歲쉬쉬 萬완완 萬완완 歲쉬쉬 ○ (萬萬歲萬歲 / 萬萬歲) 從충쭝

今긴긴 盡진진 變변변 番반반 胡후후 態대대 ○ (이제로조차다番 / 胡態를變ᄒᆞ고)

世시싱世시싱長창쨩爲위위華화홧夏하햐人신신○世世로기리華夏ㅅ사ᄅᆞᆷ이되
리로다○夏明而大也中
國文明之地故曰華夏
(末)奏주즁事스쑹○奏事ᄒᆞᄂᆞ이다(奎)微위뮈臣친찐繼기기母무무范반빤氏
스쑹○微臣의繼母范氏二슬슳十시씹四스숭歲쉬쉬守식싱志즈즣○二十四歲
에守志ᄒᆞ야養양양育유융教갸걍訓휸휸兩량량兒슬슳○兩兒를養育教訓ᄒᆞ여
一이힝擧규규成칭찡名밍밍登등등第디띠○一擧에成名ᄒᆞ고登第ᄒᆞ엿고江강강東
등뚱藩반빤憲현현重중쭝臣친찐○江東藩憲重臣이○按藩憲重臣謂藩臬持憲之重臣
曾층쯩上상썅封봉봉章장쟝表뱌뱡異이이○일쯕封章을올려表異ᄒᆞ엿ᄂᆞ니小
샨샹兒슬슳吻랃랑官권권郡균균守식싱○小兒ᄂᆞᆫ모뎜ᄒᆞ여郡守를官ᄒᆞ엿고大다따
兒슬슳忝텬텬爲위위近긴긴侍스쑹○大兒ᄂᆞᆫ모뎜ᄒᆞ여近侍되엿ᄂᆞᆫ디라自즈쯯少
샨샹從충쭝施스쑹善션션教갸걍○졈어셔브터善教를조차施講걍걍論룬룬經

강깅書슈슈道닿땋藝이이○經書道藝를講論ᄒᆞ엿더니偶우웅因인힌上샹썅表
뱌뱧薦젼젼師스승○우연히上表를因ᄒᆞ여스승을쳔거홈이오其기끼中즁즁別벼뼗
無우무私ᄉᆞᄉᆞ計기기○그가온대별로私計업스되曾층쯩以이이職지징事ᄉᆞᄉᆞ
上샹썅言연연○일쯕職事로上言ᄒᆞ여頗포퐈爲위위當당당權권꿘所소수忌
기기○조ᄆᆞᆺ當權의忌ᄒᆞᆫ배되엿ᄂᆞ니라假갸갸托토탁暗안한裡리리中즁즁傷샹샹
○假托ᄒᆞ여暗中傷홈애因인힌此ᄎᆞᄎᆞ謫저적宦환환邊변변地디띠○이를因ᄒᆞ야
여邊地에謫宦ᄒᆞ니窮궁궁邊변변殘찬짠壘뤼뤼孤구구懸현현○窮邊殘壘ㅣ孤懸ᄒᆞ야
고絶也○懸了랴랑無우무片편편甲갸갑匹피핑騎기끼○片甲匹騎도업ᄉᆞᆫ디라
虜루루人신신乘칭찡吾우우無우무備비삐○虜人이우리無備홈을타倏수숙爾
슐슝出츄츙其기끼不부붕意이이○믄득그不意예나니四ᄉᆞᄉᆞ面면면救구궁援
원원俱규규無우무○四面에救援이다업고就쥭쯍裡리리絶줘쮱無우무儲츄쥬

峙 지찡 ○ 안ᄒᆡ 儲峙 絶無ᄒᆞᆫ디라 ○字箋 峙山屹立貌 費誓峙乃糇糧 忽 후홀 然 연연 来 래러

襲 시씽 我 오어 營 잉잉 ○ 忽然히 와 우리 營을 엄습ᄒᆞᆷ애 不 부붕 幸 힝힝 為 위위 虜 루루

拘 규규 縶 지징 ○ 不幸ᄒᆞ여 虜의 拘縶ᄒᆞᆷ이 되엿더니 臣 친찐 母 무무 一 이잉 聞 운문 此 츠츳

言 연연 ○ 臣의 어미 ᄒᆞᆫ 번 이 말을 듯고 遂 쉬쒸 爾 슬슬 感 간간 一 이잉 口 쿠쿵 氣 키키

○ ᄃᆞ듸여 一口 氣를 感ᄒᆞ여 因 인힌 而 슬슬 遂 쉬쒸 成 칭찡 深 신신 疾 지찡 ○ 因ᄒᆞ여 드듸여 深疾이 되니

百 ᄇᆡᆨ빙 計 기기 求 킥킹 醫 이이 禱 닥당 祀 스쏘 ○ 百計로 求醫禱祀ᄒᆞ며

臣 친찐 妻 치치 割 거ᄀᆞᆼ 取 츄츄 心 신신 肝 간간 ○ 臣의 妻ㅣ 心肝을 버히고 弟 디떠

婦 부뿌 割 거ᄀᆞᆼ 股 구구 為 위위 劑 지쩌 ○ 弟의 婦ㅣ 다리를 버혀 약을 ᄒᆞ엿더니 老 랄랑

母 무무 天 텬텬 年 년년 竟 깅깅 終 중중 ○ 老母ㅣ 天年으로 ᄆᆞᄎᆞᆷ내 죽으니 二 을슬

婦 부뿌 依 이이 禮 리리 葬 장장 祭 지지 ○ 二婦ㅣ 禮대로 葬祭ᄒᆞ고 又 우임 是 스쓰 臣 친

妻 치치 在 재째 家 갸갸 ○ 臣의 妻ㅣ 집의 이셔 見 견견 臣 친찐 壯 장쫭 年 년년

乏빱바嗣슷스○臣의壯年에嗣홈을보고乏時쑹스與유유微뮈위臣찐친娶츄츄

妾쳡쳐○벼예微臣을위ᄒ여妾을娶ᄒ야萬완완里리리遣견견人신신送숭숭寄

기기○萬里에사름을보내여送寄ᄒ더니不부봉幸힝힝中중중途뚜투遇유유虜루루

○不幸ᄒ여中途에虜을만나守심싀志죵즈不봉부為위위汚우우穢위위○守志

ᄒ야汚穢홈이되디아니려ᄒ고跐땽할在째재清칭칭冽령려井징징中중중○清冽

井中에뛰여들매咬얍얏指죵즈出츙츄血혀혀書슈슈字쯔즈○손싸락을무러피를

내여字를쓰니念년년臣찐친一힝이家갸갸之죵즈中중중○一念건대臣의家中에

五우우品핀핀人신신倫륜륜全쮠춴備삐비○五品人倫이全備ᄒ엿ᄂᆞᆫ디라當당당

臣찐친被삐비難난난之죵즈時쑹스○臣의被難혼ᄣᆡ를當ᄒ여臣찐친弟떼디棄

키키官권권救김규濟지지○臣의아이벼슬을블이고救濟ᄒ고義이이弟떼디名밍밍

安한안克킁킈和훠호○義弟일홈安克和ㅣ라홀이ᄂᆞᆫ臨린린難난난將쟝쟝身신신

遮져져蔽비비○難올臨ᄒᆞ여몸으로다가遮蔽ᄒᆞ고又우잏宥우잏家가갸僮동똥永

융용安안한○ᄯᅩ家僮永安이이셔也여여能능능臨림린死스ᄉᆞᆼ不부붕避비삐○

ᄯᅩ能히臨死ᄒᆞ여避리아니ᄒᆞ니因인힌此츠ᄎᆞᆼ吐투투谷유욕虜루루人신신○이런

젼ᄎᆞ로吐谷虜人이感간간臣친찐一이힔家가갸忠즁듕義이ᅌᅵ○臣의一家忠義를감

동ᄒᆞ여忽후홍然연연改개개心신신易이잉慮류류○믄득改心易慮ᄒᆞ야相샹샹

率쇄쐥與유유琛친친獻현현贄지찡○서르거ᄂᆞ려보ᄇᆡᄅᆞᆯ시러贄를드리니이다當

당당時스씽有우잏箇거거降항향人신신○當時에ᄒᆞᆫ降人이이시니名밍밍打다다

油우잉姓싱싱張장쟝氏스씽○일홈온打油ㅣ요姓은張氏라暗안한中중즁亦이잉

為위위慫중중慂용융○暗中에ᄯᅩᄒᆞᆫ為ᄒᆞ여권ᄒᆞ니所소수以이이虜루루心신신

不부붕悔휘휘○이러모로虜心이뉘읏디아니ᄒᆞ야襲시씹我오어冠권권帽맏맘衣

이히裳샹썅○우리冠帽衣裳을襲ᄒᆞ고○字箋襲受也解계계彼비비氈젼젼裘긱굉椎

취쮜 髻기기 ○ 陸賈傳註一撮之髻其形如椎 더의 椎髻를 解ᄒᆞ니○漢 邊변변 塞새새 從

즁즁 此ᄎᆞᄎᆞ 息식싀 兵빙뼝 ○ 邊塞일로조차 息兵ᄒᆞ고 四ᄉᆞᄉᆞ 夷이이 聞문운 之지ᄌᆞ

畢비빙 至지ᄌᆞ ○ 四夷듯고 ᄂᆞᆯ으니다 方방방 當당당 有우윙 事ᄉᆞᄊᆞ 之지ᄌᆞ 秋

착칭 ○ 보야ᄒᆞ로 有事ᄒᆞᆫ ᄢᅢ를 當ᄒᆞ여 臣친찐 不부붕 敢간간 言연연 私ᄉᆞᄉᆞ 事ᄉᆞᄊᆞ ○

臣이 敢히 私事를 니ᄅᆞ디 몯ᄒᆞ니 令긴긴 幸힝ᅘᆡᆼ 邊변변 鄙븨븨 無우무 虞유유 ○ 이제

幸여 邊鄙 無虞ᄒᆞ니 兄흉흉 弟뎨떼 禮리리 當당당 終즁즁 制지징 ○ 兄弟 맛당히 禮 終예

制ᄒᆞᆯ 디라 伏부뽁 乞킈킝 聖싱싱 恩은흔 憐련련 憫민민 ○ 伏乞聖恩은 憐憫ᄒᆞ샤 烏

우후 烏오봉 私ᄉᆞᄉᆞ 情칭쪙 得더득 遂쉬쒸 ○ 烏鳥私情을 시러곰 일오게 ᄒᆞ시면 ○ 東晳補亡

亡詩 傲傲 林烏受哺于子註曰純黑反哺者慈烏也慈

愛也 愛其親反哺之也 晉李密陳情表烏鳥私情願乞

養終 服부뽁 闋궤켱 依이이 限현현 回회홱 朝찬짱 ○ 服闋ᄒᆞ애 依限回朝ᄒᆞ여 生승승

死ᄉᆞᄉᆞ 鞠규귱 躬궁궁 盡진진 瘁쥐쮜 ○ 生死에 鞠躬盡瘁ᄒᆞ리이다

㊟伍우우倫륜륜全쮠쳔母무무范빤반氏쑹스 ◯ 伍倫全의母范氏ᄂᆞᆫ可거거贈

쯩증太태대平핑평郡균균太태대君균균 ◯ 可히太平郡太君을贈ᄒᆞ고 ◯ 却歸篇故事臣

僚封贈母祖母不問生沒並加太字春明退朝錄直學士以上母封郡太君 妻치치施ᄉᆞ스氏쑹스

可거거封봉봉孝햫햐感간간縣현현君균균 ◯ 妻施氏ᄂᆞᆫ可히孝感縣君을封ᄒᆞ고 ◯ 廣

輿記孝感縣隸湖廣德安府劉宋孝昌唐澴州後唐孝感 弟ᄃᆡ디婦뿌부吉긩기氏쑹스可거거

封봉봉仁신인和훵호縣현현君균균 ◯ 弟婦吉氏ᄂᆞᆫ可히仁和縣君을封ᄒᆞ고 ◯ 廣輿記仁

和縣隸浙江杭州府漢鹽官五代錢江宋仁和 妾쳥처景깅깅氏쑹스可거거贈쯩증義이이

烈령려貞징징姬기기 ◯ 妾景氏ᄂᆞᆫ可히義烈貞姬를贈ᄒᆞ고 伍우우倫륜륜全쮠쳔師

숭스施숭스善션션敎갸갸 ◯ 伍倫全의스승施善敎ᄂᆞᆫ可거거授씸시四숭스門믄믄

博밤보士쑹스 ◯ 可히四門博士를授ᄒᆞ고 ◯ 後魏劉芳云太和二年始立四門博士四門置學 義

이이弟ᄃᆡ디安한안克킁킈和훵호 ◯ 義弟安克和ᄂᆞᆫ可거거授씸시平뼝핑定뗭딩

州쥬쥬判편편官권권 ○ 可허平定州判官을授ᄒᆞ고○廣輿記平定州隸山西太原府漢上艾地

後魏石艾唐廣陽宋平定 家가가僮뚱둥永융융安한안 ○ 安家僮永은 可거거賜ᄉᆞ스

散산산官권권登등등仕ᄉᆞ스佐저조郞랑랑 ○ 可히散官登仕佐郞을주고○字彙官非

要顯爲冗散文獻通考唐置登仕佐郞明官制從九品階 張쟝장打다다油임우 可거거授쓩슈

神신씬木무뭉寨재쨰巡쓘슌檢견견 ○ 張打油는可히神木寨巡檢을授ᄒᆞ라○事文類聚

宋有沿邊溪洞都巡檢或蕃漢都巡檢或數州數縣管界或一州一縣巡檢掌訓鍊甲兵巡邏州邑擒捕盜賊

事 鳴우후呼후후生승승者저져盡진진其끼기職징지業엽어 ○ 鳴呼生者ㅣ라

는그職業을다ᄒᆞ고 沒몰무者저져服뿍부此ᄎᆞ츠寵춍총恩흔은 ○ 沒者ᄂᆞᆫ이寵恩을닙

으니 存쫀춘沒뭉무有임우光광광 ○ 存沒이빗치잇고 彛이이倫륜륜攸임유敍

슈쓔 ○ 彛倫이敍ᄒᆞᆫ배라 主쥬쥬者저져施ᄉᆞ스行힝힝 ○ 主者施行ᄒᆞ라○避暑錄話唐

誥初書舊銜次云右可官職云云然後書誥詞先言勅末言主者施行猶宋之麻詞也 謝쌰샤恩흔은

○謝恩ᄒᆞ라

㊣末 昨조짱日시ᅀᅵ我오어兩량량位위위主쥬쥬人신ᅀᅵᆫ ○어제우리兩位主人이

率쇄솨領링링胡후ᅘᅮ人신ᅀᅵᆫ歸귀귀化화화 ○胡人을率領ᄒᆞ야歸化홈애 蒙믕믕

九각깅重충쭝恩은ᅙᅳᆫ命밍밍 ○九重恩命을닙어 我오어一이ᅙᅵ家가갸兒ᅀᆞᆯ

都두두授식씽了랴랼官권권職지징 ○우리一家ㅣ다官職을授ᄒᆞ니 存춘쭌沒무뭉

有우임光광광 ○存沒이빗치잇도다 永융융安안한也여여不부뿡曾층쯩讀두뚱

書슈슈 ○永安은ᄯᅩ일쪽글닑디못ᄒᆞ고 也여여不부뿡曾층쯩從충쭝軍균균 ○ᄯᅩ일

쪽從軍티못ᄒᆞ여시되 亦이잉托토탕賴래래二ᅀᆞᆯ位위위主쥬쥬人신ᅀᅵᆫ福부뿡

蔭인힌 ○ᄯᅩ二位主人의福蔭을托賴ᄒᆞ야 也여여得더ᄐᆞᆼ授식씽箇거거散산산官

권권 ○ᄯᅩ散官을授홈을어드니 正징징是스ᄊᆞ一이ᅙᅵ人신ᅀᅵᆫ有우임福부뿡拖토탕

帶대대一이ᅙᅵ屋우ᅙᅩᆼ ○졍히이ᄒᆞᆫ사ᄅᆞᆷ이福이이심애ᄒᆞᆫ집을거ᄂᆞ림이로다 二ᅀᆞᆯ位

위위 主쥬쥬 人신신 ○二位主人이 奏즉주 准쥰쥰 回휘휘 家갸가 守싕식 制징지

○回家守制홈을奏准ᄒᆞ야 今긴긴 日싀싀 起키키 程찡칭 ○오ᄂᆞᆯ起程ᄒᆞ려ᄒᆞᄂᆞᆫ디라 行

힝힝 李리리 都두두 收싛삭 拾씽시 了랼랴 ○行李를다收拾ᄒᆞ고 等등등 待때대 二

슴슬 位위위 主쥬쥬 人신신 不봉부 見견견 来래래 ○二位主人을기ᄃᆞ리되옴을보디못

ᄒᆞ니 好함한 起키키 程찡칭 了랼랴 ○起程ᄒᆞ면됴흐리로다 話화화 猶잉약 未위위

了랼랴 ○말이오히려ᄆᆞᄎᆞ못ᄒᆞ여셔 二슴슬 位위위 主쥬쥬 人신신 到닿도 来래래

○二位主人이오신다 奎 兄흉흉 弟뗴디 ○아ᄋᆞㅣ 自쯔즈 從쭝충 母무무 親친친

棄키기 世싱시 後훟후 ○母親이棄世ᄒᆞ신後로브터 今긴긴 两량량 箇거거 月웡워

了랼랴 ○이제두ᄃᆞᆯ이라 俺암암 兄흉흉 弟뗴디 才째재 得듸더 奔븐븐 喪상상 ○

우리兄弟ㅣᄀᆞᆺ시러곰奔喪ᄒᆞ니 好함한 苦쿠쿠 好함한 苦쿠쿠 ○ᄀᆞ장셟다ᄀᆞ장셟다 奎

哥거거 哥거거 ○형아 俺암암 弟뗴디 兄흉흉 虧퀴퀴 負뿌부 俺암암 母무무 親

친친多도더了랴량◯우리弟兄이우리母親올저ᄇᆞ림이만ᄒᆞ니不부붕知지징何허허
以이이報보봡答다답他타타◯아디못게라엇디ᄡᅥ뎌ᄅᆞᆯ報答ᄒᆞ리오㊟蘇수수東
둥둥坡포퍼詩스ᄉᆞ云윤윤◯蘇東坡詩에니ᄅᆞ되○蘇軾宋神宗時人字子瞻號東坡微위위
生ᄉᆡᆼ승眞진진草찬참木무몽◯微生이진짓草木이라何허허處츄츄謝셔셔天
뎐뎐力리링◯어ᄂᆡ곳에하ᄂᆞᆯ힘올謝ᄒᆞ리오慈ᄎᆞᄌᆞ顏연연如슈슈春츈츈風봉봉◯
慈顏이春風ᄀᆞᄐᆞ야不부붕見견견桃ᄐᆞᆯ땅李리리實시씽◯桃李의여름을보디못ᄒᆞᆫ다ᄒᆞᆫ
니苦쿠쿠苦쿠쿠苦쿠쿠◯다섧다섧다섧兄흥흥弟디떼◯아ᄋᆞㅣ야這져져詩
스ᄉᆞ好ᄒᆞᆯ함像샹썅替틔티俺암함做주주的디딩一이힝般번번◯이詩ᄆᆞ장우리
ᄅᆞᆯᄆᆞᄅᆞ차지음ᄒᆞᆫ가지ᄀᆞᆺ다㊟孟뭉뭉郊갸걒詩스ᄉᆞ云윤윤◯孟郊詩에니ᄅᆞ되○孟郊
字東野諡貞曜湖州武康人唐德宗朝進士調溧陽尉慈ᄎᆞᄌᆞ母무무手ᄉᆞᆸ심中즁즁線션션
◯慈母의手中線이游유잉子ᄌᆞᄌᆞ身신신上샹썅衣이히◯游子의身上衣로다臨

린린 行힝힝 密밍미 密밍마 縫뽕봉 ◯ 行올 臨ᄒᆞ야 密密히 홈은 意이이 恐쿵쿵 遲찌치
遲찌치 歸귀귀 ◯ 뜻에 遲遲히 도라 올가 저허홈이로다 難난난 將쟝쟝 寸춘춘 草찬창
心신신 ◯ 寸草의 ᄆᆞᄋᆞᆷ으로다가 報밤바 得득더 三산신 春춘춘 暉휘휘 ◯ 三春暉를
갑기 어렵다 ᄒᆞ니 苦쿠쿠 苦쿠쿠 苦쿠쿠 ◯ 섧다 섧다 섧다 ㊝ 古구구 人신신 奔븐븐
喪상상 ◯ 古人이 奔喪홈애 一잉이 日씽시 行힝힝 百븽버 里리리 ◯ 一日에 百里를
行ᄒᆞ거늘 ○禮記奔喪之禮日行百里不以夜行 俺함암 走즈주 不불부 得득더 ◯ 우리ᄂᆞᆫ ᄃᆞ리
디 못ᄒᆞ니 只즈즈 走즈주 六륙릭 七칭치 十씽시 里리리 也여여 罷빠바 ◯ 그저 六七
十里를 감이 ᄯᅩ 무던ᄒᆞ다 ㊝ 哥거거 哥거거 上썅상 緊긴긴 行힝힝 ◯ 형아 셜리 녜사이다
㊝ 来래레 時쓰스 忻힌힌 忻힌힌 回휘휘 時쓰스 慼칭치 慼칭치 ◯ 올 배예 忻忻ᄒᆞ
더니 도라갈 배예 慼慼ᄒᆞ니 俺함암 弟떠디 兄훙흉 心신신 裡리리 好함하 苦쿠쿠 好
함한 苦쿠쿠 ◯ 우리 弟兄의 ᄆᆞᄋᆞᆷ이 ᄆᆞ장 섧다 ᄆᆞ장 섧다

⊕奎 永융융安한안這져져裡리리是쓰스那나나裡리리○永安아예는이어뎌고

⊕末 這져져裡리리是쓰스灞바바陵링링橋꺙걀○예는이灞陵橋ㅣ니行행힝人

신인送숭숭別뼝벼處츄츄○行人送別ᄒᆞ는곳이니이다○關中記云灞陵漢文陵也上有池四

道以瀉水三輔黃圖灞橋在長安東跨水作橋漢人送客至此折柳贈別

⊕淨 走즘주走즘주走즘주得등더我어오○ᄃᆞᆺ과라ᄃᆞᆺ과라내ᄃᆞᆺ과라趕간간趕간간

趕간간上썅샹我어오兩량량箇거거哥거거哥거거了랼랸○ᄯᆞᆯ와다ᄯᆞᆯ와다우리

두형을ᄯᆞᆯ와다好함할好함할了랼랸○됴됴라라孃냥냥丢딩두我어오每믜믜去

큐큐了랼랸○孃이우리들을ᄇᆞ리고가시니苦쿠쿠苦쿠쿠苦쿠쿠○셟다셟다셟다

⊕奎 兄훙훙弟떠디伱니니如슈슈何혀허也여여離리리了랼랸職징지事쓰스

来래레○아ᄋᆞㅣ야네엇디仫職事ᄅᆞᆯᄯᅥ나온다 ⊕淨 我어오進진진本븐븐乞킁킈恩

흔은守심식制징지○내本을나와乞恩守制ᄒᆞ야懞믕믕聖싱싱恩흔은允윤윤許

휴휴○심聖을恩넙이으允니許ᄒᆞ以이이此ᄎᆞᄎᆞ回훼휘來래레○라일왓로ᄂᆞ벼이도

다(奎)三산산哥거거真진진箇거거有임우孝햫향義이이心신신○ㅣ三진哥

실心로이孝잇義다別뻥벼人신신才째채得득더箇거거官권권做주주○사다름른

을은어ᄌᆞ드벼면술흠且쳐쳐做주주官권권○ᄒᆞ아노직라벼술便뺀변是쏘스親

친친孃냥냥死숫스也여여且쳐쳐匿능니喪상상○도곳아이직親喪孃을이숨죽기어

毋고仇○氏宋喪鑑匿續不編舉李哀定范諂鎮事劾王之安諂石令得自遷辨御安史石裡主行之闈不其

說問書尋遷做주주幾기기時쏘스討탕탄些셔셔盤뻔편纏젼쳔○를여ᄒᆞ러여빼

엇적ᄂᆞ이니盤라纏을(奎)如슈슈此ᄎᆞᄎᆞ人신인○사이룸러은ᄃᆞᆺᄒᆞᆫ天텬텬也여여

不붕부虧퀴퀴負뿌부他타타○디하아늘니도ᄒᆞ뎌시를리져라ᄇᆞ리(末)趲잔잔路

루루趲잔잔路루루且쳐쳐莫망모哭콩쿠○고길아을직죄우오디고마길ᄅᆞ을쇼죄셔오

(奎)永융융安한안這저저裡리리是쏘스那나나裡리리○이永어安되아고예는

(末)這져져裡리리便뼌변是쓰스清칭칭風붕붕嶺링링 ○ 예는 곳이 淸風嶺이니이다

(奎)這져져井징징喚훤훤做주주甚씸슴麼마마井징징 ○ 이 우믈을 므슴 우믈이라 브ᄅᆞᄂᆞ뇨

(末)這져져井징징喚훤훤做주주清칭칭洌렬려泉쮠쳔 ○ 이 우믈을 清洌泉이라 브ᄅᆞᄂᆞ니이다

(奎)永융융安한안你니니看칸간 ○ 永安아 네 보라 井징징欄란란上썅샹石씨시板반반 ○ 井欄上 石板이 如슈슈何허허這져져等등등紅훙훙斑반반斑반반的디디 ○ 엇디 이리 紅斑斑ᄒᆞ뇨

(末)呀하하原원원来래래是쓰스一잉이首싷식詩스스 ○ 본ᄃᆡ 이 一首 詩로소이다

(奎)是쓰스血혀혀寫셔셔的디디 ○ 이 피로 쓴고나

(淨)真진진箇거거是쓰스血혀혀寫셔셔 ○ 진실로 이 피로 썻ᄂᆞ이다

(奎)詩스스曰웟워世시시人신신誰쉬쉬不부부死스스 ○ 詩의 ᄀᆞ오ᄃᆡ 世人이 뉘 죽디 아니리오마ᄂᆞᆫ 我어오死스스為위위綱강강常챵창 ○ 내의 죽음은 綱常을 為홈이로다 一잉이點뎐뎐心신신難난난朽헝학 ○ ᄒᆞᆫ 點ᄆᆞᄋᆞᆷ은 석기 어렵고

千천쳔 年년년 骨구쿵 尙샹썅 香향향 ○ 千年에뼈오히려향긔로오리로다 婦부뿌 人

신신 多도더 水쉬쉬 性싱싱 ○ 婦人은水性이만저니와 男난난 子즈쯔 少샤샾 剛강강

腸챵쨩 ○ 男子도剛腸이적으니라 請칭칭 看간칸 淸칭칭 風붕봉 嶺링링 ○ 請컨대淸

風嶺을보라 淋린린 漓리리 血혀혀 兩량량 行항향 ○ 淋漓흔피두줄이로다 這져져

是스쓰 我오어 的디듸 妾쳐쳥 ○ 이는이내妾이 咬얀얍 指즈즈 頭투뚜 出츄츙 血

혀형 寫셔셔 的디듸 ○ 손사락을무러피를내여쓴거시로다 苦쿠쿠 的디듸 苦쿠쿠 ○

셟다셟다 ㊧ 好호항 詩스스 好호항 詩스스 ○ 됴흔詩로다됴흔詩로다 小샤샹 嫂산삼

嫂산삼 不부붕 但단딴 有우잉 貞징징 節져졍 ○ 小嫂ㅣ다믄貞節이이실뿐아니라

又우잉 有우잉 文운문 才채째 ○ 또文才이시니 可커커 敬깅깅 可커커 敬깅깅 ○

可敬可敬이로다

㊧ 哥거거 哥거거 起키키 起키키 起키키 莫모망 要야얍 傷샹샹 心신신 ○ 형은

닐라닐라닐라傷心대마ᄅᆞ쇼셔 淨 沒무뭉 婆포뿨 娘냥냥 種중즁 哭쿠쿵 他다다 做
주주 甚슴씸 ○ 婆娘의ᄡᅵ업관ᄃᆡ더를 울어므슴ᄒᆞ리잇고 末 主쥬쥬 人션신 起기기 主
쥬쥬 人션신 起키키 莫모맙 傷샹샹 心신신 ○ 主人은니르쇼셔主人 은니르쇼셔傷心티마
ᄅᆞ쇼셔 奎 世시씨 上샹썅 有우잉 這져져 等등등 女뉴뉴 子즈ᄌᆞ ○ 世上에 이런女
子ㅣ이시니 可거거 敬깅깅 可거거 愛애해 可거거 憐련련 ○ 可敬可愛 可憐ᄒᆞ다 世
시씨 上샹썅 婦부뿡 人신신 嫁갸갸 了랴랑 夫부붕 家갸갸 ○ 世上婦人이 지아비를嫁
ᄒᆞ여 生송승 了랴랑 三산산 男난난 五우우 女뉴뉴 ○ 三男五女를 나하셔도 夫부부
死스슷 尙샹썅 且쳐쳐 改개개 節져졍 嫁갸갸 人신신 ○ 지아비죽으면 오히려ᄯᅩ改節
ᄒᆞ여사름의 게嫁ᄒᆞ거늘 此ᄎᆞ츠 女뉴뉴 子즈ᄌᆞ ○ 이女 子ᄂᆞᆫ 與유유 我오어 無우무 一
이ᄒᆞᆼ 面면면 之즈ᄌᆞ 識시ᄉᆞᆼ ○ 날로더브러一 面의識이업고 無우무 片편편 時스ᄉᆞᆺ 之
즈ᄌᆞ 會휘ᄒᆞᆿ ○ 片時의會 ㅣ업스며 他타타 眼연연 裡리리 不부붕 識시ᄉᆞᆼ 我오어 面

면면 ○ 뎌 눈에 내 ᄂᆞᆺ출 아디 못ᄒᆞ엿고 他타타 耳술ᅀᅳᆯ 中중중 不부봉 聞운문 我오어 聲

싱싱 ○ 뎌 귀예 내 소릐를 듯디 못ᄒᆞ엿고 他타타 心신신 上샹썅 不부봉 感간간 我오어

情칭찡 ○ ○ 뎌 ᄆᆞᄋᆞᆷ의 내 情을 感티 아니ᄒᆞ여시되 乃내내 能능능 爲위위 我오어 義이이

不부봉 受식씩 汙우후 辱수슝 ○ 이예 能히 날을 爲ᄒᆞ여 義로 汙辱을 밧디 아니ᄒᆞ여시니 這

져져 等등등 人신신 世시싀 豈키키 多도더 有우잉 ○ 이런 사ᄅᆞᆷ이 셰샹의 엇디 만히 이시

리오 歷리링 觀권권 古구구 今긴긴 列려령 女뉴뉴 傳줜쮠 ○ 古今列女傳을 歷觀호뒤

也여여 不부봉 曾층쯩 見견견 這져져 等등등 人신신 ○ 또 이런 사ᄅᆞᆷ을 보디 못ᄒᆞ여시

서 眞진진 箇거거 可거거 敬깅깅 可거거 愛애해 可거거 憐련련 ○ 진실로 可敬可

愛可憐ᄒᆞ다 途투뚜 中중중 無우무 別벼뼈 物우뭉 可거거 以이이 表뱌뱌 我오어

心신신 ○ 途中의 다ᄅᆞᆫ 거ᄉᆞ로 可히 ᄡᅧ 내 ᄆᆞ음을 表ᄒᆞᆯ 거시 업소니 永융융 安안안 倷니니 將

쟝쟝 瓠후후 瓢퍞뺭 酌쟢쟙 些셔셔 清칭칭 水쉬쉬 ○ 永安아 네 박을 가져 젹이 清水를 셔

等등등 我오어 捻녀븡 土투투 為위위 香향향 奠뎐뎐 一이흥 杯비븨 ○ 내흡을비

비여香을믿드라一杯 클奠홈을기드리라 維위위 建견견 中중중 請칭졍 國귀궝 五우우

年년년 三산산 月위웡 十시씽 八바빵 日싀싕 ○ 維建中請國五年 三月十八日에 哀

애애 夫부부 朔소삽 方방방 經깅깅 略랴량 使스슨 伍우우 倫륜륜 全춴쮠 ○ 哀夫

○朔方經略使伍倫全은 喪父母人自稱曰哀 謹긴긴 以이이 心신신 香향향 淚리뤼 水쉬쉬

○ 삼가心香淚水로써 澆갸걍 奠뎐뎐 于유유 側저즹 室시싱 景깅깅 氏스쏭 義이이

烈려령 貞징징 姬기기 之즈즈 魂훈흔 ○ 側室景氏義烈貞姬의 魂에澆奠ᄒᆞ노라

(末) 主쥬쥬 人신신 趲잔잔 行힝헝 路루루 ○ 主人은 길흘 최오쇼셔 (奎) 義이이 烈

려령 貞징징 姬기기 我오어 去큐큐 了랴량 ○ 義烈貞姬아 내가노라 我오어 忙망망

且쳐쳐 去큐큐 ○ 내밧바 아직가니 待대때 我오어 回휘훼 来레래 替티티 你니니

立리링 廟먀망 ○ 내도라옴을 기드려 너를ᄒᆞ야 廟를세우고 異이이 時스쏭 請칭치 翰

한햔林린린老랖랖先션션生승숭◯다른빼예翰林老先生씌請ᄒᆞ여爲위위伱니니

作조잫傳쥰쮠◯너를爲ᄒᆞ여傳을지어琢조좝石시씽立리링碑비븨◯돌을조아

碑를세워留락릭名밍밍千쳔쳔古구구◯千古에留名케ᄒᆞ고不부붕使스ᄉᆞ伱니니

泯민민泯민민無우무聞운믄於유유地디띠下햐햐◯빌로ᄒᆞ여吾地下의泯泯無聞

티아니케ᄒᆞ리라㊌死스ᄉᆞ的디딩已이이是스ᄉᆞ死스ᄉᆞ了랴랴◯죽은이는임의

죽어시니主쥬쥬人신신不부붕必비빙留릭릭戀련련了랴랴◯主人은반ᄃᆞ시留戀

티마루쇼셔㊍我오어非븨븨愛애애他타타顏연연色서싱◯내더의顏色을ᄉᆞ랑

홈이아니라我오어愛애애他타타那나나節져졍義이이◯내더의節義를ᄉᆞ랑ᄒᆞ

며我오어非븨븨與유유他타타有우잉甚슴씸私ᄉᆞ스情칭찡◯내덜로더부러

아므란私情이잇ᄂᆞᆫ줄이아니라只즈즈敬깅깅他타타那나나一이잉點뎐뎐心션신

◯그저더의더一點心을공경ᄒᆞ노라㊎哥거거哥거거行힝힝罷바빠◯형은行홈이므

니던ᄒᆞ 待때대 哥거거 哥거거 服뿌부 闋퀑퀴 回훼휘 來래레 再재재 整징징 理
리리 ○ 형의服闋ᄒᆞ고도라옴을가ᄃᆞ려다시整理ᄒᆞ쇼셔 (奎) 永융융 安한안 這져져 裡리리
是ᄊᆞᄉᆞ 那나나 裡리리 ○ 永安아예ᄂᆞᆫ이어ᄃᆡ뇨 (末) 這져져 裡리리 是ᄊᆞᄉᆞ 大따다
江강강 ○ 예ᄂᆞᆫ이大江이니이다 ○廣輿記大江在江南安慶府城下 (奎) 大따다 江강강 水
쉬쉬 常쨩챵 在째재 ○ 大江믈은덧덧이잇거늘 只즈ᄌᆞ 是ᄊᆞᄉᆞ 人신신 不붕부 在째재
了량랴 ○ 그저사ᄅᆞᆷ은잇더아니ᄒᆞ니 呵허허 苦쿠쿠 呵허허 苦쿠쿠 ○ 셟다
(坐) 行힝힝 到닿단 這져져 裡리리 是ᄊᆞᄉᆞ 那나나 裡리리 了량랴 ○ 行ᄒᆞ야여긔니
르러시니이어ᄃᆡ뇨 (末) 是ᄊᆞᄉᆞ 本본본 州징작 地띠디 界게계 了량랴 ○ 이本州地界니
이다 (奎) 兄흉흉 弟띠디 山산산 川춴춴 如슈슈 故구구 ○ 아ᄋᆞ야山川은如故호ᄃᆡ 只
즈ᄌᆞ 是ᄊᆞᄉᆞ 俺함암 兄흉흉 弟띠디 回휘훼 來래레 ○ 그저우리兄弟도라옴애 不붕부
見견견 孃냥냥 了량랴 ○ 孃을보디몯ᄒᆞ리로다

末主쥬쥬人신신家갸갸近긴긴了량랸○主人아집이갓가와시니上쌍샹緊긴긴
走즘주兩량량步뿌부○셜리두어거룸을돗사이다恐쿵쿵怕파파老랖랖奶내내
奶내내在째재那나나裡리리倚히이門믄믄懸휀훤望망왕○老奶奶더긔겨셔倚
門懸望ᄒᆞ시ᄂᆞ가저퍼이다○史記王孫賈母謂賈日汝朝出而晩来則吾倚門而望暮出而不還則吾倚閭
而望 奎我어오這져져遭쟝잔回휘휘来래레○우리이번도라옴에沒뭉무人신신
懸휀훤望망왕了량랸○사ᄅᆞᆷ이懸望ᄒᆞᆯ이업스니苦쿠쿠了량랸苦쿠쿠○셟다셟다
奎哥거거哥거거○형아我어오心신신還환환說숴쉬是쓰스孃냥냥在째재
不붕부知징지孃냥냥死ᄉᆞ스○내ᄆᆞᄋᆞᆷ에도로혀이孃이잇다니ᄅᆞ고孃이죽은줄을아디못
ᄒᆞ리로다 淨孃냥냥不붕부在째재那나나裡리리去큐큐○孃이잇디아니ᄒᆞ고어듸
가리오只즈즈怕파파他타타想상상得듣더俺암암兄흉흉弟띠디○그서저프
건대뎨우리兄弟를싱각ᄒᆞ야困쿤쿤了량랸睡쒸쉬着짱죠了량랸○困ᄒᆞ야자눈가ᄒᆞ노

라

(末)這 져져 裡 리리 是 쓰스 本 븐븐 鄕 향향 了 랴랸 ○ 예는 이 本鄕이니이다

(坐)哥 거거 哥 거거 我 어오 五 우우 六 륙루 歲 쉬쉬 時 쓰스 ○ 형아 우리 五六歲 빼예

跟 근근 人 신신 出 츄츄 来 래레 耍 솨솨 ○ 사름을 ᄯᆞ라 나와 놀면 嬢 냥냥 毎 믜믜 来

래레 這 져져 裡 리리 尋 씬신 我 어오 ○ 嬢이 미양 여긔 와 우리를 차자 着 쟣죠 人 신신 抱

밤반 我 어오 回 휘휘 去 큐큐 ○ 사름으로 ᄒᆞ여 우리를 안아 도라 가더니라

(末)這 져져 是 쓰스 本 븐븐 家 갸갸 大 따다 門 문문 ○ 이는 이 本家大門이로소이다 (坴)

兄 흉흉 弟 뗘디 俺 함암 去 큐큐 時 쓰스 ○ 아ᄋᆞ야 우리 갈 빼예 嬢 냥냥 送 숭숭 俺 함암

兄 흉흉 弟 뗘디 到 닿댠 這 져져 裡 리리 ○ 嬢이 우리 兄弟를 보내노라 여긔 니르러 忍 신산

着 쟣죠 那 나나 苦 쿠쿠 ○ 뎌 셜옴 ᄎᆞᆷ고 外 왜왜 面 면면 強 꺙강 做 주주 那 나나 狠

흔흔 狠 흔흔 的 듸디 摸 무무 様 양양 ○ 外面으로 뎌 모딘 摸様올 強做ᄒᆞ야 閣 궈거 着 쟣죠

两 량량 眼 연연 眼 연연 淚 뤼리 ○ 두 눈에 눈믈 머금고 口 쿠쿠 裡 리리 強 꺙강 說 쉬쉬

丁 딩딩 寧 닝닝 的 디딩 言 연연 語 유유 ○ 입에 丁寧ᄒᆞᆫ 말을 强說ᄒᆞ시던 거시 正 징징

在 째재 這 져져 箇 거거 去 큐큐 處 츄츄 ○ 정히 이곳에 잇더니라 苦 쿠쿠 苦 쿠쿠 苦

쿠쿠 ○ 셟다셟다셟다

(末) 這 져져 裡 리리 是 스쏘 老 랖랑 奶 내내 奶 내내 靈 링링 牀 촹쫭 在 재째 這 져져

裡 리리 ○ 예ᄂᆞᆫ 이 老奶奶靈牀이 예 잇ᄂᆞ이다

(末) 二 슬슳 位 위위 官 권권 人 신신 且 쳐쳐 莫 모맙 哭 쿠쿵 ○ 二位官人은 아직 우디 말

고

且 쳐쳐 拜 배배 奶 내내 奶 내내 靈 링링 座 조쪄 ○ 아직 奶奶靈座에 拜ᄒᆞ쇼셔

(夳) 永 융융 安 안한 取 츄츄 過 고궈 酒 작점 来 레래 ○ 永安아 술 가져오라

(末) 我 오어 也 여여 澆 갼걒 奠 뎐뗜 一 이힝 杯 븨븨 ○ 나도 ᄒᆞᆫ 잔을 澆奠ᄒᆞ사이다

(旦) 官 권권 人 신신 你 니니 回 휘훼 来 레래 ○ 官人아 네 도라옴애 不 부봉 見 견견 了

랖랑 孃 냥냥 也 여여 ○ 孃을 보디 못ᄒᆞᄂᆞᆫ 또다 (夳) 娘 냥냥 子 즈즈 我 오어 孃 냥냥 那

나나 裡리리 去큐큐 了랴략 ○ 娘子ㅣ야 우리 孃 苦쿠쿠 苦쿠쿠 苦쿠쿠

이어듸가시뇨

○ 셥다셥 다셥댜

伍우우倫륜륜全젼쳔備비삐諺연연解계계卷권권七치칭

伍倫全備諺解 卷八

伍우우倫륜륜全쳔젼備삐비諺연연解계계卷권권八바방
(奎)侺닌닌兩량량妯작쟝娌리리在째재家갸갸守삭싱靈링링幃위위○너희
두서妯娌ㅣ집의靈幃을닉희라이俺암함弟뎨뎨兄흉흉都두두往왕왕墳분뿐上샹썅
守삭싱孃냥냥去큐큐也여여○우가孃리弟兄을닉희이다墳上에라가리라(奎)(岂)此
ㅊ츳去큐큐墳분뿐林린린應잉힝不부붕遠원원○예벽셔이墳林머더감아이니벅ᄒᆞ
니野여여花화화啼티띠鳥냐냥捴중중傷샹샹心신신○들새곳다과傷우心눈ᄒᆞ
도다(奎)奶내내奶내내墳분뿐塋잉잉在재째那나나裏리리○奶奶의塋이어墳더
잇ᄂᆞ노(末)轉젼쳔過고귀青칭청山산산路루루口쿠킇綠루룽水쉬귀橋갸걍
邉변변○青山路口와綠水橋邉을轉過ᄒᆞ야鬱유흉鬱유흉松숭숭楸착칭葱충충葱
충충佳갸갸氣키키○鬱鬱ᄒᆞᆫ松楸와葱葱ᄒᆞᆫ佳氣ㅣ○鬱葱茂盛貌漢光武記氣佳哉鬱鬱葱葱
那나나裏리리便변뺀是스쓰老랖랖夫부부人신신墳분뿐塋잉잉○그더이곳

老夫人墳塋 이니이다 (全) 母 무무 正 징징 存 쭌춘 時 쓰스 子 쯔즈 不 붕부 歸 귀귀 ○ 母ㅣ 졍히 이실 ᄢᅢ예 子ㅣ 도라오디 몯ᄒᆞ엿더니 于 유유 今 긴긴 母 무무 死 쓰스 子 쯔즈 才 쨰재 回 ᄒᆔ휘 ○ 이제 母ㅣ 죽음애 子ㅣ ᄀᆞᆺ 도라왓도다 子 號 햫할 天 텬텬 呼 후후 地 띠디 孃 냥냥 何 ᄒᆏ허 在 째재 ○ 하ᄂᆞᆯ을 브르며 ᄯᅡ흘 브름애 孃이 어ᄃᆡ 잇ᄂᆞ고 只 즈즈 見 견견 山 산산 頭 뜰투 土 투투 一 힝이 堆 뒤뒤 ○ 다ᄆᆞᆫ 山頭에 土一堆을 보리로다 (末) 呀 하하 不 붕부 見 견견 了 랼랴 人 신신 也 여여 ○ 하 사ᄅᆞᆷ을 보디 몯ᄒᆞ리로다 (小全) 萬 완완 里 리리 歸 귀귀 来 래레 不 붕부 見 견견 孃 냥냥 ○ 萬里에 도라옴애 孃을 보디 몯ᄒᆞ니 弟 띠디 兄 흉휴 相 샹샹 看 칸칸 淚 뤼릐 汪 왕왕 汪 왕왕 ○ 弟兄이 서르 봄애 눈믈이 汪汪ᄒᆞ도다 想 샹샹 應 ᅙᅵᆼ잉 只 즈즈 有 ᅌᅮᇢ우 空 쿵쿵 身 신신 在 째재 ○ 싱각건대 벅벅이 그저 空身이 잇고 肚 두두 裏 리리 都 두두 無 무우 一 힝이 寸 춘춘 膓 짱창 ○ ᄇᆡᆺ속에 다 一寸膓도 업도다 (末) 呀 하하 膓 짱창 斷 뒨뒨 盡 찐진 了 랼랴 ○ 하 膓이 斷盡ᄒᆞ엿ᄯᅩ다 (淨) 我 어오 為 위위

無무우孃냥냥来래레倚이이孃냥냥○내孃이업슴을爲ᄒᆞ야와 孃의게의지ᄒᆞ엿더니

誰쉬쒸知지징今긘긘曰시싱又우잉云윤윤ᄂᆞᆫ왕망○뉘오ᄂᆞᆯ또ᄂᆞᆫ훌 줄을알리오○

云語辭詩云ᄂᆞᆫ 摺入 (未)生승승来래레自즈쯔是스쏘孤구구寒한햔命밍밍○生来

예본이뎌라 ᄒᆞᆫ命이라孤寒 淚리리灑새새西시시風붕붕一이잉萬완완行항향○눈믈

을西風에쌜이니 一萬行이로다 (上)孃냥냥吗갸갼伱니니如유유何허허不부붕應

잉잉○孃아너를브르되엇디 應티아니ᄒᆞᄂᆞ니잇고 (上)孃냥냥孃냥냥應잉잉見숀술子

즈즈○孃아孃아見子 孃應ᄒᆞ쇼셔 (淨)等등등我오어吗갸갼一이잉聲싱싱○내ᄒᆞᆫ

소릐브르믈 기ᄃᆞ리쇼셔 孃냥냥孃냥냥孃냥냥伍우우奶내내奶내내伍우우奶내내

奶내내○孃아孃아伍아伍 奶孃奶아奶아 吗갸갼伱니니做주주孃냥냥也여여不

부붕應잉잉○너를블러孃이라ᄒᆞ 여도應티아니ᄒᆞ고 吗갸갼伱니니做주주伍우우奶

내내奶내내也여여不부붕應잉잉○너를블러伍奶奶라ᄒᆞ 여도또應티아니ᄒᆞ니 想샹샹

是쓰스 睡쒸쉬 着쟣죠 了럏랖 ○ 싱각건대 이 자눈 쏘다

㊍ 小샿샨 人싄신 是쓰스 中즁즁 書슈슈 省숭숭 堂땅탕 後흫후 官권권 便뺸변

是쓰스 ○ 小人은 이 中書省 堂後官이 大이라 ○ 唐百官 忠中書省中書令掌佐天子ㅣ執大政 文獻通考

堂後官者三省諸房都錄事也至道元年 緣崇吉以堂後官提點中書五房公事 今긴긴 日싀시 俺

암함 相샹샹 公궁궁 坐쬬조 中즁즁 書슈슈 堂땅탕 ○ 오늘 우리 相公이 中書堂에 안자

撿견견 閱웕워 堂땅탕 後흫후 五우우 曹짷차 典뎐뎐 故구구 ○ 堂後五曹典故룰 撿

閱ᄒ려ᄒ니 ○ 文獻通考 常侍曹主公卿 二千石曹主 郡國民曹主吏民 上書主客曹主 外國夷狄 三公曹主

斷獄 是爲五曹 小샿샨 人싄신 不봉부 免면면 先션션 出츄츄 来래레 ○ 小人이 마다 못

ᄒ여 몬저 나와 安한안 排빼패 公궁궁 座쬬조 灑새새 掃삼산 階계계 庭띵팅 ○ 公座

룰 安排ᄒ며 階庭을 洒掃ᄒ여 伺츠츠 候흫후 相샹샹 公궁궁 出츄츄 来래레 ○ 相公의 나

오심을 伺候ᄒ노라 好핳한 一이이 座쬬조 相샹샹 府부부 呵머허 ○ 됴흔 一座 相府ㅣ로

다相샹샹府부부潭탄딴潭탄딴深신신復부뽁深신신○相府ㅣ潭潭ᄒᆞ여깁고다

시깁ᄒᆞ니○字彙凡深者曰潭韓詩潭潭府中居黃황횡扉븨븨紫즈즈閣거걱綠루룩槐

홰홰陰인인○黃扉紫閣에綠槐陰이로다○漢百官志丞相黃扉爾雅三公植槐于前周禮朝士面三

槐三公位焉萬완완方방방發바발政징징施스슷仁신신地디디○萬方에政을發

ᄒᆞ며仁을施ᄒᆞ논地오一이잉片편편調됴됴元원원贊잔잔化화화心신신○ᄒᆞᆫ조

각元을調ᄒᆞ여化ᄅᆞᆯ贊ᄒᆞ논ᄆᆞᄋᆞᆷ이로다話화화猶유잉未위뮈了랴랼○말을오히려못디못

ᄒᆞ여셔相샹샹公궁궁出츄츌来레래了랴랼○相公이나오신다

㊋堂당땅後후흫官권권在재째那나나裏리리○堂後官이어디잇ᄂᆞ뇨㊎覆

부봉相샹샹公궁궁有우잉何허혀鈞균균旨즈즈○相公ᄭᅴᄉᆞᆲᄂᆞ니므슴鈞旨잇ᄂᆞ니잇

고○吏文輯覽凡一品官員之旨曰鈞旨㊋左조저右우잉○左右ㅣ아你니니喚휜휜那

나나左조저右우잉司스슷郎랑랑中중중来레래○네뎌左右司郎中을블러오라○事

文類聚中書省官屬宋有左右司郎中各一人掌舉諸司之綱紀隆興二年詔左司書擬吏戶禮機速房右司

書擬兵刑工賞功房 我어오有왕우事쏘스分븐븐付부부他타타 ○ 내일이이셔뎌드려

分付흐려흐노라 ㊟末 喚훤훤左저조右윙우司쏘스郎랑랑中중중 ○ 左右司郎中을

브르ᄂᆞ니 相샹샹公궁궁有윙우請칭칭 ○ 相公이請홈이잇다 ㊟淨 小샤샤人신인是

쏘스 右윙우司쏘스郎랑랑中중중 ○ 小人은이右司郎中이라 ㊟丑 小샤샤人신인是

쏘스 東둥둥司쏘스郎랑랑中중중 ○ 小人은이東司郎中이라 ㊟末 只즈즈有윙우箇

거거 左저조司쏘스 ○ 그저左司ᄂᆞᆫ잇새니와 那나나裏리리有윙우東둥둥司쏘스

○ 어디東司ㅣ이시리오 ㊟淨 右윙우司쏘스是쏘스西시시司쏘스 ○ 右司ᄂᆞᆫ이西司

ㅣ오 左저조司쏘스是쏘스東둥둥司쏘스 ○ 左司ᄂᆞᆫ이東司ㅣ라 東둥둥司쏘스是

쏘스 屙허오屎쏘스處츄츄 ○ 東司ᄂᆞᆫ이똥누ᄂᆞᆫ곳이니 ○字箋上厠下屎曰屙老朴輯覽尊者居

東屋其北必有厠尊者在厠稱為上東因呼為東厠四聲通解厠俗音会東司音如東厠故云 怪괘괘不

부붕得더듸他타타一이힝身신신臭칙착 ○ 더블어 一身의 내로 티 못ᄒ리라 ㊍末 胡

후ᄒ說쉬쉐 ○ 간대로 니ᄅ다 相샹샹公궁궁有우웅請칭칭上샹썅緊긴간去큐큐

○ 相公이 請홈이 이시니 썰리 가쟈 ㊀丑 ㊀淨 相샹샹公궁궁萬완완福부붕 ○ 相公萬福

㊀小生 五우우書츄쮸文운몬書슈슈都두두清칭칭理리리了랴랑未위뮈 ○ 五書

文書를 다 清理ᄒ엿ᄂ냐 못ᄒ엿ᄂ냐 ㊀淨 都두두清칭칭理리리了랴량 ○ 다 清理ᄒ엿ᄂ

이다 ㊀丑 都두두了랴량只즈즤是스쓰一이힝件견면未위뮈了랴량 ○ 다 ᄒ여시

되 그 저 ᄒᆫ 가지를 못ᄒ엿ᄂ이다 ㊀小生 何허허事스쓰未위뮈了랴량 ○ 므스 일을 ᄒ엿ᄂ

뇨 ㊀丑 前천쪈日이ᅀᅵ八바방百버빙媳시싀婦부뿌國궈궝進진진箇거거象

샹썅來레래 ○ 前日 八百媳婦國의서 象을 나와 더니 ○ 史記註 八百媳婦國 南蠻國名 廣輿記 世傳

土酋有妻八百 各領一寨 因以名之 其地產象 被비삐人신인偷투틓宰재재去큐큐了랴량

○ 사ᄅᆞᆷ의 도적ᄒ여 다히 라 감을 닙엇ᄂ이다 ㊀小生 如유유何허허不부붕去큐큐捉조쟝

那 나나 偷 투틀 的 디듸 人 신신 來 레래 ○ 엇디가뎌또적ᄒᆞᆫ사ᄅᆞᆷ을잡디아니ᄒᆞ뇨 丑

這 져져 宰 재재 象 샹썅 公 궁궁 事 스ᄊᆞ 是 스ᄊᆞ 十 시씽 分 븐븐 太 다ᄹᆡ 事 스ᄊᆞ ○ 이宰象公事ᄂᆞᆫ 十分大事ㅣ라

也 여여 差 채채 人 신신 去 큐큐 捉 조좔 ○ 또사ᄅᆞᆷ을식여 가잡으되

只 즈즈 是 스ᄊᆞ 捉 조좔 不 부붕 得 더듸 其 키끼 人 신신 ○ 그저그사ᄅᆞᆷ을잡디 몯ᄒᆞ엿ᄂᆞ이다 ○宰象音同宰相故戲之

(坐) 你 니니 說 쉬숴 宰 재재 相 샹샹 不 부붕 得 더듸 其 키끼 人 신신 ○ 네니ᄅᆞ되宰相을그사ᄅᆞᆷ을엇디못ᄒᆞ엿다ᄒᆞ니

說 쉬숴 得 더듸 我 오어 也 여여 是 스ᄊᆞ ○ 날을닐음이올토다

(末) 這 져져 廝 스ᄉᆞ 無 우무 禮 리리 ○ 이놈이無禮ᄒᆞ여 面 면면 毁 휘휘 大 다따 臣 친쪈 ○ 大臣을面毁ᄒᆞ니

該 개개 死 스ᄉᆞ ○ 죽엄즉ᄒᆞᆫ디라

合 허헝 送 숭숭 法 바빵 司 스ᄉᆞ 處 츄츄 以 이이 典 뎐뎐 刑 힝ᄒᆡᆼ ○ 法司의보내여典刑으로써處홈이맛당ᄒᆞ여이다

(坐) 禦 유유 寒 한ᄒᆡᆫ 莫 모맣 如 유유 重 충쭝 裘 쿠낑 ○ 寒을禦홈은裘을重홈만곳ᄒᆞ니업고

止 즈즈 謗 방방 莫 모맣 如 유유 自 즈쯔 修 수싱

○謗을止홈은스스로닷금만ᄀᆞᆺᄒᆞᆫ나업소니 但단딴 求킥끽 自ᄌᆞᄍᆞ 己기기 無우무 愧귀귀 ○다ᄆᆞᆫ自己븟그러옴이업ᄉᆞᆷ을求ᄒᆞᆯ써라 何허ᅘᅥ 恤슈슝 人신인 言연연 ○엇디人言을근심ᄒᆞ리오 淨 古구구 人인인 說쉬숴 ○古人이니로되 宰재재 相샹샹 肚두두 裏리리 好할핳 撑층층 船쳔쳔 ○宰相의비에비젓기돗타ᄒᆞ더니 畜德錄或謂岳正曰不聞宰相腹中撑舟乎曰順撑來可容使縱橫來安容得耶 這저져 箇거거 相샹샹 公궁궁 肚두두 裏리리 ○이相公의비에 眞진진 箇거거 好할핳 撑층층 船쳔쳔 ○진실로비젓기됴호리로다

坐 左조저 右우잉 司스ᄉᆞ 郎랑랑 中중중 過고궈 來레래 我오어 分븐븐 付부부 儞니니 ○左右司郎中은오라라내네게分付ᄒᆞ리라 古구구 之즈즈 大다다 臣천쩐 ○녯大臣은 開개개 誠칭찡 心신신 布부부 公궁궁 道단당 ○誠心을開ᄒᆞ며公道로布ᄒᆞ고 廣광광 忠중중 益이익 集지찡 衆중중 思ᄉᆞᄉᆞ ○忠益을廣ᄒᆞ며衆思를集ᄒᆞᄂᆞ니 ○陳壽評諸葛武侯語 儞니니 左조저 右우잉 司스ᄉᆞ 郎랑랑 中중중 及기끼 一이힝 應잉잉

大다따小샨샾官권권吏리리人인인等등등○너左右司郎中과밋 무릇大小官吏ㅅ等

이一이ᄒᆞᆼ切쳐쳥事스쑤務우무○一切事務ㅣ漢平帝紀註一切大凡也苟구궇有

우왕利리리於유유國궈귕家갸갸○진실로國家에有利ᄒᆞ며有益ᄒᆞᆫ이有우읭益이ᄒᆞᆼ於유유

生숭승民민민的디딍○生民의게有益ᄒᆞᆫ거슬都두두要얀향一이ᄒᆞᆼ一이ᄒᆞᆼ開

캐캐說쉬숴○다開說ᄒᆞ야一一히我오어有우잉過고궈失시싱○내過失이이시며

做주주得더득不부붕是스쏘處츄츄○네이을ᄒᆞ곰티읍곳아닌니니每믜믜只즈즘

管권권說쉬숴不부붕妨방방○너희들이그저쇼리야너희방해롭디아니리라○丑相

상샹公궁궁所소수行힝헹○相公의行이一이ᄒᆞᆼ一이ᄒᆞᆼ皆계계合허헙天

텬텬理리리順쓘쓘人인신情칭찡○一ᄒᆞ一히다天理에合ᄒᆞ고人情에順ᄒᆞ니無우무有

우잉不부붕是스쏘的디딍○올티아님이업스니이다○堂人인신非븨븨堯얀양舜

슌슌安안한能능능每믜믜事스쏘盡진진善션션○사ᄅᆞᆷ이堯舜이아니면엇디能히每

事ㅣ다 嚭ᄒᆞ리오 ◯ 嚭王述語 我오어 平평뼝 生승승 不부붕 受식쓸 謟쳔쳔 ◯ 내平生에

謟을 밧디 아니ᄒᆞ니 不부붕 用융융 你니니 如유유 此ᄎᆞ츠 當당당 面면면 謟쳔쳔 我

오어 ◯ 네 이리 當面ᄒᆞ야 내게 謟을 쓰디 말라 ⓢ淨 世시싱 上샹쌍 人신인 箇거거 箇거거

都두두 要야향 人신인 謟쳔쳔 ◯ 世上사ᄅᆞᆷ이 낫낫히 다 사ᄅᆞᆷ의 謟을 要ᄒᆞ거늘 只즈즁 是

스쏘 相샹샹 公궁궁 一이힝 人신인 ◯ 다문 相公ᄒᆞᆫ 사ᄅᆞᆷ이 不부붕 要야향 人신인 謟

쳔쳔 ◯ 사ᄅᆞᆷ의 謟을 要티 아니ᄒᆞᄂᆞ이다 ⓢ坐 你니니 這져져 等등등 說쉬숴 便변뻔 是

스쏘 你니니 謟쳔쳔 我오어 ◯ 네 이리 니ᄅᆞᆷ이 곳 이 네 내게 謟ᄒᆞᆷ이로다 古구구 人신인 云

윤윤 ◯ 古人이 니로ᄃᆡ 好할함 事스쏘 盡진진 輸슈슈 純춘쥰 與유유 直지찡 ◯ 好事

롤 다 純과 다 못 直에 輸ᄒᆞᆯ 더니 不부붕 勞랄랑 辯변뻔 舌셔쎵 湧융융 如유유 泉쳔쭨 ◯

辯舌의 湧ᄒᆞᆷ이 泉곳ᄒᆞᆷ을 슈끌리 말라 ᄒᆞ니라 ⓢ淨 相샹샹 公궁궁 ◯ 相公 아 昨조쪕 日이잉

有우잉 箇거거 人신인 在재째 人신인 家갸갸 喫치칭 酒작짛 說쉬숴 ◯ 어제 훈사

ᄅᆞᆷ이 이셔 ᄉ家에서 술 먹고 니ᄅᆞ되 相샹샹公궁궁那나나一힝이件견견事쑿스做주주

得듷더不붕부是쑿스 ○ 相公이 뎌 ᄒᆞᆫ 가지 일은 ᄒᆞ기ᄅᆞᆯ 올티 아니케 ᄒᆞ고 ᄒᆞᆫ 那나나一힝이

件견견事쑿스做주주得듷더非븨븨理리리 ○ 뎌 ᄒᆞᆫ 가지 일은 ᄒᆞ기ᄅᆞᆯ 非理로 ᄒᆞ다 ᄒᆞ니

好핳화拿나나来래레整징징理리리他타타 ○ 자바 와 뎌ᄅᆞᆯ 整理흠이 됴ᄒᆞ니이다 (小坐)

誰쒸쉬人신신背븨븨後흫후無무우人신신說숴숴 ○ 엇던 사ᄅᆞᆷ이 背後에 사ᄅᆞᆷ의 니

ᄅᆞᆷ이 업ᄉᆞ며 那나나箇거거人신신前쪈쳔不붕부說숴숴人신신 ○ 어ᄂᆡ 사ᄅᆞᆷ의 앏

희셔 사ᄅᆞᆷ을 니ᄅᆞ디 아니ᄒᆞ리오 只즘즈顧구구我어오做주주得듷더是쑿스與유유

不붕부是쑿스 ○ 그저 내 ᄒᆞᄂᆞᆫ 거시 올ᄒᆞ며 다뭇 올티 아니홈을 도라볼 ᄊᆡ시오 不붕부管권권

人신신說숴쉬與유유不붕부說숴쉬 ○ 사ᄅᆞᆷ의 니ᄅᆞ며 다뭇 니ᄅᆞ디 아니홈을 ᄀᆞ옴아디 아

닐ᄯᅵ라 我어오有읗약此츠츠事쑿스 ○ 내 이 일이 이실ᄯᅥᆫ대 他타타說숴쉬得듷더

我어오是쑿스 ○ 뎨 나ᄅᆞᆯ 니ᄅᆞᆷ이 올ᄒᆞ니 我어오便뼌변急깅기改개개了랼랴 ○

내곳急히고틸새시오 我어오 無무우 此ᄎᆞ츠 事쓰스 ○내이일이업슨쎤대 他타타 裝

좡좡 誣무우 我어오 ○뎌나롤셤여誣홈이라 其끼키 曲큐큐 在째재 彼븨븨 ○그굽

음이뎌에이시니 我어오 管권권 他타타 做주주 甚씸슴 ○내뎌롤기오아라므숨ᄒ리오

有잉우 則징저 改개개 之즈즈 無무우 則징저 加갸갸 勉면면 ○이시면고티고업스

면加勉홀ᄯᅥ니라 ㉤ 小샹샨 人신신 伏뿡부 事쓰스 相샹샹 公궁궁 多더도 年년년

○小人이相公을伏事ᄒ연디여러히로되 不붕부 見견견 相샹샹 公궁궁 有잉우 過궈고

失싀시 ○相公의過失이심을보디못훌러니 只즈즈 是쓰스 去큐큐 年년년 大따다 朝

짶챤 賀허허 日싀시 ○그저去年大朝賀日에 為위위 辦빤반 事쓰스 吏리리 打다다

損순순 幞뿡부 頭뜰투 ○辦事吏ㅣ幞頭를打損홈을為ᄒ여○中華古今註幞頭本名上巾但以

三尺皂羅裹髮至後周武帝裁為四角名曰幞頭至唐令重繫前後以象二儀兩邉各為三撮百官及士庶人

常服字箋云後世用為公服 相샹샹 公궁궁 不붕부 合헝허 用융융 笏홍후 打다다 他

타타 ○ 相公이 匆로 ᄡᅥ 더브러 ᄃᆞ톰이 맛당티 아니ᄒᆞ니이다 (小生) 此 ᄎᆞ츠 正 징징 是 ᄊᆞ스 小 샿샤
官 권권 之 ᄌᆞ즈 失 싱시 ○ 이ᄂᆞᆫ 정히 이 小官의 그ᄅᆞᆺ홈이라 何 ᅘᅥ허 不 붕부 早 잪잪 說
쉐쉐 ○ 엇디 일ᄶᅥᆨ 닐ᄋᆞ디 아니ᄒᆞ뇨 請 칭칭 上 샹샹 受 씡식 小 샿샤 官 권권 拜 배배 ○
請컨대 올라 小官의 절홈을 바드라 (末) 相 샹샹 公 궁궁 尊 준준 重 쭝중 失 싱시 觀 권권 瞻
젼젼 ○ 相公이 尊重ᄒᆞ시니 觀瞻에 失홀까 ᄒᆞᄂᆞ이다 (小生) 子 ᄌᆞ즈 路 루루 賢 ᅘᅧᆫ현 人 신신 也
여여 ○ 子路ᄂᆞᆫ 賢人이로ᄃᆡ 聞 문운 過 궈고 則 ᄌᆡᆼ저 喜 히히 ○ 허믈을 들으면 깃거ᄒᆞ고 禹
유유 王 왕왕 聖 싱싱 人 신신 也 여여 ○ 禹王은 聖人이샤ᄃᆡ 聞 문운 善 션션 言 연연 則
즈ᇰ저 拜 배배 ○ 善言을 들으시면 拜ᄒᆞ여겨시니 ○書大禹謨禹拜昌言 小 샿샤 官 권권 何 ᅘᅥ허
人 신신 敢 간간 不 붕부 盡 찐진 禮 리리 ○ 小官이 엇던 사ᄅᆞᆷ이완ᄃᆡ 敢히 盡禮티 아니ᄒᆞ리오
(淨) 小 샿샤 人 신신 不 붕부 敢 간간 當 당당 ○ 小人이 敢히 當티 몯ᄒᆞ리로소이다 小 샿샤
人 신신 不 붕부 敢 간간 當 당당 ○ 小人이 敢히 當티 몯ᄒᆞ리로소이다 朝 쨯챠 廷 띵팅 有

우임道단뎡青칭칭春츈츈好호향○朝廷에道ㅣ이시니青春이됴코相샹샹府부부

無우무私스숭白버뻥日싀싕閑현현○相府에私ㅣ업스니白日이閑ᄒᆞ도다、(상)人

신신不부붕貴귀귀無우무過고궈○사ᄅᆞᆷ이허믈업슴을貴히아니너기고貴귀귀乎후ᄒᆞ

후ᄒᆞ改개개過고궈○改過ᄒᆞ기를貴히너기며人신신不부붕貴귀귀無우무闕퀴퀑

○사ᄅᆞᆷ이闕이업슴을貴히아니너기고貴귀귀乎후ᄒᆞ補부부闕퀴퀑○補闕홈을貴히

너기ᄂᆞᆫ디라聖싱싱人신신云윤윤○聖人이니ᄅᆞ샤ᄃᆡ過고궈則저즹勿우뭉憚

단단改개개○過ㅣ어든改홈을憚티말라ᄒᆞ시고○論語學而篇語又우잉云윤윤○또닐

오ᄃᆡ過고궈而술ᄉᆞᆼ不부붕改개개是스쏘謂위위過고궈矣이이○過ㅣ改

티아니홈이니닐온過ㅣ라ᄒᆞ시고○論語衛靈公篇語易이잉經깅깅亦이잉云윤윤無우무

咎구ᄀᆞᆼ者저져善션썬補부부過고궈也여여○易經에또니로ᄃᆡ無咎ᄂᆞᆫ善히過를補홈

○이라ᄒᆞ니繫辭語人신신有우잉過고궈失시싕皆개계能능능自즈쯔知지징○

다사 능룸 히이 스過 스失 로이 알이 고심 애 知징지 了랑랴 皆계계 能능능 自쯔즈 改개개

則징저 ◯ 스알 로고 고다 티능 면히 스 終중중 身신신 無무우 過궈고 差차차 之즈즈

事쏘스 矣이이 ◯ 일終 이身 업토 슬록 ㅅ過 라差 홀 雖쉬쉬 聖싱싱 賢현현 之즈즈 遷

쳔쳔 善션션 改개개 過궈고 ◯ 善비 改록 過聖 ㅣ賢 라의 도遷 亦이이 不부부 過궈고 這

저저 等등등 ◯ 나또 디호 아이 니러 니홈 라애 디 (末) 相샹샹 公궁궁 此ᄎᄎ 言연연 ◯

말相 숨公 이의 이 可커커 爲위위 萬완완 世시시 宰재재 相샹샹 之즈즈 龜귀귀 鑑

견견 ◯ 禮可 龜히 千萬 歲世 者宰 通相 天의 知龜 存鑑 ㄴ이 숨되 ㅄ리 宋로 은소 拯이 列다 上◯ 魏大 徵戴

右三 以疏 爲請 龜置 鑑座 (小生) 古구구 之즈즈 宰재재 相샹샹 是쓰스 皐강갸 夔귀귀 稷

징지 契셔셔 伊이이 尹인인 傅부부 說워워 周직작 公궁궁 那나나 等등등 人인인

做주주 ◯ 說녜 周宰 公相 더은 련이 사皐 룸夔 이稷 ᄒ契 엿伊 ᄂ尹 니傅 你니니 看칸칸 我어오

是쓰스 何허허 等등등 宰재재 相샹샹 ◯ 녀네 던보 宰라 相나 고눈 이 (末) 相샹샹 公

궁궁 自 쯔즈 謙 켠켠 ○ 相公이自謙ᄒᆞ시ᄂᆞ이다 相 샹샹 公 궁궁 做 주주 不 붛부 得 듷더

誰 쒸쉬 做 주주 得 듷더 ○ 相公이ᄒᆞ디못ᄒᆞ시면뉘ᄒᆞ리잇고

㊉末 相 샹샹 公 궁궁 如 슈슈 此 ᄎᆞ츠 操 찰찬 心 신신 ○ 相公이이럿ᄐᆞᆺ操心ᄒᆞ심을 誰

쒸쉬 人 인인 知 징지 得 듷티 ○ 어ᄂᆡ사ᄅᆞᆷ이알리잇고 ㊉坐 這 져져 是 쑈스 我 어오 職

징지 事 쑈스 所 수소 當 당당 為 위위 的 듷디 ○ 이ᄂᆞᆫ내職事의맛당히ᄒᆞᆯ배니 豈 키키 要

향약 人 싄신 知 징자 ○ 엇디사ᄅᆞᆷ의알기ᄅᆞᆯ要ᄒᆞ리오 ㊉末 覆 붛부 相 샹샹 公 궁궁 ○ 相公

ᄭᅴᄉᆞᆲ노니 夫 부부 人 인싄 早 잘잘 間 견견 使 ᄉᆞ스 梅 믜믜 香 향향 來 래레 說 쉬쉬 ○

夫人이일쪽에梅香을블여와닐ᄋᆞ디 請 칭칭 相 샹샹 公 궁궁 晩 완완 後 흫후 退 뒤뒤 堂

땅탕 ○ 請컨대相公은晩後의退堂ᄒᆞ여든 暫 짠잔 回 휘휘 書 슈슈 房 빵방 裏 리리 少 샿샤

坐 쬐조 片 편편 時 쓰스 ○ 잠싼書房의도라와적이片時ᄅᆞᆯ안조쇼셔ᄒᆞ더이다 離 리리 了

량랴 潭 딴탄 潭 딴탄 相 샹샹 府 부부 ○ 潭潭相府ᄅᆞᆯ셔나 轉 줜줜 過 궈고 深 신신 深

신신 庭뎡팅 院원원 ○深深庭院을 轉過ᄒᆞ니 這져져 裏리리 便뼌변 是씃스 相샹샹

公궁궁 退퉈퉈 食씽시 的딍디 書슈슈 堂땅탕 ○예눈 곳이 相公退食ᄒᆞ시눈 書堂이로다

○詩 自公退食

(上)相샹샹 公궁궁 萬완완 福붕부 ○相公萬福 (去)夫부부 人신신 拜배배 揖이이

○夫人拜揖 衙야야 門믄믄 回훼휘 来래레 不붕부 覺갚교 日싱시 色싱서 晚완완

了랴랴 ○衙門의셔 도라옴애 日色이 느즘을 듯디 못ᄒᆞ리로다 (上)相샹샹 公궁궁 從쭝충

早쟝잔 朝쟝쟌 去큐큐 ○相公이 早朝로브터 가 只즈즈 到당댜 日싱시 色싱서 晚완완

了랴랴 才째재 得듸더 回훼휘 家갸갸 ○그저 日色이 느즘애다 두라 곳 집의 도라오시

니 十씽시 分븐븐 勞랑랖 苦쿠쿠 ○ᄀ장 勞苦ᄒᆞ시누이다 (去)食씽시 君균균 之

즈즈 祿룽루 則즹저 當당당 盡찐진 心신신 職징지 事쏭스 ○님금의 祿을 먹으면 맛당

히 心職事에 盡ᄒᆞᆯ써라 (上)古구구 云윤윤 大따다 臣찐친 不붕부 當당당 親친친 細

시시事씃스 ○ 네날오뒤大臣이맛당히細事로親 히아날새시라ᄒᆞ고○漢丙吉語 食씽시必

샤샹事씃스煩빤빤古구구人신신深신신戒계계 ○ 먹ᄂᆞᆫ거시적고일 이만흠은古人이

갑히경계ᄒᆞ욘거시 니○本司馬懿語 相샹샹公궁궁不부불可거거不부불知지징 ○ 公相

이可히아디아니 티못ᄒᆞ리니이다 ㊣我오어豈키키不부불知지징 ○ 내엇디아 디못ᄒᆞ리

오 伱니니看칸칸今긘긘日잉잉是씃스甚심씸麽마마時씃스節져졍可거거

以이이安안한逸이잉 ○ 네보라수日이엇더ᄒᆞ時節 이완되可히써安逸ᄒᆞ리오 古구구人

인신有우영言연연 ○ 녯사ᄅᆞᆷ이말 을두어시되 鞠규궁躬궁궁盡진찐瘁쥐쮜死스슷

而솔슬後후쁗已이이 ○ 鞠躬盡瘁ᄒᆞ여死而後已 라ᄒᆞ니○漢諸葛武侯語 世시싱之즈즔

爲위위人신신臣친찐者져져 ○ 世에人臣되 엿ᄂᆞᆫ者ㅣ 養양양高갈강自즈쯔遂

쉬쒸 ○ 養高自 遂ᄒᆞ고 因인힌借져져大다따臣친찐不부불親친친細시시事스씃

之즈즔言연연以이이藉져쪄口쿠쿵 ○ 因ᄒᆞ여大臣이細事로親 히아닛ᄂᆞᆫ닷말을빌어써

籍口ᄒᆞ니 豈키키不부붕思스슷周쥐직公궁궁夜여여以이이繼기기日시ᅀᅵ坐
조쬐以이이待대때旦잔쟌○엇디周公이夜로ᄡᅥ日을繼ᄒᆞ야안자ᄡᅥ朝를기ᄃᆞ려○孟子離婁
篇語做주주箇거거甚심씸事스쓰○므슴일을ᄒᆞ던고싱각디아니ᄒᆞ리오(상)相샹샹
公궁궁倦권권了랴량○相公이굿바ᄒᆞ시니叫갸걍黃황황番반반綽챠챱来래래
○黃番綽을블러와○黃番綽大平廣記唐玄宗時人善詼諧者說쉬숴箇거거評핑뼝話화화
○評話롤닐러與유유相샹샹公궁궁解계계悶믄믄○相公을위ᄒᆞ여解悶ᄒᆞ자(争)
我오어會휘휘說쉬숴評핑뼝話화화我오어會휘휘說쉬숴評핑뼝話화화○
내評話닐ᄋᆞ기롤아노라 내評話닐ᄋᆞ기롤아노라說쉬숴出츄츄来래래的디디實시시是
스쓰希히히詫차차○닐으면실로드므니○宋孝宗曰太守姓息可謂詫也趙雄曰漢有息夫躬非
詫也說쉬숴得더드好한항得더드人인신喜히히歡훤훤○닐ᄋᆞ거롤잘ᄒᆞ면사ᄅᆞᆷ의
喜歡홈을엇고說쉬숴得더드不부붕好한항喫치칭人인신打다다罵마마○닐ᄋᆞ

기룰 잘 몯ᄒᆞ면 사ᄅᆞᆷ의 ᄉᆞ지즘을 닙ᄂᆞ니이다 (當)黃황황番반반綽찬찹你니니說쉬숴一

이ᄒᆞᆼ箇거거評핑삥話화화 ○ 黃番綽아 네 ᄒᆞᆫ 評話롤 닐러 與유유相샹샹公궁궁聽

팅팅 ○ 相公ᄭᅴ 들리라 (淨)有우잉賞샹샹麽마마 ○ 賞이 이시리잇가 (當)有우잉賞

샹샹 ○ 賞이 이시리라 (淨)賞샹샹我오어甚슴씸麽마마 ○ 날을 므서슬 賞ᄒᆞ시리잇고

(末)賞샹샹你니니酒작잫 ○ 너롤 술을 賞호리라 (淨)夫부부人신신交갸쟈我오어

說쉬숴箇거거甚슴씸的디듸評핑삥話화화 ○ 夫人이 날로 ᄒᆞ여곰 므슴 評話롤 닐ᄋᆞ라

ᄒᆞ시ᄂᆞ니잇고 (當)你니니說쉬숴箇거거宰재재相샹샹的디듸評핑삥話화화 ○

네 宰相의 評話롤 닐ᄋᆞ라 (淨)我오어說쉬숴評핑삥話화화 ○ 내 評話롤 닐ᄋᆞ리이다 唐

당탕唐당탕唐당탕唐당탕唐당탕朝찬짱有우잉箇거거宰재재相샹샹 ○ 唐唐

唐唐朝에 ᄒᆞᆫ 宰相이 이시니 姓싱싱李리리名밍밍喚훤훤做주주林린린甫부부 ○

姓은 李오 일홈을 林甫라 블ᄋᆞᄂᆞ니 唐당탕唐당탕唐당탕唐당탕唐당탕 ○ 唐唐

唐唐 唐唐 (小生)這저져李리리林린린甫부부 ○ 이李林甫ᄂᆞᆫ 是쓰스箇거거嫉찌지

賢현현妬두두能능능的디디奸견견臣찐친 ○ 이ᄂᆞᆫ 嫉賢妬能ᄒᆞ던 奸臣이니 不부부

要얗얀說숴쉬他타타 ○ 뎌롤 닐ᄋᆞ려 말라 (末)你니니另링링說숴쉬一이이箇

거거 ○ 네 ᄯᅩ ᄒᆞ나흘 닐ᄋᆞ라 (淨)唐땅탕唐땅탕唐땅탕唐땅탕朝짤찬有

잉우箇거거宰재재相샹샹 ○ 唐唐唐唐朝애 ᄒᆞᆫ 宰相이 이시니 姓싱싱盧루루名밍밍

喚훤훤做주주杞키키 ○ 姓은 盧ㅣ오 일홈을 杞라 블ᄂᆞ니 ○ 盧杞事見第五篇 唐땅탕唐

땅탕唐땅탕唐땅탕 ○ 唐唐唐唐 (小生)這저져箇거거是쓰스箇거거包밯반藏짱창

禍화호心신신的디디奸견견臣찐친 ○ 이ᄂᆞᆫ 禍心을 包藏ᄒᆞᆫ 奸臣이니라 也여여不

부부用융융說숴쉬他타타 ○ ᄯᅩ 뎌롤 닐ᄋᆞ디 말라 (末)你니니揀견견一이이箇

거거好할한的디디說숴쉬 ○ 네 됴ᄒᆞᆫ 이룰 골히여 닐ᄋᆞ라 (淨)唐땅탕唐땅탕唐땅탕

唐땅탕唐땅탕朝짤찬有잉우箇거거宰재재相샹샹 ○ 唐唐唐唐朝애 ᄒᆞᆫ 宰相이 이

ㅅ니 姓싱ᄉᆞᆼ盧루루名밍밍喚훤훤做주주懷ᅘᅫ홰愼씬신○姓은盧ㅣ오일훔을懷愼이라블ᄋᆞᄂᆞ니○史記懷愼爲黃門監姚崇嘗謁告十餘日政事委積懷愼不能決崇出須臾裁決俱盡懷愼知不及每事推崇時謂之伴食宰相唐땅탕唐땅탕唐땅탕唐땅탕唐땅탕唐땅탕○唐唐唐唐唐唐

㘴這져저箇거거是ᄊᆞ스箇거거伴뻔번食씽시的딩디宰재재相샹샹○이ᄂᆞᆫ이伴食ᄒᆞ던宰相이니也여여不붕부消샹샤ᇢ說ᄉᆑᇦ쉬○ᄯᅩ쇽졀업시닐ᄋᆞ디말라

淨小샹샤ᇢ人신신沒뭉무得듷더說ᄉᆑᇦ쉬了량랴ᇢ請칭칭回ᅘᅱ휘去큐큐○小人이닐올새시업ᄉᆞ니도라감을請ᄒᆞ노이다

坐你니니回ᅘᅱ휘來래레○네도라와好항하ᇢ生승ᄉᆞᆼ說ᄉᆑᇦ쉬箇거거與유유相샹샹公궁궁聽팅팅○잘닐러相公ᄭᅴ들리면重쭝중重쭝중賞샹샹你니니○重히重히너ᄅᆞᆯ賞ᄒᆞ리라

淨有ᅌᅵᇢᅌᅵ賞샹샹我어오便뼌변說ᄉᆑᇦ쉬○賞이이시면내곳닐ᄋᆞ리이다

末你니니說ᄉᆑᇦ쉬○네닐ᄋᆞ라

淨唐땅탕唐땅탕唐땅탕唐땅탕唐땅탕太태태宗중중朝쨯챠ᇢ○唐唐唐唐唐太宗朝에有

잉우箇거거宰재재相샹샹呌걒갸做주주房빵방玄훤훤齡링링○이효이宰시相
人니執房政玄十齡五이年라與블杜으如나晦니謀○斷房無玄資齡竝字稱喬賢孫相臨淄這저저
箇거거齡링링是쑈스箇거거金긴긴鈴링링○金이鈴齡이은라이搖얍얀動뚱둥
他타타響향향○소더리롤후흔면들어當당당當당당當당당當당당當당당丁딩딩丁
딩딩丁딩딩丁딩딩○丁當후當나當니當이丁다丁丁(尘)這저저箇거거是쑈스箇
거거忠중중正징징大따다臣찐친○大이臣는이이라忠正(争)唐땅탕唐땅탕唐
땅탕唐땅탕唐땅탕玄훤훤宗중중朝쨯찬○玄唐宗唐朝唐에唐唐有잉익箇거거
宰재재相샹샹呌걒갸做주주張쟝장九긓구齡링링○니효張宰九相齡이이이라시
兵블敗으九누齡니曰○祿張山九不齡宜字免子死壽玄曲宗江宥人之安又祿欲山相討李奚林契甫丹
九九齡齡祿言山怨反爲上社思稷之之遺憂使卒曲相江林祭甫之而罷這저저箇거거齡링링
是쑈스箇거거玉융유鈴링링○玉이鈴齡이은라이搖얃얀動뚱둥他타타響향향

○더ᄅᆞᆯ흔들어 소리ᄒᆞ면 琮충쭝琮충쭝琮충쭝琮충쭝琤층층琤층층琤층층琤층층

층층○琤琮琤琮琤琮琤琮琤琤 ᄒᆞᄂᆞ니이다 ⼩生這저저箇거거是스쓰正징징直지찌大

다따臣친찐○이ᄂᆞᆫ이正直 大臣이라 淨唐땅당唐땅당唐땅당唐땅당唐땅당德

더뎡宗중중朝챠짱○唐唐唐唐唐 德宗朝에 有이임箇거거宰재재相샹샹叫갸걒

做주주裴피쀠延연연齡링링○唐宰相이이시니裴延齡이라 블으ᄂᆞ니○陸贄陳延齡奸詐

日聚斂說安掐克服讒文獻通考延齡判度支取常賦 支用未盡者充羨餘益為天子積私財生民重困又為

宮市這저저箇거거是스쓰箇거거鐵텨뎧鈴링링○鈴이ᄂᆞᆫ이라 鐵搖야얌動

둥둥他타타響향향○더ᄅᆞᆯ흔들어 소리ᄒᆞ면 空쿵쿵空쿵쿵空쿵쿵空쿵쿵亨흥흥

亨흥흥亨흥흥亨흥흥○空空空空亨亨亨 ᄒᆞᄂᆞ니이다 ⼩生這저저箇거거是스쓰

聚쥬쮜斂련련奸견견臣친찐○이ᄂᆞᆫ聚斂ᄒᆞᆫ 奸臣이라 淨這저저三산산箇

거거鈴링링○이세 鈴에 我오어搖야얌一이箇거거與유유相샹샹公궁궁與

유유 夫 부부 人 인인 聽 팅팅 ◯ 내 ᄒᆞ나흘 드러 相公과 다뭇 夫人ᄭᅴ 들리리이다 (末) 傢 니니

搖 얗얀 ◯ 네 흔들라 (淨) 一 힝이 箇 거거 金 긴긴 鈴 링링 ◯ ᄒᆞ나흔 金鈴이오 一 힝이

箇 거거 玉 융유 鈴 링링 ◯ ᄒᆞ나흔 玉鈴이오 一 힝이 箇 거거 鐵 텽텨 鈴 링링 ◯ ᄒᆞ나

흔 鐵鈴이니 不 붕부 知 징지 相 샹샹 公 궁궁 要 얗얀 搖 얗얀 那 나나 一 힝이 箇 거거

◯ 아디 몯게이다 相公이 어ᄂᆡ ᄒᆞ나흘 흔들과쟈 ᄒᆞ시ᄂᆞ니잇고 (生) 傢 니니 都 두두 搖 얗얀 與

유유 我 어오 聽 팅팅 ◯ 네 다 흔드러 날을 들리라 (淨) 唐 땅탕 唐 땅탕 唐 땅탕 唐 땅탕 唐

땅탕 唐 땅탕 唐 땅탕 唐 땅탕 ◯ 唐唐唐唐唐唐唐唐 房 빵방 玄 훤훤 齡 링링 房 빵방 玄

훤훤 齡 링링 ◯ 房房玄玄齡齡 這 져져 箇 거거 鈴 링링 金 긴긴 鑄 쥬쥬 成 찡칭 ◯ 이 鈴

은 金으로 鑄成ᄒᆞ여시니 有 임우 好 핳한 聲 싱싱 ◯ 됴흔 소리 이셔 搖 얗얀 動 뚱둥 處 츄츄

◯ 흔드ᄂᆞᆫ 곳에 乾 껸권 清 칭칭 坤 쿤쿤 寧 닝닝 ◯ 乾清坤寧ᄒᆞ며 地 띠디 平 삥핑 天

텬텬 成 찡칭 ◯ 地平天成ᄒᆞ니 丁 딩딩 丁 딩딩 丁 딩딩 丁 딩딩 登 등등 登 등등 登 등등

登등등 湯탕탕 湯탕탕 湯탕탕 湯탕탕 湯탕탕 湯탕탕 ○ 丁丁丁丁登登登登湯湯湯湯ᄒᆞᄂᆞ니이다

㊟末 這저저 箇거거 是쓰스 金긴긴 鈴링링 ○ 이거슨이金鈴이어니와

那나나 玉융유 鈴링링 聲싱싱 如유유 何혀허 ○ 뎌玉鈴소릐눈엇더ᄒᆞ뇨

㊟爭 唐땅탕 唐땅탕 唐땅탕 唐땅탕 唐땅탕 唐땅탕 唐땅탕 ○ 唐唐唐唐唐唐唐唐

張쟝쟝 九궁구 齡링링 張쟝쟝 九궁구 齡링링 ○ 張九齡張九齡

這저저 箇거거 鈴링링 玉융유 琢좌조 成졍칭 ○ 이鈴은玉으로琢成ᄒᆞ여시니

有임우 清칭칭 聲싱싱 ○ 몰근소릐이셔

搖얗얀 動뚱둥 處츄츄 ○ 흔드는곳에

朝쟣챤 廷띵팅 清칭칭 明밍밍 ○ 朝廷이清明ᄒᆞ며

公궁궁 卿킹킹 肅송수 清칭칭 ○ 公卿이肅清ᄒᆞ니

鉦징징 鉦징징 鉦징징 琤총총 琤총총 琤총총 琤총총 琮쫑충 琮쫑충 琮쫑충 琮쫑충 琮쫑충 ○ 鉦鉦鉦鉦琤琤琤琤琮琮琮琮ᄒᆞᄂᆞ니이다

㊟末 這저저 箇거거 是쓰스 玉융유 鈴링링 ○ 이거슨이玉鈴이어니와

那나나 鐵텨터 鈴링링 聲싱싱 如유유 何혀허 ○ 뎌鐵鈴소릐눈엇더

노ᄒᆞ ㊀淨 唐땅탕 唐땅탕 唐땅탕 唐땅탕 唐땅탕 唐땅탕 唐땅탕 ○ 唐唐唐唐

唐唐唐唐 裴쀄픠 延연연 齡링링 裴쀄픠 延연연 齡링링 ○ 裴裴延延齡齡 這저저 箇

거거 鈴링링 鐵텽텨 打다다 成찡칭 ○ 成이 ᄒᆞ鈴 여은 시鐵 니로 打 有임우 惡할어 聲

싱싱 ○ 소사 리오 이나 셔온 搖얖얀 動뚱둥 處츄츄 ○ 곳흔 에드 ᄂᆞ 生승싱 靈링링 零

링링 丁딩딩 ○ 字生 彙靈 零이 丁零 孤丁 苦ᄒᆞ 貌며 ○ 蒼창창 生승승 稜릉릉 騰뜽등 ○

騰蒼 ᄒᆞ生 니이 稜 輕킹킹 輕킹킹 輕킹킹 輕킹킹 輕킹킹 狂꽝광 狂꽝광 狂꽝광 狂꽝광 狂꽝광 輕

킹킹 狂꽝광 輕킹킹 狂꽝광 ○ 狂輕 輕輕 狂輕 ᄒᆞ輕 ᄂᆞ狂 니狂 이狂 다狂 輕 ㊀末 小샿샨 人

인신 得뜽더 志즁즈 是씃스 便뼨변 輕킹킹 狂꽝광 ○ 이小 곳人 輕이 狂得 이志 로흠 다이

㊀淨 郎랑랑 郎랑랑 郎랑랑 郎랑랑 當당당 當당당 當당당 當당당 郎랑랑 當당당

郎랑랑 當당당 ○ 다郎 ○郎 說郎 郭郎 人當 之當 頽當 敗當 及郎 身當 病郎 摧當 靡ᄒᆞ 者ᄂᆞ 云니 郎이

當鶴林玉露唐明皇自蜀還京以駝馬載珍玩自隨聞駝馬所帶鈴聲問黃幡綽曰鈴聲頗似人言語幡綽對

日似言三郞郞當三郞郞當明皇㨴且笑 ㊌小샤샤人신신聚쥬쥬斂련련天텬텬下햐햐

百빅빅姓싱싱是스쓰郞랑랑當당당○小人이天下百姓의게聚斂홈이이郞當이로다

㊉蒼창창蒼창창蒼창창蒼창창黃황황黃황황黃황황黃황황蒼창창黃황황

蒼창창黃황황○蒼蒼蒼蒼黃黃黃黃蒼黃蒼黃、ᄒᆞ、누니이다○字彙蒼黃失措貌 ㊌這져져

等등등剋킈킈剝보밥百빅빅姓싱싱是스쓰蒼창창黃황황○이리剋剝百姓홈을

이이로이다蒼黃 ㊉干간간干간간干간간干간간干간간荒황황荒황황荒황황荒황황

干간간荒황황干간간荒황황○干荒干荒干荒ᄒᆞ누니이다干干干干荒荒荒荒干 ㊌這져져

等등등感간간傷샹샹天텬텬地디디和화호氣키키是스쓰干간간荒황황○

天地和氣를感傷홈이이러이干荒이로다 ㊉這져져廝스스說쉐쉐的디디雖쉬쉬是

스쓰戲히히耍쇄쇄○이놈의니릭논거시비록이戲耍ㅣ나不부불忘왕왕規귀귀戒

계계○規戒를닛디아니ᄒᆞ다 ㊉他타타也여여有우일深신신意이히在재째其

끼키 中중중 ○ 가뎨 온또 딗深意이 잇누이셔다그 (坐)左저조 右읻우 取츄츄 酒쥐작 来

래레 賞샹샹 他타타 ○ 와左 려右 로ㅣ 賞아 흐술 라가 저 (爭)不봉부 敢간간 ○ 흐不 여敢

다이 待때대 夫부부 人인신 把바바 了랼랴 相샹샹 公궁궁 然연연 後흫후 賞샹샹

小샹샨 人인신 ○ 린夫 然人 後이 에相 小公 人씌 을잡 賞음 흐을 쇼기 셔두 (省)他타타 也여여

說쉉쉬 得득더 是쏘스 ○ 이톄 올또 타니 름

(末)漢한한 家갸갸 邊변변 將쟝장 用융융 儒슈슈 臣찐친 ○ 儒漢 臣家 을邊 쁘將 니을

坐쩌조 以이이 威휘위 名밍밍 撫부부 漢한한 軍균균 ○ 벼안 漢자 軍威 을名 撫으 흐로

다는 또 萬완완 馬마마 不붕부 嘶시시 聽팅팅 號향한 令링링 ○ 디萬 아馬 니ㅣ 흐우

을야 듯號 고令 諸쥬쥬 番반반 無무우 事쑤스 樂랄로 耕긍긍 耘윤윤 ○ 일諸 이番 업이

쏘서 中耕 ○耘 歐을 陽樂 修흐 詩는 小샹샨 人신신 不붕부 是쏘스 別뼈벼 人신신 ○ 人小

롬은 이이 아다 니른 라사 是쏘스 這저저 將장장 軍균균 門믄믄 下햐하 一힝이 箇거거

裨피삐將장쟝便변뼌是스쓰○이將軍門下ᄒᆞᆫ裨將야곳이라○字彙以小益大曰裨在재쨰牙야야內뉘뉘做주주祗즈즈候후흫○牙內예이셔ᄂᆞᆫ祗候ㅣ되고○字彙將軍之旗日牙帳前謂之牙帳取其爲國爪牙也今軍府治所曰牙出츄츙征징징做주주先션션鋒붕봉○出征홈애先鋒이되고緝치칭事스쓰做주주探탄탄子즈즈○緝事홈애探子ㅣ되ᄂᆞ다ᄯᅩ于유유今긘긘幸힝헁得더득邊변변方방방無우무事스쓰○이제幸혀시러곰邊方이無事ᄒᆞ야狼랑랑烟연현不부붕擧규규○狼烟을드듸아니ᄒᆞ니○說文邊有警則擧火云蓋夜則擧烽畫則擧烟酉陽雜俎狼糞烟直上烽燧用之俺암함那나나大다따將장쟝軍균균○우리더大將軍이正징징好한향宴연현樂로랄○정히宴樂ᄒᆞ야着죠쟝歌거거兒올ᅀᅳᆯ舞우무女뉴뉴戲히히耍솨솨過고궈日이ᅀᅵᆼ○歌見舞女로ᄒᆞ여戲耍ᄒᆞ여날을디념이됴커놀大다따將장쟝軍균균却귀귱又우잉不부붕肯큰큰一이힝時스쓰閑현혠暇하햐○大將軍이ᄯᅩ즐겨一時도閑暇티아니ᄒᆞ야每믜믜日

씽이 整징징 棚삽소 軍균균 馬마마 ◯ 每日에軍馬ᄅᆞᆯ整棚ᄒᆞ며 吏文輯覽棚音朔猶整齊之 ◯
意 修심식 飭칭치 邉변변 備삐비 ◯ 邉備ᄅᆞᆯ修飭ᄒᆞ여 曽쯩층 無무우 一힝이 刻
킈킈 閑현현 暇햐하 ◯ 일쯕一刻閑暇도업더니 今긴긴 日씽이 又잉우 是씃스 大따다
閱웨웨 之즈즈 日씽이 ◯ 오ᄂᆞᆯ은또大閱ᄒᆞ는날이라 ◯ 箋閱觀也公羊傳註大簡閱兵車使字
可而 任用之習 俺암함 將장쟝 軍균균 ◯ 우리軍將 又잉우 欲용유 出츄츙 教걒갼
場쨩창 上쌍샹 去큐큐 ◯ 또敎場 가 上 較걒갼 閱웨웨 軍균균 馬마마 ◯ 馬軍
져로 較ᄒᆞ고 閱니 小샨샨 人신신 不붕부 免면면 先션션 往왕왕 將쟝장 臺때태 上
쌍상 伺츠츠 候흫후 着짶죠 ◯ 小人이將臺上에가몬져伺候ᄒᆞ야 這져져 早
짱잔 晚완완 不붕부 見견견 將쟝장 軍균균 来래레 呵허허 ◯ 將軍이늣도록오ᄃᆞᆯ
리보 로더 다못ᄒᆞ 話화화 猶임우 未뮈위 了랼랴 ◯ 말이오히려못다ᄒᆞ야셔 將쟝장
軍균균 到닿당 来래레 了랼랴 ◯ 將軍이오나다 奎 山산산 東둥둥 宰재재 相샹상

山산산西시시將장쟝○山東宰相山西將이라○漢時諺曰山西出將山東出相彼비븨丈

장쨩夫부부兮히혜我오어丈장쨩夫부부○뎌도丈夫ㅣ오나도丈夫ㅣ로다

(奎)小샨샹官권권奉봉뽕朝챤쨯命밍밍○小官이朝命을밧드러掛과과征징징

虜루루大다따將장쟝軍균균印인힌○征虜大將軍印을걸고来래래守삭식邊

변변方방방○와邊方을딕희여시니凡반빤一이황應잉힝大다따小샨샹事스쏘

務우무○믈읫一應大小事務를都두두聽팅팅小샨샹官권권便편뼌宜이이處

츄츄置지짗○다小官의便宜處置를둣게ᄒᆞ고又악임賜스ᄉᆞ與유유小샨샹官권권

這저져把바바劍견견○또小官을이효조르갈흘주어自조쪼副부부將장쟝以이익

下하햐○副將으로븟터ᄲᅧ아릭偏雅詮副者次長之稱○有악임不부붕用융융命밍밍

者져져○命을ᄡᅳ디아닛ᄂᆞᆫ者ㅣ잇거든先션션斬잔잔後후훟奏주즇○몬져斬ᄒᆞ고후ᄒᆞ고

의奏케ᄒᆞ여시니這저져權권퀀也여여不부붕輕킹킹了랸량○이權이또輕티아니

ᄒᆞ도다 小샤샾官권권本븐븐是쓰쓰文운운職지징出츄츄身신신 ○小官이본

뒤出身이文職이라 自쯔쯔少샤샾來래래讀두두經깅깅書슈슈做주주文운운字

즈쯔 ○졈어셔브터經書를닐그며文字를지어 指즈즈望왕왕做주주文운운官권권 ○

文官되믈指望ᄒᆞ더니 誰쉬쉬知지징今긴긴日시ᅀᅵ做주주了랴랴這져져箇거거

職지징事스쓰 ○뉘오ᄂᆞᆯ이職事를ᄒᆞ여 丟두딩下하햐筆비빙頭투뚷用융융此

太츠츠劒견견鋒봉봉呵허허 ○붓을ᄇᆞ리고알아시리오 ○이劒鋒을ᄡᆞᆯ줄을 三字箋丟拋擲也

산산 尺치칭龍룽룽泉쳔쪈手식싱內뉘뉘持치찡 ○三尺龍泉을손에가져시니 ○史記에

漢高祖提三尺劒 獄得寶劒二刻曰龍泉 晉雷煥掘 泉奏阿 君균균王왕왕賜스스與유유助주주

兵빙빙威위위 ○君王이주어兵威를도ᄋᆞ다 軍균균中중중若샤샤有우잉違위위

嚴연연令링링 ○軍中에만일嚴令을違홈이이시면 先션션斬잔잔天텬텬靈링링後

ᄒᆞᆫ 奏주즈知지징 ○몬져天靈을베히고후에奏知ᄒᆞ리라 ○天靈見茅七篇天靈蓋註

㊀左저조右임우◯ㅣ左右你니니將쟝쟝我어오這져저剜견견收싷삭起
키키去큐큐◯네가 내 이 칼올 다 거두어 가고令링링那나나把바바都두두兒ᅀᆞᆯ술每
믜믜◯뎌 把都兒들의게 令ᄒᆞ여但딴단有임우本븐븐事ᄊᆞ스的딍디都두두來래레
逞칭칭獻현현◯므ᄅᆞᆺ 지조 인ᄂᆞᆫ 이 다와 逞獻ᄒᆞ라中중중的딍디有임우賞샹샹◯
마치ᄂᆞᆫ 이 賞이 잇고不붕부中중중的딍디有임우罰빵바◯마치디 못ᄒᆞᆫ 이ᄂᆞᆫ 罰이
이시리라㊁我어오有임우一힝이條땽턒鎗창창◯내 ᄒᆞᆫ 오리 鎗이 시니不붕부
短뒨뒨也여여不붕부長짱챵◯뎌르도 아니ᄒᆞ고 또 기도 아닌 디라將쟝쟝來래레陣
진쩐前쪈쳔舞무우◯가져와 陣前에 춤추면翕황히歘훙휴電뗜뎐火훠호光광곽
◯翕歘ᄒᆞᆫ 번게 블빗치로다 ○翕 恐熻字 字箋熱也 歘字箋風聲急궁기時ᄊᆞ스節졍져◯急ᄒᆞᆫ
ᄯᆡ에ᄂᆞᆫ一힝이條땽턒火훠호龍룽룽頭뚜투上썅샹耀얗얖◯ᄒᆞᆫ 오라 火龍이 마리
우희 빗나고慢만만時ᄊᆞ스節졍져◯慢ᄒᆞᆫ ᄯᆡ에ᄂᆞᆫ一힝이條땽턒青칭칭蛇셔셔

草찰창裏리리藏창장◯ᄒᆞ오리青蛇ㅣ플속의藏ᄒᆞ엿ᄂᆞ니 左조저邊변변来레래左

저조着죠쟢◯左邊으로오면左로막고 右우임邊변변来레래右우임當당당◯右邊

으로오면右로當ᄒᆞᄂᆞᆫ디라 茅디떠一이힁要약향膽단단見숀슌雄흉휭壯좡좡心

신신不부붕荒황황◯茅一은膽이雄壯ᄒᆞ고ᄆᆞ음이慌티아니코져ᄒᆞ며 茅디떠二슬승要

약향眼연연見숀슌疾지찡快쾌쾌手식싱脚교갹忙망망◯茅二는눈이ᄲᆞᄅᆞ고손발

이ᄲᆞᄅᆞ고져ᄒᆞᄂᆞ니 任신신從충쭝你니니拿나나刀닾담弁빙빙弄룽룽杖쟝쨩◯

네대로칼흘잡으며아오로막대롤弄ᄒᆞ여도 管권권教갈갸他타타疾지찡走주즘無우무

邊변변方방방◯ᄊᆞ리야며로ᄒᆞ여곰ᄉᆞᆯ리ᄃᆞ라남을긔이업시ᄒᆞ리라 末 這저저鎗창창

也여여舞우무得더등好화할◯이鎗이ᄯᅩ춤추기됴토소이다 套 君균균子즈ᄌᆞ鬪

두듕智지징不부붕鬪두둥力리링◯君子는智로鬪ᄒᆞ고力으로鬪티아니ᄒᆞᄂᆞ니 這저저

箇거거只즈즁好화할看칸칸◯이거시그저보기됴ᄒᆞ나 臨린림陣진찐也여여沒

무물 用용용 他타타 處츄츄 ○ 陣에臨ᄒᆞ여ᄂᆞᆫ 또ᄒᆞ 몰ᄲᅳᆯ곳이업스니라 ㊀ 我어오 有임우

一이 把바바 刀도단 ○ 내ᄒᆞᆫ조ᄅᆞ칼히이시니 常쨩창 在쨰재 手식식 中즁즁 操

챂참 ○ 뎟셔 덧잡아 손이 手中에 잇ᄂᆞᆫ디라 ○ 將쟝쟝 來래레 陣진진 前쳔쳔 舞우무 ○ 가져

와 陣前에 춤추면 揮휘휘 霍호홥 萬완완 竅콴콴 號호향 ○ 揮霍ᄒᆞᆫ 1號ᄒᆞ는 홈에 또爲ᄒᆞ다竅

○ 西京賦註 霍翰上下貌 揮 向향향 西시시 砍간간 一이 砍간간 ○ 西로 向ᄒᆞ여 딕으면ᄒᆞ

陰인인 山산산 無우무 雨유유 雪쉐쉐 ○ 陰山에 雨雪이 업고 外夷 韃靼 一國 陰山志統

漢時冒頓單于 依阻其中 向향향 東둥둥 剎도더 一이 剎도더 ○ 東으로 向ᄒᆞ여 버히면

滄창창 海해해 絶줘졀 波보버 濤탈도 ○ 滄海 곳에 처디 波濤로 리다 1 拔바ᄲᅡ 出츄츌

鞘샤샤 來레래 光광광 晃황황 晃황황 ○ 갑빗 치플에 晃晃새 ᄒᆞ여 넘고 애 砍간간 將

장쟝 物우뭉 去큐큐 爛란란 醩잔잠 醩잔잠 ○ 物을 醩ᄒᆞ덕 도음 다애 ○ 字爛 ᄒᆞ養 爛여 醩窩

也 醩酒 渣也 任신인 從충쭁 伱니니 掄륜륜 鎗창창 并빙빙 射셔셔 箭젼졀 ○ 대네

로창을들오며아오로살로쏘와도○論恐輪字之誤管권권交걓갚你니니都두두向향향

草찰찬中중중摽뺭뱐○솔의야볼로ᄒ여곰다草中을向ᄒ여벼러디리라○字箋摽落也詩摽

有梅(末)這저져刀닿닫也여여舞뭉우得딍더好핳한○이칼이또춤추기됴토소이다

(大生)刀닿닫劍견견乃내내是쓰스一힝이人신신之즈즈敵띵디○刀劒은이一人

敵이니英힝잉雄휭훙當당당學햫효萬완완人신신敵띵디○英雄이맛당히萬人

ㅅ敵을비홀디라○一敵萬人敵項籍語這저져刀닿닫也여여沒뭉무用융융○이칼이또

쓸되업다左저조右잉우○左右ㅣ아看간관有잉와甚씸슴的딍디武뭉우藝이이

都두두叫걓갚他타타来래레○보라므슴武藝잇논고다더룰블러오라(外)南난난越

웡위干간간戈궈고未뮈위息싀시肩견견○南越干戈ㅣ息肩티몯ᄒ엿거늘○左傳子駟

請息肩于晉謂解擔暇逸也五우우原원원金긴긴鼓구구又잉우轟훙훙天텬텬○

五原金鼓ㅣ또轟天ᄒ논또다○括地志勝州連谷縣本秦九原郡漢武帝元朔二年更名五原崆쿵쿵

峒同 퉁뚱 山 산산 叟 수승 笑 샾샿 無 우우 語 유유 ◯ 崆峒山叟ㅣ 웃고 말이 업서 餽 받방

聽 팅팅 松 숭숭 聲 싱싱 春 츈츈 晝 작짛 眠 면면 ◯ 松聲을 飽聽ᄒᆞ고 春晝에 조으ᄂᆞᆫᄯᅩ다

末 外 왜왜 面 면면 有 우잉 箇 거거 遊 우잉 士 스ᄽᆞ ◯ 外面에 ᄒᆞᆫ 遊士ㅣ 이셔 要 약양

他 칭칭...

來 래례 謁 여영 見 현현 將 장쟝 軍 균균 ◯ 와 將軍ᄭᅴ 謁見코져 ᄒᆞᄂᆞ이다 奎 請 칭칭 他

進 진진 來 래레 ◯ 뎌를 請ᄒᆞ여 나아오라 末 將 장쟝 軍 균균 有 우잉 請 칭칭 ◯

將軍이 請홈이 이셰라 外 將 쟝쟝 軍 균균 自 즈ᄶᆞ 來 래레 ◯ 將軍이 손조 오ᄂᆞ냐 末 將

장쟝 軍 균균 不 부붕 曾 층쯩 來 래레 ◯ 將軍이 일ᄶᅵᆨ 오디 아니ᄒᆞ고 着 죠쟣 小 샤샿 人

신인 來 래레 請 칭칭 ◯ 小人으로 ᄒᆞ여 와 請ᄒᆞᄂᆞ니라 外 我 오어 不 부붕 去 큐큐 我 오어

不 부붕 去 큐큐 ◯ 내 가디 아니ᄒᆞ리라 내 가디 아니ᄒᆞ리라 我 오어 久 구궇 聞 운문 將 쟝쟝

軍 균균 好 한항 賢 현현 禮 리리 士 스ᄽᆞ ◯ 내 오래 將軍이 好賢禮士홈을 듣고 特 디ᄯᅵᆼ 來

래레 謁 여영 見 현현 ◯ 특별이 와 謁見ᄒᆞ거늘 今 긴긴 日 시ᅀᅵ 是 스ᄽᆞ 甚 슴씸 麽 마마

時쓰스節졍져 ○ 슈日이이엇던時節이완되 如슈슈此츠츠驕걍갸士쓰스我어오
去큐큐了랼랴 ○ 이러트시션비의게교만ᄒᆞᄂᆞ뇨내가노라 (末) 請칭청先션션生승승
少샹샤住쮸쥬 ○ 請권대先生은져기머믈어 待때대小샹샤人신신進진진去큐큐
稟빈빈覆붕부將쟝쟝軍균균 ○ 小人이나아가將軍ᄭᅴ稟覆홈을기ᄃᆞ리라 (外) 住쮸쥬
○ 머믈라 我어오且쳐쳐問문운你니니 ○ 내아직너ᄃᆞ려뭇노니 貧삔핀賤쪈젼
者져져驕걍갸人신신乎ᅘᅮ후 ○ 貧賤ᄒᆞᆫ者ㅣ사ᄅᆞᆷ의게교만ᄒᆞᄂᆞ냐 富부부貴귀귀者져져
져져驕걍갸人신신乎ᅘᅮ후 ○ 富貴ᄒᆞᆫ者ㅣ사ᄅᆞᆷ의게교만ᄒᆞᄂᆞ냐 ○ 田子方語 富부부貴
귀귀者져져一잉이旦쟝잔失싱시勢씽시 ○ 富貴ᄒᆞᆫ者ㅣ一朝에勢을일흐면 無무우
人신신以이이富부부貴귀귀相샹샹待때대他타타 ○ 사ᄅᆞᆷ이富貴로뻐서ᄅᆞ뎌ᄅᆞᆯᄃᆡ
접ᄒᆞᆯ이업슬디라 我어오這져져貧삔핀賤쪈젼的딩디人신신 ○ 나이貧賤ᄒᆞᆫ사ᄅᆞᆷ은
何ᅘᅥ허所수소往왕왕而ᅀᅳ술不붕부貧삔핀賤쪈젼 ○ 어ᄂᆡ곳에가貧賤티못ᄒᆞ리오

我오어 去큐큐 了랴량 ○ 내가노라 (末) 稟빈빈 將쟝쟝 軍균균 ○ 將軍ᄭᅴ稟ᄒᆞᄂᆞ이다

邦나나 遊와왕 士스쑤 嗔친친 怒누누 將쟝쟝 軍균균 不부붕 出츄츙 去큐큐 親친친 接져졍 他타타 ○ 뎌遊士ㅣ將軍이나가뎌로親接디아님을嗔怒ᄒᆞ야 拂부붕 衣이히

去큐큐 了랴량 ○ 오슬셜티고가ᄂᆞ이다 (奎) 此츠ᄎᆞ 是스쑤 小샤샹 官권권 失시싱 禮리리 ○ 이ᄂᆞᆫ이小官이失禮ᄒᆞᆷ이니 連련련 忙망망 請칭칭 他타타 回휘훼 來레래

○ 셜리뎌로請ᄒᆞ여도라오라 小샤샹 官권권 便변뼌 走주즇 出츄츙 遠원원 迎잉잉

○ 小官이곳走出ᄒᆞ여멀리마조리라 小샤샹 官권권 失시싱 禮리리 ○ 小官이失禮호이다

小샤샹 官권권 失시싱 禮리리 先션션 生숭승 休휘힁 怪괘괘 ○ 小官이失禮ᄒᆞ여시

니先生은허믈말ᄋᆞ쇼셔 (外) 仲중중 尼니니 不부붕 為위위 已이이 甚신씬 ○ 仲尼已甚

ᄒᆞᆷ을ᄒᆞ디아니ᄒᆞ시니 ○ 孟子離婁篇語 迫버빙 斯스ᄉᆞ 見견견 矣이이 ○ 迫ᄒᆞ거든이에볼디

니라 ○ 孟子滕文公篇語 小샤샹 生숭승 久구궁 聞운문 將쟝쟝 軍균균 有우잉 好할항

賢혠현禮리리士ᄉᆞ스之즈즈名밍밍○小生이오래將軍이好賢禮士ᄒᆞᆫ일홈이이슘을

듯고特ᄯᅳᆨ특来래레相샹샹見견견○특별이와서보려ᄒᆞ더니 不부부意이이將

장장軍균균尊쥰쥰大따다如슈슈此ᄎᆞ츠○將軍이尊大ᄒᆞ거롤이러ᄐᆞ시홈을ᄯᅳᆺᄒᆞ디아

니호이다 (奎)小샹샨官권권不부부敢간간○小官이不敢ᄒᆞ여이이다 請칭칭先션션

生승승入융유中중중堂땅탕○請권대先生은中堂에드르쇼셔 (末)此ᄎᆞ츠是ᄉᆞ스

中중중堂땅탕○예ᄂᆞᆫ이中堂이니이다 (奎)請칭칭先션션生승승上썅샹坐쭤조

○請권대先生은上坐ᄒᆞ쇼셔 小샹샨官권권行힝힝禮리리○小官이禮을行ᄒᆞ리이다

(外)不부부敢간간○不敢ᄒᆞ니 請칭칭將장장軍균균相샹샹見견견○請권대將

軍은서루보사이다 (奎)先션션生승승拜배배揖힝이○先生拜揖 勞랑랖苦쿠쿠遠

웬웬来래레○슈고로이멀리오셔이다 請칭칭先션션生승승坐쭤조○請권대先生은

안조쇼셔 先션션生승승不부부鄙븨븨下햐하顧구구○先生이더러이너기디아니ᄒᆞ

여下顧ᄒᆞ시니 有우잉 何허ᄒᆡ 見견견 敎갸걓 ○ 므슴見敎ᄒᆞᆷ이 이시리잇고 外 小샤샹
生ᄉᆡᆼ승 迂유유 儒슈유 不부붕 達다ᄯᅡᇰ 世시싱 務우뭉 ○ 小生은迂儒ㅣ 라世務룰아디
못ᄒᆞᄂᆞ 이다 奎 望왕망 先션션 生ᄉᆡᆼ승 指즈즁 示스씅 一이잉 言연연 ○ ᄇᆞ라 건대
先生이一言을 指示ᄒᆞ시면 不부붕 勝싱ᄉᆡᆼ 幸힝ᄒᆡᆼ 甚신씬 ○ 不勝幸甚이 로소이다 外
小샤샹 生승승 不부붕 暇하ᄒᆡᆼ 遠원원 引인인 ○ 小生이결을ᄒᆞ여 遠引티못ᄒᆞᄂᆞ니 且
쳐쳐 就쥐쯍 人인신 身신신 上샹썅 言연연 之즈즁 ○ 아직人身上에 ᄒᆞ여닐ᄋᆞ리라 就
且쳐쳐 問운문 舌셔쎵 頭투뜽 耐내내 久가강 牙야야 齒츠츙 耐내내 久가강 ○
아직못ᄂᆞ니혜오래견ᄃᆡᄂᆞ 가나오래견ᄃᆡᄂᆞ니잇가 奎 舌셔쎵 耐내내 久과강 ○ 혜오 래견
ᄃᆡᄂᆞ니 이다 外 舌셔쎵 因인힌 柔쉬쉉 軟원원 所소수 以이이 常챵쨩 存츈쭌 ○
혀ᄂᆞᆫ柔軟ᄒᆞᆷ을因ᄒᆞ야 ᄲᅧ덧덧이잇ᄂᆞᆫ배오 齒츠츙 因인힌 剛강걍 硬잉힝 所소수 以이이
易이이 缺퀴퀑 ○ 니ᄂᆞᆫ剛硬ᄒᆞᆷ을因ᄒᆞ야 ᄲᅧ수이缺ᄒᆞᄂᆞᆫ배니 將쟝장 軍균균 不부붕 可

커커 不부붕 知지징 ○將軍이可히아디아니티몯ᄒᆞ리라 (奎) 謹긴긴 受식씋 敎걓갸 ○

삼가敎를바ᄃᆞ리이다 (外) 蓋개개 爲위위 人신신 太태태 剛강강 則저즹 折져졓 ○

대개爲人이너모剛ᄒᆞ면折ᄒᆞ고 太태태 柔슈쉽 則저즹 辱슈숑 ○너모柔ᄒᆞ면辱ᄒᆞᄂᆞ니○

雋不疑語 不부붕 可커커 不부붕 知지징 ○可히아디아니티몯홀거시니이다 (奎) 大다따

丈쟝쟝 夫부부 生승싱 天텬텬 地디디 間견견 ○大丈夫ㅣ天地間에남ㅣ애 須슈슈 要

얀걍 明밍밍 目무몽 張쟝쟝 膽단담 ○모ᄅᆞᆷ이明目張膽ᄒᆞ야 烈려렬 烈려렬 轟홍홍

轟홍홍 做주주 事ᄉᆞᄉᆞ ○烈烈轟轟히일을ᄒᆞ야 患환환 不부붕 能능능 剛강강 耳

솔숫 ○능히剛티몯홀가患ᄒᆞ리니 折져졓 不부붕 折져졓 非빙비 所소수 患환환 也

여여 ○折ᄒᆞ며折티아니홈은患홀배아니니이다 (外) 將쟝쟝 軍균균 所소수 言연연 ○

將軍의닐은바논 乃내내 立리립 心신신 之즈즈 要약야 非빙비 處츄츄 世시싱 之

즈즈 術슈슙 ○이立心의要ㅣ오處世홀術이아니라 立리립 志즈즈 固구구 不부붕 可

不부붇剛강강 ○ 立志ᄂᆞᆫ 진실로 可히 剛히 아니티 못홀 거시어니와 若약샥是시ᄊᆞ處

츄츄世셰시 ○ 만일 處世홈애 이 專젼젼於어유用용용剛강강而ᅀᅵᅀᅵ不불부知

징지用용용柔ᅀᅳᆸ슈以이이濟졔지之지ᄌᆞ ○ 剛로 ᄡᅥ 濟홈애 오로 ᄒᆞ고 柔로ᄡᅥ 濟홀 줄을 아디 몯

ᄒᆞ면吾우우知지징將쟝쟝軍균균不부붇能능능免면면於어유今금금世셰시

矣이이 ○ 내 世에 아노니 免티 몯ᄒᆞ리 將軍이 능히 다이 수 ㊟ 謹근근受슈ᄉᆞᆸ戒계계 ○

삼가 戒ᄅᆞᆯ 바다 이리 小샤샤官관관本본본以이이儒유유學ᄒᆞᆨ효出츌츄身신신

小官이 본ᄃᆡ 儒學으로 ᄡᅥ 出身ᄒᆞ야 ○ 過과과承승징朝죠잔家가가誤우우恩은은 ○

朝家 誤恩을 過承ᄒᆞ야 付부부以이이邊변변方방방之지ᄌᆞ任임임 ○ 邊方의 任으로

ᄡᅥ 付ᄒᆞ니 其기기於어유武무우事ᄉᆞ스蓋개개非비븨所소수長쟝쟝 ○ 武

事애 長ᄒᆞᆫ 배 아니라 所願원원先션션生ᄉᆡᆼ성指지ᄌᆞ敎교갸所소수以이이守슈ᄉᆡᆨ當

禦유유方방방略략략 ○ 願컨대 先生은 ᄡᅥ 守禦ᄒᆞᆯ 方略을 指敎ᄒᆞ쇼셔 ㊕ 耕긍긍

問 몬운 奴 누누 織 징지 當 당당 問 몬운 婦 뿌부 ◯ 耕은 맛당이 奴두려 뭇고 織은 맛당이 婦두려 므를 ᄡᅥ니 ○沈慶之語

邊 변변 方 방방 之 즈즈 事 쑈스 非 븨븨 迂 유유 儒 슈슈

所 수소 知 징지 ◯ 邊方의 일은 迂儒의 알 쌔 아니니이다

願 원원 先 션션 生 승싱 惠 휘휘 敎 걓갸 休 힣후 謙 켠켠 ◯ 願컨대 先生은 惠敎ᄒᆞ고 겸양마ᄅᆞ쇼셔

兵 빙빙 法 빵바 有 임우 云 윤윤 ◯ 兵法에 니ᄅᆞ되

無 후우 恃 쑈스 其 끼키 不 붕부 来 래레 ◯ 그 오디 아니홈을 밋디 말고

恃 쑈스 吾 우우 有 임우 以 이이 待 때대 之 즈즈 ◯ 내 ᄡᅥ 待홈이 이옴을 밋으며

無 무우 恃 쑈스 其 끼키 不 붕부 攻 궁궁 ◯ 그 티디 아니홈을 밋디 말고

恃 쑈스 吾 우우 有 임우 所 수소 不 붕부 可 커커 攻 궁궁 也 여여 ◯ 내 可히 티디 못홀 쌔 이숌을 미들디라 ᄒᆞ니 ○孫武子語

平 삥핑 常 쨩샹 無 후우 事 쑈스 時 쑈스 ◯ 샹해 일업순 배예

兢 깅깅 兢 깅깅 業 영여 業 영여 ◯ 兢兢業業ᄒᆞ야 ○兢兢 戒謹也 業業 危懼貌

常 쨩샹 念 년년

此 층츠 兩 량량 句 규규 言 연연 語 유유 ◯ 덧덧이 念홀디라 이 兩句 말을

萬 완완 一 잉이

有잉우賊쩍직來래레侵친친我어오邊변변鄙비비 ○萬一도적이이 셔와내邊鄙을
侵ᄒᆞ 거든 我어오所수소以이이等등등待때대之즈즈者져져 ○내ᄡᅥ等待 ᄒᆞ는배
行ᅘᅵᆼ힝何ᅘᅥ허策칭처用융융何ᅘᅥ허人인인 ○엇던策을行ᄒᆞ고 엇던사룸을ᄡᅳ며 若
얗쇼是쓰스有잉우賊쩍직來래레攻궁궁我어오城쩡칭 ○만일도적이 이셔와내城
을티 거든 我어오如유유何ᅘᅥ허設셔셔施스스 ○내엇디設 施ᄒᆞ여야 他타타便뻔변
不불부敢간간來래레攻궁궁 ○티곳敢히와 티디못ᄒᆞ며 便뻔변攻궁궁也여여無
무우奈내내我어오何ᅘᅥ허 ○곳뎌도내게엇디홈 이업게ᄒᆞ새시니 不불부要향얀等
등등到당닫那나나賊쩍직來래레侵친친邊변변時쓰스來래레攻궁궁城쩡칭
時쓰스 ○뎌도적이와侵邊ᄒᆞᆯ빼와 와攻城ᄒᆞᆯ빼롤기ᄃᆞ려 才째채要향얀思스스量량량
去큐큐拒큐큐禦유유他타타 ○그저야가뎌를拒禦 홈을싱각곰져말라 己이이是쓰스
無무우及끵기了랼랴 ○임의이밋디 못ᄒᆞ리이다 (奎) 謹긴긴受씽쑤敎걒갸 ○가삼

리敎 이를 다바 ᄃᆞ 請 칭칭 問 문운 爲 위위 將 쟝쟝 之 즈즈 道 됴도 何 해허 先 션션 ○
ㅣ請 므권 서대 슬뭇 몬잡 져ᄂᆞ ᄒᆞ니 ᄂᆞ쟝 니슈 잇되 고ᄂᆞᆫ 道 ㉮ 有 잉우 五 우우 箇 거거 字 ᄍᆞ즈
○ ᄂᆞ다 니ᄉᆞᆺ 이字 다ㅣ 잇 ㊮ 那 나나 五 우우 箇 거거 字 ᄍᆞ즈 ○ 字더 ㅣ다 어ᄉᆞᆺ ㉮ 智
짇지 信 신신 仁 인인 勇 융융 嚴 연연 ○ 이智 니와 이信 다과 ○仁 出과 孫勇 武과 子嚴 ㊮ 請
칭칭 問 문운 如 유슈 何 해허 爲 위위 智 짇지 ○ ᄒᆞᆯ請 쇼ᄒᆞ 智여 되뭇 ᄂᆞ노 니니 잇엇 고디 ㉮
廣 광광 詢 슌슌 衆 중중 見 견견 博 밥보 訪 방방 人 인신 言 연연 ○ 詢衆 ᄒᆞ見 고을 ㅅ廣
訪言 ᄒᆞ을 며博 不 붕부 執 집지 一 흥이 已 기기 之 즈즈 見 견견 ○ 잡一 디已 아의 니見 ᄒᆞ을
고 不 붕부 徇 쓘슌 一 흥아 人 인신 之 즈즈 偏 편편 ○ 티一 아ㅅ 니의 ᄒᆞ偏 며을 徇 手
싱식 下 햐하 人 인인 那 나나 箇 거거 可 커커 用 융융 ○ 눈手 可下 히사 범룸 즉이 ᄒᆞ어 고너
那 나나 箇 거거 不 붕부 可 커커 用 융융 ○ 즉어 디너 아는 니可 ᄒᆞ히 며범 那 나나 箇 거거
可 커커 用 융융 爲 위위 先 션션 鋒 붕봉 ○ 鋒어 을너 삼는 암可 즉히 ᄒᆞ버 고先 那 나나 箇

可거거 用융융 爲위위 間견견 諜뎌뎌 ○ 어니는 可히 間諜을 삼암즉ᄒᆞ며 ○ 說文 間

諜軍中 及間也 那나나 箇거거 可커커 使ᄉᆞ스 掠략략 陳쪈진 ○ 어니는 可히 ᄒᆞ여곰 掠陳

ᄒᆞ염즉ᄒᆞ고 那나나 箇거거 可커커 使ᄉᆞ스 刼겹겁 寨쨰재 ○ 어니는 可히 ᄒᆞ여곰 刼寨

ᄒᆞ염즉ᄒᆞ며 我어오 的딩디 才쨰재 能능능 與유유 他타타 的딩디 將쟝쟝 帥쇄쇄

才쨰재 能능능 何허허 如유유 ○ 내才能이 뎌의將帥 의才能과 엇더ᄒᆞ고 我어오 的딩디

頭뚜투 目무무 與유유 他타타 的딩디 頭뚜투 目무무 何허허 如유유 ○ 내頭目이

뎌의頭目과 엇더ᄒᆞ며 我어오 的딩디 軍균균 馬마마 比비비 他타타 的딩디 誰쉬쉬

強걍강 誰쉬쉬 弱얍요 ○ 내軍馬ㅣ 뎌에比ᄒᆞ건대 뉘強ᄒᆞ며 뉘弱ᄒᆞ고 我어오 的딩디 錢

쳔쪈 糧량량 與유유 他타타 的딩디 誰쉬쉬 多더도 誰쉬쉬 少샾샾 ○ 내錢糧이 뎌과

뉘만코 뉘적으며 兩량량 家갸가 人신인 心신신 向향향 背븨븨 如유유 何허허 ○

兩家ㅅ心向背 엇더ᄒᆞ고 地디디 勢시시 利리리 害해해 如유유 何허허 ○ 地勢利害 엇더

ᄒᆞ며 天텬텬 時씨스 吉길기 凶흉흉 如유유 何허허 ◯ 天時吉凶이엇더ᄒᆞᆫ고ᄒᆞ야○孟子

註天時謂孤虛王相之類 既기기 知지지 已기기 又우우 知지지 彼비비 ◯ 임의나ᄅᆞᆯ알고

또뎌ᄅᆞᆯ알미 這져져 等등등 方방방 是씨스 智지지 ◯ 이러홈이보야로이智니이다ᄒᆞ

㊅大全 智지지 既기기 如유유 此ᄎᆞ츠 ◯ 智임의이러ᄒᆞᆫ거니와 信신신 之ᄌᆞ즈 道도도

又우우 如유유 何허허 ◯ 信의道는또엇더ᄒᆞ니잇고 ㊀外 一일이 言언연 既기기 出

츌츄 必필비 要요요 依이이 隨쉬취 ◯ ᄒᆞᆫ말을임의ᄂᆡᆷ애반ᄃᆞ시依隨코져ᄒᆞ고 一일이 令

령령 既기기 行힝힝 不불부 可가가 中듕즁 反반반 ◯ ᄒᆞᆫ令을임의行홈애可히中反티아

닐세시며 有유우 功공공 者쟈져 必필비 賞샹샹 無무우 悔회회 ◯ 功이잇ᄂᆞᆫ者는반ᄃᆞ

시賞ᄒᆞ고悔티말고 有유우 罪죄쥐 者쟈져 必필비 罰벌바 無무우 疑의이 ◯ 罪잇ᄂᆞᆫ者

는반ᄃᆞ시罰ᄒᆞ고疑티말며 許휴휴 人인신 一일이 物믈우 千쳔쳔 金금긴 不불부 移

이이 ◯ 사ᄅᆞᆷ의게一物을許ᄒᆞᆷ애千金으로移티말고 約약요 人인인 一일이 言언연 至지즈

死ᄉᆞ숭不부붕易이왕◯사ᄅᆞᆷ의게一言을約홈애죽음에니르러도易디아니ᄒᆞ며事ᄉᆞ쏭

不부붕輕킹킹擧규규言연연不부붕妄왕망發방봥◯일을輕擧티아니ᄒᆞ고말을妄

發티아니ᄒᆞ며使ᄉᆞᄉᆞ人인신聞운문我오어言연연語유유◯사ᄅᆞᆷ으로ᄒᆞ여곰내말을

들음애如유유信신신四ᄉᆞᄉᆞ時ᄊᆞᄉᆞ◯四時로信홈ᄀᆞᆺ게ᄒᆞ고遵쥰준我오어號

ᄒᆞᆫ향令링령◯내號令을遵홈을○按金鼓曰號旗幟曰令如유유敬깅깅神신씬明밍밍

◯神明을敬홈ᄀᆞᆺ게홈이這져져箇거거便뻔뻔是ᄉᆞᄊᆞ信신신◯이거시곳이信이니

이다奎信신신旣기기如유유此ᄎᆞᄎᆞ◯信은임의이러ᄒᆞ거니와仁신신又우잉如

유유何허햐◯仁은ᄯᅩ엇디ᄒᆞ니잇고外仁신신是ᄉᆞᄊᆞ一힝이箇거거慈ᄌᆞᄌᆞ愛

해애的디딩道단땅理리리◯仁은이ᄒᆞᆫ慈愛ᄒᆞ눈道理니以이이好ᄒᆞᆼ향生ᄉᆞᆼ승爲

위위德더득◯好生으로ᄡᅥ德을삼고以이이不부붕殺사삼爲위위心신신◯不殺

로ᄡᅥᄆᆞ옴을삼으며待대ᄯᆡ偏편편裨피삐如유유手싀심足주죵◯偏裨待홈을手足ᄀᆞᆺ

야티ᄒᆞ 痒양양 疴어오 疾찡지 痛통통 咸현현 切쳥쳐 於유유 心신신 ◯ 疾痒 痡疴

고을 절다 티히ᄆᆞ ᄒᆞ옴 고에 待대대 士쑤스 卒죵주 如슈유 見숀숀 女뉴뉴 ◯ ᄒᆞᆷ士 을卒 見待

ᄒᆞ女 야긋 飢기기 寒햔한 患환환 難난난 如슈유 在째재 吾우우 身신신 ◯ 寒飢

이患 심難 긋을 티내 ᄒᆞ몸 며애 不붕부 妄망왕 殺상사 人신신 以이이 為위위 功궁궁 次

츠츠 ◯ 功망 次녕 로저 삼이 디사 아ᄅᆞᆷ 니을 ᄒᆞ죽 고여 ᄲᅧ 不붕부 將쟝쟝 人신신 命밍밍 易

잉이 吾우우 富부부 貴귀귀 ◯ 貴사 ᄅᆞᆯᄅᆞᆷ 밧의 고命 더으 아로 니다 ᄒᆞ가 며내 富 非뵈뵈 臨

린린 陣찐진 不붕부 開개개 刀닿도 ◯ 칼陣 을에 여臨 디ᄒᆞᆷ 아이 니아 ᄒᆞ니 고면 非뵈뵈 拒

규규 戰젼젼 不붕부 殺상사 人신신 ◯ 을排 죽戰 이ᄒᆞᆷ 디이 아아 니니 ᄒᆞ면 며사 ᄅᆞᆷ 雖쉬쉬

臨린린 戰젼젼 陣찐진 ◯ 에비 臨록 ᄒᆞ戰 나陣 恒ᅘᆞᆼ홍 以이이 救긩구 人신신 為위위

心신신 ◯ 로덧 ᄲᅧ덧 ᄆᆞ이 ᄋᆞᆷ救 을人 삼ᄒᆞᆷ 고으 雖쉬쉬 掌쟝쟝 殺상사 伐뱡바 ◯ 殺비 伐록

여을 시掌 나ᄒᆞ 恒ᅘᆞᆼ홍 以이이 活ᅘᆞᆯ호 人신신 為위위 念년년 ◯ ᄒᆞᆷ덧 으덧 로이 ᄲᅧ活 念人

을음이삼 這져져 箇거거 便변뼌 是스ᄊᆞ 仁신신 ○仁이거니시이곳다이 (奎) 敢간간

問운문 如유유 何허쩌 是스ᄊᆞ 勇융융 ○敢이못좁ᄂᆞ니엇디 혼ᄉᆞ이勇이니잇고 (外) 撫

부부 劒견견 疾지찡 視스ᄊᆞ ○劒疾을 撫視ᄒᆞ고 히ᄒᆞ며 揮휘휘 刀도당 衝충충 陣진찐

○刀물揮ᄒᆞ야 陣을衝흠은 此ᄎᆞᄎᆞ 是스ᄊᆞ 匹피핑 夫부부 之즈즈 勇융융 ○匹夫이눈

의이 勇니 非뷔뵈 此ᄎᆞᄎᆞ 所소수 謂위위 勇융융 也여여 ○이이 닐온바 아니라 勇 所

소수 謂위위 勇융융 者져져 ○닐온 勇은 밧 中중중 心신신 有우잉 主쥬쥬 ○中心

에主호 시이셔 거 臨린린 事스ᄊᆞ 果고궈 斷뒨뒨 ○일에臨ᄒᆞ여 果斷ᄒᆞ며 白버뻥 刃

신인 在재쨰 前천젼 ○白刃이 압이셔도 略략략 不부봉 驚깅깅 畏위위 ○져기 도驚

畏티아 니ᄒᆞ며 鎗창창 矛무믕 攢쥔쮠 身신신 ○鎗矛ㅣ 攢ᄒᆞ여 몸에도 略략략 不부붕

怯겨켱 懾져졍 ○懾기도 怯디말며 有우잉 機기기 可거커 乘칭찡 ○機ㅣ 可히 乘ᄒᆞ

염즉 혼이 이시면 必비빙 進진진 無우무 退퇴퇴 ○반ᄃᆞ시 進ᄒᆞ고 退티말며 當당당 義

27a

이이 可커커 取츄츄 ○ 義ㅣ可히取ᄒᆞ염죽홈애當ᄒᆞ면 雖쉬쉬 死ᄉᆞ스 無우무 二ᅀᅳᆯᅀᅳᆼ
○ 비록죽어도二티아니홈이 這져져 便변뼌 是ᄊᆞ스 勇융융 ○ 이곳勇이니이다 (奎)
敢간간 問운운 如유유 何허허 是ᄊᆞ스 嚴연연 ○ 敢히묻잡ᄂᆞ니엇디홈손이嚴이니잇고
(外) 所소수 謂위위 嚴연연 者져져 ○ 닐온밧嚴은 非비븨 是ᄊᆞ스 嚴연연 刑힝헝
酷쿠쿵 法바방 慘찬찬 刻킈킹 殘찬짠 暴봐빵 之즈즈 謂위위 也여여 ○ 刑이酷嚴
法慘刻殘暴을닐옴이아니라 要약향 必비빙 立리링 規귀귀 矩규규 正징징 法바방 度두뚜
○ 반ᄃᆞ시規矩를세우며法度를正히ᄒᆞ며 謹긴긴 號할향 令링링 明밍밍 賞샹샹 罰바방
○ 號令을謹ᄒᆞ며賞罰을明ᄒᆞ며 使ᄉᆞ스 三산산 軍균균 之즈즈 衆중중 ○ 三軍의衆
으로ᄒᆞ여곰 ○ 萬二千五百人為一軍 畏위위 我오어 而ᅀᅳᆯᅀᅳᆼ 不부붕 畏위위 敵디딩 ○
날을두리고敵을두리디아니며 寧닝닝 死ᄉᆞ스 不부붕 犯반빤 法바방 ○ 출하리죽어도
法을犯티아니며 寧닝닝 死ᄉᆞ스 不부붕 失시싱 信신신 ○ 출하리죽어도信을일티아니

며 寧녕녕 死ᄉᆞᄉᆞ 不불부 畏위위 縮숙수 ○ 출하리죽어도畏縮디아니ᄒᆞ며 寧녕녕

死ᄉᆞᄉᆞ 不불부 違위위 號ᅘᅶ할 令령링 ○ 출하리죽어도號令을違티아님이 這져져 箇

거거 便뼌변 是ᄊᆞᆺ스 嚴연연 ○ 이곳嚴이니이다 奎 智징지 信신신 仁신신 勇융융

嚴연연 既기기 聞문운 其끼키 詳썅샹 ○ 智信仁勇嚴은임의그詳을들엇거니와 敢간간

問문운 何ᅘᅥ허 者져져 為위위 要햫약 ○ 감히묻ᄌᆞᆸᄂᆞ니어거시要ㅣ되리잇고 外 其

끼키 在째재 忠중중 乎ᅘᅩ후 其끼키 在째재 忠중중 乎ᅘᅩ후 ○ 그忠에잇ᄂᆞ녀그忠에잇

ᄂᆞ녀 忠중중 者져져 事ᄊᆞ스 君균균 之즈즈 大때다 節졓져 ○ 忠은님금셤기ᄂᆞᆫ큰節이

라 須슈슈 是ᄊᆞ스 公궁궁 爾ᅀᅮᆯ술 忘망왕 私ᄉᆞ스 ○ 모롬이公에만ᄒᆞ고私를니즈며

國귁궈 爾ᅀᅮᆯ술 忘망왕 家갸가 ○ 나라헤만ᄒᆞ고집을니즈며 君균균 爾ᅀᅮᆯ술 忘망왕

身신신 ○ 님금섬만ᄒᆞ고몸을니저 受쓯슈 命밍밍 出츙츄 征징징 之즈즈 日ᅀᅵᆯ시 則

저징 ○ 命을바다出征ᄒᆞᄂᆞᆫ날이면 忘망왕 了랼랴 其끼키 家갸가 ○ 그집을닛고 統

퉁퉁軍균균出츄츙宿수숙於유휴外왜왜則저즹○軍을統ᄒᆞ야出宿ᄒᆞ면밧忘

왕망了랼량其키끼親친친○그親을닛고臨린린陣진쪈對뒤뒤敵디뎍執지징

趄취쮜擂뤼뤼鼓구구則저즹○臨陣對敵ᄒᆞ야趄를잡아북을티면○字箋疊擊曰擂忘

왕망了랼량其키끼身신신○그몸을닛ᄂᆞ니存춘쭌這저져一이힝點뎐뎐忠중중

心신신而ᅀᅳᆯ又우ᅌᅳᆷ濟지지之즈즈智지징信신신仁신신勇융융嚴연연五

우우件견견○이仁勇嚴點忠心을두고또智信을가지로濟ᄒᆞ면爲위위將쟝쟝之즈즈

道닫땋○장슈되ᄂᆞᆫ道ㅣ盡진진在재째此ᄎᆞᄎᆞ矣이이○다예잇ᄂᆞ니이다迂유유

儒유유於유휴軍균균旅류류之즈즈事ᄉᆞᄊᆞ○迂ᄂᆞᆫ儒ㅣ軍旅의일에○五百人爲旅未

위위之즈즈學효햫也여여○비호디못ᄒᆞ엿ᄂᆞ니惟위위將쟝쟝軍균균擇저쪙而

술ᅀᅳᆯ用융융焉연연○오직將軍은골희여ᄡᅳ쇼셔(太)謹긘긘受식씽敎갹갹○삼가

敎를바다리이다

外小샤샤生숭승行힝힝矣이이○小生이다가將쟝쟝軍균균善션션加

갸갸保밯밮養양양○將軍은善히保養홈을더ᄒᆞ야爲위위國귁귁爲위위民민민自

즈즈重쯍쭝○나라흘爲ᄒᆞ며뵉셩을爲ᄒᆞ여스스로重히ᄒᆞ쇼셔奎謹긘긘受쓸식教걓갸

○삼가敎를바ᄃᆞ리이다外明밍밍月월웕往왕왕來래레如유유有임의意이이

○明月이往來홈은ᄯᅳᆺ이잇ᄂᆞᆫᄃᆞᆺᄒᆞ나浮뿧부雲윤윤舒슈슈卷권권本븐븐無무우心

신신○浮雲이舒卷홈은본ᄃᆡᄆᆞᄋᆞᆷ이업도다奎左저조右임우○左右ㅣ아外왜왜面

면면何헣허人신신鬧놓노炒찹찬炒찹찬的딍디○밧긔엇던사ᄅᆞᆷ이짓궤ᄂᆞ뇨末

騰먼먼將쟝쟝軍균균說훵쉬不붕부得딍더○將軍을소겨닐ᄋᆞ디못홀소이다昨

죵조日싱시楡유유林린린堡부부○어제楡林堡에셔○廣輿記楡林衛古戎狄地秦屬雲中

漢五原郡地隋唐日楡林接졉져得듕더一ᄒᆞᆯ이箇거거女뉴뉴子즈즈○ᄒᆞᆫ女子를어드

니年년년方방방二슬슬八바방○나히보야흐로二八이라這져져女뉴뉴子즈즈

沒무몰 了랴랴 父부뿌 母무무 ○ 이 女子ㅣ 父母ㅣ 업슴애 被븨삐 人인신 略랴략 賣매매 與유유 樂요얗 戶후후 ○ 사ᄅᆞᆷ이 略賣ᄒᆞ야 樂戶를 줌을 넘어더니 ○ 略掠 通 近긘긘 日ᅀᅵᅀᅵᆼ 有우잉 人인신 告갈강 發방방 他타타 買매매 良량량 爲위위 娼창창 ○ 요ᄉᆞ이 사ᄅᆞᆷ이 뎌 良을 사 娼을 삼음을 告發ᄒᆞ리 잇ᄂᆞ니라 衆중중 頭투ᄯᅳᇢ 目무뭉 見견견 得더듸

此ᄎᆞᄎᆞᆼ 女뉴뉴 美믜믜 貌만망 無우무 雙솽솽 ○ 모ᄃᆞᆫ 頭目이 이 겨집의 아ᄅᆞᆷ다온 얼굴이 雙이 업ᄉᆞ며 且쳐쳐 能능능 歌거거 快쾌쾌 舞우우 ○ ᄯᅩ 能歌快舞홈을 보고 送숭숭

來레래 將장장 軍균균 府부부 中중중 使ᄉᆞᄉᆞ 喚훤훤 則저즉 箇거거 ○ 將軍府中에 보내여 使喚케 ᄒᆞ엿ᄂᆞ니이다 (奎) 在재재 那나나 裏리리 喚훤훤 他타타 進진진 來레래 ○ 어뒤 잇ᄂᆞ뇨 뎌로 블러나아오라 (末) 那나나 女뉴뉴 子ᄌᆞᄌᆞ 來레래 了랴랴 ○ 뎌 女子ㅣ 왓ᄂᆞ이다 (奎) 叫걒갼 他타타 過고궈 前쳔쳔 來레래 ○ 뎌를 블러 나아오라 伱니니

會휘휘 唱창창 麽마마 ○ 네 노래 브를 줄을 아ᄂᆞᆫ다 (奎) 學효효 唱창창 得더듸 樂

기기 曲 큐큥 ○ 비화여러曲을 브르ᄂᆞ이다 (奎) 叫 갸갸 他 타타 唱 창창 ○ 뎌로ᄒᆞ여 노래

브르게ᄒᆞ라 叫恐是教字 ○ (末) 那 나나 女 뉴뉴 兒 슬슬 唱 창창 ○ 뎌 女兒ᄂᆞᆫ 노래 브르라

(奎) 聽 팅팅 他 타타 唱 창창 的 디디 有 우우 些 셔셔 意 이이 思 ᄉᆞᄉᆞ ○ (二) 뎌의 놀래 블음

을 드름애 져기 意思ㅣ 이시니 必 비빙 有 우우 寃 원원 屈 큐큥 事 ᄉᆞᄉᆞ ○ 반ᄃᆞ시 寃屈ᄒᆞᆫ 일이

잇도다 (末) 那 나나 女 뉴뉴 兒 슬슬 過 궈고 來 래래 ○ 뎌 女兒 오라 (奎) 我 오어 問

윤믄 你 니니 ○ (二) 내 너ᄃᆞ려 뭇ᄂᆞ니 你 니니 唱 창창 這 져져 曲 큐큥 兒 슬슬 ○ 네 브르ᄂᆞᆫ

이 곡됴ㅣ 是 스스 古 구구 人 신신 做 주주 的 디디 是 스스 今 긴긴 人 신신 做 주주 的

디디 ○ 이 古人이 지은 것가 이 今人이 지은 것가 (奎) 賤 쳔쳔 妾 쳐쳐 學 효향 做 주주 的 디디

○ 賤妾이 비화 지엇ᄂᆞ이다 (奎) 你 니니 如 유유 何 허허 這 져져 等 등등 說 쉬워 話 화화

○ 네 엇디 이런 말을 ᄒᆞᄂᆞ다 (奉) 賤 쳔쳔 妾 쳐쳐 抱 반반 負 부부 不 부부 平 핑핑 ○ 賤妾

負이 不平을 抱ᄒᆞ여시되 只 ᄌᆞᄌᆞ 是 스스 不 부부 敢 간간 說 쉬워 ○ 그저 감히 니ᄅᆞ디 못ᄒᆞᆯ소니

이다 (奎) 你니니 但단딴 說쉮쉏 無우무 妨방방 ○ 네다모니롬이방해롭디아니리라 (女爭)

妾쳐쳥 是스쏘 江강강 南난난 人신신 氏스쏘 ○ 妾은이江南人氏라 父부뿌 親친친

原원원 任인인 縣현현 尹인인 ○ 父親이본뒤縣尹을任ᄒᆞ엿더니 為위위 人신신 註

과과 誤우우 ○ 사롬의註誤홈이되여 謫저징 降강강 邊변변 城칭쳥 ○ 邊城의謫降ᄒᆞ

여 生승숭 妾처쳥 十시씹 歲쉬쉬 ○ 妾을나한디열쏠인제 父부뿌 母무무 俱규규

亡왕망 ○ 父母ㅣ다죽음애 被비뻬 人신인 掠략량 賣매매 為위위 娼챵챵 ○ 사롬

의掠賣홈을닙어娼이되엿는디라 妾쳐쳥 雖쉬쉬 不부붕 幸힝뼝 流류륭 落로락 風봉봉

塵친쩐 中중중 ○ 妾이비록不幸ᄒᆞ여風塵中에流落ᄒᆞ나 堅견견 志즈죠 自즈쪼 持치찌

○ 뜻을굿게스스로가지 本본본 身신신 尚상썅 是스쏘 處츄츄 子즈즈 ○ 本身은오

히려이處子ㅣ라 倘탕탕 將장장 軍균균 可커커 憐련련 見견견 ○ 만일將軍이여엿비

너겨 收수싱 留루릉 在재째 左조저 右우읗 侍스쏘 奉봉뽕 巾긴긴 櫛즈즁 ○ 收留

扶ᄒᆞ여 左右의 두어 侍奉케 ᄒᆞ시면 雖쉬쉬 死ᄉᆞ스 之즈즈 日ᅀᅵᅀᅵ 猶ᅌᅵ우 生ᄉᆞᆼ승 之
즈즈 年녀년 ○ 비록 죽ᄂᆞᆫ 날이라도 사ᄂᆞᆫ 히 ᄀᆞᆺ트리로소이다 ㊎ 我오어 平핑뼝 生승승 不
부붕 好함항 聲싱싱 色서싀 ○ 내 平生의 聲色을 됴히 너기디 아니ᄒᆞ노라 左조저 右의임
○ 左右ㅣ 아 你니니 看칸칸 這져져 街계계 坊방방 上샹샹 有우임 孤구구 寡과과
老랖랖 媽마마 媽마마 ○ 네 보라 이 거리예 孤寡ᄒᆞᆫ 老媽媽ㅣ 잇거든 着죠좌 一이잉 箇
거거 來래래 ○ ᄒᆞ나ᄒᆞ여 와로 領링링 這져져 女뉴뉴 兒술ᅀᅳᆯ 去큐큐 ○ 이 女兒ᄅᆞᆯ
두려 게ᄒᆞ라 가 ㊎ 我오어 死스ᄉᆞ 也여여 不부붕 去큐큐 ○ 내 죽어도 가디 몯ᄒᆞᆯ소이다
相샹샹 公궁궁 是스ᄉᆞ 天텬텬 下햐햐 英잉잉 雄흉흉 男난난 子즈즈 ○ 相公은 이
天下ㅣ 英雄 男子ㅣ라 賤젼졘 妾쳐쳥 得더딍 一이잉 覩두두 台태태 顏연연 ○ 이 賤妾ᄒᆞᆫ
번 台顏을 봄 어드니 死스ᄉᆞ 也여여 不부붕 枉왕왕 了랖랖 ○ 죽어도 속절업디 아니ᄒᆞ도소
이다

(末)看관관這저저女뉴뉴子즈즈不부붕凡반빤 ○ 보니 女子ㅣ 범

非비빅但단딴有우잏姿즈즈色서싀 ○ 다믄 姿色이 이실 분이 아니라 又우잏且쳐쳐

有우잏才채쨰思스슨 ○ 또 才思ㅣ 이시니 將쟝쟝軍균균留류릏他타타在재쨰

左조저右우잏 ○ 將軍이 더블며 左右의 두어 므 淺쳔쳔斟진진低디디唱챵챵 ○

淺斟低唱ᄒᆞ며 清청칭歌거거妙먀뫙舞우무 ○ 清歌로 舞 妙 閑현현中중중得더듷

消샤샹遣권권 ○ 閑中에 消遣ᄒᆞᆷ을 엇고 客커켱來레래得더듷佐조저歡훤훤 ○

客이 옴애 佐歡ᄒᆞᆷ을 엇음이 多도더少샤샿是스쑈好하핳 ○ 언머이뇨 거니 ᄯᅧ녀

(末)將쟝쟝軍균균如유유此ᄎᆞᄎᆞᆼ存춘쯘心신신 ○ 將軍이 이러ᄐᆞ시 存心ᄒᆞ시니 真

진진所소수謂위위鐵텨텽肝간관石시씽腸챵쨩也여여 ○ 진짓 닐온 밧 鐵肝石腸이

이로소다

(末)俺암함家개걍小샤샿相샹샹公궁궁 ○ 우리 집 相公이 小上샹샹表뱌뱧乞

킹기 骸 혜혜 骨 구쿵 辭 ᄎᆞᄊᆞ 相 샹샹 位 위위 ◯ 表올려骸骨을빌어 相位롤ᄉᆞ양ᄒᆞ여◯通

鑑註人臣委身以事君身非我 有故於其乞退也謂之請骸骨 已 이이 蒙 몽몽 准 쥰쥰 許 휴휴 ◯

임의准許흠 을닙어시니 早 잔잠 晩 완완 將 쟝쟝 回 휘휘 到 닫당 了 랴랴 ◯ 무晩의 쟝ᄎᆞᆺ도

라올 시오 새 又 우잉 聞 운운 說 숴숴 ◯ 또니롬을 드르니 大 다따 相 샹샹 公 궁궁 亦

이 잉 辭 ᄎᆞᄊᆞ 邊 변변 閫 쿤쿤 之 ᄌᆞᄌᆞ 任 신신 ◯ 大相公이또ᄒᆞᆫ邊閫의 任을ᄉᆞ양ᄒᆞ고○字箋

閫門限古之王者遣將 日閫以外將軍制之 相 샹샹 繼 기기 來 래래 歸 귀귀 ◯ 서르니 어도라

온다 ᄒᆞᆫ니 好 한항 好 한항 好 한항 ◯ 됴타됴타됴타 人 신신 生 승승 仕 ᄉᆞᄊᆞ 官 환환 有

임잉 始 ᄉᆞᄉᆞ 有 잉우 終 중중 如 슈슈 此 ᄎᆞᄎᆞ ◯ 人生仕官이始이시며 終잇기이런ᄃᆞᆺ홈이

真 진진 箇 거거 古 구구 今 긴긴 罕 한한 有 잉우 ◯ 진실로古今의 드믈이잇도다 話 화화

猶 잉우 未 위위 了 랴랴 ◯ 말을오히려못 다못ᄒᆞ여셔 小 샤샤 相 샹샹 公 궁궁 來 래래

到 닫당 了 랴랴 ◯ 小相公이 오시거다

㊛哥거거哥거거萬완완福부붕○萬福형아㊎兄흉흉弟띠디萬완완福부붕

○아ᄋᆞ야萬福俺암함兩량량兄흉흉弟띠디仰양양荷허ᄒᆡ聖싱싱恩은은○

우리두兄弟聖恩을仰荷ᄒᆞ야此ᄎᆞ츠日ᄉᆞ싀都두두得더듸謝셔셰事ᄉᆞ스休후휘官

권권○이날의다謝事休官홈을어더遂쉬쒸我오어兄흉흉弟띠디平핑삥生싱싱之

즈즈願원원○우리兄弟平生의願을일우니天텬텬地디띠間견견之즈즈樂로랖孰

수쑤有우익過고귀於유유此ᄎᆞ츠哉재재○天地間즐거옴이므서시이예더남이이시리

오㊛哥거거哥거거記기기得더듸俺암함年년년紀기기小샾샤時ᄉᆞ스與

유유哥거거哥거거遊우잉耍솨솨處츄츄○형아우리나히젹어실ᄣᆡ예형으로더브러노

든곳을記得ᄒᆞ니某무무山산산某무무水쉬쉬我오어遊우잉我오어釣댜댱○

某山某水에우리遊ᄒᆞ며우리釣ᄒᆞ던거시忽후훙忽후훙如유슈昨조쨩日ᄉᆞ싀事ᄉᆞ스

一이힝般번번○忽忽히어제일ᄒᆞᆫ가지ᄀᆞᆺ더니今긴긴日ᄉᆞ싀都두두白버뻥頭투뜽

了료랴 ○ 오ᄂᆞᆯ날다 白頭에 又우읭 得더득 相샹샹 與유유 遊우읭 樂로락 ○ 서소

ᄅᆞ더브러 遊 以이이 遂쉬쉬 平핑뼝 生승승 之ᄌᆞᄌᆞ 願원원 ○ 의뻐 樂홈을 어더 平生 願을

일우 거다 ㊤ 兄흥흥 弟뎨뎨 記기기 得더득 俺암함 在재재 學효 門문문 前쳔젼

遊우읭 戲히히 時스ᄊᆞ 麼마마 ○ 야우리 學門앎희서 遊戲ᄒᆞᆯ적을 記得ᄒᆞᆯ소냐 ㊦ 患

환환 難난난 憂우읭 戚치칙 ○ 戚患은 難憂 天텬텬 所소수 以이이 庸융융 玉유용

俺암함 兄흥흥 弟뎨뎨 于유유 成칭찡 也여여 ○ 하ᄂᆞᆯ이 ᄲᅮ우 兄弟 로ᄲᅥ ᄉᆞ랑ᄒᆞ야 일우

게ᄒᆞ신배라 ○ 西銘曰貧賤憂 戚庸玉汝於成詩傳注玉愛也 俺암함 兩량량 兄흥흥 弟뎨뎨 ○

우리 두 兄弟 所소수 以이이 有우읭 今긘긘 日싀잉 ○ 뻐오ᄂᆞᆯ을 둔바는 其기끼 基

기기 皆계계 在재재 于유유 此ᄎᆞᄎᆞ ○ 그 基ㅣ 다 이예 이시니 豈기키 敢간간 有우읭

忘왕망 ○ 엇디 감히 니ᄌᆞᆷ이 이시리오

㊤ 相샹샹 公궁공 ○ 相公아 此ᄎᆞᄎᆞ 正징징 是스ᄊᆞ 素수수 患환환 難난난 行

힝 乎(ᅘᅩ후) 患(환환) 難(난난) ○ 이 졍히 이 患難에 素ᄒᆞ얀 患難에 行홈이로소이다

(末) 相(샹샹) 公(궁궁) ○ 아 相公 此(ᄎᆞ츠) 正(징징) 是(씃스) 素(수수) 貧(삔핀) 賤(쪈젼) 行

힝 乎(ᅘᅩ후) 貧(삔핀) 賤(쪈젼) ○ 이 졍히 이 貧賤에 素ᄒᆞ얀 貧賤에 行홈이로소이다

(末) 相(샹샹) 公(궁궁) ○ 아 相公 這(져져) 正(징징) 是(씃스) 素(수수) 夷(이이) 狄(띵디) 行

힝 乎(ᅘᅩ후) 夷(이이) 狄(띵디) ○ 이 졍히 이 夷狄에 素ᄒᆞ얀 夷狄에 行홈이로소이다

(末) 相(샹샹) 公(궁궁) ○ 아 相公 這(져져) 正(징징) 是(씃스) 素(수수) 富(부부) 貴(귀귀) 行

힝 乎(ᅘᅩ후) 富(부부) 貴(귀귀) ○ 이 졍히 이 富貴에 素ᄒᆞ얀 富貴에 行홈이로소이다 (小生) 聖(싱싱)

人(인신) 有(잉우) 言(연연) ○ 聖人이 말을 두샤ᄃᆡ 君(균균) 子(즈즈) 素(수수) 其(끼키) 位(위위)

而(ᅀᅳᆯ술) 行(ᅘᆡᆼ힝) 道(땀단) ○ 君子ㅣ 그 位에 素ᄒᆞ야 道를 行홈애 無(무우) 入(ᅀᅲᆸ슈) 而(ᅀᅳᆯ술) 不

부 自(쯔즈) 得(딍더) 焉(연연) ○ 든ᄃᆡ마다 스스로 得디 아니홀 ᄯᅵ 업다 ᄒᆞ시니 ○ 以上 出中庸 俺

함암 兄(흉흉) 弟(띠디) 蓋(개개) 庶(슈슈) 幾(기기) 矣(이이) ○ 우리 兄弟ㅣ 대개 거의로다 (大生)

徃왕왕者져져不부붕可커커諫견견○徃者ᄂᆞᆫ可히諫티몯ᄒᆞ려니와来레래者져져

猶우잉可커커追쥐쥐○来者롤오히려可히追홀셔라○出論語世시싱上샹썅人신신

○世上사ᄅᆞᆷ이當당당即지징其키끼所소수居규규之즈즁地디띠○맛당히그

居ᄒᆞᆫ바地에나아가樂로랑其키끼日시씽用융융之즈즁天텬텬○그日用의天을즐길

셔라(奎)己이이徃왕왕之즈즁事스쓰○己徃의일은且쳐쳐莫모맣說슈숳他

타타○다직려롤니ᄅᆞ디말고且쳐쳐與유유哥거거哥거거○아직형으로ᄃᆞ려尋

신씬箇거거娛우우老랃랗行힝헹樂로랑之즈즁處츄츄○娛老行樂ᄒᆞᆯ곳을어드려

ᄒᆞ니哥거거哥거거心신신下햐쨔以이이為위위如슈슈何허헝○형의무옴에빼

엇데타ᄒᆞᄂᆞ뇨(奎)兄흉흉弟디뗘試스ᄉᆞᆼ說쉬숳我오어聽팅팅○아ᄋᆞ야시험ᄒᆞ야니

ᄅᆞ라내두자

(奎)人신신生숭승至즈즁親친친無우몽如슈슈兄훙훙弟디뗘○人生至親이兄

弟곳ᄒᆞ이기ᄂᆞᆫ디라 昔셕시 日ᅀᅵᇝᅀᅵᆯ 蘓수수 子즈ᄌᆞ 瞻젼젼 ○녯날子瞻이蘓 與유유 他

타타 兄훙훙 弟뎨뎨 子즈ᄌᆞ 由유잉 ○더의아ᄋᆞ子由로ᄃᆞ려 子由名轍號欒城 相샹샹

會휘회 於유유 彭ᄈᆡᆼ픙 城쳥쳥 逍샾샾 遙얗얗 軒현현 中즁즁 ○서ᄅᆞ彭城 逍遙軒中

에모다 聽팅팅 雨유유 吟인인 詩스ᄉᆞ ○비ᄅᆞᆯ듣고詩ᄅᆞᆯ읇퍼○本 傳子瞻兄弟未嘗相離防

宦遊四方讀韋蘇州詩知風雨夜復此對床眠惻然 感之相約早退為閑居樂子瞻為鳳翔幕官留詩與轍

曰夜雨何時聽蕭瑟其後七年復會於彭 城逍遙堂追感前約作二絶彭城在徐州 約햡요 以이이 晩

완완 年년년 同똥퉁 休휼후 官권권 投뚷투 老랄랄 ○언약ᄒᆞ야ᄇᆡ晩年 에ᄒᆞᆫ가지로休官

投老 ᄒᆞ야 以이이 遂쒸쉬 宿숭수 約햡요 ○ᄇᆡ宿約을일오 자ᄒᆞ엿더니 及끕기 至즈ᄌᆞ

子즈ᄌᆞ 瞻젼젼 自ᄍᆞᄌᆞ 海해해 南난난 歸귀귀 時쓰스 ○밋子瞻이海南 으로브터도라

올ᄯᅢ예니르러는○本傳紹聖四 年謫海南元符三年得赦北還 子즈ᄌᆞ 由유잉 在ᄍᆡ재 許휴후

昌챵챵 ○子由ㅣ許昌에잇ᄂᆞᆫ디라○輿圖備考蘓轍晩 年居許昌號潁濱遺老許昌在開封府西南

子조즈瞻젼젼欲욕유赴부부其끼키約약요◯子瞻이그約에赴코쟈ᄒᆞ다가竟깅깅

不붕부果궈고遂쉬쉬◯ᄆᆞᄎᆞᆷ내과연이로디못ᄒᆞ야因인인死ᄉᆞ스於유유常쨩챵

州직짛◯因ᄒᆞ야常州ㅣ셔죽으니◯常州禹貢楊州之域周日延陵晉日毘陵東晉日晉陵隋唐宋日

常州連련련床쫭창聽팅팅雨유유之조즈約약요◯連床聽雨의約을不붕부復

븡부能능능償쨩챵◯다시능히갑디못ᄒᆞ리라俺함암兄흥흥弟뗴디◯우리兄弟ㅣ

今긴긴日싀잉官권권至조즈將쟝쟝相샹샹◯오ᄂᆞᆯ벼슬이將相에니르고各거거

以이이古구구稀히히之조즈年년년◯각각古稀의年으로ᄡᅥ白버뱅首식식同

뚱둥歸귀귀故구구鄉향향◯白首로故鄕에同歸ᄒᆞ니古구구今긴긴人신인蓋개개

不붕부罕한한見견견◯古今사ᄅᆞᆷ에드믈게도보디못ᄒᆞ리로다

(小全)古구구人신인有잉우言연연◯녯사ᄅᆞᆷ이말을두되凉량량竹죵주簟뎜뎐之

조즈暑슈슈風붕붕◯竹簟의暑風에凉ᄒᆞ며曝붕부茅망모簷연연之조즈冬둥둥

日싱시 ○ 茅簷의 冬日에 曝ᄒᆞ고 睡쒸쉬 餘유유 支즈즈 枕진진 ○ 睡餘에 支枕ᄒᆞ야

念년년 昔싱시 平뼝핑 生승싱 仕쏘스 宦환환 出츄츄 處츄츄 ○ 平生에 仕宦出處

를 念ᄒᆞ고 顧구구 瞻젼젼 玉욕유 堂땅당 ○ 玉堂을 도라보니 如유유 在째재 天텬텬

上썅상 ○ 天上에 잇ᄂᆞᆫ 듯ᄒᆞ다니 ○ 歐陽公內制序語 俺함암 兄흥흥 弟뎨디 謝써셔 事

쏘스 ○ 우리 兄弟ㅣ 謝事ᄒᆞ고 歸귀귀 老랑란 山산산 林린린 之즈즈 下햐하 ○ 山林

아래 歸老ᄒᆞ엿ᄂᆞᆫ디라 顧구구 瞻젼젼 闕퀑궈 庭뗑팅 ○ 闕庭을 도라보니 真진진 如

유유 九광구 地띠디 之즈즈 望망왕 九광구 天텬텬 ○ 진실로 九地에셔 九天 ᄇᆞ람 ᄀᆞᆺ도다

○ 九地 楊子太玄註 一沙泥 二澤池 三沚崖 四下田 五中田 六上田 七下山 八中山 九上山 九天 淮南子 中央

鈞天 東方蒼天 東北昊天 北方玄天 西北幽天 西方皓天 西南朱天 南方炎天 東南陽天 蓋九地九天猶九皐

之義喩其深遠也 奎 世싱시 上쌍상 仕쏘스 宦환환 的딩디 ○ 世上의 벼슬ᄒᆞᄂᆞᆫ이 方

방방 才째채 到닿당 任신신 時쏘스 ○ 보야흐로 ᄀᆞᆺ 到任ᄒᆞᆯ ᄣᆡ예ᄂᆞᆫ 箇거거 箇거거 都

두두 期 끼키 要 향야 暮 무무 年 년년 致 징지 仕 쏭스 ○ 낫낫히暮年에致仕코져긔약ᄒᆞ다

가 及 끙기 到 당단 引 인인 年 년년 之 즈즈 際 지지 ○ 밋引年홀즈음에니르러는○曲禮

大夫七十而致仕 却 컁캬 又 잉우 往 왕왕 往 왕왕 貪 탄탄 榮 융융 固 구구 寵 충충 ○

또往往애榮을貪ᄒᆞ고寵을固ᄒᆞ야 鍾 쭝중 鳴 밍밍 漏 룽루 盡 쩐진 不 붕부 知 징지 自 쯧즈

止 즈즈 者 쟈쟈 多 도도 矣 이이 ○ 鍾鳴漏盡호되스스로긋칠줄을아디몯ᄒᆞᄂᆞᆫ者ㅣ만ᄒᆞᆫ디라

○魏田豫乞遜位日年過七十而居位譬猶鍾鳴漏盡而夜行不休 古 구구 人 인인 有 잉우 云 윤윤

○ 녯사ᄅᆞᆷ이니ᄅᆞᆷ을두되 有 잉우 其 끼키 言 연연 無 뭉우 其 끼키 心 신신 ○ 그말이이

셔도그ᄆᆞᄋᆞᆷ이업고 有 잉우 其 끼키 心 신신 無 뭉우 其 끼키 決 켱켜 ○ 그ᄆᆞᄋᆞᆷ이이셔도그

결단이업다ᄒᆞ며○東坡賀歐陽公致仕啓語 又 잉우 云 윤윤 ○ 또니ᄅᆞ되 相 샹샹 逢 뽕봉 盡

진진 道 땋도 休 힣휴 官 권관 去 큐큐 ○ 서ᄅᆞ만남애다休官ᄒᆞ고가리라니ᄅᆞ나 林 린린 下

ᅘᅣ하 何 ᅘᅥ허 曾 쯩층 見 견견 一 힗이 人 신신 ○ 林下에엇디일쯕ᄒᆞᆫ사ᄅᆞᆷ을보리오ᄒᆞ니○唐

偺霽散勅 韋丹詩 今 긴긴 俺 암함 弟 디떠 兄 흉훙 ○ 이제우리 弟兄은 可 키커 謂 위위

林 린린 下 햐하 兩 량량 人 신인 矣 이이 ○ 可히林下兩人이 라니르리로다 未 好 한항

交 갼걒 二 슬싀 位 위위 相 샹샹 公 궁궁 得 더듸 知 지징 ○ 됴히二位相公 으로ᄒᆞ여시리

곰알게ᄒᆞ 리이다 世 시싱 上 샹쌍 有 우잏 三 산산 等 등등 致 지징 仕 스쓰 官 권권 ○

世上에세等致 仕官이이시니 一 이힝 等 등등 是 스쓰 求 킥낌 回 휘훼 的 디딍 致 지징 仕

스쓰 官 권권 ○ ᄒᆞ等은이求ᄒᆞ여도 라가ᄂᆞᆫ致仕官이오 一 이힝 等 등등 是 스쓰 差 채채 回

휘훼 的 디딍 致 지징 仕 스쓰 官 권권 ○ ᄒᆞ等은이식여도라 가ᄂᆞᆫ致仕官이오 一 이힝 等

등등 是 스쓰 趕 간간 回 휘훼 的 디딍 致 지징 仕 스쓰 官 권권 ○ ᄒᆞ等은이쏘 차되라가ᄂᆞᆫ

이致 니仕 官 不 붕부 知 징지 兩 량량 位 위위 相 샹샹 公 궁궁 ○ 아디못게라 兩位相公이

是 스쓰 那 나나 一 이힝 等 등등 的 디딍 ○ 이어니ᄒᆞ等 이니잇고 (小坐) 我 오어 本 븐븐

進 진진 了 랴랼 九 구깋 遭 잔쟐 ○ 내本을아홉 번나옴애 方 방방 才 채째 俞 유유 允

윤윤 ○ 보야ᄒᆞ로곳 ᄒᆞ시니라 俞 ㊝我 오어 進 진진 了 랴랴 十 씨시 二 을 遭 잘잘

本 븐븐 方 방방 准 쥰쥰 ○ 나는 열두번 本을 나옴애 보야ᄒᆞ로 准ᄒᆞ시니라 ㊍這 져져 等

등등 ○ 이러면 兩 량량 位 위위 相 샹샹 公 궁궁 ○ 兩位相公은 都 두두 是 쓰스 求

킹킹 回 휘휘 的 디디 致 지지 仕 쓰스 官 권권 ○ 다 求ᄒᆞ여 도라가는 致仕官이로소이다

話 화화 猶 우우 未 위위 了 랴랴 ○ 말을 오히려 다ᄒᆞ디 못ᄒᆞ야셔 二 을 位 위위 夫 부부

人 신인 來 래레 了 랴랴 ○ 二位夫人이 오시다

㊍元 우우 的 디디 不 부부 是 스스 三 산산 官 권권 人 신신 來 래레 了 랴랴 ○ 아테

이니 三官人이 오ᄂᆞ냐 ㊌哥 거거 哥 거거 萬 완완 福 부부 ○ 哥哥萬福 嫂 산산 嫂 산산 萬

완완 福 부부 ○ 嫂嫂萬福 ㊝兄 훙훙 弟 디디 你 니니 年 년년 少 샤샤 ○ 아ᄋᆡ야 네 나히

져므니 正 징징 好 호호 做 주주 官 권권 ○ 정히 벼슬ᄒᆞ기 됴커놀 你 니니 如 슈슈 何

해허 也 여여 來 래레 ○ 네 엇디 ᄯᅩ 온다 ㊌我 오어 見 견견 世 시시 上 샹샹 那 나나 做

주주 官권권 的더딩 ○ 내세샹의터벼솔 ᄒᆞ눈이로보니 箇거거 箇거거 以이이 官권권
為위위 家갸갸 ○ 낫낫히官으로 배집을삼아 把바바 那나나 官권권 職지징 ○ 더官
職을 다가 做주주 他타타 家갸갸 的더딩 產찬찬 業여엽 ○ 제집產業 을삼고 把바바
那나나 文운운 案안안 ○ 뎌文案 을다가 做주주 他타타 家갸갸 犂리리 把바바 ○
제집犂把로삼으며 ○四聲 通解犂수俗謂보십把田器 把바바 那나나 百버ᄇᆡᆼ 姓싱싱 ○ 뎌百
姓을 다가 做주주 他타타 家갸갸 魚유유 肉수ᅀᅮᆼ ○ 제집魚肉 을삼으니 所소수 以이이
貪탄탄 戀련련 官권권 職지징 ○ 이러모로官 을貪戀ᄒᆞ야 職 不부부 肯큰큰 退뒤뒤
回휘ᄒᆔ ○ 줄겨退回티 아니ᄒᆞ고 不부부 得더딍 已이이 退뒤뒤 回휘ᄒᆔ ○ 시러 곰마
디못ᄒᆞ여退 回ᄒᆞ여도 亦이잉 無우무 歸귀귀 宿수숭 之즈즈 地디디 ○ 또歸宿 ᄒᆞᆯᄯᅡ히
업슨 디라 我오어 聞운운 二을ᅀᅳᆯ 位위위 哥거거 哥거거 退뒤뒤 休후힝 ○ 내二 位형
이退休홈 을듯고 即지징 便변뼌 棄키키 官권권 来레래 尋신씬 哥거거 哥거거 ○

곳棄官ᄒᆞ고와 형을ᄎᆞᄌᆞ니이다 (奎)如유유何허허這저저等등등久갸구才째채到닿닿

○엇디이리오래게 야ᄀᆞᆺ니르렷ᄂᆞ뇨 (淨)瞞먼먼二ᅀᅳᅀᅳ位위위哥거거哥거거說숴숴

不부부得더듸 ○二位형을속여니 ᄅᆞ디몯ᄒᆞᆯ소이다 我어오回휘휘到닿닿華화화山산산

下햐햐 ○내도라華山下에니르러○爾雅太華山 為西嶽職方氏曰豫州其山鎮曰華山

記曰山頂有池生千葉蓮 花服之羽化因曰華山 撞좡좡着죠죠張쟝쟝打다다油우읻 ○

張打油로 만나니 說숴숴道닿닿他타타遇유유着죠죠漢한한鍾중중離리리 ○

니ᄅᆞ되漢鍾離ᄅᆞᆯ만나○三才圖會鍾離權燕臺入 仕漢為大將軍征吐蕃失利奔逃迷路夜入深林遇僧

引步數里曰此東華先生成道處可以歇息揖別而去 良久聞人語云此必碧眼胡僧饒舌也權鬭知為異人

哀求度世之方老人授長生真訣後再遇華 陽真人傳以太乙刀圭火符內丹遂仙去 傳쳔쳔與유유

他타타九갸구轉좐좐還환환丹단단之즈즈訣줘줘 ○더의게九轉還 丹의訣을傳與

ᄒᆞ니○九轉還丹參同契註以金液還于丹田金液肺 液也丹田臍下丹田也蓋以口津嚥下丹田循環不已

則能滋養精氣壯隱丹經有大小還丹盧莫合九轉還丹言九遍循環 于 유유 今 긴긴 已 이이 成
칭쪙 仙 션션 了 랴랴 ○ 이제 임의 仙을 일웟노라ᄒᆞ고 又 우잏 說 쉬숳 俺 암함 施 스숭 先
션션 生 승승 ○ 또 니ᄅᆞ되 우리 施先生이 見 현현 在 재째 洞 둥뚱 府 부부 ○ 시방 洞府에 이
셔 掌 장쨩 十 시씽 大 다따 洞 둥뚱 天 텬텬 仙 션션 籍 지찡 ○ 十大洞天仙籍을 掌ᄒᆞ엿
다ᄒᆞ立 ○ 洞天福地記第一王屋洞名小有清虛之天在東都第二委羽洞名大有虛明之天在兖州東嶽第
三西城洞名太玄總真之天在梁州西王母所居崑崙之別宮第四西玄洞名三玄極真之天在華州第五青
城洞名寶仙九室之天在蜀青城縣第六赤城洞名上玉清平之天在台州第七羅浮洞名珠明耀真之天在
惠州第八句曲洞名金壇華陽之天在潤州第九林屋洞名佐神幽墟之天在蘇州第十括蒼洞名成德隱玄
之天在台州 指 즈즘 引 인힌 我 오어 入 슈숭 洞 둥뚱 中 중쭝 去 큐큐 ○ 나ᄅᆞᆯ 指引ᄒᆞ여
洞中애 드러가 訪 방빵 施 스숭 先 션션 生 승승 ○ 施先生을 ᄎᆞᄌᆞ라 ᄒᆞ거ᄂᆞᆯ 我 오어 到 닿당
一 이잉 箇 거거 去 큐큐 處 츄츄 ○ 내ᄒᆞᆫ 곳에 가니 住 쥬쮸 的 디띵 都 두두 是 스쓰 玉

융유室싱시丹단단臺때태○사는듸는다이玉室丹臺ㅣ오養양양的듸디都두두是
쏭스青칭칭鸞뤈뤈白뻥버鶴햏허○치는거슨다이青鸞白鶴이오種중중的듸디都
두두是쏭스琪끼키花화화珠쥬쥬樹쓔슈○심은거슨다이琪花珠樹ㅣ오喫칭치的
듸디都두두是쏭스交걒갸梨리리火훠호棗잫잔○먹는거슨다이交梨火棗ㅣ라○眞
誥云紫微夫人與許穆書之王醴金漿交梨火棗此皆飛騰之藥老랑랖先션션生숭싱○老先生이
頭뜰투戴대대華화화陽양양巾긴긴○마리예華陽巾을쓰고身신신披피피白
뻥버鶴햏허氅챵챵○몸애白鶴氅을닙고○字箋以鶴羽爲衣而披之蓋王恭鶴氅是已手싷식
持찡치靈링링壽싱식杖쨩쟝○손에靈壽杖ᄅᆞᆯ가지고○字彙靈壽木名可爲杖文如紫玉四
時變色靈物也漢平帝賜孔光靈壽杖見견견我어오十씽시分븐븐歡훤훤喜히히○
나ᄅᆞᆯ보고ᄀᆞ장깃거問문운我어오如슈슈何써허到닿단此ᄎᆞᄎᆞ○날ᄃᆞ려므ᄅᆞ되엇디
예니ᄅᆞ다ᄒᆞ거늘我어오說숴숴張쟝쟝打다다油임우指즈즈引인인我어오来

례래 ◯ 내니ᄅᆞ되張打油ㅣ나ᄅᆞᆯ指引ᄒᆞ여왓다ᄒᆞᆫ대 老랖랄 先션션 生승ᄉᆡᆼ 說숴쉬 ◯ 老先

生ᄅᆞ 되이 니 張쟝쟝 打다다 油잏약 也여여 得더듸 道닾닫 ◯ 張打油도 道ᄅᆞᆯ 어디 為

위위 丹단단 臺때태 判펀펀 官권권 ◯ 丹臺判官이 되고 ○ 紫陽真 人周義山이 遇羨門子ᄒᆞ야 乞長生

要訣 羨門子曰 子名在 丹臺王室 何憂不仙 俺함암 老랖랄 母무무 親친친 亦잉이 得더듸

道닾닫 ◯ 우리 老母親이 또 得道ᄒᆞ여 為위위 太태태 素수수 玄헌현 君균균 ◯ 太素

玄君이 되고 이 俺함암 大따다 哥거거 的디디 第디디 二슬슬 嫂삼산 子즈즈 ◯ 우리

큰 형의 第二 嫂ᄂᆞᆫ 이 上쌍상 帝디디 憫민민 其끼키 貞징징 烈려려 ◯ 上帝ㅣ 그 貞烈을 憫ᄒᆞ

샤 亦잉이 擢쪼조 為위위 龜귀귀 臺때태 侍쓰스 女뉴뉴 ◯ 또 擢ᄒᆞ야 龜臺侍女로

삼고 ○ 太平廣記 龜臺 西王母所居 目무무 今긴긴 通퉁퉁 明밍밍 殿뎐뎐 ◯ 이제 通明殿에

見현현 缺퀴퀀 左조저 右잏우 侍쓰스 宸씬신 二슬슬 員원원 ◯ 시방 左右侍宸 二員이

缺ᄒᆞ여시니 不부부 久각각 亦잉이 將쟝쟝 召쟌쟌 你니니 兩량량 箇거거 哥거거

哥거거 ○오라디아녀셔또ᄒᆞᆫ쟝ᄎᆞᆺ네두혀ᇰ을블러 來래리 居규규 此ᄎᆞᄎ 位위위 ○이와

벼ᄉᆞᆯ에居홀새시오 伱니니 兩량량 箇거거 嫂산산 嫂산산 ○네두嫂嫂ㅣ 亦잉이 皆

계계 宿숙수 有잉우 仙션션 分뿐븐 ○또ᄒᆞᆫ다본ᄃᆡ分이이시니仙 汝슈슈 回휘휘 報

방바 與유유 他타타 知징지 ○네도라가ᄃᆡ의게報ᄒᆞ여알게ᄒᆞ리 我어오 不붕부 久궁구

與유유 老랑랖 親친친 家갸갸 母무무 来래레 迎잉잉 他타타 也여여 ○내오라디

아니ᄒᆞ야셔老親家母로ᄃᆞ와뎌를마조리라ᄒᆞ더이다 려 ㊤ 三산산 哥거거 此ᄎᆞᄎ 言연연

恐쿵쿵 有잉우 虛휴휴 妄망왕 ○三哥ㅣ아이말이저권대虛妄홈이잇ᄂᆞᆫ가ᄒᆞ노라 ㊤ 世

시싱 上쌍상 界겨고 有잉우 神씬신 仙션션 否붕부 ○世上에과연神仙이잇ᄂᆞᆫ가아니니

가잇 ㊤ 先션션 儒슈슈 有잉우 言연연 ○先儒ㅣ을두되 말 為위위 學햑효 至즈즈

於유유 德더더 為위위 聖싱싱 人신신 ○學을ᄒᆞ야德이聖人이됨애니ᄅᆞ며 為위위 國

궈궈 至즈즈 於유유 祈끼키 天텬텬 永융융 命밍밍 ○나라홀ᄒᆞ야하ᄂᆞᆯ셔비러命을길게

ᄅᆞ홈 며애 ᄂ 養 양양 生 승숭 至 즈죠 於 유유 長 쨩챵 生 승숭 不 붕부 死 亽슷 ◯ 生養

ᄂᆞᄒᆞ 롬야 이長 ◯生 程不 子死 語홈 애 皆 계계 有 잉우 此 ᄎᆞᄎᆞ 理 리리 ◯ 다다 ᄒᆞ이 니理 라잇

(小註) 我 어오 聞 믄문 人 신신 言 연연 ◯ 을내 드사 르롬 니의 말 神 씬신 仙 션션 有 잉우

內 뉘뉘 丹 단단 有 잉우 外 왜왜 丹 단단 ◯ 며神 外仙 丹이 이內 잇丹 다이 ᄒᆞ이 니시 果 궈고

是 쏘스 如 슈슈 何 헝허 ◯ ᄒᆞ과 니연 잇이 고엇 뎌 (大註) 精 징징 氣 키키 內 뉘뉘 丹 단단

也 여여 ◯ 丹精 이氣 오ᄂᆞᆫ 內 金 긴긴 石 씽시 外 왜왜 丹 단단 也 여여 ◯ 外金 丹石 이은

라 有 잉우 內 뉘뉘 丹 단단 而 ᅀᆞᆯ술 無 무우 外 왜왜 丹 단단 ◯ 外內 丹丹 이이 업잇 스고

면 但 단단 可 커커 以 이이 盡 찐진 其 끼키 天 텬텬 年 년년 ◯ 天다 年문 을可 다히 ᄒᆞ써

와려 ᄂ 有 잉우 外 왜왜 丹 단단 而 ᅀᆞᆯ술 無 뭉우 內 뉘뉘 丹 단단 ◯ 고外 內丹 丹이 이잇

면업 스 刀 당도 圭 귀귀 入 ᅀᆞᆸ슈 口 쿵쿠 立 랍리 便 뼌변 死 亽스 矣 이이 ◯ ｜刀 입圭

에들매즉시곳죽ᄂᆞ니라◯本草 오 비 핑 시

丸散之刀圭者十分方寸匕之一我 어 輩 븨 平 뱅 日 싕

○우리平日에輩素수수無우후修슈삭養양양煆된된煉련련之즈즈功궁궁○

본의功되修이養업煆스煉니何허해以이이能능능通퉁퉁仙션션品픔픈○벗어나니

通히仙ᄒᆞ品리을오此ᄎᆞ츠語유유之딩딩是ᄉᆞ스虛휴휴妄망왕○이뎡말이虛이妄일

ᄒᆞ다淨哥거거哥거거你니너說슈쉬神신씬仙션션是스ᄉᆞ人신신力리릉可

커커做주주的디딩○아형力으비로날可오히되홀神이仙라을ᄒᆞ이니ㅅ古구구經깅깅

云윤윤○古ᄂᆞ經ᄅᆞ의되○지積장功궁궁滿면면千쳔쳔功궁궁簡견견上샹쌍玄

훤훤○功에을ᄉᆡ싸인하다千ᄒᆞ에니太○면語功出이眞上詣玄此ᄎᆞ츠蓋개개俺암함一

이항家가갸○이리대一家개우에五우유者져져倫륜륜理리리俱규규皆계계全

췬졔備비뻬○다全ᄉᆞ備가ᄒᆞ지엿倫ᄂᆞᆫ理디다라上샹쌍帝디디俯부부察차창人신신

寰환환○上俯帝察ㅅᄒᆞ寰사을特ᄠᅳᆨ用융용甄견견錄루룽○甄특錄별이ᄒᆞ뻐야

以이이爲위위世시샹人신산之즈즈勸권권○뻐를世샹人으의시勸나亦이잉猶

위임 令 긴긴 世 시싀 官 권권 府 부부 ○ 官府ㅣ 令世 旌 징징 表 밮뱦 節 져졍 義

이이 ○ 節義를 旌表ᄒᆞ야 以 이이 勵 리리 風 붕붕 俗 슈슈 耳 슐술 ○ 벼風俗을 勵홈곳ᄒᆞ

라디 幽 유우 冥 밍밍 一 이잉 理 리리 ○ 幽明이一理니 冥恐是明字 二 슬슬 位 위위 哥

거거 哥 거거 不 부부 可 거거 不 부부 知 지지 ○ 二位형이可히아디아 니디못호써시니이다

㊄末 五 우우 色 서싀 祥 샹샹 雲 윤윤 ○ 五色祥雲에 羅 로러 列 려렬 着 죠쟢 許 후후

多 도더 幢 챵쨩 幡 반반 寶 바밟 蓋 개개 ○ 許多幢幡寶蓋로 羅列ᄒᆞ고 擁 융윰 着 쟈쨘

許 휴휴 多 도더 仙 션션 官 권권 ○ 許多仙官이 擁ᄒᆞ엿ᄂᆞᆫ더 內 뉘뉘 有 임약 一 이잉 箇

거거 ○ 안ᄒᆞ나 히이시니 似 스쓰 俺 암함 施 스슷 先 션션 生 송승 一 이잉 般 번번 ○

우리 施先生 ᄒᆞ가지것다

㊄奎 ㊄尖 兀 우웅 的 디딩 不 부봉 是 스씃 老 랖랑 先 션션 生 송승 來 레래 也 여여 ○

데아니이老先生이오시ᄂᆞ냐 先 션션 生 송승 拜 배배 揖 이잉 ○ 先生拜揖 先 션션 生 스ᄉᆞ

多도더年년년壽식씽化화화 ○先生이여러히壽化ᄒᆞ엿더니今긘긘日싀씅適시싱

從충쭝何허헤來레래 ○오놀마좀어드러조차오시뇨仙션션耶여여鬼귀킈耶여여

○仙인가鬼ㄴ가 外 上샹쌍帝뎨뗴以이이我오어在재쨰生싱승 ○上帝ᄲᅢ내在生

홈애心신신存춘쭌恬뎐뗜淡단딴志즈즈慕무무虛휴휴玄훤훤 ○ᄆᆞᄋᆞᆷ이恬淡에

잇고뜻이虛玄을慕ᄒᆞ다ᄒᆞ샤特듸띙授식씽我오어以이이玉유옹虛휴휴丈쟝쨩人

신씬之즈즈職지징 ○특별이나룰玉虛丈人의職으로ᄡᅥ授ᄒᆞ샤領링링天텬텬下하햐

名밍밍山산산洞둥뚱天텬텬仙션션籍지찡 ○天下名山洞天仙籍을領케ᄒᆞ신디라

以이이汝유유兄흉흉弟디떼夫부뿌妻치치 ○네兄弟夫妻ㅣ俱규규住쥬쮸名

밍밍其키끼間견견 ○다일홈이그ᄉᆞ이예머므러程칭찡期키끼已이이及기끕 ○

程期임의밋츰으로ᄡᅥ特듸띙邀얀얌老랄랑親친찬家갸갸 ○특별이老親家를청ᄒᆞ야

遙얀얌下하햐塵천쩐寰환홴來레래接져쪙汝유유等등등 ○塵寰에ᄂᆞ아ᄋᆞ라이

려와너희 롤맛노라 ㊈末 兀 우옹 的 디딩 內 뉘뉘 中 즁즁 一 이힝 箇 거거 仙 션션 女 뉴뉴

○ 더가온되 효仙女ㅣ 儼 연연 似 스쓰 俺 암함 家 갸갸 老 랖랗 奶 내내 奶 내내 一 이힝

般 번번 ○ 엄연히우리집老 奶奶ᄒᆞᆫ가지깃다

㊈奎 孃 냥냥 孃 냥냥 你 니니 去 큐큐 那 나나 裏 리리 來 레래 ○ 孃아孃아네 어듸갓다가

왓는이 잇고 孩 해ᅘᆡ 兒 술ᅀᆞᆯ 齣 퀴퀴 貧 부뿌 你 니니 孃 냥냥 孃 냥냥 多 도더 了 랴량

○ 孩兒ㅣ너孃孃을齣 貧ᄒᆞᆷ이만하이다 ㊈夫 孩 해ᅘᆡ 兒 술ᅀᆞᆯ 你 니니 有 우임 甚 솜씸 齣

퀴퀴 我 오어 ○ 孩兒ㅣ아네므슴날 을齣ᄒᆞᆷ이이시리오 古 구구 云 윤윤 ○ 녜날 ᄋᆡ되 千 천천

經 깅깅 萬 왕환 典 뎐뎐 忠 즁즁 孝 햔향 爲 위위 先 션션 ○ 千經萬典에忠 孝ㅣ先이된다

ᄒᆞ나 上 샹썅 帝 디뎌 感 간간 汝 슈슈 兄 흉흉 弟 디뗘 忠 즁즁 于 유유 國 궈궹 家 갸갸

○ 上帝ㅣ네兄弟國家 에忠홈을感ᄒᆞ시며 感 간간 汝 슈슈 媳 시싱 婦 부뿌 孝 햔향 于 유유

父 부뿌 母 무무 ○ 네媳婦ㅣ父母ᄭᅴ 孝홈을感ᄒᆞ시니 一 이힝 念 년년 之 즈즁 誠 칭찡 ○

一誠이念의感간간動뚱둥天텬텬地띠디○天地로感動ᄒᆞᆫ디라因힌인此ᄎᆞ츠

授ᄊᆞᆨ싹我어오以이이玄휀휜君균균之즈즈職징지○이런太로날을玄君의職으

로사니ᄡᅥ주倒당도是ᄊᆞ스我어오戳퀴퀴了랴랴你니니○도로혀이내너를戳홈이

오不붕부是ᄊᆞ스你니니戳퀴퀴我어오○이네날을戳홈이아니니내戳你니니休힐휴

哭쿵쿠○네우디말라坐孃냥냥孃냥냥今긴긴見현현在째재那나나裏리리

○아孃아이제시방어孃뎌겨시니잇고夫我어오今긴긴見현현在째재太태태羅리리

러로天텬텬上썅샹○내이제시방太羅天上에셔○南部新書註太羅天在三十三天之上侍

ᄉᆞ스奉뽕봉龜귀귀臺때태聖싱싱母무무娘냥냥娘냥냥○龜臺聖母娘娘을侍奉ᄒᆞ娘

엿노라○聖母卽西王母也末兀웅우的딍디又잉우有잉우一힝이箇거거仙션션

姑구구來래리了랴랴○ᄐᆡ긔또玄仙姑ㅣ이쉬온다

夫你니니來래레了랴랴○데오는고나女爭孃냥냥孃냥냥萬완완福붕부○

萬孃福孃 ㊉夳 這 저져 箇 거거 是 쓰스 誰 쒸쉬 ○ 이거시이뉘니잇고 ㊉夫 這 저져 箇 거거
便 뻔변 是 쓰스 義 이이 烈 려려 貞 징징 姬 기기 ○ 이거시곳이義烈貞姬니라
㊉丑 上 쌍상 帝 디디 在 째재 鬱 융유 羅 러로 蕭 샤샤 臺 때태 ○ 上帝鬱羅蕭臺예계샤
列 려려 着 쟣죠 仙 션션 班 반반 久 광구 待 때대 ○ 仙班을列ᄒᆞ고오래기ᄃᆞ리시되 不
붕부 見 견견 你 니니 衆 중중 位 위위 来 래레 ○ 너희衆位음을보디못ᄒᆞ논디라 着 쟣죠
我 어오 来 래레 催 취취 你 니니 ○ 날로ᄒᆞ여와너롤지촉게ᄒᆞ시니 上 쌍상 緊 긴긴 行
힝힝 上 쌍상 緊 긴긴 行 힝힝 ○ 셜셜 리리 녜녜 쟈자 ㊉外 雲 윤윤 期 끼키 有 잉익 限 현현
不 붕부 敢 간간 久 광구 留 릴루 ○ 雲期ㅣ限이잇논디라감히오래머므디못ᄒᆞ니라 恁 닌닌
衆 중중 人 신신 可 커커 隨 쮜취 老 랖랖 玄 훤훤 君 균균 ○ 너희衆人이可히老玄君을조
차 白 뻥버 日 싱이 升 싱싱 上 쌍상 天 텬텬 去 큐큐 也 여여 ○ 白日에하ᄂᆞᆯ의올라가리
로다

伍우우倫륜륜全췬쭨備비삐諺연연解계계卷권권八바방終죵중

碩士學位論文.

심경호(1989), '五倫全傳'에 대한 고찰, 애산학보 8.

田光鉉(1978), 十八世紀 前期國語의 一考察 -伍倫全備諺解를 中心으로-, 어학(全北大) 5.

田光鉉(1982), 伍倫全備諺解 解題, 影印本 伍倫全備諺解, 亞細亞文化社.

정영인(1989), 근대국어 부정법에 대한 한 고찰 -오륜전비언해의 경우-, 어학(전북대) 16.

鄭季順(1986), 오륜전비언해의 국어학적 연구, 慶南語文 14.

은 四聲通解의 原音을, 俗音은 四聲通解의 變音을 나타낸 것이다.

이 책의 현존본은 모두 세 질로서 모두 서울대학교에 소장되어 있다. 이 중 두 질은 규장각도서에, 또 한 질은 고도서에 소장되어 있는데, 이 중 고도서본은 권2부터 한자음에 간헐적으로 朱點이 찍혀 있다. 규장각본과 고도서본은 언뜻 보기에 동일한 판본으로 보이지만, 자세히 살펴 보면 다른 이본임을 알 수 있다. 즉 언해문에는 차이가 전혀 없지만, 한자음 표기에 차이가 있음을 발견하게 된다. 현재로서는 고도서본과 규장각본 중에서 어느 것이 원간본인지 확인할 수 없으나, 주점이 찍혀 있는 것이 혹시 校正을 위한 것이라고 생각한다면, 古圖書本이 原刊本일 가능성이 높다. 그리고 奎章閣本도 하나(규 1456)는 5책으로 묶여 있는가 하면, 하나(규 1457)는 4책으로 묶여 있다. 그러나 고도서본이 4책으로 묶여 있는 것으로 보아 원래는 8권 4책인 것으로 보인다. 그리고 한 본(규 1456)은 권1과 권8이 따로따로 分冊되어 있는데, 이것은 각 책의 분량으로 보아 마땅치 않은 分冊方法이다.

이 『伍倫全備諺解』에 대한 자세한 해제는 아세아문화사에서 간행된 영인본에 붙은 전광현 교수의 해제를 참조하기 바란다.

參考文獻

박종은(1984), 18세기전반기의 안맺음씨끝 연구 -오륜전비언해를 중심으로-, 漢陽大 碩士學位論文.
林光淑(1990), 伍倫全備諺解에 대한 國語學的 硏究, 德成女子大學校

伍倫全備諺解 解題

洪 允 杓

明나라의 丘濬이 春秋時代 吳나라의 충신 伍子胥의 자손인 伍倫全, 伍倫備 형제의 忠臣孝親에 대한 이야기를 엮어 만든 희곡집『伍倫全備記』를 한글로 언해하여 1721년에 사역원에서 8권 4책의 목판본으로 간행한 중국어 학습서이다. 이 책의 원제목은『伍倫全備註釋諺解』인 것으로 보인다. 맨 앞에 高時彦이 쓴 序가 '伍倫全備註釋諺解序'라 되어 있기 때문이다. 그러나 권1부터 언해부분부터는 '伍倫全備諺解'라 되어 있다. 그러나 通文館志에도 '伍倫全備諺解'라 되어 있어서 '伍倫全備諺解'라 하는 것이 타당할 것으로 생각된다.

이 책의 凡例에 의하면 이 책의 간행에는 무려 21년이란 장구한 세월이 걸렸다. 책의 앞에 高時彦이 그 편찬경위를 쓴 '伍倫全備註釋諺解序'가 있고, 이어서 '凡例 十二條'가 나온다. 이 범례에는 飜譯의 目的, 註釋의 필요성과 방법, 중국어의 음운체계, 한자음 표기법, 원문의 부분적인 수정, 난해한 부분의 해석, 등장인물의 命名法 등에 대한 간략한 설명이 되어 있다. 이어서 引用書目이 있고, 뒤이어 본문이 권1부터 나온다. 본문은 한자마다 왼쪽과 오른쪽에 그 한자음을 표기하여 놓았는데, 오른쪽은 그 讀音을, 왼쪽은 淸濁七音을 나타내고 있다. 독음은 現實 俗音을, 淸濁七音은 규범적인 음을 말한다. 여기서 正音